詩書禮樂中的傳統

陳致自選集

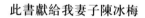

此書獻給我妻子陳冰梅

六零學人文集

陳 致 著

詩書禮樂中的傳統

陳致自選集

上海人民出版社

编辑则例

1. 六零学人文集入选出生于 20 世纪 60 年代的人文科学研究者的自选集。

2. 作者自选的学术论文和学术批评结集,文责自负。

3. 入选文集经学者推荐、匿名评议产生。

4. 入选学者来自考古学、艺术史、科技史、文献学等领域,本丛书将向其他人文学科开放。

5. 本丛书不设主编,由作者自序,不强求体例统一。

6. 本丛书提倡学术的自主性、严肃性、多样性。

自　序

　　本書是我近年來在不同學術期刊上所發表的十五篇論文的合集。這些年來，筆者的主要興趣都集中在詩書、禮樂和古史方面。現在回過頭來看，主要是圍繞著《詩經》向四周和前後延伸，結合音樂考古資料、古文字學的知識，特別是甲骨文、金文和簡帛文字，以及明清的科舉制度、學術思想等等方面展開研究。

　　文集中的前三篇文章主要研究金文、簡帛文字與《詩經》中的習用語詞，分析這些語詞在先秦語言文化中的來源、發展，以及二者之間的關係。第一篇《從〈周頌〉與金文中成語的運用來看古歌詩之用韻及四言詩體的形成》首次發表於香港浸會大學中文系及傳統文化研究中心主辦之《傑出學人講席：跨學科視野下的詩經研究》（2009 年 4 月 1 日），該文在國際學界首次提出：一，從兩周金文來看，銘文的入韻和四言化是在西周中期，特別是恭王（922—900 B.C.）、懿王（899—892 B.C.）時期；二，兩周金文中與《詩經》之《雅》《頌》部分的詩歌語詞多相重合，這些多源於周人習用祭祀語詞，而非金文引詩；三，故中國四言詩體的發展成熟時期是與周代貴族的祭祀生活密切相關，而其成熟時期很可能在西周中期；四，這與周代雅樂在西周中期的成熟與標準化密切相關，如樂鐘雙音的使用以及四聲音階在禮樂中的主導地位等等。故本文對西周金文以及《詩經·周頌》間相似相合的章句作一全面的考察，這種考察不僅僅是簡單、機械地對讀，找出相同或相似的句式，而是在很多情況下文字不同，但實際上是出自相同的成語，由聲音的轉借及字形的訛衍而造成的語詞的分化。由此，對《詩經·周頌》詩篇的創作或改定入禮樂，編入《詩經》的年代亦作一合理之推測。

　　第二篇文章《詩經與金文中成語（一）》，①以金文蔡侯鐘之"不侃不忒"，弔夜鼎

---

① 陳致：《詩經與金文中成語（一）》，始發表於 2009 年 1 月 17 日香港中文大學中文系主辦之《古道照顏色：先秦兩漢古籍研究國際學術研討會》，刊於復旦大學出土文獻與古文字研究中心網頁。

銘之"用侃用享"與《詩·魯頌·閟宮》中"無貳無虞"《詩·商頌·烈祖》有"以假以享，我受命溥將。""來假來饗，降福無疆。"《詩·周頌·絲衣》之"不吳不敖"等互讀，發現是由同一成語衍生出來的不同變化形式。

　　總而言之，筆者通過對金文韻語與《周頌》諸篇的考察，認爲四言成語的大量出現、四言體詩的形成，都應在西周中晚期，共王、懿王時期以後。而這一現象並非偶然，與音樂的發展和周代禮樂中雙音鐘的規範使用，四聲音階在禮樂中的定型等都有關聯。西周穆王(976—922 B. C.)時期是規律性雙音鐘出現的起點，從此以後，西周編甬鐘的正側鼓音呈現了規律化的小三度音程關係。在音樂上使用四聲音階與西周祭祀語言四言化有直接關係，而祭祀語詞的四言化又直接導致四言詩體的形成。經仔細考察，筆者發現：與音樂的發展相對應，西周青銅器銘文也經歷了由雜言向四言，由無韻到入韻的變化。

　　第三篇文章《"日居月諸"與"日就月將"：早期四言詩與祭祀禮辭釋例》，首次發表於香港浸會大學中文系與孫少文伉儷人文中國研究所 2010 年 12 月聯合主辦的"中國詩歌傳統與文本研究"國際論壇(An International Symposium on Poetic Legacy and Textual Studies in Pre-modern China)。以往我研究金文與《詩經》中的成語，主要著重《詩經》中的雅頌部分與金文的文本互涉研究上，但本文則試圖，由金文祭祀禮辭中常用的成語，觀其在國風部分及其他文獻資料中的演變，借以觀察在少數貴族群體中流行的歌詩和成語如何在數百年間流傳到更寬廣的社會人群當中；而在流佈過程中，又是如何出現更多相關的成語。"日就月將"與"日居月諸"在不同時期、不同詞義的分化、衍生，及其轉換成新的成語及四言詩句是本文的考察重點，由此可以稍覘早期四言詩中祭祀禮辭及其與一般詩句中的流轉層疊變化之跡。

　　第四篇文章討論的是清代學術中《詩經》的文本異文研究的興起和發展。清代學者的《詩經》研究，在《詩經》學術史上有相當重要的地位。是傳統《詩經》學向近代《詩經》轉捩的關鍵時代。無論從《詩經》學研究的廣度、深度、數量和質量來說，其成就都可以說是超軼前朝的。《詩經》異文產生自先秦時期，兩漢以降，益增以繁。然異文的輯佚與考釋，至清初始受重視，乾嘉時期彬彬斯盛。本文考察《詩經》異文考釋在清代興盛的原因，並以《大雅·文王之什》爲例，探討清初至乾嘉時期《詩經》異文考釋的特點、研究方法和成績。其中尤以李富孫的《詩經異文釋》爲重點。本文描繪了清代《詩經》異文考釋學之概觀，雖不够全面，但基本上也是前人沒有做的工作。

　　關於晚清的《詩經》學，本集中的第五篇文章，《商略古今，折衷漢宋：王先謙的今文詩學》①對王先謙的經學方法和成就,包括其《詩三家義集疏》作了一些介紹和研究,並且試圖澄清一些晚清《詩經》學中,今古文文本與漢宋學方法之爭的問題。以往的研究多強調王先謙的今文詩學。本文一方面指出王先謙在理論上的尊今抑古和推尊宋學,另一方面又指出在其實際操作中往往是折衷今古學,而所謂推尊宋學,亦每只推尊宋學中的考據訓詁,即宋學中的漢學而已。本文還提出了一個觀點,認爲我們自清代以來的經學研究,往往在今古文學派和漢學宋學等概念上纏雜不清,其主要原因是没有分清楚,所謂"今文""古文"是文本的不同,而"漢學""宋學"是學術旨趣和學術方法取徑之異。以清代中期以後的《詩經》學爲例,今文三家詩的文本越來越受到學者的重視,但是在對待三家詩的文本,學者或重視輯佚,或重視考其異文,或以三家詩之遺説考其遺義,這些是"漢學"考據的方法。故不存在"今文"與"漢學"對立的問題。討論經學史的學者往往混淆這些概念。

第六篇文章《殷人鳥崇拜研究》原本爲發表於德國《華裔學志》上的"A Study of the Bird Cult of the Shang People"②一文,本文以經典文獻與考古古文字資料相結合考察了殷人鳥崇拜是否屬於所謂圖騰信仰的問題,並且指出商人以鳥爲圖騰的説法源於西方19世紀下半葉人類學中興起的圖騰信仰理論,而這一理論自20世紀中葉已經證明並不適用,也就是説人類早期在宗教産生以前,並未經歷一個普遍的圖騰信仰階段。從《詩經》的相關篇章入手,探討殷人的所謂玄鳥圖騰崇拜問題。結合神話資料、考古資料和古文字資料,本文探討了所謂殷人以玄鳥爲圖騰的説法的理據、玄鳥形象的來源,以及圖騰研究的適用範圍等,證明殷人的鳥崇拜事實上是針對猛禽類鳥的神性的崇拜。該文章經華東師範大學尚飛先生翻譯後,收入上海文藝出版社2002年出版的《人文東方:旅外中國學者研究論集》一書。

原發表在《人文中國》(第9期,香港:浸會大學,2002年,頁229—252)的《原孝》一文,探討了孝、老、考、丂諸字的來源,認爲孝字本義類享,是指以酒食奉養父母。通過將《詩·小雅·楚茨》與《禮記·郊特牲》、《儀禮·少牢饋食禮》以及金文中所見西周孝享之禮的比照研究,文章試圖勾勒出一個早期的孝享活動基本儀文制度和禮節。其結論是孝之本義始於事生,然後擴而爲事死。其初或爲簡單的醴饎之獻,而其後事死之禮逾隆,終於與祭天地神祇之禮並重。於是乎隨着時代的發展而産

---

① 陳致:《商略古今,折衷漢宋:王先謙的今文詩學》,《湖南大學學報》第20卷第70期(2006年1月),頁31—43。收入朱漢民主編《清代湘學研究》,長沙:湖南大學出版社,2006,頁219—250。

② Chen Zhi, "A Study of the Bird Cult of the Shang People," *Monumenta Serica* 47(1999):127—147.

生。一個日常生活中的孝,擴而爲宗教行爲,又進而賦予豐富的倫理内涵。

　　第八篇《清華簡所見古飲至禮及〈耆夜〉中古佚詩試解》①一文是根據新發現的清華簡《耆夜》篇中的古佚詩研判其與詩經的關係,根據其用韻、語詞等考訂其成詩的時代。本文初稿爲英文,最初應芝加哥大學夏含夷(Edward L. Shaughnessy)教授及台灣"中研院"文哲所范麗梅女史之邀請,在芝大東亞系首次發表。②此後,應沈建華教授之邀約,在將本稿翻譯成中文的同時,又做了大量增訂。稿成後,應日本早稻田大學稻畑耕一郎教授之邀請,在早大又作了一次報告,早大的古屋弘昭教授又提出了一些意見。2009 年 8 月 4 日,李學勤先生在《光明日報》上發表《清華簡〈耆夜〉》一文,其中介紹了簡文中古佚詩數首,從李先生文章中公佈的古佚詩内容來看,風格頗似今本《詩經》中的《小雅》類與飲酒有關的作品,本文謹根據李文中所公佈的古佚詩的内容作一解讀。

　　本文分"征者"、"飲至禮"、"作策(册)逸與監飲酒"以及"清華簡中所見四首詩"等四個部分對清華簡中"耆夜"一篇作解讀,其中"耆夜"中古詩四首,除第一首是《唐風·蟋蟀》以外,其餘三首皆不見於今本《詩經》,顯然是古佚詩。三首中有武王爲畢公作的《樂樂旨酒》,有周公爲畢公作的一首,也有周公爲武王作的《明明上帝》。本文認爲如果從這幾首詩的句式(基本上是每行四字)、用韻和套語的使用這幾個方面來看,我認爲這幾首詩不太可能是商周之際的原來的作品,即使與原來的作品有一定的關係,也是經過了改寫和加工。

　　第九篇《萬舞與庸奏:商代祭祀樂舞與詩經中的頌》,③第十篇《二南:南方的樂鐘與雅音》,④第十一篇《説夏與雅:宗周禮樂形成與變遷的民族音樂學考察》,⑤係我博士論文《從禮儀化到世俗化:詩經的形成》的一部分。論文的英文版經改訂後,2007 年由德國華裔學志出版;中文版則於 2009 年由上海古籍出版。而三篇文章主要雖從書稿中來,但也做了很多的增改。總的來説,從《詩經》的文本出發,結合民

---

①　原刊於清華大學《出土文獻》第 1 輯(2010 年),頁 1─30。

②　見 Chen Zhi, "The Rite of *Yinzhi* (Drinking Celebration) and Poems Recorded on the Tsinghua Bamboo Slips"(清華簡中所見古飲至禮及古佚詩試解),presented at "International Symposium on Excavated Manuscripts and the Interpretation of the *Book of Odes*," September 12─13, 2009. Department of East Asian Languages and Civilizations, University of Chicago. Paper available at the following webpage: http://cccp. uchicago. edu/2009BookOfOdesSymposium/。

③　原刊於《中華文史論叢》2008 年第 4 期,頁 23─47。

④　原刊於《國學研究》第 13 卷(2004),頁 1─39。

⑤　原刊於台灣《中央研究院中國文哲研究集刊》第 19 卷(2001 年 3 月),頁 1─53。

族音樂學、考古學及古文字學等多方面的研究成果,以探討《詩經》文本的形成,並進一步挖掘其文字背後所蘊藏的關於商周時期的歷史文化進程。

我們知道,《詩經》由風、雅、頌、南四類所組成。然而這個分類到底根據什麼原則來劃分? 或南、風、雅、頌四類分別指的是什麼? 長期以來,《詩經》學者們均嘗試對此一問題作出不同的解釋,然迄今仍衆説紛紜,莫衷一是。我認爲宋代學者所提出的樂式分類理論,較漢儒諸説更爲可取。進一步追本溯源,這些樂式其實源於不同的樂器。"南"字從字源來看,即竹木製打擊樂器,爲南方樂鐘的代稱,進而代表具有南方色彩的樂器和樂式;"風"最初爲普通管弦樂器的代稱,後來成爲具有民間和地方色彩的音樂體式的代稱;"頌"源自商代的樂鐘"庸"。庸本是殷商貴族用於祭祀、饗宴所用之樂鐘,進而代表商人的音樂體式。周人滅商以後,對於商人的禮樂採取既學習,又抵斥的態度,以標榜其自身文化的優越性和獨立性。"頌"是周人創制用來取代"庸"的禮樂體式。而"雅"即"夏",是指周人的文化與音樂,亦可指稱源自關中地區的周人所習用的甬鐘和鈕鐘,雅樂的創制與周人以夏自居的傳統亦有關係。由此可見,《詩經》的編者在分類編排時,除了根據不同的音樂體式,同時也考慮了地域的因素。

這幾篇文章中提出的一個新的角度,從音樂考古資料和古文字資料,來考察《詩經》的來源和文本形成過程。我認爲商周的音樂文化存在着鮮明的地方性和民族性差異。大抵而言,商的音樂文化(以"頌"爲代表)原本比周的音樂文化(以雅樂爲代表)發展水平較高,周人武力征服殷商以後,其音樂文化並非簡單地直線發展,相反地是在兩種文化交織整合的過程當中,呈現出階段性的倒退。簡單來説,就整體的音樂水準而言,無論是樂器的使用、樂制樂式、對樂理樂律的認識等方面,周人的雅樂都未能在短時間内超越殷人的高度,因此形成了中國音樂文化發展上的"短暫性"遲滯和倒退。

商周音樂文化的接觸碰撞和融合,大抵可以通過分析雅樂的三次發展而知其大略,我稱之爲"雅樂三變"。第一次是在武王滅商以後,開始受到殷商音樂文化的影響,然而過程中包含了交流、衝突、抵制及融合,形成的時間比較長,以至於原來商人直接統治中原地區的文化發展,由於受周人禮制的規制,出現了間歇性的衰退現象。第二次變化出現在平王東遷以後,此時"夏"與"雅"的概念已由周王畿一帶擴展至中原地區,雅樂與諸夏音樂的相互影響,熔鑄出新的雅樂體制,無論是内容、樂制或樂器均趨向多元化,並從禮儀化到世俗化。最後,到了春秋中晚期,隨着周室的衰微,晚商的餘韻、各諸侯國的民間世俗之樂以及四夷之樂漸漸取代"雅"樂,形成了所謂的"新聲"。我認爲這種新聲其實並不新,因爲它實際上是部分晚商音樂文化的再現;至此,音樂文化的高度才正式回復過來。

第十二篇文章《從王國維〈北伯鼎跋〉來看商周之際的一些史事》①則利用甲、金文的資料,重新審視了詩經學史上長期的爭論的邶鄘衛的地望問題以周初三監之亂的問題,並提出了新的看法。本文認爲甲骨文中所見的"北"、"北土"都不是西周初期邶國的代稱;而周初銅器中的北白(伯)、北子諸器應該與商紂王之子武庚所封之"邶"有關。王國維在《北伯鼎跋》中,因北國銅器出於河北而提出"邶即燕,鄘即魯"的重要論斷,然徵之商周史事,紂子武庚與三監據以叛之地,不當遠自燕魯求之,故陳夢家復提出"邶入於燕"的主張。本文考察王國維與陳夢家二氏所據以論斷之證據,又根據上世紀後來發現的考古與古文字資料,指出邶國始封仍在朝歌之北故殷之地,邶鄘衛之始封,應該包括武庚(王子祿父,金文中又稱泉子聖)在内都是殷商之遺民貴族,而所謂"三監"則是管叔蔡叔霍叔等監視殷遺的周人貴族。三監之亂起,三國與殷遺俱移,武庚先徙入商奄之地,復遁"入於燕"。至召公北定燕地,殷遺之叛始平,召公之子亦獲封於燕。

第十三篇《夷夏新辨》②一文則利用金文中的資料指出西周時期的"夏"的观念事实上与春秋文献中的"夏""诸夏""华夏"其所指并不一致。西周时期的"夏"所包涵的地理概念是指周人以宗周(关中地区)为中心的活动区域,并非指中原地区。"夏"所代表文化族群观念则是指周人与周文化。該文在刊出以後,《光明日報》學術版與《高等院校文科學術文摘》先後作了介紹與摘要轉載。

第十四篇文章《晚明子學與制義考》,③主要考察明代隆慶、萬曆年間科舉考試中以子學入制義的風潮及其與陽明學互爲影響的思想根源。本來以四書五經爲考試內容,以代聖人立言爲考核方式的科舉制義,在明代中晚期出現了多用釋老之言的傾向。清代學者如顧炎武認爲此風氣始於隆慶二年(1568)李春芳任會試主考之後,梁章鉅認爲始於萬曆五年(1578),進士楊起元始開以禪語入制義之漸。本文考察明代晚期子學與禪語入制義的傾向,並且認爲此風之漸實開自嘉靖年間(1522—1566)。其中有兩個因素起了關鍵作用,一是嘉靖本人崇信道教方術,使士大夫崇接方外人士,爭撰青詞干進;一是陽明之學在嘉靖一朝爲官學所接受,在學術上推揚

---

① 原刊於《臺大歷史學報》第 31 期(2003 年),頁 1—43。
② 原刊於《中國史研究》2004 年第 1 期,頁 3—22。
③ 初刊於《諸子學刊》第 1 期(2007 年),上海:上海古籍出版社,頁 383—420。

了合和三教的風氣。

　　第十五篇文章,《嘉興李氏的經學研究:從一個經學群體的出現看科舉制度對乾嘉學術轉型的影響》最初發表於台灣"中研院"中國文哲研究所2005年6月主辦的《浙江經學第一次學術會議》,將收入"中研院"文哲所編《清代浙江經學研究》文集中。這篇文章主要從清代科舉制義的内部演變,以及私學、家學、官學的互爲影響等視角,重新審視從清初到乾嘉時期治學風尚的轉移,從而爲漢宋學於清代的複雜關係,提出新解釋。本文以李富孫家族爲研究個案,考察這由明代開始便以文學著名的家族,因時代風尚的轉移而致其子弟走上樸學道路的種種原因。文中通過分析乾隆時期科舉考試内容形式的轉移,指出漢學在乾嘉時期的科舉考試中,如何漸奪宋學之席。此既與乾隆對漢學的推崇有着不可分割的關係,又與主持各地科場、書院的考官、學政,如朱珪、阮元、錢大昕等人的推動互爲因果。而李氏群從如李超孫、富孫、遇孫在此風氣下,自幼便從族人李集學習經史古學,長成後又嘗分別就學於敷文、紫陽書院及詁經精舍,與漢學名家盧文弨、阮元、孫星衍等人相知。故文中認爲李氏家族之所以由文學轉而走上樸學考據的漢學路途,與漢學考據學影響到科舉考試制度,有莫大的關連。

　　本書能够結集出版,要特別感謝上海人民出版社許仲毅主任和周珍女士,整個這一套叢書的出版,端賴他們的決斷、努力和辛勤勞動。

——陳致序於香港浸會大學

二〇一二年六月三十日

目　录

從《周頌》與金文中成語的運用來看古歌詩之用韻及四言詩體的形成[*]

《周頌》的年代，現代學者一般認爲其三十一篇中大部分的詩篇成詩於西周早期。如向熹說："《周頌》大體作於武成康昭四朝（1046—977 B. C.）約一百年間，是西周早期的作品，爲西周統治者用於祭祀的樂歌。"[①]這一說法基本代表了現代學術界一般看法，雖微有異同。西文研究著作中，高本漢（Bernhard Karlgren）認爲在《周頌》裡，有些詩歌没有押韻，有些部分押韻，是所謂的"自由韻律體系"（Free rime system）。高氏並對《詩經》中三頌部分的用韻都作了深入的研究。[②]夏含夷（Shaughnessy）在"From Liturgy to Literature: The Ritual Context of the Earliest Poems in Book of Poetry"中指出此詩未用韻的特徵、行與行之不勻稱及其他的語言特徵，都證明了傳統將此詩認定爲西周早期之作的說法是正確的。[③]夏含夷又推論此詩爲在"禮儀進行時所吟誦"的禱祝之詞。[④]日本學者松本雅明指出在《周頌》三十一篇裡，歌頌文王的有七篇，如加上《清廟》這一篇則爲八篇；歌頌武王（1046—1043 B. C.）有四篇，如加上《雝》，則爲五篇，歌頌成王（1042—1021 B. C.）的有三篇，后稷、康王（1020—996 B. C.）、大王各一篇。認爲也是周初宗廟祭祀的作品。並且推測在祭祀活動中，有些角色扮演的類似早期戲劇表演的行爲。其中有些詩是工祝的角

---

[*] 本文原刊於陳致主編：《跨學科視野下的詩經研究》，上海古籍出版社，2010 年，頁 17—59。

[①] 向熹：《詩經詞典》，成都：四川人民出版社，1997 年，頁 918。本文所用的西周紀年，以夏商周斷代工程專家組：《夏商周斷代工程：1996—2000 年階段成果報告（簡本）》（北京：世界圖書出版公司，2000 年）爲據。報告在學術界引發了一些爭議和質疑。但本人未介入年代學之研究，對於西周諸王的年代在此以報告爲依據，以便行文。

[②] Bernhard Karlgren, *The rimes in the Sung section of the Shi king* (Göteborg: Elanders Boktryckeri Aktiebolag, 1935).

[③] Shaughnessy, *Before Confucius: Studies in the Creation of the Chinese Classics*, 1997，頁 165—195。

[④] Shaughnessy, *Before Confucius: Studies in the Creation of the Chinese Classics*, 1997，頁 175。

色所歌誦的,有些則是神保所歌誦的。①這是一個非常有意思的推想。在松本看來,《清廟》這首詩就是神保所歌誦的。而其他各篇或爲神保所歌,或爲工祝所唱,其時代也是在西周初年。以上諸家都以金文爲依據,對《周頌》年代作合理的推斷。

　　筆者在《"万(萬)舞"與"庸奏":殷人祭祀樂舞與〈詩〉中三頌》一文中認爲商代甲骨文和《詩》、《書》、《春秋三傳》等文獻中所説萬舞和庸奏,最初都在商代祭祀中用於迎神娛神的樂舞樂歌形式。"庸"與"頌"古音同部,聲紐相近,庸本是商代樂鐘之名,甲骨文中其字形作"𤰈",也是當時一種祭祀禮樂之名,而周人在學習商人之禮樂文化時,既採用其體式,又需標榜獨立性,故有頌這種詩歌音樂舞蹈體式。②筆者認爲:

　　　　商周嬗代之際,周人的文化及其音樂文明是落後於商的。僻處西陲的"小邦周"作爲商的屬國,雖然在軍事崛起之後,東向戰勝了曾經是其宗主的"大邑商",但是在文化上尚處於弱勢。所以在文化上周人對商的態度一方面是要學習、吸收其文化,另一方面卻是又要加以限制和改造。限制是出於畏懼,改造是爲標榜自身的文明程度。正是在這樣一種心態下,商代祭祀中所用的庸奏、庸舞和万(萬)舞,才被吸納和改造成周人的禮樂,並又加以重新命名,這也許就是所謂"周頌"的由來。③

《周頌》裏的詩應繼承了商代在禮儀活動中作爲祝禱之詞的一些元素。這些商代的詩,一般都以"庸"(=頌)作爲主要的伴奏樂器。而《清廟》等篇大概便爲周早期模仿商頌之作。關於《周頌》的成詩年代,筆者原來基本上也同意諸家的看法,認爲《周頌》基本上成詩於周初武、成、康、昭時期。但是現在看來這一看法是基於詩歌的内容、用韻、語句特徵所作的一個表面粗疏的判斷。

　　近年來筆者在研讀金文和《詩經》的過程中,發現在《周頌》這部分有兩個問題值得特別關注:一個是《周頌》中的成語成詞的問題;另一個是用韻的問題。

　　第一個問題實際上牽涉到西周早期的祭祀用語的發展變化問題。筆者認爲從金文和《周頌》兩相比照來看,當時祭祀語詞經歷了由不規則向規則的方向,並且由雜言向四言固定化的過程。《周頌》中許多詞語在兩周金文中都有對應的辭例,有

---

① 松本雅明:《詩經諸篇の成立に關する研究》,東京:東洋文庫,1958 年,頁 608—625。

② Chen Zhi, *From Ritualization to secularization: The shaping of the Book of Songs*, Sankt Augustin: Monumenta Sinica Institute, 2007, pp. 31—101.

③ 陳致:《萬舞與庸奏:商代祭祀樂舞與詩經中的頌》,《中華文史論叢》2008 年第 4 期,上海古籍出版社,頁 46。

時學者或以爲是金文引用詩句，但實際上，並非引詩，而是金文和詩經都在用當時成語，如"以雅（夏）以南"、"日就月將"、"旻（日、敃）天疾威（畏）"、"出入（內、納）王命"、"不敢怠（迨）荒（遑）"（或曰"不敢妄【荒】寧"）、"夙夜匪（篚、不）解"、"式宴（匽）以衎（侃）"等，率此類也。①這些成語實際也是在周人早期宗教活動中逐漸形成的。《詩·周頌》諸篇在使用祭祀成語的過程中，也是句式逐漸變得規則，向四言形式發展，同時又有一種入韻化的傾向，而這種入韻的傾向，又與金文銘辭，特別是編鐘銘文逐漸變得規則，並且入韻，幾乎可以説是同步的。也就是説，大約都是在西周中期共王（922—900 B.C.）時期以後，《周頌》詩篇中的許多成詞或套語的運用，與西周銅器銘文上嘏辭是相同的。《周頌》中有些詩如《清廟》、《維天之命》、《維清》、《烈文》、《天作》、《昊天有成命》、《我將》、《時邁》、《思文》、《豐年》、《訪落》、《敬之》、《小毖》、《酌》、《桓》、《賚》等篇中都偶有二言、三言、五言、六言、七言的句式，合金文銘辭而參之，則兩者都是當時宗教活動中常用語詞，而這些語詞在西周中期以後也逐漸開始由雜言向四言化發展，並且定格爲成語。

　　在詩經各部分中，《周頌》有一個異於《詩經》其他部分的顯著特點就是其中很多詩都不入韻。據王力的擬音，全篇基本上無韻的詩有《清廟》、《維天之命》、《昊天有成命》、《時邁》、《臣工》、《噫嘻》、《武》、《小毖》、《酌》、《桓》、《般》等。②其中《昊天有成命》、《時邁》、《武》、《酌》、《桓》、《般》至少其中數篇極有可能是周初創製的《大武》樂章的歌詞。③王國維曾解釋説其詩不入韻是因爲《周頌》的聲調較緩。這個解釋是不盡如人意的。以西周金文與《周頌》諸詩比讀，我們發現西周金文大約也是在共王時期開始向韻文方向演變，而且在宣王時期更是出現了一種普遍入韻的傾向。其中《周頌》與金文中某些成語正是在韻文發展的過程中，爲了入韻而生成的。比如西周中晚期常見的"永保用享"、"用享用孝"、"萬壽無疆"、"眉壽無期"這一類的成語，是從早期的"永保用"、"用享"、"用孝"、"無疆"、"眉壽"等詞變化而來。之所以出現這些四字語詞，也是由於西周中晚期金文中，多以陽、幽、之部爲韻。

---

① 本人在幾處討論金文中成語非引詩的問題，參見拙文《説南：再論詩經的分類》，《中央研究院中國文哲研究集刊》，第 12 卷（1998 年 3 月），頁 373—375；《詩經與金文中成語（一）》，始發表於 2009 年 1 月 17 日香港中文大學主辦之《古道照顏色：先秦兩漢古籍研究國際學術研討會》，刊於復旦大學出土文獻與古文字研究中心網頁：http://www.guwenzi.com/SrcShow.asp?Src_ID=373。

② 王力《詩經韻讀》，上海古籍出版社，1980 年，頁 390—401。

③ 我認《大武》樂章實際經過了兩次創製的過程，第一次是在武王（1046—1043 B.C.）滅商之前，第二次是在周公平定三監及淮夷之叛之後。詳見 Chen Zhi, *From Ritualization to secularization：The shaping of the Book of Songs*, Sankt Augustin：Monumenta Sinica Institute, 2007, pp. 165—173。

　　如果從考古發現的樂鐘來看,《周頌》與金文四言成語的大量出現,以及兩者由無韻到雜韻,到有韻的過程,二者近乎同步的發展,這些並非歷史的偶合。四言詩句的定型,以及入不入韻實際上是與西周樂鐘的使用,以及音樂的發展有很大的關係。西周禮樂中最重要的樂器編甬鐘,在西周穆王(976—922 B. C.)時期以後才出現了《周禮》中所描述八件一組、與編磬和鎛共同使用的範式。也是穆王(976—922 B. C.)時期以後才真正使用樂鐘正、側鼓雙音構成四聲音階的旋律效果,青銅器銘文特別是鐘鎛銘文上長篇韻文的出現恰恰是在這個時候。如此同步,絕非偶然。考察《詩·周頌》諸篇與西周金文在成語和習語的使用,以及同步發展的現象,我們可以從一個側面揭示出,在西周中期,伴隨着音樂的使用和祭祀禮辭的發展,中國的四言體詩開始逐漸形成,並且格式化。

　　下面讓我們來具體討論一下《周頌》與金文中所用的成語,韻文及四言詩體的形成。

一、《詩·周頌·清廟》及《周頌》其他諸篇所見金文中成語

　　《詩經·周頌》諸篇與金文比照來看,《詩經》中成語的運用,可謂隨處可見。今以《詩·周頌·清廟》爲例,稍覘詩與西周早期金文之關係,可以看出其源出爲一,都是周人的宗教禮儀活動中,所歌所誦的禮讚之辭。其辭的内容是:

　　於穆清廟,肅雍顯相。濟濟多士,秉文之德。對越在天,駿奔走在廟。不顯不承,無射于人斯。

　　這些禮讚之詞,與西周銅器銘文中所保留的語詞頗多相似之處,如果我們注意一下詩中我所標示的部分,這些事實上都是金文中最爲常見的詞語,前人或稱爲"成語",如王國維、屈萬里、劉節等;或稱爲"成詞",如姜昆武等;今人或稱"習語"。①但不管如何稱名,應該說明的是這些語詞都是金文和兩周文獻中常見的固定化的表達方式,或者爲當時成語的一部分,或者爲某一成語的變化形式。下面讓我們具體分析這些詞語與金文辭例之關係,及其在周人宗廟祭祀活動中的作用。

於穆清廟

　　"於穆"一詞,金文中未見。而金文與《詩經》中"穆穆"一詞當是"於穆"之本義。

---

① 　韓巍:《單逨諸器銘文習語的時代特點和斷代意義》,《南開學報》,2008 年第 6 期,頁 26—33。

《清廟》的下一首詩《維天之命》曰："維天之命,於穆不已。於乎不顯,文王之德之純。"金文中較常見的是以"穆穆"來狀文王或祖考先王之德,故金文中常見的表達方式是"穆穆"與"不顯"、"明德"相並舉。春秋郳公𥅆鐘郳公華(集成245)鐘銘文"余畢龏威忌(𢆶),𢝊(怒)穆不豖(墜)于厥身。""於穆不已"猶言"怒穆不豖"。金文中多言"穆穆",並與"廙廙"、"不顯"、"皇且考"、"明德"等相並言,詳見下"秉文之德"條。

肅雝

　　《周頌‧雝》:"有來雝雝,至止肅肅。相維辟公,天子穆穆。"《周頌‧有瞽》:"肅雝和鳴,先祖是聽。"《召南‧何彼襛矣》:"曷不肅雝,王姬之車。"《大雅‧思齊》:"雝雝在宮,肅肅在廟。"這些當與"肅雝顯相"一句合參之。《周頌‧有瞽》:"肅雝和鳴,先祖是聽。"一詩,《禮記‧樂記》云:"詩云:'雝雝和鳴,先祖是聽。'夫肅肅,敬也;雝雝,和也。夫敬以何,何事不行?"可知"肅雝"即"肅雝",並且是"肅肅雝雝"或者"肅肅雝雝"之簡略語。此語金文中亦多見。如宗周鐘(集成260)銘文云:"倉倉𢝊(恩恩)。𥆞(從者從隹)雝雝。用卲各不顯且考先王。"從者從隹之字,學者或云爲"鍺"字,或以爲"鉄"字,説各不同。以𥆞字及鍺字字形來看,其與金文中肅字之異主要在肅(𦘒)字下半從屈形。上半"聿"形與"鍺"字之"者"形有幾分相近。第不知肅雝(雝)是否即是金文中"鍺雝(雝)"之譌變?鄭剛認爲,此"者"形爲"朮"字,即"叔",通"肅"字。[1]集成10285著録的訓匜,有"朮"字,其形的確與鐘鎛銘文中的"者"旁相近。朮字古音在覺部書紐,當與"寂"相同,與覺部心紐之"肅"字是可假借爲用的。王輝云:

　　　　繡(幽心)、蕭(幽心)讀爲"寂"(覺從),幽覺陰入對轉,心從旁紐。馬王堆帛書《老子》甲本《道經》:"有物昆成,先天地生。繡呵繆呵,獨立"。乙本"繡"作"蕭"。通行本作:"有物混成,先天地生。寂兮寥兮,獨立而不改"。[2]

　　故金文中之"朮朮雝雝"有可能即文獻中之"肅肅雝雝"。金文中從者從隹之字與"鍺"字,疑即詩經中肅字之本字。春秋時期鬻弔之仲子平鐘銘云:"鍺鍺雝雝,聞于夏東。"與宗周鐘一樣,也是用同一成語形容鐘鼓和鳴之聲。此詞又見於春秋時期之秦公鐘(集成263、266、267、268、269)鎛銘文。曰:"霝音鍺鍺雝雝,以匽皇公,

---

① 　鄭剛:《古文字資料所見疊詞研究》,《中山大學學報》,1996年第3期,頁113。

② 　王輝:《古文字通假釋例》,臺北:藝文印書館,1993年,頁376。

以受大福。"秦公鎛銘(集成 270)又云:"其音鍺鍺,雖雖孔煌。"西周晚期梁其鐘(集成 188、190、192)銘云:"鎗鎗鍰鍰,鍺鍺鎲鎲。"經傳疏注中對肅字,幾無例外地釋爲敬,如果這個字即是虩字的話,那麼釋"敬"就不準確。金文此字很可能是象聲字,象鳥羽振動之聲。另外,釋雖或雍爲和,義差近之,因爲此字本也是象聲字,擬鐘鼓等樂器和鳴之聲。"肅"字形容音樂,多以象簫管之聲,如《釋名》卷七《釋樂器》第二十三云:"簫,肅也,其聲肅肅而清也。"鄭玄《周禮·春官注》引逸詩云:"敕爾瞽。率爾衆工。奏爾悲誦。肅肅雖雖。無怠無凶。"以此看來"肅"本以用來言鳥羽之振動,後用於祭祀中形容管樂器所演奏出的樂聲;"雖",或作"雍""雝""噰"等,本以象鳥之鳴聲,用於祭祀中象鐘鼓之鳴。"肅"、"雍"二字可離可合,可重疊,可聯用,引而申之,又用以象祭祀中莊敬肅穆之容。

濟濟多士

《詩·大雅·文王》云:"濟濟多士,文王以寧。"毛傳:"傳云:濟濟,多威儀也。"《詩·大雅·旱麓》:"瞻彼旱麓,榛楛濟濟。"毛《傳》:"濟濟,衆多也。"《詩·齊風·載驅》:"四驪濟濟,垂轡濔濔。"整齊美好貌。其字實際上又通"躋"。《詩·大雅·公劉》:"蹌蹌濟濟,俾筵俾几。"鄭《箋》:"濟濟,士大夫之威儀也。"《中山王𰯼方壺》:"穆穆濟濟,嚴敬,不敢怠荒。"穆濟爲莊敬之義。① 而《爾雅·釋訓》:"藹藹濟濟,止也。"則濟濟又有止之義。我以爲亦是容止之義。《廣雅·釋訓》:"濟濟,敬也。"《集韻·齊韻》:"濟,濟濟,祭祀容。"此濟濟,當指威儀莊敬之義。故此處釋濟濟爲莊敬之義,庶乎近之。

"多士"一詞,殷周時期對諸侯卿士大夫之通稱。《書·大誥》:"越予沖人,不卬自恤。義爾邦君,越爾多士,尹氏、御事。綏予曰:無毖于恤,不可不成乃寧考圖功。"僞孔《傳》:"言征四國於我童人,不惟自憂而已,乃欲施義於汝衆國君臣上下至御治事者。"②《書·多士》:"成周既成,遷殷頑民,周公以王命誥,作多士。"僞孔《傳》:"所告者即衆士,故以名篇。"孔《疏》:"成周之邑既成,乃遷殷之頑民,令居此邑。頑民謂殷之大夫士從武庚叛者。"③此多士爲殷多士。《詩·大雅·文王》云:"濟濟多士,文

---

① 中山王方壺銘文及釋文,見于豪亮:《于豪亮學術文存》,北京:中華書局,1985 年,頁 45—46;李學勤:《新出青銅器研究》,北京:文物出版社,1990 年,頁 176—178。

② 孔安國傳,孔穎達等正義:《尚書正義》,卷 13,頁 87。見阮元校刻《十三經注疏》,北京:中華書局,1983 年,頁 199。

③ 孔安國傳,孔穎達等正義:《尚書正義》,卷 16,頁 107。見阮元校刻《十三經注疏》,北京:中華書局,1983 年,頁 219。

王以寧。"又云:"思皇多士,生此王國。"故思皇多士謂周之大夫士也。商金文麗簋銘中有"多亞"一稱,西周金文中有"多倗友""多僚友""多宗""多父""多正"等稱,又多"者(諸)士"、"庶士"之稱,率此類也。甲骨文中亦多"多亞""多子""多子族"之稱。余亦頗疑有多士之稱。如《合集》40632 反有辭云:

(1) 貞⋯⋯多王(士)⋯⋯〔(1) 🀀⋯⋯多 玉 ⋯⋯〕

其中"玉"或爲王,或爲士,殆不易辨。若云"多王"則不文,若爲"多士"則庶乎近之。

秉文之德

　　《清廟》之後的《維天之命》篇云:"於乎不顯,文王之德之純",若與金文中善鼎(集成 2820)"對揚皇天子不杯休。用乍宗室寶隫。唯用妥福。虢前文人。秉德共屯(純)"。所謂"前文人",文獻中也作"前寧人",是指周人之祖先,時亦稱文王。西周晚期井人𠭯(女)鐘(集成 109、111)銘云:"穆穆秉德。"梁其鐘(集成 187、189、192):"不顯皇且考。穆穆異異。克慎厥德。農臣先王。"虢叔旅鐘(集成 238、239、240、241、242):"不顯皇考惠弔。穆穆秉元明德。御于厥辟。"其中"秉元明德"與《清廟》一詩的"秉文之德"聯繫起來看,春秋時期秦公鎛(集成 270):"穆穆帥秉明德。"西周中期師望鼎銘(集成 2812):"不顯皇考,𤔲公穆穆,克明厥心,恖(慎)厥德,用辟于先王,得屯亡斁。"番生簋銘文(集成 4326):"不顯皇且考,穆穆,克慎厥德,嚴才上,廣啓厥孫子于下。"周人重德,故於言神明之可畏之後,往往言"秉文(王)之德",或者"秉元明德"、"秉明德"、"秉德",或曰:"克慎厥德。"金文中之"慎"字,有時用"恖"字,作"克恖厥德"(梁其鐘,集成 187、189);有時用"克恩厥德"(梁其鐘,集成 192),有時用"克誓厥德"(番生簋蓋,集成 4352),有時用"克䝿厥德"(井人女鐘,集成 109、111),楊家村出土之逑盤銘文云:"桓桓克明恖厥德",字當讀爲"慎",①故此成語皆稱"克慎厥德"。如文獻中《尚書·五子之歌》云:"弗慎厥德,雖悔可追。"是反其意而用之。《召誥》云:"惟不敬厥德,乃早墜厥命。"《多士》曰:"不明厥德"。《書·胤征》則用"顛覆厥德,沈亂于酒",與《詩·大雅·抑》所謂:"顛覆厥德,荒湛于酒。"顯然是同一成語。"穆穆"、"於穆"總是在頌禮祖先的德行或者宗廟之莊嚴。

---

①　陳劍:《說慎》,李學勤、謝桂華主編《簡帛研究 2001》,廣西師大出版社,2001 年,頁 207—214。

對越在天

王引之之《經義述聞》卷七云：

家大人曰：“對越在天”，與“駿奔走在廟”相對爲文。對越，猶對揚，言對揚文武在天之神也。《江漢》篇曰：“對揚王休。”箋曰：“對，答也。《顧命》曰：答揚文武之光訓。”《祭統》曰：“對揚以辟之，勤大命。施于烝彝鼎。”並與對越同義。《爾雅》曰：“越，揚也。”揚越一聲之轉，對揚之爲對越，猶發揚之爲發越，清揚之爲清越矣。①

考金文中“對揚”一語，其對象絶大多數爲某人，最常見的是“對揚天子休”、“對揚王休”，偶亦有“對揚王命”、“對揚文母福剌（烈）”西周早期匽侯器中之克罍、克盉銘文云：“余大對乃享”，亦對揚之意。由此看來“對越在天”一詞，若云：“對揚在天”，無此文例。王引之的説法故不能成立。《爾雅》曰：“粤、于、爰，曰也。《書》曰：‘土爰稼穡’，《詩》曰：‘對越在天’、‘王于出征’。”②當以《爾雅》説“越”通“曰”、“于”爲是。“對越”即“對曰”、“對于”。《大雅·皇矣》云：“以篤于周祜，以對于天下。”故此詩其文當云：“對于在天！駿奔走在廟。”毛傳云：“對，遂也。”鄭箋：“對，答也。”是毛鄭異説。實際上，金文中“對揚”一詞，“對”即是“揚”，《廣雅·釋詁》：“對，揚也。”朱熹云對是答，揚是稱，二者無大異，皆稱答之義。故所謂“對越在天”，即“對于在天”。此句與後句“駿奔走在廟”相對而言，前者是言在上者，即面對神明祖考先王，後者是言下者；前者是言被祭祀的對象，後者是言從事祭祀者。

《陳風·東門之枌》云：“穀旦于逝，越以鬷邁。”越即同于，《召南·采蘩》云：“于以采蘩，于沼于沚。于以用之？公侯之事。”《召南·采蘋》云：“于以采蘋？南澗之濱。于以采藻？于彼行潦。”《邶風·擊鼓》云：“于以求之？于林之下。”《周頌·桓》云：“保有厥士，于以四方。”故“于以”、“越以”也是一種成詞。

駿奔走在廟

“奔走”一詞在《清廟》一詩中非如後世所説的奔走，而是有特定的涵義。以金文相證可知，“奔走”特言在祭祀中“相維辟公”，也就是諸侯大夫卿士佐祭之事。如𢔹乍周公簋（集成4241，亦名周公簋、井侯簋）：

佳三月。王令𢔹眔内史曰舀井侯服。易臣三品：州人、重人、庸人。拜頴

---

① 王引之：《經義述聞》，南京：江蘇古籍出版社，2000年，《高郵王氏四種》本景印，頁171。

② 《爾雅》卷上，《四部叢刊》影宋本。

首。魯天子㥜厥瀕福。克奔㞢上下。帝無冬令于有周。追考對不敢象，卲朕福盈。朕臣天子，用典王令。乍周公彝。

這裏用的是"奔走上下"一語形容敬事祀事。除"奔走上下"，金文中亦有"奔走畏天威"一語。西周早期大盂鼎（集成 2837）銘云："朝夕入（納）諫，高，奔走畏天畏（威）。"言在享祀先王時，奔走在廟，畏天之威。西周中期效卣（集成 5433）效尊（集成 6009）銘文云："效對公休，用乍寶彝。烏虖！效不敢不'萬年'，夙夜奔走。揚公休亦。其子子孫孫永寶。"可見亦有"奔走夙夜"一語。此語又作"奔走夙夕"，如西周早期麥盂（集成 9451）云："井侯光氒吏麥嗝于麥宮。侯易麥金，乍盂。用從井侯征事。用奔走夙夕。嗝御事。"其他類似的銘例還有西周早期召圜器（集成 10360）銘云："佳十又二月初吉丁卯，召啟進事，奔走事皇辟君休。王自穀事賞畢土方五十里。召弗敢忘王休異。用乍㝈宮旅彝。"也是説召爲王事奔走。

金文中"奔走夙夕"、"奔走上下"、"奔走畏天威"與此詩中的"奔走在廟"，皆用以形容與祭之人（辟公）敬事祀事。《尚書·武成》："丁未，祀于周廟，邦甸侯衛，駿奔走，執豆籩。"《禮記·大傳》云："既事而退，柴於上帝，祈於社，設奠於牧室。遂率天下諸侯執豆、籩，逡奔走；追王大王亶父、王季歷、文王昌；不以卑臨尊也。"陳喬樅引《禮記大傳注》："逡，疾也。《周頌》曰：逡奔走在廟。案：逡，《毛詩》作駿，傳云：長也，箋云：大也，義並與《禮記注》異，説詳齊詩考。"①所以本詩中"駿奔走在廟"，駿字本字有可能爲"逡"，其字義則爲"長"或"疾"的意思。

不管怎麼説，"奔走"一詞最初都是用以言宗廟祭祀之事。《尚書·酒誥》："奔走事厥考厥長。"《離騷》云："忽奔走以先後兮，及前王之踵武。"《禮記·祭統》中所記載的孔悝之鼎銘云："即宮于宗周，奔走無射。"可見此詞與後來一般意義上的奔走並不完全相同。在西周時期，"奔走夙夕"、"奔走上下"、"奔走無射"、"奔走畏天威"、"奔走事某人"、"奔走在廟"都是當時成語。"奔走夙夕"、"奔走夙夜"是説日夜敬事祀事；"奔走在廟"是指出從事祭祀的地方；"奔走上下"、"奔走無射"是言其黽勉從事的狀態；"奔走畏天威"、"奔走事皇辟君休"是强調祭祀和敬事的對象。

不顯不承

"不顯"一詞，金文最爲常見。是稱頌對揚之語。一般用於稱美祖先及君主。如西周銅器中以下數例：

---

① 陳喬樅：《詩經四家異文考》，頁 655 上，《續修四庫全書本》經部第七十五册。

單白昊生鐘：“不顯皇且剌考，逑匹先王。”

梁其鐘云：“不顯皇且考，穆穆異異，克慎厥德，農臣先王。”

虢弔旅鐘云：“不顯皇考惠弔，穆穆秉元明德。”

西周早期史獸鼎（集成2778）云：“對揚皇尹不顯休。”

西周銅器如利鼎、康鼎、大鼎，噩侯鼎、衛簋等皆云：“對揚天子不顯休。”

其他例證尚多，不煩枚舉。故所謂“不（丕）顯”總是用於稱美先祖先考，或者皇尹、天子。“丕承”之例比較少見。戰國銅器梁十九年亡智鼎（集成2746）“穆穆魯辟。復省朔旁。躬于茲異。嗣年萬丕承。”①其他“不承”或“丕承”之例雖未見，但金文中亦有“亡承”一語。如西周孝王（891—886 B.C.）時期的師訇簋（集成4342）云：“師訇：哀才（哉），今日天疾畏，降喪首（道）德，不克嬰古，亡承于先王。”其中，“日日天疾畏”即《詩經》中多見之“旻天疾威”，金文中亦常見此成語，如毛公鼎［孝王（891—886 B.C.）時器］作：“敃天疾畏（威）”。“首”字我認爲是“道”字之省形。《小雅·召旻》云：“旻天疾威，天篤降喪。”《雨無正》云：“浩浩昊天，不駿其德。降喪饑饉，斬伐四國。旻天疾威，弗慮弗圖。”總之是衰世中常見的一種君子質問蒼天的語氣。“妻”字不審何義，金文常云：“不妻”，如眉縣楊家村發現的四十三年逑鼎云：“不妻不井（型）”。師望簋云：“望肇帥井（型）皇考，虔夙夜，出内王命，不敢不象不妻”。“妻”字不識，學者有釋爲畫的，有釋爲規的，但證據尚不搞鑿。②以師訇簋銘文來判斷，其義大略似“述”“法”“規”這一類的意思。我認爲讀“遹”的可能性比較大。其字上半從“聿”，《大雅·文王》云：“無念爾祖，聿脩厥德。”毛傳云：“聿，述。”李富孫云：

《漢東平思王傳》引作述脩。《後漢·呂强傳》亦作述（《大明》：“聿懷多福”。《繁露·郊祭》引作“允懷”，聿、允聲相近）。案《釋言》曰：“律，遹，述也。”孫炎云：“遹，古述字，讀聿。”（段氏［玉裁］曰：“古文多以遹爲述故。故孫云爾。謂今人用述，古人用遹也。”）毛《傳》聿、遹皆訓述，即本《釋言》文。左氏（文二年，昭廿二年）《傳》引此詩杜注並訓爲述，《匡衡傳》、《吕强傳》、《文選首記總論》注皆同。聿、述與遹，字異而義同。段氏曰：“古聿、遹同字，述、遂同字。”③

以段玉裁説證之，則師望鼎銘之“虔夙夜，出内王命，不敢不象不妻”，當讀爲“虔夙夜，出内王命，不敢不述不遹”。“象”、“妻”二字字義相近相同而連續否定，在

---

① 《文物》，1981年第10期，頁66，圖6。

② 李零：《讀楊家村出土的虔述諸器》，《中國歷史文物》，2003年第3期，頁18。

③ 李富孫：《詩經異文釋》，頁240，《續修四庫全書》本。

金文、文獻中均常見，特別是詩經中，如所謂"勿砍勿伐"、"不稼不穡"、"不狩不獵"、"不震不動"、"不僭不濫"等等。

而"亡承于先王"，當然是不能踵武先王的意思。故"亡承"與"不(丕)承"義正相反。王引之《經義述聞》卷七云："承者，美大之辭，當讀爲'武王烝哉'之烝。"①《尚書‧君奭》："乘茲大命，惟文王德，丕承無疆之恤。"《尚書‧君牙》："丕顯哉文王謨，丕承哉武王烈。"《大雅‧文王有聲》每章尾句云："文王烝哉"、"王后烝哉"、"皇王烝哉"、"武王烝哉"。除與烝字通外，"不承"的"承"亦與"時"通。《大雅‧文王》篇云："有周不顯，帝命不時。"馬瑞辰《毛詩傳箋通釋》：

> 按：不，爲語詞。《玉篇》曰："不，詞也。"是也。故《傳》曰："不顯，顯也，不時，時也。"……不、丕古通用，"丕"亦語詞。"不顯"，猶"丕顯"也。時，當讀爲"承"，時、承一聲之轉。(《大戴禮‧少閒篇》："時天之氣"，即承天之氣。《楚策》："仰承甘露而餐之"，《新序‧雜事》篇承作時。皆時、承古通之證。按王引之《經義述聞》別有考，可參。)"不顯"、"不時"猶《清廟》言"不顯不承"，《尚書》言"丕顯丕承"也。王尚書釋《周頌》"不承"曰："承者，美大之詞，當讀'文王烝哉'之烝。"《釋文》引《韓詩》曰："烝，美也。"今按此詩帝命不時，時讀承，亦當訓美。帝命曰時，猶天子之命曰休命、曰大命也。

馬說丕亦語詞。以金文中常用"丕顯皇祖考"、"對揚天子丕顯休命"可證，馬說誠是。《大雅‧文王》云："有周不顯，帝命不時。"按照馬瑞辰的説法，"時"、"承"一聲之轉，"丕承"就是"丕時"。"時"、"寺"、"持"古多通，金文中常見者爲從口從寺之形。春秋早期上曾大子鼎銘："父母嘉寺(持)，多用旨食。"字形作 ，戰國早期楚王酓章鐘(集成84)"永持用享"之持，字作 。所以所謂"不(丕)顯不(丕)承"也是當時常用的祭祀用語。於《清廟》中是合而言之，而於《文王》中則爲分而言之，而云："有周丕顯，帝命丕時(承)"。亦猶"猗儺"(隰有萇楚)一詞，於《商頌‧那》則拆爲"猗與那與"，於《隰桑》又變爲"隰桑有阿，其葉有難"。

無射于人斯

《禮記‧大傳》引《詩》云："不顯不承，無斁於人斯"。故"無射"即爲"無斁"，經傳中甚明。《詩經》中"無斁(射)"一詞，所用不少，茲列舉如下：

> 爲絺爲綌，服之無斁(周南‧葛覃)，《禮記‧緇衣》及《表記》引作："服之無射"。

---

① 王引之：《經義述聞》，南京：江蘇古籍出版社，2000年，《高郵王氏四種》本影印，頁171。

古之人無斁，譽髦斯士（大雅·思齊）

在彼無惡，在此無斁（周頌·振鷺）《禮記·中庸》引作："在此無射"。

思無斁，思馬斯作（魯頌·駉）

戎車孔博，徒御無斁（魯頌·泮水）

式燕且譽，好爾無射（小雅·車舝）

不顯亦臨，無射亦保（大雅·思齊）

不顯不承，無射于人斯（周頌·清廟）

不惟詩中所用如此，金文亦常見，如師訇簋（集成 4342）"盩龢雩政。肆皇帝亡斁。臨保我厥周。雩四方民，亡不康靜。"毛公鼎（集成 2841）"龏韇大命。肆皇天亡斁。臨保我有周。不㢄先王配命。敃天疾畏。"[1]此外梁其鐘（集成 188）云："皇且考其嚴才上，數數稟稟。降余大魯。福亡斁（🈂）。"史牆盤（集成 10175）銘文云："昊昭（🈂）亡斁（🈂）。"其他尚有西周中期繁卣（集成 5430）"公啻酓辛公祀，衣事亡斁（🈂），公蔑繁曆"。比較早出現可能是西周早中期的䀇方尊（集成 6005），其銘文云："䀇既告于公休亡斁（🈂）。敢對揚厥休用乍辛公寶尊彝。用夙夕配宗。"其字字形與靜簋、繁卣相同，當爲斁字無疑。揆諸文例，無斁似當從前人所注作"無厭"（毛《詩·周南·葛覃》傳）"無已"（聞一多說）"無度"解。《禮記·祭統》記衛孔悝之鼎銘曰：

六月丁亥，公假于大廟。公曰：叔舅！乃祖莊叔，左右成公。成公乃命莊叔隨難于漢陽，即宮于宗周，奔走無射。啓右獻公。獻公乃命成叔纂乃祖服。乃考文叔，興舊耆欲，作率慶士，躬恤衛國，其勤公家，夙夜不解，民咸曰：休哉！公曰：叔舅！予女銘，若纂乃考服。悝拜稽首曰：對揚以辟之，勤大命，施于烝彝鼎。

西周晚期南宮乎鐘（集成 181）云："茲鐘名曰無斁（🈂）。"說明無斁作爲十二律名，在西周晚期已經出現。這也印證了《國語》中的記載，周景王欲鑄"無射"之鐘，單穆公諫曰不可。景王未從單穆公之諫，而徑鑄"大林"。[2]《周禮·大司樂》也記載了："乃奏無射，歌夾鐘，舞'大武'，以享先祖。"[3]

故"無射于人斯"也是一句成語的運用。成語的運用，往往詞句有離有合，音讀

---

[1]　劉毓慶：《頌詩新考》，見氏著《雅頌新考》，太原：山西高校出版社，1996 年，頁 157。

[2]　《國語》，頁 122—130。

[3]　《周禮注疏》，卷二十二，頁 149—151，十三經注疏本，頁 787—789。

亦或同或近,未必完全按既有的文字、順序及音讀。若以《清廟》一詩與《大雅·思齊》之"雍雍在宮,肅肅在廟。不顯亦臨,無射亦保",及《周頌·維天之命》之"維天之命,於穆不已。於乎不顯,文王之德之純。假以溢我,我其收之。駿惠我文王,曾孫篤之。"其中《大雅·思齊》中之"不顯亦臨,無射亦保"一語,實際就是師訇簋和毛公鼎銘文中"臨保我有周"一語之變形。臨在金文中多與"監"字可互訓,《大雅·皇矣》云:"皇矣上帝,臨下有赫",所謂臨下即是監臨下方,故其下文云:"監觀四方,求民之莫(瘼)。"《大雅·烝民》云:"天監有周,昭假于下。保茲天子,生仲山甫。"所謂"天監有周"、"保茲天子",也是將"臨保我有周"這一成語拆開來運用。這種分拆的用法亦見於金文,如西周初康王(1020—996 B. C.)時期大盂鼎(集成 2837)銘:"古天異臨子,灋保先王"。言上天監臨下方,保佑周王也。

從以上我們可以看出其語詞之相襲與分合之痕跡,究其實質,蓋都是周人宗教活動中所用禱祝語詞,故其相似性及沿襲性是不足爲怪的。

《周頌》《魯頌》《商頌》《大雅》《小雅》的一些篇章對讀,則祭祀用語是固定化的,其間離合變化,皆可尋繹。若再以金文證之,會發現詩經中常用祭祀用語極多。僅《周頌》中就有如下成語,在西周金文中以不同形式亦可見,如:

> 維周之楨　克配彼天　惠我無疆,子孫保之　無競維人(無競維烈)　子孫保之　我將我享　儀刑文王　我其夙夜　畏天之威　日就月將　駉介旁旁　奄有四方　於乎悠哉　以享以祀(以孝以享),以介景福(以介眉壽)　我求懿德　允王保之　鐘鼓喤喤,磬筦將將　降福簡簡(降福孔皆、降福孔夷)　威儀反反　在此無斁　庶幾夙夜　綏我眉壽,介以繁祉　綏以多福　永言保之　胡考之寧(胡考之休)　陟降厥士　天命匪解　桓桓武王　於昭于天

《周頌》中其他可與金文比讀的類似成語和習語的文例尚多,不煩枚舉,在本文下部分討論時,筆者會有更多舉證,我們可以看到這些成語實際上都是在西周中晚期祭祀語詞之四言韻文化過程中形成的。

二、從西周金文看銘文由雜言向四言的發展

如果從考古發現的樂鐘來看,入不入韻實際上是與音樂的發展及樂鐘的使用有很大的關係。

我們知道商周的樂鐘有一鐘雙音的特點,根據考古發現,商代中心區域所見樂鐘—庸及西周早中期的甬鐘,多爲三件一組,只有婦好墓的亞弜鐘是五件一組,而

其主要組合模式除亞弗庸爲四聲徵調外,其餘或爲三聲宮調、三聲角調;或爲二聲宮調或羽調。換言之,其旋律是比較簡單的。西周穆王(976—922 B.C.)時期是規律性雙音鐘出現的起點,從此以後,西周編甬鐘的正側鼓音呈現了規律化的小三度音程關係。我以爲在音樂上使用四聲音階與西周祭祀語言四言化有直接關係,而祭祀語詞的四言化又直接導致四言詩體的形成。經仔細考察,筆者發現:與音樂的發展相對應,西周青銅器銘文也經歷了由雜言向四言,由無韻到入韻的變化。讓我們看看金文語句的變化。

在共王(922—900 B.C.)時期以前,西周的銅器銘文句式多不規則,每句長短不一,無明顯格式化的特點。自共王時期的史牆盤銘文出現,我們才看到,其文例有趨向於每句四言的傾向。共王時期的銅器中,有周初畢公高的後人作的盠方彝,其銘文後面一段有四言化用韻的傾向,銘文云:

> 盠拜稽首,【幽】敢對揚王休,【幽】用作朕文且【魚】益公寶尊彝。【脂】盠曰:"天子不叚,【魚】不其萬年,【真】保我萬邦。【陽】"①

這一段銘文如與《江漢》一詩之卒章内容和句式都非常相似。《大雅·江漢》之卒章云:"虎拜稽首,對揚王休。作召公考:天子萬壽!明明天子,令聞不已,矢其文德,洽此四國。"其前四句是幽部,第五第六兩句是之部,最後兩句是職部。之幽合韻,之職陰入對轉。用韻十分規整。

兩篇文字内容極其相近;句式當然《江漢》是標準的四言詩,但盠方彝銘雖不完全規範,卻有向四言句式發展的趨向;而在用韻方面,盠方彝銘顯然尚不合乎後來的形式。其中特别值得注意的"盠曰"之後的一段盠所説的話:"天子不叚,【魚】不其萬年,【真】保我萬邦。【陽】",其行文不但與《江漢》之卒章相似,與《小雅·瞻彼洛矣》末四句:"君子至止,福祿既同。君子萬年,保其家邦"其行文亦何其相似乃爾,而《小雅·南山有臺》迭云:"邦家之基"、"邦家之光",又云"遐不眉壽"、"遐不黄耇",又云:"萬壽無期"、"萬壽無疆",使用的都是與盠方彝銘中同源的成語,也是金文中習見的祝嘏之辭。而盠方彝銘與《大小雅》的區别只在未用韻而已。可以確定的是,《大雅·江漢》是頌揚周宣王(827—782 B.C.)大臣召伯虎的作品,較諸共王(922—900 B.C.)時的盠晚了百年,從盠方彝銘看得出來,雖不押韻,但從共王(922—900 B.C.)時期到宣王(827—782 B.C.)時期,有些銅器銘文的句式是向整齊四言的方向發展,還是十分明顯的。學者如徐中舒、陳夢家、張振林、彭裕商、韓巍等都曾對

---

① 關於盠及盠器,可參見劉啓益:《西周銅器斷代研究》,廣州:廣東教育出版社,2002年,頁265—267。

金文中所見兩周習語作過斷代的研究，日本學者林已奈夫也曾經指出，可以從銅器銘文的語言形式多少判斷出銘文的時代特徵，並運用這一方法，提出了很多有價值的參照方法。①其中林已奈夫之文以表列的方式，以格式化的語詞爲經，時代爲緯，對殷商到春秋前期的金文的語詞作了詳盡的分列，饒有貢獻。以表五ノ1《作器に關する願望》來看，金文中表達願望的格式化語言"其永寶"（四例）、"子子孫孫其永寶"（一例）、"其萬年用"（一例），這三種金文中格式化祝願之辭是在林已所説的西周I期B段（康王［1020—996 B. C.］昭王［995—977 B. C.］時期）才開始出現，而其他語詞如"子子孫孫萬年永保用之"之類的套語是在西周中期也就是穆王（976—922 B. C.）時期以後才開始流行，②而也是在穆王（976—922 B. C.）時期周王在宮廷實行册命禮的銘文才開始出現。而"永寶用享"一詞也是西周中期才開始第一次出現，西周晚期（夷、厲、宣、幽）才開始廣泛使用。我們以表列的方式，可以看到金文和《周頌》諸篇中一些習語的出現，大部分是在西周中晚期，穆王共王以後：

周頌中語句	武成康昭	穆共孝懿	夷厲共和	宣王幽王
克配彼天思文			司配皇天敔鐘 先王配上下五祀敔鐘 丕雍先王，用配皇天敔簋	永保四方，配皇天南宮乎鐘 不珷先王配命毛公鼎
奄有四方執競 奄有四方皇矣	濩保先王，匍有四方大盂鼎	匍有四方瘐鐘	雁受大命，匍有四方五祀敔鐘	永保四方，配皇天南宮乎鐘 雁受大命，匍有四方四十二年四十三年逑鼎·逑盤·師克盨
于以四方桓	遣于四方保尊保卣		雪四方民，亡不康靜師訇簋	若否雪四方毛公鼎
於昭于天桓				卬卲皇天毛公鼎
克定厥家桓			奠保我邦我家邿向父簋禹簋 夾召先王，奠四方禹鼎 則乃祖奠周邦訇簋	

① 張振林：《論銅器銘文形式上的時代標記》，《古文字研究》第五輯，1981年，頁23—30。
② 林已奈夫：《殷—春秋前期金文の書式と常用語句の時代的變遷》，《東方學報》，第五十五册，1983年，頁1—101。

（续表）

周頌中語句	武成康昭	穆共孝懿	夷厲共和	宣王幽王
夙夜敬止[閟予小子] 我其夙夜[我將]	夙夜將宣[雁公鼎/曆方鼎]	用夙夜配宗[方尊] 用事夙夜[恒簋蓋] 虔夙夜卹厥死事[追簋]	敬夙夜勿灋朕命[牧簋]	虔夙夜辟天子[梁其鐘] 夙夜敬念[毛公鼎] 敬夙夜用事[元年師旋簋] 敬夙夜勿灋朕命[師克盨/蔡簋] 敬夙夕用事勿灋朕命[大克鼎]
無競維烈[執競] 無競維人[烈文]	尹其亘萬年,受厥永魯亡競才服[高卣]	亡克競厥剌[班簋]	亡競我佳[麩鐘]	
畏天之威[我將] 旻天疾威	宣奔走畏天畏[大盂鼎]	眈天畏不畀屯陟[班簋]	今日天疾畏[師詢簋]	敃天疾畏[毛公鼎]
陟降厥家[訪落] 陟降庭止[訪落、閟予小子] 陟降厥士[敬之]		大神其陟降嚴祐[麩鐘]	其瀕才帝廷陟降[麩鐘] 文人陟降[五祀麩鐘]	
以孝以享[載見] 以享以祀[潛]	用笽宣孝,其子子孫孫,其永寶用宣[日日庚簋]	用敢鄉孝于皇且考[仲枏父鬲] 又孝福孝考[白鼎] 用夙夜宣孝[方鼎] 宣孝妥福[方鼎]	子子孫孫用寶,日用宣孝[井南白簋]	用孝用享[姬鼎、曾伯陭壺] 永用享孝[仲禹父鼎] 用享孝于某人[辛中姬皇母鼎、弔罷父簋、此簋、白鮮簋] 用朝夕宣孝[仲殷父簋] 用宣用孝,萬年眉壽[白梂虘簋] 用宣用孝,祈匄眉壽[封仲簋蓋]
綏我眉壽,黃耇無疆[烈祖] 綏我眉壽,介以繁祉[雝] 綏以多福[載見]			尹弔(叔)用妥多福于皇考德尹惠姬[蔡簋] 唯用妥福,虩前文人,秉德共屯[善鼎]	眉壽多福等語之西周晚期之金文辭例,不可勝舉。(詳見林巳奈夫之表五/2及表六。)
降福孔皆[豐年] 降福孔夷[訪落] 降福穰穰[豐年] 降福簡簡[年]			降余多福[胡簋] 降余多福[弔向父簋/禹簋]	降多福無(疆)[弔旅魚父鐘] 降余大魯福[梁其鐘] 降余厚多福無疆[井人佞鐘] 降余魯多福無疆[士父鐘] 降旅多福[虢叔旅鐘]

（续表）

周頌中語句	武成康昭	穆共孝懿	夷厲共和	宣王幽王
不顯成康（執競） 不顯不承（清廟） 於乎不顯,文王之德之純（維天之命） 不顯維德（烈文）	不顯考文王（天亡簋）	不顯高且亞且文考（癲鐘）	不顯文武,雁受天命（師訇簋） 不顯文武,受命（訇簋）	不顯文武。（毛公鼎） 不顯文武。（四十二年四十三年逨鼎、逨盤）
於乎悠哉（訪落）	烏虖倏敬哉（弔樋父卣）		烏虖哀哉（禹鼎）	

以上只是約舉數例,可以看出金文中文辭向四言化發展的明顯痕跡。要說明的是此表並不完全,其他例證尚多,本文囿於篇幅,不能一一盡舉。其中尤以西周晚期金文中銘末語詞的四言化更爲清楚,如“萬年無疆,子子孫孫,永保用享”一詞成爲夷厲宣幽時期最常見的銘末祝嘏之詞。

三、金文的韻語化與韻文的形成

在共王(922—900 B. C.)時期以前,西周的銅器銘文多不押韻。徧覽西周金文,我發現在共王以前的銅器中只有極少數局部入韻的銘文,如武成時期的大豐簋(又名天亡簋,集成4261)、乍册矢令簋(集成4300),郭沫若雖列其爲韻文,但是顯然是可議的。而如陳世輝、陳邦懷所補,大多是短銘,其中早期銅器上的銘文雖偶爾合韻,通篇來講,尚不能以韻文視之。①作於康王(1020—996 B. C.)二十三年的大盂鼎,銘文共二百九十二字,其中開始幾句有用陽韻的傾向。如云:“不顯玟王,受天有大命,在武王。嗣玟乍邦。闢厥匿。匍有四方。畍正厥民。在雩祀事。虩雨無敢酘。有髭蒸祀無敢醵。古天異臨子。灋保先王。匍有四方。”(集成2837)從銘文通篇來看,“王”、“方”二韻字之重複使用,其用韻不似有意爲之。②其他尚有如辛鼎,亦不能遽斷爲是。③而共王時期的史牆盤銘文的用韻,則似刻意之作。其銘云:

---

① 陳世輝:《金文韻讀續輯》,《古文字研究》第五輯,1981年,頁168—190;陳邦懷:《兩周金文韻讀輯遺》,《古文字研究》第九輯,1983年,頁445—462。
② 郭沫若定其爲韻文,見郭氏:《金文韻讀補遺》,《郭沫若全集·考古卷》,第四册,《殷周青銅器銘文研究》,頁289。
③ 郭沫若以爲辛鼎亦爲韻文,可能是基於將“德”字釋爲“相”字的誤讀。見郭氏:《金文韻讀補遺》,《郭沫若全集·考古卷》,第四册,《殷周青銅器銘文研究》,頁289。

曰古文王。【陽】初敫穌于政。【耕】上帝降懿德大甹。【耕】匍有上下。迨
受萬邦。【陽】鞏圉武王。【陽】遹征四方。【陽】達殷畯民。【真】永不巩狄。髟
伐夷童。【東】盍聖成王。【陽】左右穀毀剛鯀。用肇(肇)毀(徹)周邦。【陽】朋
哲康王。【陽】分尹亯彊。【陽】宖魯卲王。【陽】廣㽙楚荆。【耕】佳寏南行。
【耕】祗覞穆王。【陽】井帥宇誨。【之】麗寧天子。【之】天子閾屖,【寒】文武長
剌。【月】天子釁無匃。【月】爨祁上下。【魚】丞獄起慕。【鐸】昊㷭亡昊。【鐸】
上帝司夏。【魚】㧏保受天子綰令。【真】厚福豐年。【真】方縊亡不巩見。【寒】
青幽高且。【魚】才刕霝處。【魚】雩武王既戈殷。【文】散史剌且,【魚】廼來見武
王。【陽】武王則令周公,【東】舍寓于周。【幽】卑處甬。【東】惠乙且逨匹厥辟。
【錫】遠猷腹心。【侵】子鳳眷明。【陽】亞且且辛。【真】頹毓子孫。【文】綏髮多
氂。【之】檽角鑾光。【陽】義其禋祀。【之】

　　從我所標示的可以看到,銘文的前半段是用耕陽合韻、東韻、耕真合韻。後半
段從"井帥宇誨"以下,先用之韻,月韻,之後魚鐸陰入對轉通韻,再之後的幾句可能
脫韻,銘文最後仍回到之部。通篇句式以四言爲主,故史牆盤雖然不能説是一首標
準的四言詩,但具有明顯的韻文化的傾向。同期的應侯見工鐘(集成107—108)銘
文顯示了不太成熟的韻文特點:

圖:李建偉、牛瑞紅編:《中國青銅器圖録》,北京:文物出版社,2000年,頁373。

　　隹正二月初吉。王歸自成周。雁侯見工遺王于周。辛未王各于康。焚白
内右雁侯見工。易彤弓一。彤矢百。馬四匹。見工敢對揚天子休。用乍朕皇

且雁侯大林鐘。【東】用易釁壽永令。【真】子子孫孫,【文】永寶用。【東】①

　　共王(922—900 B. C.)時期的史牆盤、應侯見工鐘出現韻文化的傾向絕非偶然,而是與周人在西周中期的音樂發展,編鐘的四聲樂調開始定型有很大的關係。我認爲"永寶用享"一詞正是金文韻文化過程中的自然産生的一個語詞,在西周早中期,銘文最後的祝願詞一般都是"永寶"、"永寶用"、"永用",另外當然還有其他很多形式,之所以出現"永寶用享"一詞,很可能是爲了入韻,因爲金文在韻文化時,最常見的是以陽部韻收結,而"永寶用享"之前入韻的一句一般都是"眉壽無疆"、"萬壽無疆"、"多福無疆"、"萬年無疆"一類詞西周中期始出現,晚期始流行之詞。其出現當也與韻文化有很大的關係。而這些詞語本是商周時期祭祀中所用祝嘏之辭。從金文和《詩經》來看,這些祝嘏之辭對於西周中期韻文的形成亦饒有貢獻。如金文中"亡(無)彊(疆)"一詞雖然在西周早期的辛鼎(集成 2660)銘文中出現,曰:"辛作寶其亡(無)彊(疆)",但是定格化爲後來的"眉壽無疆"、"萬壽無疆"、"多福無疆"、"萬年無疆"等成語成詞,最早恐怕是在西周懿、孝時期的癲組及夷厲時期的眉縣楊家村逨組銅器上,最常見的格式是銘文最後以"萬年無疆,子子孫孫,永寶用享"的祝嘏之辭收結,其用韻的特點很明顯,如 2003 年發現的眉縣楊家村逨盤、四十二年、四十三年逨鼎銘文文末皆有"眉壽綰綽,臸臣天子,逨萬年無疆,子子孫孫,永寶用享"之語,逨鐘銘文則於文中云:"肆天子多賜逨休,天子其萬年無疆,耆黃耇,保奠周邦,諫乂四方。"②有意用韻的例證是西周晚期的豐白車父簋(集成 4107),其銘文云:"豐白車父作尊簋,用匄眉壽,萬年無疆,子孫是尚,子孫之寶,用孝用享。"五句中一、四以幽部爲韻,二、三、五以陽部爲韻,韻文所帶來的旋律效果,令人回味。可以看得出來,這些夷厲宣幽時期的銘文結語,是由前舉之應侯見工鐘銘文之"用易釁壽永令。【真】子子孫孫,【文】永寶用。【東】",進一步韻文化、四言化演變過來的。

---

① 劉啓益:《西周銅器斷代研究》,廣州:廣東教育出版社,2002 年,頁 275。本文從劉啓益、王世民、張長壽、陳公柔諸氏之説,以爲應侯諸器屬共王時器。主要依據是鐘銘中的佑者榮伯,見於共王時其他銅器銘文。見王世民、陳公柔、張長壽:《西周青銅器分期斷代研究》,北京:文物出版社,1999 年,頁 173。但李學勤先生認爲應侯諸器,包括近期公佈的《首陽吉金》應侯簋,皆係厲王時期的銅器。見李學勤:《論應侯視工諸器的時代》,《新出青銅器研究》,北京:文物出版社,1990 年,頁 80。又見李學勤先生:《〈首陽吉金〉應侯簋考釋》,將刊於《人文中國》,第 16 期。彭裕商先生亦同意屬厲王時器説,以爲銘文中之榮伯與同簋等銘中榮伯爲同一人,皆爲厲王時大臣榮夷公。見彭裕商:《西周青銅器年代綜合研究》,成都:巴蜀書社,2003 年,頁 415。
② 李零:《讀楊家村出土的虞逨諸器》,《中國歷史文物》,2003 年第 3 期,頁 16;王輝:《逨盤銘文箋釋》,《考古與文物》,2003 年第 3 期,頁 88;董珊:《略論西周單氏家族窖藏青銅器銘文》,《中國歷史文物》,2003 年第 4 期,頁 40—50。

而上舉這些"無疆"成語在《詩經》亦多處可見,如"萬壽無疆"(《詩·豳風·七月》、《詩·小雅·天保》、《詩·小雅·南山有臺》、《詩·小雅·楚茨》、《詩·小雅·信南山》、《詩·小雅·甫田》)、"壽考萬年"(《詩·小雅·信南山》)、"萬世無疆"(《書·太甲》)、"受福無疆"(《詩·大雅·假樂》)、"申錫無疆"、"綏我眉壽,黃耇無疆"、"降福無疆"(《詩·商頌·烈祖》)、"惠我無疆,子孫保之"(《詩·周頌·烈文》),這些例證雖不能説明這些詩篇的準確年代,但至少可以説明它們不太可能早於西周中晚期,也就是懿王(899—892 B. C.)時期以前。像《詩·周頌·烈文》這篇我們原以爲是周初的詩篇,如此看來,其時代恐怕要後推。傳世銅器中之白桷盧簋(集成 4091),不知器主與懿王時期之盧是否同一人,銘文以幽部入韻,云:"白桷盧肇乍皇考【幽】剌公障簋,用宣用孝,【幽】萬年眉壽,【幽】眈在位,子子孫孫永寶。【幽】"還有一件在斷代上有爭議的銅器是現藏於故宮的耳尊(集成 6007)也是用幽部韻,其銘文云:"佳六月初吉,辰在辛卯。侯各于耳,邾侯休于耳。易臣十家。呈師耳對揚侯休。【幽】肆乍京公寶障彝。京公孫子寶。【幽】侯萬年壽考。【幽】黃耇。【侯】耳日嗳休。【幽】"彭裕商定其爲西周中期時器,是可信的。該器銘的最後四句話的四個韻字是幽侯合韻。可以看得出來,用韻行文尚不如宣王時期器銘之圓轉自然。但顯然,像"萬年眉壽"、"用享用孝"、"萬年壽考"、"眉壽黃耇"等成詞,是在金文韻文化過程中,爲合幽部韻而演變出來的。與此相類,爲合之部韻,金文中亦出現了"萬年無期"、"眉壽無期"、"屯魯多福"、"妥厚多福"等一類之職通韻的成語。

由此我們又注意到,西周金文中的韻文用韻最常見的是"之"、"幽"、"東"、"陽"、"真"等部,而這一現象與《詩·周頌》中的用韻情況,亦大致相符。

《詩·周頌》三十一篇,除前文所提到的不入韻的數篇之外,大部分都是以此數韻行。以王力所製的韻讀爲本,我們可以看到這三十一篇的用韻情況如下:

《清廟》無韻

《維天之命》無韻

《維清》真耕合韻

《烈文》前半東陽合韻,後半真文耕合韻

《天作》陽韻

《昊天有成命》無韻

《我將》前半之部,換陽部,最後兩句脱韻

《時邁》無韻

《執競》太半陽部，最後兩韻元部

《思文》中間兩句真韻，前後無韻

《臣工》前兩句真韻，其他無韻

《噫嘻》無韻

《振鷺》前半東韻，後半鐸魚通韻

《豐年》脂韻

《有瞽》魚部轉耕部

《潛》前兩句魚韻，後四句之職通韻

《雝》前四句東覺交錯爲韻，轉幽之真侯幽之

《載見》前大半爲陽部，後四句幽魚交錯

《有客》前半以魚韻爲主，後半微脂合韻

《武》無韻

《閔予小子》幽之合韻，轉耕，轉陽

《訪落》之幽合韻，轉月元通韻，轉魚

《敬之》前七句之部，後三句陽部

《小毖》無韻

《載芟》《良耜》兩篇長篇比較複雜，多次換韻

《絲衣》之幽合韻

《酌》《桓》無韻

《賚》之部

《般》無韻

　　《詩・周頌》三十一篇的用韻與西周中晚期金文用韻大致相合，這恐怕要引起我們聯想到這些詩篇與西周金文的密切關係，並由此懷疑以往的關於《周頌》三十一篇皆創作於武、成、康、昭時期的論斷。《周頌》諸篇除無韻諸詩以外，可能大多數產生於西周中晚期。

四、音樂的發展與金文韻文的形成

　　前文我們討論過，西周早中期的甬鐘，即李純一所說的"濫觴期"的甬鐘，多爲三件一組。商庸之中只有婦好墓的亞弜庸是五件一組，而其主要組合模式除亞弜

圖:亞弔庸(李純一《中國上古出土樂器綜論》,圖 13)

庸爲四聲徵調外,其餘或爲三聲宫調、三聲角調;或爲二聲宫調或羽調。濫觴期的西周編甬鐘,據李純一云:"像殷庸那樣,也是形體較小,三件一組,而且在組合上也可能倣效殷庸或受其影響。"換言之,武成康昭穆時期,西周樂鐘還是基本因襲了晚商的三件成組、形體較小、旋律比較簡單的特點。①西周穆王(976—922 B.C.)時期是規律性雙音鐘出現的起點,從此以後,西周編甬鐘的正側鼓音呈現了規律化的小三度音程關係。②1960 年在陝西扶風齊家村發現的兩組八件套的西周晚期前段的中義鐘,和西周晚期的柞鐘,都有如下特點:

　　　　　　從調整後的推測音列分析,柞鐘的編列應該與中義鐘的編列規律相同,即兩件大鐘的單音形成小三度的羽—宫結構,六件小鐘的正鼓音形成角—羽—角的四五度關係,側鼓音則以小三度構成宫音和徵音,共同組成羽、宫、角、徵四聲音列。③

　　此外,考古學家又對約當西周孝王(891—886 B.C.)時期的陝西扶風莊白村窖藏微史家族的編鐘、宣王(827—782 B.C.)時期的眉縣楊家村的逨鐘、河南上村嶺虢國墓地編鐘、山西曲沃的厲王時期晉侯穌編鐘等音高和編列等作了分析和推測,基本可以斷定它們與中義鐘和柞鐘一樣,其四聲音列也可以組成一個羽調式音階。顯然羽、宫、角、徵四聲構成了西周中期以後編鐘的基本旋律特點。④

　　與此相對應的是,西周青銅器銘文,有如下幾個特點:第一是西周中期以後四

① 李純一:《中國上古出土樂器綜論》,頁 119、177—186。關於雙音鐘的音效及振動原理,參見朱鳳瀚:《古代中國青銅器》,天津:南開大學出版社,1995 年,頁 239—242。
② 陳荃有:《中國青銅樂鐘研究》,上海音樂學院出版社,2005 年,頁 41—46。
③ 陳荃有:《中國青銅樂鐘研究》,頁 50。
④ 王子初:《晉侯穌鐘的音樂學研究》,《文物》,1998 年第 5 期,頁 23—30;《中國音樂考古學》,福州:福建教育出版社,2003 年,頁 145—151。王清雷:《西周樂懸制度的音樂考古學研究》,北京:文物出版社,2007 年,頁 176—181。

言套語的出現;第二是西周中期以後金文越來越普遍用韻的傾向。而在銅器銘文尤以編鐘銘文,四言化與韻文化的發展脉絡更爲明顯。下面讓我們具體分析一下。

從懿王(899—892 B.C.)孝王(891—886 B.C.)時期的微史家族的瘋組銅器來看,編鐘八件及八件以上的組合在穆王(976—922 B.C.)時期以後開始成形,而雙音的使用構成徵調四聲的音樂特點,西周樂鐘上的銘文的四言化及韻文化的傾向變得相當明顯。①典型的例證就是微史家族的瘋所屬的銅器。在 1976 年於扶風莊白出土的一百零三件銅器中,有銘文者七十四件,屬於瘋的就有四十一件。其器有四年瘋盨(941 B.C.)一,三年瘋壺(942 B.C.)一,十三年瘋壺(932 B.C.)二,瘋簋八,瘋爵三,瘋盆二,瘋鋪一,瘋匕二,微伯瘋鬲五,傳世的銘拓中尚有三年瘋鼎(942 B.C.)一,此外還有瘋鐘十四件。這些瘋器上都有銘文,但有一個值得注意的現象,只有鐘的銘文句式是相對整齊的四言句,也只有鐘銘是多半入韻的。其銘曰:

瘋趄趄,【元】㫊夕聖趄。【陽】

追孝于高且辛公,【東】文且乙公,【東】皇考丁公,【東】龢鑰鐘。【東】用邵各喜侃,【元】樂前文人。【真】

用祓壽,【幽】匄永令。【真】

綽綰。【元】祿泉。【屋】屯魯。【魚】弋皇且考,【幽】高對爾剌。【月】嚴才上,【陽】豐豐橐橐,【鐸】妥厚多福。【屋】

廣啓瘋身。【真】

勛于永令。【真】

褎受余爾鞴福。【屋】瘋其萬年。【真】

檮角鞴光。【陽】義文神。【真】

無彊覭福。【屋】用 🔖 光瘋身。【真】

永余寶。【幽】

我們可以看到,銘文是以陽元合韻開始,轉入東韻,通篇主體是真元合韻。其他幾式的瘋鐘銘文亦與此相類,兹不贅述。②與其他器完全不入韻相比,鐘銘是一篇有意爲之韻文。無獨有偶,同是懿王(899—892 B.C.)時期盧器,也有同樣的特點。③

① 陳邦懷:《兩周金文韻讀輯遺》,《古文字研究》第九輯,1983 年,頁 450。
② 李純一:《中國上古出土樂器綜論》,頁 188—191。
③ 劉啓益:《西周銅器斷代研究》,廣州:廣東教育出版社,2002 年,頁 310—311。劉氏定其爲懿王時器,而王世民、陳公柔、張長壽等認爲是"孝王前後期"之期,見王世民、陳公柔、張長壽:《西周青銅器分期斷代研究》,北京:文物出版社,1999 年,頁 163。

虘鐘銘文東冬合韻,與其他虘器銘文相比,具明顯用韻傾向,其文云:

> 佳正月初吉丁亥,虘（𩁹）乍寶鐘【東部】。
>
> 用追孝于己白,用亯大宗【冬部】。
>
> 用濼好賓（宿）【真部】。
>
> 虘眔蔡姬永寶,用卲大宗【冬部】。

此鐘是一組編鐘中的一件,從銘辭的内容來推斷,應該是第一件。從殘存的這一段銘文來看,開篇是用東冬合韻。相比之下,屬於同一器主的太師虘簋（集成4251—4252）就完全没有入韻的傾向。①其銘文云:

> 正月既望甲午。王才周師量宫。旦。王各大室。即立。王乎師晨召大師虘。入門。立中廷。王乎宰智易大師虘虎裘。虘拜稽首。敢對揚天子不顯休。用乍寶簋。虘其萬年永寶用。佳十又二年。

銘文中十又二年,當爲懿王（899—892 B. C.）之十二年,約當公元前十世紀末,西周中期偏早。此器現藏上海博物館。太師虘簋,與虘鐘的虘當屬同一人,而同屬此人的大師虘豆（集成4692）,爲吳榮光筠清館舊藏。銘文云:

> 大師虘乍鑄隋豆。用卲洛朕文且考。用㝬多福。用匃永令。虘其永寶用亯。

我們可以看到,豆銘也是完全不入韻的。以筆者所見到的,西周懿王（899—892 B. C.）以後到西周末季的很多鐘鎛銘文都有入韻化傾向,如孝王（891—886 B. C.）時期的井叔采鐘（集成356、357）,銘文雖短,但已着意押韻。最典型的當屬厲王（877—841 B. C.）之五祀𣄰鐘（集成358）與𣄰鐘（集成260）。其中𣄰鐘則是一篇典型的韻文。

五祀𣄰鐘銘文:

> 明𣅼文。【文】乃雁受大令,【真】匍有四方。【陽】余小子肇嗣先王,【陽】配上下。【魚】乍厥王王大寶。【幽】用喜侃前文人。【真】前文人㝩厚多福,【屋】用鼏圛先王,【陽】受皇天大魯令。【真】文人陟降,【冬】降余黄耇,【幽】受余屯魯。【魚】用敬不廷方。【陽】𣄰其萬年,【真】永畍尹四方。【陽】保大命,【真】乍疐才下。【魚】御大福其各。【鐸】佳王五祀。【之】

𣄰鐘（宗周鐘）銘文:

---

① 　上海博物館編:《上海博物館藏青銅器》,頁52。

圖：李建偉、牛瑞紅編：《中國青銅器圖錄》，北京：文物出版社，2000 年，頁 372。

王肇通省文武，【魚】堇彊土。【魚】南或及孳，【之】敢召處我土。【魚】王臺伐其至，戩伐厥都。【魚】及孳迺遣間來逆卲王。【陽】南夷東夷具見，廿又六邦。【陽】佳皇上帝百神，保余小子。【之】朕猷有成亡競，【陽】我佳司配皇天。【真】王對乍宗周寶鐘。【東】倉倉悤（ ）悤，【東】雝（ ）雝雝雝，【東】用卲各，不顯且考先王。【陽】先王其嚴才上。【陽】（ ）（ ），【東】降余多福。【屋】福余順孫，【文】參壽佳瑂（ ）。①【質】猷其萬年，【真】畯（ ）保四或。【職】

銘文前半之魚合韻，中間陽韻東韻互用，結尾數句，真、質屬於陽入對轉通韻，真文合韻。相比之下，五祀猷鐘雖也入韻，但沒有猷鐘銘文整齊規範，且五祀猷鐘韻字多重複，其韻律效果顯然不及猷鐘。屬王（877—841 B. C.）胡的銅器還有猷簋（集成 4317），根據其銘文，是器作於屬王（877—841 B. C.）十二年，行文以四言爲主，但用韻不及五祀猷鐘和猷鐘明顯。這一現象爲我們指示了韻文四言詩體的出現與西周音樂發展的關係。如果列表比較一下西周宣王（827—782 B. C.）時期的虢季編鐘銘文②與《周頌·載見》，我們會發現無論是在成語成詞的使用上，還是用韻上，兩篇韻文竟然驚人地相似：

①　王國維謂此字與晉姜鼎銘中之"三壽佳利"之"利"字同，故爲脂部。見《兩周金石文韻讀》，頁 1，《王國維遺書》，上海古籍書店，1983 年。

②　《三門峽虢國墓地》，北京：文物出版社，1992 年，上冊，頁 73—78。劉雨、盧巖編：《近出殷周金文集錄》，北京：中華書局，2002 年，頁 210—226。

周頌·載見	虢季編鐘銘文	説　　明
載見辟王【陽】	隹十月初吉丁亥	金文起始語，不入韻
曰求厥章【陽】	虢季作爲協鐘【東】	
龍旂陽陽【陽】 和鈴央央【陽】	其音鳴雍【東】	鐘文爲叶"鐘"字，以東部入韻，此在兩周鐘銘中常見。 "央央"或疑即"鉠鉠"，即金文中之"鍺鍺雝雝"之"鍺鍺"。
鞗革有鶬【陽】	用義其賓【真】	兩周鐘銘中"賓"字叶東韻多見，如前舉之盧鐘："用享大宗，用濼好賓。"即此例。"鞗革"金文多作"攸勒""鋚勒""攸革"等等
休有烈光【陽】	用與其邦【陽】	
率見昭考【幽】	虢季作寶【幽】	
以孝以享【陽】	用享追孝【幽】	"以孝以享"金文多作"用孝用亯"
以介眉壽【幽】	于其皇考【幽】	"以介眉壽"金文多作"以匄釁壽"、"以旂釁壽"
永言保【幽】之	用祈萬壽【幽】	王力以爲"保"爲韻腳字。① "永言保之"金文多作"永寶用之"
思皇多祜【魚】	用樂用享【陽】	
烈文辟公【東】	季氏受福無疆【陽】	王力以爲"公"非韻腳字。
綏以多福【職】		王力以爲"福"非韻腳字。金文多作"妥福"、"妥多福"、"妥厚多福"
俾緝熙于純嘏【魚】		"純嘏"金文多作"屯魯"

　　通過比讀，我們有充分的理由相信，《載見》是西周晚期的一篇與周貴族的宗教活動有關的歌詩，也是一篇剛剛成熟的四言韻文作品。《周頌》中還有其他一些與西周晚期鐘銘無論是在內容上，還是在行文用韻上也十分相似的作品，如《執競》、《有瞽》和《雝》。因篇幅所限，本文不加細論。

　　綜觀西周晚期銘文，有如下幾個特點：

　　首先，西周晚期的樂鐘是以甬鐘爲主，除一些銘文過於簡短的以外，大部分甬鐘銘文都有入韻和詩歌化的傾向。當然這不排除少數例外，如 1992 年在山西曲沃北趙晉侯墓地發現的晉侯穌鐘，時代在宣王(827—782 B. C.)時期，其 355 字長銘相

---

① 　王力：《詩經韻讀》，頁 395。

連分刻於各鐘鉦間及右銑,其銘文與西周其他器銘相類,以敘事爲主,散體不入韻,句式亦長短不一,這有可能是西周中央與地方上的差異,亦有可能是因爲本篇注重對家族歷史回顧,敘事性較强的緣故。在宗周地區的編甬鐘如有長銘如此,一般皆有用韻的特點。如孝王(891—886 B. C.)時期的幾組癭鐘、井叔采鐘;夷王(885—878 B. C.)厲王(877—841 B. C.)時期的逑鐘;厲王(877—841 B. C.)的默鐘、五祀默鐘;宣王(827—782 B. C.)时期的井人佞鐘、士父鐘(集成 145—148)等。西周晚期的其他樂器如眉壽鐘(集成 40)雖只留下十三字,但顯然也是韻文;内公鐘(集成 30)雖只十個字,也用東部韻;通禄鐘(集成 64)雖二十二字,涵真韻兩句;師奐鐘(集成 141)最後數句真陽交用;梁其鐘(集成 187—192)語雖不規則,但中間偶用韻語。

　　其次,西周晚期,宗周一帶的銅器中,非鍾鎛類的器物銘文亦有用韻文的,特別在宣王時期,似乎有一種追逐風雅,銘必入韻的傾向。比較典型的是宣王時期的虢季子白盤銘文。其銘文云:

　　　　佳十又二年,正月初吉丁亥,虢季子白作寶盤。

　　　　不顯子白,壯武于戎工。經繢四方。【陽】

　　　　博伐嚴狁,于洛之陽。【陽】

　　　　折首五百,執訊五十,是厶先行。【陽】

　　　　趄趄子白,獻馘于王。【陽】

　　　　王孔嘉子白義。王各周廟,宣廠爰鄉。【陽】

　　　　王曰:白父,孔顯有光。【陽】

　　　　王賜乘馬,是用差王。【陽】

　　　　賜用弓,彤矢其央。【陽】

　　　　賜用戉,用政蠻方。【陽】

　　　　子子孫孫,萬年無彊。【陽】

　　從我們的分行定韻可以看出來,這是一篇標準的四言長詩,其用韻及定句分行已非常清楚規範,與宣王之前的金文韻文及《周頌》中的不用韻的詩篇相比,顯然是一篇更爲成熟和整嚴的四言體詩。值得特別注意的是銘文中"王賜乘馬"以下至銘文最後,如果以之與《周頌》第五篇《天作》一詩的全文來對比,我發現兩文從行文用韻到文義之遞轉,竟是驚人地相似,《天作》全詩云:

　　　　天作高山,大王荒【陽】之。

　　　　彼作矣,文王康【陽】之。

　　　　彼徂矣,岐有夷之行。【陽】

子孫保之。

自西周晚期以後,非鐘鎛類銅器銘文用韻也時有所見,典型的如宣王(827—782 B. C.)時期的伯公父匜(又名伯公父簠,集成 4628)用陽部韻;微鸞鼎,幽部轉之部;大克鼎,其中間幾句陽東合韻;較有代表性的是 1976 年扶風雲塘村一號西周窖穴出土的白公父勺二件;兩器分鑴十四字,合成一處,其銘文云:

白公父乍金爵,【藥】(以下第一器)

用獻用酌,【藥】

用享用孝。【幽】

于朕且考,【幽】(以下第二器)

用旂爨壽,【幽】

子孫永寶用考。【侯】

伯公父勺用的是幽侯合韻。宣王時期用韻的銘文還有:兩件仲再父簋銘文相同,都用幽陽二部;仲師父鼎(集成 2743—2744)①也是同時期的銅器;史免簠(集成 4579)用陽韻。其他尚多,不煩舉證。

西周以後,鐘鎛類銅器中韻文甚多,今以春秋晚期以前爲計,可以説絶大部分鐘銘皆入韻。春秋前期的秦公鐘、秦公鎛;春秋時期的邾太宰鐘(集成 86)、邾叔之伯鐘(集成 87)、鄬子𤇾師(𩇨)鎛(集成 153—154)、徐王子旃鐘(集成 182)、者減鐘(集成 193—202)、邵鸞鐘(集成 225—237);晚期的蔡昭侯紐鐘和編鎛(集成 210—222)、邾公孫班鐘(集成 140)、敬事天亡鐘(集成 73—81)、臧孫鐘(集成 93—101)、子璋鐘(集成 113—119)、齊鎛氏鐘(集成 142)、邾公牼鐘(集成 149—152)、篙叔之仲子平鐘(集成 172—180)、楚余義鐘(集成 183—186)、沇兒鎛(集成 203)、王孫遺者鐘(集成 261)、邾公華鐘(集成 245)等等。可以説春秋時期鐘鎛銘文大部分都是韻文,與西周晚期韻文有無互見、時韻時白又迥不相同。

從以上論述,我們看到,作爲《詩經》中最早的詩歌,《詩・周頌》諸篇中含有大量的當時宗教活動中所使用的成語,而這些成語與金文銘辭多有雷同,這是因爲二者在功用、使用的範圍上有相關相似之處。與此同時,《詩・周頌》諸篇與金文在西周中晚期都有韻文化的傾向,筆者認爲,這是因爲音樂的發展,樂鐘的規範化和定型化,使祭祀禮辭不斷朝着詩歌的方向發展所致。西周編甬鐘的正側鼓雙音的使

---

① 郭沫若文中稱其爲仲師父盨,見郭氏:《金文韻讀補遺》,《郭沫若全集・考古卷》,第四册,《殷周青銅器銘文研究》,頁 305。

用,以及其以徵調爲主的四聲音階的定型,使早期的這些祭祀禮辭逐漸定格爲文句以四言爲主,並且用韻以之幽東陽真幾部爲主。在這方面,《詩·周頌》諸篇與金文銘辭,特別是編鐘銘文都呈現了這些特點。大約在西周中期共王(922—900 B.C.)時期以後四言詩體可以説真正定型,而早期的祭祀成語成詞,在語言上也爲四言詩體的成形作了準備。由此,本文得出如下結論:

第一,傳統的觀點認爲《詩·周頌》各篇都成詩於武、成、康、昭時期是不能成立的。《詩·周頌》中有些語詞如我們在本文中所討論的,從金文來看,在穆王(976—922 B.C.)時期以前並未出現,而許多篇詩歌的行文、用韻、成詞的使用都與西周晚期的金文驚人地相似,這説明這些詩篇更有可能是西周晚期的作品。當然要據金文的語言特徵及成語的使用來對周頌詩篇作精確的斷代,也是難以成立的。我們只能依據這些用詞、用韻、行文格式等語言特徵,再加上内容等對這些作品進行相對合理的時代推斷。

第二,《詩·周頌》諸篇與金文一樣呈現了由無韻到雜韻,再到合韻通韻,全韻的發展痕跡。這段被塵封的歷史,只有在今天青銅器的大量發現,金文研究的不斷深入,才能逐漸呈現。從本文所作的研究來看,四言韻文的成形是在西周穆王時期以後。運用到《詩經》研究中,那麽其他部的詩歌也需要進行重新審視。筆者認爲以往我們認定的《詩·大雅》諸篇中有許多西周初的作品的觀點,恐怕也難以成立,大雅這部分的詩即使不是西周中晚期以後産生的,至少也是經過西周中晚期以後的編輯者如樂正、瞽師之手加工修訂過的。

第三,而這種用韻文表達的形式的出現,是與音樂的使用和發展有莫大的關係。特別是西周禮樂中最重要的樂器編甬鐘,在西周穆王時期以後才出現了《周禮》中所描述八件一組、與編磬和鎛共同使用的範式。從考古資料來看,西周典章文物的成形,如《周禮》所描述的鼎簋制度、樂懸制度等殆經數世到穆王、恭王(922—900 B.C.)時期,始具雛型。就樂器而論,西周晚期以前,禮樂中最重要的樂鐘一甬鐘,還是延襲商代的三件一組的規制。[1]穆王(976—922 B.C.)以後禮器樂器的組合

---

[1]　楊向奎:《宗周社會與禮樂文明》,北京:人民出版社,1992 年;楊華:《先秦禮樂文化》,武漢:湖北教育出版社,1997 年,頁 64—68;陳雙新:《西周青銅樂器銘辭研究》,石家莊:河北大學出版社,2002 年,頁 26—36;白川靜:《金文通釋》,《白鶴美術館誌》,第 43 輯,頁 217;白川靜著,溫天河、蔡哲茂譯:《金文的世界》(臺北:聯經出版事業有限公司,1989 年),頁 73—88。西方學者如 Lothar von Falkenhausen[羅泰] Jessica Rawson[羅森]亦持此論。Falkenhausen, "Issues in Western Zhou Studies," *Early China* 18(1993), 205; Rawson, "Western Zhou Ritual Bronzes from the Arthur M. Sackler Collections," in *Ancient Chinese Bronzes from the Arthur M. Sackler Collections*, Vol. 2(Cambridge: Harvard University Press, 1990), 99.

特別是鼎簋鍾等開始定型並呈等級序列，差近三禮所述。如我們在此文開篇所説，樂鐘雖然有雙音的效果，但是真正用正側鼓雙音構成四聲音階的旋律效果，也是在西周中晚期的中義鐘時期和柞鐘出現以後，而我們發現青銅器銘文特別是鐘鎛銘文上長篇韻文的出現恰恰是在這個時候。歷史不會如此巧合，我認爲實際上正是四聲音階的定形，改造了早期的祭祀語詞，從《詩·周頌》諸篇與西周金文在成語、習語、韻語的使用，以及同步發展的考察，我們從一個側面揭示出，在西周中期，伴隨着音樂的使用和祭祀禮辭的發展，中國的四言體詩開始逐漸形成，並且格式化。

　　《左傳》襄公十六年紀載：“晉侯與諸侯宴于溫，使諸大夫舞，曰，歌詩必類。”我想借用“歌詩必類”這句話來説明，真正的“歌詩必類”是在西周中晚期完成的。

“不吳不敖”與“不侃不忒”

——《詩經》與金文中成語零釋*

兩周金文辭例中,多有與《詩經》中語句重合者,學者每以爲是金文的作者徵引《詩》句。如師訇簋(孝王時器)有銘文作:“日天疾畏(威)”,毛公鼎(孝王時器)作:“敃天疾畏(威)”;西周晚期《大克鼎》銘所謂“出内(納)王命”、“出内(納)朕命”與西周中期《師望鼎》“虔夙夜出内(納)王命”;史惠鼎之“日就月將”;中山王嚳方壺銘文:“不敢怠荒”、“夙夜篚解”,“克災(順)克卑(俾)”,“於虖攸幾(哉)”等等。然而,文句重合未必就能證明金文徵引《詩》句。本文考察兩周金文所見與《詩經》中詩句相同者,特别是近出彝銘中的文例,認爲其中大多數是金文與《詩》的作者都在用當時成語,尤其是祭祀和稱揚中常用語辭。筆者在《説南—再論〈詩經〉的分類》一文中曾就江蘇丹徒地區背山頂春秋墓中發現的遷邟編鐘銘文的釋讀提出自己的看法。認爲銘文“我□(以)□(夏)□(以)南,中鳴媞好。”並非如學者指出的稱引《詩・小雅・鼓鐘》中“以雅以南”一句,而是當時的習慣用語。①同樣如此,金文中可以看到與《詩》中文句重合者尚多,與“以夏以南”的情況相類,絶大多數都非引詩,前舉諸例即是用當時成語。

王國維②、劉節③、屈萬里④、姜昆武⑤諸先生,曾就先秦成語作過考訂,以《詩》、

---

* 本文原刊於《古典文獻研究》第13輯,2010年,頁4—19。初稿爲《詩經與金文中成語(一)》,始發表於2009年1月17日香港中文大學主辦之《古道照顔色:先秦兩漢古籍研究國際學術研討會》,刊於復旦大學出土文獻與古文字研究中心網頁 http://www.guwenzi.com/SrcShow.asp? Src_ID=373。

① 陳致:《二南:南方的樂鐘與雅音》,《國學研究》第13卷(2004),北京大學國學研究院中國傳統文化研究中心,頁16—17;《説南:再論詩經的分類》,《中央研究院中國文哲研究集刊》,第12卷(1998年3月),頁373—375。

② 王國維:《與友人論詩書中成語書》,《觀堂集林》,北京:中華書局,1959年,卷2,頁75—84。

③ 劉節:《古代成語分析舉例》,《古史考存》,北京:人民出版社,1958年,頁356—376。

④ 屈萬里:《詩三百篇成語零釋》,《書傭論學集》,臺北:臺灣開明書店,1970年,頁165—185。

⑤ 姜昆武:《詩書成詞考釋》,濟南:齊魯書社,1989年。

《書》等文獻資料爲主要依據,所獲已復不少。而兩周四字成語已有很多,往往在文獻資料中被湮没。與其説是彝器中稱引《詩》句,倒毋寧説是當時《詩》、《書》與金石文字的習慣語詞略同。其中有些詞語,如《小雅·天保》:"是用孝享",《周頌·載見》:"率見昭考,以孝以享。以介眉壽,永言保之。"兩周金文中"用享用孝"、"以享以考"、"用孝享"及其他變化形式凡數十見,每用於祝頌,亦爲當時慣用語。這些顯然是《詩》《書》襲用祭祀中之祝禱語詞。

王國維所列舉之成詞,屈萬里先生嘗撮舉如下:

1. 不淑,不弔,猶言不幸。

2. 陟降,猶言往來。

3. 舍命,與敷命同意,即傳布命令。

4. 神保,爲祖考異名。

5. 配命,謂天所畀之命。

6. 彌性,即彌生,猶言永命。

7. 不庭方,爲不朝之國。

8. 戎工,爲兵事。①

劉節又補釋王氏之説,屈先生在王氏之基礎上又補數語如下:

1. 周行,即周道,謂周室之通道官道。

2. 不瑕,或作不遐,與瑕假等字本字皆爲叚,其義通夏雅,雅爲古鴉字,乃使語調曼長之語氣,若今之啊。

3. 德音,有高論卓見之義,亦有令聞,令譽之義。用之既久,亦即其言之義。

4. 不忘,當即亡,失也。

5. 九皋,九當訓爲高,九皋猶高岡,高陵也。

6. 有北,北者殺伐之城,有北猶言死地也。

7. 匪人,匪民,猶今之不是人。

8. 無競,屈氏引胡承珙説,又佐以宗周鐘班簋銘文,及逸周書語,云詩中職競謂專事爭逐者;執競謂行爭逐之事者;不競爲退讓不爭者;無競謂莫之與爭者。

9. 昭假,以宗周鐘大師虘豆秦公簋銘證之,即邵各,邵洛,邵格也。謂神之降臨。

10. 敦,大雅常武鄭箋云當作屯,屈氏引孟子徵康誥文凡民罔不譈(今本尚

---

① 屈萬里:《詩三百篇成語零釋》,《書傭論學集》,頁 165。

書作慭),以誄訓謚敦。又引宗周鐘銘以證之。①

于省吾②、徐中舒③兩先生又在王國維的基礎上增加了不少。然這些年,新出彝銘轉多,使我們看到一些前人所未見的成語。本人這些年致力於蒐集兩周金文與《詩》中所見成語,今先約舉數例,以就正於方家。

嘉賓式燕以衎(小雅·南有嘉魚)上帝臨女,無貳爾心(大雅·大明)無貳無虞,上帝臨女(魯頌·閟宮)以假以享(商頌·烈祖)來假來饗(商頌·烈祖)

中山王嚳方壺(集成 9735)銘文:"以左右厥辟,不貳其心。"越王者旨於賜鐘(集成 144):"日日台(以)鼓之,夙暮不貳。"此貳字、貣字即忒字,學者已言之備矣。貣字秦漢以後的文獻中多為貸之或體,然在秦漢以前則多為忒字假借。1955 年安徽壽縣蔡昭侯墓出土之春秋晚期兩件蔡矦紐鐘,其銘文與同墓出土六件編鎛大致相同,除個別異文之外。銘云(集成 210):

---

① 屈萬里:《詩三百篇成語零釋》,《書傭論學集》,頁 165—185。

② 于省吾:《澤螺居詩經新證》,北京:中華書局,1982 年。

③ 徐中舒:《金文嘏辭釋例》,原刊《中央研究院歷史語言所集刊》,第六本一分(1936 年),頁 1—44。《徐中舒歷史論文選輯》,北京:中華書局,1998 年,頁 502—564。

　　佳正五月初吉孟庚，蔡侯（申）曰：余唯（雖）末少子，余非敢寧忘，有虔不易。鼇（左）右楚王。窜窜（懋懋/勉勉）豫政，天命是遲。定均庶邦，休有成慶，既悆于心，延（延/施）中厥德，均子大夫，建我邦國，豫命祇祇，不愆不貣，自作訶鐘，元鳴無期，子孫鼓之。①

　　其中德字從言（集成 210.2—8），期字皆從其從日（集成 217.2 銘文中"期"字上有衍文不識）。"侃"字有夷悦和樂之義，阮元謂其義同衎，②于省吾謂《詩經》中之"衎"即金文中之"侃"。如《小雅·南有嘉魚》之"嘉賓式燕以衎"，《小雅·賓之初筵》之"烝衎烈祖"，《商頌·那》之"衎我烈祖"。③于説精確不刊。裘錫圭指出此字在甲骨文中爲舊釋爲"永"或"辰"之字，並以爲金文如太保簋銘文中之"王永太保"當釋爲"王侃太保"，又舉衍、愆、侃等通借之例，令人信服。④所謂"式燕以衎"，其實就是"式宴式侃"，或"以宴以侃"，《詩經》與金文中常見的組合是用："享"（即鄉、卿、饗）、"孝"（即考或"𦐂"）、"喜"、"樂"、"匽"（即燕或宴）連用，或用"式"、"用"及"以（厶）"作連接。宋人王俅《嘯堂集古録》著録的弔夜鼎銘，其文我頗疑爲"用侃用享"：

　　集成　二六四六　弔夜鼎

① 安徽省博物館，中國科學院考古研究所：《壽縣蔡侯墓出土遺物》，北京：科學出版社，1956 年，頁 10，圖版肆拾肆至伍拾壹。銘文釋讀皆從于省吾《壽縣蔡侯墓銅器銘文考釋》，《古文字研究》第一輯，北京：中華書局，1979 年，頁 41—42。

② 裘錫圭：《釋衍、侃》，台灣師範大學國文系所與中國文字學會編：《魯實先先生學術討論會論文集》，1994 年，頁 6—12。修改版見馮天瑜主編：《人文論叢》（2002 卷），武漢大學出版社，2003 年，頁 328—335。

③ 于省吾：《澤螺居詩經新證》，頁 26。

④ 阮元：《積古齋鐘鼎彝器款識》卷三。

弔夜鑄其饙(饙)鼎。厶征厶行。用鼗(侃)用䵼(亯)。用旂䵼壽無疆。

此字之籀文在《説文》有著録,見下。

《説文》:"䵼也,從弼,侃聲。諸延切。"(卷三下,鬲部)徐鍇《説文繫傳》卷六:"䵼也,從鬲,侃聲。鍇曰:'此今饘字,《春秋左傳》曰:饘於是,䵼於是。'遮延反。"《説文》又有"羹"字,字形如下:

《説文》:"五味盉羹也,從弼从羔。詩曰:'亦有和䵼',古行切。"《殷周金文集成釋文》釋銘文中此句云:"用䵼用烹",其所本應是據此。然"烹"與"享"本爲假借。《鐘鼎款識》著録《孟申作鼎彝》,錢坫釋文云:

鼎當作鬺。《説文》作䰞,從鬲,羊聲。烹也。《玉篇》有鬺字,訓同,亦作鬻,同䰞。《詩·采蘋》:于以湘之。《韓詩》作鬺。《史記·封禪書》云:鑄九鼎皆嘗亨鬺。①

莊述祖釋《周頌·敬之》"我將我享"一句云:

《韓詩》:"于以鬺之",《毛詩》借湘,《傳》曰:"湘,亨也。"是毛訓鬺爲亨。此《傳》:將,大;享,獻也。大字爲後人妄增。篆文亯獻之亯與亯飪之亯本一字。《傳》將亦訓亯,或疑亯、亯覆衍,改亯爲大。②

所謂"烹"即享字。而用"䵼"的"䵼"字上半中間從亯。即享,即烹。春秋晚期甚六妻鼎銘亦云:"台煮台享"。其中煮鼗字與弔夜鼎中之鼗字,享(䵼)字與"䵼"寫法極相似,皆用其繁難寫法。弔夜鼎銘中所謂䵼字上半中間一形從侃。西周晚期保侃母壺(集成9646)銘文中之"侃"字右下之形,與此正相似。《周易·漸卦》:"《漸》:女歸吉,利貞。初六:鴻漸于淵,小子厲,有言,不終。六二:鴻漸于盤,飲食衎衎,吉。""衎衎"之異文,或作"侃侃",或作"衍衍"(熹平石經)。上博簡《周易》,此字作:"𤽎",編者隸定爲"䵼",其爲侃字無疑,與弔莒簋(集成4137)的侃𤽎字對照起來看,簡書加繁,金文從簡。我想春秋早期的弔夜鼎,與上博簡一樣,皆爲侃字後來之演化出來的繁難寫法。西周晚期保侃母壺銘文中"侃"字爲以下之形:

①　王厚之編,阮元校刊:《鐘鼎款識》,《續修四庫全書》,第901册,頁477。
②　莊述祖:《周頌口義》,卷1,《續經解毛詩類彙編》,臺北:藝文印書館,1986年影印南菁書院《皇清經解續編》本,第1册,頁185。馬瑞辰引述莊説,有幾處脱略訛誤。見氏著:《毛詩傳箋通釋》,北京:中華書局,2004年,頁1053。

　　其右下所從之弔夜鼎銘中"侃"上半中間所從之形應該是相同的。從銅器銘文來看，用"侃喜"一類詞句的，絕大多數是樂鐘和飲食器，故我以爲弔夜鼎此句當讀作"用侃用享"，其文例當如王孫誥鐘銘文之"用匽以喜，以樂楚王諸侯嘉賓，及我父兄諸士"。其義大略似齊鞏氏鐘（集成 142）中之"用喜用樂且文考，用匽厶孝"。金文常見的是"侃"與"喜"連文，或作"侃喜"，或作"喜侃"。如兮仲鐘銘（集成 65）云："用侃喜前文人。"昊生殘鐘（集成 105）師奐鐘（集成 141）五祀猷鐘（集成 358）銘云："用喜侃前文人。"井人女鐘（集成 110）作："用追孝，孝侃前文人。"鮮鐘（集成 143）銘曰："用侃喜上下，用樂好賓。"士父鐘（集成 145）云："用喜侃皇考。"梁其鐘（集成 188）云："用邵各喜侃前文人。"瘋鐘（集成 248）云："用邵各喜侃樂前文人。"弔妖簋（集成 4137）云："用侃喜百生倗友衆子婦。"萬謀觶（集成 6515）云："侃多友"。侃有喜樂之義。"侃喜前文人"，一如《賓之初筵》中的"烝衎烈祖"，及《商頌·那》之"衎我烈祖"。《漢書·韋賢傳》云："我雖鄙耇，心其好而；我徒侃爾，樂亦在而。"其義與《論語·鄉黨》中言"與下大夫言，侃侃如也"，《先進篇》之"冉有子貢，侃侃如也"，於義爲近，大約是好談不倦之意。《孔子家語·六本》中云子夏侃侃而樂，則是言其喜悅之容。蔡昭侯鐘鎛銘文"不愆不貳"一詞中，此愆字疑即"侃"字，鐘鎛類器銘中多見，謂娛人之義，未必爲愆字。[1]

　　《六書故》云：

　　　　衎，空旱切，又去聲。徐行從容也。因之爲衎樂。《易》曰："飲食衎衎"，《詩》云："嘉賓式燕以衎。"《記》曰："居君之母與妻之喪，居處言語飲食衎爾。"亦作"侃"。《語》曰："孔子朝，與下大夫言，侃侃如也。"又曰："冉有子貢，侃侃如也。"[2]

　　故弔夜鼎中之"用侃用享"即"式燕以衎"。《詩·商頌·烈祖》有"以假以享，我受命溥將。"又云："來假來饗，降福無疆。"實亦類此成語。其中享、饗本通用，"假"字，於經傳中通徦、格、佫，金文中作"各"，如"王各大室"、"王各大廟"、"王各周康邵宮"等，例繁毋須舉證。而此"假"字當亦爲和樂之義，與"侃"字相類。《詩·大雅·假樂》云："假樂君子"。毛傳云："嘉也"。《爾雅·釋詁》、《禮記·中庸》均作"嘉樂君子"。《周頌·雝》："假哉皇考"。《大雅·大明》云："文王嘉止，大邦有子。"故此嘉與

---

① 釋爲愆字，見陳夢家：《壽縣蔡侯墓銅器》，《考古學報》，1956 年 1 期，頁 110。又見于省吾：《壽縣蔡侯墓銅器銘文考釋》，《古文字研究》，第一輯，頁 41。
② 戴侗：《六書故》卷十六，見《景印文淵閣四庫全書》本。

假又引申爲贊美,侃喜之義。《禮記·禮運》云:“君與夫人交獻,以嘉魂魄。”鄭玄注:“嘉,樂也。”由是可知所謂“以假以享”、“來假來饗”,與“用侃用享”略同,也是由此同一成語變化而出。

而蔡侯鐘之“不侃不忒”,則近《詩·魯頌·閟宮》中“無貳無虞”。《閟宮》云:“無貳無虞,上帝臨女。”此語與《大雅·大明》中之“上帝臨女,無貳爾心”,如出一轍,顯然是祭祀中慣用的成語。王引之《經典述聞》卷五:“貳當爲貣之譌。貣音他得切,即忒之借字也。”①馬瑞辰(《毛詩傳箋通釋》卷三十一)亦云:“貳當爲貣之誤,讀如忒,猶《大明》篇‘無貳爾心’,貳亦忒也。”所謂不侃不忒者,我以爲與“無貳無虞”亦爲當時同一成語變化而出。

不吳不敖,胡考之休(周頌·絲衣)不吳不揚(魯頌·閟宮)

《詩經》中其他相關的成語,尚有多處,語未必盡同,但出處必一。如《周頌·絲衣》云:

> 絲衣其紑,載弁俅俅。自堂徂基,自羊徂牛,鼐鼎及鼒,兕觥其觩。旨酒思柔。不吳不敖,胡考之休。

《史記·封禪書》引此詩作:“不吳不敖”,而《孝武本紀》則作“不虞不驚”。然此不虞非“以備不虞”“以戒不虞”之“不虞”,“虞”字此處不作“度”或“測”講,而是娛字,謂過度佚豫。《詩·鄭風·出其東門》云:“縞衣茹藘,聊可與娛。”《釋文》云:“娛,本亦作虞。”敖即遨,亦有嬉遊呈誤之義。又作傲或驁,是侮慢之意。此一成語又作“不吳不揚”。《詩·魯頌·泮宮》云:

> 濟濟多士,克廣德心。桓桓于征,狄彼東南。烝烝皇皇,不吳不揚。不告于訩,在泮獻功。

也是講在泮宮獻俘賀勝祭祀之事,我以爲“不吳不揚”即“不吳不敖”,《毛詩·衛風·牆有茨》“揚且皙也”傳:“揚,眉上廣”。揚有上揚之意,眉目上揚,以見人之婾悅之容。字又通“陽”,《詩·王風》有“君子陽陽”,《史記·管晏列傳》云晏子“意氣揚揚”。《荀子·儒效》篇云:“得委積足以揜其口則揚揚如也。”故“君子陽陽”即“君子揚揚”。“不吳不揚”謂不過度佚樂,不過度張揚。是同一成語之變化形式。此“敖”字是《邶風·終風》中“謔浪笑敖”之敖,郭璞《爾雅注》:“謔浪笑敖,戲謔也。”《小雅·桑扈》中“彼交匪敖,萬福來求”之敖也。《詩·邶風·柏舟》“微我無酒,以敖以遊”毛

---

① 王引之:《經義述聞》,南京:江蘇古籍出版社,2000年,《高郵王氏四種》本景印,頁129。

傳:"非我無酒可以敖遊忘憂也。""揚"字"遊"字則是可與敖字互訓。以此看來,"不吳不揚","不吳不敖","無貳無虞","不侃不忕",皆由同一成語之變化而形成的相關成語,謂在祭祀中,無驕慢戲謔之狀,無差池媮悦之行。此成語亦見於其他典籍,如《禮記·投壺》:"魯令弟子辭曰:毋憮,毋敖,毋偝立,毋踰言;偝立、踰言,有常爵。"鄭玄注云:"憮,敖,慢也。"孔穎達疏:"毋憮毋敖者,憮,亦敖也。號令弟了云:毋得憮而敖慢也。"所謂"毋憮毋敖",即不吳不敖。《詩·周頌·絲衣》鄭玄注引此文作"無憮無敖"。《爾雅·釋言》:"敖、憮,傲也。"《爾雅注疏》卷二邢昺亦引《詩·周頌·絲衣》"不吳不敖"之文。

彼交匪敖,胡考之休(小雅·桑扈)王舒保作,匪紹匪遊(大雅·常武)

　　與"不吳不敖""不侃不忕",聲義並相近者尚有"彼交匪敖"與"彼紹匪遊"等。《左傳·成公十四年》:

　　　　衛侯饗苦成叔,甯惠子相。苦成叔傲。甯子曰:"苦成〔叔〕家其亡乎! 古之爲享食也,以觀威儀,省禍福也,故《詩》曰:'兕觥其觩,旨酒思柔。彼交匪傲,萬福來求。'今夫子傲,取禍之道也。"

這亦可作此成語之注脚。此詩引自《桑扈》,詩云:

　　　　交交桑扈,有鶯其羽。君子樂胥,受天之祜。

　　　　交交桑扈,有鶯其領。君子樂胥,萬邦之屏。

　　　　之屏之翰,百辟爲憲。不戢不難,受福不那。

　　　　兕觥其觩,旨酒思柔。彼交匪敖,萬福來求。

王引之於《經義述聞》卷六云:

　　　　引之謹案:彼亦匪也。交亦敖也。襄八年《左傳》引詩如匪行邁謀。杜注:"匪,彼也。"匪可訓爲彼,彼亦可訓爲匪。交之言姣也。《廣雅》曰:"姣,侮也。"字通作佼。《淮南·覽冥》篇:"鳳皇之翔,至德也。雷霆不作,風雨不興。川谷不澹,草木不摇。而燕雀佼之,以爲不能與之爭於宇宙之閒。"言燕雀輕侮鳳皇也。然則"彼交匪敖"者,"匪交匪敖"也;"匪交匪敖"者,言樂胥之君子不侮慢,不驕傲也。"彼交匪紓"者,"匪交匪紓"也;"匪交匪紓"者,言來朝之君子不侮慢,不怠緩也。[1]

按王説甚是。《左傳·襄公二十七年》紀晉大夫趙孟聘於鄭,鄭公孫段賦《桑

---

[1]　王引之:《經義述聞》,南京:江蘇古籍出版社,2000 年,《高郵王氏四種》本景印,頁 155。

扈》，趙孟曰："匪交匪敖，福將焉往？若保是言也，欲辭福禄，得乎？"此針對《桑扈》第四章："匪交匪敖，萬福來求"而引申之。由是可證，"彼交匪敖"的爲"匪交匪敖"，亦可證，"交"與"敖"的確義相爲近，大抵皆言傲侮懈怠，應劭云："言在位者不傲訐，不倨傲也。"顏師古謂是"傲佷"之義。①"匪交匪敖"則謂祭祀中之敬慎無訛也。

彼交匪紓(小雅·采菽)匪安匪游(大雅·江漢)匪安匪舒(大雅·江漢)

王氏所引之"彼交匪紓"係出自《小雅·采菽》，今本爲"赤芾在股，邪幅在下，彼交匪紓，天子所予。"其全詩云：

采菽采菽，筐之筥之。君子來朝，何錫予之？雖無予之？路車乘馬。又何予之？玄袞及黼。

觱沸檻泉，言采其芹。君子來朝，言觀其旂。其旂淠淠，鸞聲嘒嘒。載驂載駟，君子所屆。

赤芾在股，邪幅在下。彼交匪紓，天子所予。樂只君子，天子命之。樂只君子，福禄申之。

維柞之枝，其葉蓬蓬。樂只君子，殿天子之邦。樂只君子，萬福攸同。平平左右，亦是率從。

汎汎楊舟，紼纚維之。樂只君子，天子葵之。樂只君子，福禄膍之。優哉游哉，亦是戾矣。

"彼交匪紓"義亦與"彼交匪敖"爲近。《荀子·勸學篇》云："故君子不傲不隱不瞽，謹慎其身。《詩》曰：匪交匪舒，天子所予。此之謂也。"此與《左傳》中趙孟對"彼交匪敖"的解釋略無二致。荀子引此詩，"紓"作"舒"，是舒遲之義。所謂"交舒"，如《詩》所謂"栖遲偃仰"，"燕燕居息"之義。

撰此文時，我又想到另外一個可能的情況。《詩·大雅·江漢》云："江漢浮浮，武夫滔滔。匪安匪游，淮夷來求。既出我車，既設我旟。匪安匪舒，淮夷來鋪。"我頗疑"匪安匪游"即《小雅·桑扈》中之"彼交匪敖"，而"匪安匪舒"即《小雅·采菽》中之"彼交匪紓"。戰國文字中"安"字與"交"字有時十分相近，如包山楚簡(105)的"安"字與第146簡的"交"字即不易分判，②故"交"之譌作"安"，可能是春秋以

---

①　見王先謙：《詩三家義集疏》，卷十九，頁774。

②　湖北省荊沙鐵路考古隊：《包山楚簡》，北京：文物出版社，1991年，頁129、150。

後的《詩》文傳抄致誤。"游"與"敖"同義互訓;"舒"與"紓"通假,故我亦頗疑"匪安匪游"即《小雅·桑扈》中之"彼交匪敖",而"匪安匪舒"即《小雅·采菽》中之"彼交匪紓"。姑録之於此,以俟進一步研究。

匪紹匪游(大雅·常武)舒夭紹兮(陳風·月出)于焉逍遥(小雅·白駒)

《小雅·桑扈》中"彼交匪敖,萬福來求"可與《詩·大雅·常武》"赫赫業業,有嚴天子。王舒保作,匪紹匪游。"對讀。毛傳:"匪紹匪遊,不敢繼以敖遊也。"鄭箋:"紹,緩也。"蘇轍《詩集傳》則釋紹爲急,則"匪紹匪遊"爲不急不緩。朱熹《詩集傳》謂紹爲糾緊。義亦近蘇轍之説。馬瑞辰謂紹通弨,謂弛弓之義,引申爲緩。其説似更有道理。其實"匪紹匪遊"即"匪交匪敖"也。謂南仲奉天子之威,征徐方,行軍中不驕慢,不懈怠也。胡承珙《毛詩後箋》於本詩舉《大雅·緜》中"爰始爰謀"之例云:

> 詩中如"爰始爰謀",謂於是始謀,"曰止曰時",謂止居於是。似此文例甚多,皆非每者一義。①

胡氏此説的爲卓見。據此,則"匪紹匪遊"原出於"紹遊"一詞。而"紹遊"究竟何指?《詩·陳風·月出》第三章云:"舒夭紹兮。"楊樹達《積微居小學述林》云:"紹與綽古音同。《月出》、《常武》二詩皆假紹字爲綽耳。夭訓和舒,紹訓緩,正與訓遲訓徐之舒義相類也。《莊子·逍遥遊》篇云:藐姑射之山有神人焉,肌肤若冰雪,綽約若處子。綽約即夭紹之倒文也。"②余謂"匪紹匪遊",亦夭紹之倒文。謂徐行緩步之貌。《類篇》卷三十七云:"紹,市紹切,《説文》:繼也。一曰:紹,緊糾也,亦姓,古作綤。紹又蚩招切,緩也。《詩》:'匪紹匪游'。"《廣韻》:"夭,於兆切,又乙嬌切,又於矯切。"胡承珙謂《文選·西京賦》之"要紹修態",當即"夭紹"也。李善注:"謂嬋娟作姿容也。"我認爲實際上"要紹"固爲"夭紹",爲嬋娟作姿容之義,此詞亦用以形容人之嬋緩,步履舒遲慢易。揚雄《方言》云:"謾台、脅鬩,懼也。燕代之間曰謾台,齊楚之間曰脅鬩。宋衛之間凡怒而噎噫,謂之脅鬩。南楚江湘之間謂之嘽咺。"《禮記·樂記》云:"其樂心感者,其聲嘽以緩。"我以爲"嬋娟"、"嘽咺"、"嘽緩",本皆一詞,言舒遲慢易。人心畏懼,則囁嚅而嗫不能言,謂之嘽咺;音樂感人,則嘽緩舒繹而中節;要眇宜脩,微步夷猶,是謂嬋媛(《楚辭·湘君》、《離騷》)。嬋媛,即嬋娟也。故"夭

---

① 胡承珙:《毛詩後箋》,合肥:黄山書社,1999 年,頁 1479。
② 楊樹達:《詩舒夭紹兮解》,見《積微居小學述林》卷六,中國科學院出版,1954 年,頁 228。

紹”與“要紹”本亦此義。

據此，“匪紹匪遊”之義已昭然可見。乃由“紹遊”一詞之反語。何謂“紹遊”？《詩經》給我們提供了清楚的答案。《詩·鄭風·清人》次章云：“清人在消，駟介麃麃。二矛重喬，河上乎逍遙。”《文選·南都賦》注引《韓詩》云：“逍遙，遊也。”《楚辭·九章》王逸注：“逍遙，游戲也。”《詩·檜風·羔裘》首章：“羔裘逍遙，狐裘以朝。”毛傳：“羔裘以遊燕，狐裘以適朝。”《詩·小雅·白駒》首章：“所謂伊人，于焉逍遙。”鄭玄箋：“逍遙，遊息。”字又作“消搖”。《禮記·檀弓上》言孔子“負手曳杖，消搖於門，歌曰：‘泰山其頹乎，梁木其壞乎，哲人其萎乎，’既歌而入，當戶而坐。”逍、遙、紹、夭四字古音同在宵部。而遊與夭，則韻近紐同。故所謂“紹遊”、“紹夭”、“要紹”與“逍遙”本亦同音，義亦乘是。

"日居月諸"與"日就月將"：
早期四言詩與祭祀禮辭釋例
——詩經與金文中成語[*]

2009 年 4 月 1 日，筆者在香港浸會大學中文系舉辦的"跨學科視野下的詩經研究"國際研討會上曾發表論文《從周頌及金文中的成語看西周中期四言詩體的形成》一文。文中研究金文與《詩經·周頌》中的習用語詞，分析這些語詞在先秦語言文化中的來源、發展，以及二者之間的關係。並從金文研究來考察其與商周音樂與詩歌發展之關係，並由此於國際學術界首次提出：一，從兩周金文來看，銘文的入韻和四言化是在西周中期，特別是恭王（922—900 B. C.）、懿王（899—892 B. C.）時期；二，兩周金文中與《詩經》之《雅》《頌》部分的詩歌語詞多相重合，這些多源於周人習用祭祀語詞，而非金文引詩；三，故中國四言詩體的發展成熟時期是與周代貴族的祭祀生活密切相關，而其成熟時期很可能在西周中期；四，這與周代雅樂在西周中期的成熟與標準化密切相關，如樂鐘雙音的使用以及四聲音階在禮樂中的主導地位等等。①此後，筆者對西周金文以及《詩經·周頌》間相似相合的章句作一全面的考察，這種考察不僅僅是簡單、機械地對讀，找出相同或相似的句式，而是在很多情況下文字不同，但實際上是出自相同的成語，由聲音的轉借及字形的訛衍而造成的語詞的分化。由此，對《詩經》詩篇的創作或改定入禮樂，編入《詩經》的年代亦作一合理之推測。這些年新出彝器又復不少，學者如何琳儀、陳劍、劉桓、王輝等又以新出金文與文獻互證，又有大量增補。學者如徐中舒、陳夢家、張振林、彭裕商、韓巍等都曾對金文中所見兩周習語作過斷代的研究，日本學者林巳奈夫都曾經指出，可

---

* 本文原發表於香港浸會大學中文系主辦之《中國詩歌傳統與文本研究國際論壇》2010 年 12 月 3 日。

① 陳致：《從〈周頌〉與金文中成語的運用來看古歌詩之用韻及四言詩體的形成》，刊於陳致主編：《跨學科視野下的詩經研究》，上海古籍出版社，2010 年，頁 17—59。

以從銅器銘文的語言形式多少判斷出銘文的時代特徵，並運用這一方法，提出了很多有價值的參照方法。①其中林巳奈夫之文以表列的方式，以格式化的語辭爲經，時代爲緯，對殷商到春秋前期的金文的語辭作了詳盡的分列，饒有貢獻。德國學者畢鶚(Wolfgang Behr)②也對金文之用韻及語言變化曾經作了一篇重要的博士論文，對此作了極爲詳盡的考察。此論文用德文寫成，雖然尚未翻譯成其他文字，但其基本要點，可從極其精細的研究中揣知大半。Kai Vogelsang 的“Inscriptions and procla-mations：on the authenticity of ‘gao’ chapters in the *Book of Documents*”一文以金文與《尚書》諸誥比讀，以求釐定諸誥的成篇時代，亦極有參考價值。③筆者對以上各位學者的研究都作了仔細的閱讀，但同時也注意到有很多出土文獻中出現的《詩經》“雅”、“頌”兩部分中的文句，其實並非在徵引詩句，而是兩周時期，特別是西周時代，周代貴族在其祭祀宴饗等類似宗教的活動中所自然形成的一些習慣用語，或可稱爲“成語”、“成詞”、“習語”、“套語”等。但由於《詩經》各部分源起時代及地域之差異，這些“成語”、“成詞”、“習語”或“套語”，又會在其他部分的詩中展現不同的語詞形式。今以《詩·周頌·敬之》中“日就月將”一詞爲例，可稍覘《詩經》中之四言詩句化用商周時期祭祀禮辭之情狀，以及其轉爲《國風》及《小雅》中之“日居月諸”等詞之軌跡。《敬之》全詩云：

> 敬之敬之，天維顯思，命不易哉。無曰高高在上，陟降厥士，日監在茲。維予小子，不聰敬止。日就月將，學有緝熙于光明。佛時仔肩，示我顯德行。

一、“日就月將”與爲學日進

《敬之》一詩中之“日就月將”，毛傳說“將”是“行”也，孔穎達正義云：“日有所成就，月有所可行。”馬瑞辰以爲是說學要有漸，有所積累，而“就”字通“久”。④這些說法都有值得推敲之處。《敬之》這首詩的主要內容仔細案察，與爲學是沒有什麼關係的，諸家說其爲學，無非是看到“學有緝熙于光明”一句。於是《毛詩序》說這是一

---

① 張振林：《論銅器銘文形式上的時代標記》，《古文字研究》第五輯，1981 年，頁 23—30。

② Wolfgang Behr, *Reimende Bronzeinschriften und die Entstehung der chinesischen Endreimdichtung* [*Rhyming bronze inscriptions and the emergence of Chinese end-rhyme versification*], Ph. D. Diss., J. W. Goethe-Universität, Frankfurt a. M. 1997.

③ Kai Vogelsang, "Inscriptions and proclamations: on the authenticity of ‘gao’ chapters in the *Book of Documents*," *Bulletin of Institute of Far Eastern Antiquities* 74(2002): 138—209.

④ 馬瑞辰：《毛詩傳箋通釋》，北京：中華書局，1989 年，頁 1097。

首群臣勸誡成王的詩。蔡邕《獨斷》亦持此説,可能代表了魯詩的看法。①

　　然學者説"日就月將"有時序的變化在其中,這一點並不錯,只是不知此亦當時一成語。殆謂循序漸進,不必定言爲學如此也。

　　《禮記·孔子閒居》中,孔子與學生子夏論祭祀禮樂中所謂"五至"、"三無"與"五起",當論及所謂"五起",孔子説:

　　　　無聲之樂,氣志不違;無體之禮,威儀遲遲;無服之喪,内恕孔悲。無聲之樂,氣志既得;無體之禮,威儀翼翼;無服之喪,施及四國。無聲之樂,氣志既從;無體之禮,上下和同;無服之喪,以畜萬邦。無聲之樂,日聞四方;無體之禮,日就月將;無服之喪,純德孔明。無聲之樂,氣志既起;無體之禮,施及四海;無服之喪,施于孫子。②

　　其事亦見於《孔子家語·論禮》,文字大同小異。③鄭玄《禮記·孔子閒居》注云:"就,成也;將,大也。"謂無體之禮,日習之而有所成,至月乃積而爲大。其説實有些牽强。孫希旦謂"上下既一於禮,則日有所就,月有所將,而行之不倦矣。人皆行禮不倦,則道德一,風俗同,而施及四海矣"。④此處孔子的話乃謂無體之禮,月日行之無斁。近出《上海博物館藏戰國楚竹書(二)》之《民之父母》第11簡:"亡(無)膚(體)之豊(禮),日述月相。"⑤顯然與《禮記·孔子閒居》中此句相關。這是孔子對子夏説的五起中的第四起。五起孔子都從音樂講到禮儀,到喪服之制。故此無體之禮,也不外祭祀之事。

　　然而從漢代以後,"日就月將"似乎有了特定的涵義,逐漸轉到學習上來。如《韓詩外傳》卷第三載:

　　　　孟嘗君請學於閔子,使車往迎閔子。閔子曰:"禮有來學無往教。致師而學不能學,往教則不能化君也。君所謂不能學者也,臣所謂不能化者也。"於是孟嘗君曰:"敬聞命矣。"明日袪衣請受業。《詩》曰:"日就月將。"⑥

———————————

①　王先謙:《詩三家義集疏》,臺北:明文書局,1989年,頁1040。

②　孫希旦:《禮記集解》,北京:中華書局,1989年,頁1276—1277。

③　《孔子家語·論禮》第一部分與《禮記·仲尼燕居》内容略同,第二部分則同於《禮記·孔子閒居》,其中獨無"無體之禮,日就月將"語。見楊朝明主編:《孔子家語通解》,臺北:萬卷樓,2005年,頁323。

④　孫希旦:《禮記集解》,頁1277。

⑤　《上海博物館藏戰國楚竹書(二)》,上海:上海古籍出版社,2002年,頁171。

⑥　見屈守元:《韓詩外傳箋疏》,成都:巴蜀書社,1996年,頁268。海陶瑋(James Robert Hightower)譯此文爲:"By daily progress and monthly advance." See Hightower, *Han shih wai chuan: Han Ying's illustrations of the didactic application of the Classic of Songs* (Cambridge, Massachusetts: Harvard University Press, 1952), 92。

《韓詩外傳》卷第八又載:

> 孔子曰:"詩云:'畫爾于茅,宵爾索綯,亟其乘屋,其始播百穀。'爲之若此其不易也,若之何其休也!"子貢曰:"君子亦有休乎?"孔子曰:"'闔棺兮乃止播耳,不知其時之易遷兮。'此之謂君子所休也。故學而不已,闔棺乃止。"《詩》曰:"日就月將。"言學者也。①

《潛夫論·讚學第一》多引詩句以勸學,其卷末亦云:

> 《詩》云:"高山仰止,景行行止。""日就月將,學有緝熙于光明。"是故凡欲顯勳績揚光烈者,莫良於學矣。②

《淮南子·脩務訓》:

> 由此觀之,知而無務,不若愚而好學。自人君公卿至于庶人,不自彊而功成者,天下未之有也。《詩》云:"日就月將,學有緝熙于光明。"此之謂也。③

高誘注:"《詩·頌·敬之》篇,言日有所成就,月有所奉行,當學之是明,此勉學之謂也。"是知漢代自《韓詩外傳》以下,學者都以爲"日就月將"是說爲學當日有所成就,月有所奉行,幾無異辭。然通觀全詩,似與爲學之事關係不大。

其詩首三句云:"敬之敬之,天維顯思,命不易哉。"當與詩中《大雅·韓奕》之:"夙夜匪解,虔共爾位,朕命不易。"以及《大雅·文王》之:"宜鑒于殷,駿命不易。"還有《大明》之:"天難忱斯,不易維王。"故《敬之》一詩之首三句,實則是周人再一次告誡自己,當敬事天命,才能享祚長久。這是説祭祀之事不可荒廢,當奉行之而月日無怠。

次則言"無曰高高在上,陟降厥士,日監在兹。維予小子,不聰敬止"。則當與《周頌·閔予小子》中之"念兹皇祖,陟降庭止。維予小子,夙夜敬止"合參之。其義大略謂:"我先王皇祖雖然高高在上,但其營魄陟降,日日監臨下土。而我們後生小子,敢不日夕敬持,祭祀無輟。"此句與《周頌·訪落》所謂"陟降厥家"類似,總是用於言在某處陟降,或曰某神陟降。金文中如胡簋(集成4317)銘文云:"其各前文人,其瀕才(在)帝廷陟降。"五祀胡鐘(集成358)云:"王受皇天大魯令,文人陟降。"文人即前文人,亦是先王皇祖的意思。則銘辭頗類《大雅·文王》之:"文王陟降,在帝左右。"

---

① 見屈守元:《韓詩外傳箋疏》,成都:巴蜀書社,1996年,頁725。

② 王符撰、汪繼培箋、彭鐸校正:《潛夫論箋》,北京:中華書局,1979年,頁14。

③ 引文據丁原植:《〈淮南子〉與〈文子〉考辨》,臺北:萬卷樓,1999年,頁598。

　　日監在茲一詞，如《邶風·日月》之：“日居月諸，照臨下土。”亦猶《小雅·小明》之：“明明上天，照臨下土。”《大雅·大明》之“天監在下。”《大雅·皇矣》云：“皇矣上帝，臨下有赫。監觀四方，求民之莫。”《大雅·烝民》云：“天監有周，昭假于下。”像這樣的話周人説得頗多，紛見於《詩》《書》等文獻中。金文亦反映周人此觀念。西周早期天亡簋（集成 4261）亦云：“衣祀于王。不顯考文王，事喜上帝。文王監才上，不顯。”幽公盨銘亦云：“降民監德。”是説皇天上帝總是看著我們，是否奉祀惟謹，行事有德。這就好比今人俗語云：“人在做，天在看。”

　　故其詩通篇來看，所言都是祭祀之事，與爲學實際没有太大關係。“緝熙”一詞，在《詩·周頌》中凡四見，如《周頌·維清》：“維清緝熙，文王之典。”《周頌·昊天有成命》：“於緝熙，單厥心。”《周頌·載見》：“俾緝熙于純嘏。”及此詩。前舉三詩中，“緝熙”一詞與爲學都無太大關係，我曾在另一文章中論證“緝熙”一詞爲持續廣大之義，此處不詳論。[1]所言也都是先王典型及祭祝之事。那麼何以忽言爲“學”之事。我認爲此“學”字爲“覺”字之假借。“覺”之借爲“學”，經傳中多見，如《廣雅·釋詁》《玉篇·子部》皆云：“學，覺也。”[2]《論語》首章“學而時習之”，邢昺疏引《白虎通》云：“學者，覺也，覺悟所未知也。”邢疏引《論語·陽貨》“好仁不好學”亦云：“學者，覺也，所以覺窹未知也。”[3]王念孫《讀書雜志·淮南子内篇十六·説山》“人不小學不大迷不小慧不大愚”云：“學，當爲覺字之誤也。小覺與大迷相對，小慧與大愚相對。今作小學，則非其指矣。《文子·上德篇》正作‘不小覺不大迷’”。[4]故所謂“日就月將，學有緝熙于光明”，乃謂每日祭祀不斷，覺有所持續廣大，以至於光明也。

二、“日就月將”，“日祰月鬻”，“日述月相”

（一）日就月將

　　“日就月將”一詞在金文中則見於西周中期之史惠鼎。陝西長安縣發現的史惠鼎銘文云：“惠其日就月將，察化惡臧”，學者多以“日就月將”爲引《詩·周頌·敬之》

----

① 　關於“緝熙”之義，筆者據馬瑞辰之説，再加詳細的考訂，見陳致：《〈大雅·文王〉篇所見詩經異文與金文成語零釋》，《中國詩學》，第 14 輯（2010），頁 53。

② 　關於“學”“覺”之義，《廣雅·釋詁》卷四云：“學，憲，窹，窅，梗，覺也。”王念孫説：“《説文》：敩，覺悟也。篆文作學。”並援引經傳中多例爲證，此處不具，見王念孫：《廣雅疏證》，北京：中華書局，1983 年，頁 120。

③ 　見《論語·陽貨》，阮元刻《十三經注疏》，北京：中華書局，1980 年，頁 2525。

④ 　王念孫：《讀書雜志》，南京：江蘇古籍出版社，2000 年，頁 906。

之“日就月將”。①該鼎 1980 年 3 月陝西長安縣灃西鄉馬王鎮新旺村出土，通高
21.5、口徑 20.5 釐米、腹深 14 釐米、腹圍 67 釐米，重 2.75 公斤。體呈半球形，索狀
立耳，侈口翻唇，圜底三蹄足。腹飾三道弦紋。其圖銘如下：

史惠鼎銘

【銘文】

史惠乍（作）寶鼎，惠（其）日惠（就）月將（將），祠（察）化詤（惡）肁（臧），寺屯
魯令（命），惠其子子孫孫永寶。②

史惠鼎銘中的“就”字，其下部從止，字形如下：

① 李學勤：《史惠鼎與史學淵源》《文博》第 19 卷（1981 年第 4 期）。又見其《新出青銅器研究》，北京：文物
出版社，1990 年，頁 122—125。
② 見鍾柏生、陳昭容、黃銘崇、袁國華編：《新收殷周青銅器銘文暨器影彙編》，臺北：藝文印書館，2003 年，頁
531，器號 724。其中察化惡臧之臧字，鍾書中隸定爲臧，其中部從廿從女，與李學勤隸定爲肁不同。

宋夏竦(985—1051 年)於《古文四聲韻》列有"就"之古文三形：[1]

1. （字形）

2. （字形）

3. （字形）

其中第 1 從又，第 2 從止，第 3 從尤。第 1 形和第 3 形，秦漢文字中多見，如《古陶文字徵》《睡虎地秦簡》《漢印文字徵》中"就"字即有從又與從止兩形。第 2 形從止，楚簡中亦多見，如上博簡《弟子問》第 13 簡，其就字作（字形）形；望山一號墓第 30 簡，其字形作（字形）形；上博簡《容成氏》第 7 簡，其就字作（字形）形。

《説文》卷五"京部"："就，高也，從京從尤。尤，異於凡也。"[2]甲骨文中有從亯從京之字，孫詒讓曾舉甲骨文中一例云："丙□卜立隹（字形）（字形）。"以爲後二字爲"就庸"。並說："此（字形）即尤，（字形）即京，猶'臺'從（字形）、從高省，而作（字形），與前'京'字小異。"[3]但在大多數卜辭辭例中，（字形）形（從亯從京）之字爲地名，未見其作動詞用。陳介祺舊藏西周時期白就父簋（集成 3762）中的就字作（字形），其字從九從高（或京），但也是人名，與作爲動詞的就似無太大關係。只有西周中期之宰獸簋銘中之"申就乃命"之"就"（（字形））字，有動詞的意思，其義殆同"成就"。

史惠鼎之"就"字其從亯從京（高）從止。作爲動詞的"就"在睡虎地秦簡中已自不同，其《十八律·倉律》篇云："妾未使而衣食公，百姓有欲假借者，假借之，令就衣食焉，吏輒桉事之。""就"字形作（字形），其右從尤。[4]《日書·甲種》"丙申以就（僦），同居必宴。"字形作（字形），右半似"又"，又似"尤"。[5]可知戰國時期以後一般的"就"字多從又或從尤。[6]

從甲骨文和金文來看，從亯從高或京是就字之初形，"止"形則爲添加之義符。而"又"形"尤"形爲"止"形之訛變。西周中期之宰獸簋銘中之"申就乃命"之"就"

---

① 夏竦《古文四聲韻》卷第四除列以上籀文三形外，又有貝丘長硯之"就"，其右半中從"來"；及古孝經"就"字，見李零、劉新光整理，郭忠恕及夏竦分撰：《汗簡·古文四聲韻》，北京：中華書局，1983 年，頁 68。

② 許慎：《説文解字》，北京：中華書局，1967 年，頁 111。

③ 孫詒讓：《契文舉例》下，見《古文字詁林》，上海教育出版社，第 5 冊，頁 543。見羅小華：《試論"就"字的演變過程》，《新西部》，2008 年第 10 期，頁 115。

④ 睡虎地秦墓竹簡整理小組：《睡虎地秦墓竹簡》，北京：文物出版社，1990 年，圖版頁 18，十八律圖版四十八。

⑤ 睡虎地秦墓竹簡整理小組：《睡虎地秦墓竹簡》，北京：文物出版社，1990 年，圖版頁 93，日書甲種圖版五十六正叁。

⑥ 羅小華：《試論"就"字的演變過程》，《新西部》，2008 年第 10 期，頁 115。

(𩫖)字,及史惠鼎銘中之"𩫏"字證實了許慎之説法。史惠鼎銘中之"就"上半類從亯又從京或高之形,而下半則從"止"。"止"部與"又"、"尤"形近而訛,古文字中多見。"就"字從亯從高從之,其字是升陟之義。《詩·小雅·天保》卒章云:"如月之恒,如日之升。"毛詩序説:"《天保》,下報上也。君能下下以成其政,臣能歸美以報其上焉。"鄭玄箋:"下下謂《鹿鳴》至《伐木》皆君所以下臣也,臣亦宜歸美於王以崇君之尊而福禄之,以答其歌。"[①]實際從《鹿鳴》至《伐木》五首詩,除《四牡》與《皇皇者華》爲君勞使臣之作以外,其他三首《鹿鳴》《常棣》《伐木》,包括第六首《天保》都是君主宴饗臣下之作。《天保》共六章都是吉祥祝福的話,第四章則言祭祀之事云:"吉蠲爲饎,是用孝享。禴祠烝嘗,于公先王。君曰:卜爾,萬壽無疆。"第六章則云:"如月之恒,如日之升。如南山之壽,不騫不崩。如松柏之茂,無不爾或承。"一亯一報,至爲明顯。故所謂"日就月將",其義即"如月之恒,如日之升",與下面所説的"如南山之壽","如松柏之茂"略同,都是享祚永久之義。但"就"並非如馬瑞辰所説的通"久",而是取"就"字之本義,從亯從高從止,謂敬持告祭之事,如每天日升;而"遅"字則猶"將持",引申爲久遠,謂每夜月出,居以爲常。由是,"日就月將"猶云:"日之升,月之恒"也。

(二)日祰月𩰫

除上解之外,其實還有第二種可能。至戰國時,作爲動詞的"就"與甲骨金文中之𩫖形似又一脈相承,但其字又通"造"字。《殷周金文集成》12110著録之鄂君啓車節云:"自鄂市。就陽丘。就防城。就象禾。就栖焚。就繁昜。就高丘。就下届。就居鄵。就郢。見其金節。"其就字作𠅘,已省去"止"部。但同器又有䝶字,從貝從就,通"造"字,《説文》卷二:"造,就也,从辵,告聲。譚長説:'造,上士也。'䑼,古文造,从舟。"[②]造與就之相借爲用,古文字中於此得證。

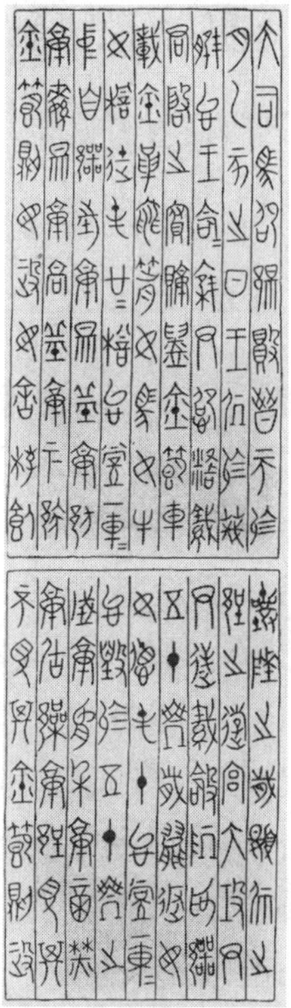

噩君啓車節
(集成 12110)

銘文云:

大司馬邵陽敗晉帀於襄陵之歲。夏𡰥之月。乙亥之

---

① 見《毛詩正義·小雅·天保》,阮元刻《十三經注疏》,北京:中華書局,1980年,頁412。

② 許慎:《説文解字》,北京:中華書局,1967年,頁39—40。

日。王處於窽(競)郢之遊宮。大攻尹脽台王命。命集尹𦅫𥻗、織尹逆、織䋣𫐉、爲鄂君啓之䦈(府)䤮(造)鑄金節。車五十乘。歲䵼返。毋載金。革。黽。箭。女馬。女牛。女𦋁。屯十台堂一車。女檐徒。屯廿檐台堂一車。台毁於五十乘之中。自鄂市。就陽丘。就防城。就象禾。就栖(柳)焚(棼)。就繁易。就高丘。就下䣄。就居鄡。就郢。見其金節。則毋政。毋舍桴飤。不見其金節。則政。

集成 12113 鄂君啓舟節銘文相同,此"造"字作𫎥(賸)形,從貝,從重京之形,是"就"與"造"音義本相通之證。

與"造"字相通之"就",原作動詞用。而史惠鼎之"就"字(或曰"造"字)究竟何指呢?以字形判斷,其字有"就往"之義,亦有"造爲"之義。但在史惠鼎銘文中,我認爲又可視爲一種祭祀。《周禮·春官宗伯》云:

> 大祝掌六祝之辭,以事鬼神示,祈福祥,求永貞。一曰順祝,二曰年祝,三曰吉祝,四曰化祝,五曰瑞祝,六曰筴祝。掌六祈,以同鬼神示,一曰類,二曰造,三曰禬,四曰禜,五曰攻,六曰説。作六辭,以通上下親疏遠近,一曰祠,二曰命,三曰誥,四曰會,五曰禱,六曰誄。[1]

鄭玄注云:"造,祭於祖也。"又引鄭衆説爲證。《禮記·王制》云:"天子將出征,類乎上帝,宜乎社,造乎禰。"鄭玄注:"類、宜、造,皆祭名,其禮亡。"[2]余按此祭又名"祰"。《詩·大雅·公劉》云:"乃造其曹,執豕于牢。"馬瑞辰云:"造者,祰之假借。《説文》:'祰,告祭也。'蓋凡告祭皆曰'造'也。祰亦通作告。"是則"日就月將"之"就"字,即"造"字祰祭之祰字。與"就"字相類,"將"字也是祭名。若"就"通"造"爲祭祀之名,那麼,"將"義當與之相類,應是"將享"之將,金文中多作"𤇃",是以肉類陳於几案之義,引申爲一種祭祀。"日就月將"猶言:"日告月享",祀事孔明。《國語》中頻言"日祭月享"、"日祭月祀",即此意也。

由是我想到《周頌·敬之》的前一首《周頌·訪落》"將予就之,繼猶判渙。"一句。鄭玄説"將予就之"就是"扶將我就其典法而行之。"置諸整首詩中,其義不能貫通。其詩云:

> 訪予落止,率時昭考。於乎悠哉,朕未有艾。將予就之,繼猶判渙。維予小子,未堪家多難。紹庭上下,陟降厥家。休矣皇考,以保明其身。

---

① 《周禮注疏》,見阮元刻:《十三經注疏》,北京:中華書局,1980 年,頁 808—809。
② 《禮記正義》,見阮元刻:《十三經注疏》,北京:中華書局,1980 年,頁 1333。

所謂"將予就之,繼猶判渙"中"判渙"一詞,毛、鄭、孔、朱等傳統傳疏的作者皆以爲是"分散"之義,其實未達其旨。還是馬瑞辰獨具隻眼,謂此詞即《大雅·卷阿》中"伴奂爾游矣,優遊而休矣"之"伴奂"。鄭玄説:"伴奂,自縱弛之意也。"朱熹説:"伴奂,優遊閒暇之意。"而"將予就之"的構詞法並非如鄭玄所説是"扶將我就其典法而行之",而是如《衛風·河廣》中"誰謂宋遠? 跂予望之"之"跂予望之",由動詞＋予＋動詞＋之,而此二動詞意義相關或者相近,有"既……,又……"之義。概言之,"予"字通"以",如"跂予望之"就是"跂以望之",意即"既跂(踮著腳尖)且望",兩個動詞之間其實也有次第關係。《邶風·燕燕》中有"之子于歸,遠于將之"一語,我頗疑"遠于將之"亦可爲"遠予將之",意即我走了很遠去送他。"于"、"予"二字也是"以"的意思;《小雅·雨無正》云:"維曰予仕",清代李富孫《詩經異文釋》云:"注疏本予作于。"《商頌·長發》云:"降予卿士",李又云:"俗本作于。"李富孫所言固不虚,其實我認爲這幾處無論是"于",還是"予",二字又都是"以"的意思。同理,《訪落》一詩的首句"訪予落止",也是"既訪且落"之義,兼含"我訪而後落"的次第行爲。毛傳説"訪"是"謀"的意思,而"落"是"始"的意思,但細讀起來,其義並不貫通;于省吾説:"訪,本應作方。落,應讀各,即格字。金文王格廟之格並爲各。訪予落止,應讀爲方予格止。"①我認爲于省吾讀"落"爲"各",頗有啓發性,詩書文獻中之"格",通"徦"、"假"、"假",金文中多作"各",時亦作"𢓜"(從辵從各)、(從走從各)西周早期庚嬴鼎(集成2748)"王各琱宫"之"各"(𠈇),上從宗廟之形,庚嬴卣(集成5426)"王各于庚嬴宫"中"各"字作𢓜;但讀訪爲方則大可不必。"訪"即爲"造訪"的訪,而"落"爲"各"爲"至"之義,"止"即"之"字。"訪予落止",猶言來訪周廟而至其處。至此,則《周頌·訪落》的詩意已渙然冰釋。其實,這首詩當四句一段,共分爲三段,應斷讀爲:

　　　訪予落止,率時昭考。於乎悠哉,朕未有艾。(言己之至宗廟)

　　　將予就之,繼猶判渙。維予小子,未堪家多難。(言國事維艱)

　　　紹庭上下,陟降厥家。休矣皇考,以保明其身。(求皇天祖考保佑)

大義是説,我(周天子),敬持祭祀之事,來到周廟,按時行告祭與報祭,未敢怠惰,然即令如此,因遭時多故,而不得不有所縱弛。今我行祭事,敬告上下神靈,使降福到我王室。偉大的祖先,來保佑我本人。

所謂"將予就之",其實也是"日就月將"之義,是説奉行祭祀之事,月日無怠。其他文獻中或曰"日告月享",也就是"日祭月享"。《國語·楚語》中記載《觀射父論

---

① 于省吾:《澤螺居詩經新證》,北京:中華書局,1982 年,頁 82。

祀牲》一條云:"是以古者先王日祭、月享、時類、歲祀。諸侯舍日,卿、大夫舍月,士、庶人舍時。"韋昭注云:"告以事類日類,日祭於祖考,月薦於曾高,時類及二祧,歲祀於壇墠。"①

(三) 日述月相

前所引《上海博物館藏戰國楚竹書(二)》之《民之父母》第11簡:"亡(無)膿(體)之豊(禮),日述月相。"②

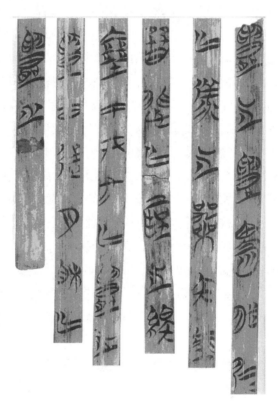

《上海博物館藏戰國楚竹書(二)》之《民之父母》第11簡

釋文:

　　鬱(體)之豊(禮),䰧(威)我(儀)尼=(遲遲);亡備(服)之喪(喪),内孯(恕)

①　《國語》,上海古籍出版社,1978年,頁567—568。

②　《上海博物館藏戰國楚竹書(二)》,上海古籍出版社,2002年,頁171。

𪆰(巽)悲;亡聖(聲)之樂,塞于四方;亡豊(體)之豊(禮),日述月相。①

《民之父母》之文可以説是《禮記・孔子閒居》一文的簡本,内容大同小異,也是以子夏問學孔子的方式,提出所謂"五至"、"三無"與"五起"的概念。而在此文本中,《民之父母》的作者以"日述月相"代替"日就月將",則此詞之本來寫法顯然亦有可能是"日述月相",述與相皆有匹配、扶助之義,故上博簡釋文的作者云其義殆謂:"日聚月扶。"但由於置之文本,其義未能通貫,學者如黄德寬又釋爲"日格月相";②黎廣基已指出其説於音義上俱未足取信,故又據《爾雅・釋詁下》云:"求,終也",提出當讀如"日求月將",即日終月行、晝夜不舍之義。③

綜合來看,"日就月將"一詞,其最初之義可能是上述第(二)義,即"日夕將享",金文中每稱"日將享"、"夙夕將享",也是此成語之變化形式,如西周早期"夙夕鬵享"(應公鼎[2553],𣪘方鼎[2614])、"朝夕鄉(享)"(𣴎獸鼎[2655])、"日用鬵(顧卣)";西周中期有類似成語曰:"用夙夕亯"(白百父𣪘[3920])、"夙夕明亯"(服方尊[5968]);西周晚期也可看到如"用朝夕亯"(仲殷父𣪘[3964—3970]、善夫克𥂴[4465])、"朝夕用享"(事族𣪘[4089])、日用鬵(小克鼎)。詩經中用於此義之詞也頗多。

三、"將"與"遟"、"鬵"

史惠鼎銘文中之"日就月將"之"將"字,作下形:

金文中其字多見,有"日遟"、"遟命"、"遟明命"等辭。在史惠鼎發現之前,早在三十年代,徐中舒就曾指出:"(遟)從匚羊二聲,與從'將'聲字,古並在陽部,故'日遟'之'遟','日用鬵'之'鬵',皆當讀如《詩・敬之》'日就月將'之'將'。"④將字從報(匚)從爿,與西周早期麥方尊銘文中之"將"字相比來看,少一彳一止,但應是同一

① 《上海博物館藏戰國楚竹書(二)》,上海古籍出版社,2002年,頁170—171。
② 黄德寬:《〈戰國楚竹書(二)〉釋文補正》,《學術界》98(2003.1),頁80。
③ 黎廣基:《上博楚竹書(二)叢考——"無體之禮,日述月相"》,刊於武漢大學傳統文化研究中心之簡帛研究網2004年5月12日首發之文 http://www.jianbo.org/admin3/html/liguangji02.htm。
④ 徐中舒:《金文嘏辭釋例》,原刊《中央研究院歷史語言所集刊》,第六本一分(1936年),頁1—44。《徐中舒歷史論文選輯》,北京:中華書局,1998年,頁502—564。

字。從肃之字多屬陽部，馬叙倫所謂“牄當從近之初文作肃者”，①但從匚從肃之字讀爲“將”，應無問題。其字從匚，内從肃。肃顯然是其聲符。故其字亦兼含“告祭將享”與“將持”（或云長遠）二義。金文中𤉲、遱二字非常多見，然在西周中期時，顯然二字在意義上已分化，如西周中期之史頌鼎銘即兼有二字，其義則分指“將享”及“將持”。

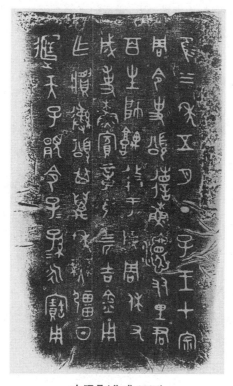

史頌鼎(集成 2787)

其銘文末云：“用乍𤉲彝。頌其萬年無疆。日遱天子顯令。子子孫孫永寶用。”另有史頌簋蓋多件，分藏於上海博物館，臺北故宫博物院，日本東京等處，簋蓋同銘，與鼎銘亦大致相同。“日遱天子顯令。”其中𤉲從辵從匚從羊，或釋爲匡(徐同柏、孫詒讓、李孝定)，或釋爲臧(吳大澂)，或釋爲將(許瀚、徐中舒)，學者又據包山楚簡其字的用法，認定其爲將字。②值得注意的是，西周中期的史頌鼎，兩個字形在同

①　馬叙倫：《説文解字六書疏證》，卷十，見《古文字詁林》，上海教育出版社，第 5 册，頁 418。
②　黄德寬：《説“遱”》，《古文字研究》，第 24 輯，北京：中華書局，1990 年，頁 272—276。

銘中並見,表明鬺、遟仍別爲二字,前者注重祭祀之義,後者更多涵有將持之義。文獻中則已並爲一個"將"字。

戰國竹簡中作此遟形之"將"字亦多見,如包山楚簡文書第 60 簡,其字即作"⿰"形,其後逐漸轉爲"⿰"形,如上博簡第五卷《三德》中之"⿰"字。

而《詩·周頌·敬之》中之"日就月將",我原撰文認爲,其"將"字通"鬺",其義爲"將享"之將,本義是在祭祀中的禮饎之獻。其實,《詩經》中的"將"字凡數十見,其字最常見的或作"將持"之義,或作語詞,或作"將享"之義。作"將享"之義者,其本字當同金文中之"鬺",本像祭祀中將肉類陳列於几案之形;①其作"將持"之義者,其本字當同金文中之"遟"。傳統的《詩經》注疏家以及今之學者多不解此,故疏注中都誤解了詩義。

關於《詩經》與金文中之"將"字,我曾撰一英文文章:《〈詩·商頌·那〉別解》(A New Reading of Nuo [Mao 301]),②曾詳加剖析,此處不贅。但我想列出一表,使讀者可以對於《詩經》中之"將"字,與金文中"遟"、"鬺"作一比對,請讀者來判斷是否如此:

表一　讀爲"鬺"字詩例

毛詩次第及詩題	詩　句	傳統注疏	我的解釋
209 楚茨	或剝或亨, 或肆或將	毛傳:將,齊也 鄭玄:奉持而進之	按此將爲鬺字,其字本義爲以鼎承禮饎,這裏引申爲陳列之義,與肆略同
209 楚茨	爾殽既將, 莫具爾慶	毛傳:將,行也 馬瑞辰:美也	按此將爲鬺字,其字本義爲以鼎承禮饎,這裏引申爲陳列之義
235 文王	殷士膚敏。 祼將于京	毛傳:將,行 鄭玄:將,送	按此將爲鬺字,其字本義爲禮饎之獻,這裏用爲動詞,謂獻禮饎,與祼之獻酒醴並列③

---

① 見于省吾:《甲骨文字釋林》,北京:中華書局,1979 年,頁 422;黃德寬:《說"遟"》,《古文字研究》,第 24 輯,北京:中華書局,1990 年,頁 275。

② Chen Zhi(陳致), "A Reading of 'Nuo'(Mao 301): Some English Translations of the *Book of Songs* Revisited," *CLEAR*(Chinese Literature: Essays, Articles, Reviews) 30(2008): 1—7. 另有長文於 2010 年 6 月發表於德國慕尼黑大學漢學系,即將刊於台灣"中研院"文哲學與慕尼黑大學合編之經學論文集。

③ 《周禮·天官·冢宰》:小宰之職司,"凡祭祀,贊王幣爵之事,祼將之事。"這裏的"祼將"是說"祼"與"將",祭祀中的兩種活動。

（续表）

毛詩次第及詩題	詩句	傳統注疏	我的解釋
235 文王	厥作祼將， 常服黼冔	毛傳：將，行 鄭玄：將，送	按此將爲鸗字，其字本義爲禮餗之獻，這裏用爲動詞，謂獻禮餗，與祼之獻酒醴並列
247 既醉	既醉以酒， 爾餚既將	馬瑞辰：將臧聲相近，美也	按此將爲鸗字，其字本義爲以鼎承禮餗，這裏引申爲陳列之義
254 板	多將熇熇， 不可救藥	鄭玄：將，行也	按此將爲鸗字，其字本義爲以鼎承禮餗，這裏爲所獻之犧牲
272 周頌·我將	我將我享， 維羊維牛	毛傳：將，大 鄭玄：猶奉也 孔穎達：與享同類 莊述祖：古文作鸗	按此將爲鸗字，其字本義爲禮餗之獻，這裏用爲動詞，謂獻禮餗①
287 周頌·訪落	將予就之， 繼猶判渙	鄭玄：女扶將我就其典法而行之 朱熹：將使予勉强而行之	按此將爲鸗字，其字本義爲禮餗之獻，這裏用爲動詞，謂將享之祭祀活動
301 商頌·那	顧予烝嘗， 湯孫之將	朱熹：將，奉也	按此將爲鸗字，其字本義爲禮餗之獻，這裏用爲動詞，謂將享之祭祀活動
302 商頌·烈祖	顧予烝嘗， 湯孫之將	朱熹：將，奉也	按此將爲鸗字，其字本義爲禮餗之獻，這裏用爲動詞，謂將享之祭祀活動

表二　讀爲“遈”字詩例

毛詩次第及詩題	詩句	傳統注疏	我的解釋
4 周南·樛木	樂只君子， 福履將之	鄭玄：猶扶助也	按此將即爲金文中之遈字，謂遈持及對揚也
257 大雅·桑柔	國步滅資， 天不我將	鄭玄：猶養也 馬瑞辰：天不我扶助耳	按此將即爲金文中之遈字，謂遈持及對揚也，引申爲保佑
260 大雅·烝民	肅肅王命， 仲山甫將之	毛傳：將，行也 孔穎達：奉	按此將即爲金文中之遈字，謂遈持及對揚也

---

① 于省吾已指出這裏之“將”字即金文中之鸗字，見于省吾：《甲骨文字釋林》，北京：中華書局，1979 年，頁 78—79。

（续表）

毛詩次第及詩題	詩句	傳統注疏	我的解釋
288 周頌·敬之	日就月將，學有緝熙于光明。	毛傳：將，行也 朱熹：將，進也 馬瑞辰：長	按此將爲遅字，謂遅持及對揚，這裏用爲動詞，引申爲持久
302 商頌·烈祖	以假以享，我受命溥將	朱熹：將，大也 王引之：將，長也	按此將即爲金文中之遅字，謂遅持天命也
303 商頌·長發	有娀方將，帝立子生商	毛傳：將，大也	按此將即爲金文中之遅字，謂遅持天命也

讀爲㠯字之詩句，我在《〈詩·商頌·那〉別解》（A New Reading of Nuo ［Mao 301]），①已詳加剖析，此處不贅。而讀爲遅之詩句，當與金文合參始明其義。西周早期井侯方彝（集成 9893）云："用㪯井侯出入遅命。孫孫子子其永寶"西周早期麥方尊（集成 6015）銘文："遅天子休"，"遅明命"其義殆若對揚之揚，然亦似將持之將。上舉之井侯方彝似云："出入將命"，史頌諸器似云："日將天子顯令。"麥方尊則似云："將天子休"、"將明命"，謂持天子之顯命，持天子之休命，持天子之明命也。

四、"日就月將"及蔓衍之成語

（一）"日就月將"（周頌·敬之）與"日居月諸"（邶風·柏舟，邶風·日月）

史惠鼎所用正是一句"日就月將"的成句，但此成句是否是引用《詩·周頌·敬之》中之詩句，則尚未能必。李學勤先生考證器主爲王室内臣，所記爲王宫選宫女之事，"估計史惠一定會見到《敬之》這篇詩"。②此處亦未能必。我以爲這也是一句成語。我想這一成語在兩周時期之變化形式尚多，頗疑"日居月諸"亦此成語之變化形式。兩成語中"諸"爲魚部章紐平聲（tǐa），"將"即良切，爲陽部精紐平聲（tsǐaŋ），章、精二紐同是清音不送氣者，章紐爲舌上塞音，精紐爲舌尖前塞擦音，韻母差別只在於有無鼻音；韻母則魚陽二部屬於陰陽對轉。"居"與"就"二字初看聲韻相去較遠，"居"爲魚部見紐（kǐa），"就"字兩讀，多爲幽部從紐（dziu），或作覺部從紐。③

---

① Chen Zhi, "A Reading of 'Nuo' (Mao 301)：Some English Translations of the *Book of Songs* Revisited," *CLEAR*(Chinese Literature：Essays, Articles, Reviews) 30(2008)：1—7.

② 李學勤：《史惠鼎與史學淵源》，《新出青銅器研究》，北京：文物出版社，1990 年，頁 123。

③ 此處擬音及韻部的討論主要依據李珍華、周長楫：《漢字古今音表》，北京：中華書局，1999 年。

　　但"居"與"就"之可輾轉而通假，文獻中有確鑿之證據。《易林·漸》之之第五十三："睽、設罟捕魚，反得居諸。員困竭忠，伍氏夷誅。"①此漢代焦贛借以言伍子胥(伍員)之家事。《邶風·新臺》云："魚網之設。鴻則離之。燕婉之求，得此戚施。"王先謙《詩三家義集疏》引韓詩云："戚施、蟾蜍、蹩蠩，喻醜惡。亦作'蘺䵓'，言其行䵓䵓。"②《説文·䵓》下云："蘺䵓，詹諸也。詩曰：'得此蘺䵓'，言其行䵓䵓。"由此顯而易見，《易林·漸》之之第五十三之"居諸"，就是《説文·䵓》部之"詹諸"，亦即《邶風·新臺》中之"戚施"。而"戚"字與"就"之相假爲用，古文字中爲常例，故居與就之相通，此其顯例。王先謙已見及此，如云："蟋，從就聲，秋、酋、就、戚，同聲通轉，尤爲顯證。"③朱德熙、④裘錫圭、李學勤、王輝亦從古文字的角度論之甚詳。⑤"日就月將"就是日告月享，恒久無替，久而久之，"告"、"享"等祭祀之義不彰，而月日無忒之義漸顯。焦贛《易林·升之四十六》云："革：居諸日月，遇暗不明。長夜喪中，絶其紀綱。"⑥是知此詞言日月交替，時序更迭，恒久不易也。則"日居月諸"應爲"日就月將"之音轉而成詞。《詩·邶風·柏舟》云："日居月諸，胡迭而微？"《詩·邶風·日月》云："日居月諸，照臨下土。"此處意義已轉而强調日月的變化與時序之更迭。

(二)"日居月諸"與"日月其除"及其他

　　《唐風·蟋蟀》第一章云："今我不樂，日月其除。"《小雅·小明》云："昔我往矣，日月方除。"案"除"字直魚切，魚部定紐。鄭玄箋云："四月爲除"，馬瑞辰《毛詩傳箋通釋》云："除即《爾雅》：'十二月爲涂'之'涂'。"我認爲馬瑞辰在這裏的解釋並不可信。陳喬樅云："司馬光《類篇》彳部云：'徐，月行也。詩曰：日居月徐。'與《集韻》所引同，皆三家之異文也。"⑦《漢書·韋賢傳》載韋賢所進諷諫詩云："歲月其徂，年其逮耇。"⑧此徂字，魚部從紐，當即魚部定紐之"除"字的音假。"歲月其徂"與"日月其

①　焦贛著，尚秉和注：《焦氏易林注》，北京：中國大百科全書出版社，2005年，頁947。
②　王先謙：《詩三家義集疏》，頁212。
③　王先謙：《詩三家義集疏》，頁213。
④　朱德熙：《朱德熙古文字論集》，其中《古文字考釋四篇·釋椁》，北京：中華書局，1995年，頁154—155。
⑤　王輝：《古文字通假釋例》，臺北：藝文印書館，1993年，頁375—377。
⑥　尚秉和云：此處首句宋元本作"居諸日月"，汲古閣本作"日居月諸"。見焦贛著，尚秉和注：《焦氏易林注》，北京：中國大百科全書出版社，2005年，頁821—822。
⑦　陳喬樅：《詩三家異文考》，頁479。見《續修四庫全書》，上海古籍出版社1995年版。
⑧　《漢書》，北京：中華書局，1962年，頁3104。

除”也是由“日居月諸”轉化之成語。《唐風·蟋蟀》第三章云：“今我不樂，日月其慆。”于省吾有詳細之考訂，謂“慆”字爲“逾”之假借，“日月其逾”猶云“日月逾邁”，其字古從舀從俞。①當然，于説未必可成定論，因《唐風·蟋蟀》第一章偶數句爲魚鐸通韻，第三章偶句通用幽部韻字，似不必假魚部之“逾”字而爲詩句。

　　蟋蟀在堂，歲聿其莫（鐸）。今我不樂，日月其除（魚）。無已大康，職思其居（魚）。好樂無荒，良士瞿瞿（魚）！

　　蟋蟀在堂，歲聿其逝。今我不樂，日月其邁。無已大康，職思其外。好樂無荒，良士蹶蹶！

　　蟋蟀在堂，役車其休（幽）。今我不樂，日月其慆（幽）。無已大康，職思其憂（幽）。好樂無荒，良士休休（幽）！

　　一首《唐風·蟋蟀》説明詩人實則既是成語的運用者，也是成語的創造者。從“日就月將”到“日居月諸”到“日月其除”，可以説是一個詩人運用成語的過程，但形成詩句之後，由於詩歌的歌詠及音樂活動中重章疊句的需要，又製造出了新的成語，如“日月其邁”的出現，就是爲押第二章月部詩韻而由成語稍加改造而成的以月部字收尾的成語詩句。久而久之，“日月其邁”又經過抄寫、傳誦、記憶，隨之而出現了“日月逾邁”、“日月其薆”②這樣的詩句及成語。

　　結語：

　　如果用圖表顯示，我們可以看到，“日就月將”這一成語的蔓衍層次變化：

表三　“日就月將”成語衍化系譜

時　代	金　文	竹　簡	詩　經	其他先秦文獻	漢代及以後文獻
武王（1045 B.C.）—穆王（922 B.C.）	日遟（將）天子顯令（井侯方彝）凤夕鼟享（應公鼎，𣪘方鼎）朝夕鄉（享）（𢀛獸鼎）日用鼟（顧卣）		日就月將（周頌·敬之）將予就之（周頌·訪落）		

----

① 于省吾：《澤螺居詩經新證》，北京：中華書局，1982 年，頁 17。

② “日月其薆”是新發現的清華簡《詩·唐風·蟋蟀》中的第二章第二句，其字應爲“邁”字之借字。見陳致：《清華簡所見古飲至禮及〈夜〉中古佚詩試解》，清華大學《出土文獻》第 1 輯（2010），上海：東方出版中心，頁 25—28 專門討論《詩·唐風·蟋蟀》及清華簡《蟋蟀》之用韻。

（续表）

時　代	金　文	竹　簡	詩　經	其他先秦文獻	漢代及以後文獻
恭王(921 B. C.)－共和(828 B. C.)	日遟(將)天子顯令(史頌諸器) 日𢗏(就)月遟(將)(史惠鼎) 用夙夕亯(白百父簋) 夙夕明亯(服方尊)				2
宣王(827 B. C.)－幽王(771 B. C.)	用朝夕亯(仲殷父簋,善夫克盨) 朝夕用享(事族簋) 日用䜌(小克鼎)		日月方除(小雅·小明)		
春秋(771—476 B. C.)			日居月諸(邶風·柏舟;邶風·日月) 日月其除 日月其邁 日月其慆(唐風·蟋蟀)	日祭月享時類歲祀(國語·楚語) 日祭月祀時享歲貢(國語·周語)	日月逾邁(尚書·秦誓)
戰國(475—222 B. C.)		日述月相(上博二·民之父母) 日月其䘘(清華簡·郘夜)		日祭月祀時享歲貢(荀子·正論) 日就月將(禮記·孔子閒居)	
秦 (221—203 B. C.)					
西　漢—新(202 B. C.—A. D. 23)				日祭月祀時享歲貢(史記·周本紀)	日月逾邁(揚雄·太玄經) 歲月其徂(韋賢·諷諫詩) 居諸日月(焦贛·易林)
東漢(24—220)					日月逾邁(傅毅·迪志詩)

這中間有幾條不同的發展綫索：

　　一是由"日就月將"發展出之強調祭祀之成語,其在周代文獻中則有"日祭月享"、"日祭月祀";金文中則與之相平行發展的則有"日將享"、"夙夕將享"、"朝夕用享"、"日用將"、"日朝夕享"等系列語詞;

　　二是由"日就月將"發展出之強調持久之義之成語,如云日𦥑(就)月遟(將)、"日居月諸"。

　　再有,由"日就月將"到戰國時期竹簡《民之父母》之"日逑月相",義如日聚月扶,但從現有的資料來看,此成語並未流傳開來,變成了一個夭折在襁褓中的"成語"。

　　他如由"日居月諸"而強調日月更迭變易,乃至歲月流逝,如云:"日月其除"、"歲月其徂"、"日月方除"。

　　由"日月其除"的詩句及成語又引發出"日月逾邁"、"日月其邁"、"日月其蔑"等。

　　由此"日居月諸"亦言日月之食及盈虛變化,如云"居諸日月"、"詹諸日月"。關於"日居月諸"、"日就月將"與古代日月之食的問題,筆者另正撰專文討論,此處不贅。

　　近年來,筆者曾撰《詩經與金文中成語(一)》,①及《從〈周頌〉與金文中成語的運用來看古歌詩之用韻及四言詩體的形成》兩文,發表於香港中文大學中文系主辦之《古道照顏色:先秦兩漢文獻研究國際研討會》(2009年1月17日)及香港浸會大學中文系及傳統文化研究中心資助,由我主持之《傑出學人講席:跨學科視野下的詩經研究》(2009年4月1日),前者以金文蔡侯鐘之"不侃不忒",弔夜鼎銘之"用侃用享"與《詩·魯頌·閟宮》中"無貳無虞"《詩·商頌·烈祖》有"以假以享,我受命溥將。""來假來饗,降福無疆。"《詩·周頌·絲衣》之"不吳不敖"等互讀,發現是由同一成語衍生出來的不同變化形式。後一篇文章,則以《周頌》諸篇中所用成語爲綫,以金文中之習見詞語與之比勘,《詩·周頌》諸篇在使用祭祀成語的過程中,有些是入韻的,而有些又語詞古樸不入韻,其用韻之方式及詩歌語辭形式,與金文銘辭,特別是西周中晚期編鐘銘文逐漸變得規則,並且入韻,可以說相合的。而以往的詩經及古史學家都認爲《周頌》諸篇大多是西周早期武、成、康、昭時期的創作,但從周代金文來看,金文中很多與《周頌》諸篇相同的語詞是西周中期特別是恭王時期(921—

① 陳致:《詩經與金文中成語(一)》,始發表於2009年1月17日香港中文大學中文系主辦之《古道照顏色:先秦兩漢古籍研究國際學術研討會》,刊於復旦大學出土文獻與古文字研究中心網頁。修訂版見陳致:《"不吳不敖"與"不侃不忒":〈詩經〉與金文中成語零釋》,將刊於《古典文獻研究》第13輯,2010年,頁4—19。

900 B. C.)以後才演變出來的。這從一個側面揭示出，在西周中期，伴隨著音樂的使用和祭祀禮辭的發展，中國的四言體詩開始逐漸形成，並且格式化。

但是如果説商周時期四言詩體是在貴族的祭祀活動逐漸格式化及四言化，那麼自然會連帶出另外一個問題就是：民間的情況是什麼樣的呢？民歌是否也經歷了一個由雜言向四言，由不規則入韻到用韻的演化過程，同時也與祭祀禮辭同步發展，於西周中晚期開始成熟，形成四言詩體？對於這個問題，由於我們尚缺乏足夠的直接的第一手的民歌資料，我們是無法回答的。百年以來，很多詩經學者如魏建功、郭沫若、聞一多，以及許多傾向於用人類學民族學的方法來研究《詩經》多乞靈於民俗調查，到少數民族地區採風，用以比對詩經文本，鉤稽出其民歌特質。我想這實際上是存在很多問題的。在這種有意向的比對中，不同文本之間的相似性往往會被無意識地放大，而差異性則會縮小。

西方漢學界中，Seraphin Couvreur(1835—1919) 及較早的拉丁文《詩經》譯者Edouard Biot，亦將《詩經》視爲中國最早的民歌選集的傾向。Marcel Granet（葛蘭言）一方面受西方詩經學中流行觀念的影響，另一方面，又受其師社會學大師涂爾幹(Emile Durkheim)的研究方法的影響，從一開始即試圖從初民的宗教、節日、習俗中爲《詩經》定位。葛氏本著對探究古代中國的宗教習俗和信仰的熱誠，寫了一部重要的著作，試圖細考《詩經》中"國風"的民間節慶及其他風俗觀念。①他仔細研究《詩經》中的《風》詩，且翻譯了當中的六十八首，從而得出結論，指出：《風》詩的語言特徵，如詩句的對稱、詞彙的重複、詩行的並列，凡此等皆表明這些詩本是農業節日期間，農民在進行節奏性活動時，即興唱出的歌曲和表演的舞蹈，《詩經》中的詩篇很多都保留了當時初民於節慶時唱和的語言形式特點。陳世驤大抵是沿著 Granet 所提出的綫索，因而視六義之一的興，爲農民開始歌舞時的節拍章節。②C. H. Wang（王靖獻）更進一步以比較的方法來探討這些詩的形成和審美觀。③他借用 Adam Parry 和 Albert B. Lord 研究荷馬史詩及南斯拉夫傳説時的理論和方法，試圖由此

---

① Marcel Granet(葛蘭言)，*Fetes et chansons ancienne de la China* 古代中國的節日與歌謠(Paris, 1911)；英文翻譯，*Festivals and songs of ancient China*(London: G. Routledge, 1932).

② Chen Shih-hsiang(陳世驤)，"The *Shih-ching*: Its Generic Significance in Chinese Literary History and Poetics"(詩經：在中國文學史和詩學中之文體意義)，in *Studies in Chinese Literary Genres*(中國文學文體研究)，ed. By Cyril Birch(白之)，Berkeley-Los Angeles-London: University of California Press，1974，頁 8—41。

③ C. H. Wang(王靖獻)，*The Bell and the Drum*: *Shih-ching as Formulaic Poetry in an Oral Tradition*(鐘與鼓：詩經的套語及其創作方式)，Berkeley-Los Angeles-London: University of California Press，1974.

探究固定的語言模式所代表的詩歌的口頭和自發本質。這些推測都是有意思的,但同時也是根據不足的。孔子說:"夏禮吾能言之,杞不足徵也;殷禮吾能言之,宋不足徵也。文獻不足故也,足則吾能徵之矣。"(《論語·八佾》)我們今天所能看到的古代歌謠資料,無例外地都源自春秋以後,特別是戰國到漢代的子史中所存的紀錄。如黃帝時的《彈歌》:"斷竹、續竹、飛土、逐宍。"始見於漢代的《吳越春秋》;《伊耆氏蜡辭》出自《禮記·郊特牲》;堯時的《擊壤歌》,著錄於晉皇甫謐的《帝王世紀》,《康衢謠》見於《列子》,其文辭更像是春秋時期的作品;舜時的《卿雲歌》,紀錄在漢代的《尚書大傳》。《春秋三傳》中也還有一些類似歌謠之章句。凡此種種,都説明我們還沒有像出於貴族之手的金文那樣的,直接真實地來自民間生活的上古民間歌謠資料。

近年來,由於出土文獻的大量發現,西方學界對於詩歌文本的源起和傳承問題表現了特殊濃厚的興趣,比較有代表性的著作是魯威儀(Mark Edward Lewis)在 1999 年出版的專著《早期中國的書寫與威權》(*Writing and authority in early China*)。①在這本書中,作者對戰國時期及此前的詩歌文本有些頗有啓發性的論述。

> 源於崇拜及宮廷娛樂活動的早期詩歌僅只在由少數人構成的社會群體中形成並傳播,也進而只呈現這一人群的共同遵循的價值。儘管在周代某些詩歌作品中,會出現一個獨立的個體,但是這一個體也往往僅只棲身於禮儀之中,所表達的也僅只是狹小封閉社群中的某些感情習慣。

> Emerging in cult practices and court entertainments, verse was generated and transmitted within small social groups that thereby gave form to their shared communal code of values. Although an isolated self figured in some Zhou lyrics, it was an anonymous self still nested in and giving expression to "the ceremonies and the habits of feeling of small, closed communities."

魯威儀進而又將戰國的韻文型態作了三種類型上的劃分:第一是周代的禮樂禮辭流傳到戰國時期:如《詩經》;第二是出現在道德哲學文獻中,用於箴諷論説的韻文,如《道德經》、《黃帝四經》、《莊子》、《荀子》中的韻文;第三是源於撒滿儀式傳統的南方的韻文:《楚辭》。在魯氏的分類中並不包涵民歌,因爲他認爲即使這些詩篇

---

① Mark Edward Lewis(魯威儀), *Writing and Authority in Early China*(早期中國的書寫與威權), Albany: State University of New York Press, 1999.

中有少量的民歌元素，也是經過文人和宫廷樂師的加工以後的，已非復舊觀。在這一點上我是基本同意魯氏的看法的，但他同時未注意到除了《詩經》之外，兩周金文中也保留了大量的祭祀禮樂禮辭。

以往我研究金文與《詩經》中的成語，主要著重《詩經》中的雅頌部分與金文的文本互涉研究上，但本文則試圖，由金文祭祀禮辭中常用的成語，觀其在國風部分及其他文獻資料中的演變，借以觀察在少數貴族群體中流行的歌詩和成語如何在數百年間流傳到更寬廣的社會人群當中；而在流佈過程中，又是如何出現更多相關的成語。"日就月將"與"日居月諸"在不同時期、不同詞義的分化、衍生，及其轉換成新的成語及四言詩句。詩與成語交相爲用，由此可以稍覘早期四言詩中祭祀禮辭及其與一般詩句中的流轉、複製、層疊、變化之跡。

清代《詩經》異文考釋研究[*]

一、清以前之四家詩及異文

　　《詩》有異文，幾自有詩始。舞蹈而歌，具見載記，升堂而賦，紀於列國。故《史記》云："古者詩三千餘篇，及至孔子，去其重，取可施於禮義，上采契后稷，中述殷周之盛，至幽厲之缺，始於衽席，故曰'關雎之亂以爲風始，鹿鳴爲小雅始，文王爲大雅始，清廟爲頌始'。三百五篇孔子皆弦歌之，以求合韶武雅頌之音。禮樂自此可得而述，以備王道，成六藝。"《三百》之篇成，仲尼豈必刪述；輶軒之使出，風詩由歸瞽矇。然行人振鐸，所獲非一，方國所存，庸能無異。抑且賦詩斷章，惟取所求，里巷和歌，豈必同辭。《春秋》經傳與周秦子史所引，已多歧出。或有詩句略同，而閒有異字者，《左傳》隱公二十五年："詩所謂'我躬不說，皇恤我後'者，甯子可謂不恤其後矣！將可乎哉？殆必不可，君子之行，思其終也，思其復也。書曰：'慎始而敬終，終以不困。'詩曰：'夙夜匪解，以事一人。'"按諸今本毛詩，《詩‧邶風‧谷風》："我躬不閱，遑恤我後。"《詩‧大雅‧烝民》云："既明且哲，以保其身。夙夜匪解，以事一人。"其引《谷風》同，而《烝民》異。《左傳》襄公二十九年又記："子大叔見大叔文子，與之語。文子曰：'甚乎其城杞也。'子大叔曰：'若之何哉？晉國不恤周宗之闕，而夏肆是屏。其棄諸姬，亦可知也已。諸姬是棄，其誰歸之？吉也聞之，棄同即異，是謂離德。詩曰：協比其鄰，昏姻孔云。晉不鄰矣，其誰云之。'"《詩‧小雅‧正月》云："彼有旨酒，又有嘉殽。洽比其鄰，婚姻孔云。念我獨兮，憂心殷殷。"或有並詩句亦異者，《左傳》襄公二十九年："葬靈王，鄭上卿有事，子展使印段往。伯有曰：'弱，不可。'子展曰：'與其莫往，弱不猶愈乎？'詩云：'王事靡盬，不遑啓處。東西南北，誰敢寧處？堅事晉楚，以

---

*　　本文原刊於香港大學中文系，《東方文化》，第 41 卷第 2 期(2008)，頁 1—56。

蕃王室也。王事無曠，何常之有？’遂使印段如周。”《詩·小雅·四牡》云：“四牡騑騑，
嘽嘽駱馬。豈不懷歸？王事靡盬，不遑啓處。”《左傳》所引自“東西南北”以下，皆今本
毛詩所無，與《詩》本文已大異。考三傳中引詩賦詩與今之《詩》文未盡同者，十之七八。
其他如《國語》《論》《孟》莫不如是。近年地下所出如郭店楚簡《緇衣》篇引詩、上博楚簡
《緇衣》《詩論》引詩，異字異文，例不勝舉。今本《毛詩》，實爲貞觀初顏師古所定。自
《詩》之始傳，中歷漢魏六朝，其間舛訛衍異，不知凡幾。

　　漢興，四家傳詩，各承家學。流百源一，去取互異。黃位清所謂：“毛氏字與三
家異者，動以百數。蓋文字有古今通轉之殊，而形聲之譌，傳鈔之誤，皆所不免。大
抵三家從今文，多正字；毛從古文，多假字。……鄭先通三家，後改從毛。如‘吉圭
爲餽’，則從韓；‘素衣朱綃’，則從魯；箋亦不盡從毛也。經史子集中與毛異字者，雖
未能確指其所師承，然漢儒傳授，多本三家，惟藉各書通證，斯可以測古人之真。”[1]
今阜陽雙古堆漢簡出，學者多信漢代傳詩，實不止毛、魯、齊、韓四家之數，此誠如定
盦所謂“家各一經，經各一師”。詩之異文，由是寖繁。張樹波《詩經異文產生繁衍
原因初探》曾舉《衛風·淇奧》“赫兮咺兮”爲例，以證四家之別。張云：“咺音宣，毛
《詩》如字作咺，魯《詩》作烜，齊《詩》作喧，韓《詩》作宣，又作愃。……《詩經》305 篇
中，幾乎篇篇有異文，許多篇還章章有異文。”[2]後漢經學之興，賈（逵）馬（融）鄭（玄）
王（肅）皆掇拾今古之義，參覈章句之間。賈逵始作《詩異同》。《後漢書·賈逵傳》：
“（建初中），逵數爲帝言《古文尚書》與經傳《爾雅》詁訓相應，詔令撰歐陽、大小夏侯
《尚書故》異同。逵集爲三集，帝善之。復令撰齊魯韓詩與毛詩異同。”逵所撰《毛詩
異同》，今已不傳，或疑即《隋志》著錄之《毛詩雜義難》。[3]漢魏之際，以經籍“去聖久
遠，文字多謬”，學者無所依歸，靈帝熹平四年，蔡邕、堂谿典、楊賜、馬日磾、張馴、韓
說、單颺等更奏求正定《六經》文字，邕自書丹於碑，使工鐫刻，光和六年，隸書石刻七
經成，立於太學講堂前。是爲熹平石經，俗稱一字石經。熹平石經中《詩》所本爲魯
詩。[4]魏正始中，又立古、篆、隸《三字石經》，皆立於洛陽太學門外，以正經傳文字，所

---

① 黃位清：《詩異文錄·自序》，《續修四庫全書》，上海古籍出版社，1995 年，冊 75，頁 395。

② 張樹波：《詩經異文產生繁衍原因初探》，《河北師範大學學報》，卷 18 第 4 期（1995 年 10 月），頁 62。

③ 劉毓慶：《歷代詩經著述考》，北京：中華書局，2002 年，“今按：朱彝尊、侯康、顧櫰三、曾樸等，皆以逵所
　撰四家詩之異同，即《隋志》之《毛詩雜義難》，恐非。《義難》者，當即本傳所言之‘經傳義詁及論難’，
　《詩異同》當別爲一書”（頁 56）。

④ 據王國維考訂，漢所刻爲《易》《書》（不含古文與僞孔傳）《魯詩》《禮》（今《儀禮》）《春秋》五經，及《論語》
　《公羊》二傳。故漢時謂之五經，或謂之六經，《隋志》謂之七經。見《魏石經考》，《觀堂集林》，北京：中
　華書局，1959 年，頁 958—959。

刻僅《書》《春秋》《左傳》，計 35 石，立於漢石經西。北魏孝明帝神龜元年(518)，石經雖存，字跡蕪亂者亦多，崔光令國子監博士李郁，與助教韓神固、劉燮等斠勘石經，其殘缺者，計料石功，並字多少，欲補治之。稍後，靈太后廢，事遂寢(《北史》卷 44，頁 1620—1621)。東魏孝靜帝武定四年(546)八月，高澄移洛陽漢魏石經於鄴。①行至河陽，岸崩，或没於水，其至鄴者，不盈太半(《隋書》卷 32，頁 947)。北齊文宣帝高洋天保元年(550)尚有 52 枚。②北周宣帝(579)時復遷至洛陽(《周書·宣帝紀》卷 7，頁 119)。隋文帝開皇六年，復移洛陽石經至長安，時文字多已湮滅。劉焯劉炫奉敕考定其文。隋末喪亂之餘，至貞觀初，魏徵所收集，已十不及一。石經雖毀棄殆盡，然據《隋書·經籍志》所記："其相承傳揚之本，猶在祕府。"《隋志》所記，祕府藏熹平石經 33 卷，中有一字石經魯詩六卷，是一字石經如王國維説，以魯詩爲主，然似亦不限於魯詩，梁祕府藏有一字石經 16 卷。③一字石經魯詩殘揚，宋洪适尚得《魏風》《唐風》共 173 字。④宋黄伯思《法帖刊誤》、劉球《隸韻》等，於石經殘字皆有著録。西元

<hr/>

① 《魏書·孝靜帝紀》，卷 12，北京：中華書局，1974 年，頁 308；《北史·東魏孝靜帝元善見紀》，卷 5，北京：中華書局，1974 年，頁 193。

② 馬衡《中國金石學概要》本王國維説，以爲熹平石經總數當如《洛陽記》(《蔡邕傳注》引)共 46 枚，又以字數估算，以爲正始石經當如《洛陽伽藍記》所記，共 25 枚。見馬衡：《凡將齋金石叢稿》，北京：中華書局，1977 年，頁 75—77。若然，則漢魏石經計有 71 枚。東晉戴延之《西征記》云漢石經碑"四十枚"，"多崩敗"(《太平御覽》卷 589，頁 11，臺北：藝文出版社，《景印文淵閣四庫全書》本)。另《洛陽記》云："太學在洛城南開陽門外，講堂長十丈，廣二丈。堂前石經四部。本碑凡四十六枚。西行，《尚書》《周易》《公羊傳》十六碑存，十二碑毀。南行，《禮記》十五碑悉崩壞。東行，《論語》三碑，二碑毀。"(《玉海》卷 43，頁 6。臺北：藝文出版社，《景印文淵閣四庫全書》本)是東晉時，熹平石經已多殘毀。高澄移漢魏石經入鄴時，有 52 石。《隋志》謂入於鄴者，不盈泰半，而《北齊書·文宣帝紀》云："往者文襄皇帝所運蔡邕石經五十二枚，即宜移置學館，依次修立。"(《北齊書》卷 4，頁 53，北京：中華書局，1972 年)是高澄所移石經，至天保元年(550)尚存 52 枚。石經之數，何至舛訛如此？余以爲有以下可能：《水經注》卷 16 云："魏明帝又刊《典論》六碑，附于其次。陸機言《太學贊》別一碑，在講堂西，下列石龜，碑載蔡邕、韓説、堂谿典等名。《太學弟子贊》復一碑，在外門中。今二碑竝無。《石經》東有一碑，是漢順帝陽嘉元年立，碑文云：建武二十七年造太學，年積歲壞，永建六年九月，詔書脩太學，刻石記年，用作工徒十一萬二千人，陽嘉元年八月作畢。碑南面刻頌，表裏鑲字，猶存不破。《漢石經》北有晉《辟雍行禮碑》，是太始二年立，其碑中折，但世代不同，物不停故，《石經》淪缺，存半毀幾，駕言永久，諒用憮焉。"(《水經注》卷 16，頁 28。臺北：藝文出版社，《景印文淵閣四庫全書》本)是知置於洛陽太學者，除漢熹平石經 46 碑、魏正始石經 25 碑外，尚別有漢魏石碑等。故高澄所移，除漢魏石經之餘外，尚有以上《水經注》所列諸碑之存者，本應爲 80 餘枚，然晉代以來，迭經喪亂，至鄴者只餘52 枚。

③ 《隋書》，卷 32，北京：中華書局，1973 年，頁 946。余以爲，《隋書》云中有毛詩二卷，恐誤。當爲魯詩二卷。隋以前石經多鈔本、揚本，而少拓本。《後漢書·蔡邕傳》謂石經方成，"其觀視及摹寫者，車乘日千餘兩，填塞街陌。"(卷 65，頁 1990)此段文字亦見於《水經注》，摹當爲手鈔。《晉書》載趙至遇稽康於學寫石經(卷 92，頁 2377)，石季龍遣國子博士詣洛陽寫石經(卷 106，頁 2774)。《北史》張景仁曾詣國子摹石經(卷 81，頁 2732)，皆此類。

④ 洪适：《隸釋隸續》，北京：中華書局，1985 年。

1922 年以後，洛陽西安等地更有殘石發現，馬衡《漢石經集存》所收已有五百餘枚。馬衡《漢石經魯詩校文》所録新發現的石經魯詩殘文，與今本毛詩字或有異。如《邶風‧雄雉》："自詒伊阻"的"詒"，石經作"貽"；《匏有苦葉》中"深則厲"的"厲"，石經作"濿"。①1922 年於洛陽所發現的《召南》殘石，馬衡云："右一石四行：首行爲《殷其靁》之末章；次行爲《摽有梅》三章之末；三行爲《江有汜》之首章；四行爲《野有死麕》之次章。每行七十二字。惟二行三行之間，僅得七十字，或《魯詩》有異也。"②70 年代以後石經續有發現，中有魯詩殘石近百枚。漢魏石經之立，本所以考覈異同，勘正文字。其後學者，如北魏劉芳（《魏書》卷 12），陸乂（《北史》卷 28，頁 1015）等，以通音訓，熟諳五經文字，時人皆有石經之目。

　　然自漢及唐，《詩》義由歧，《詩》文滋異。有唐右文，太宗命顔師古於祕書省考定五經，於文字多所釐正。《舊唐書‧顔師古傳》："于時諸儒傳習已久，皆共非之，師古輒引晉、宋已來古本，隨言曉答，援據詳明，皆出其意表，諸儒莫不歎服。於是兼通直郎、散騎常侍，頒其所定之書於天下，令學者習焉。"③顔師古所據多爲晉宋古本，似未據石經以正文字。蓋鐫於石者爲魯詩，而魏晉以來多本毛詩。《隋志》云，魯詩亡於西晉，或未盡然。魯詩於西晉時所亡者，其《故》《説》《傳》耳，惟其本文尚存，魯詩本文之録在簡册者，固不存，而鐫於石者至隋尚在，雖字跡漫漶，亦未可云亡。且石經魯詩摹本 6 卷猶存，録在《隋志》，而當時學者多以治毛詩爲尚，或未加理會也。

　　陸德明《釋文》雜採子史，所存異文獨多。向熹謂："比較全面地記録了唐以前韓詩與毛詩各本 672 種異文。"④然《釋文》所採，亦以韓詩獨多（王應麟《〈詩考〉後序》）。⑤自魏至隋，三家之説，從者甚尠。學者中只由魏入梁之崔靈恩，除毛詩外，亦雜採三家之言；⑥隋劉焯、劉炫據《北史》所記："劉焯，德冠搢紳，數窮天象，既精且博，洞究幽微，鉤深致遠，源流不測，數百年來，斯一人而已。劉炫學實通儒，才堪成務，九流七略，無不該覽，雖探賾索隱，不逮於焯；裁成義説，文雅過之。"⑦孔穎達《毛

---

① 馬衡：《漢石經魯詩校文》，《凡將齋金石叢稿》，頁 246。
② 馬衡：《漢石經魯詩校文》，頁 245。
③ 《舊唐書》，北京：中華書局，1975 年，卷 73，頁 2594。
④ 向熹：《詩經語文論集》，成都：四川民族出版社，2002 年，頁 132。
⑤ 見《詩考》，《叢書集成初編》本，頁 128。
⑥ 馬國翰（1794—1857）輯佚本序曰："其（崔《毛詩集注》）引《鄭箋》多與今本不同，而往往勝於今本。則知由俗儒訛傳，猶賴此以存其舊。又其書雖以毛爲主，間取三家。蓋其時《韓詩》尚在，齊魯之義，則從古籍之引述得之。尤足資學者之考訂云。"見劉毓慶：《歷代詩經著述考》，頁 100。
⑦ 《北史》卷 82，頁 2771。

詩正義序》謂煒與炫“負恃才氣，輕鄙先達，同其所異，異其所同。”煒炫二人以淹貫通學，著名於時。孔氏專主毛詩，於煒炫二人旁蒐諸家，固多微辭。故隋開皇六年，石經至長安，二人即奉敕考定文字。至唐開成石經，則一以毛詩爲旨，三家之説，益汗漫無聞。①陸德明《經典釋文》所收毛、韓詩異文獨多，魯、齊二家則不聞。與開成石經同刻的張參《五經文字》3235 字，唐玄度《九經字樣》421 字，以字有古今之異，隸變之殊，乃參酌《説文》與近代，取其適中。則經文訛異，略可想見。此後《廣政石經》（蜀石經）、《嘉祐石經》（北宋石經）、《臨安石經》（南宋石經）、《蔣衡石經》（清石經），一以毛詩爲宗，三家之異文，益不得而見矣。

　　洪湛侯云：“後人考三家遺説，遂有輯佚之舉。輯録古籍佚文之事，漢唐已見萌芽，至於有計劃、有系統地輯成專書者，當以宋末王應麟（1223—1296）《詩考》爲最。輯録三家遺文，王氏有椎製之功，明代楊慎的《風雅遺篇》亦屬此類。至清代則輯佚之風大起，或輯三家佚文，或考三家遺説，或與毛詩作比較研究，名家輩出，名著甚多，舉其比較著名者，不下二十餘種。”②洪氏此説，允稱的當。王氏於宋代學者中，可謂別樹一幟。③其關於《詩經》的著作有《詩考》、《詩地理考》、《詩辯》、《詩草木鳥獸蟲魚廣疏》諸作。《詩辯》與《詩草木鳥獸蟲魚廣疏》皆不傳。④《詩考》又名《逸詩考》，爲王氏首創之蒐羅三家詩遺説之著作。王應麟《〈詩考〉後序》云：“文公（朱熹）語門人：《文選》注多《韓詩章句》，嘗欲寫出。應麟竊觀傳記所述，三家緒言尚多有之，網羅遺軼，傅以《説文》《爾雅》諸書，粹爲一編，以扶微學，廣異義，亦文公之意云爾。”⑤其書“又旁搜廣討，撰成《詩異字異文》《逸詩》，以附綴書末，另別有《補遺》，以掇拾所闕。”⑥蔣秋華云：“《詩考》後世學者亦有補遺之作，如明董斯張即爲之補遺十九條，附於《津逮祕書》本《詩考》後。清丁丙（1833—1899）《善本書藏書志》記有盧文弨（1717—1745）、馮登府（1780—1841）等增校手抄四卷本。此外，

---

① 《舊唐書·經籍志》所記尚有卜商序、韓嬰撰《韓詩》20 卷，《韓詩外傳》10 卷，《韓詩翼要》10 卷。《新唐書·藝文志》亦有卜商序、韓嬰注《韓詩》22 卷，《韓詩外傳》10 卷，《韓詩翼要》10 卷。

② 洪湛侯：《詩經學史》，北京：中華書局，2002 年，頁 118。

③ 《四庫提要總目》稱其“博洽多聞，在宋代罕其倫比。”清初若閻百詩（若璩）輩，皆未敢薄視。所著“考證是非，不相阿附。不屑如元胡炳文諸人堅持門户，亦不至如明楊慎、陳耀文、國朝毛奇齡諸人肆相攻擊。”見《四庫全書總目》，卷 118，頁 1024。

④ 《詩辯》，倪燦《宋史·藝文志補》、《鄞縣志》有著録；《詩草木鳥獸蟲魚廣疏》、《宋史·藝文志》、朱睦㮮《授經圖》、朱彝尊《經義考》皆有著録。《經義考》題作《毛詩草木鳥獸蟲魚廣疏》。見蔣秋華：《王應麟的〈詩經〉學》，《開封大學學報》，1997 年第 1 期，頁 114。

⑤ 洪湛侯：《詩經學史》，頁 385。

⑥ 蔣秋華：《王應麟的〈詩經〉學》，頁 115。

嚴虞惇(1650—1713)所著《讀詩質疑》三十六卷、附録十五卷中,有《三家遺説》;
范家相撰《三家詩拾遺》十七卷,均對此書有所增損。而陳喬樅(1809—1869)《三
家詩遺説考》,除有所增輯外,并詳細辯證考覈;王先謙(1842—1917)的《詩三家
義集疏》,更是集諸家大成之作。以上各家的增補、注釋,只是較爲著名者,其餘
相類似的纂著,尚有許多。"①王氏之《詩考》,掇拾三家,厥功甚偉,其瑕之一則如
黃位清所言:"惟只有條目,而無通釋,殆未成之書。"二曰,雜採子史,摭拾遺佚,
三百篇之外,榛蘭並存。范家相摘其書所録多子書雜説,且亦多存殷以前所言。②
然《詩考》一出,自王氏以下至有清,其間近 200 年,除董斯張、楊升菴略事增補
外,他無續作。大抵與宋學之重義理而略於章句,不無關係。而元明兩朝,理學
大昌,章句訓詁,輯佚考徵之事,遂付闕如。明代另有陳士元《五經異文》11 卷,周
應賓《九經考異》12 卷,其《詩經》部分雖非本於王氏《詩考》,然亦由《説文》《釋文》
而輯佚考異。③陳周二氏之著,頗多舛漏,周氏之作,以《五經異文》爲藍本,而稍擴充
之,訛誤尤多。

二、清代《詩經》異文考釋學之興起

　　清代《詩經》異文考釋學之興起,究其端末,在觀念上曰有四事,堪爲導因。
　　一曰:清初始自性命義理而轉治經術之學,而經術端在經義,經義端在經文。
使經文未塙,自漢以降之旁洋疏註,皆如無的放矢。戴東原嘗爲《毛鄭詩考正》4 卷
(《戴氏遺書》本),錢大昕(1728—1804)云:"戴氏既乃研精漢儒傳注,及《方言》、《説
文》諸書,由聲音文字以求訓詁,由訓詁以尋義理。實事求是,不偏主一家,亦不過
騁其辯,以排擊前賢。嘗謂:'今人讀書尚未識字,輒薄訓詁之學。夫文字之未能
通,妄謂通其語言;語言之未能通,妄謂通其心志。此惑之甚者也。……昧者乃歧
訓詁義理而二之,是訓詁非以明義理,而訓詁胡爲? 義理不存乎典章制度,勢必流

---

① 蔣秋華:《王應麟的〈詩經〉學》,頁 116。
② 《四庫全書總目》,北京:中華書局,1987,卷 16,頁 126。
③ 陳士元有《五經異文》11 卷,收入《歸雲別集》(萬曆本、道光本),《四庫全書總目》有提要可參,見《四庫
　全書總目》,卷 34,頁 282。陳士元自序云:"予讀《十三經注疏》及秦漢晉唐書所載經語有與今文異者,
　輒私識之。"見朱彝尊《經義考》,卷 248,頁 1257。周應賓由《説文》引經與經文多異,乃據石經殘碑
　與注疏中,摘其異同者,匯而次之,亦旁參《史記》《漢書》及唐宋論撰。周謂陳所輯於五經尚十遺二三,
　因更爲此編,別補四書,以成《九經考異》。見朱彝尊《經義考》,卷 249,頁 1261。

入於異端曲説，而不自知矣。'"①戴東原有段玉裁、王念孫兩家之學。餘波震盪，小學訓詁音韻，於有清蔚成大觀。阮文達(阮元，1764—1849)與二人交厚，頗得其師説。②據竹汀(錢大昕)《〈經籍纂詁〉序》："我國家崇尚實學，儒教振興，一洗明季空疏之陋。今少司農儀徵阮公以懿文碩學，受知九重，歴歷八座，累主文衡，首以經術爲多士倡，謂治經必通訓詁，而載籍極博，未有會最成一編者。往歳徽州戴東原在書局實創此議，大興朱竹君督學安徽，有志未果。公在館閣，日與陽湖孫淵如(孫星衍)、大興朱少白(朱珪)、桐城馬魯陳(宗璉)相約分纂，抄撮群經，未及半而中輟。乃於視學兩浙之暇，手定凡例，即字而審其義，依韻而類其字，有本訓，有轉訓，次序布列，若網在綱。擇浙士秀者若干人，分門編録，以教授歸安丁小雅(杰)董其事，又延武進臧在東(庸)專司校勘。"③

　　二曰：主張實事求是，漢宋之別漸泯。所謂漢宋之別，端在求義理與重訓詁。清初自三先生始，皆以爲義理訓詁不當別爲二事。顧亭林謂"經學即理學"。清初儒者，如朱鶴靈輩，"以《易》理至宋儒已明，然《左傳》《國語》所載古法皆言象也。本義精矣，而多未備"。惠棟(1697—1758)在《九經古義‧述首》中就論及通經當由識字審音始，識字審音，必重漢儒經注，經之義存乎訓。梁任公嘗目惠棟一人在清初諸儒中爲"純粹的漢學"。然即如惠氏，亦未必"凡古必真，凡漢皆好。"惠氏《毛詩古義》亦非惟賈、馬、許、鄭是遵，至乾嘉學者而折衷漢宋者多。東原、棟宇反對宋學理學，然言論中東原亦不盡廢宋學者也。嘗謂："經之至者道也，所以明道者其辭也，所以成辭者字也。必由字以通其辭，由辭以通其道，乃可得之。"④究其實質，乃欲假宋學之旗幟，行漢學的方法。以明道宗經，必藉聲音字訓爲梯航。乾嘉以後學者，持類似觀點者甚多。如芸臺即主張"崇宋學之性道，而以漢儒經義實之"。⑤即脱骨於此。梁任公提出清學的概念，以此別於專事於訓詁之漢學，良有以也。要言之，清代前期無論吳皖，由識字審音小學訓詁以求義理，的爲一時宗尚。惠定宇以漢學爲矩矱，戴東原以明道爲旨歸，然在治學方法上，皆不外乎旁求義訓。焦循嘗言："循讀東原戴氏之書，最心服其《孟子字義疏證》。説者分別漢學宋學，以義理歸之

---

① 錢大昕：《戴先生震傳》，見《潛研堂文集》卷39，收入《嘉定錢大昕全集》，南京：江蘇古籍出版社，1997年，頁672。
② 余新華：《阮元的學術淵源和宗旨》，《中國人民大學學報》，1998年第3期，頁41。
③ 錢大昕：《〈經籍纂詁〉序》，見《潛研堂文集》，卷25，收入《嘉定錢大昕全集》，頁377—378。
④ 段玉裁：《戴東原先生年譜》，見《戴震全集》，北京：清華大學出版社，1999年，第六冊，頁3391。
⑤ 阮元：《擬國史儒林傳序》，《研經室集》，北京：中華書局，1993年，上冊，頁36。

宋學。宋之義理誠詳於漢,然訓故明乃能識羲文周孔之義理。宋之義理,仍當以孔之義理衡之。未容以宋之義理,即定爲孔子之義理也。"[①]漢學之壁壘或由定宇、東原乃定,然即此壁壘方新之時,亦已爲其後之漢宋調和,留有餘地。

所謂漢宋之别,自乾隆朝《四庫全書總目·經部·經部總叙》分别漢宋之後,[②]後有江藩、皮錫瑞、方東樹等各自標榜,益煽以上。張舜徽指出漢、宋之對壘自乾嘉時始有之,而清初儒者,皆博稽旁考,無漢宋之畛域。[③]即於乾嘉時期,漢宋之别,亦訒然難判。當時有影響的學者,如盧抱經(文弨),淹洽而不拘漢宋門户;阮雲臺(元)則"崇宋學之性道,而以漢儒經義實之",雖行漢學之實際,亦不忘張宋學之旗幟;自清初至嘉道間,治《詩》者,頗不乏定盦所謂"絶特之士",其方法"涵詠白文,刱獲於經,非漢非宋,亦惟其是而已"。[④]實則乾嘉學者,多抱持阮元之態度以治經。故"非漢非宋",實乃亦漢亦宋。嘉道間學術上之漢宋關係,余以爲陳居淵所説頗爲扼要:

> 嘉慶時,吴派嫡傳江藩著《漢學師承記》,爲清代精研古文經學的漢學家立傳,嚴立漢宋界限。而方東樹爲維護宋學著《漢學商兑》,遂啓漢宋爭奪學術正宗的門户之爭。漢宋之間的激烈爭執,導致當時被譽爲耆魁之臣,以經術文章主持風會的阮元重申經學研究必須兼顧漢宋。他指出:"兩漢名教,得儒經之功;宋明講學,得師道之益;皆於周孔之道,得其分合,未可偏譏而互消也。"(《揅經室一集》卷二《擬國史儒林傳序》)就個人而言,阮元的學術傾向無疑是揚漢抑宋的。然而他所提出的漢儒經學實是研究學問的根本,而闡述道理、心性的宋學,卻是飭己修身的準則,這就暗寓了阮元企圖調和漢宋對立的真實意圖。又如方東樹批評漢學時,同樣兼用漢學家的考證方法,盡管他主觀上是反漢學的,但在論證過程中也是漢宋兼採。也正因此,嘉道年間一些學者紛紛提倡調和漢宋學術。平湖學者朱壬林認爲:"漢學、宋學,不宜偏重,學以窮經求道,一而已矣。本無所謂漢宋之分。"(《小雲廬晚學文稿》卷二《与顧訪溪徵君書》)安徽學者胡承珙主張"治經無訓詁、義理之分,爲學亦無漢宋之分"(《求是堂文集》卷四)。尊師程朱的劉開也説"兼取漢儒,而不欲偏廢"(《劉𠀤塗文集》

---

① 焦循:《寄朱休承學士書》,見張舜徽:《清儒學記》,濟南:齊魯書社,1991年,頁151。
② 見陳逢源:《乾嘉漢宋學之分與經學史觀關係試析:以〈四庫全書總目·經部總叙〉爲中心》,收入蔣秋華主編:《乾嘉學者的治經方法》,臺北:"中央研究院"中國文哲研究所籌備處,2000年,頁141—170。
③ 張舜徽:《顧亭林學記》,武漢:湖北人民出版社,1957年,頁12—19。
④ 龔自珍:《與江子屏牋》,見《龔自珍全集》,上海:上海人民出版社,1975年,頁345。

卷三《論學》)。正是隨著這种學術導向的轉變,經學研究由漢宋對立的門户偏見遂被"漢宋兼採"所替代。徐世昌《清儒學案》中説:"道咸以來,儒者多知義理、考據二者不可偏廢,於是兼綜漢學者不乏其人。"這大致反映了歷史的真實。然而從學術發展的内在理路來理解,晚清經學研究的"漢宋兼採"卻是宋明以來儒學自身發展的必然。①

"漢宋兼採"即東原之"亦惟其是"態度之延伸。乾嘉學者治《詩》多持此態度。

三曰:崇古學。清初諸子一以"治經復漢"、"通經學古"爲尚。錢牧齋(謙益)云:"學者治經,必以漢人爲宗主。漢不足,求之於唐,唐不足,求之於宋,唐宋皆不足,然後求之近代。"②先自漢求之,求之不足,退而求於唐。顧炎武、孫枝蔚等皆有類是語。其理據乃漢儒最近古,故當先自漢儒求經義之是。亭林論《春秋》之義,至謂:"左氏不能盡得,而公穀得之;公穀不能盡得,而啖趙及宋儒得之者,則別記之於書。"③首亦重左氏,蓋左氏,古文也。至惠、戴而學有吳皖之分。定宇之吳學求古,東原之皖學求是。東原求是,亦無外乎自古而求之。④阮元云:"後儒説經,每不如前儒説經之確。何者? 前儒去古未遠,得其真也。故孔(穎達)賈(公彦)雖深於經疏,要不若毛鄭説經之確。毛鄭縱深於詩禮,更不若游夏之親見聞於聖人矣。予謂《易》《書》《詩》皆有古學。古學者何? 商周之卿大夫,魯、鄒之諸聖賢、秦漢之諸儒是也。……余向有《易》《書》《詩》三經古學之輯,惜尚未完成。少暇,當補成之。"⑤此即定盦所謂"涵詠白文,刜獲於經,非漢非宋,亦惟其是而已。"周予同曾指出清初經學是自明復於宋而漸及漢唐,乾隆以後,從惠、戴等人而自宋復於東漢許鄭,嘉道以降,由許鄭導源而上,《詩》宗三家而斥毛氏,經學又復西漢之舊。這都是信古而一路向上追索的必然結果。

四曰:和而不同,除門派之見。東原爲《杲溪詩經補注》,《傳》《箋》與《集傳》並重,並於序中謂:"先儒爲詩者,莫明於漢之毛亨、宋之朱子。"⑥是證其非專主一家一

① 陳居淵:《論晚清儒學的"漢宋兼採"》,《孔子研究》,1997年第3期,頁41。
② 張舜徽:《清人文集別録》,轉引自劉筱紅:《張舜徽與清代學術史研究》,武漢:華中師範大學出版社,2002年,頁31。
③ 顧炎武:《左傳杜解補正》序,引自劉筱紅:《張舜徽與清代學術史研究》,頁31。
④ 王鳴盛云:"方今學者,斷推惠戴兩先生。惠君之治經求其古,戴君求其是,究之舍古亦無以爲是。"引自錢穆:《中國近三百年學術史》,北京:商務印書館,1997年,頁357。
⑤ 阮元:《小滄浪筆談》,卷4中,臺北:商務印書館《叢書集成簡編》本,頁123。
⑥ 戴震:《毛詩補傳序》,轉引自洪湛侯:《詩經學史》,頁507。

代,惟其求是之宗尚。章太炎云:"學者往往崇尊其師。而江戴之徒,義有未安,彈射糾發,雖師亦無所避。"①戴氏如此,其後學亦承其餘緒。懋堂師事戴氏,於文字音韻訓詁,皆受其熏染,然亦自成氣象規模,非囿於師説者。懋堂《詩經小學》雖多引戴先生説,亦未嘗不直探是非。釋《詩·小雅·六月》首章"我是用急",懋堂云:

> 《鹽鐵論》引詩"我是用戒",顧寧人云當從之,戴先生曰:"戒猶備也。治軍事爲備禦曰戒,謂作急義似劣矣。急字於韻亦不合。《采薇》篇翼、服、戒、棘爲韻,《常武》篇戒、國爲韻。"②

東原爲顧炎武之説提供了更多的證據。懋堂考釋此句,則云:

> 按謝靈運《撰征賦》"宣王用棘於獫狁。"是六朝時詩本有作我是用棘者。《釋言》:恓,褊急也。《釋文》:恓,本或作恒(今本作極,誤),又作亟。《詩》"匪棘其欲"《箋》:"棘,急也。"《正義》曰:"棘,急。"《釋言》文《禮器》引詩"匪革其猶"注:"革,急也。"《正義》曰:"革,急。"《釋言》文《素冠》傳:"棘,急也。"《正義》曰:"棘,急。"《釋言》文彼棘作恓,音義同。然則恓恒亟棘革戒六字同音,義皆急也。此詩作棘作戒皆協。今作急者,後人用其義改其字耳。③

故段玉裁更進而發揮,於戴震所説亦未盡躄。臧庸爲盧文弨弟子,號稱頗能守家法,然亦從段玉裁、王昶、錢大昕遊,又受知於高郵王氏父子及陳壽祺(1771—1834),嘉慶六年,又受阮文達之聘。鏞堂説經,嘗謂:"戴震(1723—1777)所爲毛鄭詩,逞臆説以奪舊學,惠定宇(棟)好用古字,所校李鼎祚《周易集解》與開成石刻往往互異。近得明刻板勘對,始知李《易》本與今本不殊,其異者惠所私改也。"錢東生謂其"甚得和而不同之義。"④東原嘗師事定宇,而懋堂師事東原,鏞堂師事懋堂,故鏞堂此論,實純就學術而論,其對惠棟、戴震的批評,亦破除門户,非豪傑之士不能爲也。論學而不囿於門户,此固當時學者風氣。

三、清代《詩經》異文考釋之學的幾個時期

就人員組成而言,清初至咸同之際,學者家學、門人、交遊,無不以治經考異競

---

① 章太炎:《説林》下,《章氏叢書》,杭州:浙江書局刊本,1918 年,第 2 函,第 23 册,頁 117 下—118 上。

② 戴震:《毛鄭詩考正》,卷 2,頁 5,見《續修四庫全書》册 63,頁 572。

③ 段玉裁:《詩經小學》卷 2,頁 3—4。見《續修四庫全書》册 64,頁 197—198。

④ 錢林(1762—1828):《文獻徵存録》,見徐世昌(1855—1939):《臧先生庸》《清儒學案小傳》,卷 5,周駿富輯:《清代傳記叢刊》,臺北:明文書局,1985 年,第 5 册,頁 742。

尚,推揚援引,遂成風氣。以家學論,元和惠氏,四世傳經;高郵王氏,三代從事;閩縣陳氏,父子授業;嘉興李氏,兄弟相尚。是皆舉其犖犖大者,其他座主門生,戚黨友朋,相與從事者,殆不勝舉。清代樸學,由古字古音以明古訓,因古訓以明經。風氣開自清初,尤以顧炎武發爲嚆矢。雍乾時期,則有惠棟、戴震、錢大昕、盧文弨推揚鼓盪,規模斯具,至四人門弟子輩,則蔚爲大觀矣。至乎同光以下,雖有數子從事此業,惟王先謙總其成。考訂詩之異文,摭拾三家之義,於有清一代,余以爲亦由此可分四個時期:

第一時期、順治康熙兩朝:清初治《詩》之異文者,其學者著作臚列如下:

1. 顧炎武(1613—1682),初名絳,字寧人,號亭林,自署蔣山傭。江蘇崑山人。全祖望云卒於辛酉(1681)。有《音學五書》39 卷(《詩本音》10 卷)、《九經誤字》1 卷、《石經考》1 卷、《五經同異》3 卷。

2. 朱鶴靈(一作朱鶴齡,1606—1683),字長孺。自號愚庵。吳江人,生於萬曆34 年甲戌(1606)[1]據集中《傳家質言》:甲申(1644)年 37,則當生於萬曆三十六年丙子(1608),享年當 76。否則卒年則有參差。[2]《清史》儒林傳稱其卒於康熙二十二年(1683),年 78。朱爲明季諸生,入清屏居著述,因老友顧寧人(炎武)以本原之學相勗,始湛思覃力於注疏、諸經解以及儒先理學諸書。與同縣陳啓源參考諸家説,疏通序義,譔《詩經通義》20 卷。鶴靈治詩與陳啓源互異。啓源作《毛詩稽古編》,專宗古義。鶴靈則主參酌今古之間,而不墨守。此固鶴靈治群經之方法,而施之於《詩》也。嘗謂:"六經之學,漢興之,唐衍之,宋大明之。至今而衰。其興也,以不專一説而興;其衰也,以固守一説而衰。何則? 學成於信者也,信生於辨,辨生於疑,疑生於不一説。蓋自帖義混殽,經術蕪没。狂瞽相師,茫昧白首。疑既無之,信於何有? 此則固守一説者爲之闕也。故古人治經,患在多異説,今人治經,又患在專一説。"海源閣楊氏舊藏鈔本。所撰又有《詩經考異》不分卷。《詩經通義》,《四庫》已著録。《詩經考異》爲壽縣張氏寶詩簃藏海源閣楊氏所藏鈔本。附之《詩經通義》後。收入《續修四庫全書》。

3. 劉孔懷,字友生,號果庵。山東長山人。精於考覈,顧炎武游山左,曾住其家,與之辨析疑義,爲作古易序。有《詩經辨韻》、《五經字徵》等。

4. 張爾岐(1612—1677),字稷若,號蒿庵。山東濟陽人。有《石經正誤》2 卷、

① 見蕭一山:《清代學者著述表》,上海:商務印書館,1943 年,頁 21。蕭所本爲《清史稿·儒林傳》。
② 鄧之誠:《清詩紀事初編》,上海:中華書局上海編輯所,1965 年,卷 1,頁 64—65。

《詩經説略》5卷。

5. 陳啓源，字長發。吳江人，康熙時諸生。《毛詩稽古篇》30卷(1687)訓詁一準諸《爾雅》，篇義一準諸《小序》，詮釋經旨一準諸《毛傳》，而鄭箋佐之，其名物則多以陸璣《疏》爲主題。曰"毛詩"，明所宗也，曰"稽古篇"，明爲唐以前專門之學也。依次解經，不載經文，但標節目，前人論説已明者，則置之。又爲總詁，分六目，末爲附録，則統論風雅頌之旨，大旨堅持漢學，不容出入，引據賅博，疏證詳明，一一皆有本之談。蓋矯明代説經，喜騁虛辨，而爲徵實之學。惠氏定宇亟稱之。同里朱鶴齡《毛詩通義》，先生實與之參正。①

6. 周象明(1634—1691)，字懸著。門人私謚曰貞文先生。江蘇太倉人。康熙十一年壬子(1672)舉人。父國彝，州學生。以經學舉業教授鄉里。②《詩經同異録殘本》9卷。③唐鑑《周象明學案》謂其《七經同異考》34卷中有《詩》6卷。未知是否別本？唐鑑云："皆衷集舊説，亦間附以己意，略爲折衷。蓋採摭之功多，而考證之功少。其體例略近黃東發《日鈔》、章如愚《山堂考索》也。"④

7. 王夫之(1619—1692)，字而農，號姜齋，更名壺，⑤又號夕堂，或曰一瓢道人、雙髻外史，晚居石船山，自署船山病叟。⑥衡陽人，父朝聘，明副榜貢生，學者稱武夷先生，兄介之，舉人，國變後隱居不出。⑦崇禎十五年舉人。康熙三十一年卒，年74。⑧有《詩經稗疏》5卷(舊本2卷，四庫本4卷)、《詩經考異》1卷、《詩廣傳》5卷、《詩繹》1篇。《四庫》本《詩經考異》附於《詩經稗疏》卷四。《詩經考異》所收異文，大抵從《説文》、《韓詩外傳》、《禮記》、《周禮》、《孟子》、《左傳》等經注，以及《文選》《顏氏家訓》等輯録。《詩經稗疏》大抵尊《毛傳》《爾雅》，不論鄭《箋》與朱《集傳》。

8. 萬斯同(1638—1701)，字季野，學者稱石園先生，私謚貞文，泰第八子。浙江鄞人，從黃宗羲遊，年最少，得史學之傳。康熙十七年，詔舉博學鴻儒，有欲舉之者，

---

① 徐世昌：《陳先生啓源》《清儒學案小傳》，卷8《清代傳記叢刊》，第5冊，頁210—211）。
② 黃與堅(1659年進士，1680年舉鴻博)：《周象明先生墓誌銘》，《國朝耆獻類徵初編》，卷414，頁17上—18下（《清代傳記叢刊》，第180冊，頁543—546）。
③ 張壽林潤壽縣張氏實詩簍所藏，爲乾隆時鈔本，惟末數卷已殘，所存者前9卷。散佚者自《大雅·文王》以下，則原稿當不少於12卷。見《續修四庫全書總目提要》，頁334。
④ 唐鑑(1778—1861)：《周象明學案》，《國朝耆獻類徵初編》，卷414，頁18下（《清代傳記叢刊》，第180冊，頁546）。
⑤⑦⑧　徐世昌：《王先生夫之》，《清儒學案小傳》，卷8（《清代傳記叢刊》，第5冊，頁213—215）。
⑥ 鄧之誠：《清詩紀事初編》，卷2，頁178—179。

力辭。及梨洲之門,聞蕺山之學。有《石經考》2 卷(宋魏 1 卷,唐宋 1 卷)《石鼓文考》2 卷。《石經考》2 卷《省吾堂四種》《四庫全書》《懺花盦叢書》《四明叢書》第一集。《石經考》上下 2 卷,録石經魯詩殘篇碑文 173 字,出於魏風唐風等數篇,其中與毛詩異者如"猗"作"兮","樞"作"蓲"等。

9. 吳陳琰,字宇崖,號芊眠,錢塘人。有《五經今文古文考》1 卷(《賜硯堂叢書新編丙集》《昭代叢書》道光本丙集第一帙《後知不足齋叢書》第五函)。

10. 惠周惕(約 1646—約 1695),字元龍,原名恕,號硯溪(研谿),自號紅豆主人。江蘇吳縣東堵村。少從徐枋遊,又曾受業於汪琬,《清史稿》列閻若璩後。康熙三十年(1691)辛未進士。《詩説》2 卷附録 1 卷。楊向奎謂研谿"開近代説詩之先聲"。余以爲其方法與亭林略同。《詩説》中《秦風·權輿》關於"夏屋"爲"大房"的考證,大抵不出有文物典章以按求字義詩義。《詩説》亦多以史言詩。①

11. 嚴虞惇(1650—1713),字寶成,號思庵。江蘇常熟人。康熙三十六年丁丑一甲二名進士。授編修,館閣文字,多出其手。有《讀詩質疑》31 卷、附録 15 卷。其孫有禧刊刻,乾隆十二年進御覽。其書附録中有《章句音韻》《訓詁傳授》《經傳逸詩》《三家遺説》《經文考異》各 1 卷。其正經則以推求詩義爲主,略於章句名物。②

12. 臧琳(1650—1713),字玉林。江蘇武進人。有《經義雜記》30 卷,《叙録》1 卷與玄孫庸書彙刻爲《拜經堂叢書》。

余謂此期爲《詩》文考異之濫觴期,從事其事者,可數數家而已。此期説《詩》者,如毛西河、姚際恒、即如船山《詩經稗疏》,皆不論訓詁,而多言詩旨,其他著作,亦多本於朱子《集傳》,或敷衍其義,或商略其説,或者依違於毛《序》《集傳》兩間,如閻百詩之《毛朱詩説》。在方法上,顧亭林、朱鶴齡、惠周惕、嚴虞惇、臧玉林等,雖略啓其端,規模未具,風氣未成。然導夫先路,亦在此期學者,如亭林以爲明以來"未得其精已遺其粗,未究其本而先辭其末"。晉之清談,談老莊;今之清談,談孔孟。同是清談誤國。清初三先生中,船山與亭林皆力詆王學,梨洲雖受業於蕺山之門,亦不蹈王學之空疏。至習齋,非止拒斥王學,並程朱一併鼓而攻之。③此期學者如朱鶴齡,少也肆力辭章之學,浸淫詩賦,黽勉古文。"後

---

① 見楊向奎:《惠周惕、惠士奇、惠棟〈三惠學案〉》,見楊向奎、冒懷辛編:《清儒學案新編》,濟南:齊魯書社,1994 年,頁 106—107。

② 《四庫全書總目》,卷 16,頁 134。

③ 楊東蓴:《中國學術史講話》,收入《民國叢書》,上海:上海書店據北新書局 1932 年版影印,頁 347—348。

因老友顧寧人(炎武)以本原之學相勖,始湛思覃力於注疏、諸經解以及儒先理學諸書。"①船山亦有《考異》一卷,陳啓源標舉漢學,朱鶴靈則不固守一家,臧玉林治經以漢注唐疏爲主,教人先以《爾雅》、《説文》,曰:"不解字,何以讀書? 不通訓詁,何以明經?"閻若璩稱其深明兩漢之學,錢大昕校定其書,云:"實事求是,別白精審,而未嘗輕詆前哲,斯真務實而不近名者。"②斯皆啓雍乾兩朝《詩》文考異之風。

第二期、雍正、乾隆兩朝,學者著作如下:

1. 沈淑,字立夫,又字季和,常熟人。康熙四十一年(1702)生。雍正癸卯進士,翰林院編修。雍正八年(1730)③卒,年 29。有《陸氏毛詩異文輯》1 卷、《毛詩異文補》1 卷。《陸氏毛詩異文》所收爲陸德明《經典釋文》異文。攈摭唐陸德明《經典釋文》音釋解詩所舉異文,彙爲一編。搜羅排比,大體尚稱該洽。然所輯文,或《釋文》本有音釋,而是編但輯異文,不録音釋,如《關雎》"君子好逑",《釋文》云:"本亦作仇,音同。鄭云怨耦曰仇。"是編但云本亦作仇,其他亦有疏略處。張壽林云:"惟其間於釋文所舉異文,多考訂其原委。如謂《漢廣》'休息'作'休思',見韓詩。《柏舟》'棣棣'作'逮逮',見《孔子閒居》。《采菽》作'采叔',見《左傳》之類,皆確然有據。是則非盡鈔撮之學矣。"④《經典異文補》雍正三年作,是補鈔陸氏《經典釋文》之外,經傳子史,及《説文》《爾雅》諸書中引詩,字異句殊者,併爲一編。總録毛詩異文,而不拘於三家。遺漏頗多,且以校王氏《詩考》,亦無大出入。編末所附逸詩,亦多採自《詩考》。⑤

2. 沈炳震(1679—1737),字東甫。或曰字寅馭,號東甫。歸安人。少淬厲於學,籍學官後,日有名。省試八不遇,遂謝舉子業,專攻經史、讀九經。⑥雍正中往京師,會開鴻博科,太倉王詹事奕請舉先生名應詔,乾隆元年(1736)召試,未與選歸,踰年卒。年 59。《九經辨字瀆蒙》12 卷校正九經文字,第 1 卷爲經典重文,第 2 卷爲經典重文,第 3 卷爲經典傳譌,第 4 卷第 5 卷爲經典傳異,第 6 卷爲經典通借,第 7 卷第 8 卷第 9 卷爲先儒異讀,第 10 卷爲通音異義,第 11 卷爲異音異義,第 12 卷則註解傳述人也。排比鉤稽,頗爲細密,可以因文字之異同,究訓詁之得失,於經學不爲

① 張舜徽:《愚庵小集序》,《清人文集別録》,卷 1,頁 6。
② 見《清史稿》,頁 13182—13183。
③ 方苞:《沈編修墓誌銘》,見《望溪先生文集》(《四部備要》本,上海:中華書局),卷 10,頁 15 下—16 下。
④ 張壽林:《陸氏毛詩異文輯一卷》提要,見《續修四庫全書總目提要》,頁 335。
⑤ 張壽林:《毛詩異文補一卷》提要,見《續修四庫全書總目提要》,頁 334—335。
⑥ 見徐世昌:《沈先生炳震》《清儒學案小傳》,卷 7,《清代傳記叢刊》,第 6 册,頁 105。

無益云。①《九經辨字》則小學之膏粱也。②

3. 陳景雲(1670—1747)，字少章，私諡文道先生。江蘇吳江人（又作吳縣人）。有《群經刊誤》，內容不詳。

4. 惠棟(1697—1758)，字定宇，號松崖，士奇次子。江蘇元和人。《九經古義》22卷，喜以古字易俗字。惠棟治《易》，以爲王弼、韓康伯等以下，多以俗字易古字，故訂正所謂古字70餘。是書中《毛詩古義》2卷（嘉慶省吾堂刊本）亦如此。倫明云：

> 是書如"采采卷耳"條，引荀子説，證大毛公之師承。"江之永矣"條，據韓詩永作羕。補《爾雅》郭註及《説文》所未及。"于以湘之"條，據韓詩作"于以鬺之"。顏師古《漢書注》："鬺，烹煮而祀也。"正毛本之譌。"執轡如組"條，引《呂覽》"聖人組修其身，而成文於天下也。"見大毛公與呂氏同時，皆有所受。"鶉之奔奔"條，引《呂覽》諸書作賁，證古音之從同。"河上乎逍遥"條，謂"逍遥"二字已見漢碑，惟經典只合用"消摇"。"胡取禾三百億"條，引徐岳《數術記遺》，見《傳》云：萬萬曰億，《箋》云十萬曰億，各有所本。《檜》條，謂帝高辛所滅之鄶，非鄭武公所滅之鄶，證王符《潛夫論》之失。"吉日庚午"條，據《穆天子傳》云：天子命吉日戊午，又云：吉日辛酉，天子升于昆侖丘，與翼奉説合，證王者吉午酉之非虛。凡此諸條，義皆確當。惟"中冓之言"條，引《玉篇》《廣雅》，訓夜作冓，不見《説文》。"齊子發夕"條，鄭箋發夕訓愷悌，與《爾雅》合。毛《傳》云：自夕發至旦，蓋誤。此引薛夫子、王叔師諸説以證毛，不可從。"艷妻煽誘方處"條，毛《傳》："艷妻"謂褒姒，魯詩屬王內寵之説，蓋曲解。此增引緯書"剡者配姬"語。謂以剡配姬，非褒姒，尤屬附會。"實始翦商"條，訓翦爲勤，謂太王自邠遷岐，始能光復祖宗，修朝貢之職，勤勞王事。按古公未爲牧伯，無賜鉞專征之事。修朝貢之職，群侯所同，不得謂勤勞王事至於所援各條，不據釋訓，以明鄭讀，尤爲失之。③

5. 浦鏜，字金堂，聲之，秋稼。浙江嘉善人。乾隆二十七年壬午(1762)卒。有《十三經注疏正字》81卷。廪貢生。乾隆壬午入都應京兆試，假館紀文達家，一夕友人招飲，醉後僕地不起，視之已絶。家居時常與同里陳唐、周澧、章愷爲講學之會，

---

① 《歸安沈先生》，《學案小識》，卷13，頁1下（《清代傳記叢刊》，第2冊，頁650）。
② 全祖望：《鮚埼亭集》，見張維屛輯：《國朝詩人徵略初集》卷25，頁3（《清代傳記叢刊》，第21冊，頁827）。
③ 倫明：《毛詩古義》提要，《續修四庫全書總目提要》，頁338。

各攻一業,先生獨究心注疏。

6. 黃中松,字仲儼,上海人。生平不詳。有《詩疑辨證》6 卷,博引各家注疏及各代字書,間涉異文。

7. 沈廷芳(1702—1772),字椒園,①或曰字畹叔,號椒園。一字荻(萩)林。②浙江仁和人,乾隆元年丙辰(1736)以監生舉博學鴻詞試二等授庶吉士,散館授編修,考選御史。以言事被黜。乙丑起視漕山,左擢登萊道。遷河南按察使,乞養歸。爲查聲山宮詹外孫,學詩於初白(查慎行)。受古文法於望溪(方苞)。③以監本《十三經注疏》多訛脫,撰《十三經註疏正字》81 卷,中涵《毛詩》14 卷。所據者監本、重修監本、陸氏閩本、毛氏汲古閣本。《四庫提要》云:"廷芳撰是書,每條標其本句,而疏其譌誤於下,其據某本改者,並顯出之。有未定者,則以疑存之……經師口授,各據專門。春秋則三傳異文,詩則四家殊字,而假借通用,又復錯出於其間。故'曰若''越若',《書》自不同,'桑葚''桑椹',《詩》亦各體。……(是書)參稽衆本,考驗六書,訂刊版之舛譌,祛經生之疑似。註疏有功於聖經,此書更有功於註疏。"④

8. 嚴蔚,字豹人。江蘇吳縣人,諸生。有《詩考異補》2 卷(乾隆三十九年刊本)。倫明曰:

> 書首有王鳴盛、江聲二序。先是嚴虞惇撰《讀詩質疑》,後附考異一卷,蓋補王應麟《詩考》所未備也。蔚爲虞惇從曾孫,是書又補虞惇所未備。按應麟《詩考》集經傳子史及《說文》《爾雅》所引,與毛詩字句殊者,併爲一編。分齊魯韓三家,各自爲類。蔚則依經次序,總錄其與毛異者,而不拘於三家。其後范家相之《三家詩拾遺》、馮登府之《三家詩異文疏證》,依應麟例也;黃位清之《詩異文錄》,依蔚例也。而蔚亦不能無所遺,不若黃氏搜集之備。惟亦有黃氏所未及采者,如《汝墳》一條、"南澗之濱"一條、"蔽芾"一條、"召伯所說"一條、《江有汜》一條、"威儀棣棣"一條、"寤辟有摽"一條、"終風且暴"一條、《終風》"悠悠我思"一條、"曀曀其陰"一條、"擊鼓其鏜"一條、"于嗟洵兮"一條、"睍睆黃鳥"一條、《雄雉》"悠悠我思"一條、"我躬不閱"一條、"我不能慉"一條、"既詒我肆"一

① 《仁和沈先生》,《學案小識》卷 14,頁 2(《清代傳記叢刊》,第 2 冊,頁 678)。
② 劉聲木:《桐城文學淵源考》,卷 2,頁 4(《清代傳記叢刊》,第 17 冊,頁 517)。
③ 李元度:《諸襄七先生事略》附《沈廷芳》,《清朝先正事略》,卷 41,頁 33(《清代傳記叢刊》,第 193 冊,頁 506)。
④ 《四庫提要》,見張維屏輯:《國朝詩人徵略初集》,卷 27,頁 7 下—8 上(《清代傳記叢刊》,第 21 冊,頁 902—903)。

條、"靜女其姝"一條、"愛而不見"一條、"蝃蝀一條"、"多錦褧衣"一條、"施罛濊濊"一條、"庶姜孽孽"一條、"有狐綏綏"一條、"君子于役"一條、"羊牛下來"一條、"逢此百凶"一條、"褰裳涉洧"一條、"縞衣綦巾"一條、"零露漙兮"一條、"子之還我兮,遭我乎狃之間兮"一條、"東方之日兮"一條、"清揚婉兮"一條、"其誰知之"一條、"父曰嗟予子行役"一條、"河水清且淪猗"一條、"樂土樂土"一條、"見此粲者"一條、"生於道周"一條、"防有鵲巢,邛有旨苕"一條、"勞心慘兮"一條、"棘人欒欒兮"一條、"彼其之子"一條、"四之日舉趾"一條、"曰爲改歲"一條、"零雨其濛"一條、"是則是傚"一條、"六轡如絲"一條、"禴祠烝嘗"一條、"伐鼓淵淵"一條、"振振闐闐"一條、"嘽嘽焞焞"一條、"東有甫草"一條、"搏獸于敖"一條、"助我舉柴"一條、"既伯既禱"一條、"麀鹿麌麌"一條、"其祁孔有"一條、"儦儦俟俟"一條、"鶴鳴于九皋"一條、"節南山"一條、"不弔昊天"一條、"亦孔之炤"一條、"曄曄震電"一條、"周宗既滅"一條、"莫知我勩"一條、"居河之麋"一條、"既微且尰"一條、"緝緝翩翩"一條、"周道如砥,其直如矢,君子所履,小人所視"一條、"睠焉顧之,潸焉出涕"一條、"自詒伊戚"一條、"取其血膋"一條、"倬彼甫田"一條、"萬壽無疆"一條、"兕觥其觩"一條、"蔦與女蘿"一條、"天子葵之"一條、"芃芃黍苗"一條、"烈烈征師"一條、"俾滂沱矣"一條、"娓娓文王,令聞不已"一條、"本支百世"一條、"凡周之士,不顯亦世"一條、"常服黼冔"一條、"聿脩厥德"一條、"曰嬪于京"一條、"上帝臨女"一條、"捄之陾陾"一條、"左右趣之"一條、"不識不知"一條、"豈弟君子"一條、"鳳凰鳴矣"一條、"于彼高岡"一條、"梧桐生矣"一條、"于彼朝陽"一條、"是用大諫"一條、"時無背無側"一條、"殷鑒不遠"一條、"在夏后之世"一條、"惟德之隅"一條、"誨爾諄諄"一條、"靡所止疑"一條、"大風有隧"一條、"耗斁下土"一條、"寧丁我躬"一條、"如惔如焚"一條、"維周之翰"一條、"既入于謝"一條、"柔亦不茹,剛亦不吐"一條、"不侮矜寡"一條、"民鮮克舉之"一條、"四方其順之"一條、"夙夜基命宥密"一條、"於緝熙單厥心"一條、"載見辟王"一條、"示我顯德行"一條、"以車伾伾"一條、"食我桑黮"一條、"泰山巖巖,魯邦所瞻"一條、"居常與許"一條、"百祿是荷"一條、"爲政優優,百祿是遒"一條、"不敢怠遑,命于下國"一條、"方斲是虔"一條,他若"宜鑒於殷"、"駿命不易"二句、"維此二國"、"維彼四國"二句、"矢其文德"、"協此四國"二句、"商邑翼翼、四方之極"二句,黄氏止采一句,而遺其他,不若是書之全,殆未見是書也。惟是本多有譌字。如"陳錫哉周","哉"譌"載","不吳不敖",敖譌傲之類,則刊者之失校也。

9. 吳玉搢(1699—1774),字籍五,號山夫,晚號頓研,或號鈍根。或作乾隆三十八年(1773)卒。《説文引經考》2 卷。

　　10. 汪師韓(1707—1774)，字韓門，號抒懷，浙江錢塘人。有《詩學纂聞》1 卷、《詩四家故訓》4 卷。

　　11. 楊履基(1713—1775)，字履德，初名開，自號鐵齋。江蘇金山人。《四書、詩、書、易小學劄記》。

　　12. 戴震(1723—1777)，字慎修，一字東原。安徽休寧人。乾隆二十七年舉人。以召充《四庫全書》館纂修官。二十八年特命與會試。中式者同赴廷對。授翰林院庶吉士。錢大昕《潛研堂文集》戴先生傳曰：少從婺源江慎修遊。講貫禮經制度名物及推步天算，皆洞徹其原本。既乃研精漢儒傳注，及《方言》《説文》諸書，由聲音文字以求訓詁，由訓詁以尋義理。實事求是，不專主一家，亦不過騁其辯，以排擊前賢。雍正元年癸卯(1723)12 月 14 日生，即西曆 1724 年 1 月 19 日。乾隆四十二年丁酉(1777)卒，年 55。《毛鄭詩考正》4 卷。江瀚云："是編不徇毛亦不徇鄭，可謂惟求其是矣。……至補正訓詁，特其小焉者耳。"①又有《詩經補注》2 卷。此爲震未完之書，故止《周南》《召南》二卷。乾隆中葉以來考據諸儒，説經多尊信漢學，不取宋儒。或偶引亦必闢之。蓋當時風氣使然，非盡門户之見也。震補注《詩經》，屢採朱氏《集傳》。於"肅肅兔罝"，則取《集傳》曰："肅肅，整飾貌。"於《草蟲》三章，則取《集傳》曰："大夫行役在外，其妻感時物之變而思之。"舍毛鄭而從朱，用心之公，一時無兩。②(《詩補傳周南召南》2 卷)。余按：戴氏《詩經》學諸作，多援據《漢書》、《爾雅》、《説文》、《方言》、《文選》、《釋文》諸書，雖論傳疏之得失，而於異文亦多所論略。

　　13. 余蕭客(1732—1778)，字仲林，別字古農。惠棟弟子。江蘇吳縣人。《碑傳集》任兆麟《余君蕭客墓誌銘》作没於乾隆四十二年，年 49。有《古經解鉤沈》30 卷。於三家詩亦有採掇，然賅備不及范家相《三家詩拾遺》。

　　14. 范家相，字蘅洲③或曰字左南，號蘅洲。④會稽人。乾隆十九年甲戌(1754)進士，官柳州知府。⑤得第後，初授刑部主事，洊陞郎中。乾隆三十三年(1768)出知廣西柳州府，歲餘，以疾告歸，尋卒。⑥有《三家詩拾遺》17 卷。⑦因王伯厚之《詩考》而

①　江瀚：《毛鄭詩考正》4 卷，戴氏遺書本提要，《續修四庫全書總目提要》，頁 339—340。

②　江瀚：《詩經補注》2 卷，戴氏遺書本提要，《續修四庫全書總目提要》，頁 340。

③　《會稽范先生》，《學案小識》卷 13，頁 9(《清代傳記叢刊》，第 2 册，頁 666—667)。

④⑤　見張維屏輯：《國朝詩人徵略初編》，卷 36，頁 6 下(《清代傳記叢刊》，第 22 册，頁 230)。

⑥　蔡冠洛：《清代七百名人傳》，頁 1596(《清代傳記叢刊》，第 196 册，頁 176)。

⑦　《學案小識》稱："因王伯厚之《詩考》，重加裒益，而少變其體例。首爲《古文考異》，次爲古逸詩，次以三百篇爲綱，而三家佚説，一一併見。"卷 13，頁 9。

重加衷益,而少變其體例首爲古文考異,次爲古逸詩,次以三百篇爲綱,而三家佚説,一一併見。其以《三家詩拾遺》爲名,則古文考異不盡三家之文者,自宜附録,其逸詩不繫於三家者,自宜芟除,一例收入,未免失於貪多,而較王氏之書,則又詳瞻可觀矣。又作《詩瀋》20 卷,乃其釋《詩》之説。是書大抵斟酌於小序朱傳之間,而斷以己意。①其學源出蕭山毛奇齡,奇齡説經,引證浩博,善於詰駁。而盛氣所激,其受攻擊亦最甚。家相持論,一出和平,不敢放言高論。生平最服膺者,尤在餘姚黃宗羲。性孝友,直諒敦古誼,晚歲手一編,矻矻不置,於詩尤深。著《三家詩拾遺》10 卷,謂三家之説,與《禮記》《周官》《左》《國》多不合,而毛獨條條可復,此毛所以得掩前人。然朱子《集傳》,每取匡劉韓子之説,以糾毛失。使三家並存,其駁三家者,或當甚於毛。惟僅一二,彌覺可重。然則三家之是者,固當信從,其非者亦不妨兩存也。其書摭拾經傳子史,比惠棟《九經古義》、余蕭客《古經解鉤沈》,尤爲賅備。②

15. 淩樹屏,字保厘,號緘亭、弧息齋。有《詩經異文别説存什》14 卷,乾隆 45 年沈澄鑒鈔本,内容不詳。

16. 朱筠(1729—1781),字竹君,一字美叔,號笥河。順天大興人。有《十三經文字同異》。

17. 孔繼涵(1739—1783),字體生,一字埔孟,號荭谷,孔子 67 世孫。山東曲阜人。有《五經文字疑》1 卷、《九經字樣疑》1 卷(《戴校算經十書》《休甯戴氏遺書》)。

18. 程晉芳(1718—1784),字魚門,號蕺園,初名廷鐄。安徽歙縣人,徙江蘇江都。《詩毛鄭異同考》10 卷《諸經問答》12 卷。《詩毛鄭異同考》考毛鄭異同,並其闕失,皆精審。又於考校《傳》《箋》異同之時,多引《爾雅》《説文》等字書及其他經注,間"以宋學爲斷"。

19. 洪榜,字汝登(段玉裁《經韻樓集》作蕊登),號初堂,安徽歙縣人。乾隆二十三年戊寅舉人,四十一年天津召試第一。《歷代名人生卒年表》作生乾隆,卒乾隆,享年 35。按其事蹟推之,當生於乾隆十年前後,卒四十五年前後。有《詩經古義録》、《詩經釋典》,内容不詳。

20. 葉佩蓀(1731—1784),字丹潁,號莘蘿,浙江歸安人。有《尚書詩禮經義及

① 《會稽范先生》,《學案小識》,卷 13,頁 10 下—11 上(《清代傳記叢刊》,第 2 册,頁 666—667)。
② 蔡冠洛編纂:《清代七百名人傳》,頁 1596。

古文詩》數十卷，内容不詳。

21. 李惇（1734—1784），字孝臣，一字成裕。《毛詩三條辨》《群經識小録》8 卷《説文引書字異考》。《群經識小》卷三論《詩經》。

22. 胡文英，字繩崖。江蘇武進人。有《詩考補》2 卷。江瀚云：

> 宋王應麟《詩考》，先及三家，次及異字異義，次及補遺，次及詩地考，是編不復分別，凡所增訂，亦多未愜。如《關雎》補云：“《初學記》引張超誚《青衣賦》，感彼《關雎》，德不雙侣，但願周公好以窈窕。”今考唐歐陽詢《藝文類聚》，亦載此賦，好作妃，其義爲長。且上有四句云：“周漸將衰，康王晏起，畢公喟然，漫思古道。”以《關雎》爲畢公作，僅見於此，何得遺之？《何彼襛矣》引《六經奧論》云：“《何彼襛矣》之詩，平王以後之詩也。”又引章如愚曰：“何彼襛矣，言其容色固如唐棣矣。然汝王姬之車，何不肅雍乎？”是譏之也。《騶虞》引歐陽公《本義》曰：“騶虞之虞官翼五田豕以待射。”《凱風》引逸齋曰：“先儒以《凱風》爲刺吁之詩”，《相鼠》引《詩總聞》相或爲拱字，變韓氏所謂禮鼠拱而立者也。此皆宋人説，若併攔入，將補不勝補矣。①

又有《詩經逢原》10 卷、《詩疑義釋》2 卷、《詩疏補遺》5 卷、《毛詩通議》6 卷。

23. 宋綿初，字守端。江蘇高郵人。乾隆四十二年丁酉拔貢生，《清史稿》附《王念孫傳》在李惇後。有《韓詩内傳徵》4 卷叙録 2 卷疑義 1 卷補遺 1 卷等。凡所纂述，以賅洽著稱，説經貫串古義，尤長於説詩。

24. 嚴長明（1731—1787），字冬友，一字道甫，子觀字子進。江蘇江寧人。客畢沅幕，爲定章奏。有《毛詩地理疏證》《五經纂術補正》《三經答問》《石經考異》，他有金石類書多種。

25. 翟灝（1736—1788），字大川，一字晴江。浙江仁和人。有《説文經證》。

26. 盧文弨，字召弓，號磯旡，又號石魚，又號抱經，又號檠齋，晚號弓父，學者稱抱經先生，原名嗣宗。浙江餘姚人（居仁和），門人有臧鏞堂、禮堂兄弟，李兆洛、丁履恒等。有《經典釋文考證》30 卷《增校詩考》4 卷。

27. 汪照，字少山，號景龍，江蘇嘉定人。王傑督浙時，嘗佐其幕，晚年研窮經義，有《齊魯韓三家詩義證》，内容不詳。

28. 畢沅（1730—1797），字湘衡或作纕衡，一字弇庵，號秋帆，自號靈巖山人。江蘇鎮洋人。有《經典文字辨正》5 卷。

---

① 江瀚：《詩考補》2 卷提要，《續修四庫全書總目提要》，頁 347。

29. 武億(1745—1799)，字虛谷，①號授堂。河南偃師人，②優於學，以經史訓詁教授生徒。③17歲喪父。22歲入學，乾隆庚寅(三十五年，1770)舉鄉試，庚子(四十五年，1780)會試中式，賜同進士出身，以知縣用，辛亥(五十六年，1791)，選山東博山縣。④父紹周，雍正癸卯進士。由知縣官至吏部郎中。武億有《群經義證》7卷《經讀考異》8卷補2卷叙述2卷，其他金石類著作頗豐。孫星衍云："先生講學，依據漢儒師授，不蹈宋明人空虛臆説之習。所著經義，原本三代古書，疏通賈孔疑滯，凡數百事。"⑤《武徵君遺事記》："武君以金石文字補經史遺誤甚多。"《經讀考異》卷3前半爲《詩經》，多論句讀，鮮涉異文；《群經義證》有《詩》1卷，所論假借異文較多。

30. 周廷寀(？—1800)，字贊平，又字子同。安徽績溪人。嘉慶五年庚申(1800)卒。有《韓詩外傳校注》10卷，《西漢儒林詩經表》2卷。

31. 黄模，字相圃。浙江錢塘人。嘉慶歲貢生。有《三家詩補考》。

32. 周邵蓮，字湘浦。江西奉新人。有《詩考異字箋餘》14卷(《木犀軒叢書》)。江瀚云：

> 是書卷首有翁方綱序。稱其虛懷審慎，不執一説，不偏一家。其間實難以斷定者，則以俟善學者加詳焉。今讀之信然。其中如"參差荇菜"下云：《説文》苬正字也。荇或字也。然參字注引詩則但作荇不作苬。范家相《三家詩拾遺》竟謂説文作苬，亦未安。竊謂字異如齊魯韓三家尚矣，即後來諸家增出，亦有因字以考義，或足資參考者。然或意專求異，但見云某本作某，便欣然收之。實則未檢本書，質其然否，此可謂耳食之戒耳。又"言采其茆"下云：惠棟駁毛公茆鳧葵之傳。引汗簡云：古文尚書以茆爲縮。左傳縮酒，説文引作茜，與茆同，不得訓爲鳧葵。邵蓮謂郭忠恕汗簡，雖云集七十家事蹟，然中間諸字頗不具出處者，其有數字同一出處者，則注曰：並見某書。此茆字下雖注縮字，未言所出何書。至此行末芧字注云，兹見《尚書》是專指此芧字見古文《尚書》。何嘗謂茆即縮字見《尚書》哉？此惠氏誤讀汗簡。以下條之注連合上條之注，遂執以爲古《尚書》云爾。可謂扣槃捫籥以爲日者矣。言皆切要，可爲後學龜鑒，其它亦多所闡發，獨抒己見，不同販賣也。

33. 胡匡憲(1743—1802)，字懋中，號繩軒。安徽績溪人，匡衷從兄。《毛詩集

---

①③ 《偃師武先生》，《學案小識》卷14，頁6(《清代傳記叢刊》，第2册，頁684—685)。
② 《漢學師承記》云："先世由懷慶軍籍遷偃師，父紹周，雍正癸卯進士，官至吏部郎中。"
④ 見徐世昌：《武先生億》《清儒學案小傳》，卷11(《清代傳記叢刊》，第6册，頁453)。
⑤ 孫星衍撰《傳》。見徐世昌：《武先生億》《清儒學案小傳》，卷11(《清代傳記叢刊》，第6册，頁455)。

釋》20 卷、《繩軒讀經記》12 卷、《石經詳考》4 卷。

34. 馬宗槤(？—1802)，字器之，號魯陳安徽桐城人，姚鼐甥，瑞辰父。嘉慶六年辛酉進士。《毛鄭詩訓詁考證》4 卷。

35. 吳東發(1747—1803)，字侃叔，號耘廬，又號芸父，浙江海鹽人。歲貢生。學邃於《尚書》，受業錢少詹(大昕)之門，善讀金石文字。①於石鼓文考辨尤精。有《詩經字考》2 卷及《商周文拾遺》等。《詩經字考》一曰補毛傳之誤或其所未詳，二曰以金石文字與經文互證。東發時引金文徵《詩》之古字，雖多疏略妄牽，偶亦有所發明。

36. 金曰追，字對楊，號璞園。江蘇嘉定人。王鳴盛弟子。《十三經注疏正譌》。乾隆五十五年(1790)阮元奉詔刊石經，校勘《儀禮》，多採其説。

37. 吳凌(麦)雲(1754—1803)，字得青，客槎。江蘇嘉定人。嘉慶五年歲貢生。金曰追同時。有《十三經考異》若干卷。嘗校《説文》，錢竹汀《養新録》頗採其説。後館竹汀家，嘗謂諸經所載，半屬名物象數，日用常事，是亦古之方言，乃取注疏釋文訓詁之互異者，剖析義類，舉近事以明之，所解多前所未發(《學案》77：31)。《清史稿》本傳云："讀書深造，經師遺説，靡不通貫。嘗假館錢大昕屢守齋，盡讀所藏書，學益邃。所著《十三經考異》，援據精核，多前人所未發，又《經説》三卷，《小學説》、《廣韻説》各一卷，海鹽陳其幹爲合刊之，題曰《吳氏遺著》。"②

38. 錢大昕(1728—1804)，字及之，又字曉徵，號辛楣，又號竹汀居士。江蘇嘉定人。《經典文字考異》3 卷、《唐石經考異》1 卷。

39. 臧禮堂(1776—1805)，字和貴，私諡孝節先生。江蘇武進人，鏞堂弟。有《説文引經考》13 卷。

40. 錢坫(1744—1806)，字獻之，號十蘭，大昕族子，塘弟。江蘇嘉定人。有《詩音表》1 卷、《十經文字通正書》14 卷。

41. 臧庸(1767—1811)，初名鏞堂，字在東，一字西成，號拜經，一號用中。江蘇武進人。玉林(琳)玄孫，父繼宏。與弟禮堂、李兆洛、丁履恒同爲抱經(盧文弨)弟子。在蘇州從錢氏大昕、王氏昶、段氏玉裁講學術。阮文達督浙學，延至杭助輯《經籍纂詁》，後復補訂纂詁校勘注疏。因劉台拱識阮文達，其後館文達署中爲多。文達寫其書爲副本，以原本還其家。與高祖琳書合刻之《拜經堂叢刻》，内涵：《拜經日

---

① 　葉銘：《國朝畫家書小傳》卷 4(《清代傳記叢刊》，第 81 册，頁 448)。
② 　《清史稿》，卷 481，頁 13197。

記》8卷、《詩考異》4卷、《韓詩遺説》2卷、《訂譌》1卷,另有《孝經考異》《爾雅古注》等等。鏞堂《拜經日記》8卷,王氏念孫亟稱之,其叙《孟子年譜》,辨齊宣王湣王之譌,陳氏壽祺歎爲絶識。①

42. 錢大昭(1744—1813),字晦之,號竹廬,又號可廬,大昕弟。江蘇嘉定人。《詩古訓》10卷。

43. 段玉裁(1735—1816),字若膺,號懋堂。金壇人。生而穎異,讀書有兼人之資。乾隆庚辰舉人。至京師見休寧戴東原先生,好其學,遂師事之,以官學教習,授貴州玉屏縣知縣,坐事罷,尋復起權四川富順南溪二縣,補巫山。簿書之餘,著述不輟。年42,即告養引歸。②喬居蘇州金閶門外白蓮橋枝園,鍵户不問世事者數十年。②生於雍正十三年乙卯(1735)或1734,嘉慶二十年乙亥(1815)卒,年81。陳奐謂卒於嘉慶二十一年(1816),壽81。③則生年當在1736。有《詩經小學》4卷(《皇清經解》本《拜經堂叢書》本)。《經韻樓叢書》本涵:《重訂毛詩故訓傳》30卷、《毛詩小學》4卷、《詩經小學録》4卷。《詩經小學》多列異文,並指出古今字、假借字、異體字、正誤字等。

44. 莊述祖(1750—1816),字葆琛,所居室曰珍藝宧,學者稱珍藝先生。父培因爲方耕(存與,1719—1788)弟,乾隆甲戌一甲一名進士,官翰林院侍講學士,先生10歲而孤,從世父游潜心經術,乾隆庚子成進士,選山東昌樂縣知縣,調補濰縣。後又署曹州府桃源同知。④方耕弟子曰邵晉涵、孔廣森(1752—1786)。阮文達序《方耕經説》云:"通其學者,門人邵學士孔檢討及子孫數人而已。然邵氏學派實不相同,孔氏同治公羊學而三科九旨,別自爲説,宗旨亦異。蓋莊氏之學,惟傳於家,再傳爲劉氏逢禄、宋氏翔鳳益著,而劉氏宋氏生晚,亦非親炙也。"

珍藝治文字之學,每據鐘鼎彝器石鼓文,糾《説文》之謬,亦開一時風氣。有《毛詩周頌義》3卷、《毛詩考證》4卷、《五經小學述》2卷、《毛詩授讀》30卷、《毛詩口義》3卷(《皇清經解續編》本《珍藝宧遺書》)。江瀚曰:

　　是書多考證《毛詩正義》《釋文》石經異同,其辨"彼美淑姬",《釋文》叔音

---

① 徐世昌:《臧先生庸》,《清儒學案小傳》,卷5(《清代傳記叢刊》,第5册,頁739)。
② 陳奐:《師友淵源記》,頁5(《清代傳記叢刊》,第29册,頁75)。
③ 陳奐:《師友淵源記》云:"丙子秋從海門歸謁。師喟然曰:'吾似春蠶一般,繭既成,惟待斃焉已。'八月,金陵試畢,視師疾。曰:'吾年20餘,曾遘疾,六十年未嘗一日呻吟,今病不起矣。'九月八日,終於枝園。壽八十有一。"陳奐:《師友淵源記》,頁5下—6上(《清代傳記叢刊》,第29册,頁76—77)。
④ 據《清史稿本傳》、李兆洛撰《傳》、宋翔鳳撰《行狀》,見徐世昌:《莊先生述祖》,《清儒學案小傳》,卷8(《清代傳記叢刊》,第6册,頁145—147)。

淑，本亦作淑。是詩本作叔，鄭讀淑也。《釋文》從之。注疏本誤作淑。當從
《通志堂》本改正。"實畝實籍"，石經、小字宋本作"藉"，岳本作籍。按《説文》
"耤田"字如此。從竹從艸，皆假借字，凡若此類。雖所見甚是，無關弘旨。"唯
此王季"一條，謂左氏是古文，韓詩是今文，古今文皆作文王，而毛詩獨異。至
訓詁皆本之《左氏》鄭注，《禮》則從韓箋，《詩》則從毛。故《正義》亦依違其説，此
説經之當闕疑者也，是則學者所不可不知。臧琳《經義雜記》，專喜佞鄭非王，
乃以爲王肅好與鄭玄相難，故反據三家誤本以改毛詩正經。阮元《校勘記》亦
遵依之。正坐不能闕疑，輕於持論耳。書中於衆維魚矣，采盧文弨説，謂衆乃
中螽之省。《説文》螽即蠡重文。螽，蝗也。蝗而爲魚，故爲豐年之徵。此解殊
屬穿鑿。蝗而爲魚，未之前聞。……義有未安，而創爲之解，不亦失之愈遠與?

45. 王謨，字仁圃，一字汝上。江西金谿人。乾隆四十三年戊戌(1778)進士。
年 76。有《韓詩拾遺》16 卷、《逸詩銓》3 卷、《十三經策案》22 卷等著作。

46. 莊有可(1744—1822)，字大久。江蘇武進人。《毛詩説》5 卷、《毛詩述蘊上
下》4 卷、《毛詩字義》5 卷、《毛詩異文字義》1 卷、《毛詩序説》1 卷、《毛詩異聞》2 卷、
《各經傳記小學》14 卷、《傳記不載説文餘字》3 卷。

47. 徐養原(1758—1825)，字新田，號飴庵。浙江德清人。有《毛詩類韻》、《頑
石廬經説》10 卷。

此期起自東原(戴震)生年(1723)，以東原、定宇(惠棟)、抱經(盧文弨)、竹汀(錢
大昕)，總領壇坫。東原早年有《毛鄭詩考證》5 卷，初名《詩補傳》，約成書於乾隆十
五年(1750)前後。[①]東原於乾隆二十年(1755)避難入京師，紀昀、王鳴盛、錢大昕、王
述菴(昶)、朱筠先後與之定交。諸公爲之延譽，名動海內。二十一年(1756)，王安國
(念孫父)延致家塾，使子念孫從東原學經。[②]乾隆二十二年(1757)，識惠定宇於揚州
都轉運使盧雅雨(見曾)署內。於惠氏古學，深爲推重。乾隆二十八年(1763)，復入
都會試，段玉裁從之問學。東原所與交遊，皆一時名儒碩彦。東原門下懷祖(王念
孫)、懋堂(段玉裁)、衆仲(孔廣森)，皆得其所傳。

嚴虞惇《詩經質疑》中有《三家遺説》一篇，定宇門人余蕭客作《古經解鈎沈》，亦

---

① 此據李開考證，開據段玉裁《戴東原先生年譜》，定《毛鄭詩考證》爲《詩補傳》。成書年代，見李開:《戴
震評傳》，南京:南京大學出版社，1992 年，頁 50—51。

② 此據錢大昕《戴先生震傳》及段玉裁《戴東原先生年譜》，後者收入《戴震全集》，卷 6，頁 3396。據《年
譜》戴震入京之年當在乾隆二十年乙亥，李開考定爲其入京在乾隆十九年甲戌。見李開:《戴震評傳》，
頁 85—86。

掇拾三家遺説。清初至乾隆,考訂詩之異文,已較王伯厚(應麟)爲勝。虞惇孫嚴蔚作《詩考異補》,其體例異於王氏,王應麟《詩考》以《韓詩》《魯詩》《齊詩》《詩異字異義》《逸詩》《補遺》爲目,從其例而略加變化者,范家相之《三家詩拾遺》、及後馮登府之《三家詩異文疏證》;而沈淑《毛詩異文録》、嚴蔚《詩考異補》、黄位清之《詩異文録》,則依經文爲次第,旁蒐博討,無論三家,凡有異文,即彙歸經文之下。周邵蓮《詩考異字箋餘》、及後陳喬樅《四家詩異文考》、李富孫《詩經異文釋》,皆依此例。范家相學出毛西河(奇齡)先生,其《三家詩拾遺》,較嚴虞惇、沈淑、余蕭客、嚴蔚諸書庶勝。此期盧抱經(文弨)又有《增校詩考》4卷,張壽林謂:“盧氏之學,淹洽而不拘漢宋門户。尤邃於校勘。既得七經考文,又旁採嚴思庵(虞惇)、范蘼洲(家相)、丁小疋(杰)、臧庸堂(庸)諸氏之説,爲之增校,亦王氏之功臣矣。”其書經汪小米(遠孫)詳校,又經李薌沚(富孫)、馮柳東(登府)、陳扶雅(善)、徐北溟(鯤)、曹柳橋(籀)諸家爲之增校。馮李汪諸校,皆旁參類書梵典、碑刻遺文。①

第三期、嘉慶道光咸豐時期:此爲《詩》文考異大盛時期。學者著作如左:

1. 胡承珙(1776—1832),字景孟,號墨莊。安徽涇縣人。五歲就傅,十歲能文章,十三入庠,二十六膺選拔,即以其年中式鄉試。成進士(1805)後,改庶吉士,授編修,遷御史,轉給事中。外授福建延事邵道,調補臺灣兵備道,乞病歸家。其後九載不出里門,不預外事,專力著作。先生少工詞章,通籍後究心經術。《毛詩後箋》一書是其畢生精力所注。其書共30卷,於語言文字名物訓詁,前人所未道者,數十百條,撰稿屢易,手自寫定。至《魯頌·有駜》絶筆,《泮水》以下各篇則由陳奂續成。

2. 李貽德(1783—1832),字天彝,號次白,一號杏村。浙江嘉興人。有《詩考異》《詩經名物考》。

3. 孫經世(1783—1832),字濟侯,別字惕齋。福建惠安人。陳壽祺弟子。《釋文辨正》14卷、《十三經正讀定本》80卷、《經傳釋詞續編》8卷、《詩韻訂》2卷、《惕齋經説》6卷、《讀經校語》4卷、《説文會通》16卷、《爾雅音疏》6卷、《小學輯記》。

4. 趙紹祖(1752—1833),字繩伯,號琴士。安徽涇縣人,弟繩祖。《校補王氏詩考》2卷。

5. 王引之(1766—1834),字伯申,號曼卿,諡文簡。江蘇高郵人。《經義述聞》

① 張壽林:《盧抱經增校詩考》4卷提要,《續修四庫全書總目提要》,頁342。

32 卷（《毛詩》3 卷）、《經傳釋詞》10 卷、《字典考證》36 卷。

6. 陳壽祺（1771—1834），字恭甫，號左海，晚年自號隱屏山人。嘉慶四年進士。①陳奐云："陳壽祺，字恭甫。福建侯官人。己未，編修講學授徒，閩人稱其賢著，有《左海五經異義疏證》。道光五年乙酉，姪兆熊典試閩闈，以是書郵寄蘇州。子喬樅即乙酉所得士也，亦能世其家學。"②有《五經異義疏證》3 卷、《左海經辨》2 卷、《説文經字考》1 卷。

7. 陳鱣，字仲魚，號簡莊。浙江海寧人。嘉慶初舉孝廉方正，旋舉鄉薦。有《蜀石經毛詩考異》2 卷，據毛鄭孔及《釋文》唐石經等考訂文字異同。

8. 汪遠孫（1794—1836），字久也，號小米。浙江仁和人。有《經典釋文補續偶存》1 卷《詩考補遺》。

9. 徐堂（1797—1837），字澹人。江蘇吳江人。有《三家詩述》16 卷。

10. 馮登府（1783—1840），字雲伯，號柳東。嘉興人。生於乾隆四十八年癸卯（1783）或作乾隆四十五年庚子（1780）。嘉慶二十五年庚辰進士，改庶吉士，散館授福建將樂縣知縣，抵任方兩月，聞母病，即辭官歸里。後改就教職，選補寧波府教授。在任數年，大吏重其才，將薦舉之，力辭，因病乞歸，尋卒。先生劬書力學，於兩漢唐宋諸儒之經義，旁及諸子百家傳注，靡不强識博通，而聲音訓詁尤爲深邃。先生治經蒐集遺説異文，疏證精密。於石經致力尤勤，薈萃歷代諸刻及諸家考訂之説，折衷求是，可稱集成之書。先生與同里李鄉沚（富孫）昆季交最密。每著一書，輒與商榷。鄉沚以爲全謝山（祖望）錢竹汀（大昕）之比。③先生嘗從阮文達（元）游，文達重之，採所著入《學海堂經解》。先生考訂之文，似其鄉先輩朱錫鬯（彝尊），復從歸震川（有光）方望溪（苞）姚惜抱（鼐）以上溯唐宋作者。④有《十三經詁答問》10 卷、《金石綜例》4 卷、《金石跋文》1 卷、《三家詩異義遺説》20 卷、《石經補考》（《清史稿》作考異）12 卷、《三家詩異文疏證》6 卷《補遺》4 卷。（《三家詩異文疏證》6 卷，補遺 3 卷，續補遺 2 卷；2 卷本《皇清經解》（咸豐補刊本、鴻寶齋石印本、點石齋石印本）；《石經補考》11 卷《石經彙函》本）。

《三家詩異文疏證》6 卷《補遺》3 卷以《毛詩》多假借字，三家詩多本字，因即宋王應麟書爲之疏證，與傳箋互爲發明，又著《三家詩遺説翼證》20 卷，皆勝范家相書。

---

①　李放纂輯：《皇清書史》，卷 8，頁 13，《遼海叢書》本。

②　陳奐：《師友淵源記》，頁 13（《清代傳記叢刊》，第 29 册，頁 91—92）。

③　見《史傳》，徐世昌：《馮先生登府》《清儒學案小傳》，卷 15（《清代傳記叢刊》，第 7 册，頁 35）。

④　吳德旋：《石經閣文集序》，《清儒學案小傳》，卷 15（《清代傳記業刊》，第 7 册，頁 35）。

又著《論語異文考證》10 卷蒐羅遺佚,并援前人之説,稽其同異,以闡明古義,詮釋精審。

11. 徐璈(1779—1841),字六驤(一作襄)號樗亭(一作樗尹)。安徽桐城人。嘉慶進士,官臨海知縣。有《詩經廣詁》30 卷。

12. 嚴傑(1763—1843),字厚民,號鷗盟。餘杭人。一作餘姚人。潛研經術,遂學能文。阮文達督學浙江,深賞之。立詁經精舍,以爲上舍生。佐編《經籍纂詁》,從至廣東,復佐編經解。①有《蜀石經毛詩考正》1 卷、②《小爾雅疏證》、《經義叢鈔》30 卷、《蜀石經殘本》、《毛詩考證》2 卷。陳奐云:嚴傑,字厚民,餘杭監生。趙坦,字寬夫,仁和秀才。道光紀元,徵舉孝廉方正,皆以品學相砥礪,故知名亦相埒。奐初至杭州,與兩先生遊,聞其繽紛莊論,服其學之博,又未嘗不肅敬其爲人。阮相國元築學海堂於粵東,撰《皇清經解》一千卷,倚重厚民手校,末附叢書,其所編也。③

13. 李富孫(1764—1843),字既汸,號香沚,一號薌沚。嘉興人。嘉慶辛酉拔貢,幼承家學。五世祖良年(秋錦徵君),康熙中徵鴻博,與兄繩遠弟符,號嘉興三李先生。富孫與兄超孫,從弟遇孫,並以文學名於時,號後三李先生。④請業於盧抱經錢竹汀孫淵如諸先生。阮文達撫浙,富孫入詁經精舍,遂壹意治經。有《易解賸義》3 卷,斥圖書之説,又有《易解校異》1 卷,柳東(馮登府)稱爲資州(李鼎祚)功臣,定宇(惠棟)直友。《七經異文釋》50 卷,於諸經傳本異文異詁,皆爲搜集考證。所爲文曰《校經廎集》,又有《説文辨字正俗》《漢魏六朝墓銘例》《鶴徵後録》諸書。⑤《七經異文釋》凡《易》6 卷、《尚書》8 卷、《毛詩》16 卷、《春秋》三傳 12 卷、《禮記》8 卷。《易》書先刊行,《春秋》三傳蔣光煦採入《別下齋叢書》,《毛詩》王先謙採入《續經解》,《禮記》別下齋有目無書。

14. 黃位清,字瀛波。廣東番禺人。《詩異文録》3 卷,道光己亥刻本;《詩緒餘録》8 卷,道光己亥刻本。《詩異文録》體例與沈淑《毛詩異文補》、嚴蔚《詩考異補》略同,摭拾經傳子史,及《説文》《爾雅》引詩,字句殊異者,併爲一編。依經文次序,總録

① 徐世昌:《嚴先生傑》,《清儒學案小傳》卷 10(《清代傳記叢刊》,第 6 册,頁 335—336)。
② 以上見張壽鈺《清史稿藝文志》、武作成《清史稿藝文志補編》,收入《清史稿藝文志及補編》,北京:中華書局,1982 年。
③ 陳奐:《師友淵源記》,頁 10(《清代傳記叢刊》,第 29 册,頁 86)。
④ 《嘉興府志》,見徐世昌:《李先生超孫》,《清儒學案小傳》,卷 15(《清代傳記叢刊》,第 7 册,頁 35—36)。
⑤ 見徐世昌:《李先生富孫》,《清儒學案小傳》,卷 15(《清代傳記叢刊》,第 7 册,頁 36—37)。

毛詩異文,而不拘於三家。①

　　15. 李誠(1778—1844),字靜軒、師林。浙江黄巌人。嘉慶 18 年癸酉拔貢生。《十三經集解》360 卷、《詩通義》、《詩篇義》等。先生少承庭訓,益加綜博。補姚州州判,歷署新平順寧知縣。去官後,居雲南志局凡五載,成《雲南通志》220 卷,稿出其手者十之八九,爲總督阮文達所稱。子春枝,字芝亭,世其家學,著有《毛詩名物考》、《經字彙纂》、《歷代金石録》、《精益求精齋集》。

　　16. 林伯桐(1778—1847),字桐君,號月亭。廣東番禺人,嘉慶六年舉人,官德慶州學正。或曰:生於乾隆三十三年戊子(1768)。《粵嶽山人文集》謂:"道光丁未孟夏,其弟伯棠茂才奉先生柩葬於白雲山雨花臺之原。"②是則先生卒年當作道光二十七年(1847),生年當在乾隆四十三年(1778)。辛酉舉於鄉,道光甲辰選授德慶州學正。……生平於學無所不窺,尤篤志經學,研經宗漢儒,而踐履則服膺朱子。《十三經注疏》皆手自丹鉛,廿四史及諸子諸集,凡目所及者,皆能舉其大要。……前後兩制府阮公鄧公皆敬禮之。阮公延爲學海堂學長,鄧公延課其二子。③《毛詩通考》30卷(《叢書集成初編》文學類,《嶺南遺書》第 6 集)。《脩本堂遺書》已刊者,其他《詩》類著作有《毛詩識小》30 卷、《毛詩傳例》2 卷。④

　　17. 阮元(1764—1849),字伯元(段玉裁經韻樓稱伯梁),號雲臺,謚文達。江蘇儀徵人。乾隆五十四年(1789)進士。《詩書古訓》10 卷、《十三經注疏校勘記》217卷、《釋文校勘記》25 卷、《詁經精舍文集》14 卷、《經籍纂詁》116 卷、《學海堂經解》16卷,編刻《皇清經解》1408 卷。《三家詩補遺》3 卷考家數,補異文,述遺説。⑤

　　18. 李黼平(1770—1832),字子黼,一字繡子,號花庵。廣東嘉應人。有《毛詩紬義》24 卷。據自序,其作意本在正《正義》之淆訛,要"明《傳》《箋》之本義,還孔氏之舊文。"其書據各本參校合勘,與文字異同參酌甚多。

　　19. 卞斌(1778—1850),字叔均,號雅堂,浙江歸安人。《七經古文考》1 卷。

　　20. 馬瑞辰(1782—1853),字元伯,一字獻生。宗璉子。其子三俊,字命之。咸豐四年甲寅戰死,年 35。安徽桐城人,嘉慶十五年(1811)進士,選翰林院庶吉士,改工部營繕司主事,擢都水司郎中,因事坐發黑龍江,獲釋後歸鄉。一説卒於咸豐三

---

① 黄位清:《詩異文録》,《續修四庫全書》,册 75,頁 395—461。
② 見張維屏輯:《國朝詩人徵略二編》,卷 54,頁 2(《清代傳記叢刊》,第 23 册,頁 581)。
③ 《松心文鈔》,見張維屏輯:《國朝詩人徵略二編》,卷 54,頁 1(《清代傳記叢刊》,第 23 册,頁 579—580)。
④ 《劬書室集》,見張維屏輯:《國朝詩人徵略二編》,卷 54,頁 2(《清代傳記叢刊》,第 23 册,頁 581—582)。
⑤ 詳見洪湛侯:《詩經學史》,頁 594—596。

年癸丑（1853）年 72。《毛詩傳箋通釋》32 卷。道光十五年（1835）成書，歷時凡 16 載。

21. 張維屏（1780—1859），字子樹，一號南山，一號松心子，又號珠海老漁。廣東番禺人。有《讀經求義》《經字異同》。

22. 王鎏（1786—1843），初名仲鎏，字子兼，一字亮生，晚自號荷盤山人。江蘇吳縣人。有《毛詩多識編》12 卷，尚有《毛詩考證》。

23. 陳奐（1786—1863），字碩甫，號師竹。江蘇長洲人。始從汪沅受古學，後受業於段玉裁。有《詩毛氏傳疏》30 卷、《釋毛氏音》4 卷、《毛詩說》1 卷、《毛詩傳義類》1 卷、《鄭氏箋考徵》1 卷（以上並附傳疏後）、《詩語助義》30 卷、《毛詩九穀釋義》1 卷。《毛詩說》多據《爾雅》論詩中異字。《鄭氏箋考徵》則按查鄭氏所採三家說。《詩毛氏傳疏》則訓讀詩文，廣涉異文。自述："嘉慶十七年壬申冬十二月，會《說文解字注》授梓，（段玉裁）子蘭師之闈，而以校讎委任奐，遂受業師門。晨夕相親，几席相接，難必問，疑必析，日之所請益，夜筆之簿記。癸酉甲戌在枝園，初從姪兆榮同居南園，乙亥春，將偕往之海門。師曰：'汝聞道蚤。汝之學在唐儒陸孔上矣。'"①

24. 陳喬樅（1809—1869），字樸園，一字樹滋。福建侯官人。有《禮堂經說》2 卷、《詩四家異文考》5 卷、《毛詩鄭箋改字說》4 卷（或作 1 卷，《清史稿》及謝章鋌《陳先生墓誌銘》均作 4 卷）、《三家詩遺說考》15 卷叙錄 3 卷。其中《魯詩遺說考》6 卷叙錄 1 卷、《齊詩遺說考》4 卷叙錄 1 卷、《韓詩遺說考》5 卷叙錄 1 卷。《齊詩翼氏學疏證》2 卷、《詩緯集證》4 卷。見《皇清經解續編》本《左海續集》。

25. 夏炘（1789—1871），字心伯（或作欣伯），一字弢甫。當塗人，父鑾，字德音，號朗齋，嘉慶元年舉孝廉方正，以優貢官徽州訓導。爲學兼綜漢宋，長《詩》《禮》二經，尤深於朱子之書。道光壬辰癸巳間，撰《讀詩劄記》8 卷，又益以《詩章句考》1 卷、《詩樂存亡譜》1 卷、《朱子集傳校勘記》1 卷、《詩古韻表廿二部集說》2 卷。②

26. 丁晏（1794—1875），字儉卿，一字柘堂。江蘇山陽人。《詩譜考正》1 卷《毛詩草木鳥獸蟲魚疏校正》2 卷，前有咸豐五年（1855）自序。所著有《詩考補注》2 卷《補遺》1 卷（《頤志齋叢書》《六藝堂詩禮七編》）；別本作《詩考補注》2 卷《補遺》2 卷（《花雨樓叢鈔續鈔》）。嘉慶十七年，阮元爲漕督，延江子屏（藩）主講麗正書院，發策問漢魏《易》十

---

① 陳奐：《師友淵源記》，頁 5（《清代傳記叢刊》，第 29 册，頁 75—76）。
② 白鏞：《讀詩劄記序》，見徐世昌：《夏先生炘》《清儒學案小傳》，卷 16（《清代傳記叢刊》，第 7 册，頁 164—165）。

五家,先生條對萬餘言,爲江藩、阮元所賞識。論者謂道咸以來,惟先生能以漢學通宋學焉。據嚴壽澂先生考證,以爲"柘唐學術,實包含乾嘉漢學、宋明理學,以及著眼於經世的趙宋史學三源,與純粹的乾嘉樸學家風不同"。①《頤志齋叢書》中又有《毛鄭詩釋》4 卷、《鄭氏詩譜考正》1 卷、《毛詩陸疏校正》2 卷、《儀禮釋注》2 卷、《周禮釋注》2 卷、《禮記釋注》4 卷、《孝經述著注》1 卷、《北宋汴學篆隸二體石經記》1 卷、《續經説》1 卷《毛詩草木鳥獸蟲魚疏校正》2 卷。是皆漢學家之著作。《毛鄭詩釋》卷末附有《書段氏〈校定毛詩故訓傳〉後》一文,於段玉裁《重訂毛詩故訓傳》30 卷多所匡正。

27. 周學汝(1809—1861),字禮傳,初名學濂。浙江烏程人。《說文經字考》。

28. 徐鼎(1810—1862),字彝舟。江蘇六合人。《十三經後疏》《說文引經考》2 卷。

29. 羅汝懷(1804—1880),字研生。湖南湘潭人。有《十三經字原》《毛詩古音疏證》。

30. 蕭光遠(1804—1885),字吉堂,號鹿山。貴州遵義人。《毛詩異同》4 卷附 1 卷(同治丁卯刊本)。

31. 徐華嶽《詩故考異》(1816 年撰成,1831 年刊行)專取古義,自周秦子史至乾嘉注疏,間采而用之,獨於宋儒無取。書中全録《傳》《箋》,節録孔《疏》,三家遺説亦録之《傳》《箋》後。②

此期之學者,多出自懋堂(段玉裁)、懷祖(王念孫)、雲臺(阮元)之門。懋堂門下曰陳奐,深得懋堂之學。姚永樸《舊聞隨筆》中曾記一段軼事:

> 高郵王懷祖(念孫)先生,愛士若渴。由永定河道罷歸,晚歲子文簡公(引之)貴。迎居京邸。一日長洲陳碩甫(奐)來謁,時先生病臥,不與世周旋久矣,見其刺,瞿然曰:"是吾友段君高足也",急令僕扶之起,由内寢及堂,未睹其面,即大呼陳先生。且曰:"自懋堂亡,天下讀書種子幾絶。幸君繼起,如見故友,願訂忘年交。"談論良久,乃聽之去。自是,碩甫每至先生所,逕入臥室商榷著述,如家人然。③

---

① 嚴壽澂:《嘉道以降漢學家思想轉變一例——讀丁晏〈頤志齋文集〉》,《近世中國學術通變論叢》,臺北:"國立"編譯館,2003 年,頁 170。該文於柘唐由王學而漢學,由漢轉宋,再回歸王學之思想脈絡,擘析甚精。

② 韓乃越:《〈詩故考異〉提要》,中國詩經學會編:《詩經要籍集成》,北京:學苑出版社,2002 年,卷 28。

③ 姚永樸:《舊聞隨筆》卷 2,頁 9(《清代傳記叢刊》,第 19 册,頁 394)。事亦見陳奐:《師友淵源記》頁 7(周駿富輯:《清代傳記叢刊》,第 29 册,頁 80)。時當嘉慶二十三年(1818)。"奐入都謁先生。先生有痰厥疾,從者扶而行。命無揖,且曰:'吾不見客十七年矣。段若膺先生没後,天下遂無讀書人矣。'送出及衢衕口,曰:'癃病不能荅拜,明日遣兒子引之荅拜也。'"

當時師友門弟子間,以學問相尚,大抵如此。懷祖門下曰陳壽祺、陳喬樅父子。①

乾隆六十年(1795)八月,雲臺任浙江學政,嘉慶二年(1797)正月二十二日,雲臺鳩聚諸生於崇文書院,始修《經籍纂詁》,且分俸與之。②至嘉慶三年(1798)八月二十二書成,歷時凡歲半,預其事者皆兩浙經古之士,如臧在東(庸)、丁小雅(杰)、錢竹汀(大昕)輩。嘉慶四年(1799)己未開科,雲臺爲副總裁,選士209人,陳壽祺、王引之、張惠言、馬宗璉、郝懿行、丁履泰等皆同科登第。嘉慶六年(1801)立詁經精舍,奉祀許叔重(慎)、鄭康成(玄),王述庵(昶)、孫淵如(星衍)先後主講席。一時東南人物,俱入彀中。據孫淵如《詁經精舍題名碑記》,遊其間者,如李富孫、李遇孫、嚴傑、吳東發輩皆肆力於《詩》異文考證。③故雲臺實爲此期至爲關鍵之人物。《清史稿》本傳云:

> 元博學淹通,早被知遇。敕編石渠寶笈,校勘石經。再入翰林,創編《國史》《儒林》、《文苑》傳,至爲浙江巡撫,始手成之。集《四庫》未收書一百七十二種,撰《提要》進御,補中秘之闕。嘉慶四年,偕大學士朱珪典會試,一時樸學高才搜羅殆盡。道光十三年,由雲南入覲,特命典試,時稱異數。與大學士曹振鏞共事意不合,元歉然。以前次得人之盛不可復繼,歷官所至,振興文教。在浙江立詁經精舍,祀許慎、鄭康成,選高才肄業;在粵立學海堂亦如之,並延攬通儒:造士有家法,人才蔚起。撰《十三經校勘記》、《經籍纂詁》、《皇清經解》百八十餘種,專宗漢學,治經者奉爲科律。集清代天文、律算諸家作《疇人傳》,以章絕學。重修《浙江通志》、《廣東通志》,編輯《山左金石志》、《兩浙金石志》、《積古齋鐘鼎款識》、《兩浙輶軒錄》、《淮海英靈集》,刊當代名宿著述數十家爲《文選樓叢書》。自著曰《揅經室集》。他紀事、談藝諸編,並爲世重。身歷乾、嘉文物鼎盛之時,主持風會數十年,海內學者奉爲山斗焉。④

雲臺弱冠時,即以汲古閣本《十三經注疏》多訛謬,以陸德明《釋文》、唐石經等書手自校改;視學浙江,嘗摹刻寧波天一閣所藏北宋搨岐陽石鼓文,置杭州府學;經

---

① 陳奐云:"陳壽祺,字恭甫。福建侯官人。己未編修,講學授徒,閩人稱其賢著,有《左海五經異義疏證》。道光五年乙酉,姪兆熊典試閩闈,以是書郵寄蘇州。子喬樅即乙酉所得士也,亦能世其家學。"見陳奐:《師友淵源記》頁13(《清代傳記叢刊》,第29冊,頁91—92)。

② 張鑑:《雷塘庵主弟子記》,卷一,收入《阮元年譜》,北京:中華書局,1995年,頁16。

③ 張鑑:《雷塘庵主弟子記》,卷一,收入《阮元年譜》,頁42。

④ 《清史稿》,北京:中華書局,1976—1977年,頁11424。

文考釋,嘉道間彬彬斯盛。其中尤多阮文達之力。雲臺一生曰有三大事。任浙江學政(嘉慶二年,1797),編纂《經籍纂詁》;撫浙則創詁經精舍(嘉慶六年,1801),時李富孫、嚴傑①、吳東發等皆從遊其間。②督廣則築學海堂,輯《皇清經解》一千卷。與李繡子(黼平)、林月亭(伯桐)等交厚。③

　　雲臺故有《三家詩補遺》3卷,亦因王氏《詩考》而爲之,然以其博洽,兼領經學壇坫,實足領導一時風氣。葉德輝云:"三家詩亡後,宋王氏《詩考》始據群書所徵引者裒輯之。其不知屬某家者,列爲異字異義。近人范家相復有《拾遺》三卷,繼之者則丁晏《三家詩補注》、馮登府《三家詩異文疏證》、陳喬樅《三家詩遺説考》。范、丁分別家數,略依王氏原書,馮則概言三家,亦自矜慎。惟陳鈞稽子史,各述師承,最爲治經家所推重。"④葉德輝並謂:"樸園(陳喬樅)繼父成書,本阮氏再傳弟子,所撰《遺説考》皆阮氏爲之先河。特阮書未經刊行,故讀者昧其沉濬耳。"⑤

　　周予同依據皮錫瑞説,⑥以爲嘉道以降,由許鄭導源而上,《詩》宗三家而斥毛氏,經學又復西漢之舊。然就嘉道時期而言,主毛者仍爲多數。余以爲此期治《詩》者,在專研旨趣上,則有毛與三家,若楚漢之對壘;然因一以崇古求是爲尚,所賴以治學之方法,似又款曲暗通。此期之特點是主毛者,亦不拒斥三家,治三家者更言

---

① 嚴傑,字厚民,號鷗盟。餘杭人。潛研經術,邃學能文。阮文達督學浙江,深賞之。立詁經精舍,以爲上舍生。佐編《經籍纂詁》,從至廣東,復佐編經解。有《蜀石經毛詩考正》1卷、《小爾雅疏證》、《蜀石經殘本》、《毛詩考證》、《宋高宗御書石經考》。陳奐云:"嚴傑,字厚民,餘杭監生。趙坦,字寬夫,仁和秀才。道光紀元,徵舉孝廉方正,皆以品學相砥礪,故知名亦相埒。奐初至杭州,與兩先生遊,聞其繽紛莊論,服其學之博,又未嘗不肅敬其爲人。阮相國元築學海堂於粵東,撰《皇清經解》一千卷,倚重厚民手校,未附叢書,其所編也。"見陳奐:《師友淵源記》頁10,(《清代傳記叢刊》,第29册,頁86)。道光六年,雲臺移節滇黔,夏修恕、嚴傑總司編集《皇清經解》(《阮元年譜》,頁165)。
② 陳東輝:《阮元創設詁經精舍考略》,《中國文化研究》,1997年冬之卷(總第18期),頁49—52。
③ 林伯桐有《毛詩通考》30卷。收入《續修四庫全書》,册68。雲臺督廣,亦受知於制府。"辛酉舉於鄉,道光甲辰選授德慶州學正。……生平於學無所不窺,尤篤志經學,研經宗漢儒,而踐履則服膺朱子。十三經注疏皆手自丹鉛,廿四史及諸子諸集,凡目所及者,皆能舉其大要。……前後兩制府阮公鄧公皆敬禮之。阮公延爲學海堂學長,鄧公延課其二子。"《松心文鈔》,見張維屏輯:《國朝詩人徵略二編》卷54,頁1(《清代傳記叢刊》,第23册,頁579—580)。
④ 葉德輝:《阮氏三家詩補遺序》,見阮元撰:《三家詩補遺》,《續修四庫全書》,册76,頁1。
⑤ 葉德輝:《阮氏三家詩補遺序》,見阮元撰:《三家詩補遺》,《續修四庫全書》,册76,頁2。
⑥ 皮錫瑞《經學歷史》:"國朝經學凡三變:國初漢學方萌芽,皆以宋學爲根柢,不分門户,各取所長,是爲漢宋兼採之學;乾隆以後,許鄭之學大明,治宋學者,説經皆主實證,不空談義理,是爲專門漢學;嘉道以後,又由許鄭之學,導源而上,《易》宗虞氏以求孟義,《書》宗伏生、歐陽、夏侯,《詩》宗魯齊韓三家,《春秋》宗《公》《穀》二傳。漢十四博士今文説,自魏晉淪亡千餘年,至今日而復明,實能述伏董之遺文,尋武宣之絶跡,是爲西漢今文之學。"見周予同注釋,皮錫瑞著:《經學歷史》,北京:中華書局,1959年,頁341。

毛。有馬瑞辰《毛詩傳箋通釋》、胡承珙《毛詩後箋》、陳奐《詩毛氏傳疏》是主毛者的代表作。《毛詩後箋》主於申述毛義。自注疏而外，於唐宋元明諸儒之説，及當時爲詩學者，無不廣徵博引，而於名物訓詁及三家詩異同，類皆剖析精微，折衷至當。自云："從毛者十之八九，從鄭者十之一二。"胡承珙雖主毛傳，於毛鄭亦未盡黜，每言"信傳不如信經"，其所蒐獵者廣，參酌者詳，每折衷求是，故胡培翬云："（陳）奐著書，惟毛是從，君尚有別擇。"①其實陳奐、馬瑞辰亦與胡大體相似，皆徵引宏富，三家以外，舉凡前人之説，及子史四部，無不涉獵。既廣《傳》《箋》，復多發明。刜獲既豐，間有曲説。

此期專治三家者，與前期略有不同。若言前此採撷之功多，而考證之功少，至臧庸堂、李富孫、陳喬樅、馮登府諸人，蒐校則精，考覈亦審。其方法與治毛諸子，多相通者。故是時毛與三家，其旨趣雖分，而治經之方法，則有漸趨一致的祈向。即以旨趣而論，治毛者，蓋以毛公近古，治三家者，以三家爲古。是毛與三家，本不必劃界自限。故此期宗毛者，未棄三家，治三家者，亦未敢易毛，毛與三家之間，惟古是尚，惟是是求而已。

臧庸所著《拜經日記》，王引之云："考訂漢世經師流傳之分合，字句之異同，後人傳寫之脱誤，改竄之蹤跡。譬肌分理，剖豪析芒，其可謂辨矣。《日記》所研究者，一曰諸經今古文，二曰王肅改經，三曰四家詩同異，四曰釋文義疏所據舊本，五曰南北學者音讀不同，六曰今人以《説文》改經之非，七曰《説文》譌脱之字。"②此外，撰《三家詩異文疏證》的馮登府，史傳云"柳東治經，蒐集遺説異文，疏證精密，於石經致力尤勤，薈萃歷代諸刻及諸家考訂之説，折衷求是，可稱集成之書。同里李氏群從，志同道合，互相切劘。鄉洫杏村研經，皆以精博稱，與柳東相頡頏焉。"③

鄉芷（李富孫）《七經異文釋》外，亦有《説文辨字正俗》一書。經典文字之異，鄉芷以爲"自篆變爲隸，隸變爲真，文字日繁，譌偽錯出，或有形聲意義大相區別，亦有近似而其實異，後人多混而同之。或有一篆之形從某爲古籀、爲或體、後人竟析而二之。經典文字往往昧於音訓，擅爲改易，與本義相迕。"④故其所著《詩經異文釋》，於經文一字之異，必考竟其原委，徵其本來（詳見下文所舉諸例）。余觀此書徵引之

---

① 郭全芝：《整理説明》，見胡承珙：《毛詩後箋》，合肥：黄山書社，1999 年，頁 2。
② 王引之：《拜經日記序》，見徐世昌：《臧先生庸》，《清儒學案小傳》，卷 5（《清代傳記叢刊》，第 5 册，頁 741）。
③ 《柳東學案》，見徐世昌：《清儒學案小傳》，卷 15（《清代傳記叢刊》，第 7 册，頁 33）。
④ 《七經異文釋序》，見徐世昌：《李先生富孫》《清儒學案小傳》，卷 15（《清代傳記叢刊》，第 7 册，頁 37—38）。

博,胐獲之豐,庶可方駕陳喬樅《詩經四家異文考》及《三家詩遺説考》。

第四期、同治光緒及以後:其時爲終結期。王先謙《詩三家義集疏》於徵集三家之説,可謂總其成者。同期學者著作大略如下:

1. 曾釗(1821—1854),字敏修,一字勉士,號冕士。廣東南海人。《詩毛鄭異同辨》1卷、《詩説》2卷、《毛詩經文定木小序》1卷、《考異》1卷、《音讀》1卷。

2. 董沛(1828—1895),字孟如,號覺軒,學者稱覺軒先生。浙江鄞縣人。《韓詩箋》6卷。

3. 顧震福有《毛詩別字》6卷。

4. 桂文燦(1823—1884),字子白,廣東南海人。道光二十九年己酉舉人。一説卒於光緒十二年丙戌(1886)。有《詩箋禮注異義考》1卷、《群經補證》6卷、《經學輯要》1卷、《經學博采録》12卷、《毛詩傳假借考》1卷、《毛詩鄭讀考》1卷、《詩古今文注》2卷、《毛詩釋地》6卷。

5. 丁顯(1819—1900),淮安人。《毛詩異字同聲考》1卷、《諧聲譜》不分卷。

6. 俞樾(1822—1906),字蔭圃,號曲園。浙江德清人。《歷代名人生卒年表》云生道光元年,卒光緒三十三年。所著《春在堂全集》有:《群經平議》35卷、《詁經精舍自課文》2卷、《讀書餘録》2卷、《古書疑義舉例》2卷、《兒笘録》4卷、《達齋詩説》1卷、《荀子詩説》1卷、《茶香室經説》、《樂記異文考》1卷、《讀韓詩外傳》1卷、《詩名物證古》1卷、《禮記異文箋》1卷、《群經賸義》1卷等等。

7. 蔣曰豫(1830—1875),字侑(一作友)石。陽湖監生,官署蔚州知州花翎知府銜候補直隸州知州。工篆隸。①《詩經異文》4卷收入《蔣侑石遺書·滂喜齋學録》,學以實事求是爲宗,以聲音文字爲窮經之要。故於故訓遺書單詞隻句,搜羅哀集,惟恐墜失。②

8. 陳玉澍(1853—1906),字惕庵,初名玉樹。江蘇鹽城人。《毛詩異文箋》10卷收入《南菁書院叢書》第5集。其父蔚林有《詩説》2卷。③

9. 王先謙(1842—1917),字益吾,晚號葵園老人。湖南長沙人。有《三家詩義集疏》28卷。

10. 王樹枏(1851—1936)有《爾雅説詩》22卷。

---

① 見李放纂輯:《皇清書史》,卷26,頁5—6,《遼海叢書》本。

② 張惟驤撰,蔣維喬等補:《清代毗陵名人小傳稿》,卷8,頁3(《清代傳記叢刊》,册197,頁215)。

③ 江瀚:《毛詩異文箋》提要,見《續修四庫全書總目提要》,頁419。

11. 江瀚（1852—1936），字叔海。福建長汀人。《詩經四家異文考》1 卷《詩經四家異文考補》1 卷在《晨風閣叢書》中，《長汀江先生著書》，《慎所立齋文集》4 卷等等，蓋補陳喬樅《詩經四家異文考》之作。

12. 李德淑，湖南常寧人。《毛詩經句異文通詁》7 卷（民國間自刊本），以王應麟《詩考》參取齊魯韓三家異同。遂以毛詩爲主，而博采齊魯韓三家之訓詁，廣搜字書之通釋，以補其缺。雖精核不足，而繁富有餘。較馮登府《三家詩異文疏證》，闡發尤多。而其辨形聲，覈詁訓，亦足相頡抗。①

13. 張慎儀（1846—1921），字淑威，號芋圃。四川成都人，原籍江蘇陽湖。《詩經異文補釋》14 卷。②

此期學者，多爲總結、補綴前期成果。陳玉樹《毛詩異文箋》頗能參酌嘉道咸時期學者之成果，可謂與時並進者。持論多平允，間亦有獨到處：如釋"凡周之士，不顯亦世"云：

> 不世顯德乎？士者，世禄也。案：毛以士者釋經之士，蓋讀士爲仕。士者，世禄，即孟子："仕者，世禄也。"正義及考文古本並作"仕者，世禄。"《節南山》"則無膴仕"，《雨無正》"維曰于仕"。仕，正字；士，借字。士借爲仕，仕亦借爲士。《四月》箋之"仕，事"即《褰裳》傳之"士，事"也。③

此處即非一般見識。然其説，亦不免迂曲，士者，本食禄者之稱，似不必證其與仕通，方成文也。士本有卿士之義，周初卿士，皆克紹箕裘，豈待借"仕"而明其有世禄耶？周初遺獻中固多"多士"、"庶士"、"諸士"之稱。甲金文字中，亦多其例。《子璋鐘》：用樂父兄諸士（《集成》113—117）。金文中多胤士（《集成》262；265—269）庶士（《集成》182，203）之稱。《叶公𦈖鐘》云："台（以）匽（宴）大夫，台（以）喜者（諸）士"。士顯爲職官名。《國語‧齊語》桓公問管仲成民之事，即處士農工商若何？乃知士或爲食禄者之通稱，《穀梁傳》中，士民、農民、商民、工民並列。益證此説。故《文王》中"凡周之士"，似不必借"凡周之仕"以疏暢其義也。

《毛詩異文箋》頗守以經證經之法，凡申一説，輒欲引經文自證，凡本經互證之詩句，皆臚列於右，以彰其説。如"亹亹文王"題下，並列"亹亹申伯"（《大雅‧崧高》）、"勉勉我王"（《大雅‧棫樸》）爲題。"凡周之士"題下，則列"則無膴仕"、"維曰

① 葉啓勳《毛詩經句異文通詁》7 卷提要，《續修四庫全書總目提要》，頁 435—436。
② 江瀚《詩經異文補釋》14 卷提要，《續修四庫全書總目提要》，頁 435。
③ 陳玉樹：《毛詩異文箋》，《續修四庫全書》，册 74，頁 284。

于仕"。此體例亦有獨到處。

此期成績最卓著者,當屬王先謙(1842—1917)。三家詩之輯佚考異,至益吾(王先謙)而能事畢矣。王所撰《詩三家義集疏》原名《三家詩義通繹》。其引證之博,涉獵之廣,實一時無兩,又且參羣衆説,折衷求是。書名三家,實不以今古漢宋之別,而劃地自囿。所爲體例,亦精博絶倫。既爲有清一代三家詩學集成性著作,復不限於三家,網羅梳理,輯佚考徵,一時研《詩》,亦無出其右者。

四、以《詩·大雅》爲例,看清代學者之異文考釋:

兹以《大雅》中幾個詞語爲例,稍覘清儒《詩》異文考釋之功。

亹亹文王(《詩·大雅·文王》)

1. 穆穆文王:《墨子·明鬼下》引(李富孫《詩經異文釋》,頁 240)。

2. 娓娓文王:董氏引崔《集注》本引(《異文釋》,頁 240)。周邵蓮謂崔靈恩《集注》宋世已無,董迺據以爲説,頗疑其妄(《箋餘》,頁 362)。[1]陳喬樅以爲崔靈恩所據乃三家今文。[2]

3. 斖斖文王:李富孫《詩經異文釋》謂:"亹亹文王《墨子·明鬼下》引作'穆穆',董氏引崔《集注》本作'娓娓',《詩考》同。案《墨子》作'穆穆',當涉下章之文。《釋詁》曰:'亹亹,勉也。'《説文》無此字。徐鉉謂當作'娓'。然'娓'與'媺'同。董氏引《説文》:'娓娓,勉也。'今《説文》無此文,此改《爾雅》,以爲《説文》,甚誤(原注:詳見《易釋》)。錢氏曰:'斖即斖字,其从文者,後人妄增。'開成石經及宋版《易》《詩》絶無作'亹'者。《廣韻》亹下重出斖字,注云俗,此其證也。先鄭讀斖爲徵。徵从微省。微與尾古文通用。《周官》之媺即《説文》之娓。娓,讀若媚,與今人讀異。斖娓古今字。徵訓美,同訓亦必同音。後人讀徵,許歸切,因轉斖爲許覲切,失先鄭之音矣。亹者,斖之省,隸變爲亹。只是一字而後人分而二之。段氏曰:'亹即斖之俗,從分聲。'《説文》:'忞,自勉彊也。'斖斖即忞忞之假借也。"[3]

按:《詩·大雅·崧高》:"亹亹申伯,王纘之事。"鄭玄《箋》:"亹亹,勉也。"[4]《漢

---

① 周邵蓮:《詩考異字箋餘》,《續修四庫全書》,册 75,頁 362。

② 陳喬樅:《詩經四家異文考》,《續修四庫全書》,册 75,頁 611。

③ 李富孫:《詩經異文釋》卷 12,頁 1 上—1 下,《續修四庫全書》,册 75,頁 240。

④ 毛公傳,鄭玄箋,孔穎達等正義:《毛詩正義》,卷 18,頁 298。見阮元校刻:《十三經注疏》,北京:中華書局,1983 年,頁 566。

書‧張敞傳》：“今陛下遊意於太平，勞精於政事，亹亹不舍晝夜。”顔師古注：“亹亹猶勉强也。”①亹亹乃勤勉於事也。猶娓娓。亹亹，《詩‧大雅‧棫樸》：“勉勉我王，綱紀四方。”則此亹當即勉之借字，讀如勉。李黼平云：“《易》《詩》《爾疋》所有‘亹’字，殆是《説文》‘亹’字，隸書假借作‘亹’，音‘門’。‘門’與‘勉’一聲之轉。”②

　　“亹亹”一詞，《楚辭》中凡三見，《九辨》二，《九懷》一。《楚辭‧九辨》：“時亹亹而過中分，蹇淹留而無成。”“事亹亹而覬進兮，蹇淹留而無成。”猶行進不斷貌。《易‧繫辭上》：“探賾索隱，鉤深致遠，以定天下之吉凶，成天下之亹亹者，莫大乎蓍龜。”《禮記‧禮器》：“是故昔先王之制禮也，因其財物而致其義焉爾。故作大事，必順天時，爲朝夕必放於日月，爲高必因丘陵，爲下必因川澤，是故天時雨澤，君子達亹亹焉。”鄭注：“亹亹，勉勉也。”是則“亹亹”有勤勉、行進二義。

　　周人每稱文王肇建其國。《書‧武成》：“我文考文王，克成厥勳，誕膺天命，以撫方夏。大邦畏其力，小邦懷其德。”《書‧大誥》：“天休（麻）文王，興我小邦周。”《書‧康誥》：“惟乃丕顯考文王，克明德慎罰，不敢侮鰥寡，庸庸、祇祇、威威、顯民，用肇造我區夏。越我一、二邦。”《書‧酒誥》：“乃穆考文王，肇國在西土。”《史牆盤》：“曰古文王，初戮龢于政，上帝降懿德，大𤦲，匍有上下，迨受萬邦。”所謂肇造區夏，殆謂文王自歧而徙於豐，陝西周原宗周一帶，區宇由是底定，小邦周厥由文王以興。③合《大雅‧崧高》之文與本文證之，似當用勤勉之義。

陳錫哉周，侯文王孫子（《詩‧大雅‧文王》）

　　1. 陳錫載周。唐陸德明以爲本又作“載”。鄭《箋》：“哉，載。”又云：“哉，始。”李富孫云：“《左傳》宣 15 年、昭 10 年《國語‧周語》皆作‘陳錫載周’，載、哉古通用。”（《異文釋》，頁 240）。周邵蓮據鄭《箋》：“哉，始也”爲説，古文哉、才互通。（《箋餘》，頁 362）。程晉芳謂：“北宋諸賢訓載，多從《傳》義，南宋吕氏朱子始以哉爲語辭。”④

　　2. 陳錫栽周。胡承珙、陳喬樅皆謂當訓爲栽。陳云：“胡承珙謂古字哉載栽並借用，此詩當訓哉爲栽。栽，植也。此則與下文本支義相屬。其説良韙。《禮記‧

① 班固撰，顔師古注：《漢書》，北京：中華書局，1962 年，卷 76，頁 3219。
② 李黼平：《毛詩紬義》，《續修四庫全書》，册 68，頁 179。
③ 拙作《説“夏”與“雅”：宗周禮樂形成與變遷的民族音樂學考察》，《中央研究院文哲研究集刊》第 19 卷（2001 年 3 月），頁 1—53。
④ 程晉芳：《毛鄭異同考》，卷 7，《續修四庫全書》册 63，頁 468。

中庸》引詩末章‘上天之載’，鄭君注云：‘載，讀曰栽，謂生物也。’是用齊詩之訓，義與毛異。足證載周之載，齊詩亦當訓爲栽也。”（《遺説考》，頁 432）

陳錫猶申錫。《詩·商頌·烈祖》：“申錫無疆。”鄭玄《箋》：“申，重。”馬瑞辰《毛詩傳箋通釋》：“按，陳，《説文》從自，從木，申聲。古文作陣，亦從申，陳錫即申錫之假借，《漢書·韋玄成傳》載匡衡上書云：‘子孫本支，陳錫亡疆。’義本《齊詩》，而言‘陳錫亡疆’，與《商頌·烈祖》：‘申錫無疆’正同。是知陳錫即申錫也。申，重也。重錫，言錫之多。”徵之金文，馬説誠是。金文或作“多易”，即“陳錫”、“申錫”之義。《克鼎》：“易釐無疆。”“多易寶休。”（《集成》2836）《追簋》（《集成》4219—4224）：“天子多易追休。”《虢叔旅鐘》（《集成》241）：“迺天子多易旅休。”《仲師父鼎》（《集成》2743；2744）：“用易眉壽無疆。”《黄君毁》：“用易眉壽黄耇萬年。”《郘道簋》（《集成》4040）：“用易永壽。”《珝伐父簋》（《集成》4048—4050）：“用易眉壽。”

哉

1. 載。開始。鄭《箋》：“哉，載。”又云：“哉，始。”周邵蓮據鄭《箋》：“哉，始也”爲説，以爲古文哉、才互通。（《箋餘》，頁 362）

2. 在。于省吾持是説。以爲古文哉、才互通。才，金文中作在。故“陳錫載周，應讀爲陳錫在周。在猶于也，謂申錫于周也。”（《澤螺居》，頁 46）

3. 栽。胡承珙、陳喬樅皆謂當訓爲栽。陳云：“胡承珙謂古字哉載栽並借用，此詩當訓哉爲栽。栽，植也。此則與下文本支義相屬。《禮記·中庸》引詩末章‘上天之載’，鄭君注云：‘載，讀曰栽，謂生物也。’是用齊詩之訓，義與毛異。足證載周之載，齊詩亦當訓爲栽也。”（《遺説考》，頁 432）

按：載通栽固矣，然非如胡承珙、陳喬樅所云生物之義。

1. 一説其義殆上下相承也。朱熹《詩集傳》《大雅·緜》“其繩則直，縮版以載。”説：“以索束版，投土築訖，則升下而上相承載也。”俞樾《詩經平議》：“縮版以載，謂既以索縮其版，又豎木以約之。”考《左傳》宣公十五年晉侯云：“此之謂明德矣。文王所以造周，不是過。故《詩》曰‘陳錫哉周。’能施也。率是道也，其何不濟。”杜預注：“言文王布陳大利，以賜天下，故能載行周道，福流子孫。”[1]昭公 10 年言陳桓子“凡公子公孫之無禄者，私分之邑；國之貧約孤寡者，私與之粟。曰：‘詩云：陳錫載周。

---

① 杜預：《春秋左傳集解》，上海人民出版社，1977 年，册 2，頁 621。

能施也。桓公是以霸’。”杜預注：“言文王能布陳大利以賜天下，行之周遍。”（《春秋左傳集解》册 4，頁 1331）《國語・周語》記厲王説榮夷公而好專利，芮良夫諫之曰：“《大雅》曰：‘陳錫載周。’是不布利而懼難乎？故能載周，以至于今。”事亦見《周本紀》。以此視之，諸家之説，固非無據，然載周當如杜預所訓，爲載行周道，令其上下相承，有初有終也。

2. 案：周邵蓮謂古文哉、才互通。徵之金文，信然。甲金文在字多書爲才，則“哉周”，以今視之，頗疑當釋爲“在周”。陳錫猶申錫，申錫猶金文中多易。其義即上天賜佑。《烈祖》：“申錫無疆”，猶金文中之“多福無疆”（《殷周金文集成》，1. 39；1. 109；1. 110；5. 2762；9. 4628）。故“陳錫載周”，猶多降純魯多福於周邦也。

凡周之士・不顯亦世(《詩・大雅・文王》)

1. 惟周之士，不顯奕世。《魏書・禮志》作：惟周之士，不顯奕世（《異文釋》，頁 240）。

2. 不顯奕代。《後漢書・袁術傳》注引：不顯奕代（《異文釋》，頁 240）。

《後漢書・袁術傳》注引作“奕代”，當是避“世”之諱。

其麗不億(《詩・大雅・文王》)

李富孫云：《説文繫傳》引作其𪊨（《異文釋》，頁 240）。

按：毛《傳》：“麗，數也。盛德不可爲也。”惟典籍中只此一見，未可遽斷爲是。李富孫引徐鍇《説文繫傳》引作其𪊨，徵之《方言》：“𪊨，數也。”則𪊨或當爲本字。余按：《説文・鹿部》：“麗，旅行也。鹿之性見食急則必旅行。”王筠《説文句讀》：“旅，俗作侶。”故其麗不億，猶言其群不億。言數之義，殆非本義，蓋由侶群之義引申之耳。

古或以十萬爲億，或以萬萬爲億。《禮記・内則》：“降德於衆兆民。”孔《疏》：“億之數有大小二法。其小數以十爲等，十萬爲億，十億爲兆也；其大數以萬爲等，萬至萬是萬丸爲億。又從億而數至萬億爲兆。”其麗不億，猶言其群何止十萬，蓋舉成數言其多也。鄭《箋》云：“于，於也。商之孫子，其數不徒億。多言之也。至天已命，支王之後，乃爲君於周之九服之中。言之不如德也。”

常服黼冔(《詩・大雅・文王》)

常服黼冔。《字林》引作常服黼𩕱（《異文釋》，頁 240）。

　　班固《白虎通義·三正》:"《詩》曰:'厥作祼將,常服黼冔。言微子服殷之冠,助祭於周也。'"毛《傳》:"黼,白與黑也;冔,殷冠也。夏后氏曰收,周曰冕。"《周禮·考工記·畫繢》:"白與黑謂之黼,黑與青謂之黻。"嚴粲《詩緝》:"服殷之常服,黼裳而冔冠也。黼裳,商周所同;冔冠,則商之制也。"陸德明《經典釋文》:"冔,《字林》作�。"《公羊傳》宣公三年解詁云:"皮弁武冠,爵弁文冠,夏曰收,殷曰冔,周曰弁,加旒曰冕。"《禮記·内則》:"有虞氏皇而祭,深衣而養老;夏后氏收而祭,燕衣而養老;殷人冔而祭,縞衣而養老;周人冕而祭,玄衣而養老。"又據《儀禮·士冠禮》,三代冠名,夏稱毋追,殷稱章甫,周稱委貌。《禮記·郊特牲》:"周弁,殷冔,夏收,三王共皮弁素積。"王先謙《詩三家義集疏》:"蔡邕《獨斷》云:'冕冠,殷曰冔,以三十升漆布,廣八寸,長尺二寸,加爵冕其上,黑而微白,前大後小,有收以持笄。'"殷墟婦好墓出土浮雕人形玉飾(原編號 357),頭戴帽冠,冠形前低後高,其形似《後漢書·輿服制》所描述的翹舞樂人戴的一種前小後大的爵弁冠。宋鎮豪以爲"所謂殷冔,可能就是指這類前低後高而無飾物的帽冠,爲後來爵弁冠之先形"。[1]

　　按:黼裳爲黑而白之衣裳,冔冕爲前低後高之冠冕,殷人祭祀時所服。此言殷人從故殷冠裳之制,與祭祀文王之典也。

聿脩厥德(《詩·大雅·文王》)

　　述脩厥德。

　　李富孫云:《漢·東平思王傳》引作述脩。《後漢·吕强傳》亦作述(《大明》:"聿懷多福"。《繁露·郊祭》引作"允懷",聿、允聲相近)。案《釋言》曰:"律,遹,述也。"孫炎云:"遹,古述字,讀聿。"(段氏曰:"古文多以遹爲述故。故孫云爾。謂今人用述,古人用遹也")。毛《傳》聿遹皆訓述,即本《釋言》文。左氏(文二年,昭廿二年)《傳》引此詩。杜注並訓爲述《匡衡傳》《吕强傳》《文選首記總論》注皆同。聿述與遹字異而義同。段氏曰:"古聿遹同字,述遂同字。"(《異文釋》,頁 240)

聿

　　1. 猶以也。《詩·唐風·蟋蟀》:"蟋蟀在堂,歲聿其莫。"《詩·豳風·東山》:"灑掃穹室,我征聿至。"《詩·大雅·楚茨》:"鼓鐘送尸,神保聿歸。"《詩·大雅·大明》:"昭事上帝,聿懷多福。"《詩·大雅·綿》:"爰及姜女,聿來胥宇。"《詩·大雅·

① 宋鎮豪:《夏商社會生活史》,北京:中國社會科學出版社,1994 年,頁 379。

抑》："借曰未知,亦聿既耄。"

2. 楊樹達謂爲語首助詞或語中助詞。同"遹"。《詩·大雅·文王有聲》："文王有聲,遹駿有聲。遹求厥寧,遹觀厥成。文王烝哉。""匪棘其欲,遹追來孝。"

3.《禮記》引文作:"聿追來孝。"鄭玄《箋》:"聿,述。"吳闓生《詩義會通》:"兩《漢書》引聿並作述,即遹字,聲義並通。"①

無念爾祖(《詩·大雅·文王》)

1. 無忝爾祖。李富孫云:"《後漢·劉長卿妻傳》引作無忝,案毛《傳》曰無念念也。此云無忝義亦通,或是三家本。"(《異文釋》,頁 240)

2. 毋念爾祖。《左傳》文公二年:"詩曰:'毋念爾祖,聿脩厥德。'孟明念之矣。念德不怠,其可敵乎?"又周邵蓮謂古《孝經》引同。(《箋餘》,頁 362)

宜鑒于殷(《詩·大雅·文王》)

1. 儀監于殷。《大學》引作儀監。案《釋名》云:"儀,宜也。"《禮》疏亦訓爲宜。儀與宜音義同。《漢·地理志》:"伯益能儀百物。師古注云與宜同。"(《異文釋》,頁 241)案《禮記》原文云:"詩云:'殷之未喪師,克配上帝。儀監于殷,峻命不易。'"

2. 宜監于殷。黃位清謂:"漢翼奉傳本齊詩作宜監。"(《異文錄》,頁 440)案:今本《漢書·眭兩夏侯京翼李傳》第四十五,翼奉所上疏詩曰:"殷之未喪師,克配上帝;宜監于殷,駿命不易。"與毛詩同。陳喬樅謂:"翼氏引齊詩:宜當作儀,駿當作峻。此蓋後人轉寫,依毛詩改之。"

駿命不易(《詩·大雅·文王》)

峻命不易。《大學》引作峻命(《崧高》:"駿極于天。"《孔子閒居》引作峻)。(《異文釋》,頁 241)

駿

1. 大也。毛《傳》:"駿,大也。"《爾雅·釋詁上》:"駿,大也。"

2. 長也。《爾雅·釋詁上》:"駿,長也。"邢昺《疏》:"駿者,長大也。"《小雅·雨無正》:"浩浩昊天,不駿其德。"毛《傳》:"駿,長也。"

---

① 吳闓生:《詩義會通》,北京:中華書局,1959 年,頁 199。

3. 高也。《禮記·大學》引詩作："峻命不易。"鄭玄注："峻,大也。"《禮記·大學》："克明峻德。"鄭玄注："峻,大也。"按峻德與峻命,構詞法相類。《説文》："嶜,高也。從山,夋聲。峻,嶜或省。"楊樹達《積微居小學金石述林》："按從夋之字皆含絶特之義。"惟以山陵之峻,亦含永久絶特之義。《小雅·雨無正》："浩浩昊天,不駿其德。"故陳奐《詩毛氏傳疏》："駿猶峻,長猶常也。不長其德猶云不恒其德耳。"

故余以爲"峻命不易",意或與"不駿其德"相反,殆如前之"永言配命"。孔《疏》謂易爲改易,誠是。今人或以爲易指容易,失之。

無遏爾躬(《詩·大雅·文王》)

《釋文》云："遏或作閼,《韓詩》:'遏,病也。'"案《釋詁》曰："遏,止也;謁,告也。《左氏春秋襄廿五年》:'吳子遏伐楚'。"《釋文》:"徐音謁,《公》《穀》作謁,是以形聲相涉而異。"(《異文釋》,頁241)

遏

1. 止。鄭《箋》云："宣,偏。有,又也。天之大命已不可改易矣,當使子孫長行之。無終女身則止。"毛《傳》:"遏,止。"

2. 絶。朱熹《詩集傳》:"遏,絶。言天命之不易保,故告之使無若紂之自絶於天。"

爾躬

爾自身。西周中晚期《通录鐘》銘:"廣啓朕身,樂于永命。"(《集成》64)"朕身"一詞,又見於《逆鐘》銘文(《集成》63)。金文中又有"王身""我身""厥身""其身""乃身"諸詞。《書·文侯之命》:"惟祖惟父其伊恤朕躬。嗚呼!有績,予一人永綏在位。"《史記·晉世家》引《晉文侯命》云:"恤朕身,繼予一人永其在位。"《書·湯誥》"爾有善,朕弗敢蔽;罪當朕躬,弗敢自赦。"《論語·堯曰》"朕躬有罪,無以萬方;萬方有罪,罪在朕躬。"《尸子》卷上:"朕身有罪,無及萬方;萬方有罪,朕身受之。"《墨子》卷四:"萬方有罪,即當朕身。朕身有罪,無及萬方。"是文獻中所見"躬"字,多爲"身"字之訛。故此句當以鄭箋爲是。《書·牧誓》"爾所弗勖,其于爾躬有戮!"《史記·周本紀》作"爾所不勉,其于爾身有戮。"是"爾身"當爲"爾躬"之初文。

上天之載 (《詩·大雅·文王》)

1. 上天之緯。李富孫云:"《漢·揚雄傳》作'上天之緯。'案師古注云:'緯,事

也。讀與載同。'《廣雅》《篇韻》訓同《説文》，縡爲新坿字。"(《異文釋》,頁 241)

2. 上天之栽。周邵蓮引《禮記》注："載讀爲栽,謂生物也。"(《箋餘》,頁 362)

儀刑文王,萬邦作孚(《詩·大雅·文王》)

1. 儀形文王。《潛夫論·德化》作儀形。

2. 萬國作孚。《緇衣》《風俗通·三王》邦引作國。案《易》"其形渥",九家、京、荀、虞皆作刑。漢碑刑多通作形,爲同聲借字。邦作國,義同。(《異文釋》,頁 241)

按:《詩·周頌·維清》:"維清緝熙,文王之典。"《詩·周頌·我將》:"儀式刑文王之典。"《詩·大雅·思齊》:"惠(順)于宗公,神無時怨,神無時恫。刑于寡妻,至于兄弟,以御于家邦。"所謂"刑于寡妻,至于兄弟,以御于家邦"。殆如《禮記·禮運》所謂"刑仁講讓,示民有常"。又如《大學》所謂"修身齊家治國平天下"之道。是刑爲正字,而國字亦因避諱而用。

鳧鷖在亹,公尸來止熏熏。(《詩·大雅·鳧鷖》)

《傳》:"亹,山絶水也。熏熏,和説也。欣欣然樂也。芬芬,香也。無有後艱,言不敢多祈也。"鄭《箋》:"亹之言門也。艱,難也。"此處《傳》《箋》異辭,難遽斷孰是。清儒如錢大昕謂考字必先審音,觀其《聲類》考釋《漢書地理志》"浩亹"條:"浩亹讀爲合門。《漢志》'金城郡浩亹縣'。孟康讀。師古曰:'浩音誥。浩,水名也。''今俗呼此水爲合門河,蓋疾言之,浩爲閤耳。'"[1]

《漢書·地理志》舊注如下:

孟康曰:"浩亹音合門。"師古曰:"浩音誥。浩,水名也。亹者,水流峽山,岸深若門也。詩大雅曰'鳧鷖在亹',亦其義也。今俗呼此水爲閤門河,蓋疾言之,浩爲閤耳。湟音皇。"

"亹"作"門"解。《一切經音義》:"亹,音門。"故亹作門解,由音讀而知訓詁,其義乃安。

"匍有上下,迨受萬邦"固爲諛詞。周人以文王肇其基業於西土,故每多媫飾。其後更有文王"三分天下有其二"一說,尤爲不經。自文王至武王盟津大會諸侯,殷之舊族多未歸附。武王立紂子武庚,亦所謂懷柔遠人之意。武庚亂興,殷遺多叛。殷之舊邦,北有燕亳,南則徐淮夷,東爲商奄、薄姑,皆據其國,起而應之。西則羌戎

---

[1]　錢大昕撰、陳文和點校:《聲類》,頁 86。收入《嘉定錢大昕全集》,南京:江蘇古籍出版社,1999 年,册 1。

未服,合計之,約有天下三分之二。①

明明(《詩·大雅·大明》)

1. 言人之德明明可察。②《毛傳》:"明明,察也。文王之德,明明於下,故赫赫然,著見於天。"鄭玄《箋》:"明明者,文王武王施明德于天下,其徵應炤晢見於天。"嚴粲《詩輯》:"重言明者,至著也。……明明在下,君之善惡不可掩也。"謂日月之光。③按:當以毛説爲是。《大雅·常武》:"赫赫明明,王命卿士。"《毛傳》:"明明然,察也。"又《大雅·江漢》:"明明天子,令聞不已",似亦言君之察察。

2. 勉也。王引之《經義述聞》:"家大人曰:明勉一聲之轉,故古多謂勉爲明。重言之,則曰明明。《爾雅》曰:亹亹,勉也。鄭注《禮器》曰:亹亹,猶勉勉也。亹亹,勉勉,明明,亦一聲之轉。《大雅·江漢》篇曰:'明明天子,令聞不已。'猶言'亹亹文王,令聞不已'也。《魯頌·有駜》篇曰:'夙夜在公,在公明明。'言在公勉勉也。《漢書·楊惲傳》曰:'明明求仁義,常恐不能化民者,卿大夫之意也。明明求財利,常恐困乏者,庶人之事也。'言勉勉求仁義,勉勉求財利也。《董仲舒傳》明明作皇皇,是其證也。解經者失其義久矣。"

按:明、勉,固一聲之轉,《魯頌·有駜》篇曰:"夙夜在公,在公明明。"言在公勉勉亦當。唯《大雅·大明》,"明明在下,赫赫在上",《大雅·江漢》,"明明天子,令聞不已"兩處仍當作"察察"解。考《魯頌·泮水》:"明明魯侯,克明其德。"言魯侯明明其德也,當無疑義。

天位殷適,使不挾四方。(《詩·大雅·大明》)

李富孫云:《韓詩外傳》(五)"位"作"謂"(一仍作位),"挾"作"俠"。《詩考》引同。案"謂"、"位"聲近之誤。《春秋·隱九年》"挾卒",《公》、《穀》作"俠",唐石經作"挾",是與"挾"通。然《外傳》作"俠",疑"浹"字之譌。(《異文釋》,頁241)

1. 位:天子所居之位。適:嫡也。毛《傳》:"紂居天位而殷之正適也。"鄭玄《箋》云:"今紂居天位,而又殷之正適,以其爲惡,乃棄絶之,使教令不行於四方,四方共叛之。是天命無常,維德是予耳。言此者,厚美周也。"

---

① 拙作《從王國維北國鼎跋看商周之際邶入於燕的史事》,《臺大歷史學報》,第 31 期(2003 年 6 月),頁 1—45。

② 袁梅:《詩經譯註(雅頌部分)》,濟南:齊魯書社,1982 年,頁 318。

③ 吳闓生:《詩義會通》,上海:中華書局上海编辑所,1959 年,頁 201。

2. 天位殷適,猶"天立殷嫡"。于省吾云:"位、立古同字,金文位字皆作立。天立殷適,使不挾四方,言天立殷敵,使不能挾有四方也。"

按:舊説多沿毛鄭,以爲天位爲天子之位,殷嫡乃殷之裔胤。紂以天子之尊,殷王胤胄,而爲天所棄,教令不行於四方。于省吾氏以"位"猶"立","適"爲"敵",固可備一説。余以爲"位"爲立差可,然以適爲敵,則不免易字解經。余按,此"位"猶"立",然仍當讀爲"位",惟此處當作動詞,而非如毛鄭作名詞解。《宜侯矢》銘文曰:"王立(位)于宜。入土(社)。南卿(饗)。"與其後"侯于宜"互文。天位殷適,乃天設定殷之子孫之位置,使其不挾四方。此亦厚美周之義也。

涼彼武王(《詩·大雅·大明》)

李富孫云:

《釋文》云:"'涼',本亦作'諒'。"《韓詩》作"亮",云"相也。"《漢·王莽傳》、《風俗通、皇霸》《繫傳·通論》引作"亮"。《文選注》(史岑《出師頌》、李康《運命論》)引作"諒"。《御覽》(二百六、三百三)引同。考文古本同。案:《漢·五行志》師古注:"涼,信也。讀曰:'諒'。"《毛傳》云:"涼,佐也。"(《小爾雅》同)《釋詁》"亮"、"相"同訓。又:左右爲亮。《説文》作琼。徐鉉曰:"今俗隸書作'亮'。"《正義》云:"亮"、"涼"義同。蓋《毛詩》作"涼",爲古文;借字諒,通用字;亮,隸變字。錢氏曰:"'亮',訓佐當用'倞'字。'諒'、'倞'俱通作'涼'。'亮',漢時俗字。"(《異文釋》,頁242—243)

周邵蓮云:

"亮彼武王",亮,相也。(原注:《韓詩》、《釋文》、《漢書》同)《釋文》涼本亦作諒,《韓詩》作亮。足利本作諒,《文選》注同。[1]

錢大昕云:

亮即倞字之訛。逐旁人居下,又省京之丨耳。《禮·郊特牲》:"彷之爲言倞也"注:"倞,或爲諒。"《釋詁》亮有數訓,訓信者當從言京;訓導、訓勱、訓右者當從人京。《詩》:"涼彼武王"傳:"涼,佐也。"《韓詩》作"亮",云:"相也。"[2]

馮登府云:

錢氏大昕曰:"亮,漢時俗字,故《説文》不收。"今《尚書》《爾雅》皆用晉人本,

---

① 周邵蓮:《詩考異字箋餘》,卷10,頁4上,見《續修四庫全書》,册75,頁363。
② 錢大昕:《經典文字考異》下,見《嘉定錢大昕全集》,册1,頁113。

《孟子》注雖出漢儒,亦經俗師轉寫,故皆有亮字,他經無之。《書》"亮采""亮天工""亮陰",亮皆訓信,當用諒字。《畢命》"弼亮"訓佐,當用倞字。此經毛訓佐涼曰不可,鄭訓信則諒倞俱通作涼。余考《説文》"冘"部,明有倞字,徐鍇曰:"今隸變作亮。"漢相名亮,已見三國,錢説非也。《廣雅·釋言》:"亮,相也",蓋本《韓詩》。

黄位清云:

此亮字當非漢時俗字,《説文》不收,或漏之耳。①

陳奐云:

涼讀爲亮,假借字也。《漢書·王莽傳》引《詩》正作亮。《韓詩》作亮,云:"亮,相也。"《爾雅》云:"亮,右也。"又云:"左右,亮也。"《傳》以涼釋佐,古祇作左。《六書故》涼亮下皆引《傳》作左,左猶左右也。"涼彼武王"與《長發》"實左右商王"句同。②

按:本字究竟爲涼、爲亮、爲諒、爲倞,爲倞,可謂聚訟紛紜,殊難定於一説。《大雅·桑柔》:"民之罔極,職涼善背。爲民不利,如云不克。民之回遹,職競用力。民之未戾,職盜爲寇。涼曰不可,覆背善詈。雖曰匪予,既作爾歌!"毛傳:"涼,薄也。"鄭箋:"信也。"《左傳》莊公三十二年:"虢多涼德,其何土之能得?"杜預:"涼,薄也。"③昭公四年:"君子作法於涼,其敝猶貪。"《集解》又釋爲薄。《論語·衛靈公》:"君子貞而不諒。"劉寶楠引何異孫《十一經問對》:"《孟子》曰:'君子不亮,惡乎執?'亮與諒同。"④諒,信也。"涼彼武王"《毛傳》:"涼,佐也。"《釋文》:"涼,本亦作諒,《韓詩》作亮,云'相也'。"又《小爾雅·廣詁第一》:"承、贊、涼、助、佐也。"是則涼爲相,爲佐,爲助,當無疑義。李富孫云"亮"爲漢時俗字,黄位清以爲恐非漢時始有,兩造皆無證據。今按:周金文中有"嗇夫亮疸"一名。可證亮非漢時俗字。⑤至於徐鍇、馮登府所云亮的本字倞,西周金文中有"倞伯"之名。⑥是否亮的本字,猶待考證。

---

① 黄位清:《詩異文録》卷3,頁2下,《續修四庫全書》,册75,頁441。
② 陳奐:《詩毛氏傳疏》,卷23,頁15上,《續修四庫全書》,册70,頁315。
③ 杜預集解:《春秋左傳集解》,第三,頁209—210。
④ 劉寶楠:《論語正義》,卷18,頁640。
⑤ 《殷周金文集成》,15.9665;15.9666。
⑥ 《殷周金文集成》,5.2832;15.9456。

瑟彼玉瓚(《詩·大雅·旱麓》)

1. 瑮彼玉瓚。《説文·玉部》引作"瑮彼"云:"玉英華相帶如瑟弦。"

2. 卹彼玉瓚。《周禮·典瑞》鄭衆注引作"卹"。《釋文》云:"字亦作瑮(一本作"邲")。"《白帖》(七)引作"圭瓚"。

3. 邲彼玉瓚。見上。

陳奐云:

"瑟彼玉瓚",《周禮·典瑞》注鄭司農引詩作"卹",又作"邲"。案:"卹"乃"邲"之誤。司農治《毛詩》,其所據詩作"邲"。後鄭作"瑟",曰"潔鮮貌"。《説文》作"瑮",云:"玉英華相帶如瑟絃也。"許與後鄭本三家詩。今詩作"瑟"者,依《箋》改也。故毛無《傳》,下文"瑟彼"始有《傳》。當依司農所據,作"邲"爲正。蓋"邲"者,流邲之貌也。"泌之洋洋"《傳》曰:"邲,泉水也。""毖彼泉水。"《傳》曰:"泉水始出,毖然流也。""邲"與"泌""毖"並聲同而義近。

李富孫云:

《説文》作"瑮"(宋本仍作"瑟")。今作"瑟",是從省。賈《疏》云:"古文以'瑟'爲'卹'也。"《群經音辨》引云:"卹,玉采也。"誤以爲康成讀。《周禮釋文》:"卹"又作"邲"。①《韓詩》:"有邲君子。邲,美貌。"《説文》又云:"邲,宰之也。"(段氏曰未聞。蓋謂主宰之也。主宰之則,制其必然,故從必。)是言主執玉瓚也。"邲"、"卹"當以字形相涉而異(錢氏坫曰瑟、卹,並假字)。毛《傳》云:"玉瓚,圭瓚也。"則圭與玉字異而義同。(《異文釋》,頁246)。

案:徵之甲金文字形,李富孫所見頗有預見性。骨書玉字作丰。頗疑此圭字乃由骨書玉字訛變。《説文》謂圭字從重土,與金文字形固合,然金文中的圭字,其初形恐即玉(丰)字。

胡承珙駁陳奐云:"瑟彼"直指玉瓚而言,不得以爲流邲之貌。《説文》引孔子曰:"美哉,璠與! 遠而望之,奐若也,近而視之瑟若也。……則瑟自是狀玉之辭。司農引作'卹''邲'者,乃古字假借爲之,未必毛本作'邲'。"②余案:胡承珙説良是。《詩·衛風·淇奥》:"有匪君子,如切如磋,如琢如磨。"《釋文》:"匪,《韓詩》作邲,美貌也。"其詩下章又云:"有匪君子,充耳琇瑩,會弁如星。瑟兮僩兮。"是"瑟"同《説

---

① 按:《周禮·典瑞》:"裸圭有瓚,以肆先王,以裸賓客。"鄭玄引鄭衆云:"於圭頭爲器,可以挹鬯裸祭,謂之瓚。《詩》曰:'卹彼玉瓚,黃流在中'。"阮元《校勘記》引《釋文》:"瑟又作邲。""卹彼又作邲。"見阮元校刻:《十三經注疏》,卷20,頁777、779。

② 胡承珙:《毛詩後箋》,卷23,頁1266。

文》"瓅，玉英華相帶如絃瑟也。"馬瑞辰説瓅是正字，瑟爲省借，庶幾近之。

五、清代學者考《詩》異文之方法

由上可見，清儒由異文採摭，而旁求義訓，雖説各不同，而言必有據。是非對錯，姑置不論，其蒐羅考校，覃精研思，以當時資料，可謂能事畢矣。

鄭吉雄嘗歸納乾嘉學者治經方法如下：一曰以本經自證，二曰以他經證本經，三曰校勘異文歸納語義以證本經，四曰聯繫四部文獻材料以釋經，五曰發明釋經之例，六曰以經説字，七曰以經證史。①其中前四項屬於鄭氏所云"向内返求經典"一途，後三項屬於"向外發展"一途。②向内返求經典，異文之輯佚考釋則是其中至爲重要的一環。清代《詩經》考異之學，其所徵引之資料來源，約略如下：

其一，曰秦漢字書：以秦漢字書考訂群經文字固非自清儒始，然自亭林（顧炎武）導夫先路，東原（戴震）張爲旗幟，懋堂（段玉裁）石臞（王念孫）始振其風氣。陸德明《釋文》王伯厚《詩考》所本於秦漢字書者亦夥矣。明陳士元撰《五經異文》11卷，一以《説文》《釋文》爲本，周應賓《九經考異》以陳著爲本，稍事擴充，所本者亦以秦漢字書。清初，陳啓源《毛詩稽古録》，釋字即一以《爾雅》爲本。尤重以《爾雅》證紫陽（朱熹）《集傳》之非。如"南有喬木"（《詩·周南·漢廣》）之"喬"，《毛傳》以"上竦"釋之，《集傳》以"無枝"釋之，陳啓源乃謂《爾雅·釋木》凡五言"喬"，未有言無枝者，且《釋木》云："小枝上繚爲喬"，則明其有枝矣，以此證紫陽之非。錢大昕則推竟其原委，以爲"'無枝'之説，本於蘇氏，未知所據。或曰《爾雅》'小枝上繚爲喬'之下即云'無枝爲檓'，兩文相連，因以致誤耳"。③清儒考訂異文，秦漢字書中，首重《説文》《爾雅》，東原專治《爾雅》，李富孫則治《説文》，下如《方言》《釋名》《玉篇》《廣雅》《廣韻》《小爾雅》《埤雅》《群經音辨》等，當時學者，靡不綜覽。李富孫有《説文辨字正俗》一

---

① 鄭吉雄：《乾嘉學者治經方法與體系舉例試釋》，收入蔣秋華主編：《乾嘉學者的治經方法》，頁109─139。

② 鄭吉雄云："乾嘉學者治經運用的方法固多，但歸納其基本趨向，則不外乎二途：1. 向内返求經典，以本經、他經，以及其傳、注、疏，爲範疇，以貫串《六經》、發明本義、闡釋聖賢道理爲務，所用的方法以本證爲主，在邏輯學上爲'歸納法'（induction）；2. 以本經、他經，以及其傳、注、疏爲中心，向外發展，進而至於以經證史、以經義闡發思想觀念、以經義批判社會政治，所用的方法以'推衍'爲主，在邏輯學上爲'演繹法'（deduction）。"見鄭吉雄：《乾嘉學者治經方法與體系舉例試釋》，頁109─110。

③ 錢大昕：《答問三》，《潛研堂文集》，卷6，頁69，收入《嘉定錢大昕全集》，册9。

書,時人以爲亦有段氏所不及者。①

　　其二,曰群經互證:程大鏞《讀詩考字》,摭拾群經中引詩字異者,臚列如獺祭,雖止三卷,然體例頗新。其卷上以群經引詩字異者,次第羅列,曰:《四書引詩異字考》《左傳引詩異字考》《禮記引詩異字考》《孝經引詩異字考》《爾雅注疏引詩異字考》《鄭箋改字考》《鄭箋異讀考》;卷下則爲《鄭箋徑改經字考》《鄭箋用義訓改字考》《鄭箋改毛傳字考》《韓詩字異毛詩考》《說文字異毛詩考》;《補》編則爲《補鄭箋用義訓改字》《補說文引詩異字》。②其自序云:"古人用字,率用通字,形聲之異,莫之或拘,故同此一言,在本經爲此字,及他經引用,復爲彼字者,往往而有。蓋非惟假借已也。"經文引詩,由字異而義別者,其例不鮮,程氏所舉數例,如《孟子》引詩"以遏徂莒",毛詩作"以按徂旅"(《大雅·皇矣》),毛傳謂旅爲地名,然其所在殊不可知。以《孟子》所引證之,始知其爲莒也。《大學》引詩云:"瞻彼淇澳"(《衛風·淇奥》),陸德明乃以澳爲水名。是皆以異文證字,並通義訓之證。清儒以他經徵《詩》文之異,尤重鄭氏箋,於程大鏞此書,約略可見。不獨鄭氏對《毛詩》之箋,並有鄭氏對他經之注。

　　其三,曰雜採子史類書:清以前的詩經異文輯佚,每限於三家之遺說本身,《隋志》以爲齊詩亡於曹魏,魯詩亡於西晉。三家之說,獨《韓詩》外傳猶存,《韓詩故》《韓詩内傳》《韓詩說》於宋政和、熙寧間並佚。三家之文字,皆雜見於秦漢子史各書中。自魏晉以下,毛詩大行,三家之學,竟而廢隊。隋唐時如劉焯劉炫陸德明尚不專主毛詩,而顏師古定五經文字,孔穎達撰《五經正義》,於是經文,故訓,定於一尊。清儒繼王應麟之後,欲鈎稽三家異文,所賴者,惟秦漢以來子史著作,及唐以後類書所存之詩經異文也。學者於《文選》注、《太平御覽》、其他《淮南子》、《吕覽》、《荀子》等周秦漢諸子,及《史記》、《漢書》、《後漢書》等史籍,多所鈎稽。清初,專門其事者,當屬朱鶴齡之《詩經考異》,張壽林云:

　　　　其書(《詩經考異》)之作,亦猶《尚書埤傳》之有考異。蓋以辨經文之異同。

　　按五經之學,詩獨以咕畢諷誦流傳,故譌誤亦最多。唐初陸德明《釋文》,尚不

---

① 《七經異文釋序》云:"謂保氏六書之指,賴以僅存。自篆變爲隸,隸變爲真,文字日繁,譌僞錯出,或有形聲意義大相區别,亦有近似而其實果,後人多混而同之。或有一字之形從某爲古籀、爲或體、後人竟析而二之。經典文字往往昧於音訓,擅爲改易,與本義相迕。假借通用《說文》。自有本字,有得通借者,有不得通借而並爲俗誤者,於是有《說文辨字正俗》之作。錢泰吉謂其書,大旨折衷段玉裁,亦有玉裁所未及者,許爲讀《說文》之津梁。"見徐世昌:《李先生富孫》,《清儒學案小傳》,卷15(《清代傳記叢刊》,第7册,頁37—38)。

② 程大鏞:《讀詩字考》,《續修四庫全書》,册72,頁394—434。

專主毛氏。孔穎達《疏》出，始定從毛。至玄宗改古文爲今文，而文字始歸於一。然諸本不同，互有得失，非博考不得知。朱氏既撰《詩經通義》，以發明箋疏，因復與陳啓源彙觀秦漢以下諸書所引，校其短長，作是書以辨經文之異同。稽其所採諸家，大抵於陸氏《經典釋文》援據最多。他如群經諸子，以及《説文》《玉篇》《國語》《史記》《前後漢書》《楚辭》《文選》等書，亦多所援據。徵引頗稱淹洽。考究精博，辨經文同異，亦頗具條理。①

朱鶴靈氏亦有缺失，張壽林又稱：

> 然亦間有遺漏。如《周南·關雎》“鍾鼓樂之”，《韓詩外傳》引作“鼓鍾樂之”。按陳奐云：“今經典鍾鼓字，多假鍾爲之。”《外傳》或傳寫誤倒。又《葛覃》“維葉萋萋”，《文選》揚子雲《羽獵賦》注、阮嗣宗《詠懷詩》注，並引韓詩作“惟葉萋萋”。案毛詩古文例用維，三家今文例用惟，此皆詩中最易見之字。而是編乃付缺如。是其考核之功，固猶有未逮，不得不以責賢者也。②

張壽林此説頗中肯綮。經第二期至第三期學者，成績已大不同。陳喬樅、李富孫考見尤博，所參照之子史類書，更遠勝乎清初諸子如朱鶴靈、嚴虞惇等。

其四，曰旁參石經彝銘：金石之學，亦與有清一代相終始。清初諸儒，已多藉石經彝銘，以定經文。顧亭林《九經誤字》，以明監本坊刻本諸經字多譌脱者，乃作此書，以補舊文之不足。雖僅一卷，所獲亦豐，於《儀禮》所補尤多。顧氏所本者，一曰石經，二曰舊刻。所刉獲者，賴石經尤多。雍乾之世，鈎稽《詩》文之異者，除石經外，並參彝銘碑刻。惠定宇《毛詩古義》上承陳朱二氏，多用金石文字，如《召南·采蘩》：“夙夜在公。”毛傳曰：“夙，早也。”定宇引《尉氏令鄭君碑》：“夗夜在公。”《説文·夕部》：“夗，早敬也。”徐鉉謂作夙訛，惠棟引《義雲章》及古鐘鼎文皆作“夗”字，以此漢碑彝銘異文，考訂補正《毛傳》之闕。③其對《詩·大雅·皇矣》：“串夷載路”之考訂，尤見功力。④同時諸子，若戴震、錢大昕，乾嘉之世，督撫之好金石碑刻者，如阮元、畢沅特有金石之癖。《啁啾漫記》云畢撫陝時，秦漢磚瓦之有字者，蒐羅殆盡。⑤徐世昌《清儒學案》中言：“柳東（馮登府）治經，蒐集遺説異文，疏證精密，於石經致力尤勤，薈萃歷代諸刻及諸家考訂之説，折衷求是，可稱集成之書。同里李氏群從，志同道

---

① ②　張壽林：《詩經考異》提要，見《續修四庫全書總目提要》，頁 330。
③　李開：《惠棟傳》，南京：南京大學出版社，1993 年，頁 74。
④　李開：《惠棟傳》，頁 75。
⑤　辜鴻銘、孟森等著：《清代野史》，第 4 冊，成都：巴蜀書社，1998 年，頁 1955。

合,互相切劇。鄉泄杏村研經,皆以精博稱,與柳東相頡頏焉。"①柳東除《三家詩異文疏證》外,又著《三家詩遺説翼證》20 卷,皆勝范家相書。又著《論語異文考證》10卷,蒐羅遺佚,並援前人之説,稽其同異,以闡明古義,詮釋精審。又著《十三經詁答問》10 卷。金石之學,自清初黃宗羲、顧炎武諸先生首爲之倡,清代學者無不留意。柳東亦不例外,其著作有《石經考異》12 卷《金石綜例》4 卷《閩中金石志》14 卷《象山縣誌》26 卷《金屑録》4 卷《石餘録》4 卷《浙江磚録》1 卷。李富孫氏《詩經異文釋》於周彝鼎銘、熹平石經、開成石經及其他唐碑銘,所參嚴尤多。如其釋《大雅·文王》:"萬邦作孚"云:"《緇衣》《風俗通·三王》邦引作國。案《易》:'其形渥',九家、京、荀、虞皆作刑。漢碑刑多通作形,爲同聲借字。邦作國,義同"(《異文釋》,頁 241)。吳東發(1747—1803),字侃叔,號耘廬,又號芸父,海鹽人。歲貢生。學邃於《尚書》,受業錢少詹(大昕)之門,善讀金石文字。竹汀(大昕)亦特嗜金石文字,其婿瞿中溶謂竹汀"博采金石文字以考正經史之學,多歐(陽修)趙(明誠)前賢所未逮。"②其考徵文字散見於《唐石經考異》《經典文字考異》《聲類》諸書中。東發從竹汀遊,亦多濡染,嘗撰《群經字考》《書序鏡》《尚書後案質疑》《商周文拾遺》《石鼓讀》《金石文跋尾續》。③其《詩經字考》2 卷亦多據金石文字引證《詩》文。如"駪駪征夫"一句,引周南仲鼎銘"四駪南宫",又古鐘銘"追祖侁考",以爲侁駪義並爲薦,蓋進進不已之義。"雨無正"一句,吳以爲雨通霸,並引周伯克尊銘爲證:"佳十有六年十月既生雨乙未。"頌壺銘:"佳三年五月既死雨甲戌。"所謂"霸無正"者,吳氏以爲云天下自此有霸無王,將不復奉周室之正朔,即詩所謂"周宗既滅"者也。④其準確與否姑當別論,然此方法,實已爲二重證據考訂群經古史之先聲,開闢榛莽,當歸之清初亭林(顧炎武)、竹垞(朱彝尊)諸先生,⑤而自乾嘉諸子乃頓成風氣,至孫詒讓、吳大澄已頗具規模,雖資料未贍、方法未周,亦未可盡由羅(振玉)王(國維)諸公專美於後也。

---

① 《柳東學案》,見徐世昌:《清儒學案小傳》,卷 15(《清代傳記叢刊》,第 7 册,頁 33)。
② 瞿中溶:《跋潛研堂金石文字目録》,收入《嘉定錢大昕全集》,册 6,《潛研堂金石文字目録》,頁 201。
③ 葉銘:《國朝畫家書小傳》卷 4(《清代傳記叢刊》,第 81 册,頁 448)。
④ 參見江瀚:《詩經字考》2 卷提要,《續修四庫全書總目提要》,頁 352。
⑤ 金石之學固始自北宋歐(陽修)劉(敞)趙(明誠)諸公,劉歐諸人即以金石之學疑古證古(見李菁:《宋代金石學的緣起與演進》,《金石叢話》,頁 63—68),然未如顧、朱以下諸公之貫通也。

商略古今，折衷漢宋

——論王先謙的今文《詩》學[*]

王以前的今古文詩學

皮錫瑞(1850—1908)《經學歷史》中提到清代"經學三變"的問題，認爲清初是漢宋兼採，乾隆以後，許鄭之學大明，即使治宋學者，説經亦主實證，應是所謂漢學時期，嘉道以後，又由許鄭之學，導源而上，是所謂西漢今文之學復興時期。又云："當知國朝經學復盛，乾嘉以後治今文者，尤能窺見聖經微旨。"[①]周予同(1898—1981)依據皮錫瑞説，以爲嘉道以降，由許鄭導源而上，《詩》宗三家而斥毛氏，經學又復西漢之舊。

葉郋園(德輝，1864—1927)也曾對清代學術有一段極爲精闢的描述：

> 國初鉅儒如顧亭林(炎武，1613—1682)、閻百詩(若璩，1636—1704)諸先生，其初皆出於宋學，而兼爲訓詁考據之事，遂爲漢學之胚胎。漢學之名，古無有也。倡之者三惠(周惕，1646?—1695?；士奇，1671—1741；棟，1697—1758)，成之者，江慎修(永，1681—1762)、戴東原(震，1723—1777)。然此數君者，皆未化宋學之跡者也。(自注：余藏有戴氏《詩經補注》原稿，采宋人説最多，《遺書》及《學海堂》皆刪去)迨乎王(鳴盛，1722—1797)錢(大昕，1728—1804)孫(星衍，1753—1818)段(玉裁，1735—1815)之倫，二王(念孫，1744—1832、引之，1766—1834)三孔(廣林，1746—1814?；廣森，1752—1786；廣廉)之族，精研文字，穿貫兩京，漢學之幟，由是縱橫上下，通於百年。顧當極盛之時，已伏就衰之理。其時若劉申受(逢禄，1776—1829)之於《公羊》，陳恭甫(壽祺，1829—1867)之於

---

[*] 本文於 2003 年 12 月 5 日初宣讀於"中央研究院"中國文哲研究所經學研究室主辦之"湖湘學者的經學研究—第二次學術研討會"，首先要感謝林慶彰、蔣秋華、楊晉龍、蔡長林諸先生，俾予與會，得切磋琢磨之樂，會間拙文並得到李威熊、戴景賢、詹海雲諸先生指正，謹此致謝。

[①] 皮錫瑞：《〈經學通論〉序》，《經學通論》，頁 2。

《尚書大傳》，凌曉樓（曙，1775—1829）之於《春秋繁露》，宋于庭（翔鳳，1776—1860）之於《論語》，漸爲西京之學。魏默深（源，1794—1857）、龔定盦（自珍，1791—1841）、戴子高（望，1837—1873）繼之，毅然破乾嘉之門面，自成一軍。今日恢劉（逢禄）宋（翔鳳）之統者，湘綺樓（王闓運，1833—1916）也，振高郵（王念孫）之緒者，俞曲園（樾，1821—1906）也。東塾（陳澧，1810—1882）似接亭林之傳，而實非亭林之正脈。亭林之世無漢宋，則有意兼通漢宋者，不得謂之師法亭林。東塾之學本出儀徵（阮元，1764—1849），何以微變其旨？蓋由乾嘉諸儒晚年亦侵宋學故也。東原之《原善》，孫淵如（星衍）之論先天卦位，儀徵之《釋心》《釋性》，皆明避宋學之途，暗奪宋學之席。學既有變，爭亦無已。由實入虛易，由虛入實難。有漢學之攘宋，必有西漢之攘東漢。吾恐異日必更有以戰國諸子之學攘西漢者矣。學旨不明，學術將晦，開門揖盜，可不慮乎？夫不讀東京諸儒傳注之全經，而讀後人掇拾之殘經，不讀文完義足之內傳，而讀斷章取義之外傳，其心非盡滅全經以入於異氏之室，必猶有不能息喙者。觀於《毛詩》，本出西京，亦謂西京無此學派，則其意固非主張西京可知……①

郋園此文後半出於政治原因，對於當時今文學頗有微辭，這一點與葵園（王先謙）的態度不同，但這是另外一個問題，我們姑置不論。郋園所提出的要點有二：一是，漢學初期的惠、江、戴諸人並未脫略宋學之跡；二是嘉道以來的學術，不是乾嘉之學的緒餘，就是其反動。西京之學的興起就是其反動，東塾之學意在調和漢宋，實亦爲乾嘉漢學之反動。郋園在其《讀書志》臧玉林（琳）《經義雜記三十卷》下，也論及清經學三變的問題，所劃分與皮錫瑞說大致相同。郋園云："漢學既盛，又分今文古文。"②乃以嘉道間今文之學的興起，爲清代漢學的第三次變化。

以《詩》學而論，嘉道間的確今文學大興，然就嘉道時期《詩》學總體而言，主毛者似仍爲多數。余以爲此期治《詩》者，在專研旨趣上，雖有毛與三家之對壘；然因多以崇古求是爲尚，所賴以治學之方法，似又消息暗通。若以文本論，古文有尊毛尊鄭者，有尊毛非鄭孔者，大都亦不拒斥今文；今文雖有尊三家而非毛者，然大都不拒斥古文。其所疑毛者，只限於毛詩序傳的作者究竟是誰，而對於毛詩是漢代留存

① 葉德輝：《與戴宣翹書》，《郋園書札》，收入《觀古堂所著書》，臺北：藝文印書館，1970 年，第 18 冊，頁 19 上—20 下。
② 葉德輝：《郋園讀書志》，臺北：明文書局，1990 年，頁 184—186。

下來的唯一完整的文本，則無從懷疑。此期之特點是主毛者，亦不拒斥三家，治三家者更言毛。若以治詩之角度與旨趣而論，此期則有詁經派，有垂訓派，有詩旨派，有制藝派；若以學者所主要依據的文本而論，有所謂"古文家"、"今文家"；若以詮釋方法而論，則有所謂重考據、重詩旨義理、重文氣。其中重考據者，本文暫依當時習慣，以漢學名之，其餘則以宋學名之。推記其源流變化，我以爲嘉道及以下《詩》學大概，要言之，約有數流：

一曰古文漢學。此爲固守漢學訓詁考據家法者，爲《詩》則宗毛氏，治學方法則小學訓詁聲音文字。於《詩》則馬瑞辰（1782—1853）、胡承珙、陳碩甫（奐）（1786—1863）、俞曲園是也。其他如嚴傑（1763—1843）《蜀石經毛詩考正》1 卷、①王鎏（1786—1843）《毛詩多識編》《毛詩考證》、李黼平（1770—1832）《毛詩紬義》，曾釗（1821—1854），字敏修，一字勉士，號冕士。廣東南海人。《詩毛鄭異同辨》1 卷《詩說》2 卷《毛詩經文定本小序》1 卷《考異》1 卷《音讀》1 卷。張其煥《毛詩述正》28 卷，丁晏（1794—1875）《詩譜考正》1 卷《毛詩草木鳥獸蟲魚疏校正》2 卷，又有《毛鄭詩釋》4 卷、《毛詩陸疏校正》2 卷，《毛鄭詩釋》卷末附有《書段氏〈校定毛詩故訓傳〉後》一文，於段玉裁《校訂毛詩故訓傳》30 卷多所匡正，徐華岳《詩故考異》（1816 年撰成，1831 年刊行）專取古義，自周秦子史至乾嘉注疏，間采而用之，獨於宋儒無取。書中全錄《傳》《箋》，節錄孔《疏》，三家遺說亦錄之《傳》《箋》後。②桂文燦（1823—1884）《詩箋禮注異義考》1 卷、《群經補证》6 卷、《毛詩傳假借考》1 卷、《毛詩鄭讀考》1 卷、《詩古今文注》2 卷、《毛詩釋地》6 卷，羅汝懷（1804—1880），字研生。湖南湘潭人，有《十三經字原》、《毛詩古音疏證》，玉樞《詩經雅箋》5 卷，王樹柟（1851—1936）《爾雅說詩》22 卷，顧震福《毛詩別字》6 卷等等。此是抽取其中一部分，同類著作遠不止以上所舉。其他尚有毛詩音讀、名物、地理、制度方面的著作甚多，茲不備舉。以上所舉著作雖名其爲古文漢學，而實際上，所舉絕大多數學者，都於三家詩有所參酌。

二曰古文宋學。東塾（陳澧）所謂"通漢宋之郵，折衷以求乎是者"（閔孝吉《玉井草堂詩序》）。郋園謂東塾之學出於儀徵，蓋因東塾嘗任學海堂學長十數年。東塾之調和漢宋，實是乾嘉聲音訓詁之學的反動。東塾謂"訓詁明而後義理可明，其

① 以上見張鈺《清史稿藝文志》武作成《清史稿藝文志補編》，收入《清史稿藝文志及補編》，北京：中華書局，1982 年。

② 韓乃越：《〈詩故考異〉提要》，中國詩經學會編《詩經要籍集成》，北京：學苑出版社，2002 年，卷 28。

言固是。然經傳之言，古今多不異，何不即此先通其義理?"①其方法則實近宋儒。姑名之曰古文宋學。此派特點，如錢賓四所説："不輕言經世，又以鄭朱並舉，不數西漢，仍不脱乾嘉諸儒牢籠。"②於《詩》則東塾有《讀詩日録》，③其意不在詁經，而在垂訓，多假經以言世事，或婦德、或風俗、或詩教等等。東塾的意見是經傳具在，不必經煩瑣叢脞的訓詁考證，亦可直探經旨，覘索微言大義。其説明是尊漢尊經，實則亦欲暗奪漢學之席。方玉潤（1811—1883）之《詩經原始》，捨考據與講學兩家，而直探詩旨。雖自爲序説，要未脱《小序》《集傳》之影響。開卷首列思無邪、太極圖，則爲自創。林伯桐（1778—1847），廣東番禺人，生平於學無所不窺，尤篤志經學，研經宗漢儒，而踐履則服膺朱子。前後兩制府阮元、鄧廷楨（1775—1846）皆敬禮之。阮公延爲學海堂學長，鄧公延課其二子。④其《毛詩通考》一書考訂《傳》《箋》之異，然以申毛義爲主，其《毛詩識小》30 卷，意在申發微言大義，另有《毛詩傳例》2 卷。⑤夏炘（1789—1871），學宗程朱。爲學兼綜漢宋，長《詩》《禮》二經，尤深於朱子之書。義理訓詁名物制度説文小學，皆能博考精研，深造自得，其所撰著，以輔翼世教爲心。⑥道光壬辰癸巳閑，先生居京師，撰《讀詩劄記》8 卷，又益以《詩章句考》1 卷《詩樂存亡譜》1 卷《朱子集傳校勘記》1 卷《詩古韻表廿二部集説》上下兩卷。⑦褚汝文《木齋詩説》以爲序爲國史舊聞，孔子録詩時已有，子夏傳之。毛固不可易，三家亦必有所本。於詩旨亦不專主一家。徐紹楨（1861—1936）《學壽堂詩説》於毛鄭朱三家去取，旁涉他家。雖亦兼釋字義，然以探索詩旨爲主。李九華《毛詩評注》30 卷，爲《詩》多讀漢宋諸家，最服膺李塨（1659—1733）《詩經傳注》，大抵欲直探詩人之意。注釋則用毛鄭及清儒諸説。吳士模《詩經申義》10 卷，馬其昶（1855—1930）《詩毛氏學》亦

①　錢穆：《中國近三百年學術史》，北京：商務印書館，1997 年，頁 668。

②　錢穆：《中國近三百年學術史》，頁 708。

③　《續修四庫全書》有《讀詩日録》不分卷與《東塾讀詩録》一捲，前者傳自東塾次孫陳公輔，冒廣生鈔録後，於民國元年爲之刊刻，後者是澧孫慶佑手録。故兩者其原一也，皆是東塾晚年課孫之本。

④　《鬆心文鈔》，見張維屏（1780—1859）輯：《國朝詩人徵略二編》卷 54，頁 1（周駿富輯：《清代傳記叢刊》，023；579—580），臺北：明文書局。

⑤　張之洞（1837—1909）《書目答問》載伯桐有《詩考補注》2 卷補遺 1 卷，注《修本堂》本，今傳道光二十四年（1844）林世懋刊本《修本堂叢書》無此書，《修本堂稿》附《番禺縣誌藝文略》記未刻書有《毛詩傳例》2 卷。見《中國叢書綜録》總目，頁 522—523。江瀚：《毛詩通考》提要，《續修四庫全書總目提要》，頁 376。

⑥　夏燮（1799—1875）：《夏先生炘行狀》，見徐世昌（1855—1939）：《夏先生炘》《清儒學案小傳》，卷 16（周駿富輯：《清代傳記叢刊》，007；164—165），臺北：明文書局。

⑦　白鎔：《讀詩劄記序》，見徐世昌：《夏先生炘》《清儒學案小傳》，卷 16（周駿富輯：《清代傳記叢刊》，007；164—165），臺北：明文書局。

屬此類。所謂古文宋學者,是説學者通經,有致用的傾向性,欲直探詩旨,揭發微言大義。然《詩》學以遵奉序傳爲主,亦不廢朱子。郎園嘗謂"漢學之長,在於考據;宋儒之長,在於踐履。"此學的傾向是欲合而一之。

　　三曰今文宋學。所謂今文宋學是合公羊學與宋學而爲一,求微言大義於今文經。其學出於常州。至龔定盦(自珍)、魏默深(源)以致用爲祈向,始欲發揚光大,於咸同之際,頗有影響。康南海(有爲,1858—1927)之學,一出廖季平(平,1852—1932),一出朱九江(次琦,1807—1881)。九江於乾嘉漢學,固多不韙。如云:"紀文達(昀,1724—1805)漢學之前茅也,阮文達(元)漢學之後勁也。百年以來聰明魁異之士,多錮於斯矣。烏虖,此天下所以罕人才也。"又云:"《皇清經解》,阮文達之所詒也。殆裨於經矣。雖然,何偏之甚也。顧亭林之學,不分於漢宋也。今采其説,尊宋者芟焉。"①朱九江以爲朱子百世之師,先有明姚江王氏攻其格物,後有乾嘉諸子攻其空疏。此攻之者相矛盾。又云:"彼考據者,不宋學而漢學矣。而獵璅文,蠹大誼,叢脞無用,漢學之長,有如是哉?"②魏源認爲"西漢微言大義之學,墜於東京"。③故今文宋學欲由東京而上溯西京,求微言大義於今文諸經中。於《詩》則魏默深之《詩古微》,迮鶴壽(1773—?)《齊詩翼氏學》、陳喬樅(1809—1869)《齊詩翼氏學疏證》、《詩緯集證》,④龔定盦《詩非序》、《詩非毛》、《詩非鄭》,皮錫瑞《詩經通論》,廖平《四益詩説》1卷、《詩學質疑》、《詩緯新解》、《詩緯搜遺》,王闓運《詩經補箋》及胡薇元諸書是。

　　四曰今文漢學。此乃以漢學之方法治今文經者。以漢學方法治今文經,於《詩》爲著。此類著作自阮文達《三家詩補遺》⑤以下,更有周曰庠《詩經三家注疏》,⑥李貽德(1783—1832)《詩考異》,趙紹祖(1752—1833)《校補王氏詩考》,陳壽祺

---

① 自注云:"如《日知録》於《易》謂:'不有程傳,大誼何繇而明虖'之類,今不采。"見簡朝亮(1851—1933):《朱九江先生年譜》,頁28上。見《朱九江先生集》,臺北:商務印書館,1978年據光緒二十三年讀書草堂刊本影印,卷首之二,頁55。

② 簡朝亮:《朱九江先生年譜》,頁24下—25上。見《朱九江先生集》卷首之二,頁48—49。

③ 魏源:《兩漢經師今古文家法考叙》,《魏源集》,北京:中華書局,1976年,頁152。

④ 陳喬樅《詩緯集證》雖亦所以廣異義,扶微學,然輯佚之功多,而述旨之功少,殊難斷其爲今文漢學,抑今文宋學也。姑列之於此。見陳喬樅:《詩緯集証》,《續修四庫全書》,第77冊,頁761—826。

⑤ 葉德輝藏稿本。收入《觀古堂所刻書》。見江瀚《三家詩補遺》提要,《續修四庫全書總目提要》,頁438。《郎園讀書志》著録阮元手鈔本《三家詩稿》2冊,謂是書與陳壽祺《三家詩遺説考》撰述次第略同,壽祺爲阮元嘉慶己未會試總裁所得士,乃揣測其書或有所受,或爲文達晚年所輯。見葉德輝:《郎園讀書志》,頁97。

⑥ 此書殘存二卷,全書卷數無考。是編乃其《詩經問詁》一書,删略毛鄭孔朱諸家,會最三家異文,及後世説《詩》異於毛鄭孔朱者,爲一編。作者周曰庠爲道咸間人,生平無考。見張壽林:《詩經三家注疏殘卷》提要,《續修四庫全書總目提要》,頁438—439。

(1771—1834)有《五經異義疏證》,①徐璈(1779—1841)《詩經廣詁》,宋綿初《韓詩内傳徵》,汪遠孫(1794—1836)《經典釋文補續偶存》《詩考補遺》,徐堂(1797—1837)《三家詩述》16卷,臧庸(1767—1811)《詩考異》4卷《韓詩遺説》2卷《訂譌》1卷,馮登府(1783—1840)②有《三家詩異義遺説》20卷,《三家詩異文疏證》6卷《補遺》4卷(別本作《三家詩異文疏證》6卷,補遺3卷,續補遺2卷),李富孫(1764—1843)有《七經異文釋》中《毛詩》16卷,胡文英《詩考補》2卷、黄位清《詩異文録》3卷,③陳喬樅(1809—1869)《詩四家異文考》5卷《毛詩鄭箋改字説》4卷《三家詩遺説考》15卷叙録3卷,丁晏(1794—1875)《詩考補注》2卷《補遺》1卷(《頤志齋叢書》《六藝堂詩禮七編》);別本作《詩考補注》2卷《補遺》2卷(《花雨樓叢鈔續鈔》),蔣曰豫(1830—1875)《詩經異文》4卷,④蕭光遠(1804—1885)《毛詩異同》4卷附1卷,顧震福《三家詩遺説續考》6卷,⑤陶方琦(1845—1884)《韓詩遺説補》1卷,馬國翰(1794—1857)所輯諸書。

　　從前舉諸例可以看出,嘉道以降,治《詩》者,大略可分爲尊毛與尊三家二流。馬瑞辰《毛詩傳箋通釋》、胡承珙《毛詩後箋》、陳奐《詩毛氏傳疏》是主毛者的代表作。《毛詩後箋》主於申述毛義。自注疏而外,於唐宋元明諸儒之説,及當時爲詩學者,無不廣徵博引,而於名物訓詁及三家詩異同,類皆剖析精微,折衷至當。自云:"從毛者十之八九,從鄭者十之一二。"胡承珙雖主毛傳,於毛鄭亦未盡韙,每言"信傳不如信經",其所搜獵者廣,參酌者詳,每折衷求是,故胡培翬云:"(陳)奐著書,惟毛是從,君尚有別擇。"⑥奐有時過尊毛氏,乃如皮錫瑞所譏"强韓同毛",⑦然陳奐其實亦非惟毛是從,在經文審定、聲尋字訓之間,亦間採三家。馬瑞辰認爲:"《毛詩》爲古文,其經字類多假借……齊魯韓爲今文,其經文多用正字。經傳引詩證詩亦多有用

---

① 陳奐云:"陳壽祺,字恭甫。福建侯官人。己未,編修講學授徒,閩人稱其賢著,有《左海五經異義疏證》。道光五年乙酉,姪兆熊典試閩闈,以是書郵寄蘇州。子喬樅即乙酉所得士也,亦能世其家學。"陳奐:《師友淵源記》,頁13。周駿富輯:《清代傳記叢刊》,029;091—092,臺北:明文書局。

② 吳德旋:《石經閣文集序》,見徐世昌:《馮先生登府》《清儒學案小傳》,卷15(周駿富輯:《清代傳記叢刊》,007;035),臺北:明文書局。

③ 《詩異文録》體例與沈淑《毛詩異文補》、嚴蔚《詩考異補》略同,摭拾經傳子史,及《説文》《爾雅》引詩,字句殊異者,併爲一編。依經文次序,總録毛詩異文,而不拘於三家。黄位清:《詩異文録》,《續修四庫全書》,册75,頁395—461。

④ 張惟驤撰,蔣維喬等補:《清代毗陵名人小傳稿》,卷8,頁3,周駿富輯:《清代傳記叢刊》,197;215。

⑤ 顧氏此書意在補綴陳喬樅《三家詩遺説考》之遺。見張壽林:《韓詩遺説續考》提要,《續修四庫全書總目提要》,頁447。

⑥ 郭全芝:《整理説明》,見胡承珙《毛詩後箋》,合肥:黄山書社,1999年,頁2。

⑦ 皮錫瑞:《論〈詩〉比他經尤難明,其難明者有八》,《經學通論·詩經》,頁2。

正字者,正可藉以考證毛詩之假借。"①此外,馬也指出鄭箋自云以宗毛爲主,然其與毛異説者,多本於韓詩。②這兩點與當時今文詩家的説法略無二致。馬治毛詩與胡、陳相似處,皆徵引宏富,三家以外,舉凡前人之説,及子史四部,無不涉獵。既廣《傳》《箋》,復多發明。故所謂尊毛者,主要特點是在西漢四家詩中,相信古文毛詩傳承的正統和真實性。對於《小序》對詩旨的詮釋也采用遵從,並多方考證,以證其必然,此外,對今文三家並不拒斥。

　　嘉道以降專治三家者,與前略有不同。前此雍乾時期治今文詩學者,如沈淑(1702—1730)、沈廷芳(1702—1772)、嚴蔚、余蕭客(1732—1778)、范家相、胡文英、盧文弨(1717—1795)、黃模、周邵蓮等人,可以説是採摭之功多,而考證之功少。至阮文達領袖坫壇,臧庸堂、李富孫、陳喬樅、馮登府、徐璈諸人,搜校則精,考覈亦審。其方法與治毛諸子,多相通者。故是時毛與三家,其旨趣雖分,而治經之方法,則有漸趨一致的祈向。即以旨趣而論,治毛者,蓋以毛公近古,治三家者,以三家爲古。而具體到一字一音一章一句的考證,宗毛者,未棄三家,治三家者,亦未敢棄毛。在爲臧庸《拜經日記》所作的序中,王引之云:"考訂漢世經師流傳之分合,字句之異同,後人傳寫之脱誤,改竄之蹤跡。擘肌分理,剖豪析芒,其可謂辨矣。"③《日記》研究的範圍包括諸經今古文,四家詩同異,實無家法限制。撰《三家詩異文疏證》的馮登府,與嘉興李氏群從(李富孫、超孫、遇孫)大抵相類。④馮擅金石之學,故每藉石經碑傳考訂經傳文字。李富孫《七經異文釋》外,另有《説文辨字正俗》一書,時人以爲亦有段氏所不及者。⑤其所著《詩經異文釋》,於經文一字之異,必竟其原委,徵其本來。其徵引之博,翅獲之豐,庶可方駕陳喬樅《詩經四家異文考》及《三家詩遺説考》。

　　嘉道時期的漢學學者,無論今古文,所宗尚的文本不同,然而在實際研究中,其視野(所依據的資料來源)、角度和治經方法却又趨同。嘉道間學者中已有不少兼

---

① 馬瑞辰:《毛詩傳箋通釋》卷1,頁21,《續修四庫全書》册68,頁346。
② 馬瑞辰:《毛詩傳箋通釋》卷1,頁19,《續修四庫全書》册68,頁345。
③ 王引之:《拜經日記序》,見徐世昌:《臧先生庸》《清儒學案小傳》,卷5,周駿富輯:《清代傳記叢刊》,005:741,臺北:明文書局。
④ 《柳東學案》,見徐世昌:《清儒學案小傳》,卷15,周駿富輯:《清代傳記叢刊》,007:033,臺北:明文書局。
⑤ 《七經異文釋序》云:"謂保氏六書之指,賴以僅存。自篆變爲隸,隸變爲真,文字日繁,譌僞錯出,或有形聲意義大相區別,亦有近似而其實異,後人多混而同之。或有一篆之形從某爲古籀或或體、後人竟析而二之。經典文字往往昧於音訓,擅爲改易,與本義相迕。假借通用《説文》。自有本字,有得通借者,有不得通借而並爲俗誤者,於是有《説文辨字正俗》之作。錢泰吉謂其書,大旨折衷段玉裁,亦有玉裁所未及者,許爲讀《説文》之津梁。"見徐世昌:《李先生富孫》《清儒學案小傳》,卷15,周駿富輯:《清代傳記叢刊》,007:037—038,臺北:明文書局。

治今古文：如阮元、丁晏、程大鏞。至咸同以後的詩經學者，頗有一些欲統合今古文的傾向。如張壽鏞（1876—1945）《詩史初稿》16 卷，遵《序》宗《毛》依《譜》考史分紀彙參。實亦綜合今古文，是以古文統今文之例。王仁俊（1866—1913）《正學堂詩說》1卷，所爲《詩鄭箋釋例》於用三家、申毛、改毛之外，廣舉諸例，曰附傳，曰補傳，又有引他經例，與他經違異例，箋與禮注異義例，與鄭自注《論語》異義例，箋義同《鄭志》例，箋說未及而補於《鄭志》例等等。①陳玉澍（1853—1906），《毛詩異文箋》10 卷。②江瀚（1852—1936）《詩經四家異文考》1 卷《詩經四家異文考補》1 卷，李德淑《毛詩經句異文通詁》7 卷（民國間自刊本），以王應麟《詩考》參取齊魯韓三家異同。遂以毛詩爲主，而博采齊魯韓三家之訓詁，廣搜字書之通釋，以補其缺。雖精核不足，而繁富有餘。較馮登府《三家詩異文疏證》，闡發尤多。而其辨形聲，覈詁訓，亦足相頡頏。③此外還有張慎儀（1846—1921）《詩經異文補釋》14 卷。④以上諸書，皆不受今古文家法之限制。

咸同以後於三家詩研究，成績最卓著者，當屬王先謙（1842—1917）。王所撰《詩三家義集疏》，引證閎博，又參覈衆說，折衷求是。書名三家，實不以今古漢宋之別而自限。又自創體例，足爲法式。

《詩三家義集疏》的譔著

《詩三家義集疏》初稿於王氏任江蘇學政任上（光緒十一年［1885］8 月蒞任），觀《藝風堂友朋書札》載葵園寄繆荃孫（1844—1919）書 72 通。中有數信言及《三家詩義集疏》著作出版事項。第《三十》通云："昨枉顧暢譚爲快。拙撰《三家詩義通繹》，鈔得《衛風》數篇呈上，務望詳加糾正，勿稍客氣，曷勝感幸。"⑤是本書初名《三家詩義通繹》。此信當葵園在江蘇學政任上刊刻《江左制義輯存》同時，是知葵園於光緒十四年（1888）已著成《三家詩義通繹》，至《衛風》而止；⑥第《五十》通云："舊爲《詩三家義疏》，至《衛風·碩人》，年來擱置慮遺失，刻之，以一份呈求教正。……冬

---

① 倫明：《正學堂詩說》提要，《續修四庫全書總目提要》，頁 428。
② 江瀚《毛詩異文箋》提要，見《續修四庫全書總目提要》，頁 419。
③ 葉啓勳《毛詩經句異文通詁》7 卷提要，《續修四庫全書總目提要》，頁 435—436。
④ 江瀚《詩經異文補釋》14 卷提要，《續修四庫全書總目提要》，頁 435。
⑤ 顧廷龍校閱：《藝風堂友朋書札》，上海古籍出版社，1980 年，頁 23。
⑥ 《藝風老人日記》戊子（1888）九月二十七日乙亥："長沙師（王先謙）贈《江左人制藝輯存》，又見示自注《三家詩》，名曰：《三家詩義通繹》《衛風》一卷。"繆荃孫：《藝風老人日記》，北京：北京大學出版社，1986年，戊子，頁 70。

至前一日。"①此信前叙收到繆所寄駢文,已收入《類纂》11篇,並言及袁(昶)、許(景澄)罹禍事。時間當爲庚子(1900)冬至前一日也。②第《六十四》通云:"自大亂後,音問斷絶,倐忽歲籥兩更。奉到手書,始知僑居滬上,已閱年餘。……僕自到平江……兩年以來,將《後漢集解》纂成,《三家詩》稿,《風》詩已畢,《雅》《頌》久閣,擬賡續成之。……四月十二日。"③繆荃孫離京抵滬,在辛亥(1911)年八月,④故知此信在癸丑年(1913)四月十二日。時《風》已完,《雅》《頌》尚未作也。《六十九》通云:"貴體既已全愈,修纂之任,例應入都。……前爲《詩三家義集疏》,勉力成書,輒付剞劂,欲待奉寄求教,而永匠積遲,未能同上。……遜頓首。十月十三。"⑤考其時當在甲寅(1914)十月十三,《詩三家義集疏》已付印。《七十一》通云:"刻下經營未就者,《三家詩》《范史》《外國通鑑》三書。《三家詩》明歲可成,先呈教正。(已改訂二次)。……王遜頓首。臘月十二。"⑥按此信寫於乙卯(1915)十二月十二日。所可怪者,至此時書尚未成,疑葵園既將書稿付刻工,復覺義有未安,改訂二次,故至丙辰(1916)始刊出。丁巳年(1917)四月八日,繆荃孫收到刻成的書。⑦十二月十日,得知王先謙作古。⑧

宣統三年(1911),葵園年七十,以詩文爲壽者,有瞿鴻禨、楊文鼎、吳慶坻、李寶淦、繆荃孫、王龍文、胡元達、黄兆枚、蘇輿等人,其中獨繆荃孫言及《詩三家義集疏》。⑨葵園此書書稿似乎久藏諸篋衍,未輕示人。除筱珊(繆荃孫)外,其門弟子如吳慶坻、蘇輿等有可能皆不知其師有此著作,因吳蘇二人在所作的賀壽文中,歷數葵園著作,皆未及是書。《葵園自訂年譜》癸丑年(1913)云:"早歲爲《詩三家義集疏》,至《衛風·碩人》而輟業。自至平江,賡續爲之,漸有告成之望。"⑩則是書的譔著自光緒十四年(1888)寫至《衛風》後,其事遂寢,20餘年後,葵園始賡續舊業,以

①　顧廷龍校閱:《藝風堂友朋書札》,頁34。

②　顧廷龍校閱:《藝風堂友朋書札》,頁34。據王《自訂年譜》,《駢文類纂》44卷刻成於光緒二十七年辛丑(1901)。

③　顧廷龍校閱:《藝風堂友朋書札》,頁43。

④　繆荃孫:《藝風老人年譜》,頁78。收入《年譜叢書》,臺北:廣文書局,1971年。

⑤　顧廷龍校閱:《藝風堂友朋書札》,頁46—47。

⑥　顧廷龍校閱:《藝風堂友朋書札》,頁47—48。

⑦　繆荃孫:《藝風老人日記》,丁巳,頁3060。

⑧　《藝風老人日記》丁巳年十二月"十日戊辰,早陰又晴。接葉奂彬信,知王一梧師作古,不勝悲慟,知己盡矣"。見繆荃孫:《藝風老人日記》,丁巳,頁3117。

⑨　見王先謙著:《自訂年譜》,收入《葵園四種》,長沙:岳麓書社,1986年,頁790—807。

⑩　見王先謙著:《自訂年譜》,收入《葵園四種》,頁826。

衰病殘年，僅用 3 年的時間，竟然獨力完成後 25 卷的譔著，其爲學用力之專之勤，實在令人敬仰。

《詩三家義集疏》徵引浩博，考證精審。其體例也是別開生面：全書共 28 卷，《國風》部分除《邶》《墉》《衛》合成卷三之上中下外，其餘每一國風爲一卷，共得 13 卷。賸下的皆按毛詩次第，分《小雅》爲 7 卷（卷 14 至卷 20），《大雅》3 卷（卷 21 至卷 23），《周頌》3 卷（卷 24 至卷 26），《魯頌》《商頌》各一卷。每卷卷首於卷題下討論該卷詩之來源，地域，時代與主旨等。其書體例是先列【注】，【注】下引三家之説；次列【疏】，【疏】下引毛詩序傳與鄭玄箋；再次爲○符，○符下陳述己之意見，一般是旁徵博引，本經他經，秦漢子史小學著作，以及後來四部類書等，特別是清儒注疏，及其自下斷語。不惟卷首如此，每篇篇首亦如此；不惟篇首如此，詩中或兩句或四句，即插入其注疏如此。王氏本人之斷語，常以“愚案”引出。凡遇三家之義無聞無考，則只有【疏】無【注】。如此體例，簡明易讀。列三家詩於【注】，毛詩序傳鄭箋爲【疏】，其宗奉今文經的立場極其醒目。然雖降毛詩序傳鄭箋爲【疏】，並未棄而不論。唐孔穎達《疏》徵引不多，偶爾引之，則在○符下討論，曰“《孔疏》云”云云。

葵園之尊宋

葵園論學尊宋，其見於文集者，所在皆是。《〈續古文辭類纂〉序》：“……自聖清宰世，用正學風厲薄海，耆碩輩出，講明心性，恢張義理。厥後鴻生巨儒，逞志浩博，鈎研訓詁，繁引曲證，立漢學之名，詆斥宋儒言義理者。惜抱自守孤芳，以義理、考據、詞章三者不可一闕，義理爲幹，而後文有所附，考據有所歸，故其爲文，源流兼賅，粹然一出於醇雅。”①葵園以清初宗奉程朱者爲正學，並以講明心性，恢張義理爲學者所歸。此序對於乾嘉諸儒“鈎研訓詁，繁引曲證，立漢學之名，詆斥宋儒言義理者”顯然頗多微辭，却獨賞姚鼐能自守孤芳。

葵園之宗宋，於其《詩》學中，亦時或見之。其公然非漢而是宋者，是所撰《〈三家詩義集疏〉序》：

> 經學昌於漢，亦晦於漢。自伏壁《書》殘，其後僞孔從而亂之。《詩》則魯、齊、韓三家立學官，獨毛以古文鳴，獻王以其爲河間博士也，頗左右之。劉子駿名好古文，嘗欲兼立《毛詩》。然其《移太常書》，僅《左氏春秋》、《古文尚書》、逸《禮》三事而已。東漢之季，古文大興，康成兼通今古，爲毛作箋，遂以翼毛而陵三

家。蓋毛之詁訓，非無可取，而當大同之世，敢立異説，疑誤後來，自謂子夏所傳，以掩其不合之跡，而據爲獨得之奇，故終漢世，少尊信者。魏晉以降，鄭學盛行，讀鄭箋者必通毛傳。其初，人以信三家者疑毛，繼則以宗鄭者暗毛，終且以從毛者屏三家，而三家亡矣。……有宋才諝之士，以詩義之多未安也，咸出己見，以求通於《傳》《箋》之外；而好古者，復就三家遺文異義，爲之考輯。近二百數十年來，儒碩踵事蒐求，有斐然之觀，顧散而無紀，學者病焉。余研核全經，參匯衆説，於三家舊義，採而集之，竊附己意，爲之通貫。近世治《傳》《箋》之學者，亦加擇取，期於破除墨守，暢通經旨。毛、鄭二注，仍列經下，俾讀者無所觖望焉。書成，名之曰《集疏》，自愧用力少而取人者多也。癸丑冬月平江旅社。①

其序文大旨，可歸結出三點：其一曰於漢宋之間，抑漢揚宋，開篇即云"經學昌於漢，亦晦於漢"。直斥毛立異説，且託名子夏所傳，貽誤後世。對於宋人之疑序疑毛，則頗加贊賞，以爲宋人之棄毛言詩，是才諝士之自出己見；其二曰重三家而輕毛鄭。從根源上即懷疑毛詩作爲古文的真實性和正統性。先言伏壁書殘，僞孔亂之，次言三家立於學官，又言毛以古文自鳴，復言劉向重古文，於詩亦未及毛，凡此數項，對於毛詩古文的正統性與真實性，提出了嚴重的質疑。其説所本，或爲皮鹿門（錫瑞）《毛詩通論》言毛傳之六不可信略同。疑毛固如此，於鄭獨尊毛而抑三家，亦有微辭。而對於宋儒考輯三家遺文異義，則推許之。其三曰對於近世治《傳》《箋》之學者，亦加採擇，其旨疏暢經文，破除墨守，其方法則是研核全經，參匯衆説，閑附己意，爲之貫通。即此三點可知，葵園所抑者爲漢學中的所謂古文，所尊者宋學，所躬行實踐者，則爲定盦所説"涵詠白文，創獲於經，非漢非宋，亦惟其是"之清學也。然而，葵園抑漢，是抑漢之毛鄭，於漢之三家則特爲推許，以毛鄭可疑，三家信古；其尊宋，所尊者除去宋人"出己見"外，更在於"有好古者，復就三家遺文異義，爲之考輯"。故余以爲葵園所重者，端在古學。尊今文是因爲今文近古，其尊宋，也是因爲宋學非毛非鄭，並重三家之遺文。推其根本，我以爲葵園仍是定盦所謂非漢非宋，也就亦漢亦宋，從根本上説他是反對劃出漢宋門户的。其《覆閻季蓉書》中，即透露出葵園治學的基本傾向和態度：

國初承宋明講學之餘風，氣窮則思變。天下稍稍惡虛趨實，抑陸王而尊程朱，此已爲理學中之善機。乾隆以後，學者務於經籍傳注，考訂發揮，即有宋諸君子之書，亦復多所辨正。其實事求是，使古籍暗而復明，微言絶而復續，有裨學術

① 王先謙：《〈三家詩義集疏〉序》，《虛受堂文集》卷5，收入《葵園四種》，頁98。

甚鉅，如江河之不可廢也。聖賢諸書，義蘊閎深，雖經宋儒闡明，容有疏漏，亦非必
一無舛誤，此固待後人補正。而爲其學者高談義理，以實事求是爲不足爲，於是
各尊師説，互相詆諆。竅啓寡聞之徒，沿波逐流，遂有漢宋家學之目矣。①

可見葵園是反對漢宋對壘的。此處葵園對於乾嘉漢學的成績充分肯定，即使
其對宋儒的辨正也是功在不刊。從根本上説，葵園所推重者，端在"實事求是"，此
正是乾嘉諸子如戴震、錢大昕等所標舉之治學方法。同信中葵園又説：

> 所謂漢學者，考據是也；所謂宋學者，義理是也。今足下之惡漢學者，惡其
> 名也。若謂讀書不當從事考據，知非足下所肯出也。去漢學之名，而實之曰考
> 據之學，則足下無所容其惡矣。去宋學之名，而實之曰義理之學，則嘗詆理學
> 者無所容其毀矣。②

故王先謙所尊者，是實事求是的態度和方法，以爲漢學之考據與宋學之義理不
可偏廢。我以爲葵園每强調宋學之義理，與他本人累典文闈有關係。同治九年
(1870)，簡放雲南鄉試副考官，同治十三年(1874)，充會試同考官，光緒元年(1875)，
簡放江西鄉試正考官，光緒二年(1876)簡放浙江鄉試副考官，光緒五年(1879)升補
翰林院侍讀，光緒六年(1880)充會試同考官，升補國子監祭酒。光緒十一年(1885)
出任江蘇學政，其後數年，科試各府州屬。而清代科舉，如葵園所云："國朝因明之
舊，鄉會試一場承用四書文，二三場爲經文、爲策。"③葉德輝云："葵園先生以經術文
章，提倡海内，主持東南壇坫逾三十年。自登館職，受先皇帝皇上之知。典試雲南、
江西、浙江，再校禮闈，提學江蘇。輶車所至，甄拔英奇幽滯之士，時論比之阮文達、
朱竹君一流。"④身膺典鄉會試重寄的王先謙，似乎沒有理由不尊宋之義理之學。到
光緒丁酉(1894)、戊戌(1895)之際，時勢變化，王又極力主張改革科舉，廢制藝，此時
葵園於宋儒義理之學，又亟欲去之，並無少惜。⑤此亦葵園在學術主張上的矛盾處。

---

① 王先謙：《覆閻季蓉書》，《虛受堂文集》卷14，收入《葵園四種》，頁295—296。
② 王先謙：《覆閻季蓉書》，《虛受堂文集》卷14，收入《葵園四種》，頁296。
③ 王先謙：《科舉論上》，《虛受堂文集》卷1，收入《葵園四種》，頁5。實則葵園所謂"鄉會試一場承用四書
　文，二三場爲經文、爲策"已非明之舊規，乃是乾隆時期改制後的形式。
④ 見王先謙著：《自訂年譜》，收入《葵園四種》，頁811。
⑤ 見王先謙《科舉論上》《科舉論下》，《虛受堂文集》卷1，收入《葵園四種》，頁5—8。兩文撰著在光緒丁
　酉(1894)戊戌(1895)兩年間。《科舉論上》云光緒乙亥(1875)，李鴻章請廢制藝之疏，王典試江西，作
　《鄉試錄序》，以爲不必輕議。王自辯云：所謂不可輕議，謂非當時急務。然《〈江西鄉試錄〉前序》中，王
　所陳不可輕議的理由，不止非當時急務，而且"法屢更，則國是紛；教不一，則民智惑。我朝聖聖相承，
　凡有創垂，極之細微，無不再三精審。矧制科大典，苟有可易，豈待後來來？"該序見《虛受堂文集》卷2，
　收入《葵園四種》，頁19—20。

　　葵園在理論上固然尊宋學，但就其治學性格而言，實則始終是乾嘉考據的路數。《〈詩三家義集疏〉序》文中所推許的宋學，一是宋學的懷疑精神，一是宋學中能够鈎稽三家遺説者。馮煦（1843—1927）嘗論漢學宋學之爭，以爲自鳴漢學的學者所從事的實際都是宋學。因清代漢學家所稱四科：《説文》、考據、金石、校勘，皆由宋人闢其草萊。《説文》自徐鉉、徐鍇始大顯；一名一物之考據，亦有宋人先導；而金石之學由歐（陽修）趙（明誠）爲嚆矢；校勘之例，始自朱熹《韓文考異》，①《詩》《易》之輯伏由宋人王伯厚（應麟）始爲之。其實馮煦此説有一些偷換概念，把一個重義理的宋學，撤換成一個以名物金石之考訂及小學文字見長的宋學。王先謙所重視的有時也是指此類重考據的宋學。《詩三家義集疏》中，引證宋人著作如徐鍇《説文繫傳》、陳暘《樂書》、王應麟《詩考》、嚴粲《詩緝》、洪邁《容齋隨筆》、洪适《隸釋》、王質《詩總聞》、②章俊卿《山堂考索》、程大昌《詩論》、③吕祖謙《吕氏家塾讀詩記》，④這些著作中，除王質、程大昌、吕祖謙外，其他並非後人所認爲的《詩經》宋學的代表作。典型的《詩經》宋學是指以朱熹《詩集傳》爲代表的注重義理、棄序言詩的宋學。葵園所引無一例外是宋學中關於名物制度、文字訓詁諸問題，有關詩旨與微言大義，並未涉及。

　　《詩三家義集疏》於宋代詩學代表著作徵引極少，少到近乎忽略與漠視的程度。這與葵園文章中常尊奉宋學，以及常言義理考據並重，確實有相當一段距離。葵園論一首詩詩旨時或與朱熹同，但卻不提其説本自《集傳》。如《衛風·氓》的詩旨，王【注】引《易林》《蒙之困》《夬之兑》齊説："氓伯以婚，抱布自媒。棄禮急情，卒罹悔憂。"又【疏】引毛《序》曰："刺時也。宣公之時，禮義消亡，淫風大行，男女無別，遂相奔誘。華落色衰，復相棄背，或乃困而自悔喪其妃耦，故序其事以風焉。美反正，刺淫泆也。"於此兩説，王皆未盡取，卻云此詩爲"棄婦自悔恨之詞"。揣其所本，自是《集傳》中："此淫婦爲人所棄，而自叙其事以道其悔恨之意。"王氏之説與朱熹所別只是在婦前少了一個淫字。然王氏申其所據如《後漢書·崔駰傳》載駰祖篆《慰志賦》有"懿氓蚩之悟悔。"又引《左傳》成公八年引詩"女也不爽"四句，杜預注："《詩·衛

① 馮煦：《蒿盦隨筆》卷3。轉引自洪湛侯：《詩經學史》，頁488。
② 王氏此處引王質《詩總聞》証《王風·中谷·有蓷》的"蓷"爲益母草，性不宜水。《詩三家義集疏》，頁108。
③ 《召南·小星》題解，王指章俊卿、程大昌、洪邁本韓説而認爲此是"使臣勤勞之詩"。見《詩三家義集疏》，頁104。
④ 王氏此處引吕祖謙《吕氏家塾讀詩記》云："石經作沚"證《召南·江有汜》證"沚"爲魯韓異文。《詩三家義集疏》，頁108。

風》：婦人怨丈夫不一其行。”①大約標示其自爲序説，非盡依違於今古文之閑也。而與朱熹相合處，則隻字不提。其意顯然不同意朱子“淫奔説”。王氏於朱熹《詩集傳》，雖未直接攻訐，然凡《集傳》與序異者，大約都從序，直曰“三家無異義”。置《集傳》而弗論，即是對《集傳》最徹底的否定。亦非葵園一人如此，乾嘉以後《詩》學中重考據訓詁者，很多都是如此。故葵園對待《詩》之宋學非但不尊，直有輕視的傾向。而徵引幾處宋人的著作，也都是關於名物考證和文字異同問題，此乃宋學中的考據之學，或説宋學中的“漢學”。

　　究其實質，王所重者，仍是乾嘉以來的實事求是的清學。王爲吳清卿（大澂）所著《權衡度量考》一書所作序中説：“竊謂本朝實事求是之學，曠隆往代，而天地之秘，聲音之元，將有大顯於二千年後者。”②故《詩三家義集疏》於清儒注釋著作徵引獨多，遠遠超過清以前的著作。

葵園之尊今文、抑古文

　　葵園於理論上固尊今文，尊宋學。而在《詩》學實際上，與其理論卻又有一段距離。江叔海（瀚）批評葵園在《〈詩三家義集疏〉序》中攻毛，云：“其言似亦稍過。使無《毛詩》，則三家之説除見傳記外，並其經文作何字尚不可知，安得還爲完籍邪？即先謙是編亦不能作也。蓋三家於詩無説者甚衆，故先謙之書，仍不能不采取序説，及毛傳鄭箋。”③此説頗中肯綮。葵園《詩三家義集疏》中所採序説與毛傳鄭箋者，所在多有。然其同於毛鄭者，往往假“鄭從三家”以爲説。如《詩·衛風·氓》於“氓之蚩蚩，抱布貿絲”一句，“氓”字，葵園先引《釋文》引韓説曰：“氓，美貌。”復引《傳》曰：“氓，民也。”古文家如馬瑞辰更爲韓説曲證，云：“氓，貌聲之轉。蓋韓以氓爲貌之假借。《爾雅》：‘藐藐，美也。’《説文》：‘懇，美也。’‘藐’即‘懇’之假借。”葵園亦引馬説。有趣的是，在此處馬瑞辰採韓説，而王先謙復不讕馬説，反從《傳》説。葵園説：“愚案：美民爲‘氓’，猶美士爲‘彦’，美女爲‘媛’也。據此及《易林》，韓、齊作‘氓’，與毛同。”④美民曰氓一説，未審何自，或爲王合毛韓之説，而自爲發明。以此看來，葵園注《詩》，實不爲門户家法所限，無論今古文，惟求其是。其下對於“蚩”字的注釋，王先引陳喬樅説證“蚩”爲“戲”爲“嗤”，爲笑貌，復引顧震福説：“《龍龕手鑑》：‘蚩，和悦

---

① ④　吳格點校，王先謙撰：《詩三家義集疏》，頁290。
②　　此序不見於《虛受堂文集》，收入《吳愙齋先生年譜》，臺北：廣文書局，1971年，頁270。
③　　江瀚：《詩三家義集疏》提要，《續修四庫全書總目提要》，頁439。

也。’《廣韻》：‘㰦，喜笑。’喜笑即和悅也。《釋名》：‘蚩，癡也。’即毛所云敦厚貌。蚩
蚩者，乃笑之癡也。毛韓義異而可以互相發明。”王氏在這裡即從顧氏之說，《詩三
家義集疏》中運用古今文經互相發明者，幾無一篇例外，兹不備舉。於《氓》詩之大
旨，葵園實際上是棄古今文兩間，暗從朱熹《集傳》，別爲序說。王氏注《詩》，非盡依
違於今古文之閑也，大抵類此。

　　《周南·漢廣》一詩，王【注】引《文選》中曹植《七啓》李善注引韓叙曰：“漢廣，說
人也。”又【疏】引毛序：“德廣所及也。文王之道被於南國，美化行乎江漢之域，無思
犯禮，求而不可得也。”引《箋》云：“紂時淫風遍於天下，維江漢之域先受文王之教
化。”於毛鄭韓三說，王氏意在折衷求是，故其所從者實爲毛序。謂“江漢之間被文
王之化，女有貞絜之德，詩人美之，以喬木、神女、江漢爲比。三家義同。”王云三家義
同，而其下引三家之說，却與文王教化，女有貞絜之德無涉。於此詩詩旨，王氏實有
强三家以同於毛之傾向。綜觀《詩三家義集疏》一編，王氏凡論詩旨與毛同，而三家
說未見者，皆曰：“三家無異義。”這顯然與其自標三家之立場有關，此立場在前引
《〈詩三家義集疏〉序》文中已經明確表達。

　　王氏對三家之偏愛也確實明顯。如《王風·野有蔓草》，毛序說是“思遇時也。”“男
女失時，思不期而會焉。”鄭箋略同。葵園以爲宋人所謂“淫奔說”，在此是受毛序之累。
更引《說苑·尊賢篇》孔子之郊遇程子事，以爲魯韓詩說皆以爲此詩詩旨爲“思遇賢
人”。並云：“自漢世爲毛詩者以爲男女之詞，而詩之真失，猶幸《左傳》《說苑》《韓詩外
傳》存大義於幾希，尚可推求而得之爾。”①類此揚三家而抑毛鄭的話，時或可見。

　　然而一涉入到一個具體問題的研究，如一字一詞一義一名的考證，葵園似乎又頗
能摒除其今文家的立場，而一意窮胲事理，折衷求是。這也是一個很有趣的現象。這
方面例證甚多，於《詩三家義集疏》中所在皆有，不煩一一舉證。有一點足以說明問題
的是，《詩三家義集疏》所引清儒著作，數十種，其中有陳啓源、顧炎武、王夫之、陸奎勳、
惠周惕、范家相、惠棟、戴震、錢大昕、段玉裁、武億、阮元、盧文弨、臧庸、王念孫、王引
之、馬瑞辰、顧鎮(1720—1792)、顧震福、陳奐、胡承珙、陳壽祺、陳喬樅、魏源、宋綿初、李
黼平、徐璈、朱右曾、皮錫瑞、王先博、皮嘉祐、蘇輿等。在對待這些學者的態度上，葵園
並沒有今古文門户所帶來的偏見。凡所徵引，或贊成其說，或有以駁辨糾偏，一以求是
爲目的。《詩三家義集疏》全書於馬瑞辰《毛詩傳箋通釋》與陳喬樅《三家詩遺說考》徵
引最多，尤其是馬瑞辰，粗略統計，所引在千條以上，而在多數情況下，是直接採用其成

---

① 吳格點校，王先謙撰：《詩三家義集疏》，頁369。

説，以考訂經文經義。其對待其他尊古文經的學者態度，也是如此。其他如邵晉涵（1743—1796）、郝懿行（1757—1825）、孔廣森、桂馥（1733—1802）、陳立、劉逢禄等清代學者，凡能證明詩中名物制度音讀字義者，則加引證。

以漢學的方法治今文

綜上所述，可以說葵園是以漢學的方法，治今文經學。用章句訓詁考證，索西京之墜義。於前舉嘉道以來詩學四派中，葵園於古文漢學固不認同，於古文宋學，亦不能認同。郋園與葵園交誼至厚，葵園每撰一書，必持稿與郋園相商榷，郋園亦以葵園門下自居。①說起陳東塾之學，郋園在其《〈輶軒今語〉評》自序云：“學使宛平徐先生（仁鑄）壬辰分校禮闈，余出其門下。其時先生服膺陳東塾之學，曾以手書相告，欲余遠師亭林，近法蘭甫。余覆書略言亭林命世大儒，當時漢宋之幟未張，故其著書無漢無宋，一以實事求是爲主，師之固所願也。蘭甫人品亦篤實可風，而其講學調和漢宋，在門户紛爭之後，所謂捨田芸田，不可法也。”②葵園刊刻《續經解》，陳澧《東塾讀書記》本未收入，後經李慈銘推介，始收入。③其對東塾之學，顯然並未十分看重。至於今文學，葵園對於常州諸子之學亦有所取捨。戴望《續經解目録》91 種，其中收入莊存與、莊述祖、莊有可、劉逢禄、宋翔鳳、龔自珍、魏源等著作 36 種，其中爲王所刻者僅 9 種。④至於今文宋學的後學，持公羊三世以言改制者，與葵園、郋園等人則形同水火。當時新派人物如康有爲、梁啓超，均爲王葉所攻訐。葵園斥康梁爲“鉅蠹”，目文廷式爲“狗彘”，與郋園視魏默深爲“風癲”，康梁爲“罪人”，相應如桴鼓。是同重經今文，王、葉與常州之今文學路數殆有雲泥之判。然而，在對待魏默深之態度上，王、葉二人，時亦相左。葵園於魏氏之學亦頗推許，在《〈詩三家義集疏〉序例》中，葵園引魏源《詩古微》論毛與三家諸説，以毛詩傳授異説，引《漢書》：“又有毛公之學，自言子夏所傳”據以斷案，以爲毛爲不可信。葵園讚之曰：“魏説明快，足以破近儒墨守之習，故備録之。”⑤是與皮錫瑞對魏源此論的評斷略同。

---

① 葉德輝：《跋》，《葵園四種》，頁 940—941；葉德輝鄉試房師謝儁杭爲葵園弟子。見杜邁之、張承宗著《葉德輝評傳》，長沙：岳麓書社，1986 年，頁 3。

② 見杜邁之、張承宗著《葉德輝評傳》，頁 15。

③ 其始末見虞萬里：《〈正續清經解〉編纂考》，《榆枋齋學術論集》，南京：江蘇古籍出版社，2001 年，頁 704—705。

④ 虞萬里：《〈正續清經解〉編纂考》，《榆枋齋學術論集》，頁 703。

⑤ 王先謙：《〈詩三家義集疏〉序例》，《詩三家義集疏》，卷首，頁 11—16；《續修四庫全書》册 77，頁 382—385。

皮以爲魏源其他論斷，如言《關雎》《鹿鳴》爲刺紂王詩，則爲臆説，葵園於《詩三家義集疏》中亦未採魏説。葵園對於《詩》今古文的態度，大約也似皮氏，以爲"《詩序》與《書序》同，有可信有不可信，今文可信，古文不可盡信"。①

葵園（王先謙）之疑毛，已具見於其《〈詩三家義集疏〉序》中。毛詩序傳是可信還是不可信，在嘉道間詩學者中間可以説是一個分界綫。今文家多認爲其師承無三家之明白，故不可信。王氏是今文家的態度固無疑，然而有時又會看到，葵園之攻毛，並没有那麽激烈。《後漢書·儒林列傳第六十九·衛宏傳》先言衛宏從謝曼卿受學，因作《毛詩序》，善得風雅之旨，於今傳於世，云云。其後又云："中興後，鄭衆、賈逵傳毛詩，後馬融作《毛詩傳》。鄭玄作《毛詩箋》。"葵園《集解》引何焯（1661—1722）云："後儒據此傳，言《詩序》之出於宏，而不悟毛傳之出於融，何也？或疑融别有詩傳，亦非。范氏明與鄭箋連類言之矣。康成親受經季長，以箋爲致敬，亦得。"②此前引惠棟云："《經籍志》云：'毛萇善《詩》，自謂子夏所傳，先儒相承，謂《毛詩序》，子夏所創，毛公及敬仲又加潤益。'《九經古義》云：'漢氏文字，未有引《詩序》者，惟魏黄初四年，有曹共公遠君子近小人之語，蓋《詩序》至是而始行。'葉氏説同。棟案：《左傳·襄公二十九年》，季札見歌《秦》曰：'美哉，此之謂夏聲。'服虔《解誼》云：'秦仲始有車馬禮樂之好，侍御之臣，《戎車》《四牡》田守之事，與諸夏同風，故曰夏聲。'此《秦風·車鄰》序也。太尉楊震疏云：'朝無小明之晦。'此《小雅·小明》序也。李尤《漏刻銘》云：'挈壺失職，刺流在詩。'此《齊風·東方未明》序也。蔡邕《獨斷》載《周頌》三十一章，盡録詩序。服、楊、李、蔡，皆東漢儒者，當時已用《詩序》，何嘗至黄初始行邪？自范史以《詩序》出自衛宏，後人遂有斥《詩序》而用其私説者。爲辨而正之。"③焯以爲詩傳爲馬融所作，是承宋儒疑序之風之緒餘，惠氏爲之駁辨，申漢學經師之意見。④葵園於此並録而存之。未表達任何傾向性意見。

疑序之風始自韓愈、成伯璵，至宋歐陽修、蘇轍、鄭樵、朱熹、王質而大昌。⑤鄭樵爲《詩辨妄》以爲《序》乃村野妄人作。朱熹云："《詩序》，東漢《儒林傳》分明説道是衛宏作，後來經意不明，都是被他壞了。某又看得亦不是衛宏一手作，多是兩三手合成一序，愈説愈疏"（《朱子語類》卷80）。故《詩序》的作者問題成爲清代今文學與古

---

① 皮錫瑞：《經學通論·詩》，頁 25—27。

② 吳格點校，王先謙撰：《後漢書集解·儒林列傳第六十九下·衛宏傳》，頁 2829。

③ 吳格點校，王先謙撰：《後漢書集解·儒林列傳第六十九下·衛宏傳》，頁 2827。

④ 見洪湛侯《詩經學史》，頁 365。

⑤ 見朱彝尊《經義考》，北京：中華書局，1998 年，卷 99，頁 535—544。

文學、漢學與宋學的一大分野。要言之,今文學者多疑序,其疑序毋寧説是疑毛疑鄭。其基本態度即如前舉葵園《〈詩三家義集疏〉序》中所申明的,對於毛詩的傳承統系質疑,以爲未如三家之明白可信。嘉道以後的今文學者或疑《序》爲東漢衛宏所作、或疑馬融所作、或疑衛宏與他人合作,或疑劉歆僞造。古文學者之尊序,除以爲《小序》出自毛公外,《大序》或以爲出自子夏,或以爲子夏毛公合作,或以爲出自孔子,甚或以爲在孔子之前,出於國史舊聞。

關於《詩序》的討論,持續了近兩千年。周予同云:

> 詩宋學派非如詩漢學派之有家數可舉;其特點在能就經典本身加以討究,其流弊在好以主觀臆見淆亂古義。宋儒治《詩經》的,始於歐陽修《毛詩本義》。《本義》辨詰毛、鄭,斷以己意,力反東漢以來治《詩》的舊習。蘇轍繼起,作《詩集傳》,始攻擊毛《序》,僅存録首句。南宋時,鄭樵作《詩傳辨妄》,直斥《詩序》爲村野妄人作。朱熹受鄭樵的影響,作《詩集傳》及《詩序辨説》。《詩集傳》不僅棄《序》不用,而且雜採毛、鄭,間録三家,以己意爲取舍。又以爲詩三百五篇中,男女淫佚之詩凡二十四,一反從來"思無邪"之傳統的經説。朱子既歿,輔廣作《詩童子問》,朱鑒作《詩傳遺説》,都對於《詩集傳》加以補充。元儒如許謙、劉瑾、梁益、朱公遷、梁寅等,也都以《集傳》爲依歸。王柏且依朱説作《詩疑》,居然改竄經文,删削淫詩三十二篇。明代胡廣等輯《詩經大全》,依劉瑾《詩傳通釋》一書,頒爲功令;蓋朱熹《詩集傳》已取代毛、鄭詩學之正統的地位了。當時反對朱説的,雖也頗不乏人。如陳傅良説:"以城闕爲偷期之所,彤管爲淫奔之具,竊所未安。"(見葉紹翁《四朝見聞録》)元馬端臨《文獻通考》亦力辨淫詩之説(見卷百七十八《經籍考》)。然都無法阻止朱《傳》的流行。直到清代漢學復盛,於是詩宋學始漸不爲世所重。①

我們平常討論的詩經宋學,若是以朱熹的《詩集傳》爲代表,其最大特點一是要廢詩《序》,二是對於賦比興的解釋。盡廢毛詩《序傳》由攻序最烈的朱熹那里,已經證明無法成功。②詩宋學疑序之風本來是對東漢古文經學之反動,而雍乾之間興起的古文考據之學是對詩宋學直探詩旨的反動,嘉道以降,《詩》學主流仍是以考據的方法治詩,而別出今古文之分,以此方法治詩者主要是關注的研究文本不同,於研

① 周予同:《群經概論·詩經》,收入《周予同經學史論著選集》,上海:上海人民出版社,1983年,頁239。
② 李家樹考證,朱熹《詩集傳》仍有百分之七十用詩《序》,林慶彰認爲廢序不成功的原因主要有二:一是詩序所定部分詩旨是合理的;二是詩序與儒家詩教相聯結。兩位先生之説並見林慶彰:《〈毛詩序〉在〈詩經〉解釋傳統的地位》,《經學今詮續編》,瀋陽:遼寧教育出版社,2001年,頁92—118。

究方法、取材、視野等方面並無根本不同,故對於以考據方法治詩者來説,三家詩和毛詩都應重視,其重要程度或有等差,而兩種文本皆不能忽視,是毋庸置疑的。蒙文通云:"則中興之際,古文家尊《毛詩》,今文家亦尊《毛詩》。"①今文家重毛詩,另外有一個原因是捨毛詩外,並没有另外一個版本可以窺見全經。

同樣是尊今文的學者,晚清中另有一支是姑且稱之今文宋學的治詩者,②此派以通經致用爲號召,故其所主要關注的還不是《詩》學,而於詩學上則更專注於微言大義、被掩蓋了的詩旨,以及歷代詩學中長期懸而未決的相對宏觀的問題。如廖季平在《今古學考》中所自稱:"予治經以分今古爲大綱,然雅不喜近人專就文字異同言之。"今文學的這一派是應該與前面所説的今文考據學派嚴格加以區分。王先謙歸根結柢屬於後者。

葵園於今古文經,本非堅執而錮守者。觀其參正《尚書孔傳》一書,即可略知治經趣向。《自訂年譜》光緒三十年甲辰云:"有宋朱子吳草廬氏發僞孔之覆,明梅氏鷟繼之。國朝諸儒,抉僞扶經,既美既備。惜其散而無紀,尋繹爲難。學者束髮受《尚書》,垂老而不明真僞古今之辨,豈不哀哉!先謙從事斯經,自《史》《漢》《論衡》《白虎通》諸書,迄於《熹平石經》,可以發揮三家經文者,悉獲略備,兼輯馬、鄭傳注,旁徵諸家義訓,其有未達,間下己意,今古文説炳焉著名。以僞孔古文雖經純皇帝論定,然功令所佈,家傳僮習,莫敢廢也。仍用其經傳元文,附諸考證,爲《尚書孔傳參正》三十六卷,以便讀者雅才好博,亦或取斯云爾。"③葵園推重今文,治古文《詩》的方法可説是與其治《尚書孔傳》有相似處,既已知其出處可疑,亦不因其可疑而拒斥之,凡有可取,必採而用之,此是真正學問家的胸襟和態度,非訐訐於漢宋古今,愍恗無休者之可比。

李肖聃(1881—1953)《湘學略・葵園學略》謂葵園"集疏三家之詩(《三家詩義集疏》),參正安國之傳(《尚書孔傳參正》),無不採同人之説,集衆家之長。重皮先經學之深,兼及其子。④服郇園涉覽之博,多取其長。⑤後生見聞,邁逾前古,多能明古今

---

① 蒙文通:《經史抉原》,成都:巴蜀書社,1995 年,頁 75。
② 蔡長林以"偏向考證的今文學"與"偏向義理的公羊學"來區分二者。見蔡長林:《清代今文學發展的兩條路向》,收入彭林編:《經學研究論文選》,上海書店出版社,2002 年,頁 75—100。
③ 見王先謙著:《自訂年譜》,收入《葵園四種》,頁 754。
④ 其自注云:"先生稱皮鹿門先生深於經學,任舉一義,觸處洞然。又《與蘇皇康書》云:'讀皮先生《經學通論》,令人愧汗無地。'其爲《詩三家義集疏》,采皮先生仲子説至數十條。"本文及自注並見所著《葵園學略》第二十,收入錢基博、李肖聃分著:《近百年湖南學風・湘學略》,長沙:岳麓書社,1985 年,頁 207。
⑤ 自注云:"先生注《釋名》《水經注》《世説新語》《漢書》,采葉吏部德輝説最多。"同上注。

之别，知漢宋之分，實由先生最爲老師。"此説固非虚譽。但葵園所明之古今之别與漢宋之分，却在於商略古今，折衷漢宋，一以求是解經爲本。

葵園今文《詩》學之不足

《詩三家義集疏》允稱鉅著，非但集嘉道以下今文詩之成，於古文詩家之參覈辨正，亦未稍遜，可説是清代中期以後考據學派在《詩經》方面的集成性著作。然後來學者，每震於其名，往往對於是書不足之處，不能指瑕。我以爲與嘉道以下其他著作相比，王氏亦有其不足。

其一曰，石經少用，其他金石文字不用。金石之學亦稱專門，自清初梨洲（黄宗羲）、亭林（顧炎武）、竹垞（朱彝尊）首爲之倡，中葉以降，頓成風氣。阮雲臺（元）、盧文弨、畢秋帆（沅）、錢竹汀（大昕）等領袖學術坫壇的人物，無不留意石經碑刻彝銘。其後專研經傳文字者，如武億、李富孫、李遇孫、馮登府、吴東發、馬瑞辰等也都從此處下功夫，其所獲亦皆斐然可觀。葵園於此學似未特別留意。《詩三家義集疏》中，引金石文字證例極少。正始石經以下如：唐開成石經異文、蜀廣政石經、兩宋石經等，王氏一般是置而不論。偶論及之，也是轉引他人成説。①漢石經異文，王氏於《詩·邶風·柏舟》"威儀棣棣"一句云："《公羊哀十四年傳》'祖之所逮聞也'，漢石經'逮'作'遝'。"余案此處王氏所本或爲李富孫《春秋公羊傳異文釋》。書中偶引漢衡方碑，②以及《召南·江有汜》中"汜""石經作洍"，③皆爲他人成説。《魏風·陟岵》"父曰嗟，予子行役，夙夜無已"，葵園引宋洪适《隸釋》載漢石經殘文，證魯詩爲"父兮曰嗟"。④《魏風·伐檀》"不稼不穡"，葵園引馮登府説漢石經殘文，證魯詩爲"不稼不嗇"。⑤《王風·丘中有麻》"彼留子嗟"一句。馬瑞辰引薛尚功《歷代鐘鼎彝器款識》與阮元《積古齋鐘鼎彝器款識》存録的劉公簠與留公簠，證劉留互通，自有其獨特處。王亦轉引之。⑥另有數例，餘則似未專門留意此學。

其二曰，葵園採集、綜合之功甚多，而由聲音而通訓詁，非其所長。嘉道以來治《詩》名家，如馬瑞辰、陳奂、胡承珙、俞樾、李富孫、陳喬樅等，讀書的審音識字功夫，

---

① 　如引胡承珙《毛詩後箋》中關於《大叔于田》中"乘乘鴇"之"鴇"，唐石經與《五經文字》《爾雅》皆作"鴇"。見《詩三家義集疏》，頁341。

② 　吴格點校，王先謙撰：《詩三家義集疏》，頁97。

③ 　吕祖謙云："石經作洍"吴格點校，王先謙撰：《詩三家義集疏》，頁108。

④ 　吴格點校，王先謙撰：《詩三家義集疏》，頁405。

⑤ 　吴格點校，王先謙撰：《詩三家義集疏》，頁408—409。

⑥ 　吴格點校，王先謙撰：《詩三家義集疏》，頁332。

類皆超逸前人，故每能發前人所未發，以文字的聲讀假借，以爲貫穿，其所發明處甚多。葵園在識字審音方面，似未及前舉諸人。《詩三家義集疏》之優勢在於能廣搜旁討，汎覽前賢著作與近儒注疏，於古近今古文各説折衷求是，葵園每一斷語，皆是在極審慎地閱讀分析之後的取捨，未輕於立論。此其長處，而貫穿群經子史，四部碑銘，刼獲屢屢，發覆索隱，則不能不稍讓於前舉諸公了。如《商頌・那》中"猗與那與"一詞，自毛傳"猗，歎辭，那，多也"之後，多無異辭。獨馬瑞辰謂："猗、那二字疊韻，皆美盛之貌，通作猗儺、阿難；草木美盛曰猗那，其義一也。《上林賦》：'猗旎從風'，《説文》：'移，禾相倚也'；又於'旗'曰：'旖施於木曰檽施，義並與那同。'《傳》訓爲猗，爲歎辭，失之。"馬氏誠發千古之覆，然馬氏此説亦得之於清乾嘉以來詁訓家之考索。猗、那二字疊韻，見於詩者爲《檜風・隰有萇楚》"隰有萇楚，猗儺其枝。"故"猗那"又作"猗儺"，"猗儺"即"阿那"、"旖旎"（阮元等《經籍纂詁・支韻》）[1]"阿難"（李富孫《詩經異文釋》《檜風・隰有萇楚》），詞意陳奐本毛傳以爲"枝柔之狀"，王引之《經義述聞》以爲"美盛之貌"。馬瑞辰獨見《商頌・那》中"猗與那與"一詞爲"猗儺"之衍，此其眼光獨到處。非涵養於聲音經訓者，殆不易得。葵園亦爲馬氏此説提供了文獻上之力證："班固《典引》'於穆猗那'，是訓'猗那'爲平列字，義不以猗爲歎詞。又固《明堂》詩：'猗與緝熙'，皆用齊詩經文。"[2]於此，馬氏之説更安。考《漢書・武帝紀》《賢良詔》（並見《文選》）有"猗與偉與"則知猗、那、偉，三字俱平列，義固可作美盛貌。《小雅・隰桑》："隰桑有阿，其葉有難。"是以阿、難二字分置兩句尾，皆狀其美盛也。葵園於《檜風・隰有萇楚》下，又據胡承珙之旁徵博引，以爲除美盛外，猗那亦有柔順義。[3]要言之，余以爲相較之下，馬瑞辰、陳奐、胡承珙、李富孫、陳喬樅等古今文訓詁家由審音而識字，更有開拓性。葵園則博采諸家，於馬瑞辰、陳喬樅所徵引不下千餘次（粗略統計），不以今文家立場自囿，則更有集成性。

其三曰，在《詩》毛氏與三家之間，尊今抑古的立場，有時亦妨礙其作客觀的判斷。葵園遇到三家之説未見，而同意序傳之説的時候，往往加案語曰"三家無異義"。江叔海曾批評此態度云："亦非三家之説多佚，焉知其無異義？ 此只可曰無聞，不可竟決其無異義也。"[4]此蓋由於葵園於今文偏愛過甚。其書中偶亦會有"魯韓説未聞"、"三家説未聞"之類案語。此外，葵園於三家之説，又每期其必同，凡舉韓

---

① 葵園於《檜風・隰有萇楚》注："魯'猗那'作'旖旎'。"見吳格點校，王先謙撰：《詩三家義集疏》，頁 490。
② 王先謙撰：《詩三家義集疏》卷 28，頁 5—6，《續修四庫全書》，册 77，頁 752。
③ 吳格點校，王先謙撰：《詩三家義集疏》，頁 490。
④ 江瀚：《詩三家義集疏》提要，《續修四庫全書總目提要》，頁 439。

説，若齊魯無説，則或云齊魯無異義。或曰魯韓無異義、齊韓無異義。或曰齊韓應同，應無異義，如是種種。乃竟出於臆測，實不足法式。更有甚者，有時竟將後世今文學者之意見，妄加諸西漢三家。如《秦風·蒹葭》一詩，葵園【疏】引毛《序》：“刺襄公也。未能用周禮，將無以固其國焉。”復引鄭氏《箋》：“秦處周之舊土，其人被周之德教日久矣，今襄公新爲諸侯，未習周之禮法，故國人未服焉。”○符下引魏源《詩古微》：“襄公初有岐西之地，以戎俗變周民也。豳邠皆公劉太王遺民，久習禮教，一旦爲秦所有，不以周道變戎俗，反以戎俗變周民，如蒼蒼之葭，遇霜而黃。肅殺之政行，忠厚之風盡，蓋謂非此無以自强於戎狄。不知自强之道在於求賢……尚德懷則賢人來輔，故求治順而易，溯洄不如溯游也。襄公急霸西戎，不遑禮教，流至春秋，諸侯以夷狄擯秦，故詩人興霜露焉。”葵園加案語云：“魏説於事理詩義皆合，三家義或然。”①案魏源此説，實本於詩序、鄭箋、孔疏而稍加發揮，無多勝義。孔疏云：“作《蒹葭》詩者，刺襄公也。襄公新得周地，其民被周之德教日久，今襄公未能用周禮以教之。禮者，爲國之本。未能用周禮，將無以固其國焉，故刺之也。”而魏源懷賢之説，則又本自王質《詩總聞》：“所謂伊人，謂聞而未見，躊躇而忽見，故發此辭。溯流而求不可得，順流而求忽得之。當是尋訪既久，至此秋而如所願，有驚喜之意也。蒹葭、霜露，記時。”②又云：“秦興，其賢有二人焉，百里奚、蹇叔是也。……因百里奚而知蹇叔。曰‘蹇叔之賢，而世莫知’。使人厚幣逆之，所謂伊人，豈此流也邪？”③魏源顯然因前人成説，而葵園置序箋疏王四家不論，乃徑歸美於魏源，已裁決失當。復云：“三家義或然。”更是因尊三家過甚，而無根據地揣測。

余杭章太炎氏謂葵園“己無心得，亦無以發前人隱義，而通知法式，能辨真妄，比輯章句，秩如有條，不濫以俗儒狂夫之説”。④洵爲至論，其方法則如淵穎先生（吳萊）所謂“以獄法治經”。“以獄法治經”，章太炎總結其要有六，曰“審名實”、“重左證”、“戒妄牽”、“守凡例”、“斷情感”、“汰華辭”，於葵園庶乎近之。⑤

①　吳格點校，王先謙撰：《詩三家義集疏》，頁448。
②　王質：《詩總聞》，北京：中國書店1995年影光緒丙午聚珍版，卷6，頁17下。
③　王質：《詩總聞》卷6，頁18上。
④　章太炎：《説林》下，《章氏叢書》杭州：浙江書局刊本，1918年，第2函，第23冊，頁118上。
⑤　章太炎：《説林》下，《章氏叢書》，第2函，第23冊，頁117下。

殷人鳥崇拜研究[*]

導言：圖騰理論及其發展與困境

　　1719年，約翰·朗格（John Lang）在倫敦出版《一個印第安語翻譯的遊記》（*Voyages and Travels of an Indian Interpreter and Trader Describing the Manners and Customs of the North American Indians*），其中談到他個人北美與印第安人易洛魁部落的奧傑布瓦（Ojibwa）人近距離接觸所聽到的圖騰（Totem）一詞。後來，格雷（Grey）在1841年出版的《澳大利亞西北部和西部探險記》（*Journals of two Expeditions Northwest and Western Australia*）也發現，澳大利亞的土著居民中也存在著類似奧傑布瓦人的圖騰現象。1869年和1870年的兩期《雙周評論》中，麥克倫南（J. P. McLennan）以其著名的文章《動植物崇拜》（"*The Worship of Plants and Animals*"），重新界定了"圖騰文化"一詞。[①]並且以此爲基礎，發明了所謂"内婚制"（Endogamy）和"外婚制"（Exogamy）兩名詞。在他看來，外婚制乃是由於"掠奪婚姻"引起的，而"掠奪婚姻"則緣起於殺害女嬰的風俗。殺嬰風俗導致的另一個現象是一妻多夫制。自麥氏發表此文之後，有關圖騰文化的理論研究得到了很大的發展、拓寬，並愈加深入複雜。麥氏有一個著名的公式：圖騰制等於物神崇拜加上外婚制和母系制；而摩爾根則是在《古代社會》（*Ancient Society，Or Researches in the Lines*

＊　本文是根據英文文章"A Study of the Bird Cult of the Shang People"翻譯改寫而成。原文刊於德國《華裔學志》（*Monumenta Serica*）第47期（1999年3月）。原文由華東師大尚飛先生翻譯成中文，謹此致謝。本文在此基礎上，又作了增改。本文原稿的寫作，得感謝Wisconsin大學的諸位師長。1995年5月28日在芝加哥大學舉行的"中西部早期中國研討會"第五屆年會上提交此論文時，有學者同仁提出建設性意見與批評，也深表謝意。

① 　J. P. McLennan，（麥克倫南）"Worship of Plants and Animals"（動植物崇拜）*Fortnightly Review*（雙周評論），vol. 6(1869)，頁407—427，and vol. 7(1870)，頁194—216。

Human Progress from Savagery through Barbarism to civilization）一書中詳盡地叙
述北美印第安人易洛魁部落中的圖騰制度，講述了原始社會的進化過程。最初，在
奥傑布瓦人的方言中，圖騰一詞對應著某種動物或植物，甚至是某種無生命物。麥
克倫南認爲，在絶大多數的原始部落中，人們把圖騰視爲自己本氏族或家族血緣關
係的象徵和標誌。在他的啓發下，許多社會人類學者把人類社會的早期發展和文
明的起源視爲是源於圖騰文化的擴張。19 世紀末 20 世紀初，圖騰文化研究專家用
圖騰崇拜理論闡釋了各種各樣的文化現象，比如人名、地名、部落名稱、官職名稱的
起源，各種社會組織制度的象徵的起源，早期的宗教信仰、神、儀式、聖地、生殖崇拜
和祖先崇拜的起源，以及神話、藝術、法律和早期文字的起源等等。

1. 關於玄鳥生商神話

　　圖騰崇拜在人類發展的早期階段是否真正扮演了如此重要的角色，這仍是一
個疑問。然而，文獻和考古資料均已提供證據證明，在原始社會，動物崇拜曾是普
遍存在現象，而祖先觀念、儀式制度的形成與人類對動物世界的敬畏有著淵源
關係。

　　在中國古代有文字記載之前，人與鳥的關係業已存在，這一點從考古發現中可
得明證。在安陽的出土文物中發現，其中的陶器、玉器和青銅器上都刻畫或雕有許
多鳥的圖案，另外還發現了一些鳥骨。許多文獻記載表明，殷人與鳥是有關聯的。
然而，他們和什麼鳥有關聯以及這種鳥崇拜在殷商文化中到底曾起到多大程度的
作用，仍有待認定。通過閲讀歷史文獻，許多歷史學家和古文字學家把殷人的鳥崇
拜歸爲燕崇拜，並把殷人稱爲燕圖騰者。[①]可是，從現有的考古資料來看，要證實燕
崇拜理論，還需尋找足够的證據。

　　對照先秦歷史文獻和新的考古發現，可以得出某些以前未予充分考慮的可能
性：將"燕"確認爲殷商部落的象徵標誌，是緣於錯誤地將"燕"字混同於一個國家的
名字"匽"。而"匽"或"鷗"，也稱爲"玄鳥"（從字義上説，"黑色的鳥"，"深色的鳥"或
"神秘之鳥"），曾是鳳凰、神鳥或鳥之神性的通稱。在殷商晚期，殷人與各種各樣的
食肉猛禽都有著聯繫。也就是説，殷人的圖騰崇拜可能是對鷙鳥類的崇拜而不是
對某一種鳥的崇拜。

　　典籍中關於殷人與玄鳥的關係可見於以下文獻：

---

① 　何星亮：《龍族的圖騰》，香港，中華書局，1991，頁 49、52—54。

《詩經·商頌·玄鳥》:"天命玄鳥,降而生商。"《毛傳》:"春分,玄鳥降,湯之先祖有娀氏女簡狄,配高辛氏帝,帝率與之祈於郊娀而生契。"《詩經·商頌·長髮》:"濬哲維商,長髮其祥。洪水芒芒,禹敷下土方。外大國是疆,幅隕既長。有娀方將,帝立子生商。玄王桓撥,受小國是達,受大國是達。"鄭玄箋:"禹敷下土之時,有娀氏之國亦始廣大,有女簡狄,吞鳦卵而生契。"《太平御覽》引《尚書中候》:"玄鳥翔水,遺卵於流,娀簡拾吞,生契封商。"《丹鉛總錄·怪異類》引《詩含神霧》:"契母有娀,浴於玄丘之水,睇玄鳥銜卵,過而墮之。契母得而吞之,遂生契。"《史記·殷本紀》:"殷契,母曰簡狄,有娀氏之女,爲帝嚳次妃。三人行浴,見玄鳥墮其卵,簡狄取吞之,因孕生契。"褚少孫補《史記·三代世表》:"湯之先爲契,無父而生。契母與姊妹浴于玄丘水,有燕銜卵墮之。契母得,故含之,誤吞之,即生契。"《大戴禮記·帝系第六十三》:"帝嚳(十)〔卜〕其(妃嚳)〔四妃〕之子,而皆有天下。上妃,有邰氏之女也,曰姜嫄氏,產后稷;次妃,有娀氏之女也,曰簡狄氏,產(棄)〔契〕;次妃曰陳隆氏,產帝堯;次妃曰陬訾氏,產帝摯。"《淮南子·墜形訓》:"有娀在不周之北,長女簡翟,少女建疵。"《史記·外戚世家第十九》:"殷之興也以有娀。"《世本·五帝世系》:"帝嚳卜其四妃之子皆有天下,元妃、有邰氏之女,曰姜原,生后稷;次妃、有娀氏之女,曰簡狄,生契;次妃、陳酆氏之女,曰慶都,生帝堯;次妃、訾陬氏之女,曰常儀,生帝摯。"

故所謂有娀氏之女、嚳妃簡狄吞玄鳥卵生契是周秦漢時期廣泛流傳的故事。《呂氏春秋》《大戴禮》等秦漢文獻始以玄鳥爲燕子:

《呂氏春秋·季夏紀·音初》:"有娀氏有二佚女,爲之九成之台,飲食必以鼓。帝令燕往視之,鳴若謚隘。二女愛而爭搏之,覆以玉筐。少選,發而視之,燕遺二卵北飛,遂不反。二女作歌一終,曰:'燕燕往飛',實始作爲北音。"高誘注:"帝,天也。天令燕降卵於有娀氏女,吞之生契。"《大戴禮記·夏小正四十七》:"來降燕,乃睇。燕,乙也。降者,下也。言來者,何也?莫能見其始出也,故曰來降。""陟玄鳥蟄。陟,升也。玄鳥者,燕也。先言陟而後言蟄,何也?陟而後蟄也。""匽之興五日翕,望乃伏。其不言生而稱興,何也?不知其生之時,故曰興。以其興也,故言之興。五日翕也。望也者,月之望也。而伏雲者,不知其死也,故謂之伏。"

然而值得注意的是《大戴禮》似乎又別"燕"、"玄鳥"、"匽"爲三事。其他文獻如《逸周書》《左傳》《禮記》《呂氏春秋》中又記春分玄鳥至之時,乙太牢祀高禖,用祈子嗣的風俗，似與此玄鳥生商故事有關。

《逸周書》："春分之日，玄鳥至，又五日雷乃發聲，又五日始電。玄鳥不至，婦人不〔娠〕，雷不發聲，諸侯〔失〕民，不始電，君無威震。"《左傳·昭公 10 年》："玄鳥氏，司分者也。"《禮記·月令》仲春之月："是月也，玄鳥至。至之日，乙太牢祠於高禖，天子親往，后妃帥九嬪御。乃禮天子所御，帶以弓韣，授以弓矢，於高禖之前。是月也，日夜分，雷乃發聲，始電，蟄蟲咸動，啓户始出。先雷三日，奮木鐸以令兆民曰：'雷將發聲，有不戒其容止者，生子不備，必有凶災。'"鄭玄注："高辛氏之出，玄鳥遺卵，娀簡吞之而生契，後王以爲媒官嘉祥而立其祠焉。"《吕氏春秋·仲春紀》："是月也，玄鳥至。至之日，乙太牢祀於高禖。天子親往，后妃率九嬪御。乃禮天子所御，帶以弓韣，授以弓矢，於高禖之前。"高誘注："王者后妃於玄鳥至日，祈繼嗣於高禖。"《詩·大雅·生民》"克禋克祀，以弗無子"《傳》："禋，敬。弗，去也。去無子求有子。古者必立郊禖焉。玄鳥至之日，以大牢祠於郊禖。天子親往。后妃率九嬪御。乃禮天子所御，帶以弓韣，授以弓矢，於郊禖之前。"

以上資料都顯示上古有娀氏的女兒簡狄吞食了玄鳥蛋，生出了殷商的始祖契。惟對此玄鳥爲何物，並無確指。

2. 對玄鳥的確認

在歷史故事中，可以發現某些有關殷人起源於燕的傳說。下面我們可以看到，這一觀點是以"燕即玄鳥"以及傳說殷人之遠祖爲神鳥玄鳥所生爲基礎的。然而，歷史記載和考古資料之間總存有不一致之處。自本世紀初的幾十年以來，一些重要的考古發現已經對"燕即玄鳥"說提出質疑，並提出一些可供考慮的新理論。根據對先秦的文獻資料及刻在獸骨、龜甲、青銅器上的刻辭的重新闡釋，又有一種假設認爲，玄鳥是鳳凰。現代的一些學者又進一步懷疑玄鳥可能是烏鴉的別稱。若對有關確認玄鳥的所有資料做更仔細的調查，常常會感到無所適從，因爲不但文獻和考古資料之間，而且現存的歷史文本本身也存在令人遺憾的分歧。許多歷史學家和古文字學家已經注意到，在某些歷史文本中殷人的傳説起源與一種叫鳳的神鳥有關，而在另一些歷史文本中則與燕有關。

玄鳥爲何種鳥以及殷人是選擇什麼鳥爲其圖騰象徵的，考古資料不能爲此提供明確的綫索。可是，在阜陽發現的漢代竹簡文字中，"燕"是寫作"匽"的。而阜陽簡中並非無燕字。《詩·邶風·谷風》第二章"宴爾新婚"的"宴"字則作"燕"。①在周代銅器中,作爲國名的北方的燕國都寫作"匽",而在阜陽漢簡中"燕王"的燕顯然已然指稱國名。這表明,殷人起源神話實際上可能與我們所不知的鳥"匽"相關,而不是"燕"。

通過對考古資料和銘文中發現的有關鳥的描述重新調查,並將這些文字和現存文獻中的先秦資料對照,本文試圖證明,"玄鳥"以及"匽",只是殷人用於代表其所崇拜的各種鳥的通稱詞,很可能是猛禽鷙鳥類的通稱,而通常用鳳皇這種想象的形象。因此,殷人的這種鳥崇拜不能認定爲任何某一種特定的鳥的崇拜,無論是燕、雉還是烏鴉。

《詩經》中題爲《玄鳥》的一首詩,也許是文獻中玄鳥神話的最早叙述。其詩開篇寫道:"天命玄鳥,降而生商,宅殷土茫茫。"但是,這首詩只簡單地表明玄鳥"生商",而《楚辭》中《天問》一詩,"簡狄在台嚳何宜? 玄鳥致貽女何嘉?"②則更明確地記述了玄鳥贈卵於傳説是商族始祖契之母簡狄。

《史記》則更詳細地描述了契從神奇的玄鳥卵中奇跡般的誕生:"殷契,母曰簡狄,有娀氏之女,爲帝嚳次妃。三人行浴,見玄鳥墮其卵,簡狄取吞之,因孕生契。契長而佐禹治水有功。帝舜乃命契曰:'百姓不親,五品不訓,汝爲司徒而敬敷五教,五教在寬。'封於商,賜姓子氏。"③然而,上面所有的資料都沒有提供關於確認玄鳥的記述。因此,於是造成了後世對於文獻理解的種種歧義,也給後世的學者造成了一個迷宮。

2.1　以玄鳥爲燕

認爲玄鳥即燕的觀點在漢以前的文本中亦可見到。《吕氏春秋》中就記載了關於玄鳥傳説的又一説法。這個傳説似乎將殷人起源歸於燕之神聖遺卵。"有娀氏有二佚女,爲之九成之台,飲食必以鼓。帝令燕往視之,鳴若謚隘。二女愛而爭搏之,覆以玉筐;少選,發而視之,燕遺二卵,北飛,遂不返。二女作歌一,終曰:'燕燕往飛',實始作爲北音。"④高誘注:"帝,天也。天令燕降卵於有娀氏女,吞之生契。"又《大戴禮記・夏小正四十七》:"陟玄鳥蟄。陟,升也。玄鳥者,燕也。先言陟而後言蟄,何也? 陟而後蟄也。"因此,許多學者認爲,《吕氏春秋》中的這個傳説是關於商始祖生於燕卵的明證,並由此認爲"燕"是玄鳥的另一名稱。一些早期文本中發現的

---

① 胡平生、韓自強:《阜陽漢簡詩經研究》,上海古籍出版社,1989 年,圖版見"阜陽漢簡詩經"二,釋文見頁 5。
② 洪興祖(1090—1155):《楚辭補注》,《四部備要》,卷 3,頁 16 左。
③ 《史記》,北京:中華書局,1982 年,卷 3,頁 91。
④ 《吕氏春秋》,《四部備要》,卷 6,頁 6 右。

文獻證據似乎也支持"玄鳥即燕"的説法。《説文解字》，"燕，玄鳥也。籋口，布翄，枝尾，象形。凡燕之屬皆從燕。"①另外，《説文解字》還給出了玄鳥的其他稱名：鳦②，䳒③，鶵鶥④。現存最早的漢語分類詞詞典《爾雅》也記有："燕燕，鳦。"⑤傳統的以及現代的大多數學者，都據此認爲"燕即玄鳥"，並進一步認爲燕就是殷人的圖騰。可相印證的還有漢代王逸注的楚辭。楚辭中亦多言有娀氏之女譽妃簡狄因玄鳥遺卵而受孕生契之事，王逸注則以玄鳥爲飛燕。

《楚辭・離騷》："望瑶台之偃蹇兮，見有娀氏之佚女。""鳳凰既受詒兮，恐高辛之先我。"王逸注："謂帝嚳之妃，契母簡狄也。""帝嚳次妃有娀氏之女生契。"《楚辭・天問》："簡狄在台嚳何宜？玄鳥致貽女何喜（嘉）？"王逸注："言簡狄侍帝嚳於臺上，有飛燕墮遺其卵，喜而吞之，因生契也。"《楚辭・九章・思美人》："帝辛之靈盛兮，遭玄鳥而致詒。"王逸注："嚳妃吞燕卵以生契也。"

除了上文提到的文獻研究，也有學者試圖從文字學的角度證明燕與玄鳥爲同一物。加藤常賢從古文字學的角度提出其假説，來證明殷人的圖騰崇拜爲燕崇拜。在其《殷商子姓考》中，他研究了早期文字以及"子"、"燕"、"商"的讀音。⑥他認爲，朝代和氏族名"商"及其王室之姓"子"都是由其族先祖之一"高辛"⑦之名發展而來的。他還認爲，"商"字的下半部分"冏"與"燕"的讀音相同，而"冏"字最初是懷孕之意。由於没有旁證，加藤的結論自然仍有推測的成分。張守節《史記・周本紀》正義引徐才《宗國都城記》云："周武王封召公奭於燕，地在燕山之野，故國取名焉。"則是以爲燕國之"燕"得自燕山。

2.2　陳夢家以玄鳥爲鳳凰

陳夢家(1911—1966)據其對以下《楚辭》章節的閲讀，徵引《説文解字》和《爾雅》，令人信服地證明玄鳥即鳳凰。《離騷》中出現的有娀氏之女與其丈夫嚳的傳説乃與鳳凰有關，"望瑶台之偃蹇兮，見有娀之佚女。吾令鴆爲媒兮，鴆告余以不好。

---

① 許慎(30—124)：《説文解字》，北京：中華書局，1963 年，頁 245。

②③ 許慎：《説文解字》，頁 246。

④ 許慎：《説文解字》，頁 76。

⑤ 郝懿行(1757—1825)：《爾雅義疏》，《四部備要》，卷 17，頁 7 下—8 上。

⑥ 加藤常賢：《中國古代文化研究》，東京：二松學舍大學出版部，1980 年，頁 456—487。

⑦ 《史記》記載："帝嚳高辛者，黄帝之曾孫也。"故高辛就是帝嚳的名字(司馬遷：《史記》，卷 1，頁 13)。《左傳》(楊伯峻：《春秋左傳注》，北京：中華，1993 年，頁 636)也提到高辛氏有才子八人。而《國語》(上海古籍出版社，1978 年，第三卷，頁 138—139，第四卷，頁 166—168)提到高辛，韋昭(d. 273)《國語》注也指出高辛即帝嚳。

雄鳩之鳴逝兮,余猶惡其佻巧。……鳳凰既受詒兮,恐高辛之先我。"《楚辭》的其他篇章中有關玄鳥的記述也表明,所謂的玄鳥與鳳凰有著某種聯繫。在《天問》中,有兩行:"簡狄在台嚳何宜,玄鳥致貽女何嘉。"聞一多據卜辭考證,此嘉字本訓生子。[①]而在《思美人》中,另有兩行寫道:"高辛之靈聖兮,遭玄鳥而致貽。"通過對《離騷》中"玄鳥致貽"和"鳳凰受詒"兩句的並列對照,郭沫若認爲,玄鳥可能是鳳凰的另一稱名。"玄"字在漢語中也有"神秘"的意思,郭由此推斷,玄鳥之"玄",並非因其色黑而得名,而是因其存在於早期殷人想像中的神秘特性。[②]因此,將"玄鳥"譯爲"神秘之鳥"勝於"黑色的鳥"。

　　雖然持相同觀點,陳夢家卻給出另樣的理由。陳氏指出,卜辭中"鳳"字的上部多從"辛",而其部落名"商"字上半部也從"辛"。[③]他進一步引證《説文解字》和《爾雅》而斷言,"鷗"字與"匽"、"燕"之屬同義。《説文解字》注:"燕,玄鳥也","鷗,鳳也,其雌皇,一曰鳳皇也"。[④]《爾雅》中也説:"鷗,鳳,其雌皇。"[⑤]陳氏據此推斷,玄鳥即鳳凰。他又進一步證明,吞玄鳥卵而生殷人始祖契之簡狄,其名與"皇"字有聯繫,而相傳爲簡狄夫契父的嚳,其名則源於"鸑"(指一種雄鳥)。通過用文獻證據證明這些字之間的聯繫,他認爲殷人信的是鳳凰起源神話而非燕始祖神話。[⑥]雖然簡狄與鳳凰、嚳與鸑的聯繫仍有推測性,但因其深入細緻的文本研究,陳夢家的説法已被一部分學者接受。

　2.3　以玄鳥爲烏鴉

　　管東貴在其關於"十日"神話的研究中認爲,玄鳥以前被誤以爲燕子,以其色黑的緣故。[⑦]周策縱在其《古巫醫與六詩考》中提出,《詩經》中之玄鳥可能是指烏鴉。玄鳥被誤認爲燕子,緣自對"燕"和"燕烏"兩詞的混同,"燕烏"是鴉一種。[⑧]他在《爾雅》中找到支持:"燕,白脰烏也。"[⑨]另外,他還引證於《小爾雅》中將烏類分爲不同的三種,"純黑而反哺者,謂之烏;小而腹下白,不反哺者謂之雅烏;白項而群飛者,謂之

①　黄靈庚:《楚辭異文辯證》,鄭州:中州古籍出版社,2000 年,頁 289。

②　郭沫若:《青銅時代》,上海:文藝出版社,1945 年,頁 11—12。

③　陳夢家:《商代的神話與巫術》,《燕京學報》,1936 年 11 月第 20 期,頁 495—497。

④　許慎:《説文解字》,頁 80。

⑤⑨　郝懿行:《爾雅義疏》,卷 17,頁 6 下—7 上。

⑥　陳夢家:《商代的神話與巫術》,頁 528—575。

⑦　管東貴:《中國古代十日神話之研究》,《中央研究院歷史語言研究所集刊》第 33 期,1962 年,頁 295—296。

⑧　周策縱:《古巫醫與六詩考》(《古古巫醫與六詩考——中國浪漫主義文學起源研究》),臺北:聯經出版事業公司,1986 年,頁 260—262。

燕鳥。燕鳥，白脰鳥也。"①艾蘭(Sarah Allan)在其對早期中國神話、藝術、宇宙的研究中，似乎也贊成玄鳥即烏鴉。但除了對玄鳥的確認外，她還提出，商祖之一的帝俊據載爲日中黑鳥(烏鴉)唆鳥之父。艾蘭進一步得出結論，"帝嚳藉助於黑鳥生商。如上論述，帝俊與帝嚳已確認爲同一個人。因此，生商之鳥與日中之鳥爲同一種鳥。"②有趣的是，艾蘭在此表明，玄鳥最初似乎在鳥的種類這一點上没什麽特徵，而只是在顏色上與日中之鳥是相同的。

2.4 以玄鳥爲男根

在《先秦天道觀之進展》一文中，郭沫若進一步提出，玄鳥爲男根之象徵。③若真如此，則可推斷殷人有早期的生殖崇拜或男根崇拜。在郭氏假設的明確啓發下，20世紀80年代中期以來，許多現代學者推出了大量近作，對有關先秦時期的動物崇拜與早期生殖崇拜或男根崇拜的關係進行新的闡釋。④中國大陸學者趙國華，在聞一多的研究的啓發下，傾向於將刻畫在新石器時代晚期陶器上的鳥紋視爲男根象徵，而將魚紋視爲女陰象徵。他認爲，玄鳥故事表現了生殖崇拜而非鳥圖騰崇拜。除了對玄鳥神話的有創見性的解讀，趙氏還引證於馬承源對商朝青銅器上所鑄鳥紋的研究。⑤鳥紋在殷墟早期並非如所想像的那樣重要。因此，趙氏認爲，殷人鳥崇拜也許只是源於現代學術無事實根據的猜想。⑥

3. 玄鳥即"匽"即"鷗"，神鳥或鳳凰

對玄鳥的不同確認源於先秦不同的歷史資料之間的矛盾。在某些典籍中，殷人的傳説起源與鳳有關，而在另一些典籍中，則是與燕有關。許多學者在解釋相同的資料有時本身存在矛盾時，就遇到了困難。

3.1 阜陽漢簡詩經：燕與匽兩詞之間的關係

早在20世紀40年代，中國文化史家孫作雲就注意到中國早期歷史文獻資料中

① 胡承珙(1776—1832)：《小爾雅義證》，卷9，頁1上—2上，《四部備要》本。
② Sarah Allan(艾蘭)，*The Shape of the Turtle*：*Myth*，*Artand Cosmosin Early China*〔龜之謎：早期中國的神話，藝術及宇宙觀〕(Albany, N. Y. : State University of New York Press, 1991)，第40頁關於帝嚳與帝俊的論述，見頁34。
③ 郭沫若：《青銅時代》，頁11—12。
④ 吳澤順：《"玄鳥生商"新解》，《青海師範大學學報》，1993年第3期，頁101—107。
⑤ 上海博物館青銅器研究組：《商周青銅器紋飾》，北京：文物出版社，1984年，頁10—11。
⑥ 趙國華：《生殖崇拜文化論》，北京：中國社會科學出版社，1990年，頁255—272。《生殖崇拜文化略論》，《中國社會科學》1988年第1期，頁131—156。

的鳥圖騰現象。據孫氏説,從現存的歷史故事和神話作品中可以發現這些原始人的圖騰信仰。①在其對鳥崇拜早期叙述和傳説宗譜的分析中,他做出了許多有趣的評述。在其題爲《后羿傳説叢考》一文中,孫氏指出,在早期的傳説人物中,據載爲秦之先祖的偃姓皋陶,實際上是早期中國鳥部落的祖先之一。此外,"偃"字與地名"郾"、鳥名"鷗"以及"燕"也有很密切的聯繫。他得出結論,在早期中國,燕圖騰早在傳爲皋陶生活的原始時期就有了。②但是,孫氏在確認"鷗"即"燕"時没有完全解決文獻中的矛盾。

據我們所知,"燕"字晚至秦漢時期才代指地名和國名,而且僅在漢及漢以後的文獻資料中才述及這一點。在先秦的考古發現和青銅器銘文中,"燕"字指代國名時,其更早的寫法一直是"匽"或"郾"。③

陳夢家對這一問題的解釋如下:秦是伯翳之後,而伯翳有一子姓偃名皋陶。而秦姓"嬴",源自"偃"之音。④因此,在秦朝時,爲避秦祖皋陶之姓,"匽"或"郾"國名就改爲"燕"。⑤可是,1981年的又一考古發現似乎打破了陳夢家的理論。在安徽阜陽發現了漢代早期"燕燕"一詩的寫法,其中"燕燕于飛"寫爲"匽匽于非",這表明,(1)"匽"字的寫法至少晚至漢代早期才被"燕"字取代,(2)"匽"代"燕"之寫法不僅僅限於代指地名或國名而且還擴展到代指鳥名。⑥

阜陽漢代竹簡的年代可以斷定不會晚於公元前165年,因爲墓中死者夏侯灶據載是死於此年。我懷疑"匽"字之所以被"燕"取代是由於秦始皇(246—210 B.C.)

---

① 孫作雲:《蚩尤考:中國古代蛇族之研究》,《中和月刊》卷2第4期(1941年),頁27—50,與卷2第5期(1941年),頁36—57;《后羿傳説叢考》,《中國學報》卷1第3期(1944年),頁19—29;卷1第4期(1944年);頁49—66;《中國古代鳥氏族諸酋長考》,《中國學報》卷3第3期(1945年),頁18—36。

② 孫作雲:《后羿傳説叢考》,《中國學報》卷1第3期(1944),頁28。

③ 高明:《古文字類編》,北京:中華書局,1982年,頁442。近年出土的燕國的青銅器也已爲這一假設提供了事實根據。並參見陳夢家:《西周銅器斷代》,《金文論文選》(1),王夢旦編:香港:諸大書店,1968年,頁86。"郾"指代"燕國"僅見於戰國時期青銅器銘文中。而在西周及春秋時期青銅器銘文中則用"匽"指代"燕國"。

④ 朱駿聲曾注意到這一現象並在其《説文通訓定聲》(武漢:古籍書店,1983年,頁859)中作了解釋。

⑤ 陳夢家:《西周銅器斷代》,頁86。

⑥ 阜陽漢簡整理組所編:《阜陽漢簡簡介》,《文物》1982年第2期,頁21—23。另參見阜陽漢簡整理組的《阜陽漢簡詩經》,《文物》1984年第2期,頁1—12。早於阜陽漢簡《詩經》,馬王堆漢墓帛書中也存有"燕燕"一詩的引文。馬王堆漢墓發現的帛書《老子》甲本,其《德行篇》(又名《五行篇》)中有兩處含有"燕燕"一詩的第一節。學者們已確定帛書的年代爲漢高祖統治時期(206—195 B.C.),參見馬王堆帛書整理組所編:《馬王堆漢墓帛書》(北京:文物出版社,1974年)之"編輯説明"。在此帛書中,"燕燕"寫爲"嬰嬰",我認爲,"嬰"爲晏之訛變,嬰字《廣韻》於盈切,影紐耕韻,晏字《集韻》於諫切,影紐元韻,是二字紐同韻近,而晏與匽又聲韻具同,故其本文仍當作"匽匽"。

和項羽(232—202 B. C.)焚書後造成的。①在漢平帝統治時期,毛詩學派的注本被接受爲四種標準詩説之一。由於鄭玄的注解,毛派詩説盛行以致後來導致其他三家流於湮没。因此,我認爲,以"燕"代"匽",很可能產生於漢代詩經學者對版本傳抄和口頭傳誦所繼承和記憶的轉寫之訛。②

　若據《説文解字》而確定"燕"是燕鳥的象形表徵,那麽"匽"字呢? 我們不能找到確認"匽"爲燕鳥的任何理由。因此,"燕"字最初很可能是藉以記"匽"之音,而且它們也許是指代兩種不同的鳥或兩種不同事物的兩個不同的詞。"燕"之寫爲"匽"表明,可能商起源神話實際上是與"匽"而非"燕"鳥有關。據《説文解字》和《爾雅》,"匽"加上鳥旁就成爲"鷗",即爲鳳的同義詞。在這一點上,阜陽漢簡的"匽匽"的寫法似乎整合了殷人起源神話傳說的矛盾叙述,從而解決了這個矛盾。最近發現的上海博物館楚竹書《孔子詩論》,《燕燕》被寫成躟躟,其字當是鷗字之異體。匽之地名與商族祖先的其他名稱一樣都與其圖騰信仰有一定的關係。殷祖名如夒,王亥、嚳、俊皆如此例。商周時期的地名,我們看到有不少是與此匽字有關,如偃、偃師、郾城、偃朱以及鄢,而這些地名都與商民族有這樣那樣的關聯。商周時期異地同名的現象所在皆有。此名往往是重要的都邑名、國名、部族名等。如"殷"、"商"、"亳"等皆一名數地,周人的"周"、"京"、"虢"等也是如此。此與當時各部族國家都邑的遷徙有關。匽之國名,何獨不然? 河南有之、河北有之,烏足爲怪? 以匽爲名不無可能是商人的圖騰信仰在作怪。陳夢家曾認爲:商人所崇拜的"鷗"(匽)是鳳凰,亦即玄鳥。我則認爲所崇拜的是鳥(匽、鷗)的神秘性和神性,在現實中是對鷙鳥和猛禽的畏懼和認同。《詩·邶風·燕燕》學者常徵引來談商人的燕圖騰問題。筆者曾撰文認爲《詩·邶風·燕燕》,實際上也是周初商遺民的一首歌詩,而其作者很有可能

---

① 關於焚書,可參見 Jensøstergàrd Petersen, "Which Books Did the First Emperor of Ch'in Burn? On the Meaning of Pai Chia in Early Chinese Sources," *Monument a Serica* 43(1995), pp. 1—52。

② 史料表明,只有魯詩曾在文帝統治時期(179—158B. C.)被立爲學官。饒宗頤也證實,魯詩傳人申公培曾追隨楚元王劉交至南方。參見饒宗頤《讀阜陽漢簡詩經》,載於林慶彰編《詩經研究論集》,臺北:學生書局,1987 年,第 2 卷,頁 455—466。雖然我們没有足夠的證據確證阜陽漢簡詩經即爲魯詩,但阜陽漢簡詩經要早於毛詩則是確定無疑的。毛詩由趙人毛萇編寫或重寫於河間獻王時期並至今保存。胡平生與韓自强爲我們提供了詳細的阜陽漢簡《詩經》的文本比較研究,並推斷此文本爲四家詩之外的另一版本,可能是楚元王的本子。參見胡、韓《阜陽漢簡詩經簡論》,載於林慶彰編《詩經研究論集》,頁 431—453。有關漢代《詩經》學派的詳細論述可見於錢穆(1895—1980)的《兩漢經學今古文平議》《錢賓四先生全集》第 8 卷,臺北:聯經,1994 年,頁 181—261。也可參見 Steven Jay Van Zoeren, *Poetry and Personality. Reading, Exegesis, and Hermeneutics in Traditional China* (Stanford University Press, 1991), p. 86.

是武庚。①比較有意思的是，“燕燕”一詞，在馬王堆漢墓帛書《德行篇》中作“嬰嬰”（此嬰字固可能是匽的音假，但也可能爲晏、匽之訛變），阜陽漢簡作“匽”，上海楚簡作“鷗（鷃鷃）”，②恐怕很難説都是假借自“燕”。其詩本文恐怕應當是“鷗鷗於飛”。鷗字所代表的是商人所崇拜的鳥的神性，通常形象化爲鳳凰，而非燕子或烏鴉。

3.2　鳥氏族

由銘文與歷史文獻可得明證，“匽”、與帶有“人”旁的“偃”及帶有邑旁的“郾”三字是可以互通的。三世紀時皇甫謐編纂的譜系著作《帝王世紀》記載，簡狄之夫即殷人始祖帝嚳命其都名爲“偃師”。有趣的是，此都名“偃師”在另一版本的《帝王世紀》中則記載爲“匽師”。③因此，“匽”與“偃”在代指商祖之源地時是可以互通的。更爲重要的是，《世本》也説：“匽姓，皋陶之後也。”④“偃”與“匽”姓都是皋陶後代這一事實，進一步使此兩姓之人都確信自己同爲鳥族人，並確認在代稱其圖騰神秘之鳥時，這兩個字是可以互通的。

據早期的歷史叙述，如《左傳》和《帝王世紀》，⑤春秋時期，許多其君主爲偃姓的國家都是皋陶的後代。依據清代學者顧棟高（1679—1759）之研究，傅斯年（1896—1950）將春秋時期源自皋陶的偃姓國家列舉如下：蓼、六、英、舒、有鬲、桐、舒鳩、舒庸、舒蓼。⑥從譚其驤的歷史地圖來看，這些國家絕大多數字於今安徽省及河南南部。⑦然而，據《帝王世紀》，皋陶生於曲阜，商祖與秦祖可能源於此或至少其早期曾在此定居過。皇甫謐進一步指明，由於皋陶出生於曲阜，而曲阜又稱爲“偃”，於是帝就賜其姓爲偃。⑧

另一些歷史資料提供了更多的證據證明這一觀點。據《史記》，皋陶及少皞之後代有與殷人相似的起源神話。《史記・秦本紀》記載，秦先祖顓頊有個孫女名女修，女修吞玄鳥遺卵而生秦祖大業，而大業爲秦氏族之始祖。在秦的起源神話中，也記有其他一些祖先的英雄事蹟。如大業之子伯益（柏翳），以其

---

① Chen Zhi（陳致），“A New Reading of Yen-yen, Mao 28 of the *Book of Songs*”（毛詩第 28 首燕燕新解），*T'oung Pao* 85.1(1999)，頁 1—22。

② 《上海博物館藏戰國楚竹書》，上海古籍出版社，2001 年，頁 28、163。

③ 徐宗元編：《帝王世紀輯存》，北京：中華書局，1964 年，頁 31。

④ 秦嘉謨：《世本八種》，上海：商務印書館，1957 年，頁 277。

⑤⑧ 徐宗元編：《帝王世紀輯存》，頁 53。

⑥ 傅斯年：《論所謂五等爵》，《傅斯年全集》，第三卷，臺北：聯經出版事業有限公司，1980 年，頁 42—50。

⑦ 譚其驤：《中國歷史地圖集》，第一卷，上海：地圖出版社，1982 年，頁 17—18。

馴鳥之異能而聞名；伯益之子大廉，被秦人稱爲“鳥俗氏”。而伯益由皇帝賜姓爲嬴，①《説文解字》記有，“嬴”也是被想像與鳳有關的少皡之姓。②春秋戰國時期的郯子，自稱是少皡的後代，也同姓“嬴”。據段玉裁的《説文解字注》，從詞源上來説，“嬴”字是借音於“偃”。③果真如此的話，既然少皡伯益之後代皋陶以偃姓確認自己爲鳥族人，伯益也一定曾以此爲姓以確認自己爲鳥部落之一員。④

　　據其起源神話與發源地，學者們認爲殷人和秦人源自同一氏族。此氏族以神秘之鳥（玄鳥）爲其祖先，源於今山東省，屬於東夷部落。在商族的始祖傳説中，譽曾擊磬奏樂而鳳皇伴舞，“帝譽擊磬，鳳皇舒翼而舞”。⑤學者們還認爲，從甲骨卜辭文字可見，殷人崇拜的祖先中，譽是帝舜的另一稱名，帝俊也就是帝夔。而且，在許多早期歷史和神話傳説作品中，這些名字都與鳳鳥有關。⑥郭沫若在其《中國古代社會研究》中進一步表明，殷人之始祖契與少皡及帝摯是同一個人。⑦

　　雖同樣認爲帝譽之子契就是少皡，胡厚宣及其他學者認爲，帝譽本身即爲另一個據稱爲遠古帝王的太皡。⑧據胡氏所引的許多有關太皡的早期叙述，太皡也被描述成或與鳥有關或其本身就是鳥。更爲重要的是，他姓“風”，而“風”在甲骨卜辭中則普遍與“鳳”通用。⑨郭沫若指出，甲骨文“于帝史風，二犬”表明，在殷人的觀念中，鳳鳥是天帝與他們之間的信使。郭氏進一步認爲，鳳鳥與甲骨卜辭中的神聖之鳥或鷙鳥“鵬”是同一種鳥。⑩果真如此，也許就可確定，殷人的早期崇拜即確爲鳳鳥崇拜，而風鳥則是代指各種鳥或一般意義上的鳥，或是鷙鳥類的鳥。

　　也就是説，玄鳥起源實際上就是用鳳凰的形象以表其源於一種神秘之鳥的傳説。鳳凰象徵著鳥類所體現的一切神秘性和神聖性。玄鳥又稱爲鳳、匽。加上“鳥”旁，匽就成爲了鷃，專指鳥類；帶上“人”旁，匽就成了偃，即爲一種常見的以鳥爲部族圖騰的族姓，人們用此姓以確認自己爲其所崇拜的鳥或此種鳥之後

①　《史記》，第五卷，頁173。
②　許慎：《説文解字》，頁258。
③　段玉裁：《説文解字注》，上海古籍出版社，1988年，頁612。
④　傅斯年：《夷夏東西説》，《傅斯年全集》第三卷，頁833。
⑤　徐宗元編：《帝王世紀輯存》，頁31。
⑥　王孝廉譯，白川靜：《中國神話》，臺北：長安出版社，1983年，頁114—116。
⑦　郭沫若：《中國古代社會研究》，北京：人民出版社，1956年，頁251。
⑧　胡厚宣：《甲骨文商族鳥圖騰的遺跡》，《歷史論叢》，1964年第1期，頁136—137。
⑨　郭沫若：《卜辭通纂》，京都，1977年，頁346—354。
⑩　郭沫若：《卜辭通纂》，頁347。

代。加上"邑"旁,匽就變成了郾,用以表明這些鳥族人居住的地方,以及他們所擁有的領地或所擁有的酉邦。但是,在早期文字中,匽字可以和上述的任何一義有關或相通。

　　3.3　鳳凰,與鳥之神秘性

　　這樣就出現另一個問題:鳳凰是什麼? 爲什麼殷人視鳳鳥爲其祖先的神靈? 學者們一直在努力確證玄鳥爲某一種鳥,比如雉、孔雀、燕子等等。然而,從古文字資料和典籍的描述來看,這些確認有很大的推測性,而且總會被從先秦資料中獲得的相反證據所推翻。

　　我認爲,在人類對各種鳥分類之前,"鳳"最初是用以代指所有鳥之神秘性的一個詞。正如"玄鳥"一名,郭沫若認爲,從字義上説是"神秘之鳥"或"神聖之鳥"。在人們對飛禽世界充滿驚異不解的時期,也用此名以指稱任何一種鳥。

　　關於"鳳",早期的書面及文字刻劃資料沒有給我們提供明確一致的描述。然而,許多早期有關鳳的描述似乎都支持這樣一個假設,即鳳曾是一個相當模糊的形象,而不是任一種鳥。在《山海經》的《大荒北經》一章,我們可以讀到:"大荒之中有山,名曰北極天櫃,海水北注焉;有神,九首人面鳥身,名曰九鳳。"[①]在其《南山經》中説:"'丹穴之山'有鳥焉,其狀如雞,五彩而文,名曰鳳皇。"[②]《説文解字》中也説:"鳳,神鳥也。天老曰:鳳之象也,鴻前麐後,蛇頸魚尾,鸛顙鴛思,龍文虎背,燕頷雞啄,五色備舉,出於東方君子之國,翺翔四海之外,過昆侖,飲砥柱,濯羽弱水,莫宿風穴,見則天下大安寧。"[③]從上面對鳳的描述來看,我們所看到的是一隻被賦予了神性和超自然能力的鳥。在上面所引的第一段中,描述人面鳥身的神明顯表達了人類與動物界很相似之深切感受及認識動物世界的渴望。

　　最初,在表達"隱"之意時,"匽"字與鳳凰之神秘性有關。[④]《説文》:"匽,匿也。從匚,妟聲。"據許慎説,"玄"字源於"幽"字,也是"隱"之意。[⑤]因此,我們可以得出結論,所謂的"玄鳥"與"鷗"同義,象徵鳳凰之神秘性。考慮到"鷗"是鳳的早期同義詞,"偃"字可能是被少皞部落的人採用爲姓,以象徵其圖騰信仰並表明其祖先崇拜。

　　在論及中國早期的圖騰文化時,學者們通常都會提到《左傳》昭公十七年中記

---

① 郝懿行(1757—1825):《山海經箋疏》,臺北:藝文印書館,卷17,頁4下。
② 郝懿行:《山海經箋疏》,卷1,頁11上。
③ 許慎:《説文解字》,頁79。
④ 段玉裁:《説文解字注》,頁635。
⑤ 段玉裁:《説文解字注》,頁158—159。

載的郯子與昭子的談話，並將其作爲文章的立論基礎。郯子説："我高祖少皞摯之立也，鳳鳥適至，故紀於鳥，爲鳥師而鳥名。鳳鳥氏曆正也，玄鳥氏司分者也，伯趙氏司至者也，青鳥氏司啓者也，丹鳥氏司閉者也，祝鳩氏司徒也，鴡鳩氏司馬也，鳲鳩氏司空也，爽鳩氏司寇也，鶻鳩氏司事也。五鳩，鳩民者也。五雉爲五工正，利器用，正度量。"出現于少皞登基時之鳥，人們實際上是難以確認的。郯子的話鮮明地反映了先民對鳥類世界分類的開始。此處對神聖或神秘之鳳鳥的描述，實際上正反映了在對自然物分類前人類的信仰體系。

3.4 從考古學觀點看殷人的鳥崇拜

考古學家和古文字學家的一些研究也表明，殷人曾選擇鳥爲其圖騰象徵。胡厚宣通過對卜辭的解讀研究了商部落的鳥崇拜儀式及其鳥崇拜。其研究表明，商朝人先祖之一的王亥曾被當作一隻神聖之鳥來崇拜。[①]在參照卜辭重訂的《史記·殷本紀》所記商代王室世系中，王亥是先商自契以後的第七位先公先王。商代王室世系中，最重要的有契、王亥、上甲微、成湯數人，王亥是其中之一，是卜辭中所稱三位高祖之一。商人認爲王亥能作祟于時王，對他的祭禮也最爲隆重，祭祀時其牲用五牛、三十牛、四十牛乃至三百牛，僅《殷墟卜辭綜類》所收祭祀王亥的卜辭，就有大約九十六條之多。上甲微也是一位重要的先王，《國語·魯語》説："上甲微能帥契者也，商人報焉。"即商人用禘、郊、祖、宗、報五種祀典中的報祭祭祀他。卜辭中凡是合祭先公先王的，也都從上甲微開始。而王亥正是上甲微的父親。胡厚宣《甲骨文商族鳥圖騰的遺跡》(1964)和《甲骨文所見商族鳥圖騰的新證據》(1977)二文在甲骨文中先後找到了八片甲骨共計十條祭祀高祖王亥的卜辭，其中"王亥"的"亥"字上都加有鳥圖騰的標記。八片甲骨十條卜辭中，屬祖庚、祖甲時期的甲骨一片，卜辭一條；屬廩辛時期的甲骨一片，卜辭兩條；屬康丁時期的甲骨三片，卜辭三條；屬武乙時期的甲骨三片，卜辭四條。"亥"字上所加鳥圖騰標記，寫作鳥、隹、崔、雈、隹字不一。爲鳥上加手，與《山海經·大荒東經》所載"有人曰王亥，兩手操鳥"正相吻合。隹即鳥，甲骨文鳥、隹本爲一字，文字從鳥與從隹者義亦全同。崔、雈爲隹上有冠形。在其論文中，胡氏給出了十多個帶有象鳥形的"亥"名的甲骨文字：

---

① 胡厚宣：《甲骨文商族鳥圖騰的遺跡》，頁 131—159；《甲骨文所見商族鳥圖騰的新證據》，《文物》，1977年第 2 期，頁 84—87。

可是,並不能由此確定此字形描繪的是某種真實存在的鳥。因爲,鳥形的"亥"字看來太不明晰,我們不能辨其代表什麼鳥。從其上半部展開的幾畫看,它們看起來像早期鳳字象形寫法的簡寫。于省吾在其研究安陽發現的酒容器"玄鳥婦壺"中也指出,壺上的銘文明顯證明了殷人玄鳥崇拜的存在和商與有娀氏族之間的姻親關係。①玄鳥婦壺最早著録於《西清古鑒》,稱作周婦壺。後又著録於《陶齋吉金續録》,稱元鳥壺;《三代吉金文存》,稱玄(右爲鳥旁)婦壺;《續殷文存》,稱玄婦壺;《鳥書考》及《鳥書考補》、《正補》,稱玄婦壺;《金文編》,稱玄婦壺。該壺有器有蓋,器蓋同文,左右耳並有"亞④"二字的合文。形制瑰瑋,紋飾精美。于省吾《略論圖騰與宗教起源和夏商圖騰》(1959)判定玄鳥婦壺係商代晚期銅器,其合文格式在與商代晚期金文上限相銜接的中期卜辭的合文中,可以找出同樣的例子。認爲"玄鳥婦"三字合文是研究商人圖騰的惟一珍貴史料,是商代金文中所保留下來的先世玄鳥圖騰的殘餘;三字合文宛然是一幅具體的繪圖文字,它象徵著擁有此壺的貴族婦人係玄鳥圖騰的簡狄的後裔是很顯明的,這一文獻記録已與地下史料得到了交驗互證。于省吾並且説:"《商頌》係春秋時代宋人正考父所作,《楚辭》係戰國時代作品,如果我們能夠在地下發掘的史料中得到有關玄鳥和有娀的材料,追究出晚周傳説的來歷,那才是最理想的呢!"

陳公柔和張長壽在其對殷周青銅器的研究中認爲,鳥紋是商末周初青銅器上最主要的裝飾圖案之一。②在其所選 233 例青銅器中,大致可分爲三類:(1)小鳥紋;(2)大鳥紋;(3)長尾鳥紋。據他們説,"小鳥紋"與"大鳥紋"盛行於殷代晚期及西周早期。第一類主要發現於著名的婦好墓,而婦好則爲商朝王室成員之一。③此三類鳥紋的共同特點是其喙前端皆下垂如鷹吻。此外還有少量的鴟鴞紋。青銅器上的鳥紋,最早是在商代中期出現,在商代晚期以前,多數是作爲輔助紋飾。商末周初作爲主題紋飾的鳥紋出現,在西周中期,鳳鳥紋作爲主題紋飾始多。那麼青銅器上的鳥紋與商人的玄鳥神話之間是否有關聯呢? 在商代青銅器上鳥紋出現得較晚,且在諸多紋飾中,並不顯著,地位也不那麼重要。朱鳳瀚先生的解釋是"對於作爲禮器使用的青銅器來説,由於其具有的不同於一般日用品的功用,其紋飾題材亦未

① 于省吾:《略説圖騰與宗教起源和夏商圖騰》,《歷史研究》,1959 年第 11 期,頁 60—69。
② 陳公柔、張長壽:《殷周青銅器上鳥紋的斷代研究》,《考古學報》,卷 74,1984 年第 3 期,頁 265—286。
③ 張政烺認爲"婦好"應讀爲"Fu Zi",因爲"好"字明顯是代表商王室之姓。參看其"A Brief Discussion of Fu Tzu"(婦好簡論),見 K. C. Chang(張光直)編, *Studies of Shang Archaeology*[商代考古研究],New Haven and London:Yale University press, 1986,頁 103—120。

必皆必要與其民族神話傳説中的崇拜物相關連。紋飾上表現什麼,當與時代精神、各民族的心態特徵及其藝術手法之傳統有關"。①但從三類鳥紋的鈎狀喙或尖喙的共同特徵來看,其形似與鷙鳥類相關。

鳥父乙鬲(集成 476)

鳥形銘鼎(集成 1120)

鳥父癸鼎(集成 1685)

　　據巫鴻對東夷藝術中鳥圖案的研究,②鳥圖案在先商時期就大量出現,許多鳥形被刻畫在象牙、陶器以及其他一些材料上面。有趣的是,用玉或半寶石雕刻的鳥都是模仿確定的鳥形的。鳥是以完整的前角來表現的。在張開的翅及短尾上交錯畫著一些平行綫,是用以清楚地表其爲羽毛的圖案。在虎頭溝和束山嘴發現的一

---

① 　朱鳳瀚:《古代中國青銅器》,天津:南開大學出版社,1995 年,頁 391。

② 　Wu Hung(巫鴻),"Birds Motifsin Eastern YiArt"(東夷藝術中的鳥圖案),*Orientation*(October 1985),頁 30—41。

些鳥形紋飾,鳥有三角形的頭,且頭上有兩隻耳朵,以暗示其爲猫頭鷹。

在大汶口的陶器紋飾上及良渚文化中發現的玉雕鳥紋,表現出了更生動的鳥圖像。據巫的結論,"大汶口的陶器紋飾和弗利爾(Freer)博物館所藏的玉璧,都是明確的符號標記或象徵標誌,而不是裝飾,因爲這些小而孤立的雕刻不能起到什麼裝飾作用。其次,它們由某些常見的要素構成,而這些要素後來演變成漢字標準偏旁;而且,它們在很多方面與鑄造于商周青銅器上的象徵標誌相似"。①

自20世紀30年代以來,考古學家及歷史學家一直將殷人歸爲東夷部落。而東夷部落的鳥崇拜已經被來自考古資料及歷史記載的證據所證實。

3.5　鷙鳥崇拜

在安陽地區也發現了鳥骨。然而,直到20世紀80年代,在安陽出土的鳥骨中,除了雞骨外,我們僅識出三種,即孔雀(*Paco*, *cf. muticus*)、灰色的禿鷲(*Aegypticus monachus*)、銀色的雉(*Gennaeus*, *cf. nycthermerus*)。②在1987年安陽出土物中,考古學家們發現了相當多的鳥骨,且多爲猛禽鷙鳥類。其中,有鷹科(*accipitrine*)、鵟科(*buteo*)、雉科(*phasianidae*)、鴟梟科(*strigidae*)、鶴科(*gruidae*)、翠鳥亞目(*alcedines*)各種鳥骨。發現的這些惡鳥屬於雉鳥、鷹、隼等類。③

雖至相當晚時仍保留有其鳥崇拜,在殷商晚期,殷人也逐漸瞭解了鳥的種類及鳥的世界。除了如郯子的話這樣的歷史叙述之外,在甲骨卜辭和青銅器銘文中還發現了比較大量的各種鳥類名稱。至少在用於命名方面就發現了比較多的有關鳥種類的叙述。通過《説文解字》和《爾雅》的幫助,雖可得知卜辭及青銅器銘文中的許多鳥名,但仍有許多鳥名難以獲知。在這些早期文字中,許多鳥類與殷人的狩獵活動有關。姚孝燧據由甲骨卜辭研究了商朝各王的狩獵活動。其研究結果表明,許多商王都沉迷於狩獵。而從其時的那些刻辭來看,在獵取的動物中,可確定有雉、鳶、集(可能是一種鳥)。④獵鳥,乍一看也許意味着人類徵服鳥類的企圖。其實,獵鳥與殷人以鳥爲圖騰象徵的説法並不互相矛盾。在圖騰文化中,所崇拜之物件不必列爲獵殺禁忌。一些圖騰文化甚至以獵殺所崇拜的動物來表示對其崇敬之

---

① Wu Hung(巫鴻),"Birds Motifsin Eastern YiArt"(東夷藝術中的鳥圖案),*Orientation*(October 1985),頁36。

② 張光直,*Shang Civilization*[商代文明](New Haven&London:Yale University Press,1980),頁140。

③ 侯連海,《記安陽殷墟早期的鳥類》,《考古》265(1989年第10期),頁942—947。

④ 姚孝燧,《甲骨刻辭狩獵考》,《古文字研究》,北京:中華書局,1981年第6期(1981年11月),頁53—54。

情。對一個信仰圖騰的人而言,獵食神聖之動物可使其將動物的超人能力及神性吸收入自己的體內。①而殺圖騰動物以祭祀其認定的祖先,可向其祖先和圖騰崇拜物示以其優秀與敬意,同時也是希望他們重獲新生。②

從考古資料來看,沒有證據證明某一種鳥曾被殷人特別地崇拜過。他們所描述的鳥的形象通常以相當模糊的包含鳥類一般特徵的形式出現。商代青銅器上的各種鳥紋則呈鈎喙,似是對鷙鳥類的描摹。完整的商代鳥形象崇拜的描述有待於進一步的發現。然而,安陽地區出土的絕大多數鳥骨是屬於食肉類猛禽的,比如隼、鷹、雉以及其他一些猛禽。可能殷人對鳥王國中這些巨大的食肉鳥類懷有敬畏之情。對商代卜辭及早期詞典中所表明的詞之關係作進一步研究,可爲此理論提供佐證。在《説文解字》中,許慎認爲古文"鳳"就是"鵬"字,③而"鵬"爲早期文學中所描述的人們熟知的巨大神鳥。"鳳,神鳥也。天老曰:鳳之象也,鴻前麟後,蛇頸魚尾,鸛顙鴛思,龍文虎背,燕頷雞啄,五色備舉,出於東方君子之國,翱翔四海之外,過昆侖,飲砥柱,濯羽弱水,莫宿風穴,見則天下大安寧。從鳥,凡聲。:古文鳳,象形。鳳飛,群鳥從以萬數,故以爲朋黨字。:亦古文鳳。"

"鵬"與"風"及"鳳"字同義,不僅存在於甲骨刻辭中,而且從現存的文獻資料中也可看到。在《莊子》中,鵬以異常巨大的鳥之形象被描述爲風神。"'鵬之徙于南冥也,水擊三千里,摶扶搖而上者九萬里,去以六月息者也。'野馬也,塵埃也,生物之息相吹也。"《淮南子·本經訓》:"逮至堯之時,十日並出,焦禾稼,殺草木,而民無所食。猰貐、鑿齒、九嬰、大風、封豨、修蛇皆爲民害。堯乃使羿誅鑿齒于疇華之野,殺九嬰于凶水之上,繳大風於青丘之澤,上射十日而下殺猰貐,斷修蛇於洞庭,禽封豨于桑林,萬民皆喜,置堯以爲天子。"這裡也用"大風"以命名出現於遠古的一種害鳥。正如漢代學者高誘所釋,"大風,鷙鳥"。所謂的大風即猛禽類之統稱。④

由現存的歷史文獻資料,我們只能斷言殷人的圖騰崇拜很可能是鳥崇拜而並

---

① James Frazer(弗雷澤),*The Golden Bough*(《金枝》),Hertfordshire:Words worth Editions,1993,頁 17—18,頁 21。

② James Frazer,*Totemism and Exogamy*[圖騰與外婚制],London:Mac Millan Co.,1910,頁 44;何星亮,《龍族的圖騰》,頁 109—112。

③ 許慎:《説文解字》,頁 79。

④ 高誘(168—212)的話未見於今本《淮南子》注,見於李善(630—689)的劉孝標"辯命論"注,見《文選》,北京:中華書局,1977 年,頁 752。

非某一種鳥的崇拜。在安陽時期及其後，殷人可能是將鶩鳥類構想爲其神聖的圖騰象徵。在早期殷人的觀念中，"鳳"或"匽"鳥的形象代表著他們所構想的鳥之所有神秘性與神聖性。

4. 圖騰理論在早期中國研究中的適用性

在《圖騰制度》(*Totemism*)中，列維質疑原始人觀念中是否真實存在所謂的圖騰崇拜。他指出：奧吉布瓦族人的守護神與圖騰一詞没有什麽關係。早期人類學者最初是將以動物名稱命名的族群集體稱謂誤認爲是守護神信仰。印第安人的五個最初的氏族來源的神話，也不是後人所想像的那樣。他們原于六個來自大海的超自然的存在，其中一個電擊人類後潛入大海，其他五人留下來，成爲他們的福佑。於是出現了五個氏族和圖騰：鯰魚、鶴、潛鳥、熊、貂。又演化出其他部族，而這些圖騰動物並非膜拜物件。他進一步指出，圖騰崇拜只是被功能主義人類學者明顯地誇大和普遍化的一種現象。

我認爲列維・斯特勞斯所否定的並非圖騰現象本身的真實性，而是"圖騰制度"這一術語，這個術語表達了文化與自然之間有普遍的聯繫這樣一個觀念。根據列維・斯特勞斯的觀點，若我們視自然系列由類與殊構成，而視文化系列由群體與個體組成，那麽自然系列與文化系列之間就只有四種可能的組合類型。

	1	2	3	4
自然 Nature	類 Category	類 Category	殊 Particular	殊 Particular
文化 Culture	群體 Group	個體 Person	個體 Person	群體 Group

列維・斯特勞斯説，這四種組合運作之結果在邏輯上是等同的。但只有前兩種組合類型曾被認爲是完整的圖騰主義，這一點使他感到迷惑。在此四種組合中，第一種在澳大利亞圖騰文化中可以得見。澳大利亞圖騰文化假定自然類與文化群體之間是有聯繫的。第二種可見於北美洲印第安人中，個人尋求使自己與一種自然物種達成一致（個人圖騰崇拜）。①然而，其他兩種類型的組合，在原始人中雖然也可發現，卻不曾被看作圖騰主義。

在其對圖騰文化理論發展的進一步研究中，列維・斯特勞斯也分析了奧傑

---

① Rodney Needham(羅德内・里翰)譯，Claude Lévi-Strauss, *Totemism*［圖騰制度］，London：Merlin Press, 1964，頁 16—17。

布瓦人的起源神話,並使我們相信"從來没有記述表明奧傑布瓦人相信其氏族成員是圖騰動物的後代,而且也無證據表明後者是他們的崇拜對象"。[1]首先,奧傑布瓦神話中的圖騰動物與奧傑布瓦人没有任何直接的親緣關係;其次,奧傑布瓦神話還把個人關係與集體關係對立起來;最後,這證明在兩個系統之間存在著某種原始的關係:一個是建立在群體區分的基礎之上,另一個是建立在物種區分的基礎之上。并且,這些群體及物種被置於直接的相互關聯或相互對立的關係之中。[2]

他舉美國人類學家林頓所談到自身經歷爲例,説明所謂圖騰只是一種有用於標識的符號,更多地只有分類學上的意義。林頓在第一次世界大戰時所在的師叫"彩虹師",之所以以彩虹命名只是因爲在一次行軍中偶然看到天邊的彩虹,從此以後,彩虹就成了該師的吉祥物和標識。該師的官兵,在談到自己所在番屬時都説"我是彩虹",這就好像一種中學生的自豪感和歸屬感。雖然在該師的武器、裝備和徽章、旗幟及其事物上都有彩虹標識,但彩虹並非崇拜的物件。值得分析的是:

1,同一性;2,軍團取名都是動物、事物、自然現象;3,區別於其他,説出自己的標識;4,標識貼在武器裝備上,禁止其他軍團使用;5,保護作用和功能。

據列維·斯特勞斯的觀點,任何一種圖騰文化系統都包涵著一種分類法的進程,産生於要素的内在的對應性配置,通常表現爲互相對應的兩套形式,其中一個是自然方面的,另一個是文化方面的。

列維·斯特勞斯對圖騰現象的分析是深刻的。他使人類學界在對早期人類對其自身與自然界及自然物種的關係之構想的研究領域,發生了顯著的變化。從某種程度上説,他所提出的圖騰文化理論的新視角顛覆了這種理論本身。從此,"圖騰制度研究只能成爲原始分類法系統研究的一個特殊分支",[3]并且轉而成爲象徵體系的研究。正如羅傑波爾(Roger C. Poole)在其爲列維·斯特勞斯英譯本《圖騰制度》寫的序言中所説:"列維·斯特勞斯的書篇幅雖小但在方法論上意義深遠。也正是有此一書,我們才能説圖騰制度研究已經被徹底地終止。如果我們再談論

[1] Rodney Needham(羅德内·里翰)譯,Claude Lévi-Strauss, *Totemism*[圖騰制度],London: Merlin Press, 1964,頁21。

[2] Rodney Needham(羅德内·里翰)譯,Claude Lévi-Strauss, *Totemism*[圖騰制度],頁19—20。

[3] David Maybury-Lewis(大衛·梅伯雷-路易),a book review of *Totemism*(圖騰制度書評),in *American Anthropologist* 65(1963):頁933。

‘圖騰制度’，就將是無視或不顧列維·斯特勞斯的存在。”①遺憾的是，我們被列維·斯特勞斯及其追隨者帶到了另一個極端。

　　然而在西方幾乎淡化了 30 多年後，近 10 年來，圖騰文化理論在中國重新興起。爲力圖給圖騰文化繪出完美的圖畫，許多學者依據傳統的圖騰文化理論闡釋原始社會，並以此爲基礎建立其假説。使圖騰文化研究在中國的復活的這些學者，有些或許是忽略了列維·斯特勞斯的《圖騰制度》，但也有一些學者或許是無視列維·斯特勞斯的研究。他們的共同之處是都沒有真正面對列維·斯特勞斯。然而，這並不意味著這些研究因而就失去了其價值。恰恰相反，在中國早期文獻中可以發現以自然物種爲圖騰的現象，尤其是動物崇拜的現象。這些現象不能完全解釋爲象徵符號的使用。殷人的鳥崇拜從其始祖起源神話可得證實，而殷人的這種起源神話與列維·斯特勞斯對奧傑布瓦的分析相反，而與所謂的功能主義者的評論相符。商的起源神話，玄鳥生商祖契，表明了人與其圖騰之間的直接聯繫。其祖先姓名的刻劃文字形象，也確證了人與圖騰之間的直接關係，及其代代相傳的特徵。這些現象在早期文獻中所叙述的中國早期神話中普遍存在，從考古資料中也可找到佐證。而這些證據如果用純屬偶合的角度來解釋是很難令人信服的。因此，作爲一種宗教現象而非分類法上的表現，動物特別是對神話中的玄鳥，也就是鳳凰的崇拜是内在於殷人的觀念之中的。

---

① Roger C. Poole（羅傑·波爾），“Introduction,”for Rodney Needham（羅德内·里翰）譯，Claude Lévi-Strauss，*Totemism*［圖騰制度］，Penguin Books，1969，頁 9。

原　孝[*]

一百多年以來,許多學者圍繞著儒學與宗教的關係問題一直爭辯不已,爭論的焦點主要是傳統中國社會是否有宗教,以及在傳統社會中佔據主流地位的儒家的思想和制度是否屬於宗教的問題。而要確定儒家是否宗教,其最核心的思想以及相關的風俗制度就是中國傳統中的孝道。如梁漱溟認爲儒學是以倫理來化替宗教,故似宗教而非宗教。梁説:"中國缺乏宗教,以家庭倫理生活來填補它。"①梁進一步指出,宗教的特質在超絶與神秘,而其作用在勘慰人的情志。前者提供形上世界的意趣;後者消除現實世界的有限性所帶來的危疑不安。超絶是宗教實在,神秘是宗教認識,情志勘勉則是宗教功能。而儒學與其他宗教對於人生有著同樣的作用,其根本在於一是孝弟的提倡,二是禮樂的實施。祭天祀祖的行爲後面是有孝道的價值起著支配作用的。那麼孝道在傳統儒家的價值系統中到底是一個什麼地位? 它在早期儒家思想中是如何形成的? 如何被賦予抽象的意義和倫理的內涵的? 這是本文所要討論的中心問題。

《孝經·開宗明義》:"夫孝,德之本,教之所由生。"《孝經·聖治》曾子曰:"敢問聖人之德,無以加於孝乎?"子曰:"天地之性,人爲貴。人之行,莫大於孝,孝莫大於嚴父,嚴父莫大於配天,則周公其人也。"《孝經·三才》:"夫孝,天之經,地之義,民之行也。"是以孝之爲義也至巨,與周文禮制具有同等的價值高度,也是周文禮制的核心內容②。儒家

---

* 本文初刊於香港浸會大學之《人文中國》學報第九期(2001),頁 229—252。承蒙劉笑敢教授不棄,將本文重刊於《中國哲學與文化研究》集刊,謹此致謝。重刊前,筆者又對文章內容作了部分修訂,特此說明。

① 《梁漱溟全集》第三卷,濟南:山東人民出版社,1990 年,頁 89。
② 《左傳》昭公二十五年:鄭子大叔見趙簡子,趙簡子問揖讓周旋之禮,子大叔曰:"吉也聞諸先大夫子產曰:夫禮,天之經,地之義也,民之行也。天地之經,而民實則之。則天之明,因地之性,生其六氣,用其五行。"(見楊伯峻:《春秋左傳注》,北京:中華書局,1981 年,頁 1457。)《孝經》改禮爲孝,以孝爲禮之本,故與禮具有同等價值高度。

對孝義的重視，似乎超越了家庭、社會倫理的畛域，而有與天地宇宙並存並化的終極價值，是天之經，地之義。至此一個最初簡單的家庭倫理概念，被賦予形而上學意義，提升到宇宙觀念和本體意識的高度。①儒家的倫理和價值系統，在中國社會中雖無宗教之形態，却具有宗教之功能。②而使孝之一道，幾千年來在中國人的生活和文化中，具有宗教之功用。③

今人所説的孝弟倫理觀念，正是春秋以降自儒家一流中産生，儒者立言，端以祖述堯舜，憲章文武爲事業。其間紹述之功固不可没，然推揚闡發之際，亦不免推之玄遠，文先民之草昧。來者昧於儒學之獨尊，乃隨事俛仰，妄以後來之倫理觀念，强加諸三五之世，以爲先民們於茅茨不翦，采椽未斲之際，仍分出些餘暇來安排君臣父子孝義忠信。《漢志》本《七略》，以爲九流之學，始皆出於王官之守，儒家者實亦其中一脈，恐未能外。流百源一，去取互異，或"引其一端，崇其所善"，或訛誤相傳，真義懸眇，固所不免。然孝之朔誼，乃塵封土隔，不獲知於今之人焉。

拙見以爲，孝的觀念自商代至春秋時期，其蘊涵經歷了發展變化，以今所能看到文字資料來看，此一觀念本身蓋自殷人的宗教活動中産生，至春秋時期始具有後來之倫理內涵。其名實涵蘊轉化層累之繁，似有擘析之必要，以推記古今之變，求其本然。

一、孝、考、老

殷商時期"孝"字不多見，殷墟卜辭中"孝"，目前所知，僅一例。④用爲地名曰"孝

---

① 至漢，董仲舒《五行對》、《五行之義》昌言孝爲天道，且由五行相生之説解之。見康有爲：《春秋董氏學》，北京：中華書局，1990年，頁175、233。
② 關於儒學與宗教性的問題，自第一代新儒家起一直是聚訟不休的問題。如梁漱溟以爲儒學非宗教似宗教，指出"中國缺乏宗教，以家庭倫理生活來填補它。"（《梁漱溟全集》第三卷，頁89。）馮友蘭以爲宗教使人信，而哲學使人知，而儒家所謂"知天之知"，並未排除使人信的成分。儒家的道德境界同時也是天地境界，此天地境界就是從一種更高的觀點來看人的道德行爲。
③ 曾昭旭：《孝道與宗教》，見牟宗三、謝扶雅等著，東海大學哲學系編：《中國文化論文集》卷3，臺北：幼獅文化事業公司，1981年，頁512—522。關於孝道爲中國宗教的問題，恐怕最早是由胡適提出的。胡適云："外國人説我們中國没有宗教，我們中國是有宗教的，我們的宗教，就是儒教，儒教的宗教信仰，便是一個孝字。"見嚴協和：《孝經白話注釋》，西安：三秦出版社，1989年，頁5。然系統的論證，應是曾昭旭此文。其主要觀點爲孝道無宗教之形態，但有宗教之功用。
④ 《甲骨文編》，頁357。著錄於《金璋所藏甲骨卜辭》，白瑞華校：《方法斂摹甲骨卜辭三種》，臺北：藝文印書館，1966年，頁476。

鄙"。商銅器中有"孝卣"者，"孝"字作人名。[1]以字形而論，"孝"字固與"考""老"二字有關。兩周金文中每見"孝""考"通用，"孝"當爲"考"字孳乳而來。《說文解字》以爲："孝，善事父母者，從老省，從子，子承老也。"[2]不爲無故。其說今人多從之。

惟"考""老"二字，卜辭中或作▨，或作▨，或作▨，或作▨，亦多用於地名，"考""老"古同字，皆象老者"戴髮佝僂扶杖形"[3]。《小屯南地甲骨》1066片："丁亥貞王令▨▨因侯商"，其"保"字後之字有些漫漶，但其形頗疑爲"老"字。《小屯南地甲骨》1082片亦有"保老"一詞。以此看來，"保老"連稱頗似與職官榮銜有關。卜辭中的"保"，一般多用爲動詞，如云"保于……"、"弗保"、"弜保"之類，似爲祭祀之稱。但時亦用爲名詞，可能是指《尚書·說命》、《尚書·君奭》、《今本竹書紀年》中之保衡，即伊尹。可知卜辭中已見"保"這一職稱。林泰輔《龜甲獸骨文字》1.26.7著錄："丁酉卜大貞小▨▨（老）隹丁協八月"（合集23715）。其中▨字與"保"形近而訛，似亦爲職名。《周官》有"保氏"掌諫王惡，並養國子，教之以六書六藝。周初太保一職，由召公奭出任。而卜辭一期有所謂"乎多老舞"[4]，"多老"蓋年耄有德者之稱。《禮記·曲禮上》："七十曰老。"《說文》亦云："老，考也，七十曰老。"[5]《詩·小雅·采芑》："方叔元老，克壯其猶。"

殷周之世，年長者受禮於天子，《周官》有"邦饗耆老"之儀，又有慈幼養老之制[6]。又有所謂"几杖之賜"，至漢仍有鳩杖之賜，是其遺制。天子之臣亦有稱"老"者。《禮記·曲禮下》謂：天子之五官（司徒、司馬、司空、司士、司寇）致仕，對諸侯即自稱天子之老。《王制第五》並謂"殷人養國老於右學，養庶老於左學。周人養國老於東膠，養庶老於虞庠；虞庠在國之西郊。"是以周人尊老之制，或因殷人而有其損益。周制天子視學養老，亦"設有三老五更群老"之席位（《禮記·文王世子》）。此或亦承之殷制。

故甲骨文中所謂"多老"殆如周之"三老"、"群老"、"天子之老"，或爲年高德劭者之

① 見羅振玉：《三代吉金文存》13.34.5。中國社會科學院考古研究所編：《殷周金文集成》，北京：中華書局，1988—1994年，5377。以下簡稱《集成》。

② 許慎：《說文解字》，北京：中華書局，1983年，頁173。

③ 此葉玉森說，見《研契枝譚·髮形》。引自于省吾主編：《甲骨文字詁林》，北京：中華書局，1996年，頁76。此後學者皆從葉說。以卜辭二形證之，許君謂老字從人毛匕，似不確。

④ 中國社會科學院歷史學研究所編：《甲骨文合集》，北京：中華書局，1982—1999年，16013。以下簡稱《合集》。

⑤ 許慎：《說文解字》，頁173。

⑥ 《周禮·天官·塚宰第一》。

稱,或爲致仕之老臣,或爲卿士中位尊者之泛稱。故卜辭所謂"老",釋年長者杖策之形,誠不刊之論。以卜辭文例來看,"老"字似無"父考"、"皇考"等親屬稱謂之義。

羅振玉《殷墟書契後編》著録一期骨辭中有"形"字,孫海波釋"考"字,征諸辭例可通:

辛酉卜王貞余考……(合集 21482)

其下半"形"形,與金文中考字及"考"字下半頗相類。其下所從之"亥"形是考字所從之"丂"形之形訛,西周中期金文中如文考日乙觥銘中就有"形"(集成 9302)形,西周晚期南宮柳鼎銘作"形"(集成 2805)形,仲殷父簋銘作"形"(集成 3965)形,與此版卜辭中"考"字正相類。

我頗疑殷墟初期"考""老"殆爲二字,金文"考""老"互通,以形音俱近而訛。且其例並不多見。西周金文中"考""老"多爲二事。"老"仍指年壽,例如"霝命難老"(齊太宰盤、歸父盤)"霝冬難形"(形季良父壺),"壽老無形"(夆叔盤)。而"考"字或作"孝",或作"祖考""皇考""文考""朕考""剌(烈)考""者(諸)考"等,偶亦作"壽考""眉考"(叔家父簋)。從現有的古文字資料來看,自一期甲文,以至金文辭例視之,"考""老"各指其所指,固非一字也。許慎指"考""老"轉注,以爲二者"建類一首,同意相

授",其語焉含混,殆未能必。今學者孫常叙、王鳳陽以爲"考""老"本爲一字,音讀如
[* klo],後以詞義分化,以同字異構而各指其所指。由"父老"一義而衍生一般意義
上的"父老"與自家"父老"①。此説征諸甲金文字形,精確不刊。惟此分化似自卜辭
一期已見其端倪。若以"老""考"互通概言之,則掩其變化之跡,文義之別固難彰矣。

　　兩周金文中"考"字,多作"𦓐"形。上半從卜辭中"老"之省,下半作"丂"形,舊釋
多以爲卜辭中"老"字下半杖形之訛變。《説文》謂:"考,老也,從老省,丂聲。"《説
文》:"丂,氣欲舒出上礙於一也。古文以爲字,又以爲字。"然西周中期後段的仲枏父
鬲"用敢卿(饗)孝於皇且丂"仲枏父簋並有"用敢卿(饗)考於皇且丂。"②同一"考"字
兼有"考""丂"兩種寫法,前者作動詞,與"孝"通,後者作名詞,指"考妣"之"考"。春
秋中期素命鎛,銘文中亦兼有此兩種寫法。銘文云:

　　　　素命保其身,用享用考於皇且聖叔、皇妣聖姜;於皇且又成惠叔,皇妣又成
　　惠姜;皇丂𪉷(從辶從齊)中皇母。③

　　在此,"考""丂"二字同樣也是一爲動詞,一爲稱謂詞,指死去的父親。銘文中
又云"用求丂命",其丂字作𠄌形。或以爲"丂"字是"考"字之省。竊以爲不然。卜辭
已有此"丂"字,其形與金文同。卜辭中多用爲地名,用法多如:"卜在丂𠂤"(《合集》
36777)、"貞在丂彳"(《合集》228、32616)、"𥃩於丂𪊷"(《合集》101)。

《合集》228

①　王鳳陽:《文字學》,長春:吉林文史出版社,1989年,頁341。
②　金文中卿、鄉、饗常通用。《説文解字》:"𪊷(饗),鄉人飲酒也。"以字形視之,金文中卿、鄉、饗皆象二人
　　對坐,中設食器。《説文解字》:"封圻之內六鄉,六卿治之。"是疑"鄉"字字義乃由鄉人飲酒之義而得,
　　而卿字亦由是演變。參見王鳳陽:《古辭辨》,長春:吉林文史出版社,1993年,頁607。
③　白川靜:《金文通釋》,《白鶴美術館志》第38輯(1973年),216,頁378—387。

　　《詩·豳風·伐柯》:"伐柯如何,匪斧不克。""伐柯伐柯,其則不遠。"《毛傳》謂柯是斧柄,不確。《詩·齊風·南山》:"析薪如之何,匪斧不克。"柯即是薪,即枝莖之義。《廣雅》:"柯,莖也。"王念孫《廣雅疏證》:"樹莖謂之幹,亦謂之柯。"[①]盧文弨《廣雅注》:"玉篇:柯,枝也。禮記禮器:禮其在人也,如竹箭之有筠也,如松柏之有心也。貫四時而不改柯易葉,《說文解字》但訓柯爲斧柄,實則柯本樹莖,取以爲斧之柄,因名斧柄爲柯。"[②]《韓非子·喻老》:"宋人有爲其君以象爲楮葉者,三年而成。豐殺莖柯,毫芒繁澤,亂之楮葉之中而不可別也。"故柯本義當是枝莖,引申義則爲斧柄,柯杖等。樹莖取而爲欐柄,亦名柯,取而爲筇杖,亦名柯。故"丂"字本爲枝幹或竹杖之象形,"考"字由"丂"而增益成形,並非"考"字省爲"丂"。

　　同器出現兩字形,或爲區分字義。"考"形在金文中或作"孝",或作祖考之"考";"丂"形在金文或作祖考之考,或作壽考之考,斷無與"孝"通者。"孝"之字源,上半從老之省,下半從子,以子承老會意,以此可證"孝"之初詁當作動詞用。

二、以 孝 以 享

　　作爲動詞的"孝",其朔詁可從金文辭例中測知。金文與兩周文獻中,多有"享孝"連文之例。金文中尤不勝枚舉。要皆在標明彝器之功用。西周彝銘中多稱"用享孝"、"用孝享"或"用孝用享"、"用享用孝",其例實多,不繁舉證,今以白川靜《金文通釋》所錄爲本,略引數例如下:

　　　　昭穆時期:其用夙夜享孝,於厥文且乙公於文母日戊(戜方鼎)

　　　　恭孝時期:用追孝於己伯,用言大宗,用濼好賓(虘鐘)

　　　　用敢卿(饗)孝於皇且丂(仲柟父鬲)

　　　　厲王時期:用作朕皇考朱癸尊鼎,用享孝於文申(此鼎)三件

　　　　西周後期:白公父乍金爵,用獻用酌,用享用孝於朕皇考,用薪眉壽,子孫永寶用酋(白公父勺)

　　　　西周後期:用享考(孝)於宗室萬年(邭史碩父鼎)

　　　　其萬年子子孫永用言孝(仲再父尊)

　　惟此"享孝"連文的形式,迨及春秋以後,"享孝"連文除以上形式外,或稱"以

---

①　王念孫:《廣雅疏證》,南京:江蘇古籍出版社,2000年,卷10上,頁94。

②　徐復主編:《廣雅詁林》,南京:江蘇古籍出版社,1998年,頁920。

（厶）孝以（厶）亨”，其義略無二致。

　　　　春秋：我厶享孝，樂我先且（郘鐘）

　　　　魯僖公五年：用享用孝，用旂眉壽（虞司寇伯吹壺）

　　　　春秋：召叔山父乍旅𠤳，用享用孝，用旂眉壽（召叔山父簠）

　　　　春秋：用孝用享，用易眉壽（曾伯𥞣壺）

　　　　春秋中葉：用享用考於皇且聖叔（素命鎛）

　　　　春秋中葉：用享厶孝，於旳皇且文考（齊鎛氏鐘）

　　　　春秋中期：厶卲𥙿孝享，厶受屯魯多釐（秦公鎛）

　　　　春秋晚期：厶享厶孝，用蘄萬壽（其次句鑃）

　　　　春秋後期：用追孝於我皇簠（陳肪簠）田成子常器

　　　　—475：厶享厶孝於大宗皇且皇妣，皇考皇母（陳逆簠）

　　　　戰國：用享厶孝，於我皇且文考（王孫遺者鐘）

　　然“享孝”連文，究竟何義，舊解皆以爲與金文辭例中“追孝”略同，以爲“享”是享獻，“孝”即孝敬。案“享孝”連文爲兩周習慣用法，或可以成語視之。此成語亦多見於詩書等文獻。

　　《詩·周頌·載見》：“以孝以享，以介眉壽。”又云：“龍旗陽陽，和鈴央央，鞗革有鶬，休有烈光，率見昭考，以孝以享。”

　　《詩·小雅·天保》：“吉蠲爲饎，是用孝享；禴祠烝嘗，于公先王。”

　　《毛傳》謂：“享，獻也。”孔疏：“王既爲天安定民事已成，乃善絜爲酒食之饌，是用致孝敬之心而獻之。”孔氏釋饎爲獻酒食之饌，釋孝爲孝敬之心。此說自孔以下，略無異辭，惟清人馬瑞辰獨具隻眼，以爲“享”“孝”互文，曰：“《爾雅·釋詁》：享，孝也。《釋名》引《孝經》說曰：孝，畜也；畜，養也。《廣雅》：享，養也。《諡法解》：協時肇享曰孝。是孝與享同義。故享祀亦曰孝祀。《楚茨》詩‘苾芬孝祀’是也。致享亦曰致孝，《論語》‘而致孝乎鬼神’是也。此詩‘以孝以享’猶《潛》詩：‘以享以祀’，皆二字同義，合言之則曰‘孝享’，《天保》詩：‘是用孝享’，猶《閟宮》詩：‘享祀不忒’也。《箋》分孝享爲二義，失之。”[1]馬說言之鑿鑿，實可成爲定論。然自馬氏以下說《詩》者，多未見及此，仍以孝爲“孝敬”之義。如高亨《詩經今注》以爲“祭祀祖先乃對祖先的孝敬，所以說孝享。”[2]仍有學者，本此義而發揮，以爲“享孝”連文是周人宗教觀與倫理觀結合的産

①　馬瑞辰：《毛詩傳箋通釋》，卷29，頁18，《續經解毛詩類彙編》，臺北：藝文出版社，1986年，頁1586。

②　高亨：《詩經今注》，頁227。

物。並稱:"是知享孝連文或對舉,是西周孝道觀的一種語言表現形態。可見,孝這一倫理觀念與享這一宗教觀念有着密切的關係,這種關係有時卻以孝與祭祀的結合而表現的。"①推論至此,可謂更行更遠。竊以爲"享孝"之"孝"字於西周金文中究竟包含多少倫理内涵,大可商榷。後世儒家倫理意義上的"孝",一般認爲包含情感上的關懷(Care)、行事中的順從(Obedience)與理性上的道德警覺(Moral Vigilance)等三方面的内容②。西周金文中的"孝"除去祭祀中敬奉食饌與祖先外,實未及此。

《詩》有所謂"以妥以侑"、"以享以祀"、"以薪以烝"、"以引以翼"、"以假以享"、"以似以續,以遨以游",文例常見,皆以"以"連接兩個平行動詞,或使動名詞,兩詞詞意或相對、或相近或相同。其他虛詞如"式"、"侯"、"攸"、"載"、"用"等用法皆類此。金文亦有"厶(以)登(烝)厶嘗"、"厶夏厶南"、"厶匽厶喜"等亦皆類此。"孝""享"同義連文,殆無疑義。皆指祭祀中以酒食獻饗也。"享"與"鄉""饗"皆通,本義爲以酒食進奉。以金文詞例與《周禮》來看,食饌燕會賓客曰鄉;獻祭死者曰享。此辭義之分,卜辭中已然。以字形論之,"享"象宗廟形,"鄉"則以二人相坐對食會意,後來乃分指大饗、燕食二禮。

仲枏父盙銘:"用敢卿考于皇且考","卿考"即"饗孝",以言祀事中之進獻飲食③。彝銘中尚有"🜨"一字,上半與孝同,下半從食。爲"孝"之異體。其形數見:

　　一曰:曾伯🜨簠:用🜨用享于我皇且文考

　　一曰:番君召簠:用享用🜨

　　一曰:陳逆簠:厶享厶🜨于大宗皇且皇妣,皇考皇母

屬王時器梁其鼎、梁其壺皆有銘曰:"用享考于皇且考",西周晚期部史碩父鼎銘中,"考"亦與"孝"通。"考""孝"通用,以形音俱近也。考,苦浩切,幽韻溪紐;孝,呼教切,幽韻曉紐,二者韻同紐近。"孝"之初誼筆者頗疑爲子以飲食進獻父考。許慎所謂"子承老"之説,或未能必。《禮記·曲禮》:"祭王父曰皇祖考,王母曰皇祖妣。父曰皇考,母曰皇妣。夫曰皇辟。生曰父、曰母、曰妻,死曰考、曰妣、曰嬪。壽考曰卒,短折曰不禄。"《釋名·釋喪制》:"父死曰考。"證諸金文辭例未確。以詩書與彝銘兩參之,"考"有數義:先祖、死去的父親和活著的父親。這些都是周禮或孝祭或孝

---

① 王慎行:《論西周的孝道觀》,《古文字與殷周文明》,西安:陝西人民教育出版社,1992年,頁267—268。王慎行先生此文論孝於資料上可謂備矣,且多卓見。然就孝之初誼,筆者不能苟同。

② Heiner Roetz, *Confucian Ethics of the Axial Age*: *A Reconstruction under the Aspect of the Break-through toward Postconventional Thinking*, Albany: State University of New York Press, 1993, pp. 53—66.

③ 見王慎行:《論西周的孝道觀》,頁259—260。

養的對象。《禮記·祭法》:"王立七廟,一壇一墠。曰考廟,曰王考廟,曰皇考廟,曰顯考廟,曰祖考廟,皆月祭之。"此考就其死者而言之;《尚書·康誥》:"子弗祇服厥父事,大傷厥考心。"此"考"就生者言之。

故孝的對象:

一爲先祖:金文孝祀的對象有"文且"、"皇且晨公"、"文申(神)"、"前文人"、"宗老"及"宗室"諸先祖等。

一爲死去的父親:孝祀對象有"皇考"、"朕皇考"、"文考",或徑稱"父母"。

一爲活著的父親:奉養父母亦曰孝①。

是以"孝"本"考"之義,殆由"考"孳乳之字也。考有"胡考"②(《詩·周頌·載芟》、《詩·周頌·絲衣》)、祖考先王(金文)是其遠祖,先考(中山王▮鼎);又有"文考"、"昭考"(《詩·周頌·訪落》,班簋作"邵考")"皇考"、"剌(烈)考"是其先父;朕考又是其活著的父親。

《中庸》所謂:"事死如事生,事亡如事存,孝之至也。"故孝之義於生者則爲酒食奉養父母,於死者則爲行祭祀進獻醴饈。與"享"、"饗"二字聯用,亦其證也。

三、苾芬孝祀

《詩·小雅·楚茨》清楚地描述了此祭祀獻饗的過程:

> 苾芬孝祀,神嗜飲食。卜爾百福,如幾如式。
>
> 既齊既稷,既匡既敕。永錫爾極,時萬時億。
>
> 禮儀既備,鐘鼓既戒。孝孫徂位,工祝致告。
>
> 神具醉止,皇尸載起。鼓鐘送尸,神保聿歸。
>
> 諸宰君婦,廢徹不遲。諸父兄弟,備言燕私。
>
> 樂具入奏,以綏後禄。爾殽既將,莫怨具慶。
>
> 既醉既飽,小大稽首。神嗜飲食,使君壽考。

---

① 《尚書·酒誥》云:"妹土,嗣爾股肱,純其藝黍稷,奔走事厥考厥長,肇牽車牛,遠服賈用,孝養厥父母。厥父母慶,自洗腆,致用酒。"是勸其躬行稼穡,以事尊長,行孝養於父母。

② 《傳》《箋》以爲"胡,壽也,考,成也。"舊注皆從之。或曰:"胡考即壽考。"此説可商榷。"有椒其馨,胡考之甯,不吳不敖,胡考之休",以壽考解之,其辭不文。余案,胡者,遠也。《儀禮·士冠禮》:"敬爾威儀,淑愼爾德,眉壽萬年,永受胡福。"鄭注:"胡,猶遐也,遠也。胡考即遠祖,以此解詩,其義自明。""有椒其馨,胡考之甯",椒酒馥鬱上達,遠祖自甯。"不吳不敖,胡考之休",無喧無嘩,祇敬祀事,是遠祖之福也。

孔惠孔時,維其盡之。子子孫孫,勿替引之。

以此詩參諸三《禮》,所謂孝祀,實乃享祀,其義不待辨而自明。而其孝享的約略過程,亦可如下表所示:

表一　《詩·小雅·楚茨》與禮書中所見孝祀享祀之禮:

禮節	《詩·小雅·楚茨》	《禮記·郊特牲》25.216-24.1444-52	《儀禮·少牢饋食禮》47.252-6.1196-1200	金文中所見西周孝享之禮
食饌之備	楚楚者茨,言抽其棘,自昔何爲?我藝黍稷。			
食饌之備	我黍與與,我稷翼翼。我倉既盈,我庾維億。			用盛稻粱(曾伯⬚簠)用成稻粱(叔家父乍仲姬簠)
酒饌侑尸	以爲酒食,以享以祀。以妥以侑,以介景福。	凡飮,養陽氣也;凡食養陰氣也。		用穆穆夙夜尊享孝妥福(彧方鼎)用妥多福(寧簋蓋)大神妥多福(癲簋)王夕饗醴於大室,穆公侑尸(穆公簋蓋)用介魯福(啓卣)王鄉醴(大鼎)王才鄭鄉醴(三年癲壺)兮熬乍尊壺其萬年子子孫孫永用享孝於大宗(兮熬壺)
犧牲	濟濟蹌蹌,絜爾牛羊。以往蒸嘗,或剝或亨。	郊特牲而社稷大牢。天子適諸侯,諸侯膳用犢;諸侯適天子,天子賜之禮大牢。	主人朝服即位於廟門之外,東方南面。宰宗人西面北上,牲北首東上。司馬刲羊,司空擊豕,宗人告備乃退。	用侃(盤)用享(鸞)(叔夜鼎)其用__烝大牢(淮白鼎)賜龏觶牻,曰:用嘗于乃考(大簋)
祀祖	或肆或將,祝祭于祊。祀事孔明,先祖是皇。	詔祝於室,坐尸於堂,用牲於庭,升首於室。直祭祝於主,索祭祝於祊。		以祭我皇且(鑾書缶)其用享孝于皇申且考於好倗友(杜伯盨)用孝享于皇且考(虢宣子白鼎)

禮節	《詩·小雅·楚茨》	《禮記·郊特牲》25.216-24.1444-52	《儀禮·少牢饋食禮》47.252-6.1196-1200	金文中所見西周孝享之禮
孝孫致享	神保是享，孝孫有慶。報以介福，萬壽無疆。	祭稱孝孫孝子，以其義稱也。稱曾孫某，謂國家也。		用享孝于文神用匄眉壽（此鼎） 大神妥多福（瘋簋） 師遽拜稽首，降余魯多福亡疆（士父鐘）
鼎俎之獻	執爨踖踖，爲俎孔碩，或燔或炙，君婦莫莫。	鼎俎奇而籩豆偶。陰陽之義也。	雍人概鼎匕俎於雍爨。雍爨在門東南北上。廩人概甑甗匕與敦於廩爨。廩爨在雍爨之北。	鄉醴，呼虢叔召瘋，賜羔俎。己丑，王在匂陵，鄉逆酒，呼師壽召瘋，賜鐃俎。（三年瘋壺）
籩豆	爲豆孔庶，爲賓爲客。獻酬交錯，禮儀卒度。	籩豆之實，水土之品也。	司宮概豆籩勺爵觚觶	用獻用酌（白公父金勺）
獻酬	笑語卒獲，神保是格。報以介福，萬壽攸酢。	大饗君三重席而酢焉，三獻之介，君專席而酢焉。		用享用孝於朕皇考，用斷眉壽，子孫永寶用旂（白公父金勺）
工祝之事	我孔熯矣，式禮莫愆。工祝致告，徂賚孝孫。		主人曰：孝孫某，來日丁亥，用薦歲事於皇祖伯某，以某妃配某氏。尚饗。皇尸命工祝。	告余先王若德（毛公鼎）
孝祀降福	苾芬孝祀，神嗜飲食。卜爾百福，如幾如式。			追孝享祀（瘋鐘）
降福	既齊既稷，既匡既敕。永錫爾極，時萬時億。			以卹其祭祀盟祀以樂大夫（邾公華鐘）

（续表）

禮節	《詩·小雅·楚茨》	《禮記·郊特牲》25.216-24.1444-52	《儀禮·少牢饋食禮》47.252-6.1196-1200	金文中所見西周孝享之禮
嘗樂	禮儀既備，鐘鼓既戒。孝孫徂位，工祝致告。	饗禘有樂，而食嘗無樂。	主人西面，祝在左，主人再拜稽首，祝祝曰：孝孫某，敢用柔毛剛鬣，嘉薦普淖，用薦歲事於皇祖伯某。	魯邍乍和鐘，用享考（魯原鐘，春秋前期）
鼓鐘送尸	神具醉止，皇尸載起。鼓鐘送尸，神保聿歸。	賓入大門而奏肆夏，示易以敬也卒爵而樂闋，孔子屢嘆。奠酬而工升歌，發德也。	前宿一日，宿戒尸。明日朝，筮尸。以某之某爲尸。尸拜許諾，主人又再拜稽首，主人退，尸送，揖不拜。祝出迎尸於廟門之外。	邵各樂大神（瘋鐘）用邵各喜侃樂前文人（瘋鐘）虘作寶鐘，用追孝于己伯，用享大宗（虘鐘）
君婦致祭	諸宰君婦，廢徹不遲。諸父兄弟，備言燕私。			
樂奏	樂具入奏，以綏後祿。爾殽既將，莫怨具慶。	饗禘有樂，而食嘗無樂。		我厶享孝，樂我先祖（邵黛鐘，春秋時器）
稽首	既醉既飽，小大稽首。神嗜飲食，使君壽考。			詢稽首，對揚天子休令（詢簋）舀拜手頴首（舀壺）
致福	孔惠孔時，維其盡之。子子孫孫，勿替引之。		皇尸命工祝，承致多福無疆。于女孝孫，來女孝孫。使女受祿于天，宜稼于田，眉壽萬年，勿替引之。	用祈眉壽，萬年無疆。子子孫孫，永壽用之（陳公子中慶簠蓋）

案上表所示，所謂孝祀，實爲西周儀注中饗禮的一部分。姚際恒以爲“少

牢"、"特牲"兩篇皆由此"楚茨"一詩脱胎而來。①上表顯示此詩與《禮記・郊特牲》、《儀禮・少牢饋食禮》記注多合。鄭玄云："名'郊特牲'者,以其記郊天用騂犢之義。"②今察其内容,多言饗祀朝覲各節,後段雜取婚冠諸禮之義。"少牢饋食"之禮,舊注以爲諸侯之卿士大夫,歲時祭祀祖禰之禮。案《周禮・春官・大宗伯》:"以饋食享先王",故其所記實爲自天子以下至大夫之士所行宗廟祀祖之禮。

高田忠周曰:"孝子之事也,事死猶事生,故祭祀有享獻之禮。享獻亦是飲食事也,故孝字從孝省,又從食會意。"③以此,益證"孝""享"本同義。乃以酒食進獻祖考之靈,以爲致饗之意。金文的字形,從"考"從"食",即象其意也。"孝""養",其文雖異,其義則一,皆象子以酒食進奉其父考。

此饗禮西周初期已略成制度。劉雨所列的西周有饗禮記載的十一器中,天亡簋、征人鼎、宜侯矢簋屬西周早期,④《詩・周頌・雝》、《載見》等篇所記也是饗禮的部分内容。其年代約當周初,與《禮記・禮運》所記略同:

禮節	《詩・周頌・雝》	《詩・周頌》諸篇	《禮記・禮運》
食饌之備		豐年多黍多稌,亦有高廩,萬億及秭。(豐年)	
食饌之備	有來雝雝,至止肅肅。相維辟公,天子穆穆。	載獲濟濟,有實其積,萬億及秭。(載芟)	
酒饌侑尸		爲酒爲醴,烝畀祖妣,以洽百禮(豐年)爲酒爲醴,烝畀祖妣,以洽百禮(載芟)	玄酒以祭
犧牲	于薦廣牡,相予肆祀。	我將我享,維羊維牛,維天其右之。(我將)殺時犉牡,有捄其角。以似以續,續古之人。(良耜)	薦其血毛,腥其俎,孰其殽,與其越席,疏布以冪,衣其澣帛。然後退而合亨,體其犬豕牛羊

① 姚際恒:《詩經通論》,北京:中華書局,1958年,頁231。
② 朱彬:《禮記訓纂》,北京:中華書局,1996年,頁381。
③ 高田忠周:《古籀篇》,臺北:大通書局,1982年,卷33,頁24。
④ 劉雨:《西周金文中的周禮》,《燕京學報》第三期,北京:北京大學出版社,1997年,頁85—86。

（续表）

禮節	《詩·周頌·雝》	《詩·周頌》諸篇	《禮記·禮運》
祀祖	假哉皇考， 綏予孝子。	伊嘏文王，既右享之。（我將） 率見昭考（載見） 於乎皇考，永世克孝，念兹皇祖，陟降庭止。（閔予小子）	
孝孫 致享	宣哲維人， 文武維後。	以享以祀，以介景福。（潛） 維予小子，夙夜敬止，於乎皇王，繼序思不忘。（閔予小子）	
鼎俎 之獻		自堂徂基，自羊徂牛，鼐鼎及鼒。（絲衣）	醴醆以獻，薦其燔炙。 實其簠簋、籩豆、鉶羹。
籩豆			實其簠簋、籩豆、鉶羹。
獻酬	燕及皇天， 克昌厥後。	既醉既飽，福祿來反。（執競） 兕觥其觩，旨酒思柔。不吳不敖，胡考之休。（絲衣）	
工祝 之事			祝以孝告，嘏以慈告，是謂大祥。
孝祀 降福		降福孔皆。（豐年） 以孝以享，以介眉壽。（載見）	
降福		綏以多福，俾緝熙於純嘏。 （載見）	
嘗樂		應田縣鼓，鞉磬柷圉，既備乃奏。（有瞽）	
鼓鐘 送尸		鐘鼓喤喤。（執競） 設業設虡，崇牙樹羽。（有瞽）	
君婦 致祭			君與夫人交獻，以嘉魂魄，是謂合莫。
樂奏		笙管將將。（執競） 喤喤厥聲，肅雝和鳴，先祖是聽。（有瞽）	
稽首			
成之 盡之	綏我眉壽， 介以繁祉。 既右烈考， 亦右文母。	降福穰穰，降福簡簡。（執競） 我客戾止，永觀厥成。（有瞽）	此禮之大成也。

以《周頌》各篇合而觀之,西周初期之饗禮各節已備,略同於後世禮書中所述。周人所作之饗禮,實本於殷制而有其損益。殷器中如尹光鼎、宰甫卣亦記饗酒之事。劉雨在其《西周金文中的周禮》一文中曾列表標示出西周金文所見 20 種祭祖禮,並以之與殷墟卜辭、殷代金文及周原甲骨文作一比較,殷周祭祖儀注間之因承關係,一目了然。故饗祀之禮當始自殷人無疑。惟此孝享活動,在殷世或爲簡單的醴餴之獻,至西周而衍生他義,更增強了其於禮制中的作用和意義。

由此孝之本義,又歧生他義如下:一、以酒饌奉獻其他受祭死者,亦稱孝。叀季良父壺:用享孝於兄弟、婚媾、諸老。祀奉亡夫亦曰孝(叔皮父簋、叔噩父簋)。①二、以酒饌奉養父母,乃孳生西周初期之事父母曰孝,親兄弟曰友的孝友觀念(《尚書‧康誥》《尚書‧君陳》、牆盤、曆鼎)。三、慎終追遠,緬懷往烈,亦稱孝。金文中每稱"追孝"先祖,即禮書中所謂"追享"是也。《周禮‧春官‧司尊彝》:"凡四時之閒祀、追享、朝享、祼,用虎彝、蜼彝,皆有舟。"所謂追享,即禘祫之祭。四、行孝享之禮者,或稱孝子,或稱孝孫,或稱孝婦(叔多父盤)。凡此種種,乃及春秋以後的孝弟觀念,皆由早期享獻之禮出,義繁字簡,殆是之謂也。②以《論語》中所談到的孝的内容來看,大約包涵不失禮、不辱親、敬親、愛親等方面。其中不失禮又包括兩個方面:《論語》:"孟懿子問孝。子曰:無違。……生,事之以禮;死,葬之以禮,祭之以禮。"也就是所謂的事死如事生,事亡如事存。不辱親,也包括兩個方面,一是不作違背道德的事,給父母增光;二是以父母之心爲心,遵循父母的教誨,繼承其德行。此即孔子所謂"父母惟其疾之憂"和"三年無改於父之道"。所謂敬親是説除奉養父母之外,當別有孝順恭敬之意。子遊問孝,孔子説:"今之孝者,是謂能養。至於犬馬,皆能有養;不敬,何以别乎?"即使勸諫父母,也要以敬爲本,即孔子所説的"事父母幾諫。見志不從,又敬不違,勞而不怨。"愛親是強調發自内心的對父母的關愛,如父母在,不遠遊,孔子又説:"父母之年,不可不知也,一則以喜,一則以懼。"知道父母的年齡,既喜其壽,又懼其衰,關愛之情,不克自已。嚴格的説,作爲倫理意義上的孝,應該是在孔子那裏才總結出此四項原則,而加以理論化。孝之本義始於事生,然後擴而爲事死。其初或爲簡單的醴餴之獻,而其後事死之禮逾隆,終於與祭天地神祇之禮

---

① 王慎行:《論西周的孝道觀》,頁 260—261。

② 關於先秦孝的觀念的發展,有很多學者論及,頗多勝義。涉獵所及,近著中以陳蘇鎮:《商周時期孝觀念的起源、發展及其社會原因》,《中國哲學》第 10 輯,頁 39—48;王慎行:《論西周的孝道觀》及 Keith N. Knapp, "The Ru Reinterpretation of Xiao,"(《儒家對孝的再解釋》) *Early China* 20(1995):195—222。數文揭櫫新義,後二者更對春秋以降孝道觀念的遞變申論甚詳,足資參考。

並重。《孝經》中分天子、卿大夫與士庶之孝,《論語》中所説的孝的具體原則,於是乎隨著時代的發展而産生。一個日常生活中的孝,擴而爲宗教行爲,又進而賦予豐富的倫理内涵。

　　學術界的一般觀點皆以爲,中國古代倫理思想的産生,應在西周初期。如朱貽庭主編《中國傳統倫理思想史》,即指出:"西周倫理思想的産生,與殷周之際的社會變革有著直接關係,因而要研究西周的倫理思想,及全面考察中國古代倫理思想的誕生,就必須首先搞清殷周之際社會變革的基本情況。"①有學者進一步認爲這種變革的本質是周人利用以血緣爲紐帶的氏族組織制度而建立起一套宗法等級制度②。

　　然而,自静安先生(王國維)以下,宗法制度問題在學界一直是熱門話題。歧説紛出,莫衷一是。有學者甚至認爲宗法之成爲制度,當晚至西元四五世紀之後。③也有學者以爲在資料尚不充分的基礎上作制度的探討,可説是没有什麽意義。④馮漢驥所説的制度的頒行,見諸文字固然在晚近之世。然據此不足以斷定無宗法之名,就必無宗法之實。如許多學者所指出的那樣,商代本身已有宗法制度。⑤胡厚宣在《殷代婚姻家族宗法生育制度考》一文即強調殷周制度之傳承關係,特别指出殷人宗法制度之存在及與周制之同。林澐考察了小屯所出三種主要非王卜辭指出了子姓宗族的存在。⑥裘錫圭先生亦以爲甲骨文中所見的宗族組織形式,有類於周代的宗法制度。⑦

　　當然同是宗法制度,殷周制度也有同中之異,關於這一點本世紀初,静安先生舉出有封建和廟數之制及同姓不婚三者,以今視之,未確。⑧然學者們論爭的焦點,拙見以爲端在族權、神權、政權的關係。在商周兩代,三者的基本形態是結合在一

---

① 朱貽庭主編:《中國傳統倫理思想史》,上海:華東師範大學出版社,1989 年,頁 2—3。

② 齊思和:《西周時代之政治思想》,《燕京社會科學》第 1 卷(1948),頁 33。

③ Feng Han-yi, *The Chinese Kinship System*, Cambridge, Masachusete: Harvard University Press, 1937, p. 33.

④ Herrlee G. Creel, *The Origins of Statecraft in China*, Chicago and London: University of Chicago Press, 1970, pp. 102—103.

⑤ 胡厚宣在《殷婚姻家族宗法考》中指出,宗法制度在商代晚期已經形成,見《史學論叢》第 1 卷(1934),頁 2—42。

⑥ 林澐:《從武丁時代的幾種"子卜辭"試論商代的家族形態》,《古文字研究》第 1 輯,北京:中華書局,1979 年。

⑦ 裘錫圭:《關於商代的宗族組織與貴族和平民兩個階級的初步研究》,《文史》第 17 輯,北京:中華書局,1982 年。

⑧ 王國維:《殷周制度論》,《觀堂集林》,北京:中華書局,1959 年,卷 10,頁 451—480。

起的,所不同的是結合的方式,以及三者在統治術中運用之權衡輕重。

商人尚鬼敬神,"先鬼而後禮"(《禮記·表記》),是衆所周知的。在殷人的祭祀中,最多見的是祖靈崇拜。凡婚姻巡狩攻伐等事務,殷王率問之蓍龜。凡涉世俗事務,亦必祭告先王先公,貞其休咎。陳夢家先生曾把殷人的祭祀物件分成三類:曰天神、曰地示、曰人鬼①。

1)神:上帝、日、東母、西母、雲、風、雨、雪等;2)示:社、四方、四戈、四巫、嶽、瀆等;3)鬼:包括先王、先公、先妣、諸子、諸母、舊臣。若以祭祀種類分,陳夢家在另一文中則把卜辭中祭名分 37 種。其中多與先公先王之祭祀相關。如果我們換一個角度可將殷人崇拜分爲天神、自然神與祖靈。商王祖先均被神化在人神之間,存活在此商人的廟寢中,時王供奉的祭壇上。在衆神之上,商王所供奉的帝或上帝似乎是商先公先王之集合靈物(generic spirit)。卜辭中又有所謂王帝,乃死去的先王后王之靈祇。作用於上帝與時王之間②,其權能與上帝略同。時王在對王帝和上帝的祭拜中,獲取無上神權蔭庇。所以時王既可代表上帝(神),也代表王帝(宗),也同時是人(政)。三者在時王那裏獲得統一,故殷王的統治是神權爲基礎的,以神道設教的宗法政治。他所關注的是神人之際的應合關係。孝的觀念我們推測應當產生於殷王祭祀祖先神祇的宗教活動③。

卜辭中所見的抽象概念本身並不多見,殷人"孝"的觀念未必具有西周時期的倫理内涵和抽象意義。卜辭中一些抽象名詞如"吉"④、"兇"⑤、"堇"⑥、"咎"⑦、

---

① 陳夢家:《殷墟卜辭綜述》,頁 562。
② 胡厚宣:《殷卜辭中的上帝和王帝》,《歷史研究》第 9 期(1959),頁 23—50;第 10 期(1959),頁 89—110。伊若白(Robert Eno)在胡的研究基礎之上又對作爲至上神的上帝的存在表示懷疑。他根據加藤常賢與白川靜的理論釋帝爲祭祀的神壇,並提出骨辭中帝與上帝的概念應是一個所謂"皇祖考"的合成體(a corporate body of royal "fathers")。既可以作爲集合名詞,也可以作爲一般名詞來指稱商人神殿中的先公先王。Robert Eno, "Was There a High God Ti in Shang Religion?" *Early China* 15(1990):1—26.
③ 伊藤道治與李宗侗等諸多學者都認爲商人對上帝的崇拜是與他們的祖先崇拜結合在一起的。Cho-yun Hsu and Kathryn M. Linduff, *Western Chou Civilization* (New Haven: Yale University Press, 1989), p. 102.
④ "吉"象句兵置於盙盧,舊釋或以爲"偃兵爲吉"。
⑤ "兇"卜辭中僅數見,字形作⊗、𠫟,《合集》5691:貞兇,亞亡若。《合集》10812:庚寅卜,貞㞢弗其㞢,亡兇。其初誼疑爲人牲。
⑥ 初義不識,董作賓以爲象人衣冠整齊,兩手交叉恭謹之狀,卜辭中多爲災咎之義。見于省吾主編:《甲骨文字詁林》,頁 289。
⑦ 饒宗頤以爲象人行遲蹇阻也。見于省吾主編:《甲骨文字詁林》,頁 834。

"利"①、"禍"、"尤"②、"仁"、"灾"③、"聖"④、"德"⑤、"安"（從女在宀下）、"宓"（象置戈於室）、"寧"（象皿在室下，象室家之安）等等，始皆由具體事類中產生。乃因文字始生，與先民早期的生活仍密切相關。

"孝"原是殷人奉獻醴餽給父母祖先的活動，此孝享活動在殷人那裏是否具有倫理內涵，恐怕不易斷言。若有，"孝"的觀念的倫理內容應該是殷王神道設教的宗教倫理下產生的。比及周人，致孝享於廟，用大牲，與其天命觀念亦有關。《易·萃》："萃，亨。王假有廟，利見大人。亨，利貞，用大牲，吉。利有攸往。《彖》曰：萃，聚也；順以説，剛中而應，故聚也。王假有廟，致孝享也。利見大人亨，聚以正也。用大牲吉，利有攸往，順天命也。觀其所聚，而天地萬物之情可見矣！"⑥

周人滅商以後，周人所信奉的天，取代了帝與上帝的崇高地位。從《詩》、《書》等文獻來看，周人的"天"既是人格神，也具有形而上的特性。它與殷人的"上帝"的區別在於它是一種自然意志的存在，無須通過祖宗神靈即可對塵世直接關懷。因此，在周人的統治方略中，神與人關係固然重要，但並不是決定因素。周王所關心的似更多的是政權與宗權，也就是人與人之間的關係。於是"孝"的觀念的內容，也由人──神關係轉化爲人──人關係。其本義也由人對祖宗神靈的祭祀獻饗轉化爲祇敬祖先奉養父母的宗族倫理，進而拓展爲可賴以教化天下的社會倫理，終於又昇華爲具有自然意志的天之德性。

---

① 從刀從和省。

② "尤"字象人手形爲一"一"劃所阻，周策縱以爲是以利器斷手指之形。手形字"又"卜辭即"佑"，以手受物，象吉祥之義。以兵截指，則爲禍患。見周策縱：《説"尤"與蚩尤》，《中國文字》第48期(1973)。引自于省吾主編：《甲骨文字詁林》，頁3434—3435。

③ 象水橫流，壅窒爲患。見于省吾主編：《甲骨文字詁林》，頁1274—1275。

④ 卜辭作耳口，從口耳會意，與"聽"、"聲"本爲一字，動詞爲聽，名詞爲聲，"聖"僅因其初文加壬以爲聲符。"聲"、"聽"、"聖"三字同源，始皆狀以耳知聲之義，後"聖"分出抽象意義，以形聽覺之敏鋭。郭沫若、唐蘭、李孝定、于省吾等言之備矣。見于省吾主編：《甲骨文字詁林》，頁657—662。

⑤ 卜辭從彳從丨從目，象目之所注，在於道路，故與省字同源。後乃抽象化爲人之行事，複抽象化爲人之德行。

⑥ 王弼、韓康伯注、孔穎達疏：《周易正義》，收入阮元：《十三經注疏》，北京：中華書局，1980年，頁58。

清華簡所見古飲至禮及《耆夜》中古佚詩試解

2009 年 8 月 4 日，李學勤先生在《光明日報》上發表《清華簡〈耆夜〉》一文，[1]其中介紹了簡文中古佚詩數首，從李先生文章中公佈的古佚詩內容來看，風格頗似今本《詩經》中的《小雅》類與飲酒有關的作品，本文謹根據李文中所公佈的古佚詩的內容作一解讀。[2]

一、征　耆

《清華簡〈耆夜〉》中提到這些古佚詩都是作於武王八年的一次飲至禮上。據李先生所述，簡文開篇云：

　　武王八年，征伐耆（耆），大犮（戡）之。還，乃飲至於文大室。

李學勤先生云武王所征之耆即《尚書·西伯戡黎》之黎，其主要根據是《尚書大傳》中云：西伯戡耆，故耆與黎當爲假借字。關於耆之爲黎，前人多有論及。如陳壽祺輯校《尚書大傳》《西伯戡耆》條下云：

　　案曰：《尚書音義》“黎”，《尚書大傳》作“耆”，外紀卷二“西伯勝黎”。伏生/

---

① 李學勤：《清華簡〈邘（耆）夜〉》，《光明日報》2009 年 8 月 4 日。

② 本文初稿爲英文，應芝加哥大學夏含夷教授及臺灣“中研院”文哲所范麗梅女史之邀請，在芝大東亞系首次發表，在會上聽取了與會諸君的一些意見。見 ChenZhi，"The Rite of *Yinzhi*（Drinking Celebration）and Poems Record edon the Tsinghua Bamboo Slips"清華簡中所見古飲至禮及古佚詩試解，presentedat "International Symposiumon Excavated Manuscriptsand the Interpretation of the *Book of Odes*，" September 12—13，2009. Department of East Asian Languages and Civilizations，University of Chicago. Paperavailable at the following webpage：http：//cccp. uchicago. edu/2009BookOfOdesSymposium/此後，應沈建華教授之邀約，在將本稿翻譯成中文的同時，又做了大量增訂。稿成後，應日本早稻田大學稻畑耕一郎教授之邀請，在早大又作了一次報告，早大的古屋弘昭教授又提出了一些意見。此稿的撰寫，承蒙李學勤先生接受我的電話訪問，沈建華先生又提供大量資料，在此一併致謝。本文中存在的疏漏及錯誤，當然概由本人負責。

司馬遷作“耆”，《路史‧國名紀》卷十六傳作“戡耆”，《漢‧藝文志考證》卷一
《大傳》以《西伯戡黎》爲《戡耆》。①

2009 年 9 月 12 日筆者應邀參加芝加哥大學東亞語言文明系范麗梅博士主持
之出土文獻與詩經研究國際研討會，夏含夷指出《今本竹書紀年》中分別記載了戡
黎與戡耆兩事。考今本《竹書紀年》卷上，《帝辛》：②

> 三十一年，西伯治兵於畢，得呂尚以爲師。
>
> 三十二年，五星聚於房。有赤鳥集於周社。密人侵阮，西伯帥師伐密。
>
> 三十三年，密人降於周師，遂遷於程。王錫命西伯，得專征伐。
>
> 三十四年，周師取耆及邘，遂伐崇，崇人降。冬十二月，昆夷侵周。
>
> 三十五年，周大饑。西伯自程遷於豐。
>
> 三十六年春正月，諸侯朝於周，遂伐昆夷。西伯使世子發營鎬。
>
> 三十七年，周作辟雍。
>
> 三十九年，大夫辛甲出奔周。
>
> 四十年，周作靈臺。王使膠鬲求玉於周。
>
> 四十一年春三月，西伯昌薨。
>
> 四十二年，西伯發受丹書於呂尚。有女子化爲丈夫。
>
> 四十三年春，大閱。嶽山崩。
>
> 四十四年，西伯發伐黎。

夏含夷以今本紀年爲據，則伐耆與伐黎則爲兩事，伐耆發生在商紂之三十四
年，時西伯爲西伯昌，即周文王；而伐黎則發生在商紂之四十四年，時西伯爲西伯
發，即周武王第四年。

李學勤說：“《西伯戡黎》的‘西伯’，漢人《尚書大傳》、《史記‧周本紀》等都認爲
是周文王。不過，這個諸侯國距離商都太近，文王到那裏用兵與歷史情勢不合，所
以自宋代以來許多學者懷疑是也稱‘西伯’的武王，但他們都舉不出證據。今見簡
文明說是‘武王八年’，就證實了這一質疑。”③關於古黎國，陳槃先生在其《春秋大事
表列國爵姓及存滅表譔異》中有至爲詳盡的考訂。

余考黎之異文，於陳槃先生之《春秋大事表列國爵姓及存滅表譔異》中所見最

---

① 陳壽祺輯校：《尚書大傳》卷二，頁三十三，上海商務印書館 1965 年據《左海文集》本影印，《四部叢刊》
第十一冊，頁 49。

② 王國維：《今本竹書紀年疏證》卷上，頁三十六。《竹書紀年八種》，臺北：世界書局，1967 年。

③ 李學勤：《清華簡〈耆夜〉》，《光明日報》2009 年 8 月 4 日。

爲完備，今以表列陳氏之説如下：①

𨛫	西伯戡黎，敦煌本作𨛫，《説文・邑部》："𨛫，殷諸侯國。"
𩀅	見《路史・國名紀》丁《商氏後》篇。
𨞾	見《玉篇・邑部》，同上《路史》。
犂	《左傳・哀公十一年》："衛有犂邑。" 畢沅云："《御覽》卷二百一作犂，案《樂記》云：'封黄帝之後於薊。'黎與薊，聲亦相近。"
薊	《史記・周本紀》："封黄帝之後於鑄，封帝堯之後於薊。"《吕氏春秋・慎大覽》云："封黄帝之後於鑄，封帝堯之後於黎。"

關於國名"耆"，則有如下異文，並見陳槃先生之《春秋大事表列國爵姓及存滅表譔異》。②

飢	《史記・殷本紀》："及西伯伐飢國，滅之。"
阢	史記集解：徐廣曰：飢，一作阢，又作耆。 周本紀：（西伯）敗耆國。集解：徐廣曰：一作阢。 宋世家：以西伯昌之修德滅阢國。集解：徐廣曰：阢，音耆。
㫖	楊樹達：耆亦作旨，並舉二例： 《殷契粹編》1124（合集 31976）： "甲辰貞〔䍜〕以衆𡆥伐召方受𡆥一二。" 《殷墟文字甲編》810（合集 33010）： "己酉卜召方來告于父丁一。"
饑	《左傳・僖公十九年》："祝鮀曰：分康叔以殷民七族，有饑氏，即飢氏。"
阢	《路史・國名紀》六《商世侯伯》篇："昔文王伐飢，本作阢，音祈，即耆，黎也。" 《路史後紀》一："阢，黎也。故《大傳》作'西伯戡耆'，《史記》云：'文王伐阢。'"

楊樹達引郭沫若《卜辭綜述》釋其字爲㫖，認爲當釋爲"旨"，並以爲卜辭中之"勺"形即"㸚"形，乃"黎"之初文。如此一來，楊樹達乃爲"黎"國即"耆"國找到了文字學上的根據。甲骨文中關於"伐旨方"（合集 31974，31976，31977，33020，屯南 81，1099，2634），"追旨方"（合集 32815，32817，33017，屯南 190，1099，2634），"𡆥旨方"（合集 31978，屯南 38），"𠯑召方"（合集 33027，33028，33029；屯南 1099）的記載凡數十見，此外，雙方關係好的時候，也有旨方來（合集 33014，

①② 陳槃：《春秋大事表列國爵姓及存滅表譔異》，第五册，頁 407，臺北："中央研究院"歷史語言研究所專刊之五十二，1969 年。

33015，33016，屯南267，1116）的記録，但究竟此旨方是否就是文王或武王所戡定的耆，一時還無法斷定。

但是，誠如李學勤先生所云，宋人如胡宏、吕祖謙、陳澔、金履祥等已多懷疑戡耆者爲武王，而非文王。明代學者唐順之《荆川稗編》卷七，袁仁在《尚書砭蔡編》以及清代學者朱鶴靈在《尚書埤傳》卷八中均引述金履祥之疑。清人梁玉繩《史記志疑》於此論之尤詳：

> 案飢國，《周紀》作"耆"，《宋世家》作"阢"，蓋古今字異，其實一耳。耆與黎爲二國，故《竹書》"紂三十三年，王錫命西伯得專征伐。三十四年，周師取耆。四十一年，西伯昌薨。四十二年，西伯發受丹書於吕尚。四十四年，西伯發伐黎。"灼然兩事。《路史·國名紀》云："黄帝后姜姓有耆國，侯爵，自伊徙耆，故曰伊耆，堯之母家。商後子姓有黎國，侯爵，與紂都接。"判然兩地。史公誤以《西伯戡黎》之篇載於伐耆下，並爲一案，千古傳疑，迨宋儒始發其誤，至《前編》（即金履祥《資治通鑑前編》）出而論乃益暢。其略曰：黎者商畿内諸侯也。西伯伐黎，武王也。自史遷以文王伐耆爲戡黎，於是傳注皆以爲文王，失之矣。文王專征，若崇若須密，率西諸侯。自關、河以東，非文王之所得討，況畿内乎？三分有二，特江、漢以南風化所感皆歸之，文王固未嘗有南國之師，而豈有畿甸之師乎？孔子稱文王至德，如戡黎之事，亦已爲之，則觀兵王疆，文王有無商之心矣，烏在其爲至德。紂殺九侯醢鄂侯，文王竊歎，遂執而囚之，況稱兵王畿之内。祖伊之告，如是其急，以紂之悍，而於此反遲遲十有餘年不一忌周乎？胡五峰、吕成公、陳少南、薛季龍皆以爲武王也。昔商紂爲黎之蒐，則黎濟惡之國，武王戡黎，或者以警紂，而終莫之悛，所以有孟津之師歟？故吳才老（棫）以戡黎在伐紂時，其非文王明矣。武王而謂之西伯，襲爵猶故也。

梁玉繩所據主要是今本《竹書紀年》，而是書將伐耆之事歸於文王，伐黎之事歸之武王。關於武王征耆之事，其他文獻中記載亦不同。《史記·周本紀》云：

> 明年，伐犬戎。明年，伐密須。明年，敗耆國。殷之祖伊聞之，懼，以告帝紂。紂曰："不有天命乎？是何能爲！"明年，伐邘。明年，伐崇侯虎。而作豐邑，自岐下而徙都豐。明年，西伯崩，太子發立，是爲武王。[1]

是將伐耆定於文王死前四年，《尚書大傳》卷五《康誥》云：

---

[1] 《史記》，卷四，頁126。

天之命文王，非啍啍然有聲音也。文王在位而天下大服，施政而物皆聽，令則行，禁則止，動搖而不逆天之道。故曰"天乃大命文王"。文王受命一年，斷虞芮之質，二年伐于，三年伐密須，四年伐畎夷，五年伐耆，六年伐崇，七年而崩。①

又將伐耆定於文王死前三年，《尚書大傳》與《史記》作者皆爲漢人，雖在伐耆的年份上略有參差，但有可能互爲影響。而清華簡文稱：

武王八年，征伐郘（耆），大戗（戡）之。還，乃飲至於文大室。

這就存在多種可能，可以表列如下：

關於伐耆事之記載

	今本竹書紀年	史記·周本紀②	尚書大傳③	清華簡
商王紂四年	大蒐于黎。作炮（烙）〔格〕之刑。			
三十一年	西伯治兵于畢，得呂尚以爲師。			
三十二年	五星聚于房。有赤鳥集于周社。密人侵阮，西伯帥師伐密。			
三十三年	密人降于周師，遂遷于程。王錫命西伯，得專征伐。			
三十四年	周師取耆及邘，遂伐崇，崇人降。冬十二月，昆夷侵周。④			
三十五年	周大饑。西伯自程遷於豐。	西伯陰行善，諸侯皆來決平。於是虞芮之人，有獄不能決，乃如周。	文王受命一年，斷虞芮之訟。	
三十六年	春正月，諸侯朝于周，遂伐昆夷。西伯使世子發營鎬。	明年，伐犬戎。	二年伐邘。⑤	
三十七年	周作《辟雍》。	明年，伐密須。	三年伐密須。	

---

① 陳壽祺輯校：《尚書大傳》卷二，頁33，上海商務印書館1965年據《左海文集》本影印，《四部叢刊》第十一册，頁49。
② 《史記》，頁117—118。
③ 孫之騄輯：《尚書大傳》，卷二，頁7，景印文淵閣本《四庫全書》，經部六十二書類，68—400。
④ 王國維：《今本竹書紀年疏證》卷上，頁36。《竹書紀年八種》，臺北：世界書局，1967。
⑤ 孫之騄云："《禮記正義》引《大傳》作伐鬼方。"見孫輯《尚書大傳》，卷二，頁7，景印文淵閣本《四庫全書》，經部六十二書類，68—400。

（续表）

	今本竹書紀年	史記·周本紀	尚書大傳	清華簡
		明年,敗耆國。殷之祖伊聞之,懼,以告帝紂。	四年伐犬戎	
三十九年	大夫辛甲出奔周。	明年,伐邘(于)。	五年伐耆	
四十年	周作《靈臺》。王使膠鬲求玉于周。	明年,伐崇侯虎,而作豐邑,自岐下而徙都豐。	六年伐崇	
四十一年	春三月,西伯昌薨。	明年,西伯崩。太子發立,是爲武王。西伯蓋受命之年稱王,而斷虞芮之訟。後十年而崩,①謐爲文王。	七年而崩	
四十二年	西伯發受丹書于吕尚。有女子化爲丈夫。			
四十三年	春,大閱。嶢山崩。			
四十四年	西伯發伐黎。			
				武王八年,征伐邵(耆),大戏(戡)之。

　　綜上所述,如果今本《竹書紀年》所記接近事實,則《尚書大傳》與《史記》作者於文王伐耆的年代上記錯,而且把武王時期所伐的黎國與耆混同爲一國。清華簡的作者則誤以武王所伐之黎爲耆,以二字音既相近,字形亦有關之處。且於年代上亦未深究而致錯。反過來,如果清華簡所記伐耆在國名和年代上無誤,那麼,那麼今本《竹書紀年》、《尚書大傳》與《史記》所記則都錯將伐耆之事繫之於文王,且《竹書紀年》更有可能是將武王伐耆之事誤記爲伐黎,紂王三十四年伐黎者當爲文王,紂王四十四年武王所伐的是耆國。

　　歷來作古史者於西伯勘黎一案,皆難以釐清,有學者或以爲勘黎只是伐黎,並

---

① 案此處"十"當爲"七"字之訛,詳見王叔岷:《史記斠證》,臺北:"中央研究院"歷史語言研究所,1987年,頁122—123。

未滅之,①以卜辭中所見之旨方來看,商人與旨方亦是時戰時和,周人之用兵於耆或黎,恐亦未必一戰而滅人之國,《郘(耆)夜》云:"大戡之。"亦未必即滅之,西伯戡黎,亦未必滅之,文王武王或皆屢用兵於耆於黎,故屢見諸載記,亦未可知。

二、飲　至　禮

簡文云:

> 還,乃飲至於文大室。

西周金文中每云:"王各于大室"等如西周中期共王七年的七年趞曹鼎(集成2783)、師全父鼎(集成2813)、趞鼎(集成2815),又如西周中期呂方鼎:"王饗昏大室。呂延于大室。"(集成2745)剌鼎:"王酓。用牡于大室。"(集成2776),例證甚多。西周銅器中大室之名頗爲多見。文獻中亦然,如《書·洛誥》云:"王入太室祼。"②。武王成王時期的天亡簋(大豐簋,集成4261)作"天室":

> 王又大豐王凡三方王祀于天室降天亡又王衣祀于王不顯考文王事喜上帝文王監才上不顯王乍省不尪王乍庸不克乞衣王祀丁丑王鄉大宜王降亡勛爵退囊唯朕有蔑每揚王休于隩簋。

或稱爲京大室,如《呂氏春秋·古樂》云:

> 武王即位,以六師伐殷,六師未至,以鋭兵克之於牧野。歸,乃薦俘馘于京太室,乃命周公爲作《大武》。③

唐蘭認爲太室就是京室,京太室,是指周人在鎬京所建用於祭祀太王,季歷,文王及武王之宗廟,④終西周之世未嘗或廢,而文大室,應即大室或京大室之別稱,以其爲文王時期所建也。

但需要説明的是,從商代金文來看,"大室"之名,商代已有之,如子黃尊(集成6000)中即有"大室"之名,這當然不會是周文王於鎬京所建之大室,以此視之,商人或亦有宮室名大室,周人只是襲其舊名,仍其舊貫而已。

所謂"飲至"之禮,屢見於春秋經傳,如《左傳·隱公五年(718 B.C.)》云:

---

① 陳槃:《春秋大事表列國爵姓及存滅表譔異》,第五册,頁419,410,臺北:"中央研究院"歷史語言研究所專刊之五十二,1969年。
② 《尚書正義》卷15,頁105,《十三經注疏》,北京:中華書局,1981年,頁217。
③ 《呂氏春秋》,卷五之五,頁53。
④ 唐蘭:《何尊銘文解釋》,《文物》1976年第1期,頁63。

　　五年春,公將如棠觀魚者,臧僖伯諫曰:"凡物不足以講大事,其材不足以備器用,則君不舉焉。君將納民於軌、物者也。故講事以度軌量謂之軌,取材以章物采謂之物。不軌不物,謂之亂政。亂政亟行,所以敗也。故春蒐、夏苗、秋獮、冬狩,皆於農隙以講事也。三年而治兵,入而振旅。歸而飲至,以數軍實。昭文章,明貴賤,辨等列,順少長,習威儀也。①

　　故所謂飲至,是用於戰爭之後,師旅凱旋,歸而獻祭於宗廟或其他場所,按照臧僖伯的説法,其禮之目的是"以數軍實",就是檢點傷亡和俘馘的數目,"昭文章"就是表彰功績,論功行賞;"明貴賤","辨等列","順少長",就是排定序列,整頓師旅;"習威儀"則是操練隊伍,演習武事。當然其中最重要的要飲酒慶功,是不言而喻的。魯僖公二十八年(632 B.C.)晉楚城濮之戰中,晉人得勝回晉,亦行飲至之禮:

　　城濮之戰,晉中軍風于澤,亡大斾之左旃。祁瞞奸命,司馬殺之,以徇于諸侯,使茅茷代之。師還,壬午,濟河。舟之僑先歸,士會攝右。秋七月丙申,振旅,愷以入于晉,獻俘、授馘,飲至、大賞,徵會、討貳。殺舟之僑以徇于國,民於是大服。②

　　於此,與飲至禮相伴進行的是:獻俘、授馘,飲至、大賞,徵會、討貳。從廣義上説,獻俘、授馘、大賞、徵會、討貳等皆屬於飲至的部分内容。《左傳》中所紀載的飲至禮尚有多次,如《左傳·襄公三年(570 B.C.)》記載楚將子重敗於吳,回師以後,虛報獲勝,亦行飲至之禮。③《左傳·桓公二年》提到飲至禮的各項内容云:"凡公行,告于宗廟;反行,飲至、舍爵、策勳焉,禮也。"④《孔叢子》中孔鮒也對陳王説:"有功,於祖廟舍爵策勳焉,謂之飲至。天子親征之禮也。"(《孔叢子卷第六·問軍禮第二十》)從文獻紀載來看,飲至之禮幾乎與有周一代相終始,而且除爲軍禮外,也用於其他場合。晚至漢代,焦贛在《焦氏易林》又提到在漁獵歸來,有所收獲的時候,有時亦行此禮:"吉日舉釣,田弋獵禽。反行飲至,以告喜功。"(《焦氏易林·鼎之第五十》)

　　關於飲至禮較早的紀載,傳世文獻中資料不多。李學勤先生曾指出西周早期金文中成王時期的周公東征鼎中的"酓秦"實際上就是"飲至"。⑤周公東征鼎即塱方鼎,《殷周金文集成》所著録的圖揭如下:

---

① 《春秋左傳正義》卷 3,頁 24,《十三經注疏》,北京:中華書局,1981 年,頁 1726。

② 《春秋左傳正義》卷 16,頁 124—5。

③ 《春秋左傳正義》卷 29,頁 288。

④ 《春秋左傳正義》卷 5,頁 41。

⑤ 李先生此説未見發表,本人於 2009 年 9 月 1 日應《明報月刊》之邀就清華簡的問題對李學勤先生進行了一次電話訪談,訪談將刊於陳致:《詩史重光:李學勤先生訪談録——關於清華大學所藏戰國竹簡》,《明報月刊》,2010 年第 1 輯,共 7 頁。

集成 2739　塱方鼎(周公東征鼎)

佳周公于征伐東夷。豐白。專古。咸戈。公歸樂于周廟。戊辰。酓秦酓。公賞塱貝百朋。用乍障鼎。

It was when the duke of Zhou was on a campaign attacking the Eastern Yi, the Elder of Feng, and Pugu, all of which(he) destroyed. (When) the duke returned and *chui*-sacrificed in the Zhou temple. On *wu-chen*(day five), he drank *qin*-grain wine. The duke awarded Ran cowries, one hundred strands, (who) herewith makes(this) sacrificial *ding*-caldron. [1]

從夏含夷先生的翻譯來看,他採用了《集成》編者的斷讀,在理解上則遵從的是傳統古文字學家的說法。講述的是周公於三監叛亂後,東征東夷,擊潰了豐伯和薄姑,然後回到周人的宗廟,行樂祭,並於戊辰日,飲一種用秦(即秦,一種穀物)釀製的酒。周公賞賜塱貝百朋,塱乃作此鼎。但如果按照李先生的理解,則周公東征鼎講

---

① EdwardL. Shaughnessy，*Sources of Western Zhou history*，48.

述的應該是：周公於三監叛亂後，東征東夷，擊潰了豐伯和薄姑，然後回到周人的宗廟，行禴祭，並於戊辰日，行飲至禮，飲酒。周公賞賜塱貝百朋，塱乃作此鼎。傳統的解釋是此秦字是金文中㮎字（《集成》468，4315，4616）的形訛，馬叙倫認爲此字實際即臻字，亦即《詩·周頌·臣工》中"奄觀銍艾"的"銍"字，也通《詩·周頌·良耜》中"穫之挃挃"中的"挃"，其意即以杵臼等容器搗碎稻粱等穀物。①"秦"或"臻"與

集成 2810　　噩侯鼎(西周中期)

"至"從音韻上說是雙聲字，而秦臻屬真部，至則屬脂部，二者應是陽入對轉。古音學家如王力擬音爲臻爲 tzhen，而挃爲 tiet，至爲 tjiet，白一平（William Baxter）則定至爲 tjits，挃爲 trjit，而臻則爲 tsrjin。②

　　故周公東征鼎銘中的"酓秦"當是"飲臻"，亦即春秋經傳中的"飲至"，即此可見，周初已行飲至禮。此飲至禮在其他金文中亦記録，只是有時未用"飲至"這一詞

---

① 馬叙倫：《説文解字六書疏證》卷十三，見《古文字詁林》，上海教育出版社，1999 年，第 6 册，頁 658。

② William Baxter, *A hand book of old Chinese phonology*, Berlin；NewYork：Moutonde Gruyter，1992，809，810.

語。如西周中期懿王時期(889—873 B. C.)的噩侯馭方鼎(集成 2810)銘文也講述了周天子南征淮夷,歸途中經過噩侯馭方的領地,乃與噩侯馭方舉行飲至之禮:

> 王南征,伐角僑。唯還自征,才䟆。噩侯馭方内壺于王,乃祼之。馭方侑王。王休宴,乃射,馭方鄉,王射。馭方休闌,王宴,咸酓。王親易馭方玉五瑴,馬四匹,矢五束。馭方拜手稽首,敢對揚天子不顯休釐。用乍隣鼎,其邁年,子孫永寶用。

這篇銘文比較詳細地記述了周王與鄂侯馭方在典禮納壺,行祼禮,侑酒,行射禮,飲酒,賞賜的整個過程,頗爲生動。

三、作策(册)逸與監飲酒

據李學勤先生云:簡文又曰:

> 畢公高爲客,召公保(奭)爲夾(介),周公叔旦爲命,辛公(甲)爲位,作策(册)逸爲東堂之客,郘(呂)上(尚)甫(父)命爲司政(正),監飲酒。

畢公高之名,見於《尚書》中《顧命》《康王之誥》《畢命》諸篇,以及《逸周書》的《和寤解》《克殷解》二篇,是春秋時期晉文公大臣畢萬(魏萬)的先祖,也即戰國時魏王室的先祖。畢公高本人是周之宗室,很有可能是文王的庶子。李學勤先生認爲,從簡文判斷,畢公高是伐耆的主帥,故在此飲至禮中,被尊爲客。辛公甲即《左傳·襄公四年》《史記·周本紀》及今本《竹書紀年》中的提到的辛甲。據這些文獻紀載,辛甲本爲殷之諸侯,於紂王三十七年臣服於周。

作策逸在《逸周書》的《克殷解》中稱爲尹佚或尹逸,在《逸周書》的其他篇中,及《左傳》《國語》《禮記》中稱爲史逸。而在《尚書·洛誥》中,有一段文字紀載:

> 戊辰,王在新邑,烝祭歲。文王騂牛一,武王騂牛一。王命作册。逸祝册,惟告周公其後。王賓,殺,禋,咸格,王入太室祼。王命周公後,作册,逸誥。[①]

On the day Mow-shin(wuchen), the king in the new city performed the annual winter sacrifice, offering a red bull to King Wan(Wen), and the same to King Woo(Wu). He then commanded a declaration to be prepared, which was done by Yih(Yi) in the form of a prayer, and it simply announced the remaining behind of the duke of Chow(Zhou). The king's guests, on occasion of the killing

---

① 《尚書正義》,卷十五,頁一百五,《十三經注疏》,頁 217。

the victims and offering the sacrifice, all made their appearance. The king entered the grand apartment, and poured out the libation. The king charged the duke of Chow to remain, and Yih, the preparer of the document, made the declaration;—all in the 12th month. Then the duke of Chow greatly sustained the decree which Wan and Woo had received, through the space of seven years. [1]

以上原文及理雅各的英文翻譯。理雅各採用的是傳統注疏對《尚書·洛誥》中這一段文字的理解，即視"逸"爲人名，"作册"爲動賓結構。高本漢在翻譯《尚書》時，參照了大量的清人的注疏和研究成果，但對這一段的理解與理雅各無異。然以清華簡比讀，我認爲《尚書·洛誥》中這一段應斷讀如下："王命作册逸祝册，惟告，周公其後"，而傳統的斷讀，"王命作册。逸祝册，惟告周公其後"是錯誤的。其中"作册逸"即清華簡中之"作策逸"，作爲人名不應當斷開。《尚書·畢命》《史記·周本紀》中，"作册"即書作"作策"。

清華簡中"郘上甫"當然就是"吕尚父"，即吕尚、姜尚、師尚父。在簡文中，太公師尚父爲司政，監飲酒。李學勤指出這是一個非常有趣的現象，説明飲至中，亦行酒令，有酒政。我認爲西周金文中也有監飲酒的記述，如宣王時期的善夫山鼎（集成），其圖搨及釋文見下：

> 王曰：山，命女司飲，獻人于旲，用乍憲司賈，毋敢不善。

> The king said: Shan, I ordered you to oversee drinking, and to perform offering at X. (You) Make the rules and decide on the values. Do not dare to have dereliction of duty.

在這裏，所謂獻人根據《禮記·少儀》記載，是一種下級對上級獻上酒醴，肉乾和牲畜的一種禮儀。我們可以看到周宣王命令膳夫山在獻人禮中，司飲酒之職，並且製定章程，讓人遵守。《詩經》中的《小雅·賓之初筵》可能是西周晚期的詩，傳統注疏定其爲衛武公的詩作，其詩云：

> 賓之初筵，左右秩秩。籩豆有楚，殽核維旅。酒既和旨，飲酒孔偕。鐘鼓既設，舉酬逸逸。大侯既抗，弓矢斯張。射夫既同，獻爾發功。發彼有的，以祈爾爵。

> 籥舞笙鼓，樂既和奏。烝衎烈祖，以洽百禮。百禮既至，有壬有林。錫爾純嘏，子孫其湛。其湛曰樂，各奏爾能。賓載手仇，室人入又。酌彼康爵，以奏爾時。

> 賓之初筵，溫溫其恭。其未醉止，威儀反反。曰既醉止，威儀幡幡。捨其坐

---

① Legge, *The Shoo King*, in *The Chinese Classics*, 3. 451—2.

集成 2825　　善夫山鼎（西周晚期）

遷，屢舞仙仙。其未醉止，威儀抑抑。曰既醉止，威儀抑抑。是曰既醉，不知其秩。

賓既醉止，載號載呶。亂我籩豆，屢舞僛僛。是曰既醉，不知其郵。側弁之俄，屢舞傞傞。既醉而出，並受其福。醉而不出，是謂伐德。飲酒孔嘉，維其令儀。

凡此飲酒，或醉或否。既立之監，或佐之史。彼醉不臧，不醉反恥。式勿從謂，無俾大怠。匪言勿言，匪由勿語。由醉之言，俾出童羖。三爵不識，矧敢多又。

仔細閱讀此詩，我們會發現，第一章從首句到"舉酬逸逸"，都是説宗廟祭祀之事，其中助祭者（左右秩秩），有籩豆的祭品，有酒醴，有鐘鼓，有侑酒之舉。而後半段則專言射事，如前舉之噩侯馭方鼎銘所記載的一樣，飲至中亦有射事，此爲張揚功略也。第二章有音樂，有祭祀，有祝禱之詞；第三章則形容醒與醉時各異的神態，醒時溫溫其恭，威儀棣棣，醉後屢舞僛僛，胡帝胡天，可謂生動之極；第四章是規箴之語，告誡飲酒固然是好事，但不可失態很重要；第五章特別講到的監飲酒之事，有所謂"監"，也有所謂"史"，而酒監的職責是使每人喝好，求醉，所謂"既立之監，或佐之史。彼醉不臧，不醉反恥"。但是雖不能不醉，又不能爛醉。

總體來看，這首詩所描述的頗似飲至之禮，其中既有看核既陳的祭祀，又有弓侯斯張的射儀；既籥笙鐘鼓的和奏，又屢舞僛僛的舞姿；既有觥籌交錯，又有酒政監飲。

四、清華簡中所見四首詩

李學勤先生的報告中舉出四首見於清華簡的古詩,其中除一首是《唐風·蟋蟀》以外,其餘三首皆不見於今本《詩經》,顯然是古佚詩。

4.1　武王爲畢公作:

王夜(詫)爵醻畢公,作歌一終,曰《樂樂旨酒》

清華簡詩	韻部	王力擬音	白一平擬音	《詩經》中相似句式	其他文獻中相關句式
1. 樂樂旨酒				彼有旨酒(《小雅·正月》) 或湛樂飲酒(《小雅·北山》) 旨酒思柔(《小雅·桑扈》,《周頌·絲衣》) 爾酒既旨(《小雅·頍弁》) 樂酒今夕,君子維宴。(《小雅·頍弁》) 雖無旨酒(《小雅·車舝》) 酒既和旨(《小雅·賓之初筵》) 旨酒欣欣(《大雅·鳧鷖》) 既飲旨酒(《魯頌·泮水》)	用樂嘉賓父兄大夫倗友(嘉賓鐘,《集成》51) 以樂君子(敬事天王鐘,《集成》74) 用樂我嘉賓,及我正卿(邾公釛鐘,《集成》102) 用匽以喜,用樂父兄者士(子璋鐘,《集成》113) 用匽用喜,用樂嘉賓,及我倗友(齊鎛氏鐘,《集成》142) 用侃喜上下,用樂好賓(鮮鐘,《集成》143)
2. 宴以二公	東	kong	kong	我有旨酒,嘉賓式燕以敖。(《小雅·鹿鳴》) 我有旨酒,以燕樂嘉賓之心。(《小雅·鹿鳴》) 君子有酒,嘉賓式燕以樂。(《小雅·南有嘉魚》) 以燕天子。(《小雅·吉日》)	以樂其身,以匽大夫,以喜者士(邾公牼鐘,《集成》150) 以樂大夫,以宴士庶子(邾公華鐘,《集成》245)
3. 紝(任)仁兄弟				兄弟既翕,和樂且湛。(《小雅·常棣》)	
4. 庶民和同	東	dong	dong	弗躬弗親,庶民弗信。(《小雅·節南山》)	無體之禮,上下和同(《禮記·仲尼閒居》) 民生敦厖,和同以聽,莫不盡力以從上命(《左傳·成公十六年》) 上下和同而有禮義(《管子卷三·五輔第十》) 馭右和同(姧蚉壺,《集成》9734)

（续表）

清華簡詩	韻部	王力擬音	白一平擬音	《詩經》中相似句式	其他文獻中相關句式
5. 方壯方武					
6. 穆穆克邦	東	peong	prong		戰國銅器梁十九年亡智鼎（《集成》2746）"穆穆魯辟。復省朔旁。貂于兹巽。鬲年萬丕承。"春秋晚期蔡侯盤（《集成》10171）、蔡侯尊（《集成》6010）銘云："穆穆（霻霻）"
7. 嘉爵速飲					
8. 後爵乃從	東	dziong	dzjong		

此詩中"穆穆克邦"一句不太好理解。考先秦文獻中穆穆多用於狀天子莊嚴之容貌，如《逸周書·太子晉解》云："穆穆虞舜，明明赫赫"，以及《大雅·文王》之"穆穆文王"等，有時亦可用於形莊敬肅穆之事物，如形容莊嚴的音樂時云："穆穆厥聲"，較少用於形容邦國。關於穆穆一詞，馬瑞辰論之甚詳，謂："亹亹、娓娓、勉勉、明明、没没、勿勿、穆穆、昄昄，皆以聲近互轉，字當以忞忞爲正。"①徵之金文，穆穆與霻霻義頗爲近。如春秋晚期蔡侯盤（集成 10171）、蔡侯尊（集成 6010）銘云："穆穆𦟙𦟙（霻霻）"，《大戴禮》之"亹亹穆穆"，是其顯證。以此證之《墨子·明鬼下》引《大雅·文王》一詩"亹亹文王，令問不已"一句，其異文爲"穆穆文王，令問不已"，則此或爲本文，即下文之"穆穆文王"。然而《大戴禮·五帝德》所載的一段話似可作爲此詩"穆穆克邦"注解：

孔子曰："高陽之孫，鯀之子也，曰文命。敏給克濟，其德不回，其仁可親，其言可信；聲爲律，身爲度，稱以（上士）〔出〕；亹亹穆穆，爲綱爲紀。巡九州，通九道，陂九澤，度九山。爲神主，爲民父母，左准繩，右規矩，履四時，據四海，平九州，戴九天，明耳目，治天下。"

---

① 馬瑞辰：《毛詩傳箋通釋》，頁 795。

以此看來,簡文中"穆穆克邦"一句是用以讚頌周公與畢公有爲綱爲紀,經略天下的才能。

4.2　周公爲畢公作

清華簡詩	韻部	王力擬音	白一平擬音	《詩經》中相似句式	其他文獻中相關句式
1. 英英戎服	職	biuek	bjik		
2. 壯武赳赳	幽	kyu	g(r)jiw?	赳赳武夫,公侯干城(《周南·兔罝》)	
3. 愻精謀猷	幽	jiu	ju	我視謀猶,亦孔之邛。(《小雅·小旻》) 我視謀猶,伊于胡厎。(《小雅·小旻》) 秩秩大猷,聖人莫之(《小雅·巧言》) 訏謨定命,遠猷辰告(《大雅·抑》) 爲謀爲毖(《大雅·桑柔》)	越小大謀猷罔不率從(《書·文侯之命》) 龏于威義,誨猷不飤,闌闌龢鐘,用匽以喜,用樂嘉賓父兄,及我倗友(王孫遺者鐘,《集成》261)
4. 裕德乃究	幽	kiu	kjuwH		中靜不留,裕德無求(《管子·勢》)
5. 王有旨酒	幽	tziu	tsju?	我有旨酒,嘉賓式燕以敖(《小雅·鹿鳴》) 彼有旨酒,又有嘉殽(《小雅·正月》)	子有旨酒,嘉肴,某既賜矣,又重以樂,敢辭(《禮記·投壺》)
6. 我弗憂以浮	幽	biu	b(r)ju		
7. 既醉又侑	之	hiuə	wji(k)s		
8. 明日勿修	幽	siu	sljiw		

"謀猷"一詞有時作"謀猶",如《詩·小雅·小旻》之例,金文中也寫作"誨猷"如春秋時期楚國的王孫遺者鐘(《集成》261)之例,其詞曰:

　　　　肅愄聖武,惠于政德,龏于威義(儀),誨(謀)猷不(丕)飤(飭),闌闌(簡)龢鐘,用匽(宴)台(以)喜。

大抵是指政治韜略和謀斷之意。此詩若以《小雅·賓之初筵》一詩合觀之,則反映了相近的思想,也就是說在貴族之飲至之禮中,飲酒亦當求醉,醉而不及亂。最後兩句表達了與唐人羅隱:"今朝有酒今朝醉,明日愁來明日愁"的及時行樂思想。

4.3　周公爲武王作

周公或(又)夜(咤)爵醻王,作祝誦一終,曰《明明上帝》:

清華簡詩	韻部	王力擬音	白一平擬音	《詩經》中相似句式	其他文獻中相關句式
1. 明明上帝	錫	tyek	teks	明明上天,照臨下土《小雅·小明》 明明在下,赫赫在上《大雅·大明》 皇矣上帝,臨下有赫《大雅·皇矣》 明昭上帝《周頌·臣工》	
2. 臨下之光	陽	kuang	kwang	不顯其光《大雅·大明》,《大雅·韓奕》上帝臨女《大雅·大明》,《魯頌·閟宮》	惟天監下民《書·高宗肜日》
3. 不顯來格	鐸	keak	krak	神保是格《小雅·楚茨》 無曰不顯,莫予云覯,神之格思,不可度思,矧可射思《大雅·抑》 來假來饗《周頌·烈祖》 四海來假《周頌·玄鳥》 有周不顯《大雅·文王》 不顯亦臨《大雅·思齊》 不顯不承《周頌·清廟》 於乎不顯,文王之德之純《周頌·維天之命》 不顯維德《周頌·烈文》 不顯成康《周頌·執競》	祖考來格《書·益稷》 惟乃丕顯考文王《書·康誥》 丕顯哉文王謨《書·君牙》 丕顯文武,克慎明德《書·文侯之命》 西周金文中亦常見:丕顯皇祖考,對揚天子丕顯休命等語詞
4. (歆)是禋明(盟)	陽	myang	mrjang		明禋,拜手稽首休享《書·洛誥》上帝歆焉《大戴禮·盛德》上神歆焉《大戴禮·用兵》神不歆非類《左傳·僖公十年》使其鬼神不獲歆其禋祀《左傳·襄公九年》上帝神明未歆享《史記·孝文本紀》

（续表）

清華簡詩	韻部	王力擬音	白一平擬音	《詩經》中相似句式	其他文獻中相關句式
5. 於……					
6. 月有城（盛）（缺）	月	khiuat	kwhjat		
7. 歲有（歇）行	陽	heang	gang		
8. 作兹祝誦	東	ziong	zljongs		
9. 萬壽亡疆	陽	kiang	kjang	萬壽亡疆（《豳風·七月》,《小雅·天保》,《小雅·南山有臺》;《小雅·楚茨》,《小雅·信南山》,《小雅·甫田》）	眉壽無疆,萬年無疆,萬壽無疆,多福無疆等語,並見西周中晚期金文；萬世無疆（《書·太甲》）

這首詩似可與《逸周書·世俘解》的一段文字對照來看：

甲寅,謁戎殷于牧野,王佩赤白旂。籥人奏武,王入,進萬,獻。明明三終。乙卯,籥人奏崇禹生開,三鍾,終,①王定。②

這段文字記録了緊隨姜太公吕尚所率的周軍與商軍的牧野之戰後（51日）所發生的事情。武王於戰場檢閱殷俘的禮典中,有三種不同的樂舞伴隨之,即"武"舞、"萬"舞和"明明"之歌。"萬"舞是商的武舞,甲骨文中本字作"万",而此處則明顯看到,周人在武王時期仍採用商的音樂或至少對之還有欣賞之意,證明它是周人吸收商音樂文化而創的樂舞。《詩·大雅·大明》以"明明"開首,其首句即"明明在上",以頌揚文王之德、責殷之失天命,以及歌頌殷王族之女與周王族聯婚爲題,我在以往的研究中就認爲《詩·大雅·大明》很可能便是《逸周書》中的"明明"。③

---

① 章炳麟（1869—1936）懷疑"三鍾終"最初應作"鍾三終"。一些學者更以爲"鍾"字爲竄入之字。但筆者以爲此處的"鍾"字是指商貴族所使用的庸鐘,其一般均以三個爲一組,故此處採"三鍾,終"的斷句方式。

② 黄懷信、張懋鎔、田旭東合編:《逸周書匯校集注》,頁454—455。

③ Chen Zhi, *The Shaping of the Book of Songs: From Ritualization to Secularization*, Sankt Augustin: Monument a Serica monograph series, 52, 165—166.

而《逸周書・世俘解》所記述的事件正是在武王與商紂王在牧野之戰之後,恰恰是在伐耆之後大約一二年的時間,如果周公在伐耆勝利後的飲至禮曾經爲武王作過這首《明明上帝》的話,那麼這首詩才更有可能是《逸周書・世俘解》所説的"明明"一詩。也就是説,牧野之戰勝殷遏劉之後,這首詩作爲歌頌勝利的音樂作品,又重新拿出表演,歌頌武王之德。

4.4　周公作《蟋蟀》一詩

　　　周公秉爵未飲,蟋蟀造降於堂。

李學勤指出清華簡所見到的《蟋蟀》一詩的第二章與我們今天傳世的毛詩本《蟋蟀》在文句上多有出入,而簡文中的序與傳統的四家詩的序都大相徑庭。魯詩與齊詩都認爲這是一首君子諷刺其君儉而廢禮之作,毛詩序更明確地指出是諷刺晉僖公的作品。①而我們今天看到的上博簡《孔子詩論》爲我們留下了一句極其簡要的論斷:"七(蟋)衛(蟀)智(知)難",②這不但未能解決問題,反而使這首詩的詩變得更加撲朔迷離。而清華簡中短短兩句話的序,卻將這首詩上推了數百年,歸爲周公所作,並且説明是周公在伐耆獲勝之後的飲至禮上,持爵未飲時,偶然見到一隻蟋蟀光顧,即興作了此詩。

下表中是李先生文章所公佈的《蟋蟀》一詩第二章的文句,我在下面以表列的方式,將它與毛詩《唐風・蟋蟀》首章和第二章對比,並且參照了王力和白一平的擬音,又檢點了與此詩相近的《詩經》其他篇章的文句:

由於圖版尚未公佈,詩中最後一行的"思"字,從李先生所提供隸定的字形來看,其寫法與《馬王堆漢墓帛書》中《老子》甲本的《德經》"民不懼死"的"懼"字的寫法是一樣的,同樣的寫法也見於馬王堆出土的《春秋事語》和《戰國從橫家書》中。《老子》乙本中的"懼"字的寫法作瞿,則與甲本不同。在《詩經》中"瞿瞿"一詞除了這首詩以外,還出現過一次,是在《齊風・東方未明》一詩中,其卒章云:

　　　折柳樊圃,狂夫瞿瞿。不能辰夜,不夙則莫。

馬瑞辰在解釋這首詩時,指出此"瞿"字是"眲"字的借字,義爲"左右視也"。③馬氏未見過前舉這些簡帛文字,他的觀點頗有預見性。

簡文《蟋蟀》的用韻從我列表中可以看出,較毛詩《唐風・蟋蟀》要鬆散一些,毛

①　王先謙:《詩三家義集疏》,臺北:藝文印書館,1988 年,頁 414。

②　季旭昇、陳霖慶、鄭玉姍、鄒濬智編:《上海博物館藏戰國楚竹書(一)讀本》,臺北:萬卷樓,2004 年,頁 52—53。

③　馬瑞辰:《毛詩傳箋通釋》,北京:中華書局,2004 年,頁 301。

清華簡詩 螽蟀第二章	韻部	王力擬音	白一平擬音	毛詩唐風 螽蟀第一章	毛詩唐風 螽蟀第二章	《詩經》中相似句式	其他文獻中相關句式
螽蟀在□（席）	（鐸）	zyak	zˤjAk B	螽蟀在堂（陽）	螽蟀在堂（陽）		
歲裔（聿）員（云）落	（鐸）	lak	g-rˤak B	歲聿其莫（鐸）	歲聿其逝（月）	葛云其還？歲聿云莫《小雅·小明》	
今夫君子	（之）	tziə	tsjɨ?			既見君子，云胡不喜《鄭風·風雨》既見君子，云何不樂《唐風·揚之水》《小雅·隰桑》未見君子，我心傷悲《召南·草蟲》未見君子，憂心靡樂《秦風·晨風》未見君子。既見君子，我心則降《小雅·出車》君子有酒，嘉賓式燕以樂《小雅·南有嘉魚》樂只君子，福履綏之《周南·樛木》樂只君子，萬壽無疆《小雅·南山有臺》樂只君子，萬福攸同《小雅·采菽》	
不喜不樂	（藥）	lôk	g-rˤawk B	今我不樂（藥）	今我不樂（藥）	既見君子，我心寫兮《小雅·蓼蕭》既見君子，樂且有儀《小雅·菁菁者莪》既見君子，我心則喜《小雅·菁菁者莪》君子樂胥，受天之祜《小雅·桑扈》未見君子，憂心奕奕；既見君子，庶幾說懌《小雅·頍弁》假樂君子《大雅·假樂》	

（续表）

清華簡詩 螽蟀第二章	韻部	王力擬音	白一平擬音	毛詩唐風 螽蟀第一章	毛詩唐風 螽蟀第二章	《詩經》中相似句式	其他文獻中相關句式
日月其蓋（邁）	（月）	meat	mek	日月其除（魚）	日月其邁（月）	日居月諸《邶風·日月》昔我往矣,日月方除《小雅·小明》日就月將《周頌·敬之》如月之恒,如日之升《小雅·天保》彼月而微,此日而微《小雅·十月之交》	我心之憂,日月逾邁,若弗云來《書·秦誓》節性,惟日其邁《書·召誥》
從朝及夕	（鐸）	zyak	z(l)jAk B			邦君諸侯,莫肯朝夕《小雅·雨無正》偕偕士子,朝夕從事《小雅·北山》朝夕不暇《小雅·何草不黃》温恭朝夕,執事有恪《商頌·那》	不敢怠業,時序其德,纂修其緒,修其訓典,朝夕格勤《國語·周語上》吾朝夕儆懼,曰其何辱之修《國語·周語上》單子朝夕不忘成王之德《國語·周語下》朝夕處事,猶恐忘先人之業。況有怠惰,其何以避辟!吾冀而朝夕修我曰:"必無廢先人。"《國語·魯語下》自朝至于日中昃,不遑暇食,用咸和萬民《書·無逸》
毋已大康	（陽）	khang	Khang A	無已大康（陽）	無已大康（陽）	民亦勞止,汔可小康《大雅·民勞》爾受命長矣,弗禒爾康《大雅·卷阿》成王不敢康《周頌·昊天有成命》	

（续表）

清華簡詩蟋蟀第二章	韻部	王力擬音	白一平擬音	毛詩唐風蟋蟀第一章	毛詩唐風蟋蟀第二章	《詩經》中相似句式	其他文獻中相關句式
則終以作	（鐸）	dzak	Tsak B	職思其居（魚）	職思其外（月）	彼作矣，文王康之（《周頌·天作》）	女其用兹。女安乃壽。惠福康樂（者減鐘，《集成》123 以樂可康，嘉而賓客，日日以敔之，夙暮不賞（越王者旨於賜鐘，《集成》144）
康樂而毋忘（荒）	（陽）		Mjang A	好樂無荒（陽）	好樂無荒（陽）	天作高山，大王荒之（《周頌·天作》）	康樂我家（令狐君壺子，《集成》9719） 中山之俗，以晝為夜，以夜繼日，男女切倚，固無休息，〔淫昏〕康樂，歌謠好悲（《呂氏春秋·先識覽》） 德教行而民康樂（《大戴禮·禮察》） 啓乃淫溢康樂，野于飲食（《書·五子之歌》）
是惟良士思（瞿）	（魚）	giua	K(r)jaks B	良士瞿瞿（魚）	良士蹶蹶（月）	狂夫瞿瞿（《齊風·東方未明》）	番番良士，旅力既愆，我尚有之（《書·秦誓》）

詩《唐風·蟋蟀》可以説是非常規整的隔句韻,以首章來説,毛詩《唐風·蟋蟀》共八句,其中基本上的陽魚兩部互換,除第三句不入韻以外,第二句的"莫"字雖用鐸部,但與魚部屬陰入對轉;第二章八句中,除第三句不入韻以外,其他部分都是陽月兩部互換,並且四字一句,所以無論從詩行和詩韻來説都是非常整齊的。

相比之下,簡文《蟋蟀》一詩,詩行衍生了二句,變爲十句;詩句偶有五言,並非整齊的四言詩;詩韻則爲鐸鐸之藥月鐸陽鐸陽魚,雖然魚與鐸爲陰入對轉可通韻,但其不規則的用韻效果顯然是不及毛詩《唐風·蟋蟀》。

那麽,這是否説明簡文《蟋蟀》一定是要比毛詩《唐風·蟋蟀》要早呢?而其他幾首古佚詩也一定是較早期的作品,甚至是早至周初創作的詩歌呢?我認爲現在還很難下結論。即以簡文《蟋蟀》與毛詩《唐風·蟋蟀》兩個文本之間的關係而論,實際上存在着如下幾種可能:

第一,簡文《蟋蟀》是毛詩《唐風·蟋蟀》的前身,或者是更早的一個文本,而兩個文本之間的詩行及文字差異是在傳鈔或者是口頭傳播過程中產生的。如果真是這樣的話,那麽從簡文《蟋蟀》到毛詩《唐風·蟋蟀》的過程中除了有經過口頭傳播和書面傳鈔而造成的不經意的文本變化以外,簡文《蟋蟀》更有可能是經過了文人刻意的加工而變爲毛詩《唐風·蟋蟀》。由於清華簡的時代是在公元前305年前後,由此我們也會推斷孔子向門弟子所説的"詩三百",墨子所説"歌詩三百"等一定是一個與今本毛詩不同的文本。

第二,毛詩《唐風·蟋蟀》是簡文《蟋蟀》的前身,或者是更早的一個文本,前者源於中原國家,後者是楚國文本,而用韻、語辭、異文異字的不同,則可能是因爲由中原向楚國的傳播過程中產生出來。如果真是這樣的話,那麽除了鈔寫致訛以外,應該在一定程度上也有口頭傳播造成的錯誤,因爲我相信鈔寫錯誤只會造成偶爾的脱字、衍字和錯字,而不太可能添加詩行改變詩句的用韻和詩意詩旨。

第三,簡文《蟋蟀》與毛詩《唐風·蟋蟀》是源自兩個平行互不相干的文本,有各自的傳播歷史和各自的傳播人群和範圍。如果毛詩的確是可以上溯到子夏和孔子,那麽簡文的前身肯定不是孔子所編定的《詩》三百,或者説孔子用於教授學生的那部《詩》,而是較孔子更早的一個文本。

以上三種可能性從邏輯上説應該是均等的,因此在没有新的文本出現以前,這兩種文本之間的關係恐怕會是一個難以解開的謎。如果清華簡本《詩》的確早於毛詩文本,那麽早到什麽時候呢?有没有可能早到商周嬗代之際?簡文《蟋蟀》與上引幾首古佚詩會不會周人伐耆之後,在飲至禮上所作?如果真是周公畢公等人所作,那麽這些作品是如何流傳到清華簡所處的戰國時期? 是當事人記憶下來,事後向人轉述,還是當時有史官在場作了筆録? 這些都是難以解答的問題。

如果從這幾首詩的句式(基本上是每行四字)、用韻和套語的使用這幾個方面來看,我認爲這幾首詩不太可能是商周之際的原來的作品,即使與原來的作品有一定的關係,也是經過了改寫和加工。

2009 年 3 月筆者曾撰《從〈周頌〉與金文中成語的運用來看古歌詩之用韻及四言詩體的形成》①一文,發表於香港浸會大學中文系及傳統文化研究中心主辦之《傑出學人講席:跨學科視野下的詩經研究》(2009 年 4 月 1 日),以《周頌》諸篇中所用成語爲綫,以金文中之習見詞語與之比勘,筆者發現,《詩·周頌》諸篇在使用祭祀成語的過程中,又有一種入韻化的傾向,而這種入韻的傾向,又與金文銘辭,特別是編鐘銘文逐漸變得規則,並且入韻,幾乎可以説同步的。這從一個側面揭示出,在西周中期,伴隨着音樂的使用和祭祀禮辭的發展,中國的四言體詩開始逐漸形成,並且格式化。

筆者通過對金文韻語與《周頌》諸篇的考察,認爲四言成語的大量出現、四言體詩的形成,都應在西周中晚期,共王穆王時期以後。而這一現象並非偶然,與音樂的發展和周代禮樂中雙音鐘的規範使用,四聲音階在禮樂中的定型等都有關聯。西周穆王(976—922 B. C.)時期是規律性雙音鐘出現的起點,從此以後,西周編甬鐘的正側鼓音呈現了規律化的小三度音程關係。在音樂上使用四聲音階與西周祭祀語言四言化有直接關係,而祭祀語詞的四言化又直導四言詩體的形成。經仔細考察,筆者發現:與音樂的發展相對應,西周青銅器銘文也經歷了由雜言向四言,由無韻到入韻的變化。從清華簡這幾首詩來看,我所羅列的幾個圖表顯示幾首古佚詩中都大量地使用了《大雅》《小雅》各篇中所常使用的套語,詩中之"庶民和同"、"穆穆克邦"、"毖精謀猷"、"裕德乃究"、"丕顯來格"、"萬壽無疆"等二雅中所常見的語詞,也正是西周中晚期銅器銘文中所習見的祝禱之詞;三首古佚詩都是整齊的四言詩,而用韻精整,這對我們判斷清華簡古佚詩及《蟋蟀》一詩的時代不無幫助,總的來説,它們不可能是西周晚期以前的作品。

本文撰成後,承蒙日本早稻田大學稻畑耕一郎教授邀請,於 2009 年 10 月 24 日在早大作了報告。其間承古屋昭弘教授指出,藥、鐸兩部合韻是戰國時期的語音特

---

① 《從〈周頌〉與金文中成語的運用來看古歌詩之用韻及四言詩體的形成》,刊於陳致編:《跨學科視野下的詩經研究》,上海古籍出版社,2010 年。

徵,戰國以前,藥、鐸兩部是不能合韻的。考《詩經》的用韻,的確無藥、鐸通押之例。據向熹統計,藥部入韻 26 字,用韻 24 處,其中藥部獨用 14 處,通韻和合韻 10 處,除宵藥通韻 9 處外,藥錫兩部有 1 處合韻,即《君子偕老》一詩;而鐸部入韻 61 字,用韻 62 處。其中鐸部獨用 41 處,通韻和合韻 21 處。魚鐸通韻 20 處。鐸葉合韻 1 處,即《大雅·常武》一詩。①故詩經中鐸藥兩部無合韻之例,如果二部合韻的確爲戰國時代的語音特徵,那麼簡文《蟋蟀》就很有可能是戰國時代的作品,特別是其第三四兩行"今夫君子,不喜不樂",乃由毛詩中不押韻的"今我不樂"一句變化而出,這也許是清華簡《蟋蟀》及其他古佚詩屬於戰國時代的一個很重要的證據,説明簡本《蟋蟀》至少是經過戰國時代的文人加以編輯改定的。

①　向熹:《詩經語文論集》,成都:四川文藝出版社,2002 年,頁 202—203。

"万(萬)舞"與"庸奏": 殷人祭祀樂舞與《詩》中三頌*

　　本文主要從甲骨文例出發,考察万(萬)舞樂制的形式及其在商代宗廟祭祀中之功用,以及與庸奏之關係。從甲骨文資料來看,万(萬)舞與庸奏往往相伴進行。庸爲商代貴族使用的青銅樂鐘,在商代中晚期亦指一種音樂、舞蹈、樂歌相伴進行的用於祭祀的樂舞形式。由"庸"與"頌"的字源來看,此庸奏樂舞後來演變爲《詩經》中的三頌。最初庸奏和万(萬)舞都在商代祭祀中用於迎神娛神。故頌這種詩歌音樂舞蹈體式,實源自商代祭祀所用的万(萬)舞與庸奏。對於万(萬)舞,前賢已多由文獻資料進行研究,故本文必須從有關成果的檢討入手來展開論析。

一、文獻中所見之萬舞

　　文獻中有万(萬)舞這種樂舞形式,學者王維堤用多方面的資料來考證周代万(萬)舞的情況。①要言之,謂春秋戰國時期諸侯中記載使用過万(萬)舞的是魯、宋、楚、齊諸國。魯國是魯公子遂死,宣公行繹祭時"萬入去籥",再有就是隱公五年,"考仲子之宮,將萬焉,公問羽數於衆仲"的記載,昭公二十五年,跳万(萬)舞的人都到了季孫氏那裏;楚國是令尹子元欲蠱文夫人(息嬀)而振萬,齊國是齊康公興萬。②這裏

＊　本文原刊於《中華文史論叢》2008年第4期,上海古籍出版社,頁23—47。承蒙趙昌平教授審讀並提出諸多寶貴意見,特此致謝。
① 王維堤《萬舞考》,《中華文史論叢》,1985年第4輯(總36集),頁175—194。
② 《左傳》昭公二十五年云:"將禘於襄公,萬者二人。其衆萬於季氏。"謂昭公將行禘祭祭祀襄公,而只有萬者兩人,而多數的萬者都在季平子那裏。見《春秋左傳正義》卷五十一,十三經注疏本,頁2109中。《左傳》莊公二十八年云:"楚令尹子文欲蠱文夫人,爲館於其宮側,而振萬焉。"《春秋左傳正義》卷十,十三經注疏本,頁1781下。見孫詒讓《墨子閒詁》,北京,中華書局,2001年,新編諸子集成本,頁255—256。

面,楚國的万(萬)舞是習戎備用的,而魯國的万(萬)舞則與羽數有關,齊康公興万(萬)規模宏大;王文據万(萬)舞用鳥羽之風俗及郭沫若《殷契粹編》第1543片“弜奏,斖蒿,王其每(晦)”詞及裘錫圭先生《釋万》文所指出的周代万(萬)舞實源自商代祭祀樂舞;①王維堤已專章論析“萬舞是商族的傳統祭祀樂舞”,並在章末用甲文與裘錫圭《釋万》文,點出万(萬)舞是商族傳統祭祀樂舞。王文又討論了万(萬)舞的結構與樂器,並指出万(萬)舞的結構爲前半段張揚武功,以干戈爲舞具;後半段反映文治,以羽籥爲舞器。今按王説多所發明,至爲詳備,然容有可補可商處。其有關甲骨文資料,詳見後文,此先論文獻中有關周人万(萬)舞的情況。

實則有關周人万(萬)舞的文獻資料,有更早於王文所舉者,可上溯至武王滅商時期。《逸周書·世俘解》載:

> 甲寅,謁我殷于牧野,王佩赤白旂。籥人奏武,王入,進萬,獻。明明三終。乙卯,籥人奏崇禹生開,三鍾,終,②王定。③

《世俘解》所描述的武王在牧野戰勝之後接受獻俘的過程。先由籥人演奏大舞《武》的音樂,武王入場後所謂“進萬”,應是進演萬舞,或是進獻俘獲的殷的稱作萬的樂人或舞者,然後獻俘。“明明”三終。舊解是指《詩·大雅·大明》,其開篇曰:“明明在下,赫赫在上”。④次日,籥人演奏“崇禹生開”,可能與《大夏》之樂有關。使用三件成組的鐘類樂器(應爲“庸”,詳後)。演奏完畢,王始安坐。按此段當與《春秋經》宣公八年“辛巳,有事於大廟。仲遂卒於垂。壬午,猶繹,萬入,去籥”⑤對讀。顯然最初《大武》的舞制在魯宣公時沿襲了下來,万(萬)人與籥人,在程式的安排上有所不同,由籥人先進,万(萬)人繼之。《公羊傳》解釋説:“繹者何? 祭之明日也。萬者何? 干舞也,籥者何,籥舞也。其言萬入去籥何? 去其有聲者,廢(置)其無聲者。”⑥這裏《公羊傳》顯然是望文生義,以爲籥有聲,而舞無聲。《穀梁傳》也相類。何休注:“萬者,其篇名。武王以萬人服天下,民樂之,故名之云爾。”⑦《禮記·月令》孔穎達

---

①　郭沫若《殷契粹編》,北京,科學出版社,1959年,頁762;裘錫圭《甲骨文中的幾種樂器名稱》附《釋万》,《中華文史論叢》1980年第2輯(總14輯),頁81,注5。

②　章炳麟以“三鍾終”當爲“鍾三終”。其他一些學者認爲“鍾”爲衍字。見黃懷信、張懋鎔、田旭東:《逸周書彙校集注(修訂本)》,上海古籍出版社,2007年,頁429。我以爲“鍾”即指“鐘”。商周之際,鐘三件成組最爲常見。故本文無衍無訛,即當作如是讀。

③　黃懷信、張懋鎔、田旭東:《逸周書彙校集注》,頁427—429。

④　《毛詩正義》卷一六之二,《十三經注疏》本,北京,中華書局影印,1980年,頁506下。

⑤　《春秋左傳正義》卷二二,《十三經注疏》本,頁1873中一下。

⑥　《春秋公羊傳注疏》卷一五,《十三經注疏》本,頁2280下—2281上。

⑦　《春秋公羊傳注疏》卷一五,《十三經注疏》本,頁2281上。

疏更進一步發揮：“何休注《公羊》云：周武王以萬人服天下。《商頌》‘萬舞有奕’，蓋殷湯亦以萬人得天下。此《夏小正》是夏時之書，亦云萬者，其義未聞，或以爲禹以萬人以上治水，故樂亦稱萬。”①則更行更遠矣。所謂“武王以萬人服天下”者，由《世俘解》可知並非説武王僅凭藉一萬人就輕輕鬆鬆地得到了天下，而是説武王滅商時，曾用過跳万（萬）舞的人。

《世俘解》這一段給我們提供了相當重要的資料。周人《大武》之樂與殷人的“万（萬）舞”的關係在有周創立以前已經存在。《禮記·祭統》：“夫祭有三重焉：獻之屬莫重於祼，聲莫重於升歌，舞莫重於《武宿夜》。”《正義》引《尚書大傳》云：“書傳云：武王伐紂，至於商郊，停止宿夜。士卒皆歡樂歌舞以待旦，因名焉。《武宿夜》，其樂亡也。熊氏云：此即《大武》之樂也。”②《大武》之樂是周的經典禮樂，正因爲其始創即具有重要性和象徵意義。而《世俘解》告訴我們《大武》創製之初即有万（萬）舞相伴進行，也説明了万（萬）舞在周人的心目中的地位似較王文所論更爲重要。

又商代的万（萬）舞究竟是文舞還是武舞？究竟是執干戈，還是執羽籥？似乎很難推斷。學者自鄭玄以下，説已不同。鄭玄説：“萬舞，干舞也。”③是從《公羊傳》之説。然何休《公羊傳》注又説“武王以萬人服天下”，則別爲一説。孔穎達《毛詩正義》云：“萬者，舞之總名”④又爲第三解，宋呂祖謙《呂氏家塾讀詩記》據此發揮，謂：“萬舞，二舞之總名也。干舞者，武舞之別名也；籥舞者，文舞之別名也。文舞又謂之羽舞。”⑤宋代陳暘又云：“先干戚後羽旄。”⑥可見早在王維堤之前，宋代學者已經提到所謂万（萬）舞是大舞之總名，合文武二舞而言之。清代學者馬瑞辰和王先謙也作出了相似的論斷。馬瑞辰在《詩·邶風·簡兮》通釋中認爲萬即“大”之義，並指出：“萬舞蓋對小舞言，故爲大舞，實文武二舞之總名。”⑦也就是説是一般大舞之通稱，而非專名。王先謙則説：

　　萬者，舞之總名，干戚與羽籥，皆是大舞，對小舞言，自當兼文武二舞。故《傳》亦云以干羽爲萬舞。《箋》釋萬舞爲干舞，籥舞爲羽舞，説者以箋爲《易傳》。今案《春秋宣八年經》：萬入去籥。《公羊傳》：萬者何？干舞也；籥者何？

① 《禮記正義》卷一五，《十三經注疏》本，頁 1362 下。
② 《禮記正義》卷四九，《十三經注疏》本，頁 1604 上。
③ 《毛詩正義》卷二之三，《十三經注疏》本，頁 308 上。
④ 《毛詩正義》卷二之三，《十三經注疏》本，頁 308 中。
⑤ 呂祖謙：《呂氏家塾讀詩記》卷四，《叢書集成》本，1716 册，頁 81。
⑥ 陳暘：《樂書》，卷四三，頁 6，文淵閣四庫全書本，211 册，頁 217 下。
⑦ 馬瑞辰：《毛詩傳箋通釋》卷四，《續修四庫全書》，上海古籍出版社，2002 年，68 册，頁 399 下。

籥舞也。鄭蓋據以爲説。然《公羊》此傳於萬中别籥舞耳,非專以萬之名屬干
舞也。《五經異義》引公羊説樂萬舞以鴻羽。此可爲萬兼羽籥之塙據。推鄭
意,蓋以萬舞先干戚而後羽籥,此詩二章方言籥、翟。故於首章但言干舞,非以
萬舞爲獨有干戚而無羽籥也。《左隱五年傳》:考仲子之宫,將萬焉,公問羽數
於衆仲。亦萬兼羽籥之明證。孔《疏》謂羽爲籥,不得爲萬,引孫毓評以毛爲
失,過矣。《韓詩説》云:萬以夷狄大鳥羽,義與毛同。①

　　王先謙認爲万(萬)舞雖然是主要以干戚爲舞具的武舞,但同時也兼用羽籥作
舞具。但若以干戚和羽籥同時舞起來,似乎又有相當的難度,所以王先謙折衷其
説,以爲先干戚而後羽籥。這些論斷都是王維堤説之先聲。然王説與前人説之"先
干戚後羽籥"的説法是否真能解决問題呢? 王説是由《詩·邶風·簡兮》的詮解而
展開論述的。全詩云:

簡兮簡兮,方將萬舞。日之方中,在前上處。(第一章)

碩人俁俁,公庭萬舞。有力如虎,執轡如組。(第二章)

左手執籥,右手秉翟。赫如渥赭,公言錫爵。(第三章)

山有榛,隰有苓。云誰之思,西方美人。彼美人兮,西方之人兮。(第四章)②

　　王文以爲是詩統寫万(萬)舞,誠是。然以第二章爲万(萬)舞之前半——執干
戚之武舞,第三章爲万(萬)舞之後半——執羽籥之文舞,則是以意推之,尚有可商
之處。

　　總而言之,王維堤先生主要依據傳世文獻來討論万(萬)舞之形制,尚未能越出
《簡兮》所描述之範圍。今試溯其源,由甲骨文、金文所涉万字之用例,略探商代万
(萬)舞之原始形態及其在商代之應用。

二、甲骨文金文中所見之万舞

　　對於甲骨文中所見之万(萬)舞,裘錫圭先生的《釋万》一文,給人深刻的啓發。
裘先生在《釋万》一文中分甲骨文中万字用法爲三:(1)用爲國族名或地名;(2)作動
詞用,類似祭名;(3)用爲一種人的名稱,這種万字最爲常見。③今按以甲骨文辭例來

①　王先謙:《詩三家義集疏》卷三上,《續修四庫全書》,77册,頁447下。
②　《毛詩正義》卷二之三,《十三經注疏》本,頁308上—309下。
③　裘錫圭:《甲骨文中的幾種樂器名稱》附《釋万》,頁79。

看,作動詞用的万是進行一種舞祭,或者説是一種祭祀中常見的舞蹈。既是名詞,也常用作動詞。其用作舞蹈名的辭例如:

例一,《甲骨文合集》31033:

甲　午

重　万　舞　大　吉

重　林　舞　屮　正　吉

重　辛　奏　屮　正

奏　…　正①

林舞是舞名,万(萬)舞與之並列,也當是舞名無疑。万(萬)舞之名,卜辭中數見,他如《合集》16003,28461,及《屯南》825均是。

例二,《合集》28461:

(1)　今　日　辛　王　其　田　亡　災

(2)　乎　万　舞

其文例略如"乎多老舞"、"乎戌舞"、"乎子汰(需)祝一牛"、"乎子𡊎涉"的結構。故万(萬)既是舞名,也是舞者的稱謂,一般認爲是一種職官,司音樂舞蹈之事。"乎万舞"意謂"叫万人跳舞"。甲骨文中又有"多万"(《屯南》4093)一稱,益證其或爲一種樂舞職官,或爲舞万者之稱。《左傳昭公二十五年》:"將禘於襄公,萬者二人。其衆萬於季氏。"②《墨子·非樂上》:"齊康公興萬樂,萬人不可衣短褐。"③二例中"萬者"、"萬人"、"衆萬"之稱,當是甲骨文中万與"多万"之遺義。又,作爲舞蹈名稱和万(萬)舞舞人之名的万,也有其動詞用法,其例如:

---

① 《甲骨文合集》(下簡稱《合集》),北京:中華書局,1978—1983年。
② 《春秋左傳正義》卷五一,頁2109中。
③ 孫詒讓:《墨子閒詁》卷八,北京,中華書局,1986年,頁231。

例三，《合集》27368

(1) 〔甲骨文字〕　　　　　　　　　　(1) 重丁兹用

(2) 〔甲骨文字〕　　　　　　　　　　(2) 丁卯卜其㽙万于父甲

(3) 〔甲骨文字〕　　　　　　　　　　(3) 于匕辛

(4) 〔甲骨文字〕　　　　　　　　　　(4) 于祖丁

(5) 〔甲骨文字〕　　　　　　　　　　(5) 吉

《合集》27468 又云“丁丑卜，狄貞，万于父甲”，此二條之万當是舞名的動詞用法，爲舞蹈祭祀無疑。所謂“万于父甲”，揣其義，當爲在祭祀父甲時進行万舞。

例四，《合集》21232

〔甲骨文字〕
辛　酉　卜　重　万　〔字〕　一　月

此條是貞問是否要舉行万（萬）舞。〔字〕字在甲骨文中多見。龍宇純以爲甲骨文金文中之〔諸字〕等本是一字，即《説文》中“芳”字，亦即“祓”字，爲祈求之義，又從郭沫若説，以爲亦通“奏”字。① 龍氏之説，考證翔實精密，固可信從，然於甲骨文中“奏”字，未加申論。我認爲在甲骨文中用爲動詞的〔字〕有以下兩種含義：（1）是〔字〕（求或拜或芳）的簡體，卜辭中多“〔字〕雨”“〔字〕年”等詞語；（2）是〔字〕〔字〕（奏）的簡體，或用來指演奏某種樂器，或用來指表演某種樂器、舞蹈，甚或一套樂舞。此處當爲後一義，可與下條參看：

例五，《合集》06653 云：

〔甲骨文字〕（左）
甲　午　卜　殻　貞　王　〔字〕　兹　玉　成　（左）　二

以上卜辭説貞人殻貞問演奏兹、玉。兹字卜辭中作〔字〕形，即絲。所謂絲當指弦樂器。② 而玉是石質或玉質打擊樂器，即石磬。本文説兹爲絲，其例如：

例六，《合集》14311：

〔甲骨文字〕
丁　巳　卜　㝱　貞　〔字〕　茲　於　東　一　小　告　二　三　四　五

這裏動詞〔字〕的用法即如：

---

① 龍宇純：《甲骨文金文〔字〕字及其相關問題》，《中研院歷史語言研究所集刊》34 下，1963 年，頁 405—433。

② 兹（〔字〕）指弦樂器在以下卜辭中可證：《合集》6653，16017，18899。〔字〕亦是〔字〕的異體。《合集》14311 云：〔字〕〔字〕于〔東〕（奏兹於東）。説明貞人賓卜問使用弦樂器。我以爲甲骨文中〔字〕字字形既是兹，也是絲的初形。卜辭文例〔字〕或作兹，爲代詞，或作絲指弦樂器。是爲八音之一。

例七,《合集》6016:

戊　戌　卜　爭　貞　王　歸　奏　玉　其　伐　一

中奏（樂）的用法。同類的動詞又有（奉）。

例八,《合集》5871:

貞　其　奉　万

此是貞問是否要進行万（萬）舞。是及物動詞,其義猶表演、演奏、舉行。例八中奉（奉）又是表演舞蹈之義。卜辭中奉（奉）、奏（奏）、美（奉）都是時作演奏（樂器）,時作表演（音樂、舞蹈或樂舞）之義。又按所謂"奏玉其伐"（例七）中伐與奏連用,尤可注意,由此可覘執干戚之武舞舞容之一二。

周代禮樂中大舞有六,曰《雲門》（黃帝）《咸池》（堯）《大韶》（舜）《大夏》（禹）《大濩》（商）《大武》（周）,即所謂六代之樂,而其中真正見於三《禮》,用於大饗、大射諸禮的只有《大武》和《大夏》兩種。《大武》則用於天子大祭祀、天子視學養老、魯之禘。兩君相見所用則爲《武》,應該就是《大武》。商代的万（萬）舞究竟是如何舞法,今去古太遠,固無從完全測知。但是甲骨文又給我們提供一些關於万（萬）舞在什麼場合使用的資料。

1. 首先,我們知道,万（萬）舞是用於宗廟祭祀,如前舉之"万于父甲"（《合集》27368、27468）"于妣辛"（《合集》27368）"于祖丁"（《合集》27310、27368、30354）于父庚（《合集》27310）。故知商王每於祭祀先王先妣時興万（萬）舞。以其在甲骨文中出現的頻率來看,万（萬）舞比任何其他舞蹈都更重要。如"濩"、"林"、"美"等都不及其重要,則其在商代禮制中的作用,相當於"大武"之於周人。所以它是商代的大舞。

2. 万（萬）人也與殷人的學校有關。

例九,《屯南》662

丁　酉　卜　今　旦　万　其　甾　吉

于　來　丁　迺　甾

于　屮　甾　吉

于　屮　甾　吉

若　冏　于　甾　吉

屮𡨦的𡨦字不識，以文義揣之，當是庠序學校之類的地方。《禮記·王制》：“有虞氏養國老於上庠，養庶老於下庠。夏后氏養國老於東序，養庶老於西序。殷人養國老於右學，養庶老於左學。”①屮𡨦極有可能是殷人的右學。卜人貞問万(萬)者在什麼地方教書(古者教、學不別)，在右𡨦教，還是在冏這個地方教學？是万(萬)人如《周禮》中所説的樂師，“樂師掌國學之政，以教國子小舞。凡舞，有帗舞，有羽舞，有皇舞，有旄舞，有干舞，有人舞”。②抑如掌教六大舞的大司樂。商代的万(萬)人與周代的樂師多相同處，是知“周因於殷禮，所損益可知也”。③其所教授的内容自然是殷的祭祀樂舞。

3. 万(萬)最常用於祈雨的祭祀活動，此於甲骨文例中所見獨多。如《合集》27310、21052、28180、28383、28421、28236、30028、30517、31032。

4. 万(萬)亦用來祈晴。《合集》31031、41545，《屯南》2256，王在畋獵的時候，舞万(萬)祈求不遇大雨。

又按伴隨着万(萬)舞的有庸這一打擊樂器。庸是三件五件一組的青銅鐘。婦好墓(殷墟二期)中所發現的樂器有五件成組的編庸(鐃)，十八件銅鈴，五件磬，以及三件陶塤。④可以想見武丁時期已有頗具規模的樂陣。從《合集》27310、31022、31018中所紀可見万(萬)舞與庸奏常常是相伴進行的。裘錫圭先生所舉晚商銅器《己酉戍鈴(𤴡)彝》⑤即記一個万(萬)人於祊祭中置庸、舞九律舞。⑥那麼庸奏又是一種什麼樣的音樂活動呢？

三、庸　奏

《詩》中所謂“頌”，肯定是指祖先祭祀中一些最初的音樂活動。可是，從刻劃在十萬多件甲骨上的五千多個文字中，卻找不出這樣一個字。因可知“頌”字是一個後起的字。今存西周青銅器中保存有大量的“頌”字，其中較早的可能是瘋鐘上

---

① 《禮記正義》卷一三，頁1346中。
② 《周禮注疏》卷二三，《十三經注疏》本，頁793中。
③ 《論語注疏》卷二，《十三經注疏》本，頁2463中。
④ 中國社會科學院考古研究所安陽工作隊，《安陽殷墟五號墓的發掘》，《考古學報》，第47卷(1977年第2期)，頁71、89、91。五件磬中，槨内發現的三件大磬，石料相同，應是一套編磬。中國社會科學院考古學研究所《殷墟婦好墓》，北京，文物出版社，1980年，頁198—199。
⑤ 該器銘亦著錄於《殷周金文集成》9894，曰：“戍鈴方彝”。
⑥ 薛尚功：《歷代鐘鼎彝器款識》，瀋陽：遼瀋書社，1985年，頁43—44。

"頌"字,屬西周中期。"頌"很有可能是在周代前期造出來的字。①以商金文與西周金文比對來看,西周早期形聲字大量增加,這當然很可能與周初的文化政策有關。更值得注意的一點是形聲字中從"頁"旁的字在西周金文中大量出現。

甲骨文中沒有"頌"字。接下來的問題是,在"頌"字出現之前,是否存在一種叫做"頌"的樂舞或詩歌體裁? 如果它確實存在,那麼在商代用來表示這種音樂體式或舞蹈的又是什麼字呢?《國語》的作者和《詩序》的作者毛公,都斷然肯定"頌"是商代的一種禮樂。《國語·魯語下》中,閔馬父對子服景伯説:

　　昔正考父校商之名頌十二篇於周太師,以《那》爲首,其輯之亂曰:

　　自古在昔,先民有作。温恭朝夕,執事有恪。②

毛公所作《那》詩之序也説:

　　《那》,祀成湯也。微子至於戴公,其間禮樂廢壞。有正考甫者,得商頌十二篇於周之大師,以《那》爲首。③

毛《序》和《國語》的作者似乎一致認爲,在商代曾有一種叫做"頌"的詩歌體式。若果然,那麼這種詩樂在商代又被稱作什麼呢?

(一)"庸"字字源及其與"頌"的音義關係

有些現代學者如張西堂提出一種意見,認爲"頌"是一種叫"鏞"的樂器。④不過,很多《詩經》研究者並不接受這一説法。⑤雖然這一理論最早是由張西堂加以闡述,但其理論根基可以追溯到鄭玄那裏。鄭玄在其對周禮著述所作的各種箋注中,不止一次提到"頌"就是"庸"。他把"頌"説成是擺放樂器的方向或地點的名詞,指出稱爲頌的樂器常放在西邊。鄭玄《周禮·春官·眡瞭》注云:

　　磬在東方曰笙,笙,生也;在西方曰頌,頌或作庸,庸,功也。⑥

在《儀禮·大射》注中,鄭玄再次指出"頌"與"庸"字同義。他認爲:

　　笙猶生也,東爲陽中,萬物以生……是以東方鐘磬謂之笙,皆編而縣之。

① 周何、季旭昇、汪中文等編:《青銅器銘文檢索》(台北,文史哲出版社,1995 年,頁 1343—1345)中"頌"字共出現 114 次,其中 111 次是鑄刻在西周的青銅器上。

② 韋昭(197—278)認爲閔馬父和子服景伯都是魯國人,並將此事繫於魯哀公八年(487B.C.)。見《國語》,卷五,上海古籍出版社,1978 年,頁 216。

③ 《毛詩正義》卷二十,頁 620 中。

④ 張西堂:《詩經六論》,上海,商務印書館,1957 年,頁 114—115。

⑤ 陳子展:《詩經直解》,台北,書林出版社,1992 年,頁 4。

⑥ 《周禮注疏》卷二三,《十三經注疏》本,頁 797 中。

言成功曰頌，西爲陰中，萬物之所成……是以西方鐘磬謂之頌。……古文頌爲庸。①

要證明“頌”就是“庸”，鄭玄的解釋不能作爲充分證據。然徵之以銅器銘文以及上古語音關係，鄭玄“頌”即“庸”字之説又的確有根據。從戰國中山王一號墓出土的三件青銅器來看，“頌”字與“庸”字往往通用。②

中山王䚄鼎(圖三)　寡人庸其惪(德)，嘉其力……明其德，庸其工(功)……後人其庸庸之③

䚄䇂壺(圖四)　以追庸先王之工(功)刺(烈)

這四句銘文清楚地告訴我們，“庸”應理解爲與“頌”同義，是個表示稱頌的動詞。類似的情形還見於《左傳·宣公十五年》的一段記載。當晉公賞給士伯采邑時，羊舌職説是賞也，曰：“《周書》所謂‘庸庸祇祇’者，謂此物也夫。士伯庸中行伯，君信之，亦庸士伯，此之謂明德矣。文王所以造周，不是過也。”④

“庸”在這段文字中出現四次，其中前兩次引《尚書》“庸庸祇祇”一句，是以“動賓”結構出現的，意指“贊頌那些有功德的人”。在這裏，應該將第一個“庸”理解爲“頌”，將第二個“庸”理解爲“功”。⑤“庸”、“頌”二字當爲音假。⑥

---

① 《儀禮注疏》卷一六，《十三經注疏》本，頁1028下—1029上。

② 河北平山中山王一號墓中所謂的“平山三器”，其時代約爲公元前308年。見《李學勤集》，哈爾濱，黑龍江教育出版社，1989年，頁236—247；李學勤《新出青銅器研究》，北京，文物出版社，1990年，頁175—198。

③ 中山王䚄鼎銘文云：“克又(有)工(功)智(績)㪅：詥死罪之又(有)若(赦)，智(知)爲人臣之宜(義)㪅。於(嗚)乎，念之哉！後人其庸＝[庸]之，毋忘爾邦。”李學勤(《新出青銅器研究》頁186)和于豪亮(《于豪亮學術文存》，北京，中華書局，1985年，頁43)將此句讀作“後人其庸用之”，可以譯成“後來的人將繼續用它”。此句銘文原爲“後人其庸＝之”，李、于兩先生將第一個“庸”讀作“賡”(意爲繼續)，將第二個“庸”讀作“用”(意爲使用)。我以爲第一個“庸”當理解爲名詞，指庸鐘或頌(誦)文，而第二個“庸”當理解爲相當於“頌”的動詞，指通過音樂或其他形式來贊頌。

④ 楊伯峻：《春秋左傳註》，北京，中華書局，1981年，頁765。

⑤ 楊伯峻據杜預注將第一個“庸”字解釋爲“使用”的“用”字，而將第二個“庸”字解成“那些可用的人”。“庸庸祇祇”一語引自《書·康誥》：“惟乃丕顯考文王，克明德慎罰，不敢侮鰥寡，庸庸、祇祇、威威、顯民。用肇造我區夏；越我一二邦，以修我西土。”(《十三經注疏》本，頁203上)實則“庸庸”當理解爲“稱頌那些有功有德之人”。其中第一個庸字字義當如《書·多士》“弗克庸帝”，以及《書·蔡仲之命》中的“克庸祇祇”(《十三經注疏》本，頁219下，227上)。將這個“庸”理解爲頌，更符合其語境。

⑥ 在上古音中，這兩個字同屬“東”韻。Karlgren推測“庸”音爲*diung，“頌”音爲*dziung(Karlgren, Glosseson the Book of Odes [Stockholm: Museum of Far Eastern Antiquities, 1964], 305—307)。王力(《漢語史稿》，北京，中華書局，1958年，頁93)推斷“庸”、“頌”的母音都是*iwog或*iog(又見王力《漢語語音史》，北京，中國社會科學出版社，1985年，頁55)。William Baxter提出*ljong爲“庸”的古音(Baxter, A Hand book of Old Chinese Phonology [Berlin—NewYork: Moutonde Gruyter, 1992], 803)，*zljongs或*sgjongs爲“頌”的古音(A Hand book of Old Chinese Phonology, 790)。

受到鄭玄"頌"即"庸"的啓發,學者如張西堂、饒宗頤、裘錫圭、李純一等皆認爲"庸"是某種青銅樂器的名稱。裘錫圭就列舉了甲骨文中殷人用"庸"、"用"指稱樂器的幾種情形。①"庸"與樂器"鼓"頻頻一起出現的事實,也讓人想到有這樣一種可能,即"庸"在商、周時代原本是一種用槌敲擊的青銅樂鐘。②與傳世文獻相印證,《詩·商頌·那》:

> 庸鼓有斁,萬舞有奕。我有嘉客,亦不夷懌。③

從現存的其他一些古代文獻,如《逸周書》的《世俘解》和《尚書》的諸多篇章中,可以找到更多的證據。《周禮》也記載有"典庸器"的官職,清楚地指出"庸器"就是一些懸挂在鐘架"筍"(簨)和"虡"上的樂器:④

> 典庸器:掌藏樂器、庸器。及祭祀,帥其屬而設筍虡、陳庸器;饗食、賓射,亦如之。大喪,廞筍虡。⑤

從"庸"字在甲骨文中體現出來的字義看,它可能指某種樂曲或樂器,或兩者皆是。今"庸"字字源在甲骨文中有二:一作"🜀",外形像是城牆,即"土田附庸"之"庸"。⑥這個字不在本文的討論範圍之内。⑦另一作"🜀"、"🜀"、"🜀"、"🜀",從"庚"從

---

① 裘錫圭:《甲骨文中的幾種樂器名稱》附《釋万》,頁67—79。

② Kin-woon Tong 認爲"庸"是描繪一種帶有支架的鼓,"一個雙面大圓鼓,平放在一個支架上"。這種解讀的根據,一是他將"🜀"(庚)看成是對鼓的描畫,其下半"🜀"(凡)則指鼓架,二是他認爲"庸"、"鏞"是兩個不同的字,代表兩種不同的樂器。然而,在甲骨文中,可以認爲"🜀"描繪的是一個分成數節的竹器,用來盛水或盛酒。像"🜀"(同)、"🜀"(用)、"筒"、"箭"之類都有一個聲符"🜀"。同屬"東"部。因此,"🜀"(同)或"🜀"(用)在甲骨文中有時或指一種打擊樂器,而非鼓架,那麼"🜀"(庸)字則爲形聲而不是像形。此外,考慮到"庸"、"鏞"在各種傳世文獻中都指某一類型的鐘,Tong 將二者分開還面臨一些難以解決的問題。筆者接受李純一的解讀,認爲"🜀"(庸)的上半爲一種我們還不知道的樂器,下半或指一種竹器,一種原始的打擊樂器。"庸"在卜辭中常與各種鼓類樂器如壴、鼓、豐等作爲並列名詞同時出現,也與 Tong 認爲"庸"是一種鼓的判斷存在矛盾,因爲在甲骨文中,同時提到兩種鼓的極爲少見。Tong 有關"庸"的論述,見 Tong, "The Shang Musical Instruments," *Asian Music* 1983—1984, 14. 2:17—181; 15. 1:103—184; 15. 2:68—143。

③ 《毛詩正義》卷二十之三,頁 203 上。

④ 關於鐘架的名稱及其裝置,參見華覺明和王玉柱,"The Foundry and Acoustics of the Marquis Yi Set-Bells," in Chen Cheng-yih et al., eds. *Two-tone Set-bells of Marquis Yi* (Singapore: World Scientific, 1994), pp. 527—534;亦可參見曾憲通的文章,*Two-tone Set-bells of Marquis Yi*, pp. 601—613;及羅泰的著作,Von Falkenhausen, *Suspended Music: Chime-Bells in the Culture of Bronze Age China* (Berkeley—Los Angeles—Oxford: University of California Press, 1993), pp. 205—209。

⑤ 《周禮注疏》,卷二四,《十三經注疏》本,頁 802。鄭玄、賈公彦將"庸"釋作"功"(功績),因而對"庸器"作牽强的解釋,以爲是指那些從被打敗或征服的國家俘獲的青銅器。至於"廞",鄭、賈釋作"興"(升起),也乖離其本義。筆者根據鄭、賈對《周禮》"廞衣服"一語的解釋,將其解作"陳列"。見《周禮注疏》,卷二一,《十三經注疏》本,頁 783 下。

⑥ 《毛詩正義》卷二十之二,頁 615 下。

⑦ 見金祥恒《釋庸》,《金祥恒先生全集》,台北:藝文印書館,1990 年,頁 1183—1190。

“屮”、“屮”、“屮”（用）或“屮”、“屮”、“屮”（凡）。這些字形皆可隸定爲“庸”。

　　孫詒讓認爲這裏的“屮”（凡）爲“屮”（同）字的省形。①吳其昌用更多的材料，例如甲骨文中“屮”字和“屮”字互相通用，對孫詒讓的説法作了進一步論證。②裘錫圭在分析甲骨資料中的“庸”字時，乃將“屮”看成是“屮”，並進而認爲其音讀也當爲“同”。③並認爲，在甲骨文中，“庸”字的“屮”旁，像一個用來盛酒或水的竹筒或木桶。而在商代，“庸”指一種用青銅製作的打擊樂器。④

　　而這個青銅樂器究竟是什麽？在考古發現的商代樂器中是否有這個“庸”？學者們提出了兩種不同的意見。《爾雅》云：“大鐘謂之鏞，其中謂之剽，小者謂之棧。”⑤許多學者根據《爾雅》的這段話，把“庸”看成是一種大鐘，因此錯誤地認爲“庸”就是句鑃，⑥即商周之際和春秋時期在南方江漢流域流行的一種大鐘。⑦其形制類似安陽地區發現的小型的樂鐘，而形體大得多，往往單件出現。然而，李純一認爲“庸”最初就是指那些過去一直被視作鐃的，盛行於商代中心地區的小型樂鐘。⑧這是一種帶圓柄、手執或倒植的槌擊鐘。學者如羅振玉稱其爲“鐃”，或如陳夢

---

① 孫詒讓：《契文舉例》，濟南：齊魯書社，1993 年，頁 47。
② 吳其昌以羅振玉（《殷墟書契前編》第八卷，1911—1912 年出版，台北：藝文印書館，1970 年重印，卷一，頁 30，第 50 片；卷二，頁 25，第 6 片）所錄一篇甲骨文“凡（屮，即同）母辛”和大豐簋上的一段銘文“王凡（屮，即同）四方”爲例。見吳其昌《金文曆朔疏證》，上海：商務印書館，1936 年，頁 329。
③ Karlgren 將這個字轉寫成“d'ung”，見 Karlgren, *Glosses on the Book of Odes*, 303。
④ 《合集》3256 爲“王作屮奏”，表明“屮”（同）是一種樂器。
⑤ 《爾雅注疏》卷五，《十三經注疏》本，頁 2602 上。
⑥ 郭沫若因此提出，春秋句鑃的盛行，是流行於商代晚期與西周早期的南方大鐘的復活。春秋句鑃在仿效停滯數百年之久的商代晚期鐃時，在形制上也呈現出某些變化。這個時期的句鑃，形制與鉦相似。關於句鑃的辨認，對其名稱與類型有不同的意見。Lotharvon Falken hausen（*Suspended Music: Chime-Bells in the Culture of Bronze Age China*, 403）采用傳統的説法，將商、周時期南方的鐃與盛行於春秋晚期的句鑃加以區別，認爲它們是兩種類型的鐘。他把句鑃看作是“春秋晚期在中國東南沿海一帶從非作音樂之用的鉦發展而來的一種鐘”。他認爲，“後來各種鐘口向上的編鐘（即長江下游地區及南方出土的句鑃），並不是直接承續商代和西周早期的南方大鐃”（Von Falken hausen, *Suspended Music: Chime-Bells in the Culture of Bronze Age China*, 153—154）。筆者采用朱文瑋和吕琪昌所提到的另外一意見，把春秋句鑃看作是商代大鐃在後世的復活，因此在本文中也把它們（包括南方鐃鐘在内）稱作句鑃。見《先秦樂鐘之研究》，台北：南天書局，1994 年，頁 26—29。
⑦ 高至喜，《中國南方出土商周青銅鐃概論》，《湖南考古輯刊》第二輯，頁 128—135；“An Introduction to Shang and Chou Bronze *Nao* Excavated in South China,” in Chang Kwang-chih（張光直），*Studies of Shang Archaeology*（New Haven—London: Yale University Press, 1986），275—300; Von Falken hausen, *Suspended Music: Chime-Bells in the Culture of Bronze Age China*, 138—145。
⑧ 李純一：《試釋用，庸，甬并試論鐘銘文之演變》，《考古》總 94 期（1964 年），頁 310—311；《庸名探討》，《音樂研究》1988 年第 1 期，頁 15；《中國上古出土樂器綜論》，北京：文物出版社，1996 年，頁 105—109。

家稱其爲"執鐘"。①其形制較小,出土時通常是三件一組,婦好墓中發現的是五件一組。這種鐘爲商代的王室和貴族所用,流行於原商王朝的統治中心,今河南地區。

句鑃形制較大,多出土於南方尤其是長江中下游地區,單件使用,紋飾精美。考古發現的句鑃多見於兩個時期:一是商代中晚期到西周早期,一是春秋晚期。在長江下游發現的春秋晚期的這類鐘中,有幾件自銘"句鑃",如"配兒句鑃"、"其次句鑃"、"姑馮昏同之子句鑃"。其中"姑馮昏同之子句鑃"銘文云"自作商句鑃"。所以這種鐘,其名當爲"句鑃",而非"𤸫"(庸)。本文采用李純一之説,稱商代河南地區流行的第一種類型的鐘爲"庸",而長江中下游的第二種類型的大鐘爲"句鑃"。②"庸"大多數出土於河南,少數發現於山東南部,有一件出自陝西的關中地區。考古方面的證據表明,這種"庸"是商朝王室和貴族特有的樂器,爲祭祀中所用。③也就是甲骨文所見的"𤸫"。

(二)"庸奏"或"作庸"

徵之甲骨文可知,"𤸫"(庸)是一種爲商代王室和貴族所有、在祭祀活動中使用的樂器,這與來自考古方面的證據正相符合。在《甲骨文合集》、《小屯南地甲骨》和《英國所藏甲骨集》中,有大量的甲骨資料,説明"庸"與其他樂器一起被商王用來祭祀他們的祖先。甲骨文中以庸來祭祀的祖先有:太乙(《合集》27137)、太甲(《合集》27137)、祖乙(《屯南》4554)、祖丁(《合集》27310;《屯南》1055、1255;《英藏》2263、2265)、兄丁(《英藏》2263)、父庚(《合集》27310;《屯南》1055)、父甲(《屯南》1055)、小乙(《合集》27352、31013)、武丁(《屯南》4343)和大丁(《合集》27137)。

---

① 陳夢家:《西周銅器斷代》,北京:中華書局,2004 年,第二册,頁 904—906。

② 但在另一方面,李純一面對《爾雅》"大鐘謂之鏞"的記載時,似乎未能堅持其見解。在《中國上古出土樂器綜論》一書中,他將"庸"、"鏞"作了區別,認爲它們是兩種不同鐘的名稱,藉以調和音樂考古發現與文獻記載之間的矛盾。他將第一種類型的商鐃稱作"庸",將第二種類型即在商、周時期長江流域的大鐘稱作"鏞",將春秋時期那些在形制上與"鏞"相似的大鐘稱作"句鑃"。然而從造字的原則來看,將"庸"、"鏞"加以區別是没有道理的。因爲甲骨文中未見有金旁之字,而西周金文中從"金"旁之字驟多,故"鏞"字的"金"旁必是周代添加上去的一個意符。筆者以爲,"𤸫"(庸)是第一種類型的商鐘的最初名稱,它盛行於商代中後期,因商周易代而銷聲匿迹。而庸的名稱進而泛指形制稍異於庸的南方大鐘,也稱鏞,故《爾雅》有"大鐘謂之鏞"一説。這種大鐘一直流行到西周中期,是周人所目見者,兩種鐘因皆失傳,故後世淆亂名實,莫能究詰。

③ 對這些商代庸的介紹與研究的英文資料,見 Kin-woon Tong, "The Shang Musical Instruments," *Asian Music* 1983—1984, 15, 1:116—124。

　　李純一舉出甲骨文中八例説明庸的使用,稱其中兩例證明殷人使用“庸”來祈雨,另外六例説明殷人用這種打擊樂器爲祭祀儀式伴奏。[1]筆者研讀了四十多例有“𤔍”字的甲骨文句,其中十餘句有殷人祖先名或其他祭祀名,如卯[在祭祀中宰殺](《合集》30693)、𤔍(閟)[驅邪](《合集》31023)[2]、𣂪(酓)[在祭祀中獻酒](《屯南》1055)。此外,“庸”還被用於“翌”祭(《合集》26040、30270)。[3]

　　祭祀中使用庸這種樂器,在甲骨文中常稱爲“庸奏”(《合集》37310,31013,31014,31022;《英藏》2263),“奏庸”(《合集》31023;《屯南》4343),“庸用”(《合集》15994,27352,27459,30694,31016;《屯南》1055,1255,1501,2324,4554)和“乍(作)庸”(《合集》3256,27137,31018)。如:

　　例十,《合集》30270:

于　翌　日　壬　迺　攸　庸　不　萃　大　風

　　例十一,《合集》31018:

万　其　攸　𪔛　屮　重　…吉

　　甲骨文資料也顯示,“庸”的演奏不是只有這一種樂器,而往往和別的樂器像豈(《合集》30693,31017,34612)、熹(《合集》30693,31017)、豐(《合集》27137,30961,31021;《屯南》1255)等鼓類樂器共同使用。甲骨文中“庸”不只是樂器,也是指有“庸”伴奏的樂歌樂舞形式。“庸”與“舞”(《合集》12839)、“美”(《合集》27352,31023)[4]等舞蹈名稱同時出現,以及與舞者万(《合集》31018)有關係,也進一步證實了筆者的推測,即“庸”是祖先祭祀和其他宗教活動中表演的一組樂舞。

　　甲骨卜辭中有如下一些詞句:

　　例十二,《合集》12839 有殘文如下:

---

[1]　李純一:《庸名探討》,《音樂研究》1988 年第 1 期,頁 15。

[2]　Tong, “The Shang Musical Instruments,” *Asian Music* 1983—1984, 14. 2:145.

[3]　董作賓認爲殷人週祭中所謂“翌”是伴有羽舞的祭禮。見董作賓《殷曆譜》,重慶,中央研究院歷史語言研究所,1945 年,卷一,第一章,頁 27;第三章,頁 97—99。許進雄和常玉芝認爲“翌祭”居五祭之首,見許進雄《殷卜辭中五種祭祀之研究》,臺北,臺灣大學文學院,1968 年,頁 55;常玉芝《商代周祭制度》,北京:中國社會科學出版社,1987 年,頁 186—191。

[4]　許慎以爲美由“羊”、“大”兩部組成,將其等同於“善”、“膳”。見《説文解字·羊部》,北京,中華書局影印,1963 年,頁 78 下。而“美”在甲骨文中的字形,像一個站立的人,頭頂上戴着飾物,似原始舞者。《合集》27352,30695,31022,31023,33128 中,“美”和樂器“庸”並提,並且與表示演奏的動詞用在一起,諸如“美奏”、“美用”。説明這個字顯然指某種音樂表演,可能是指舞蹈。

　　　　　𒀱　…　𓆈　　𒐉　…①
　　　　　雨　…　舞　　庸　…

這個"庸"字的形狀,與許慎所謂"庸"由"庚"、"用"兩部組成的説法正相符合。②
顯然,在這段文字中,樂器"庸"被演奏,是爲某種意在祈雨的舞蹈伴奏。

　　例十三,《合集》3256:

　　　　𒀳　𒐈　𓏔　𒀱
　　　　王　乍　庸　奏

　　在這段文字中,"庸"的字形與例一中不同,其字形不像是用,倒像是 𒐉(凡)。
其實是庸字的省形。同時,這表明"庸"、"用"字與"同"形近而假。這是一場由商王
命令表演或親自出席的音樂表演。

　　例十四,《合集》30693:③

　　　𒀱　𒐈　𓏔　𒐉　𒐈　𒐉
　　　庸　豆　其　熹　豆　障

　　　𒀱　𒐉
　　　弜　障

　　　𓏔　𓆈　𒀱　𒐈　𒐉　𒐉
　　　其　𒀱　庸　豆　于　既　卯

這段文字説明,"庸"與鼓類樂器一起被演奏,並且是在祭祀殺牲之後。

　　例十五,《合集》27310:④

　　　𒀳　𓏔　𒐉　𒐈　𒐉　𒐉
　　　王　其　尋　各　壄　以

　　　𒐉　𒐉　𒐈　𒐈　𒐈　𒀱
　　　弜　以　万　兹　用　雨

　　　𒐈　𒐉　𒐉　𒐈　𒀳　𒐈
　　　重　父　庚　𒀱　　王　永

　　　𒐈　𒐉　𒐊　𒐈　𒀳
　　　重　祖　丁　𒀱

---

① 胡厚宣:《戰後京津新獲甲骨集》,上海:聯群出版社,1954年,No. 452;《合集》12839。
② 《説文解字·用部》:庸,"从用,从庚",頁70上。參見許進雄《殷卜辭中五種祭祀之研究》,頁70。
③ 郭沫若:《殷契粹編》,東京:1937年版,北京1959年再版,頁835。
④ 董作賓:《小屯·殷墟文字甲編》,南京:商務印書舘,1948年,頁641。

甲骨文字：至…弗每不雨

至…弗 每 不 雨

這是關於祈雨的卜辭,似與雩舞雩祭有關。卜人貞問商王是否應下令舉行庸奏,興万(萬)舞來祭祀祖丁和父庚。此祭祀活動意在祈雨,除奏庸之外,亦有万(萬)舞。

例十六,《合集》30694:

甲骨文字

丙　辰　卜　重　舊　庸　用　王　受　又(祐)①

在庸奏之前,卜人還詢問王使用舊樂器是否合適。

例十七,《合集》27352:

甲骨文字

重　　　庸　用

甲骨文字

弜　扒　庸　用

甲骨文字

重　小　乙　作　美　庸　用

甲骨文字

弜　用②

在對小乙(武丁之父)的祭祀活動中,卜者詢問表演羽舞和使用樂器"庸"是否合適,也問及在一個名叫"扒"的地方表演這些是否適當。

這些資料表明,甲骨文中的"庸"不僅指商代的某種樂鐘,也可能指某種舞蹈(例十二),或者亦有可能是某種音樂表演形式(例十三、例十五)。"庸"或爲"頌"前身,"頌"是周代的辭彙,周人用以冠之於一種源自殷人的祀祖的禮樂。

如果說"頌"和"庸"一樣,是一種屬於殷人的樂和樂舞,這似乎讓人難以置信。難者或曰:《詩經》中又有"周頌"和"魯頌"? 難道它們也是商人的音樂嗎? 仔細地閱讀一些文獻資料,我們可以看到"周頌"和"魯頌"恰恰是和商人的文化有着莫大的關聯。周人在征服殷商前後,采用了許多殷人的文化和制度。他們對殷人樂器的借用,也可以由考古發現加以證明。在今陝西竹園溝出土了一件庸,其獸面紋

---

① 郭沫若:《殷契粹編》,頁 494;《合集》30694。
② 《合集》27352。

與商代的庸驚人地相似。方建軍認爲這件庸在時代上屬商代晚期到西周早期。①
《逸周書·世俘解》記載：

> 癸丑，薦殷俘王士百人。篇人造，王矢琰，秉黄鉞，執戈。王奏庸，大亨一
> 終，王拜手稽首。王定，奏庸，大亨三終。②

顯然，周人早在滅商時期，就已使用庸這種樂器，並學會了這種"庸"的音樂表
演。滅商以後，周人對万舞和"庸"奏既采用，又進行了改造，並予以正名，以標榜其
自身的文化，並建立自己的禮樂制度。

商周嬗代之際，周人的文化及其音樂文明是落後於商的。僻處西陲的"小邦
周"作爲商的屬國，雖然在軍事崛起之後，東向戰勝了曾經是宗主的"大邑商"，但
是在文化上尚處於弱勢。所以周人對商的態度是一方面學習、吸收其文化，另一
方面又要加以限制和改造。限制是出於畏懼，改造是爲標榜自身的文明程度。
正是在這樣一種心態下，商代祭祀中所用的庸奏、庸舞和万（萬）舞，才被吸納和
改造成周人的禮樂，並加以重新命名，這也許就是所謂"周頌"的由來。至於魯國
的詩樂何以稱之爲"魯頌"，而不像其諸侯國的歌詩那樣也稱之爲"風"呢？我們
知道，魯國是三監之叛時期周公鎮壓奄（商蓋）叛亂之後在其故地上建立起來的。
奄原本是商朝的一個强大的屬國，周公在成功地粉碎了三監叛亂後，以其功爲
最，元子伯禽乃被封於魯，且被特許可在禘祭中用天子之禮樂。周、魯的統治者
們采用了商代風格的樂器和音樂體式，乃分別名之曰"周頌"和"魯頌"。宋國本
爲微子啓之後，商王朝的禮樂一直延用下來。到了西周晚期和東周早期，宋殤公之
後，孔子的七世祖正考父"校商之名頌十二篇"獻於周之太師，③這些音樂作品即使
不是商代的，也是據商代的祭祀樂歌加以改造的。以上就是《詩經》中所謂"周""魯"
"商"三頌的由來。

需要指出的是，商代的万舞和"庸"奏在周代一方面雖經改造爲"頌"，另一方面
其遺制仍在各諸侯國被沿襲下來。《詩·邶風·簡兮》云："簡兮簡兮，方將萬舞"，邶
是周初分封的商遺民國，故万舞仍在其地流傳。《詩·魯頌·閟宫》云："萬舞洋洋"，
魯公伯禽初受封時，即受"殷民六族"，故万舞亦在魯公庭中延用。《詩·商頌·那》

① 方建軍、蔣咏荷：《陝西出土音樂文物》，西安，陝西師範大學出版社，1991年，頁70。
② 黄懷信、張懋鎔、田旭東編《逸周書彙校集注》，上海古籍出版社，1995年，頁452—453。參見 Edward L. Shaughnessy（夏含夷），*Before Confucius: studies in the creation of the Chinese classics*（Albany, N. Y.: State University of New York Press, 1997），33—34。
③ 《國語·魯語下》，頁216。

季姁晉乍寶晶。佳用萬人。享孝于厥多公。事萬人。子子孫孫寶用。

圖一　《殷周金文集成》第十五册,北京:中華書局,1993 年,9827 號季姁晉罍(西周中期)

圖二　亞弜庸(見李純一《中國上古出土樂器綜論》,圖十三)

云:“庸鼓有斁,萬舞有奕”,①在商遺民集聚的宋國宮廷中万舞和庸奏自然是繼承了
下來。春秋時期以後,禮崩樂壞,商代宮廷的万舞在齊楚等國亦流傳開來。而万舞
之變爲“萬”舞,大約始於西周中期,中國歷史博物館藏西周中期季姁晉罍銘文(見
圖一)中,跳万舞的万人,已被書作“萬”人。其中有兩個可能:一是罍銘中的“萬”人
所指的是另一類人,也就是説除“万”舞之外,當時別有一種“萬”舞;二是此時万、
“萬”二字已假借互用,“萬人”即是“万人”,也就是跳万舞的人。以經傳所紀來看,兩
種情況中,筆者以爲後者的可能性更大一些。

───────────────

① 《毛詩正義》卷二之三,頁 308 上;卷二十之二,頁 615 下;卷二十之三,頁 620 下。

圖三　中庸(見李純一《中國上古出土樂器綜論》,圖十四)

圖四　河南溫縣出土的商庸(見吳釗:《追尋逝去的音樂遺跡:
圖說中國音樂史》,北京:東方出版社,1999 年,圖四‧二十四)

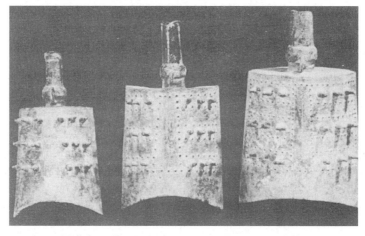

圖五　陝西竹園溝出土的甬鐘(見李純一《中國上古出土樂器綜論》,圖二十五)

圖六　陝西茹家莊出土的甬鐘(見李純一《中國上古出土樂器綜論》,圖二十六)

二南：南方的樂鐘與雅音[*]

　　古之説《詩》者，於《周》《召》二南不以風名，皆有所惑。《左傳》襄公二十九年記吳季札適魯觀樂事，所見詩之次序與《毛詩》名目次序略同。所異者季札所觀之《豳風》《秦風》在今本毛詩《魏風》《唐風》前。《左傳》襄公二十九年云："（季札）請觀於周樂。使樂工爲之歌《周南》《召南》，曰：'美哉！始基之矣，猶未也。然勤而不怨矣'。"[①]則"周南""召南"之名具在，[②]與邶鄘衛等相並舉，則二南與其後之十三國或地之風，春秋時即與今本毛詩略同，固無可疑也。

　　惟"南"之爲義，先儒各有所説，自漢至今，迄未能一。詩大序謂文王之化自北而南也。漢儒後鄭（鄭玄）與焦贛（延壽）皆因"正始之道，王化之基"，而以王者之道，始於家，終於天下解之。[③]唐成伯璵襲舊説，以爲"諸侯之詩，謂之國風，校其優劣，以爲次序。周召二南之風，聖人之詩，以爲正經，故處衆國之首。"[④]自漢以下，信古者皆持是説。而宋儒疑古，自鄭樵（1104—1162）、王質（1135—1189）和程大昌（1123—1195），始以音樂體式之不同，釋"南"與"風"義之別。

　　借助現代考古學日新月異的發展，又經重新徵諸載籍，筆者認爲，"風""雅""頌""南"之稱，本爲樂器與地域名。具體而言，"雅""頌""南"本是具有地方色彩的不同樂鐘，而"風"則本爲普通樂器總稱。關於以上問題的闡述，見於筆者1999年的博士論文。[⑤]關於"南"字的本義，雖在論文和其他文章中有所表述，然語焉未盡。在

[*]　本文原刊於《國學研究》第13卷（2004），北京大學國學研究院中國傳統文化研究中心，頁1—39。
[①]　楊伯峻：《春秋左傳注》，中華書局，1981年，頁1161—1165。
[②]　又《論語·陽貨》："子謂伯魚曰：'女爲《周南》《召南》矣乎？'人而不爲《周南》《召南》，其猶正牆面而立也與？"見劉寶楠《論語正義》，上海書店1986年版《諸子集成》，第1冊，卷20，頁374。
[③]　《易林註》，卷7，頁63，《續修四庫全書》，第1054冊，頁545。
[④]　成伯璵：《毛詩指説·解説第二》，《通志堂經解》，揚州廣陵古籍刻印社，1996年，第7冊，頁201。
[⑤]　"From Ritualization to Secularization: The Shaping of the Book of Songs," Ph. D Dissertation, Madison: University of Wisconsin, 1999.

《説南:再論詩經的分類》一文中,筆者就"南"字提出一個字源學上的假説,認爲"南"本應含"初生之竹"之義,像早期一種竹木製筒形器物,後用來指南方的鐘鎛類樂器,進而代表南方某種特定的音樂體式。[①]在該文的基礎上,筆者更進一步閲讀資料,加强論證,並且就《周南》《召南》所産生的地域和時間作出考證,進而指出二南之詩,大部分非民間作品,而是貴族文人的創作。最後,在餘論部分,本文又探討了二南之樂在漢代以後的流傳。

《南》《風》《雅》《頌》之名,由宋代《詩經》學者,鄭樵、王質和程大昌等始發現是按其樂類而分。而有清諸儒,輕視宋學,宋儒所提出來的樂式分類理論,未予以足够重視。近世學者如張西堂、何定生、劉節(1901—1977)等,復採掇宋儒遺説。而劉節更以吉金史傳之文爲證,於二南之爲名、地域與時代皆有所見,其文貫穿史傳彝銘,頗多勝義。[②]然劉節初撰稿於1934年,始刊《禹貢》第11卷第11期。囿於當時資料,其説亦多有可修訂者。

數十年以來,考古學、古文字、古史等方面學術的發展,可謂日新月異。得益於現代諸多音樂考古學家的研究成果,特別是李純一、高至喜、方建軍、羅泰(Lothar von Falkenhausen)、朱文瑋和吕琪昌等,筆者能够就樂鐘的類型及分布有一粗淺的認識,以爲二南之"南"一名,本源於"南"這類樂鐘所代表的具有地方色彩的樂式。《詩經》中南、風、雅、頌之名,大抵皆與音樂或樂器有關。"風"最初爲普通管弦樂器的代稱,又進而成爲各地方具有民間色彩的音樂的代稱;"頌"則源自商代的流行樂鐘,也就是前人所稱的"鐃",李純一所説的"庸"(或"鏞"),商代貴族或宗室用於祭祀、饗宴乃至軍旅所用之器。而"雅"即"夏",所指的是源自關中宗周地區的,流行於周代貴族中的編懸的甬鐘和鈕鐘,及相關的音樂體式。《詩經》的編排,我相信編者既考慮到了樂體之殊,同時也考慮到了地域之不同。[③]本文著重討論"南"字的由來及《二南》詩内容和地域等問題。

---

① 見拙作《説南:再論詩經的分類》,《中央研究院中國文哲研究集刊》,第12期(1998年3月),頁365—403。

② 劉節:《周南召南考》,《古史考存》,香港太平書局,1963年,頁95—107。

③ 關於"雅"與"夏"的問題,拙作《説"夏"與"雅":宗周禮樂形成與變遷的民族音樂學考察》有詳細的討論,見《中央研究院中國文哲研究集刊》,第19期(2001年3月),頁1—53。

一、"周南""召南"名義

(一)"南"爲方位詞：文王之化

在十五國風中，只周召獨冠以南，這種不尋常的現象早在漢代就引起了學者們的注意。今古文四家詩中，今文魯齊韓三家早在文景之世就立教授，古文毛詩到平帝時才立於學官。東漢學者，賈(逵)馬(融)鄭(衆)衛(宏)等稍治古文經。隨著鄭箋的流行，三家詩逐漸散佚，而毛詩獨存。四家詩中，只有毛詩之説完備。在毛詩序傳的作者看來，所謂"南"是方位名詞的動詞用法，和國風"風"字之名詞用爲動詞相似。詩序説："風，風也，教也。風以動之，教以化之。"①"上以風化下，下以風刺上。主文而譎諫。言之者無罪，聞之者足戒，故曰風。"②

基於對"風"的這一認識，毛序的作者對"南"也作出了類似的解釋：

> 然則《關雎》《麟趾》之化，王者之風，故繫之周公；"南"言化自北而南也。《鵲巢》《騶虞》之德，諸侯之風也，先王之所教，固繫之召公。《周南》《召南》，正始之道，王化之基。③

毛詩顯然是把"風""南"都當作動詞來看，認爲二者是説文王的教化傳布。此文王教化，自后妃之德始。"南"在這裏是"南行"之義，仿佛《後漢書》中所載"吾道東矣"的"東"一樣，也是方位詞借用爲動詞。朱熹(1130—1200)《詩序辯説》："王者之道始於家，終於天下，而二南正家之事也。"④按照詩序的解釋，德化借助周公和召公的力量傳布到了南方。鄭玄(127—200)據詩序，謂"其化從岐周被江漢之域也。"⑤朱熹主張棄序言詩，然而，在周召二南的問題上，朱熹卻接受了毛、鄭的觀點。朱熹更進一步指出，所謂"周南"、"召南"應泛指周室以南，江漢流域一帶的小國，統稱爲"南國"。⑥

關於南國之疆域，有如下諸説：

---

① 《毛詩正義》卷一之一，《十三經注疏》，中華書局，1980年，頁1—2。
② 《毛詩正義》卷一之一，《十三經注疏》，頁3。
③ 《毛詩正義》卷一之一，《十三經注疏》，頁5。
④ 朱熹：《詩序辨説》卷上，頁4，《續修四庫全書》，第56册，頁262。
⑤ 譚其驤《中國歷史地圖集》定古岐山的位置於今陝西岐山縣東北約二十公里處。而周公之周在今岐山北約5公里，召於今岐山以西二、三公里，均在古岐山之南。見譚其驤《中國歷史地圖集》，北京：地圖出版社，1982年，第一册，頁19。
⑥ 朱熹：《詩集傳》，上海中華書局，1958年，頁1。

1. 在雍州岐山之陽,有周、召兩小國,文王所封。南者,謂周召二公之教,自岐而行於南國。此說本於鄭玄《詩譜》,從其說者甚夥。採詩於周之南得之則爲《周南》,採詩於召之南得之則爲《召南》。鄭玄《詩譜》謂周、召爲雍州岐山之陽地名,屬東漢右扶風美陽縣。譙周說周公襲太王之周地,所以稱周公。索隱謂其地在扶風雍東北,曰周城。①《括地志》"周公故城在岐山縣北九里,召公故城在岐山縣西南十里。"其地有召亭之名。②如南宋章如愚《群書考索》云:"文王之詩所以屬之風(筆者案:疑爲"周"之誤)召者,何也? 愚知之矣。太師繫之也。文王受命以六州之地(筆者案:所謂"三分天下有其二也",禹甸九州,故文王六州),命周召治之。二公所施,則文王之教也。太師採詩之時,得於周南之地,屬之周公,得於召南之地,屬之召公。"③而"周南""召南"蓋指周召二公所推行的文王仁政無遠弗届,被於江漢之地。④對於此二南,既不稱"風",亦不稱"雅",章如愚說:"化霑一國,謂之爲風,道被四方,乃名爲雅。文王纔得六州,未能天下統一。雖則大於諸侯,止是諸侯之大者耳。此二南之人,猶以諸侯待之,爲作風詩,不作雅體。體寔是風,不得謂之爲雅。文王末年,身寔稱王,又不可以國風之詩繫之王身。名無所繫,詩不可棄,因二公爲王行化,是故繫之二公也。"⑤章氏之說雖無所據,然以意推之,亦盡委曲之能,極思慮之致。

2. 在洛陽。王先謙(1842—1918)《詩三家義集疏》云:"古之周南,即今之洛陽。又曰:洛陽而謂周南者,自陝以東,皆周南之地也。"按其所本一是《史記·太史公自序》所謂:"太史公留滯周南"云云,確以周南代洛陽。二是周召分陝,所分之陝,據《漢書·地理志》爲弘農郡陝縣(今河南潁州),自此以東,周公主之,以西則召公主之。

3. 周南爲文王治内,召南爲文王治外;《周南》乃王者之風,《召南》爲諸侯之風;

---

① 《史記》,中華書局,1959 年,卷 33,頁 1515,注 1:"《集解》:譙周曰:'以太王所居周地爲其采邑,故謂周公。'《索隱》:周,地名,在岐山之陽,本太王所居,後以爲周公之菜邑,故曰周公。即今之扶風雍東北故周城是也。諡曰周文公,見《國語》。"余案:《竹書紀年》中古公亶父與季歷皆稱"周公",殷王武乙三年,"命周公亶父賜以岐邑。"故譙周之言亦非臆說。見《竹書紀年》,臺灣中華書局 1980 年《四部備要》景印本,卷上,頁 17—18。

② 召亭之名見《左傳》僖公二十九年杜預注:"扶風雍縣東南有召亭";《水經注》"雍水又東逕召亭南,故召公之采邑也"。並見《晉書·地道記》。見尹繼美:《詩地理考略》,卷 1,《續修四庫全書》,第 74 册,頁 113—114。

③ 章如愚:《群書考索》,京都:中文出版社株式會社,1982 年,第 2 册,卷 7,頁 1019 上。

④ 《毛詩正義》卷一之一,《十三經注疏》,頁 2。

⑤ 章如愚:《群書考索》,第 2 册,卷 7,頁 1019 下。

清儒胡承珙(1776—1832)引蘇轍(1039—1112)《詩集傳》以爲周南召南皆爲文王之治國,周公治其國,召公治其外。①朱熹則認爲“得之國中者,雜以南國之詩,而謂之《周南》,言自天子之國而被於諸侯,不但國中而已。其得之南國者,則直謂之《召南》,言自方伯之國被於南方,而不敢繫於天子也”。②後世學者從此說者亦不少。

4. “南”爲國名。酈道元《水經注》云:“《周書》曰:南,國名。南氏有二臣,力鈞勢敵,競進爭權,君弗能制。南氏用分爲二南國也。”《水經注》又云:“按韓嬰叙詩云:其地在南郡南陽之間,《吕氏春秋》所謂禹自塗山巡省南土者也。是郡取名焉。”③按《逸周書·史記解》云:“昔有南氏有二臣貴寵,力鈞勢敵,竟進爭權,下爭朋黨,君弗禁,南氏以分。”按古代有國名“南氏”,國名紀於《世本》。④酈道元以南氏之國所分之二南國爲詩“二南”之名所繫。⑤胡承珙即指其爲附會。⑥

南氏之國大約如斟灌、斟尋等古國一樣,立國在上古之世,其地域事紀,則荒遠無徵。到商周之際,其國是否尚存,亦未可知。故很難斷定其國名與《詩》之二南有何關聯。

《詩·小雅·谷風》云:滔滔江漢,南國之紀。

《詩·大雅·蕩》云:亹亹申伯!王纘之事。于邑于謝,南國是式。王命召伯:定申伯之宅。

我以爲這裏所用的“南國”,皆廣義上之南國,非專名。《列子》:“南國之人,祝髮而裸,北國之人,鞨巾而裘,中國之人,冠冕而裳。”⑦《楚辭·橘頌》云:“受命不遷,生南國兮。”南國是與北國和中國相對而言之南國,也非專名,而是泛稱。以當時文字資料來看,甲骨文中有“南土”“南方”一詞,應該也是王畿以南的泛稱,或南部某個區域的代稱,未必當時即有一國名曰南。其情形殆如“北土”“北方”一樣。⑧今試舉

─────────────

①　胡承珙:《毛詩後箋》,黄山書社,1999 年,頁 1。

②　朱熹:《詩集傳》,頁 1。

③　酈道元:《水經注》,卷 34,見陳橋驛、葉光庭、葉揚譯註:《水經注全譯》,貴州人民出版社,1996 年,頁 1182。

④　王謨輯本《世本》云:“妣姓:有南氏、酇氏、弗氏。”(見王謨:《漢魏叢書鈔》中《世本》卷下《氏姓篇》,頁 2,《續修四庫全書》,册 1200,頁 207)。雷學淇輯本云:“妣姓:有南氏、斟鄩氏、弗氏、斟灌氏。”(見《世本》,中華書局 1986 年《叢書集成初編》3698 册,下《氏姓》,頁 49)。茆泮林輯本“斟灌氏、斟鄩氏,夏同姓諸侯”條下云:“有南氏”(見《世本》,中華書局 1986 年《叢書集成初編》3700 册,頁 59)。

⑤　毛奇齡(1623—1716):《詩札》卷 1,《景文淵閣本四庫全書》,册 86,頁 214—215。

⑥　胡承珙:《毛詩後箋》,頁 4。

⑦　《列子·湯問第五》,張湛注:《列子注》,上海書店 1986 年版《諸子集成》,第 3 册,頁 57。

⑧　關於甲骨文中“北土”“北方”非專指某名北之國,可參見拙作《從王國維“北伯鼎跋”看周初“邶入於燕”的史事》,《臺大歷史學報》第 31 期(2003 年 6 月),頁 16—18。

甲骨文辭例如下：

1)《合集》9737：

南土受年 三 五 六

2)《合集》9738：

(1) 甲午卜亘貞南土受年〔一 二〕三 四 五

(2) 甲午〔卜〕〔亘〕〔貞南土不其受年〕

3)《合集》9739：

(1) 貞今歲南土受年二

4)《合集》19946 正：

(6) 庚午卜貞王宜亡国才南土

5)《合集》20576 正：

(1) 戊午卜貞弱不喪才南土国告史

6)《合集》20576 正：

(4) 己未卜貞多宜亡国才南土

(5) 己未卜貞多宜亡国才南土

(6) 己未卜□□宜亡国才南土

(7) 庚申卜貞雀亡国南土国告史

(8) 庚申卜貞雀亡国南土国告史

(10) 辛酉卜貞雀亡国南土国告史

(11) 辛酉卜貞雀亡囚南土囚告史

(11) 〔甲骨文字形〕

(13) 壬戌卜貞多亡囚才南土囚告史

(13) 〔甲骨文字形〕

7)《合集》20627：

(1) □□卜將南土

(1) 〔甲骨文字形〕

8)《合集》24429：

(2) 癸卯卜大貞南土〔受〕年一

(2) 〔甲骨文字形〕一

9)《合集》36975：

(3) 南土受年吉

(3) 〔甲骨文字形〕

以上所舉之"南土"皆非特有一國以"南"名,當是指殷王畿以南的部分地區,或王畿南部有一地名"南土"。我以爲前者的可能性較大。甲骨文中"南方"一詞,或爲神名(四方神之一,《合集》13532,14294,14295),或指方向(《合集》30173,30175;《屯南》1126,2377),或如"南土",泛指殷王畿以南的部分地區(《合集》13532)。金文中"南國"一詞多見,如昭王時期的《宗周鐘》銘文:"南或及子敢臽虐我土王敦伐其至撲伐氒都及子乃遣閒來逆邵王南夷東夷具見。"(《集成》260)南國在這裏似是一國名。但是,審其他西周金文辭,如《靜方鼎》:"隹十月甲子,王才宗周,命師中眾靜省南或相□居。"①《中方鼎》:"省南或貫行。"(《集成》2751,2752)《中甗》:"王令中先省南或貫行……⟨王令曰:余令女史(使)小大邦……"(《集成》949)《禹鼎》:"亦唯噩(鄂)侯馭方率南淮夷東夷,廣伐南或東或。"(《集成》2833,2834)"廣伐南國東國"云云,顯然此南國非專指某國。反過來來看"南國及子",則及子未必是"南國"之及子,或爲衆多南國中之及子。"南國"之誼殆如金文"東國""內國",皆非國名專稱。

需要指出的是"南方""南土""南國"也有可能是"非專有名詞"指代南方某一國,則三者也並非以國名出現。

5."南"爲爵等,是五服之一種

陳傅良(1137—1203)云:"二南之詩,《關雎》爲皇后,《鵲巢》《采蘋》爲君大夫妻

---

① 《文物》1998 年第 5 期,頁 86,圖 4。

作也。則正家之化，君臣一體。"①清人牟庭(1759—1832)《詩切》，对於二南也做出了别出心裁的解釋。按照他的説法，"南"與"男"在上古是同音假借。《國語》中有"鄭伯，南也"，韋昭(204—273)注云，"南"就是"男"，古九服之一。②此九服爲邦國視其去京畿遠近而分列爵等，以五百里爲制。《國語·周語》《周禮·夏官》牟庭又引《左傳》昭公十一年所載"鄭伯，男也"爲證，③説明所謂"周南""召南"事實上即"周男""召男"，是爲了標明周召二國之爵等。金景芳所論與此説相類。金氏以爲所謂"南"乃職名，殆王朝卿士之謂。周召分陝而治，得稱"南"(男)，其所治爲周南召南之國。④

(二)"南"爲音樂之一體

在宋人那裏，除了朱熹對"南"的解釋以外，更值得注意的是鄭樵(1104—1162)、程大昌(1123—1195)和王質(1127—1188)等人提出來的"樂體"説。鄭樵認爲"周南"、"召南"本爲地名，詩亦本其所從得而歸之爲"周南"、"召南"。但同時也是一種樂歌之體，"蓋歌則從二南之聲。二南皆出於文王之化，言王者之化自北而南，周召二公未嘗與其間。二南之詩，後世取於樂章，用之爲燕樂、爲鄉樂、爲射樂、爲房中之樂，所以彰文王之德美也。"鄭樵最先注意到了詩經的音樂特性。並且認爲"南"最初並非樂體，作爲樂體是由地名所係。至《詩·小雅·鼓鐘》"以雅以南"，此樂體已經固定。⑤王質在他的《詩總聞》⑥中也明確提出來："南，樂歌名也。見《詩》，以雅以南；見《禮》，胥鼓南。"⑦

程大昌也同意鄭樵、王質此説，三家皆以爲所謂"南"，即季札觀樂時之"南籥"，既是樂舞，亦是樂歌，乃獨立於"風"之外的一種樂式。程亦引《禮記·文王世子》"胥

---

① 陳傅良：《止齋先生文集》，上海商務印書館縮印烏程劉氏藏明弘治本，卷 15，頁 89。
② 韋昭注：《國語》，上海古籍出版社，1978 年，頁 51—52。按照《周禮·夏官》的説法，所謂"九服"，即侯、甸、男、采、衛、蠻、夷、鎮、藩。以五百里爲制。而《尚書·康誥》則有"五服"之説。此五服爲侯、甸、男、采、衛。《書·酒誥》云爲侯、甸、男、衛、邦伯。《召誥》云"命庶殷：侯、甸、男、邦伯。"又無衛。《禹貢》與《益稷》篇則載此五服爲侯、甸、綏、要、荒，未審孰是。《康誥》《酒誥》《召誥》成文在周初，其名目雖略有參差，大約周初之世，其制五服而已。
③ 楊伯峻：《春秋左傳注》，頁 1358—1359。
④ 金景芳：《釋〈二南〉》，見江磯編：《詩經學論叢》，臺北：嵩高書社，1985 年，頁 87—99。
⑤ 《小雅·鼓鐘》詩云："鼓鐘欽欽，鼓瑟鼓琴，笙磬同音。以雅以南，以籥不僭。"鄭説見其"二南辨"《六經奧論》卷 3，《通志堂經解》，第 16 册，頁 542。
⑥ 王質：《詩總聞》，《文淵閣本四庫全書》，臺北商務印書館，1983 年，卷 72，頁 456。
⑦ 《禮記正義》卷 20，頁 177，《十三經注疏》，頁 1405。

鼓南"以爲佐證。

　　"鼓鐘"之詩曰,以雅以南,以籥不僭。季札觀樂,有舞象箾、南籥者,詳而
推之,南籥,二南之籥也;箾,雅也;象舞,頌之維清也。其在當時親見古樂者,
凡舉雅頌,率參以南。其後"文王世子"又有所謂胥鼓南者,則南之爲樂,
古矣。①

　　按照程大昌的説法,詩經中二南之詩,與史籍中所見"南籥"這種樂舞有很大的
關係。所謂"南"既是一種樂歌,也是一種樂舞,乃是詩、樂、舞三位一體的音樂形式。
程大昌又説:

　　蓋南雅頌,樂名也,若今樂曲之在某宫者。南有《周》《召》;頌有《周》《魯》
《商》,本其所從得,而還以繫其國土也。②

　　而二雅"獨無所繫,以其純當周世,無用標別也"。至若自《邶》以下的十三《國
風》,程以爲是不入樂的"徒詩"。

　　宋人的這種説法,推其本,仍是出自毛鄭等人。《小雅·鼓鐘》毛傳:"南夷之樂
曰南",而鄭玄又進一步指出這個"南"乃是一種樂舞。

　　雅,萬舞也。萬也,南也,籥也,三舞不僭,言進退之旅也。③

　　程大昌之國風爲徒詩,多不爲後人所贊同;然其樂體説,每爲人所稱。持樂體
説者,又往往徵諸《墨子·公孟篇》:"誦詩三百,弦詩三百,歌詩三百,舞詩三百"和
《鄭風·青衿》毛傳:"古者教以詩樂,誦之,歌之,弦之,舞之",以爲"南"與"風"、
"雅"、"頌"都是詩樂舞三位一體的音樂活動形式。

　　(三)"南"爲詩之一體

　　"南"作爲詩體之説,本出於宋儒,自顧炎武(1613—1682)和崔述(1740—
1816)而論之稍備。顧炎武指出,"周南、召南,南也,非風也。"並認爲最初"南"和
"風"屬於不同的詩體,而漢儒不察,將"南"詩誤歸入"風"類。④崔述在其《讀風偶
識》中也以爲"南者,詩之一體。"⑤梁啓超(1873—1929)在其《釋四聲名義》中又申述

①　程大昌:《詩論》,《學海類編》,文海出版社,卷1,頁216。
②　程大昌《詩論》,卷1,頁215—216。
③　《毛詩正義》,第13卷之2,《十三經注疏》,頁467。
④　見顧炎武:《日知録集釋》,臺北商務印書館,1956年,卷23,頁1—6。
⑤　崔述:《崔東壁遺書》,上海古籍出版社,1983年,頁543。

説,在《鼓鐘》詩“以雅以南”一句中,既然“雅”是詩體之一種,那末,“南”當然也不例外。①

二、“南”字考原

(一) 南方之竹

關於南字的字源,郭沫若最初提出的南爲鐘鎛的説法,其論證過程頗爲曲折。此外,尚有唐立厂(蘭)所執的瓦器説。同時又有以“暖”釋南者。以今視之,從唐蘭瓦器説者居多數。

唐蘭同意郭氏關於“南”爲樂器之説。唐指出在甲文中的“青”字乃“南”字之初形。長期以來學者們誤以爲它們是兩個不同的字。而此“南”字的初形“青”像一倒置的瓦器。甲文又多有“𢼊”字,像一人以手執槌敲擊此器。故唐蘭以爲此瓦器亦作樂器使用。②

在參照了郭唐二人的討論之後,田倩君在其《釋南》一文中試圖綜合二人的看法,對“南”提出一個合理的解説。田氏首先接受唐蘭的説法,認爲此“青”字本爲盛放穀物或酒類的瓦製容器,後來的“穀”字即源於此。而作爲容器,此物亦被用作打擊樂器。而到後來,當青銅器被日益廣泛地運用時,瓦製樂器爲青銅樂器所取代,“青”字亦演化爲銅器銘文中常見的“南”字。③

《説文解字》釋“南”云:“南,草木至南方有枝任也,從㐄,羊聲。”段玉裁發揮闡述其義,認爲所謂“南方”當指夏季萬物滋長之時。④自30年代郭沫若“南”爲鐘鎛説一出,文字學家多棄《説文》而不信,後乃多從唐蘭之瓦器説。近年來出版的徐中舒的《甲骨文字典》更明確地認爲《説文》之説“形義均不確”。⑤學者們一般皆認爲甲骨文“南”字的下半部或爲倒置的瓦器,或爲鐘鎛的象形,而上半部則像懸掛瓦器或鐘鎛之繩索。後來,郭沫若本人放棄了他的“鐘鎛”説,轉而接受唐蘭對“南”字的解説。唐蘭認爲此字的下半部爲瓦製容器,上半部則代表飾物。至此,唐蘭的“瓦器”説似

① 梁啓超:《釋四聲名義》,《中國文學研究》,上海商務印書館,1927年,頁1—2。
② 李孝定:《甲骨文字集釋》,卷6,頁2087—2094。
③ 《中國文字》,臺灣大學文學院古文字學研究室,1962年,卷8,第7篇文章。
④ 見段玉裁:《説文解字注》,上海古籍出版社,1981年,頁274。段氏或本於《禮記·鄉飲酒義》:“南方者夏,夏之爲言假也,養之、長之、假之、仁也。”
⑤ 徐中舒主編:《甲骨文字典》,四川辭書出版社,1990年,頁684。

乎已成爲不可奪之定論。

　　然而，筆者仍覺《説文》之説不無道理和依據。《説文解字》釋“南”云：“南，草木至南方有枝任也，從米，羊聲。”“南”字所從之“米”從“屮”從“八”。而“米”字，《説文》曰：“草木盛米米然，象形，八聲。”①“八”是其聲符，也是意符，乃取其分別之意。故“南”與“米”皆從“屮”。甲文中與《説文》中的南字的上半部與“屮”字同。此蓋《説文》所以謂“南”從“米”也。②《説文》又釋“屮”字云：“屮，艸木初生也，象｜，出形，有枝莖也。古文或以爲艸字，讀若徹，凡屮之屬皆從屮。”③《説文》與甲金文中從屮之屬的字頗不乏其例，要言之，其義可分數類。一類蓋取其本義，與艸木初生之義有關。如“㫱”（“芬”）字。《説文》釋“芬”爲“艸初生其香分布也”。《説文》中所列從“屮”之屬的字甚多，若以字源而論，多由此“屮”層進孳乳而生。今試列舉其三類：

　　其一、“艸”字，從二“屮”。而“艸”本身又成爲一個字素。從“艸”之字，亦有省作“屮”形者，如《説文》中的草木類別名，如“㡿”（“毒”）字，《説文》釋爲害人之草，又“尖”（“岜”）字，釋爲叢生田中之地蕈。又如“㫱”（“每”）字，《説文》謂“艸盛上出也”，甲文作“㞢”（《殷契粹編》982）。從艸亦從屮。

　　其二、甲文“㞢”（“生”）字，其上半亦取“屮”（“屮”）形，下部從“一”。《説文》云：“生，進也，象草木生於土上”。④甲文中帶“屮”字素者，有的也是從“生”之省。甲文“㪏”（磬）、“㪏”（聲）當係從聲素“㞢”（生）之省。⑤章太炎嘗就屮（音徹）轉讀爲㞢（音聽）有詳細之論證。章氏云：“屮本義與㞢相類。㞢者，物之挺生也。屮㞢亦至清次對轉，此初文之轉注也。屮在至，則孳乳爲柢，瓜紹也。《詩》以譬民之初生。在支則變易爲枝，木別生條也。屮對轉清則變易爲莛，莖也（古音雙聲）。莛又變易爲莖（莖從坙聲，坙從㞢聲，音亦同莛），草木榦也。然莛莖又從㞢受聲義。屮衍爲徹，訓通徹，在支，對轉清，則變易爲耵呈（古音如㞢如聽），通也。然耵呈亦從㞢聲。

---

①　許慎：《説文解字》，中華書局，1985 年，頁 127。

②　郭沫若按諸《類編》中所收骨文“南”字之十七種異文，以爲均係象形文，無一從“米”，亦無一有羊聲之痕跡，因而否定許説。而骨文中“南”之上部皆與骨文“屮”同，竊以爲此蓋《説文》之所據也。至於《説文》以羊爲聲符，未審何據。郭以爲許書南字爲骨文象形形變所致。而許書中所謂古文南字（羍）恐非初形。

③　許慎：《説文解字》，頁 15。

④　許慎：《説文解字》，頁 127。

⑤　自羅振玉以來文字學家或以爲“㞢”像繩縣結構或以爲像虞飾。李圃在《甲骨文文字學》（上海學林出版社 1995 年版，頁 85—88）中以從“生”解之，形音義俱備，故從之。

或㞢爲屮之異文,聲變,遂忘其初耳。"①按《説文》㞢,一作士善解,一作"象物出地挺生"解。㞢爲屮之異文,猶生爲屮之孳乳字也。

其三、許書以爲"木"字上部從屮,而下部像其根莖。甲文中"木"字很顯然上半作屮形像草木之枝枒,而下部像其根莖。故亦有很多從"屮"字形者,實乃從"木"之省也,如"㞢"("丰""封"),像封土成堆,植木其上;若"余"("余"),甲文中像以木柱支撑屋頂,下部形如"屮",而實從木。而"豈"("豈")的上部像崇牙樹羽之形。羅振玉則以爲其上從"木",是"樹"的本字。

此外,甲文中帶屮形的字仍有其他來源,比如似從木而實爲繩束之形的字。如"束束"("束")字,像以繩束其端;還有"東"("東"),實亦從此,在甲文中與"橐"("橐")字通,亦象盛物之囊以繩束其一端。②另甲文中多用爲虚字的"叀"("叀"),其初義已不知,然案諸字形,當本於此。

關於"南"字的上半部,學界目前基本認同唐蘭"懸飾"說。而筆者認爲"懸飾"說,固有可能。然若以許書"艸木初生"之說證以卜辭文例,似亦優有可說。以形證之,"南"字或從"屮",或從"木"。而卜辭中"南"字每作畜子之名,或用於祭享之乳幼牲牷之通稱,蓋與從屮初生之義有關。文例如:

　　于東西侑伐卯南黄牛

　　 [甲骨文] ③

《合集》378 正

　　貞〔奉〕年于王亥 犬一羊一豕一卣三小

　　 [甲骨文]

　　牢卯九牛三南三羌

　　 [甲骨文] ④

《合集》6527 正

　　丁巳卜方貞卣于王亥十南卯十牛三南告其

　　 [甲骨文]

　　比望正下危二

　　 [甲骨文]

---

① 見章氏:《文始》三,《章氏叢書》,第 1 函,第 3 册,頁 76。
② 許書以爲像日在木中,非也。
③ 郭若愚綴集、中國科學院考古研究所編:《殷墟文字綴合》,科學出版社,1955 年,頁 278。
④ 胡厚宣:《戰後京津新獲甲骨集》,頁 609。

　　甲文中多有文如"牢，屮一牛，屮南"，"一羊，一南"，"卯三南"、"卯于且辛，八南，九南，于且辛"等，此"南"蓋指可卯殺，以用於祭享之乳幼牲牷。①故從弜（㱿）之字，亦本於其義而引申，如《左傳·宣公四年》："楚人曰乳穀"。此"穀"亦作"㱿"，意即孺子。②《國語·魯語上》："鳥翼㲉卵，蟲舍蚳蝝。"韋昭曰："生哺曰㲉"，故知其爲幼鳥之稱。此數字皆從"宀"孳乳而來，同取其初生之義。

　　唐蘭以爲"宀"字下半像倒置之瓦器，筆者以爲不確。以甲文中的字形來看，或作"宀"形，或作"宀"形，又或作"宀""宀"，與瓦器頗不類。甲文中之"南"，《甲骨文編》以"南"、"青"爲二字，實誤。該書兩部所收"南"字字形，其下半之上端作尖削狀，下半主體中有橫筆，或一，或二，或三。筆者以爲其下半主體所從爲"凡"字。甲文中"凡"字作：𠙹𠙹𠙹（《甲骨文編》，517—8）諸形。與"南"字下半無異。而關於凡字之初誼，説各不同。羅振玉、郭沫若、陳夢家、李孝定等均以爲"像側立之盤形"。③孫詒讓則以爲是"同之省文"。④甲骨文例中以"凡"爲"同"者頗不乏其例。吳其昌云："'凡母辛'（《殷墟書契前編》1□30□50，《殷墟書契前編》2□25□6）猶'同母辛'也。'同'字從'𠙹'（'凡'）從'口'，蓋即承'凡'爲義也。是故，《大豐簋》云：'王凡𝄤方'即'王同四方'也。"⑤而"同"字契文中多用爲"會合"之義已非其初誼。"同"與"凡"之本義大約都與容器有關。《書·顧命》："太保承介圭，上宗奉同瑁。"孔傳："同，爵名"。"凡"與"同"的上半部，初爲一種酒器之象形。甲文中的"用"字，也與此容器有關。于省吾就自組卜辭"𠙹"（"用"）字之形釋其初文象"甬"（"桶"）形，左邊"𠙹"（"凡"）形像甬體，右像其把手。⑥卜辭中"𡏉"（"壅"⑦）字，像一人以兩手持甬（"用"）傾土貌，益證"凡""同""用"，本皆由容器演化而來。

　　而此容器究爲何物？以"𠙹"（"凡"）"𠙹"（"同"）"𠙹"（"用"）"宀"（"南"）諸字字形視之，其"凡"部中間有橫筆，或一，或二，或三，狀極類竹節。頗疑爲古代一種竹木製飲具。後來孳乳之"筒"、"箳"，其意殆同。《説文》曰："箳，斷竹也。"《韓非子·説疑》："不能飲者以箳灌其口。"《論衡·量知》："截竹爲筒，破以爲牒。"

① 于省吾編：《甲骨文字詁林》，中華書局，1996年，卷4，頁2860—2862。

② 楊伯峻：《春秋左傳注》，頁638。

③ 于省吾編：《甲骨文字詁林》，卷4，頁2843—2850。

④ 孫詒讓：《契文舉例》，上35。

⑤ 吳其昌：《殷墟書契解詁》，臺北藝文印書館，1960年，頁329。

⑥ 于省吾編：《甲骨文字詁林》，頁3406。于以爲"用"爲"桶"之初文。

⑦ 或釋爲"塈"、"圣"等不一。

《吕氏春秋·古樂》:"次製十二筒",別本作"箇"。"箇""筒"二字,古固相通。皆由"凡""同""用"斷竹之形而來。而甲文中"南"字之下段主體亦從"ㅐ",像斷竹之形。

以形求之如此,以聲求之亦然。《廣韻》"凡":"符咸切","南":"那含切"。段玉裁《六書音均表》同在第七部。①自段以下,語音史家雖分古韻多不同,惟此二字同均則無異。王力所列廿九韻部中,"凡""南"也同在"侵"部。由此看來,甲文"南"字與"凡"形音俱近,"南"很有可能從"凡"而得聲。《説文》以爲其聲從"ㅑ",從甲金文中"南"字字例來看,"ㅑ"恐非聲符,最初可能是由南字本身字形變化而産生的字素。

王力擬《侵》部字中,"南"屬開口呼一等,"凡"屬合口呼三等。按照王力的説法,《侵》部合口呼一、二、三等之字於戰國時代多分化爲《冬》部。②"凡"則分入《談》部。上溯之,而"用""同""甬""庸""箇""筒"諸字,古音皆屬《東》部,或同均同紐,或均同紐近。從"同""用"的殷墟早期甲文字形來判斷,非但其形從"ㅐ",恐亦從"ㅐ"而得聲。甲金文的"庸"字,其下半或從"ㅂ"("用"),或從"ㅐ"("凡"),裘錫圭先生以爲此"ㅐ"讀若"同",並説:"讀爲'同'的'ㅐ',大概是筒、桶一類東西的象形字。而'用'是由'ㅐ'分化出來的一個字。所以'庸'字同時存在從'ㅐ'和從'用'兩種寫法。"③由此看來,"用""同""庸"等字初亦從"ㅐ"而得其形聲義。

綜上所述,筆者以爲"ㅐ"("凡")本像竹節之形。"同""用"等字取其形而像竹製容器,初從其音讀,漸變而分入"東"部,"庸""箇""筒"即由此孳乳而生。"南"字初亦從"凡"而得其形聲義。究其原始,大約有幾種可能:

其一:其上半從屮,有"艸木初生"之義,下半從"ㅐ"象竹節,則"南"字之本義當爲初生之竹。"南"字所從之屮,章太炎云:"《説文》屮分枲莖皮也。從屮、八,象枲皮。此合體象形字也。"又筡爲竹膚,雖與屮異物,其析莖皮同孳乳于屮。④是則"南"之本義,當爲初生之竹也。

其二:其上半從"木"之省,下半從"ㅐ"象竹節,則"南"字本義應即"竹"或竹製之

① 段玉裁:《説文解字注》,頁 822。
② 王力:《漢語語音史》,中國社會科學出版社,1985 年,頁 59。
③ 裘錫圭:《甲骨文中的幾種樂器名稱——釋庸豐鞀》,《中華文史論叢》,第 14 輯(1980 年第 2 期),頁 68。
④ 章太炎:《文始》三,《章氏叢書》,第 1 函,第 3 册,頁 98。

器物。

其三:其上半從"繩懸"之形,下半從"屵"象竹節,則"南"字本義當爲一種可懸而擊之之竹製打擊樂器。

究竟何者爲是,殆未能必。以骨文文例言之,"南"之用爲乳幼牲牷,恐與其骨文字形中上半從"屮"有關。而從"殸"得聲之字,如"縠""穀""㲉""𣪠"多入"侯""屋"兩部。以王力的擬音論之,"侯"(ɔ)"屋"(ɔk)兩部與"東"(ɔŋ)部止尾音不同而已。若然,則此類字蓋亦由"屵"而得聲,兩周時漸分入"屋""侯"。章太炎云:"侯、東對轉,若靑之與殸。"①

作爲方位詞的"南"蓋因南方之地多竹而生。南方之地多竹,古固已然,《爾雅·釋地》云:"東南之美者,有會稽之竹箭焉。"②《吕氏春秋》中又有"盡荆越之竹猶不能書"。所以"南"之變而爲方位詞蓋與竹多生於南方有關。以音論之,作爲方位詞的"南"從"凡"而轉入"侵"部。

若以從"木"從"屵"釋"㞷",亦優有可解。古者,斷竹爲筒,以爲盛水盛酒之器。而此類竹筒,亦每以木爲之。如70年代浙江余姚河姆渡遺址第四文化層中曾出土筒形木器二十多件。據李純一說:"器由整段樹幹挖製而成,中空如筒,里外都銼磨得十分光潔。有的體表髹漆,並在兩端纏多道藤蔑類圈箍……有的内壁鑿一周突脊,安置一件圓木餅,將筒腔隔成兩段,或者將一端封閉,有如筒底。"③其形與竹筒,並無二致。關於河姆渡木筒之用途,尚無定論。有學者認爲是供樂舞用的打擊樂器。④若果然,則懸而奏之,亦無不可。《説文》釋"㲉"字爲"從上擊下",殆由此而來。

至商代中晚期,鐘鎛類樂器出,至西周中期以後而禮樂大行,書字者乃以南字傅會。從屮從屵之㞷(靑)字,遂變而爲上像懸飾,下像鐘鎛之形的𤰇(兮甲盤)𤲬(牆盤)南字。考殷代銅器銘文中南字,率從㞷(𣪘觚)⑤、𤰇(南單觚)⑥(南單菁觚)⑦諸形,乃知像鐘鎛之形的南字,西周時期始出現。南字的下半在商周之際發生了譌

①　章太炎:《文始》六,《章氏叢書》,第1函,第5册,頁165。
②　《爾雅注疏》卷7,頁49,《十三經注疏》,中華書局,1980年,頁2615。
③　李純一:《中國上古出土樂器綜論》,文物出版社,1996年,頁23。
④　吳玉賢:《談河姆渡木筒的用途》,《浙江省文物考古所學刊》,文物出版社,1978年。見李純一:《中國上古出土樂器綜論》,頁23。
⑤　《殷周金文集成》,6780,6781,6782。
⑥　《殷周金文集成》,7014。
⑦　《殷周金文集成》,7191。

變，從像竹筒竹節的片形，變而爲像鐘鎛的冎形。西周金文中的"南"字，或從用，或從冎，皆由片字訛變，傅會以象鐘鎛。

由此看來，"南"本義或爲初生之竹，後從"木"像其意，以指稱一種竹木筒。故許書以爲"南"乃"艸木至南方有枝任"。其義雖未確，亦未盡失。

(二)"南"與"鎛"："遟邘"編鐘銘文

甲文中多"𣪊"字，郭沫若與唐蘭引述繁富，足資參考。就其字形來看，像一人以手執槌作敲擊狀，"南"曾是一種樂器，迨無疑議。然而現存的典籍史料中對此樂器没有任何明確具體的描述。可資爲佐證的只有《詩經·鼓鐘》中的"以雅以南，以籥不僭"和《禮記》中的"胥鼓南"。就《鼓鐘》的句意來看，"雅"、"南"、"籥"應是三種不同的樂器名。而"鼓"是動詞，意即敲擊演奏。以此推之，"南"或是一種打擊樂器。那麼，究竟它是一種什麼樣的樂器呢？

在確定此樂器時，郭沫若提出了一個很大膽的解説。按照他的説法，"南"字從字形上看即"簠"字的中間部分，也即"鎛"的右上部分。故此"南"即"鎛"鐘類樂器。與此同時，郭又認爲從音韻上看，"南"即"鈴"。我們都知道"鈴"是一種或手執或懸掛的一種有舌的打擊樂器，爲最早出現的古代鐘類樂器。陶製和龜甲製的鈴可上溯到新石器時代。①銅製的鈴在陶寺文化與二里頭文化中也已有發現。在兩周編懸的樂鐘發達時，亦有自銘"鈴鐘"的編鐘，其形制與鈴差得很遠。②郭沫若所説的"鈴"未知何指。按照《説文》，"簠"爲形聲字。"簠"字中之"甫"部所代表的是"簠"字的讀音("簠，黍稷圜器也，從竹從皿，甫聲")。楊樹達曾撰《釋簠》一文，論之甚詳。文中他徵引阮元(1764—1849)"簠鼎"即"胡鼎"之説，進一步證實了許慎的論斷。③至此，郭沫若的推論更不能成立。郭本人似乎也意識到了這一推論的牽強之處，所以在1956年和1964年再版的《甲骨文字研究》中，關於"南"的部分已被刪除。羅泰在其

① 近年來，考古學家又在河南舞陽賈湖新石器時代遺址中發現了用龜甲製作的鈴。賈湖龜鈴距今約八千年左右。見河南省文物研究所《河南舞陽賈湖新石器時代遺址第二至第六次發掘簡報》，《文物》，1989年第1期，頁1—14。吳釗：《賈湖龜鈴骨笛與中國音樂文明的起源》，《文物》，1991年第3期，頁50—55。

② 銅器中自銘"鈴鐘"者有三例，即"楚王領鈕鐘"，"鄦子鎛鐘"和"陳大喪史鈕鐘"。羅泰提出"鈴鐘"的"鈴"字當作動詞解，應當譯作Ringing Bell。見羅泰[Lothar von Falkenhausen]：《樂懸：中國青銅時代的編鐘》[Suspended Music：Chime-Bells in the Culture of Bronze Age China]（Berkeley：University of California Press, 1993），123, n. 72。而朱文瑋、呂琪昌則認爲是鈕鐘之古名。見朱文瑋、呂琪昌：《先秦樂鐘之研究》，臺北：南天書局，1994年，頁7。

③ 楊樹達：《積微居小學述林》，中國科學院出版社，1954年，頁11。

博士論文《中國青銅時代的禮樂》中也已注意到了這一點。①

　　然而，進一步考察這一問題之後，我雖然不同意郭沫若的論證過程，仍然部分地同意郭的結論。我認爲，"南"雖然不能等同於鎛鐘，但"南"本爲商周時代流行於南方地區青銅樂鐘的總稱。除鎛鐘以外，商周之際多見於江淮地區的大鐃，或稱"句鑃"也屬此類。借助於考古學家們和古文字學家們的新發現和研究成果，本文試圖提出一個與郭沫若不同的推論過程，以證成這一結論。

　　1983 年，考古學家在江蘇丹徒地區春秋墓中發現的"遱邟編鐘"爲我們理解"南"字提供了新材料。此墓中共發現五個鎛鐘、七個鈕鐘，鐘體均有銘文如下：

　　　　唯王正月初吉丁亥，舍（徐，一作"舒"）王之孫，尋楚欱之子遱邟，罞（擇）厥吉金，乍（作）盥（鑄）龢鐘。𠃊（以）喜（享）于我先祖。余鏽鏐是罞（擇），允唯吉金，乍（作）盥（鑄）龢鐘。我𠃊（以）頶頁（夏）𠃊（以）南，中鳴媞好。我𠃊（以）樂我心，也（它）＝巳（熙）＝，子＝孫＝，兼（永）保用之。

　　誠如學者們所指出的，銘文中的"夏"當從孫作雲先生早年在其《説雅》一文中所論證的，即"雅"字。②於是銘文的釋者如商志香覃與唐鈺明以及曹錦炎等都認爲"台（以）夏台（以）南"是徵引《詩·鼓鐘》的成句"以雅以南"。③"雅"即雅樂，"南"則爲"南樂"。故按照他們的見解，銘文中"余鏽鏐是罞（擇），允唯吉金，乍（作）鑄龢鐘。我台（以）夏台（以）南，中鳴媞好"一段的大意應爲"我精心選擇了鏽鏐這些上等的青銅材料，鑄造了龢鐘，我用這些龢鐘來演奏'雅'樂和'南'樂，聽起來非常好聽"。

　　本文認爲此説欠妥。首先，先不論"雅""南"在《鼓鐘》詩句中是否真的就是樂名，按諸《左傳》《國語》等典籍，春秋時人稱引詩句向無融合成自己語言之例。當然《左》《國》等典籍難與金文相較，然以金石文字論之，筆者以爲"以夏以南"者，恐爲當時成語。兩周金文與春秋石鼓文中，多有與《詩》《書》等文獻中文句重合或相似者。學者們多以爲是徵引《詩》《書》成句。然筆者認爲這些所謂"《詩》句"，或爲當時成

---

① Falkenhausen, "Ritual Music in Bronze Age China," Ph. D. dissertation (Cambridge: Harvard University Press, 1988), 186, n. 19.

② 孫文載於 1959 年《文史哲》上，又見《詩經研究論文集》，人民文學出版社，1959 年，頁 260—279。朱東潤在其《詩大小雅説臆》中亦已申論甚詳。朱文初刊於 30 年代初出版的《文哲季刊》中，後收入其關於《詩經》的論文集《詩三百篇探故》，上海古籍出版社，1981 年，頁 47—71。"雅"之爲"夏"，清儒王引之（見王念孫：《荀子雜志》第一，《讀書雜志》，江蘇古籍出版社，2000 年，頁 647 引）初執此論，至朱孫二人，而言之鑿鑿，不可移易。

③ 見商志醰和唐鈺明：《江蘇丹徒背山頂春秋墓出土鐘鼎銘文釋證》，《文物》，1989 年第 4 期，頁 51—56。又見曹錦炎：《遱邟編鐘銘文釋議》，《文物》，1989 年第 4 期，頁 57—59。

語，而不當以《詩》句視之。如"旻天疾威"一詞，銅器中如師訇簋（孝王時器）有銘文云："王曰：'師訇，哀哉！今日天疾畏（威）降喪，首德不可逑。'"又毛公鼎（孝王時器）云："不鞏先王配命，敃（抿）天疾畏（威），司余小子。弗彶（急），邦將曷吉？"此蓋周時成語。此成語又見於《詩‧小雅‧雨無正》《詩‧小雅‧小旻》和《詩‧大雅‧召旻》，均係當時習慣用語，以天之神明可畏爲戒，乃如今日之指誓天日。毛公鼎與師訇簋中，以習語讀之，句意連貫順暢，略無滯礙；反之，若以爲徵引《詩》句，則未免突兀。且此詞在《大雅》《小雅》中反復出現。若以爲《大雅》《小雅》諸篇轉相徵引，未免牽強。《詩‧大雅‧江漢》又言召伯虎家世云："于周受命，自召祖命。虎拜稽首，天子萬年。虎拜稽首，對揚王休。作召公考，天子萬壽。"幾乎句句用金文中慣用語。如果說金文是在徵引《江漢》詩句或其他文獻，毋寧說是《江漢》在徵引金文中受命、稱揚、祝愿辭。其例尚多，兹不具述。王國維、劉節、屈萬里、姜昆武諸先生，曾就先秦成語作過考訂，以《詩》《書》等文獻資料爲主要依據，皆精審不刊。而兩周四字成語已有很多，往往既見於文獻資料，又見於刻劃文字資料。與其說是彝器中稱引《詩》句，倒毋寧說是當時《詩》《書》與金石文字的習慣語詞略同。其中有些詞語，如《小雅‧天保》："是用孝享"，《周頌‧載見》："以孝以享"。兩周金文中"用享用孝"、"以享以考"、"用孝享"及其他變化形式凡數十見，每用於祝頌，亦爲當時慣用語。這些顯然是《詩》《書》襲用祭祀中之祝禱語詞。故所謂"以夏以南"或"以雅以南"亦當作慣用語或成語的不同形式視之。學者以爲此處徵引詩句，亦未能必。再聯繫下文的"中鳴媞好"來看，若以"雅"、"南"爲樂名，則"中鳴"一詞便沒有着落。"中鳴"二字明指敲擊樂器的聲音，更明確地說當指樂鐘的鳴聲。

愚意此處"夏"和"南"當作樂器解，如此則銘文之意方可了然。譯文應作"我精心選擇了鏞鐐這些上等的青銅材料，鑄造了龢鐘，我鑄造了'夏'和'南'，它們敲擊起來非常好聽"。

那麼，"夏"究竟是一種什麼樣的樂器呢？"夏"即是"雅"，"雅"作爲一種樂器，在史籍中有徵。《周禮‧春官宗伯三》記載："笙師掌教龡竽、笙、塤、籥、簫、篪、篴、管、舂牘、應、雅，以教祴樂"。所謂《祴樂》即《九夏》中的《祴夏》。"應"是一種小鼓。關於"雅"，鄭玄注云："雅，狀如漆筩而弇口，大二圍，長五尺六寸，以羊韋鞔之。"①看來當是"雅鼓"，與"應"相對而言，乃一種大鼓。後世宗廟大樂中

---

① 《周禮注疏》卷24，頁163，《十三經注疏》，頁801。

仍沿用之。然而,本文認爲"雅"在此處雖指"雅鼓",而此"雅"字又有相當的複雜性。周人早期認同於夏,周初定禮制,凡與周室有關的多以"夏"或以"雅"名之。①樂分雅鄭,衆所周知。"雅樂"即周室宗廟大樂,演奏中所用樂器,多可以"雅"名之。宗廟之樂,其樂器的形制較大。故有"雅瑟",乃瑟之大者。②塤之大者曰"雅塤"。鼓之大者曰"雅鼓"。這些樂器,後世統稱之爲"雅器"。③而在先秦時期,時或稱之爲"雅"。《禮記・樂志》子夏所説的"治亂以相,訊疾以雅"中的"雅"一般學者都認爲指的是雅鼓,而也有可能指的就是雅樂中所需的樂器。

我們知道鐘這種樂器在周代禮樂中相當重要,甚至可以説是最重要的。那麼,在古代文獻中,何以不見"雅鐘"一詞呢? 或許正因爲鐘如此之重要,所以可以徑以"雅"名之,其例一如"雅鼓"之省稱爲"雅"。以其源自宗周,爲雅樂之器之故也。讓我們回過頭來再看"鼓鐘"一詩:

> 鼓鐘欽欽
>
> 鼓瑟鼓琴
>
> 笙磬同音
>
> 以雅以南
>
> 以籥不僭

在這裏,鐘、瑟、琴、笙、磬顯然都是樂器名。"雅"、"南"和"籥"也不例外。"鼓鐘欽欽"的"鐘"所指當即下文所説的"雅"與"南"。自漢代鄭玄以來,學者們或認爲"雅"、"南"、"籥"此三者是樂舞名,或以爲是樂曲名。但是,無論是舞,還是曲,不可能三種同時進行。"以籥不僭"一句已明示出三者是同時進行的。郭沫若始以此三者爲樂器,以"雅"爲鼓,以"南"爲鎛,然缺乏切實的論證。而今日"遱邟編鐘"銘文的發現,使我們得以解開這個疑寶。銘文中的"台夏台南"與"以雅以南"義同,乃是指演奏不同的鐘類樂器。

那麼,"夏"或"雅"與"南"究竟是什麼樣的樂鐘呢? "遱邟編鐘"銘文分別鑄刻在五個鎛鐘和七個鈕鐘上。十二鐘又皆自銘"龢鐘"。學者們有的認爲"龢鐘"是某

---

① 關於這一點,參看拙作《説夏與雅:宗周禮樂形成與變遷的民族音樂學考察》,《中央研究院中國文哲研究集刊》,第19期(2001年3月),頁1—53。茲不贅述。

② 《爾雅・釋樂》:"大瑟謂之灑"。邢昺疏:"《禮圖》舊云:'雅瑟長八尺一寸,廣一尺八寸,二十三絃'。"《爾雅注疏》卷5,頁35,《十三經注疏》,頁2601。

③ 《宋史・樂志一》:"(李)照因自造葦籥、清管、簫管、清笛、雅笛、大笙、大竽、宮琴、宮瑟、大阮、大秬,凡十一種,求備雅器。詔許以大竽、大笙二種下大樂用之。"可見,宗廟所用之樂器,至宋代仍稱之爲"雅"器,且器的形制皆大。見《宋史》,中華書局,1977年,卷126,頁2954。

一種鐘。從考古發現來看,自銘“龢鐘”者,有鈕鐘、鎛鐘、甬鐘,其大小形制功用各異,故將其定爲任何一種均不合理。考古學家又有人認爲所謂“龢鐘”指用來伴奏的鐘,認爲用來合樂的鐘,稱爲“龢鐘”,用來和歌的鐘則稱爲“歌鐘”。然而,古代詩(歌)、樂、舞常常共同進行,樂鐘皆有伴奏的功用。和歌合樂,無施不可。自銘“龢鐘”(伴奏的鐘),似屬多餘。且無從區分於無此銘者。本文認爲除以上解釋之外,“龢鐘”尚有別種可能。其一、可能是用來定音的標準樂鐘。“龢”字,從“龠”,禾聲。而龠字從字形上説,像編管之樂器,右加一“欠”字,則爲古“吹”字(“欠”在甲文中像一人跪而吹貌),上加“竹”頭則爲一種竹製管樂器,左加“示”則爲一種樂祭。“龢”乃古“和”字,《國語•鄭語》有“和六律以聰耳”,此處“龢”即調和、和均之意。《禮記•明堂位》:“垂之和鐘,叔之離磬,女媧之笙簧。”垂是相傳中唐堯時代的人。鄭玄注云:“和、離,謂次序其聲縣也。”孔穎達疏曰:“垂之所作調和之鐘。”再證諸伶倫製十二箭定律的傳説,所謂“龢鐘”很可能是“調和之鐘”,即用來定音的標準樂鐘。其二、可能是指同一樂班中兩種或多種不同的樂鐘。“和”有“和鳴”、“和奏”之意。見《詩經》中《有瞽》和《賓之初筵》。也就是學者們所説的“合樂”。《左傳》莊公二十一年亦有“鳳凰于飛,和鳴鏘鏘”之語。“鏘”字從金,同“鎗”。故在春秋時代“龢鐘”也有可能指隸屬同一樂隊的不同樂鐘,可同時演奏或演奏同一樂曲。近年來,音樂考古學者亦從對宗周鐘實物和樂律的角度來證明“和”字乃指主鐘與從鐘之間的應合關係。①若以此論,則《禮記•明堂位》所説的“垂之和鐘,叔之離磬”當非如孔穎達所云。“離磬”者乃不入於樂班的獨奏的磬,“龢鐘”則反是。這兩種可能,余思之再三,不知哪個更接近於史實。②

除“遱邥”編鐘之外,兩組不同編鐘自銘“龢鐘”者在別處也有發現。如1978年在陝西寶雞太公廟發現的“秦公鐘”與“秦公鎛”③和隨後在河南固始侯古堆發現的鎛鐘與鈕鐘。④邾公牼鐘銘文,又有“鑄鉡(予)龢鐘二鍺(堵)”的字樣。

---

① 見吳釗:《和•穆辨》,《音樂學文集》,濟南:山東友誼出版社,1994年,頁306—325。文中作者從聲學與樂律學的角度分析“龢鐘”的涵義。

② 關於銅器銘文中“龢鐘”的含義,邱德修在其《楚王子午鼎與王孫誥鐘銘新探》(臺北五南圖書1992年版,頁231—246)中有詳細的討論。書中作者羅列了鐘類樂器帶“龢鐘”銘文者,徵引繁富,可資參考。“龢鐘”在銘文中或作“龢鑯鐘”(薳伯鐘)、“大寶楚龢鐘”(癲鐘二)、“雷龢鐘”(鄭井叔鐘、虢叔旅鐘)、“龢鎛”(邾公孫班鐘)等。

③ 墓主是春秋時秦國某公。有三個鎛、五個甬鐘。每個鐘都銘鑄“乍(作)乓(厥)龢鐘”字樣。見盧連成、楊滿倉:《陝西寶雞縣太公廟村發現秦公鐘、秦公鎛》,《文物》,1978年第11期,頁1。

④ 有八個鎛,九個鈕鐘,都銘有“擇厥吉金,自作龢鐘”及其他字樣。見侯古堆考古工作隊與河南省博物館:《河南固始侯古堆一號墓發掘簡報》,《文物》,1981年第1期,頁1—8。

因此，"遣邥龢鐘"銘文中的"夏"和"南"疑分別指這些"龢鐘"中鈕鐘和鎛鐘。而"余鏽鏐是鐾（擇），允唯吉金，乍（作）盤（鑄）龢鐘。我𠃌（以）顋頁（夏）𠃌（以）南，中鳴媞好"一段的大意應爲"我精心選擇了鏽鏐這些上等的青銅材料，鑄造了這些可以相和的鐘（或"這套定音鐘"），我作了一套夏（鈕鐘）和一套南（鎛），它們的聲音非常好聽"。

必須指出的是，在這裏"夏"（雅）雖然指的是鈕鐘，但是"夏"（雅）并不一定就等於鈕鐘。被稱爲"夏"和"雅"的可能僅只是鈕鐘，也可能是包括鈕鐘在内的某一類鐘。"南"也一樣。鎛可能僅只是"南"的一種。商周樂鐘中，甬鐘與鈕鐘爲周代産物。前者始見於西周宗周地區，①後者始見於西周晚期。甬鐘顧名思義舞上有甬，用於側懸；而鈕鐘則舞上有鈕，用於直懸。而最早的鈕鐘當屬於西周晚期，也在陝西地區，周王朝統治的中心地帶發現。②南方樂鐘的代表鎛和句鑃。這兩種樂器商代中期在江漢流域已經出現。鎛和句鑃是商周之際流行於南方的特有的樂器，與鏞之於中原地區，以及編鐘之於關中地區一樣，形成了樂鐘在早期采擇和使用上的地方性特色。當然，平王東遷以後，隨著王權的削弱，社會的動蕩，以及戰爭的頻仍，各地文化的交會融合，早期樂鐘的地方性色彩已經不那麽明顯。東周時期，甬鐘、鈕鐘和鎛成爲各地方國禮樂中最常見的樂鐘，商鏞和南方大鐃（句鑃）則早在西周之世就從歷史長流中流失。③

綜上所述，"南"由初生之竹漸變而爲一種竹製的容器，後來這種容器在生産勞動以及祭祀舞蹈活動中被用爲打擊樂器，按諸節拍。這種用以按拍的竹筒，漸變而爲樂器。早期考古學家如郭沫若、唐蘭等都曾認爲鐘類樂器是由竹筒發展而來的。④今人李純一又從字源上來考訂商代流行於中原地區的小鐃，也就是商庸的"庸"字也是由"用"字演化而來，也就是説起源於竹筒。⑤由此可見，"庸"與"南"這兩類樂鐘無論在器形上，還是在其名稱的來源上都與竹筒有相當的關聯。所以，

---

① 寶雞竹園溝盧强伯格墓發現的三件甬鐘，考古學家經過對强家世系的排比，初步斷定於成康之世。連成、胡智生：《寶雞茹家莊、竹園溝墓地有關問題的探討》，《文物》，1983 年第 2 期。又見方建軍、蔣詠荷《陝西出土之音樂文物》，陝西師範大學出版社，1991 年，頁 16。

② Falkenhausen, *Suspended Music*：*Chime-Bells in the Culture of Bronze Age China*, 174.

③ 詳細的討論，見拙作《説南：再論詩經的分類》，《中央研究院中國文哲研究集刊》，第 12 期（1998 年 3 月），頁 379—387。

④ 郭沫若：《兩周金文辭大繫圖録考釋》，科學出版社，1959 年，頁 237。唐蘭《古樂器小記》，《燕京學報》，第 14 卷，燕京大學哈佛燕京學社，1933 年，頁 60—61。

⑤ 李純一：《試釋用、庸、甬并試論鐘名之演變》，《考古》，1964 年第 6 期，頁 310。

"南"字在早期因竹多生於南方而被借用爲方位詞,又被用來代指由竹箭演化出的樂器,這一發展脈絡清晰可見。當然,"南"作爲樂器名,可能是多見於長江中下游地區的鎛和句鑃的總稱,也可能是專指鎛而言。

《吕氏春秋·古樂》中所載的伶倫取竹作樂的故事又爲這一論斷提供了一個有力的旁證。

> 昔黄帝令伶倫作爲律,伶倫自大夏之西,乃之阮隃之陰,取於嶰谿之谷。以生空竅厚鈞者,斷兩節間,其長三寸九分,而吹之,以爲黄鐘之宫。吹曰舍少,次製十二筒(别本作"箭",又作"管")。以之阮隃之下,聽鳳凰之鳴,以别十二律。其雄鳴爲六,雌鳴亦六,以比黄鐘之宫適合。黄鐘之宫皆可以生之,故曰,黄鐘之宫,律吕之本。黄帝又命伶倫與榮將,鑄十二鐘以和五音,以施英韶,以仲春之月乙卯之日,日在奎始奏之,命之曰咸池。[①]

竹筒的製作可説是鐘鎛類樂器的前身之一。曾侯乙編鐘銘文中,有律名"㿗鎛"[②]、"中鎛"之稱,[③]未審其詳。又有周代律名曰"韋音"。曾侯乙編鐘銘文"韋"字,上從"吕"下從"用"。《禮記·明堂位》:"土鼓、蕢桴、葦籥,伊耆氏之樂也。"宋陳暘《樂書》云:"樂以太虚爲本,而聲音律吕又以中聲爲本也,昔伊耆氏實始作樂,以謂土位中央,而於陰陽爲沖氣,籥生黄鐘,而於律吕爲中聲,始乎土鼓中聲出焉,中乎蕢桴中聲發焉,卒乎葦籥中聲通焉。"伊耆氏之蠟詞,其音播自荒古,伊耆氏所用之葦(韋)籥(龠)似可與伶倫斷竹定律故事,以及《周禮》中關於中春播土鼓歙豳籥,參互觀之。

三、關於二南的地域問題

關於《二南》的時地問題,許多前輩學者都作過探討。學者如陳槃、劉節、裴溥言等都詳盡地研究過此問題,這些研究不僅提供了許多重要的文獻資料,其各自的研究方法,也予人以啓迪。這裏本文想在他們的研究的基礎上,再提供一些新的資料,以證《二南》實是江漢地區周屬各諸侯國貴族文人的作品。首先,關於《二南》的

---

① 許維遹:《〈吕氏春秋〉集釋》,臺北:世界書局,1983 年,頁 235—239。

② 崔憲:《曾侯乙編鐘鐘銘校釋及其律學研究》,人民音樂出版社,1997 年,頁 277。裴錫圭先生釋爲郧,申息之息之本字。崔憲云銘文中"姑洗之㿗鎛"在姑洗均的徵(G)音位置(同上書,頁 57,注 1)。哀公十五年傳:"公會吴子、邾子伐齊國南鄙,師於鄖。"鄖後徙於今河南息縣,此息即《左傳》莊公十四年爲楚所滅之息。

③ 崔憲:《曾侯乙編鐘鐘銘校釋及其律學研究》,頁 279。

南字,向有諸説,撮其要者,約如下:

(一)齊詩説:國名説

早在漢代,齊詩説二南是兩個國名,二南爲國名説可説起源甚早。[1]現代學者如劉節在其《〈周南〉〈召南〉考》中又從金文資料和文獻資料中提供了許多旁證。[2]然而此周南、召南若爲周公召公所初封二國,當具有相當的重要性,若如《毛詩序》中所説代表文王之化自北而南的象徵,那其地位就更不容忽略了,但何以先秦諸子和春秋經傳中均未提到這兩個國家。此説見本文第一节之(一)4。

(二)韓詩説:地名説

韓詩學派和魯詩學派與齊詩不同的是以二南爲地域名。據王先謙《詩三家義集疏》,"魯説曰:古之周南,即今之洛陽。又曰:洛陽而謂周南者,自陝以東,皆周南之地也。"[3]韓詩説在南郡、南陽之間。陳喬樅據《水經注》云:"《唐書·藝文志》:韓嬰詩序二卷,即《水經注》所引也。楚地記漢江之北爲南陽,漢江之南爲南郡。胡徵士虔曰:案漢南郡,今湖北荆州府荆門州及襄陽施南宜昌三府之境,南陽,今河南南陽府汝州之境。《周南》之詩曰'汝墳'者,其東北境至汝也。曰'漢廣''江永'者,其西至漢,南至江也,《召南》之詩曰'江沱'者,其西北至蜀,東南至南郡也。大約周南有南郡之東,而東至南陽,召南有南郡之西而西至巴蜀也。"[4]《韓詩外傳》頁也指出其地在南郡、南陽之間。

司馬遷學從魯詩,在《太史公自序》也曾提到:

> 是歲,天子始建漢家之封,太史公留滯周南,不得與從事,故發憤且卒。而子遷適使返,見父於河洛之間。[5]

是年,司馬談未與漢家封事,而留滯周南,在這裏,司馬遷顯然稱河洛之間爲周南。《集解》中徐廣引摯虞也以周南爲洛陽,而《索隱》引張晏以周南爲陝以東之地。[6]

---

① 陳喬樅:《齊詩遺説考》卷一,頁 3—4。見《皇清經解續編》,臺北:藝文印書館,1965 年,卷 17,頁 12755。

② 劉節:《〈周南〉〈召南〉考》,見林慶彰編《詩經研究論集》,臺北:學生書局,1983 年,頁 39—50。

③ 王先謙:《詩三家義集疏》,臺北:明文書局,1988 年,頁 1。

④ 陳喬樅:《韓詩遺説考》卷 1,見《皇清經解續編》,臺北:藝文印書館,1986 年,頁 2710。

⑤ 《史記》,卷 130,頁 3295。

⑥ 王叔岷:《史記斠證》對此陝字有詳盡的論述,見《史記斠證》,臺北:"中央研究院"歷史語言研究所 1983 年版,卷 5,頁 1365—1366。

清人朱駿聲、今人陳槃並從《集解》,並以爲陝即郟,即洛陽一帶,也是周召分陝之地。周召二公之初封,當在岐山之西南,故《詩序》乃誤以爲岐山之南爲二南之地。而武王滅商以後,周召二公分別被封爲太師和太保,並負責管理被佔領的故殷舊地,自陝以西召公主之,以東周公主之。後人乃多以河南爲二南之所在。如晉潘岳(247—300)《西征賦》:"我徂安陽,言陟陝郟。行乎漫瀆之口,憩乎曹陽之墟。美哉邈乎! 玆土之舊也,固乃周邵之所分,二南之所交。《麟趾》信於《關雎》,《騶虞》應乎《鵲巢》。"①然自武庚三監亂後,淮、徐、蒲姑、商奄復叛,平叛以後,周召二公又分別分封其子。周公長子伯禽封於魯,而次子君陳(即明保)留於周室,後仍襲周公爵。②召公亦類此,其長子旨被封於燕,而次子伯憲留在周室,後襲召公爵。周召二公嗣後又經略江淮等地。所謂周南召南,當指歷代周召二公所領之江漢淮汝之地。

(三) 二南之地望

周室與南方諸國特別是如楚國這樣的南方大國之間的戰爭時斷時續地持續了幾個世紀,幾乎與王朝相終始。早在武庚和商奄之叛時,即有熊姓諸侯參予叛亂。周公本人領導了東征淮徐的平叛活動。平叛之後,爲加强江漢淮汝地區的統治,周公又實行了滅商以後的第二次大規模分封。

《左傳》僖公二十四年:

昔周公弔二叔之不咸,故封建親戚以蕃屏周。管、蔡、郕、霍、魯、衛、毛、聃、郜、雍、曹、滕、畢、原、酆、郇,文之昭也;邘、晉、應、韓,武之穆也;凡、蔣、邢、茅、胙、祭,周公之胤也。

這些都是姬姓諸侯國,其中有一些如凡、蔣、邢、茅等國都在江漢流域。春秋時期,隨著楚國日益强大,這些諸侯國多爲楚所滅。《左傳》隱公五年:"漢陽諸姬,楚實盡之。"《左傳》定公四年:"周之子孫在漢川者",所指大約都是這些國家。然而,江漢淮汝地區除姬姓諸侯外,尚有很多異姓國。《國語·周語上》史伯云:

王室將卑,戎狄必昌,不可偪也。當成周者,南有荆蠻申呂應鄧陳蔡隨唐,北有衛燕狄鮮虞潞洛泉徐蒲;③

所謂荆、蠻、申、呂、應、鄧、陳、蔡、隨、唐這些國家都在江漢淮汝地區。其中申

---

① 《文選》,中華書局,1977年,卷10,頁150。
② 陳夢家:《西周銅器斷代》卷1,頁72。
③ 《國語》,中華書局,1985年,頁507。

吕姜姓,應蔡隨唐姬姓,陳媯姓,荆蠻指楚和其他一些南方國家和部族。其他尚有江、黄、息、厲、盧、六等等。從《詩》《書》文獻和彝器所載來看,周在江漢地區用兵不斷。《竹書紀年》載康王十六年周就南伐淮夷。①昭王喪六師於漢,説明此時江漢地區並非盡屬周之所有。②有的在楚的控制之下,有的是一些小的自主國。③

宣王又曾派大臣如召穆公虎、申伯等用兵江漢。從文獻和金文中來看,在用兵江漢的過程中,首先周公在淮汝一帶建立一些諸侯國,多在今河南和安徽湖北的北部。而召公家族則主要對付江漢流域一帶,即今湖北一帶。以此看來,所謂周南當指淮汝一帶,而召南當指江漢流域。

(四)從《二南》詩來看二南地域

《二南》本身也給我們提供了二南地域的佐證。朱佑曾云:"今以詩考之,江漢合流在荆州之域,汝墳在豫州之南竟,江氾江沱俱在梁荆,則不言'南',固不得以該之也。"④《漢廣》詩云:

> 南有喬木
> 不可休思
> 漢有遊女
> 不可求思
> 漢之廣矣
> 不可泳思
> 江之永矣
> 不可方思
>
> 翹翹錯薪
> 言刈其楚
> 之子于歸

---

① 方詩銘、王修齡:《古本竹書紀年輯證》,上海古籍出版社,1981年,頁42。
② 昭王南征事見《史記·周本紀》《左傳》僖公十四年和《吕氏春秋·音初篇》,也見默鐘(宗周鐘)、馭簋、過伯簋、貞簋銘文,參見郭沫若:《兩周金文辭大繫》,《郭沫若全集·考古編》,人民出版社,1982年,第7册,頁53—54。方詩銘、王修齡:《古本竹書紀年輯證》頁43—44有詳細討論。
③ 裘錫圭:《史墻盤銘解釋》,《文物》,1978年第3期,頁25—32。
④ 朱佑曾:《詩地理徵》,卷1,頁2,《續修四庫全書》,第72册,頁435。

言秣其馬

漢之廣矣

不可泳思

江之永矣

不可方思

《毛詩序》謂此詩爲文王所作。今人或以爲是江漢地區的民間情詩。①從所用河流名稱來看,此詩是江漢地區的歌詩當無疑問。而《詩·召南·汝墳》當出自汝濱。類此的詩還有《詩·召南·江有汜》。詩中有句云:"江有汜"、"江有渚"、"江有沱"。《爾雅》:"水自河出爲灉,濟爲濋,汶爲瀾,洛爲波,漢爲潛,淮爲滸,江爲沱,過爲洵,潁爲沙,汝爲濆。"②邢昺《疏》以爲古有兩沱。一在江的上游,今四川省境,一在荆州,今湖北省境内。《爾雅》又云:"水決復入爲汜。"郭璞認爲水歧出而復入者叫作汜,而歧出入於他水者爲沱。其地在四川境内,朱佑曾對此有詳細的考訂。③

除這些地理名詞外,《二南》詩中的詞句,也表現了一些江漢淮汝一帶的方言特點。聞一多在《詩經通義》中考察了《周南·兔罝》和《召南·騶虞》兩詩,指出此"兔罝"與"騶虞"兩詞皆出於楚方言中"菟"字。④語音史家熟知"於菟"即楚方言中對虎的稱謂。⑤揚雄《方言》謂於菟在江淮南楚地區亦寫作虎兔。而"騶虞"、"騶吳"、"騶吾"、"柷敔"皆"虎"與"兔"二音所變。

《詩·周南·汝墳》有"惄如調飢"一句。揚雄《方言》:"悼、惄、悴、憖,傷也。自關而東汝潁陳楚之間通語也。汝謂之惄。"⑥《周南·關雎》中"窈窕"一詞,共用四次以況淑女姿容之曼妙,《方言》又云:"娃、嫷、窕、艷,美也。吳楚衡淮之間曰娃,南楚之外曰嫷,宋衛晉鄭之間曰艷,陳楚周南之間曰窕。"此詞不見於文獻他處,惟又見於《楚辭·九歌·山鬼》一篇。固知揚雄所言不虛。

這種江漢方言特點又見於《詩·召南·采蘋》。其第二段最後一行云:"維釜及錡。"許慎與揚雄皆以爲釜與錡是同一器物的不同地方稱謂。⑦許慎與揚雄認爲錡出

---

① 張樹波:《國風集説》,河北人民出版社,1993年,頁85—88。

② 《爾雅注疏》,卷7,頁53,《十三經注疏》,頁2619。

③ 朱佑曾:《詩地理徵》,卷1,頁8,《續修四庫全書》,第72册,頁438。

④ 聞一多:《古典新義》,古籍出版社,1956年,頁116—119。

⑤ 《左傳》宣公十四年,記楚令尹子文幼食虎乳,故名門穀於菟。於菟一詞爲虎字的合音詞。《廣雅·釋獸》中於菟作兔虎。見錢繹:《方言箋疏》,中華書局,1991年,頁275—276。

⑥ 錢繹:《方言箋疏》,頁15。

⑦ 許慎:《説文解字》,頁295。

於江淮一帶,與此文所説的召南之地正合。[①]

　　如果《二南》之詩果出於江、漢、淮、汝一帶,那麽一些其他的懸而未決的問題便易於理解了。首先,《詩經》學者曾經感到困惑的是爲什麽"國風"中只有河、濟流域的諸侯國的詩,何以没有江漢淮汝一帶的一些國家如蔡、隨、曾、唐、應、鄧這些姬姓、申、吕這些姜姓的國家的歌詩。從載籍中來看,這些國家在春秋史事中也具有一定的重要性。本文認爲這些國家的歌詩實際上並未被《詩經》的編者所遺忘,而是被收入了《二南》之中。清代王先謙本三家詩爲説,以爲"周南篇有《汝墳》,周南大夫之妻作。有《茉苢》,蔡人之妻作。"又據《漢書·地理志》:"汝南郡,莽曰汝墳,故胡國。"[②]又指《召南·行露》爲申國之女所作。[③]皆非無據。其次,在先秦的典籍中,《邶》、《鄘》、《衛》等十三國風本無風之名,《左傳》襄公二十九年記載吴公子季札至魯觀樂,都只是稱十三國風爲《邶》、《鄘》、《衛》,并未稱之爲"邶風""鄘風""衛風"等等。而季札評語中又統名之曰"風"。上海博物館所出竹簡,有《北風》之名,又統名之曰"邦風"。按其時代,則在季札觀樂之後。十三國風中,邶、鄘、鄶、王應是地名,因春秋時期其國早已不存,餘皆國名,同理,周召《二南》也是地名。故《國風》各部分有國名有地名,非如前人所説皆國名。所謂風當是後來傳《詩》者所冠。至於《左傳》隱公3年稱《召南·采蘋》、《召南·采蘩》爲風,蓋以風字指稱宗周畿甸以外各諸侯國所採集來的歌詩。

(五)南方的雅音

　　或許是受宋代學者朱熹和王質的影響,現代許多中外學者都認爲《國風》是民間歌謡。但是,從《二南》之詩的內容來看,民間歌謡一説顯然是站不住的。關於其他十三國風,筆者已經另撰文討論。現就《二南》本身而論,這些歌詩大部分是出自江漢淮汝地區的貴族文人和宮廷樂師之手。關於這一點,現代學者如朱東潤和屈萬里都有精闢的論述。筆者受朱、屈兩先生的啓發,參照了朱東潤先生的表,試別列一表,在朱先生的基礎上,有所補充。表中所列各欄目如下:

　　1)從詩歌作者的語氣和被稱謂者的社會地位來看;

---

① 　錢繹:《方言箋疏》,頁171。

② 　王先謙:《詩三家義集疏》,卷1,頁1。王引魯詩云:"蔡人之妻者,宋人之女也。既嫁而夫有惡疾,其母將改嫁之。……終不聽其母,乃作《茉苢》之詩。"韓詩説同,魏源以爲"蔡宋無詩,賴是以存之。"(見卷1,頁47)於《汝墳》,齊詩與魯詩同,見同書,頁56。

③ 　王先謙:《詩三家義集疏》,卷2,頁89—91。韓詩魯詩説同。

2) 從詩中所描述的居處來看;

3) 詩中所論及的公事;

4) 僕從與其他隨員來看;

5) 詩中所提到的服飾,兵器,車馬等標示身份的器物;

6) 詩中所提到的貴重禮器;

7) 詩句中與金文辭相吻合的慣用語詞

表一　《二南》詩中所見作者身份表:

	貴族稱謂與被稱的貴族	居處	公事與其他貴族事物	僕從	服飾車馬兵器	貴重禮器	金文所見慣用語
《關雎》	君子 淑女					鐘鼓琴瑟	
《葛覃》	師氏						
《卷耳》				我僕痡矣	我馬虺隤 我馬玄黃 我馬瘏矣	金罍 兕觥	
《樛木》	君子						福履綏之①
《螽斯羽》							
《桃夭》							
《兔罝》	公 侯 武夫						
《芣苢》							
《漢廣》					其馬 其駒		
《汝墳》	君子	王室如燬					

----

① 金文中多"惟用妥(綏)福"、"用妥(綏)多福"、"妥(綏)厚多福"等祝頌語。此詞語始見於西周中期的瘋鐘銘文。

（续表）

	貴族稱謂與被稱的貴族	居處	公事與其他貴族事物	僕從	服飾車馬兵器	貴重禮器	金文所見慣用語
《麟之趾》	公子 公姓 公族						公子 公族
《鵲巢》					百兩		百兩①
《采蘩》	公 侯	公侯之宮	公侯之事 夙夜在公				夙夜在公
《草蟲》	君子						
《采蘋》	有齊季女	宗室牖下					
《甘棠》	召伯						
《行露》							豈不夙夜
《羔羊》			退食自公		羔羊之皮 素絲		素絲
《殷其雷》	君子						
《摽有梅》	庶士						
《小星》	宵征（小正）		夙夜在公				夙夜在公 寔命不猶
《江有汜》							
《野有死麕》	吉士						
《何彼襛矣》	平王之孫 齊侯之子				王姬之車		
《騶虞》	騶虞						

　　從表中可見，《二南》詩，除去一些無法判別作者身份的以外，其他大多數可肯定爲出自貴族文人或宮廷樂師之手。如《關雎》中所提到的鐘鼓琴瑟等器物，君子淑女之稱謂皆明白顯示了這一點。按照周代的禮制，鐘鼓琴瑟是士以上的貴族方能獲許使用。鐘鼓在堂，琴瑟在御，顯然非民間百姓所能享受。

---

① 周金文中多賜“車馬兩”之銘文，周初小盂鼎銘文有“孚（俘）車卅兩，孚牛三百五十五牛”及“孚馬百四匹，孚車百□兩”之銘文。故“鵲巢”以“百兩”爲親迎之禮，其聲容之盛，非公族而莫屬。

《葛覃》中的師氏是官名,《禮記》云大夫以上的家中才有師氏一職。《卷耳》中,詩的作者,有僕,有馬,有金罍,有兕觥,皆非平民所有。《麟之趾》《采蘩》《行露》《羔羊》《小星》或曰"夙夜在公",或曰"公侯之事",或曰"退食自公",或曰"公族公姓",顯然作者還不是一般的貴族,應當是屬於較上層的文人。彝器中伯晨鼎、啟卣、大克鼎、師史簋及其他一些禮器都有"夙夜用事"、"用夙夜事"、"夙夕在尹氏"這樣的表達方式來形容諸侯大夫克勤克儉,敬奉公事。

回過頭來再看《鼓鐘》詩中的以雅以南和遷邶編鐘銘文中的以夏以南,雅和夏所指當是宗周的雅樂樂器及其所代表樂詩風格,而南所指當是江漢一帶的樂器及其所代表南方的雅音。

四、二南詩樂之分離

《春秋》經傳中已多關於南方音樂的記載。《左傳》成公九年,鍾儀繫於晉而操南音,晉大夫范文子曰:"樂操土風,不忘舊也。"襄公十八年,晉人聞有楚師,師曠歌南風,曰:"南風不競,多死聲。"是江漢之域,所流行的樂風樂調與宗周及諸夏固有所不同。二南之詩,採擇自江漢諸國,其風調、律則乃至樂器皆有自身的地方特點是毋庸置疑的。《呂氏春秋·季夏紀·音初》追記南音之始:

> 禹行功,見塗山氏之女。禹未之遇,而巡省南土。塗山氏之女乃令其妾候禹於塗山之陽。女乃作歌,歌曰:"候人兮猗。"實始作爲南音。周公及召公取風焉,以爲周南召南。[1]

塗山位於今日淮河下游,在江漢平原的東北。有沒有可能禹南巡到這裏的時候,踫到塗山氏之女,歌南音,於是後來就産生了"南"這種樂歌調式。而《詩經》中的二南,乃以此調式爲本。考古資料與經傳參互視之,不惟樂式不同,江漢之間所用的樂器與宗周及中原諸夏亦不盡同。這種音樂的地方性差異一直延續到漢代及後世。《漢書·禮樂志》載,漢高祖劉邦尤愛楚聲,故漢初制定禮樂,猶襲楚風而定《房中樂》,[2]即惠帝後之《安世房中樂》:

> 漢興,樂家有制氏,以雅樂聲律世世在大樂官,但能紀其鏗鏘鼓舞,而不能言其義。高祖時,叔孫通因秦樂人制宗廟樂、大祝迎神于廟門,奏《嘉至》,猶古

---

① 《呂氏春秋》,上海書店《諸子集成》本,頁58。

② 此即《樂府詩集》卷26《相和歌辭》序中所説的清商三調之外的"楚調"。

降神之樂也。皇帝入廟門，奏《永至》，以爲行步之節，猶古《采薺》、《肆夏》也。乾豆上，奏《登歌》，獨上歌，不以筦弦亂人聲，欲在位者徧聞之，猶古《清廟》之歌也。《登歌》再終，下奏《休成》之樂，美神明既饗也。皇帝就酒東廂，坐定，奏《永安》之樂，美禮已成也。又有《房中祠樂》，高祖唐山夫人所作也。周有《房中樂》，至秦名曰《壽人》。凡樂，樂其所生，禮不忘本。高祖樂楚聲，故房中樂楚聲也。孝惠二年，使樂府令夏侯寬備其簫管，更名曰《安世樂》。①

考《漢書·禮樂志》所記《安世房中歌》十七章，其詞與二南之詩不類，從内容和風格上來看，倒是與詩大小雅更相近。周代禮制中有房中之樂，所用皆二南之詩。《儀禮·燕禮》："遂歌鄉樂，《周南》《關雎》《葛覃》《卷耳》，《召南》《鵲巢》《采蘩》《采蘋》。"鄭玄注云："《周南》《召南》，國風篇也。王后、國君夫人房中之樂歌也。《關雎》言后妃之德，《葛覃》言后妃之職，《卷耳》言后妃之志，《鵲巢》言國君夫人之德，《采蘩》言國君夫人不失職也，《采蘋》言卿大夫之妻能脩其法度也。"②鄭玄又注"房中之樂"云："弦歌《周南》《召南》之詩，而不用鐘磬之節也。謂之房中者，后夫人之所諷誦以事其君子。"③漢初《房中》之樂，皆以"楚聲"視之，亦可見二南之所由來，是江漢之楚聲。所謂"雅樂聲律世世在大樂官，但能紀其鏗鎗鼓舞，而不能言其義"者，鏗鎗指金石之聲，漢代《房中》之樂顯然仍襲周代《房中樂》二南之聲律。然漢之《安世房中歌》十七章，④所歌皆宗廟禮讚之事，頌先祖功德，其歌詩内容與周《房中樂》已大不同。王粲作《登歌安世詩》，説神靈鑒饗之意，益非舊規。按周代二南之詩，禮書可考者，用於諸侯燕禮、大夫士鄉射禮及鄉飲酒禮，而天子之祭祀、大饗、大射、視學養老、魯之禘及兩君相見，皆未能用。此周之儀注。⑤我以爲《禮樂志》所謂"不能言其義"，是説一則房中樂在周代禮樂中的位置和功用，到了漢代，已尟知者；再則二南之舊詞與樂調到漢代已分離，殊非周之舊制。自漢以降，魏文帝黄初二年，又改漢宗廟《安世樂》爲《正世樂》，⑥魏明帝太和初，⑦侍中繆襲又奏："《安世哥》本漢時哥名。今詩哥非往詩之文，則宜變改。案《周禮》注云：安世樂，猶周《房中之樂》也。是以往昔議者，以《房中》哥后妃之德，所以風天下，正夫婦，宜改安世之名曰《正始之

① 《漢書》，中華書局，1995年，頁1043。
② 《儀禮注疏》卷15，頁77，《十三經注疏》，頁1021。
③ 《儀禮注疏》卷15，頁81，《十三經注疏》，頁1025。
④ 《史記·樂書》索隱謂有19章。
⑤ 王國維《釋樂次》，《觀堂集林》，中華書局，1961年，卷2，頁84—104。
⑥ 《宋書》，中華書局，1974年，卷19，頁534。
⑦ 蘇晉仁、蕭煉子據《三國志·魏志·明帝紀》黄初七年明帝追諡其母甄夫人事，以爲繆襲是奏在黄初七年。見蘇晉仁、蕭煉子：《宋書樂志校注》，齊魯書社，1982年，頁22。

樂》。自魏國初建,故侍中王粲所作登哥安世詩,專以思詠神靈及説神靈鑒享之意。襲後又依哥省讀漢《安世哥》詠,亦説'高張四縣,神來燕享,嘉薦令儀,永受厥福'。無有《二南》后妃風化天下之言。今思惟往者謂《房中》爲后妃之哥者,恐失其意。方祭祀娱神,登堂哥先祖功德,下堂哥詠燕享,無事哥后妃之化也。自宜依其事以名其樂哥,改《安世哥》曰《享神哥》。"奏可。案文帝已改《安世》爲《正始》,而襲至是又改《安世》爲《享神》,未詳其義。王粲所造《安世詩》,今亡。①

繆襲(186—245)看到漢《安世歌》在内容上已非周《房中樂》之舊,復更其名曰"享神",至此,二南之風調或存,而其義尤乖。

漢世除《安世房中歌》以外,襲用二南之聲調者,還有所謂"清商三調",或曰"相和三調"。是則非入於郊廟者也。《舊唐書·音樂志》二《清樂》云:"平調、清調、瑟調,皆周房中曲之遺聲也,漢世謂之三調。"②《宋書·樂志》著録《清商三調》歌詩,爲晉武帝時荀勗採用魏武帝、文帝、明帝所作歌詩爲詞,間用樂府古詞。③清商三調,按照《魏書·樂志》,"其瑟調以宫爲主,清調以商爲主,平調以角爲主。"④其樂調到底包含了多少周代二南詩樂的成分,亦難斷言,然其在當時親聞之者,皆認定爲周漢《房中樂》之遺音。殆至武后之世,清商三調之樂尚存。⑤惟其時已有聲無辭。⑥

我相信在永嘉變亂,晉馬南渡,其樂調已發生變化,至武后之世,益非其舊。王

---

① 《宋書》,卷19,頁536—537。

② 《舊唐書》,中華書局,1975年,卷29,頁1063。

③ 見蘇晉仁、蕭煉子:《宋書樂志校注》,頁212—246。

④ 《魏書》,中華書局,1974年,卷109,頁2835—2836。朱載堉謂琴家一弦爲宫,二弦爲商,三弦爲角。"以角爲主者,先上第三弦,吹黄鐘律管,令與散聲協,是爲平調也。"以此類推。如此則所謂清商三調除樂調本身以外,主要是指演奏方式和律吕。見朱載堉《樂律全書》卷18。關於清商三調在魏晉的狀況及其演變,見王昆吾:《隋唐五代燕樂雜言歌辭研究》,中華書局,1996年,頁132—135。

⑤ 《新唐書·禮樂志》云:"周、隋管絃雜曲數百,皆西涼樂也。鼓舞曲,皆龜兹樂也。唯琴工猶傳楚、漢舊聲及清調,蔡邕五弄、楚調四弄,謂之九弄。隋亡,清樂散缺,存者纔六十三曲。其後傳者:平調、清調、周房中樂遺聲也;白雪,楚曲也;公莫舞,漢舞也……"《新唐書》,中華書局,1975年,卷22,頁474。

⑥ 《舊唐書·音樂志》云:"清樂者,南朝舊樂也。永嘉之亂,五都淪覆,遺聲舊制,散落江左。宋、梁之間,南朝文物,號爲最盛;人謡國俗,亦世有新聲。後魏孝文、宣武,用師淮、漢,收其所獲南音,謂之清商樂。隋平陳,因置清商署,總謂之清樂,遭梁、陳亡亂,所存蓋鮮。隋室已來,日益淪缺。武太后之時,猶有六十三曲,今其辭存者:惟有白雪、公莫舞、巴渝、明君、鳳將雛、明之君、鐸舞、白鳩、白紵、子夜、吳聲四時歌、前溪、阿子及歡聞、團扇、懊憹、長史、督護、讀曲、烏夜啼、石城、莫愁、襄陽、棲烏夜飛、估客、楊伴、雅歌、驍壺、常林歡、三洲、採桑、春江花月夜、玉樹後庭花、堂堂、泛龍舟等三十二曲。明之君、雅歌各二首,四時歌四首,合三十七首。又七曲有聲無辭,上林、鳳雛、平調、清調、瑟調、平折、命嘯,通前爲四十四曲存焉。"見《舊唐書》卷29,頁1062—1063。可見時勢遷移,清商之樂不斷補充進新的内容,其中"平調""清調""瑟調"者,當是漢魏《房中樂》遺音。王質《詩總聞》云:"清樂至唐,猶有六十三曲,未幾,止存三十七曲,又有上柱、鳳雛、平調、清調、瑟調、平折、命嘯七篇,有聲無辭,當是相傳有腔而已,此六詩之比也。"按王質所云"六詩"指《詩經》六篇有聲無辭的笙詩。《詩總聞》卷10,頁4—5。

應麟(1223—1296)《困學紀聞》云：

> 周有《房中之樂》，《燕禮注》爲弦歌《周南》《召南》之詩。漢《安世房中樂》，
> 唐山夫人所作。魏繆襲謂《安世歌》"神來燕享"、"永受厥福"，無有二南后妃風
> 化天下之言，謂《房中》爲后妃之歌，恐失其義。《通典》："平調、清調、瑟調，皆用
> 《房中》之遺聲。"①

王應麟所説的三調，仍是指魏晉之世。武后時有聲無辭的三調，究竟保留了多
少周漢《房中樂》的餘韻，實無從判斷。其時即使二南之嗣響未絶，亦祇略具其遺意
而已。勞孝輿《春秋詩話》論季札觀樂事，説道："樂與詩存，則樂爲有聲詩，樂亡詩
存，則詩爲無聲樂。"②二南之詩由毛鄭諸公得以傳，而周秦、秦漢之際，詩樂分離，二
南之樂則由後世之損益而迭變。我們今日所能聽到的，只能是二南遺留下來的 27
支"無聲之樂"了。

---

① 　王應麟：《困學紀聞》，商務印書館，1959 年，頁 231。
② 　勞孝輿：《春秋詩話》，中華書局 1985 年《叢書集成初編》，第 1743 册，頁 52。

説"夏"與"雅":宗周禮樂形成與變遷的民族音樂學考察

一、引　言

中國音樂史研究自本世紀初葉伯和和鄭覲文出版他們的音樂史專著,[1]迄今已有七十餘年的歷史。這期間出版的音樂史論著至少有十數種。有學者曾經把七十年來中國音樂史論著在分期上所采擇的不同方法和標準作了回顧總結。[2]總結的作者把這數十年來的音樂史分期方法分爲兩大類:自律和他律。就後者而言,有按朝代更替來分的,有按社會形態來分的;就自律類而言,有"變遷類"、"體格(即樂體風格)類"、"思想類"、"形式、形態類"等。本文無意於討論音樂史分期的理論問題。但是,從目前看到的音樂史研究論著來看,無論用哪一個分期方法來貫穿整個音樂史的研究,都有不甚如意的地方。總體來説,無論是采用哪個分期標準,不管是"自律"還是"他律",這幾十年來的音樂史研究的主導觀念還是早期維多利亞時代文化人類學中的社會進化思想(Social Evolutionism)。也就是説,在作具體研究之前,先假定音樂文化的發展是呈一種由低級到高級的、線性上升的樣式。這種研究方法固然可以讓我們比較清晰地看到一幅依次展開的長軸的音樂史畫卷,但是,在這幅畫卷展開的同時,也遺漏了不少複雜多樣的,多層次的,不循規則的具體音樂文化差異和變化。總的來説,筆者認爲没有一套分期標準可以囊括整個音樂文化發展歷程的豐富性和多樣性。以商周音樂文化爲例,以往的以朝代更替爲基準的分期研究往往會流於片面和簡單化。本世紀初以來,特別是近十幾年來,商周音樂考古

---

① 鄭覲文:《中國音樂史》,上海:大同樂會,1928 年。葉伯和:《中國音樂史》,上海:商務印書館,1935 年。葉書初版於 1922 年。

② 周敏:《中國古代音樂歷史分期問題評述》,《中國音樂》第 1 期(1991 年),頁 15—18。

學日新月異的發展,更充分昭示了這一點。

借助於現代音樂考古學的發展成果,本文試圖對周代"雅"樂的名實制度的形成與嬗變作爲個案作一嘗試性的探索。以音樂考古資料與現有文獻資料相印證,本文認爲商周音樂文化的分布,特別是西周時期,基本上呈現了比較鮮明的地方性和民族性的差異。而這種地方或民族差異,以及文化交融所帶來歷史變化,并非簡單地直線型發展,相反,在兩種文化交織、衝突、整合之際,呈現了階段性的暫時倒退。

所謂"雅"樂就是"夏"樂,是先周時期周民族繼承夏文化逐漸發展形成的一種樂舞樂歌形式。"雅"樂從先周到春秋戰國之交經歷了三次比較重大的歷史性變化。第一次是在武王滅商以後,周初所制的"雅"樂已經接受了河洛地區殷人音樂文化,以及殷人在江漢一帶的音樂文化的影響。故周公製禮作樂固然有所依據,但同時也誇大了周公個人在"雅"樂形成過程中所起的作用。周初"雅"樂事實上在各區域音樂文化的交會融合中,經歷了一個較長的形成過程。①

平王的東遷爲"雅"樂帶來了第二次變化,此時,"雅"和"夏"的地理概念已由關中周王畿一帶擴大到中原地區,而"雅"樂同時也與中原諸夏音樂交相影響,熔鑄出新的"雅"樂體制。到了春秋中晚期,"雅"樂的泛化流布也爲"雅"樂帶來新的發展,隨著周室的衰弱,王權的式微,晚商的餘韻,各諸侯國的民間世俗之樂,以及諸夏以外的四夷之樂逐漸取代了"雅"樂的位置,成爲各國君卿士夫的好尚所在。這期間,不但源自世俗之樂與四夷之樂的新聲開始雅化,而"雅"樂也接受了新聲的部分影響,有一些俗化的痕跡,這可以説是"雅"樂的三變。從"雅"樂的三變可以看出,"雅"這個概念和樂制本身從先周時期,中經周初周公"制禮作樂"和平王的東遷,至戰國,伴隨著周代禮制的嬗代流變,也經歷了源、流、變三個階段的發展變化。然而,

---

① 周公制禮作樂一説,或本於《尚書大傳》所謂:"周公攝政,一年救亂,二年克殷(武庚),三年踐奄,四年建侯衛,五年營成周,六年制禮作樂,七年致政成王。"《左傳·文公十八年》史家如劉起釪等已疑其準確性。見劉著《古史續辨》,北京:中國社會科學出版社,1991 年,頁 338—339。徵之以古器物資料,西周典章文物的成形,殆經數世至昭穆時期,始具雛形。禮器樂器的組合特別是鼎簋鍾等開始定型並呈等級序列,差近三禮所述。關於這方面,可參見郭寶鈞:《商周銅器群綜合研究》,北京:文物出版社,1981 年;楊向奎:《宗周社會與禮樂文明》,北京:人民出版社,1992 年;白川靜《金文通釋》,《白鶴美術館誌》,第 43 輯,頁 217;白川靜著,溫天河、蔡哲茂譯:《金文的世界》,臺北:聯經,1989 年,頁 73—88。西方學者如羅泰(Lothar von Falkenhausen) Jessica Rawsen 亦持此論。見 Falkenhausen, "Issues in Western Zhou Studies," *Early China*(早期中國) 18(1993): 205; Rawsen, *Western Zhou Ritual Bronzes from the Arthur M. Sackler Collections*, in *Ancient Chinese Bronzes from the Arthur M. Sackler Collections*, Vol. 2 (Cambridge: Harvard University Press, 1990), 99.

對於"雅"樂内容、制度及其作用，我們目前所知主要是戰國前後的文獻所描述的。其中尤以三禮——《周禮》、《儀禮》和《禮記》中的描述較爲詳盡。而關於《周禮》和小戴《禮記》的成書年代，目前大多數學者的説法是從戰國到西漢初這一段時間内。三禮本出於七十子後學，故本文認爲《周禮》和《禮記》中所描述的樂制并不完全是當時樂制的真實反映，乃是以春秋時期融會了世俗之樂的影響的"雅"樂爲本加以理想化而形成的。因此，《周禮》與《禮記》中所描述樂制既含有歷史所賦予的名實變異，又摻加了作者以儒者的角度對理想樂制的想象。它與周初"雅"樂之間當然是同中有異，有相當的距離。

二、"雅"樂釋名

(一)關於"雅"樂概念

究竟什麽是"雅"樂呢？學術界所接受的一種解釋是："雅"樂即儒家認爲音樂"中正和平"，歌詞"典雅純正"的，周代用爲宗廟之樂的"六代之樂"，按照《周禮·春官·宗伯》所載，

> 大司樂：掌成均之法，以治建國之學政，而合國之子弟焉。凡有道者、有德者，使教焉；死則以爲樂祖，祭於瞽宗。以樂德教國子：中和、祗庸、孝友。以樂語教國子：興道、諷誦、言語。以樂舞教國子舞《雲門大卷》(或曰《雲門》)、《大咸》(或曰《咸池》)、《大韶》、《大夏》、《大濩》、《大武》。以六律、六同、五聲、八音、六舞大合樂，以致鬼神示，以和邦國，以諧萬民，以安賓客，以説遠人，以作動物。乃分樂而序之，以祭，以享，以祀。乃奏黄鐘，歌大吕，舞《雲門》，以祀天神。乃奏大蔟，歌應鐘，舞《咸池》，以祭地示。乃奏姑洗，歌南吕，舞《大韶》，以祀四望。乃奏蕤賓，歌函鐘，舞《大夏》，以祭山川。乃奏夷則，歌小吕，舞《大濩》，以享先妣。乃奏無射，歌夾鐘，舞《大武》，以享先祖。凡六樂者，文之以五聲，播之以八音。凡六樂者，一變而致羽物及川澤之示，再變而致羸物及山林之示，三變而致鱗物及丘陵之示，四變而致毛物及墳衍之示，五變而致介物及土示，六變而致象物及天神。[1]

《周禮》所描述的"六代之樂"有歌、有樂、有舞。其中的"六舞"又是其主體部分。郭茂倩在《樂府詩集》卷五十二《舞曲歌辭》中所説的"雅舞"就是"雅"樂中的

---

① 鄭玄注，賈公彦疏：《周禮注疏》，阮元校刻：《十三經注疏》，北京：中華書局，1980年，頁787—789。

“六舞”。其中包括文、武二類，“黄帝之《雲門》，堯之《大咸》，舜之《大韶》，禹之《大夏》，文舞也；殷之《大濩》，周之《大武》，武舞也”。①六舞中，最晚出的是歌頌武王伐商的《武》舞，也就是《大武樂章》。其歌詞多保留在《詩·周頌》中，②根據歌詞的内容來判斷，其創制大約也不晚於成、康之世。故“雅”樂者，當是成康以前的古樂。

可是《詩經》中有大小二雅，二雅中所集録的作品基本上可確定在從西周初至春秋初這段時限内。③這樣一來，“雅”樂當是周代的歌詩，而非古樂。且《左傳》與《國語》中引詩，常常用“周詩曰”、“周詩有之曰”起首來徵引《大、小雅》中的詩句，并以之與其他各國之風并舉，“雅”樂自然該是西周至春秋時期王畿内周人創制的大小雅詩。④這一説法暗含的另一個命題就是，《詩》三百中，《周》、《魯》、《商》三頌、《周》、《召》二南，與其他十三國風均非“雅”樂。現代學者中持此説者，亦不乏其人。有學者認爲，樂分雅鄭，雅即大小雅，而所謂“鄭”或“鄭衛之風”係《詩經》中的《鄭風》和《衛風》。然而，國風中，《周》、《召》二南爲歷代儒者奉爲圭臬，若不在“雅”樂之内，很難令人信服；且《論語》中，孔子多次詆斥“鄭聲”，如“放鄭聲，遠佞人。鄭聲淫，佞人殆”（《衛靈公》），又如：“惡紫之奪朱也，惡鄭聲之亂“雅”樂也，惡利口之覆邦家者”（《陽貨》）。然同樣在《論語》中，孔子又説：“小子何莫學夫詩”（《陽貨》），“詩三百，一言以蔽之，曰：思無邪”（《爲政》），若云“鄭聲”即《鄭風》《衛風》，孔子未免自相矛盾。

或曰《詩》三百皆屬“雅”樂。《左傳》襄公二十九年（544 B. C.）⑤文中載季札適魯，魯人把《詩》的各部分作爲周朝的典範禮樂向吳公子季札演示。不僅如此，三《禮》中，《南》、《風》、《雅》中的諸多篇章屢屢見於宴饗祭祀中，如《儀禮》記載的《鄉飲酒禮》、《燕禮》中，二南之詩均見；《周禮》中，太師教國子，“風、賦、比、興、雅、頌”六詩并在其内。《大戴禮記·投壺》中曾舉雅二十六篇，其中可歌者八篇。在這八篇之

---

① 郭茂倩：《樂府詩集》，上海：商務印書館，《四部叢刊初編》集部，卷 52 頁 391。

② 楊向奎：《宗周社會與禮樂文明》，北京：人民出版社，1992 年，頁 336—341。孫作雲：《大武樂章考實》，《詩經與周代社會研究》，北京：中華書局，1966 年，頁 258。

③ 《大雅》《文王》《大明》《綿》等當可確定是周初的史詩，亦有西周其他時期的作品。而《小雅》的創作一般來説略晚。從内容來判斷，昭穆以下的作品居多。下可至平王東遷以後。如《小雅·正月》有句云：“赫赫宗周，褒姒滅之。”追懷幽王舉烽的史事，明示出此詩作於春秋前期。

④ 朱東潤先生在《詩大小雅説臆》中首先注意到了此現象。其文初刊於三十年代武漢大學出版的《文哲季刊》。後收入其文集《讀詩四論》（長沙：商務印書館，1940 年）和《詩三百篇探故》（上海古籍出版社，1981 年）中。

⑤ 楊伯峻：《春秋左傳注》，北京：中華書局，1993 年，頁 1161—1166。

中,屬於變風的《魏風·伐檀》也在其中。①又有所謂《商齊》七篇,或在《齊風》,或在《商頌》。足證《詩》三百都曾入"雅"樂。

從以上的討論我們可以看出,"雅"樂究竟何指這個問題并未完全釐清。很多學者都采取"一言以蔽之"的方法,籠統地認爲"雅"樂就是周代"統治階級的音樂",没有真正面對這個問題。這麽一來,或失之武斷,或失之盲從。其弊在於置"雅"樂的名實制度流變於不論。

如果我們用發展變化的眼光來看"雅"樂在觀念上和制度上的具體變化,將會發現以上我們談到的對"雅"樂幾種理解都有一定的根據。實際上,這些理解代表了"雅"這個概念和"雅"樂制度在不同時期和不同地域所包涵的不同内容及其代表的不同體制。我想,要探討這個問題,首先要推其本,溯其源,先從最初"雅"的觀念的産生及其内容說起。

(二) 雅之爲正的觀念

而"雅"樂的雅是怎麽來的呢? 其本義又是什麽? 最常見的解釋是雅就是正。清代學者朱駿聲在《説文通訓定聲》卷九"雅"字下列出了文獻中的證據,引述繁富。②如應邵《風俗通義·聲音·琴》中說:"故琴之爲言禁也,雅之爲言正也,言君子守正以自禁也"。③班固《白虎通·禮樂》中更明確地說:"樂尚雅何? 雅者,古正也。"④當然朱駿聲所引均爲漢唐以下諸儒對"雅"和"雅"樂的看法。與春秋時期孔子所說的"雅"樂畢竟有一段時間間隔。

那麽漢儒們"雅者,正也"一說又是怎麽來的呢? 一說"雅"乃"疋"之假借字,"疋"字隸變而爲"正"。《説文解字》釋"疋"曰:"古文以爲詩大雅字。"⑤朱駿聲爲雅之爲正曲爲解說,在其《説文通訓定聲》卷九"疋"字下,朱提到了另外一個可能性。他說其實古文借"疋"爲猪,後又借"雅"爲"猪"。"又《説文》一曰:'疋,記也',按猪者,知也。知亦記也,又爲胥。《説文》又云:'或曰胥字。'疋胥猪雅,皆

---

①　見王國維:《漢以後所傳周樂考》,《觀堂集林》,北京:中華書局,1961年,頁118。
②　朱駿聲所引見《説文通訓定聲》,武漢:武漢市古籍書店,1983年,頁444。其中有《詩·鼓鐘》"以雅以南"孔《疏》、《周禮·大師》"曰雅"鄭《注》、《論語》"子所雅言"皇《疏》、《史記·三王世家》"文章爾雅"《索隱》,皆釋雅爲正。又引《風俗通·聲音》、《白虎通·禮樂》釋雅爲正之説。
③　吳樹平斠釋[漢]應劭著《風俗通義校釋》,天津:天津人民出版社,1980年,頁235。
④　陳立:《白虎通疏證》,北京:中華書局,1994年,頁96。
⑤　許慎:《説文解字》,北京:中華書局,1963年,頁48。

同部字。"朱駿聲因而總結説,雅字本爲"疋"字,又隸變爲正。[1]他又進一步指出,《詩經》中的風雅頌,本字當爲"諷"、"諝"、"誦",[2]以爲這才是所謂"四始"(風、大雅、小雅、頌)之本。朱氏此説,不免迂曲難辨。證之《詩》三百本身,也很難説得通。例如:"吉甫作誦,穆如清風";"以雅以南,以籥不僭"等等,以朱氏之解讀之則不文。如果説,詩句中的"風""雅""頌",可作别解,與四詩之名稱不同的話,那麼僅就四詩之名本身而論,朱説也很難成立。説三頌爲三誦,二雅爲大、小諝,差強人意,而把國風釋作"邶諷"、"鄘諷"、"衛諷"等,不但與詩的内容不合,而且標題本身亦令人費解。

筆者認爲"雅者,正也"一説并非由文字的發展隸變産生的,而是代表了春秋戰國之交,因禮崩樂壞而滋生的一種新興的思想。簡單地説,這是一個思想史上的問題,而不是文字學上的問題。它所代表的是孔子特别是孔門後學荀子一派的觀點,而這個觀點,並非一個在先秦時期爲人們所廣泛接受的觀念。

我們先説孔子本人,孔子雖然談到過"雅"樂,並且以之與"鄭聲"相對舉,但對於究竟什麼是"雅"樂,《論語》中語焉未詳。《論語》中比較鮮明的是孔子的"正名"的主張。在"子路"一篇中,孔子答子路問爲政時説:"名不正,則言不順;言不順,則事不成;事不成,則禮樂不興;禮樂不興,則刑罰不中;刑罰不中,則民無所錯手足。"孔子這些話當然是有的放矢,針對春秋晚期禮樂的頹敗而發的。具體到其音樂理論,乃有他的"樂則韶舞,放鄭聲,遠佞人"的主張。從《論語》、《史記·孔子世家》和《禮記》等其他典籍的記載,我們可以測知,孔子所説的"雅"樂是古樂。他所希冀的是以古樂來矯正當時"禮樂不興"而夷俗之樂淫濫的狀況。在孔子的時代,禮樂發生了一些急劇的變化。這種變化是多方面的:一是來自各地民間音樂的衝擊;一是週邊各民族音樂的進入;再有就是君卿士夫各階層的僭越。因此,正樂也是他正名理論的一個組成部分,也可以説是一個步驟,一個措施。

如果説,正樂的理論在孔子那裏啓其端倪的話,那麼在荀子那裏就更理論化和體系化。從荀子《樂論》中的觀點來看,"雅者,正也"正是從荀子那裏産生出來的。《樂論》開篇就説:

　　　　夫樂者,樂也,人情之所必不免也。故人不能無樂也,樂則必發於聲音,形於動靜;而人之道,聲音動靜,性術之變盡是矣。故人不能不樂,樂則不能無

---

① 　朱駿聲:《説文通訓定聲》,頁406。

② 　朱駿聲:《説文通訓定聲》,頁444。

形,形而不爲道,則不能無亂。先王惡其亂也,故制雅頌之聲以道之,使其聲足以樂而不流,使其文足以辨而不諰。①

《樂論》是子墨子"非樂"理論的一篇駁文。墨子從極端的功利主義的觀點出發根本否定音樂的價值,並且從聖王那裏尋找其理論的歷史依據,説"樂者,聖王之所非,而儒者爲之,過也"。荀子乃針鋒相對地提出"夫民有好惡之情而無喜怒之應則亂。先王惡其亂也,故脩其行,正其樂,而天下順焉"。②荀子認爲聲有正、邪(姦聲)之分。而聲之正邪是世之治亂所繫。"凡姦聲感人而逆氣應之,逆氣成象而亂生焉;正聲感人而順氣應之,順氣成象而治生焉。"所以先王貴禮樂而惡邪音。所以要"脩憲命,審誅賞,禁淫聲,以時順修,使夷俗邪音不敢亂雅。"這些都應當是太師的職責所在。而後世禮樂之荒廢,乃是因爲"明王已没,莫之正也"。③雅之爲正這一觀點,荀子實有開闢榛莽之功。

故在荀派儒者的眼中看來,先王所創製的"雅"樂有正風俗,使姦邪不能入,大而言之關乎理亂,小而言之,"管乎人情"。"先王恥其亂,故製雅頌之聲以道之。"因而"雅之爲正"觀念是春秋末到戰國時期,在王室陵替、禮崩樂壞的歷史條件下,儒者要求維繫傳統的產物。這也是儒者正名思想的内容的一部分。

荀子的正樂理論在《禮記·樂記》中得到進一步的發揮。關於《樂記》的作者和成書年代,向無定論。郭沫若在其"公孫尼子及其音樂理論"(《青銅時代》)一文中以爲是孔子弟子中公孫尼子所作,此説一出,學者們或信或疑,莫衷一是。疑者中,孫堯年先生的文章分析精審的當。④其結論是《樂記》出於荀門後學,經毛生、戴聖等加工而成。其言論或出於戰國時期,而成文當在漢代。不管怎麽説,《樂記》中的思想與《荀子》中的音樂理論一脈相承是顯而易見的。從内容上來看,當係戰國時期荀門後學所作。《樂記》與《史記·樂書》多有重合,司馬遷受"正樂"思想的影響也頗深。在《樂書》後,太史公曰:

夫上古明王舉樂者,非所以娱心自樂,快意恣欲,將欲爲治也。正教者皆始於音,音正而行正。故音樂者,所以動盪血脈,通流精神而和正心也。⑤

接著又説"宫動脾而和正聖,商動肺而和正義,角動肝而和正仁,徵動心而和正

----

① 王先謙:《荀子集解》,北京:中華書局,1988 年,頁 379。
② 王先謙:《荀子集解》,頁 381。
③ 王先謙:《荀子集解》,頁 382。
④ 孫堯年:《〈樂記〉作者問題考辨》,《〈樂記〉論辨》,北京:人民音樂出版社,1983 年,頁 148—175。
⑤ 司馬遷:《史記》,北京:中華書局,1983 年,卷 24,頁 1236。

禮,羽動腎而和正徵"等等,正樂理論至此可謂發揮到了極致。所以説所謂"雅之爲正"一説,從孔子到太史公,從春秋末發軔到炎漢大興,其發展嬗遞之跡,歷歷可徵。

因此,"雅之爲正"是戰國以來荀門後學的正禮樂風俗的思想内容之一。至於"雅"之爲"疋",爲"正",乃是隸變之後,漢儒爲附會這一思想而尋找到的文字學的依據。《説文·疋部》:"疋,足也。上象腓腸,下從止。《弟子職》曰:'問疋何止。'古文以爲《詩·大疋》字。亦以爲足字,或曰胥字。一曰:疋,記也,凡疋之屬皆從疋。"故從字形上來説,"疋"字原與"雅"字無涉。段玉裁指出"疋"在古文中被假借爲"雅"是因兩字古音同在段氏古音分部之第五部。①而在當時流行的各本《説文》"疋部"中"《詩·大雅》"均作《詩·大疋》,這實際上是一個錯誤。②段氏此説獨具法眼。以雅借用爲疋,我想正是漢儒爲了將"雅"附會爲"正"的需要。正釋爲疋,乃因其形近;疋被借爲雅,是音近故也。

(三)"雅"樂與古樂

在孔荀以下諸儒看來,用以正樂的自然是與新聲相對立古樂。這在《禮記·樂記》中表達得最爲清楚。《樂記》中,子夏向魏文侯陳述古樂的諸多好處,以及新樂的諸多不是。

> 魏文侯問於子夏曰:"吾端冕而聽古樂,則唯恐卧;聽鄭衛之音,則不知倦。敢問:古樂之如彼何也? 新樂之如此何也?"子夏對曰:"今夫古樂,進旅退旅,和正以廣。弦匏笙簧,會守拊鼓,始奏以文,復亂以武,治亂以相,訊疾以雅。君子於是語,於是道古,修身及家,平均天下。此古樂之發也。今夫新樂,進俯退俯,姦聲以濫,溺而不止;及優侏儒,獶雜子女,不知父子。樂終不可以語,不可以道古。此新樂之發也。今君之所問者樂也,所好者音也! 夫樂者,與音相近而不同。"

子夏所説的"古樂"和"樂"就是"雅"樂,而"音"則是對文侯所好的新樂的一種貶抑之詞。以爲新樂不能稱作音樂,只能算是一種聲音。而古樂之制作,也是因爲"不使放心邪氣得接焉"。

---

① 段玉裁:《説文解字注》,上海:上海古籍出版社,1995 年重印,《疋部》"疋"字,頁 84;《佳部》"雅"字,頁 141。又見段氏《六書音均表》,《説文解字注》,頁 821。

② 清人爲文,爲求古樸,亦常用此"疋"作"雅",由此看來,不甚妥當。

在孔子那裏,用以正樂的,有韶、有武、有雅、有頌。孔子"惡鄭聲之亂、雅、樂",爲鄭聲所亂的"雅"樂,顯然"韶""武""雅""頌"均在其内。在荀子那裏,"雅"樂也不止是大小雅的"雅"。《王制》篇説:"法貳後王謂之不雅",又説:"聲則凡非雅聲者舉廢,色則凡非舊文者舉息,械用則凡非舊器者舉毁,夫是之謂復古,是王者之制也"。①這裏雅聲與舊器舊文并舉,當然是泛指古樂。古樂在《荀子》中,或稱雅聲,間亦稱作"雅頌"。故"雅"或"雅"樂無論在孔子那裏,還是在荀子那裏,已有大小概念之不同。在孔子那裏,雅既是"雅頌"的雅,廣義地説又可包涵"韶、武、雅、頌"等古樂;在荀子那裏,雅既特指六舞,又包括其他非新聲的,與"邪"、"俗"、"夷"相對的古樂。

既然雅之爲正是孔門荀學那裏的晚出之訓,雅之與古當也是後出的概念。現有的最早的古文字資料中的"雅"字,當屬 1975 年發現的睡虎地秦簡《法律答問》中所記:"甲乙雅不相智(知)。"②這裏的"雅"是"素"的意思,雅不相智即"素不相知"。③然雅作素當是引申義或轉借義。《史記·高祖本紀》"雍齒雅不欲屬沛公"《集解》又引服虔注曰:"雅,故也。"④所以説"雅"之爲"素"當是"故"的引申義,而"故"就是"古"。兩字古通。《方言》:"假、徠、懷、摧、詹、戾、艐,至也。邠唐冀兗之間曰假,或曰徠。齊楚之會郊或曰懷。摧、詹、戾,楚語也。艐,宋語也。皆古雅之別語也,今則或同。"⑤按所謂"古雅","古"即是"雅","雅"即是"古"。其構詞原理就與"華夏"、"夷狄"、"樸素"、"英明"等并無二致,乃疊韻之聯綿字,其義亦同。孔子所謂"惡鄭聲之亂"雅"樂也"的"雅"樂乃"古樂"也。《荀子·修身》中説:"容貌、態度、進退、趨行,由禮則雅,不由禮則夷固僻違、庸衆而野。"⑥這裏,雅所由之禮,蓋古禮也。《韓非子·顯學》:"宰予之辭,雅而文也。仲尼幾而取之,與處而智不充其辯。"⑦子我之辭令必古雅而文。

---

① 王先謙:《荀子集解》,頁 159。

② 睡虎地秦墓竹簡整理小組編:《睡虎地秦墓竹簡》,北京:文物出版社,1978 年,頁 156。

③ 睡虎地秦簡整理小組引《史記·張耳陳餘列傳》"張耳雅游"一句,《集解》引韋昭注:"雅,素也。"見《史記》卷 89,頁 2580。

④ 《史記》卷 8,頁 352—353。

⑤ 郭璞認爲"雅"在這裏指"風""雅"的雅。清代學者如錢繹、錢侗兄弟則引《詩序》訓此"雅"爲"正",筆者以爲均不得要領。錢繹撰集:《方言箋疏》,北京:中華書局,1991 年,頁 28,30。

⑥ 王先謙:《荀子集解》,頁 23。

⑦ 王先慎:《韓非子集解》,上海書店《諸子集成》本,頁 353。

（四）雅字探源：雅與夏

既然，“古”與“正”皆非“雅”之本義，雅最初究竟是什麽呢？《説文解字·隹部》：“雅，楚烏也。一名鸒，一名卑居。秦謂之雅。從隹，牙聲。”①《小爾雅·廣鳥》：“純黑而反哺者，謂之烏；小而腹下白，不反哺者，謂之雅烏。”②雅烏者，乃烏之一種，故朱駿聲認爲所謂“雅”乃烏之聲轉，其字亦作“鴉”、“鵶”。其説精確不刊。“雅”字之“隹”旁在甲文中即“鳥”部，“雅”“鴉”同源，殆無疑議。《説文》説雅“從隹，牙聲”，是形聲字。《尚書·君雅》又作“君牙”，牙與雅乃同音假借。③“雅”字同“鴉”，皆從“牙”而得聲，本義當是一種鳥類名，爲烏的一種，甚或就是烏的代稱。

而雅字又何以含“古”與“正”之義呢？此蓋源於“雅”、“夏”二字於上古爲假借之故也。“雅”即是“夏”，由清代學者王引之最先指出。王念孫《讀書雜志》卷八之一“荀子·君子安雅”條：

> 譬之，“越人安越，楚人安楚，君子安雅。”（見《荀子·榮辱篇》）引之曰：“雅讀爲夏，夏謂中國也，故與楚越對文。《儒效》篇：‘居楚而楚，居越而越，居夏而夏。’是其證。古者，夏雅二字互通。故《左傳》齊大夫子雅《韓子·外儲説右篇》作‘子夏’。”④

王氏這一説法頗具啓發性。在這裏，荀子是把“雅”和“夏”在同一意義上使用。其實，“雅”“夏”二字互通，其證尚多。王充《論衡》卷二十《佚文篇》中説道：“趙佗王南越，倍主滅使，不從漢制，箕距椎髻，沉溺夷俗。”⑤卷十四《譴告篇》又説趙佗“習越土氣，畔冠帶之制”。後來“陸賈説之，夏服雅禮，風告以義，趙佗覺悟，運心嚮內。如陸賈復越服夷談，從其亂俗，安能令之覺悟，自變從漢制哉？”⑥從上下文看來，在這裏，“雅”和“夏”顯然同義。朱東潤先生在其《詩大小雅説臆》就此節言之甚明。朱所引《墨子·天志下》徵引《詩·大雅·皇矣》一章詩句“帝謂文王，予懷明德。不大聲

---

① 許慎：《説文解字》，頁 76。
② 宋翔鳳：《小爾雅訓纂·廣鳥》，《皇清經解續編》，臺北：藝文印書館，1965 年，卷 6，頁 4574。
③ 《禮記·緇衣》引《尚書》篇名作“君雅”，今本僞古文尚書作“君牙”，僞孔傳并稱“君牙或作君雅”。鄭玄注《禮記》亦曰：“雅，書序作牙，假借字也”（見陳夢家：《尚書通論》，北京：中華書局，1985 年，頁 89）。又王充《論衡》：“（充）故閑居作《譏俗節義》十二篇。冀俗人觀書而自覺，故直露其文，集以俗言。或譴謂之淺。答曰，以聖典而示小雅；以雅言而説丘野，不得所曉，無不逆佚。”按此“小雅”，黃暉以爲當爲“小稚”形近之誤。劉盼遂證其爲“小牙”（黃暉：《論衡校釋》，北京：中華書局，1992 年，頁 1192）。故牙與雅之通假殆自秦漢時。
④ 王念孫：《讀書雜志》，臺北：廣文書局，1963 年，頁 647。
⑤ 黃暉：《論衡校釋》，頁 868。
⑥ 黃暉：《論衡校釋》，頁 642—643。

以色,不長夏以革"時,不説引自《大雅》,而説"《大夏》之道"。①這又是一個力證。按"雅"之爲"夏"不但可從典籍找到諸多例證,以有清以來近人對上古音韻之研究來看,"雅"字《廣韻》作五下切,《集韻》於加切,"夏"字《廣韻》胡雅切,"古"字《廣韻》公户切,三字古音同在魚部。其中"雅"與"夏"均同紐近,而"古"與"雅"亦聲韻俱近。②

我們知道,"雅"就是古的意思,推其原始,與宗周王室的關係密不可分。關於這一點,在現存的秦漢和先秦典籍中,都有明證。朱東潤先生早年在其《詩大小雅説臆》中曾經列舉了幾個頗有説服力的證據。文中朱東潤先生發現《左傳》和《國語》兩書中所引的出自大小雅的詩句,多次出現"周詩曰"的句式,足證二雅是産自周王畿内的作品。文獻中我們也看到又有"雅言"與"雅文"等詞,係指周王朝的標準語言;"雅禮""雅制""雅風"都是就周初的古禮而言;而音樂中又有"雅音""雅樂""雅聲""雅歌",所指的都是周王朝禮制中的標準樂式。又有"雅舞"事實上是周王室所用的宮廷樂舞。

(五) 周人與夏人

"雅"與周室之間的聯繫是怎麼建立起來的呢? 朱東潤與孫作雲又引用充分的史料證明周初時周人以夏人自居,雅之於周,猶夏之於周也。但朱孫兩先生在周人何以自稱"夏"的問題上,其説相左。朱東潤認爲"周"本爲地名,至古公亶父遷於此地,始取其地名爲部族名;而"夏"則是最初的部族名,因爲周人以夏之遺民自居。孫作雲則認爲周人以"夏"自居是因爲"周""夏"二族自古以來的婚姻關係,以及周居夏地。筆者以爲當以朱説爲是。今文《尚書》中《康誥》、《君奭》、《立政》均屬於周初的命書,③其中,《康誥》中載周公對康叔封説:"惟乃丕顯考文王,克明德慎罰,不敢侮鰥寡。庸庸,祗祗,威威,顯民。用肇造我區夏";④《君奭》中周公對召公説:"惟文王尚克修和我有夏";⑤《立政》篇則述周公對成王説:"帝欽罰之(殷),乃伻(抨)我有夏,式商受命,奄甸萬姓。"⑥《詩經》中也有周人稱"長夏"、"時夏"者,所謂"時夏",其

---

① 朱東潤:《詩三百篇探故》,上海古籍出版社,1981 年,頁 65。
② 王力:《漢語史稿》,北京:科學出版社,1958 年,頁 77。
③ 陳夢家:《尚書通論》,北京:中華書局,頁 112。
④ 孔安國傳,孔穎達等正義:《尚書正義》,阮元等校刻:《十三經注疏》,頁 203。
⑤ 孔安國傳,孔穎達等正義:《尚書正義》,頁 224。
⑥ 孔安國傳,孔穎達等正義:《尚書正義》,頁 231。

文例一如"時周"，①都是周人的自稱。在這些文句中，可以看出周人一貫以夏部族自居，作爲地域名稱的"區夏"似乎是從文王才開始肇造的。而孫作雲所説的婚姻關係並不能證明兩個族群間有認同的趨向。

周人以夏人自居，淵源有自。史籍中多次載周人追述其先世與夏的關係，以及先祖后稷在夏代時的輝煌業績。《書·召誥》中召公對成王説："王其疾敬德，相古先民有夏。"僞孔《傳》："言王當疾行敬德，視古先民有夏之王以爲法戒之。"②《左傳·昭公七年》亦載："王使詹桓伯辭於晉，曰：'我自夏以后稷，魏、駘、芮、岐、畢，吾西土也。'"如果詹桓伯的話可信，那麼，周自后稷之世即受夏封爲夏之屬地，以藩屏夏。其封地約當後來秦晉一帶，包括今陝西武功、岐山、咸陽和山西汾水之南芮城萬榮之間。③《國語·周語》亦曾多次追懷后稷以來的史事，如祭公謀父對周穆王説："昔我先王世后稷，以服事虞、夏。及夏之衰也，棄稷不務，我先王不窋用失其官，而自竄於戎狄之間。"周人之於夏，不無黍離麥秀之思。

關於周人的起源與先世，目前史學界和考古學界大約有兩種看法。三十年代，錢穆在《周初地理考》中提出周人后稷所封的"邰"和公劉所居的豳都在今山西一帶，在古公亶父的時候始遷至岐山。錢説一出，學界多從之；然而，中國大陸的學界，如范文瀾、郭沫若等都認爲周人源自陝甘一帶的涇渭流域。兩説都有文獻與考古資料作爲依據，未審何從。但是，不管周人是從什麼地方發源，他們以夏的遺民自居，認同於夏文化，卻是確鑿無疑的。考古學家們如鄒衡、王克林等，也從對山西汾河中下游的晚期龍山文化、夏縣東下馮文化至西周各階段的陶器的類型特征和淵源關係的分析來證明周族在文化上承受了夏代文明的影響。④

(六)"雅"樂與夏樂

既然，"雅"就是"夏"，是周人所認同的文化。所謂"雅"樂即是"夏"樂。至於"夏樂"究爲何物，典籍中無明文。然借助一些古文字資料和考古資料，輔之以後來文獻所載，尚能推其大略。1977年在陝西扶風莊白發現的殷遺民貴族

---

① "長夏"見《大雅·皇矣》；"時夏"見《周頌·時邁》《周頌·思文》；"時周"《周頌·賚》《周頌·般》。朱《詩三百篇探故》，頁 66—67。

② 《尚書正義》，頁 212。

③ 楊伯峻《春秋左傳注》，頁 1307—1308。

④ 王克林：《略論夏文化的源流及其有關問題》，《夏史論叢》，濟南：齊魯書社，1985 年，頁 79—80。

微氏家族銅器群中，有一個刻有銘文二百八十四字的周恭王時器牆盤，其中有句云：

上帝司（嗣）龘尢（尫）保受（授）天子𤔲（綰）命。方蠻亡不𢀸見。

唐蘭考釋牆盤銘文時，釋此龘字爲"夏"。①當中一個"夏"字，左右各執羽毛，其形象一人兩手持羽毛而舞。《説文》："夏，中國之人，從夂，從頁，從臼，臼，兩手；夂，兩足也。"劉士莪、尹盛平引戴侗《六書故》曰："夏，舞也，臼像舞者手容，夂像舞者足容也"。由是，劉尹二人乃讀此字"從頁從又從夂，像人頭戴裝飾，雙手執羽，單足站立而舞之形"。②牆盤銘中此字與1975年陝西岐山董家村出土的幽王時器"儐匜"中一字略同。其文曰："自今余敢龘（擾）乃小大事"。③容庚《商周彝器通考》中著録的"秦公簋"中亦有一字與此字相類，作龘形。秦公簋當係春秋前期（秦景公）時器，銘文字體近"石鼓文"④與秦公鐘銘文，⑤故簋上的這個"龘"字亦有所變化。其文曰："保龘（業）厥秦，虩事蠻龘"。我以爲此"夏"字之本義當是雙手執羽、單足立地而舞之舞容。儐匜中的"龘"與牆盤銘中的"夏"同，都是秦公簋上的"夏"字之初形。儐匜上的"龘"字是"夏"的引申義，以象舞容之亂，因早期之樂舞不像後世之雅舞定形後那麼整齊劃一，進旅退旅。牆盤、儐匜及秦公簋乃出於宗周與秦，其所代表的是宗周秦系文字中的"夏"字字形。而兩周列國（殷）之故地所發現的"夏"則與此略異。列國彝器中所見"夏"字，或從"是"從"頁"，或爲從"足"從"夏"，或爲從"日"從"女"從"頁"。今以曹定雲先生所列夏字字形演化表爲本，⑥補之以其他古文字資料，更擬表如下：

---

① 唐蘭：《略論西周微史家族窖藏銅器群的重要意義——陝西扶風新出牆盤銘文解釋》，《文物》，1978年第3期，頁25。徐中舒、伍仕謙釋此字爲"鼂"（音"朝"，朝廷之朝也）（《西周牆盤銘文箋釋》，尹盛平主編《西周微氏家族青銅器群研究》，北京：文物出版社，1992年，頁254—255）；《微氏家族銅器群年代初探》，《西周微氏家族青銅器群研究》，頁196），李學勤、于豪亮釋爲"㞢"（音"柔"，安也，和也；于説音優，優也；今讀猱）（《論史牆盤及其意義》，《西周微氏家族青銅器群研究》，頁239；《牆盤銘文考釋》，《西周微氏家族青銅器群研究》，頁310—311），裘錫圭獨釋此二字爲"后稷"（《史牆盤銘解釋》，《西周微氏家族青銅器群研究》，頁271）。筆者在此從唐蘭等説釋此二字爲"司夏"。

② 劉士莪、尹盛平：《牆盤銘文考釋》，《西周微氏家族青銅器群研究》，頁51—52。

③ 徐中舒主編：《殷周金文集録》，成都：四川辭書出版社，1986年，頁125—126。

④ 關於石鼓文的年代，筆者從馬叙倫説，爲秦文公（765—716 B. C.）時器。馬説見其《石鼓文疏記》，上海：商務印書館，1935年，頁28—29。

⑤ 1978年，陝西寶雞太公廟村發現的秦公鐘鎛銘文，不但字體與秦公簋相類，語辭亦相近。秦公鐘、鎛據銘文内容判斷，爲秦武公（698—678 B. C.）時器。銘文見徐中舒：《殷周金文集録》，頁254—265。

⑥ 曹定雲：《古文"夏"字考——夏朝存在的文字見證》，《中原文物》1995年第3期，頁65—75。

時代	地域	宗周秦系字形	列　國　字　形		
			齊莒等地	吳楚等地	其他地區
共王		牆盤 上帝司夏			
宣王 幽王		伯夏父鬲 伯夏父鋪 伯夏父鼎 白(伯)夏父			
幽王		儔匜 自余茲敢夏(擾) 乃小大事			
春秋		秦公簋 (576—537 B. C.) 虩事(蠻)夏	(筥)平鐘 叔尸(夷)鏄 (581—554 B. C.) 刻伐夏司(祀)		右戲中夏父鬲 (出地未詳,春 秋前期器,一說 西周晚期)
戰國		邙伯疈 不(邙)白(伯) 夏子自乍(作) 阱疈		遱邡編鐘 台(以)夏台南 曾侯乙竹簡 黃夏馭右旃 江陵天星觀 包山楚簡(包山文 書 126 號) 江陵磚瓦廠 鄂君啓節(322 B. C.) 郭店緇衣 7 號簡 郭店唐虞之道 13 號簡	戰國燕璽印 夏虜都司徒

（续表）

時代	地域	宗周秦系字形	列 國 字 形		
			齊莒等地	吳楚等地	其它地區
				上博孔子詩論 2 號簡 上博五鮑叔牙與隰朋之諫 1 號簡	
	秦			睡虎地雲夢秦簡	
	漢		銀雀山竹簡		流沙墜簡 居延漢簡

　　從表中可見,西周時期的"夏"字本有兩形,1)一爲摹寫舞者之形態,如牆盤、儐匜和秦公簋,此形惟見於宗周秦系文字;2)一從"日"從"女"從"百",3)或從"日"從"正"從"頁",4)又或從"足"從"頁"。其中 3)4)兩形殆 2)形之訛變。2)3)4)並多見於列國文字中。睡虎地雲夢秦簡中取 1),①乃知秦書同文字之時,秦系文字中的 1)形被定爲標準字形。然漢代文字中,特別是璽文中偶亦可見 2)3)4)形,②又三體石經古文作▨形乃 3)形之省,蓋或意在仿古,或列國文字之緒餘,未能盡除也。

　　"夏"字兩形,其原始已不能確知。2)3)4)形之祖,以形求之,或爲貞人名之字,殷彝銘作睸形,爲人名,如文睸父丁簋。③其中間部分卜辭中多從"百",間亦從"目",④隸定爲"睨",或爲"睸",其意相通,爲"見日"或"舉首望日"之義,⑤是否爲兩周金文中"▨"之本字,尚在疑似之間。

　　卜辭中的▨形,王國維謂象人首手足之形,釋夔;⑥其後歧説互見,未能定於一尊,⑦唐蘭本孫詒讓説釋爲夒,又徐錫臺曹定雲從陳夢家説,釋夏。⑧皆有文例以爲

---

① 陳振裕、劉倍芳編著:《睡虎地秦簡文字編》,武漢:湖北人民出版社,1993 年。
② 故宮博物院:《古璽文編》,北京:文物出版社,1981 年,頁 119。
③ 中國社會科學院考古研究所:《殷周金文集成》,3312。
④ 胡厚宣:《甲骨續存》,頁 2043。
⑤ 李孝定:《甲骨文字集釋》,第 7 册,頁 2185—2186。
⑥ 王國維:《殷卜辭中所見先公先王考》,《觀堂集林》,卷 9,頁 410—413。
⑦ 各家説法見于省吾:《甲骨文字詁林》,頁 1496—1499。
⑧ 徐錫臺:《殷卜辭中夏字考》,《人文雜誌》,1984 年第 5 期,頁 102—103;曹定雲:《古文"夏"字考——夏朝存在的文字見證》,頁 75—83。

證。案"夒"與"夒"字形之別在從"首"從"百",而"夏"與"夒""夒"之別在兩側從"臼"和從"止"從"巳"。《説文》:"首,古文百也"。故"夒""夒"可能古爲一字。[1]今之"夏"字乃漢草字省古文"夒"形之"臼"兩手之形而成。"夒"字所從之"止""巳"亦爲手形。《説文》釋"夒":"止巳夂其手足",又釋"夏":"從頁從臼,臼兩手,夂兩足也"。此外,前舉憨匜銘文:"自今余敢夏(夒)乃大事",乃知彝銘中"夏"與"夒"間亦相通。牆盤銘文中"夏"字,學者或釋"夒",或釋"夒"。蓋不知"夏"與"夒""夒"古爲一字,形爲而後乃別爲三。牆盤銘、憨匜中 1)形"夏"字或爲周人所創,以象夏舞的舞者。左下个乃甲金文中(竹)形之半。骨文 ʔ(聿)字象以手執筆之形,此筆乃以竹爲之。乃有"書""筆""律"並由此孳乳而生。故左手所執,其必竹也。右下 形同金文"毛"字,如毛公鼎作 ,毛伯蹳父簋作 。[2]

　　"夏"舞相傳乃夏禹創制,是六代舞中文舞之一。[3]從文獻資料來看,春秋時期的"夏"舞,常常是以一手執"籥"("籥"),一手秉"翟"。故"夏舞"也稱作"夏籥"。"翟"是雉的羽毛。《春秋·隱公五年》經曰:"初獻六羽。"《穀梁傳》:"穀梁子曰:'舞夏,天子八佾,諸公六佾,諸侯四佾。'"范甯注:"夏,大也,大謂大雉;大雉,翟雉。佾之言列,八人爲列,又有八列,八八六十四人也。並執翟雉之羽而舞。"[4]典籍中亦有"八羽"、"六羽"之説。故銅器銘文中的" "字與"夏"同義而字形略有變化,最初都是指夏舞而言。而所謂"九夏"之名,原於夏禹創制的這個"夏"舞,最初以"九"爲制。文獻中多謂《夏籥》九成",即其證也。傳説中的古樂多以九爲制。所謂"簫韶九成,鳳凰來儀",正因爲樂奏九成,故"韶"又稱"九韶""九招"。古本《竹書紀年》載:"夏后開(啓)舞九招也。"[5]楚辭中的"九辯"、"九歌",也是上古傳下來的樂式。《離騷》中説:"啓《九歌》與《九辯》兮,夏康娱以自縱"。禹的後人對此"九成"之制似乎有特殊的偏愛。所以典籍中樂舞以"夏"爲名者,如"舞夏"、"大夏"、"夏籥"、"夏"、"夏舞"、"九夏"等,於先周時期蓋同事而異名。

---

① 《國語·魯語下》韋注:"夒,一足,越人謂之山繅……人面猴身,能言。"(《國語》,頁 201);《説文》將"夒"附會成"神魖也,如龍,一足,從夂,象有角手人面之形。"又説"夒"字"貪獸也,一曰母猴,似人,從頁,巳止夂,其手足"。許慎:《説文解字》,頁 112。徵之以甲文字形,殆同由 形演化而來。

② 容庚編著:《金文編》,頁 602。

③ 文獻中多處記載"夏"由禹所創制。如《左傳》和《史記》均載季札至魯觀樂,至大夏,感嘆説:"美哉,勤而不德,非禹誰能修之。"

④ 范甯註,楊士勛疏:《春秋穀梁傳注疏》,阮元校刻:《十三經注疏》,頁 2369。

⑤ 方詩銘、王修齡:《古本竹書紀年輯證》,上海古籍出版社,1981 年,頁 2—3。方王兩先生并徵引《山海經》《帝王世紀》等書的記載以爲旁證,並且認爲"九招"、"九韶"、"九歌"、"九辯"當爲一事。其説雖未能必,而此數樂皆以九成爲制,固無可疑。

舞夏時所奏的樂曲與所用的樂器，當然已無從確考。然而從文獻資料以及考古發現的古樂器遺物中，尚能推其大略。周代"雅"樂中，《周禮·春官·鍾師》曾提到有《九夏》之樂：

> 鍾師掌金奏，凡樂事以鐘鼓奏九夏：王夏，肆夏，昭夏，納夏，章夏，齊夏，族夏，祴夏，驚夏。①

鄭玄認爲"九夏"是屬於"頌"一類的樂詩。然據王國維考訂，所謂"金奏"九夏乃"雅"樂開始時的一種節奏性音樂，以鐘鼓等打擊樂器爲之，金奏之後乃有升歌雅頌等。②筆者認爲金奏九夏很可能保留了先周時期所謂夏樂的部分遺制，是古老夏樂的餘音。

以金奏九夏之意揣之，先周時期的夏樂，共九章，然每章必很短，故常常不可分割，是一種以打擊樂器爲主的節奏性音樂，若有旋律，也必非常簡單。最初的九夏有樂、有舞，但至於是否有歌，很難確考。至周初制禮作樂以後，爲適用於各種儀式和繁文縟節，除保留九夏之節奏以爲金奏，另將夏樂的樂調本身擴大，變成了於是九成的大夏樂，涵九個可獨立演奏的樂曲。有的並被配上歌詞。王國維采鄭注引呂叔玉説，認爲"肆夏"即《詩·周頌·時邁》。③《時邁》一章是歌頌武王滅商事跡的，很可能是周初樂人將改編好的大夏曲調《肆夏》配上歌詞。依此推論，周初定禮樂時，先周夏樂之節奏被保留爲"雅"樂中金奏之"九夏"，而整個樂舞形式則又經周人改制，成爲"雅"樂中的主體部分六大舞之一。

三、殷周文化的接觸與"雅"樂制度的濫觴

（一）原始的夏樂夏舞

早期（先周）的夏舞，所用樂器及其演奏方式，已很難確知。目前，只能就可能是夏文化遺存的考古資料，以及陝西發現先周考古文化資料作推測。就目前可能是夏文化的考古資料來看，河南偃師二里頭、山西夏縣東下馮是基本確定的夏文化遺址。偃師二里頭發現的樂器有石磬、玉磬、鼓、陶鈴、一音孔陶塤等。④所發現的樂

---

① 《周禮注疏及補正》，24. 6b—7a。
② 王國維：《釋樂次》，《觀堂集林》，頁 84—90。另見本文第三節所列數表及專論。
③ 王國維：《説周頌》，《觀堂集林》，頁 111—113。
④ 宋鎮豪：《夏商社會生活史》北京：中國社會科學出版社，1994 年，頁 329—330。

器特點來看,東下馮三期有石磬一件。①東下馮類型一到五期的年代約相當於二里頭一到四期,都在前 19 世紀到 16 世紀之間。夏人所用樂器於此可窺一斑。迄今所發現的磬都是特磬,尚未發現編磬,故知磬仍是一種節奏性樂器,尚未成爲旋律性樂器。從現有的資料來推斷,夏人的樂器仍以打擊樂器爲主,而夏人所用的主要旋律性樂器應當是不易存留下來的竹木制的管樂器,很可能就是文獻所常提到的"夏籥"。

再借助一些文獻資料,我們不妨嘗試性地勾勒出最初的夏舞夏樂的樣貌來。

一、舞者:從"夏"字字形來説,最初的夏舞很可能舞者爲一人。舞者的妝束應是"皮弁,素積,裼而舞大夏"(《禮記·明堂位》),也就是頭戴著皮帽子,穿著白布短裙,上身裸露。一手執雉羽,一手執籥。也有可能兩手都執羽毛。舞者常以一足著地。

二、樂器:以管樂籥爲主要旋律樂器。可能還有其他管樂。另有簡單的陶塤。除一音孔塤外,另有四孔塤。②節奏性的打擊樂器有十分重要的作用,種類有玉磬、石磬、鼉鼓、③漆鼓、鈴等。

三、樂制:有舞,有樂,是否有歌,不能確知。樂曲本身分爲九段。

四、樂律:火燒溝陶塤測音結果顯示,其音域爲四度,用開閉不同手指組合成六種指法可發四個樂音,構成四聲音階。

(二) 河洛殷民族的音樂文明

將夏代音樂與滅商以前的關中地區周人的音樂文化比較,先周時期的音樂文化基本上停留在夏代晚期的水平。而殷商的音樂文化遠遠超出同時期周族之上。當然,本文所説的殷商音樂文化是以中原河洛地區殷人中心區域爲參照。殷文化本身也存在著顯著的地方差異。以考古發現的樂器分布而論,具有顯著特徵並且自成系統的殷商文化主要有兩大區域:一是殷人統治中心的河南北部地區,這裏姑以"河洛"名之,一是江漢流域的南方文化。囿於篇幅,本文僅限於討論河洛地區的

---

① 中國社會科學院考古研究所、中國歷史博物館、山西省考古研究所編著:《夏縣東下馮》,北京:文物出版社,1992 年,頁 98—99。

② 二里岡發現的四孔塤屬早商時期的文物,從時間上看屬夏代。另外甘肅玉門火燒溝亦有四孔塤發現。筆者推測,夏人應已用多孔塤作爲樂器。王其書:《七千年禁區的突破——復合振動腔體結構的發明與雙腔葫蘆塤》,《音樂探索》,1994 年第 1 期,頁 4—13。

③ 此鼉鼓在山西襄汾陶寺文化遺址發現,時代早於東下馮類型。在這裏,筆者推測夏人仍沿用其先所用的鼉鼓。文獻中關於鼉鼓也有多處記載。

殷音樂文化與涇渭地區的周音樂文化之差異、接觸與整合。

關於河洛殷人音樂文化的發達,文獻上和考古資料中都有充分的證據。爲免枝蔓,本文不擬作詳盡論述。要而言之,筆者認爲在樂器上的發展最爲顯著。考古資料顯示古代所謂"八音":金石絲竹匏土革木,到了殷代,始稱完備。據裘錫圭和宋鎮豪等學者考證,甲文中樂器名有"庸、鞀、豐、鼓、竽、熹、龢、言、玉"等近二十種。[①]以字形和上下文來推斷,八音具備。文獻中也記載商代創制了多種樂器,如師延創制的箜篌。[②]而且出現了成組成編的打擊樂器,如三件五件一組編磬[③]和三件五件一組的樂鐘——庸的出現。這些無疑提高了旋律效果。婦好墓(殷墟二期)中所發現的樂器有五件成組的編庸(鐃),十八件銅鈴,五件磬,以及三件陶塤。[④]可見武丁時期已有頗具規模的樂陣。

就樂律而論,殷代的鐘磬和塤,考古學家和聲學家們在測音之後,得出結論殷人已經具備了音程觀念、諧和觀念。河南輝縣琉璃閣所發現的三枚陶塤,一枚大塤殘破以外,另外兩個小塤均能吹奏出十一個音。其中四個高音較難奏出。十一個音中,半音音程已很常見。故此陶塤已具備了調式轉換的可能性,爲以後十二律的出現提供了條件。從考古發現的殷代陶塤和編磬編鐘來看,殷人所用的成組的庸,宮商角徵羽五音具全;武丁時代的五音陶塤也已具備了這五聲音階。[⑤]殷人音樂樂理觀念之發達非但遠躐於同時代的周民族之上,而且甚至勝過西周中後期的周人。

在樂制上,殷墟卜辭也顯示商代出現了各種各樣的祭歌,如"美奏"、"戚奏"、"新奏"、"各奏"等。此外,卜辭中也出現了不同的樂舞名:"九律"、"羽舞"、"林舞"、"圍舞"、"隸舞"、"筐舞"等。[⑥]關於這些樂歌樂舞的具體內容當然已無從確考。但從卜辭和其他文獻資料來看,殷人的這些樂歌樂舞,已有序列和層次。甲文中多"二

---

① 宋鎮豪:《夏商社會生活史》,頁333—334。
② 劉熙:《釋名·釋樂器》,《釋名》,《四部叢刊初編》,卷七,頁28,載箜篌爲殷末師延所作。關於箜篌的起源,參見樂聲:《箜篌的歷史與發展》,《樂器》,1997年第1期,頁23。
③ 殷墟西區M93出土,見中國社會科學院考古學研究所編著:《殷墟的發現與研究》,北京:科學出版社,1994年,頁362。
④ 中國社會科學院考古研究所安陽工作隊:《安陽殷墟五號墓的發掘》,《考古學報》,47期(1977年2月),頁71、89、91。五件磬中,槨內發現的三件大磬,石料相同,應是一套編磬。中國社會科學院考古學研究所:《殷墟婦好墓》,北京:文物出版社,1980年,頁198—199。
⑤ 修海林:《遠古至西周四聲觀念的形成及其歷史地位——關於音階史問題的若干思考》,《中央音樂學院學報》,1991年第3期,頁82測音表。
⑥ 宋鎮豪:《夏商社會生活史》,頁331—333。孫景琛:《中國舞蹈史》,北京:文化藝術出版社,1983年,頁68—70。

伐”“三伐”“五伐”“十伐”之名，必爲樂舞中舞隊變化次序。①後世文獻中所常見的“萬舞”，也數見於三、四期甲文中。②根據裘錫圭先生的研究，“萬”原是商代的舞師。萬舞之名稱，可能即源於舞者之職名。而這種宮廷舞師所職司的萬舞，根據《詩·邶風·簡兮》的描述，舞者舞時“有力如虎，執轡如組；左手執龠，右手秉翟”。可能與夏舞有因承關係。但同時，“萬”又豐富了和發展了“夏”的樂制。《墨子》中形容齊康公（404 B. C.）與“萬”樂，舞“萬”之人“不可衣短褐，不可食糟糠。曰：‘食飲不美，面目顏色不足視也；衣服不美，身體從容醜羸不足觀也；是以食必粱肉，衣必文繡’。”③

從文獻中也可以看到，殷人除了創制自己樂歌樂舞，如“大濩”、“桑林”（疑即“林舞”）、“晨露”等之外，同時也繼承了三五之世的古樂，如“九招”、“六列”等。④到了紂王時期，又有所謂“北里之舞，靡靡之樂”，⑤《禮記·郊特牲》謂：“殷人尚聲，臭味未成，滌蕩其聲，樂三闋，然後出迎牲。”由此可見，殷人之樂制，已是序次分明，且多用於日常生活中。有商一代聲華之盛，略可想見。

（三）西周的“雅”樂

相比之下，流連於豐鎬，自竄於戎狄之間的周人在音樂上似較殷人落後。當然，一地有一地之樂。音樂的這種地方性差異有的是不能也不必判出高下的。然而，對於代商而起周代來說，我們卻看到了音樂史上，乃至文化史上的一個異乎尋常的現象：兩個區域的音樂文明，通過軍事征服和政權嬗代，實現了其融合歸一的過程。而融合的結果就中夏地區來說竟是一次音樂文化的退化或遲滯。這期間，被周人樹爲典範禮樂的“雅”樂，與音樂文化的退化有直接的關係。

需要指出的是本文所說的倒退一是對以中夏地區爲主要活動區域的殷人而言；而對關中涇渭流域的周人來說，在吸收部分商代的音樂文化之後，當然還是進步了。二是就整體音樂水準而論，以“雅”樂爲代表的周民族的音樂成就，並沒有超

---

① 宋鎮豪：《夏商社會生活史》，頁 332。宋鎮豪以爲是不同的武舞名，恐非。《書·牧誓》中“六步、七步”與“四伐、五伐、六伐、七伐”互文，應指同一舞中之不同節次。劉起釪以爲《牧誓》全篇本身即是牧野大戰前所行舞蹈的誓詞。見劉起釪：《〈牧誓〉是一篇戰爭舞蹈的誓詞》，《古史續辨》，北京：中國社會科學出版社，1997 年，頁 289—302。

② 《小屯南地甲骨》，825。

③ 孫詒讓：《墨子閒詁》，卷 8，頁 158，見《諸子集成》，上海：上海書店，1986 年，冊四。

④ 《呂氏春秋》：“湯乃命伊尹作爲大濩，歌晨露，修九招、六列，以見其善”。卷 5，頁 53，見《諸子集成》，冊六。

⑤ 司馬遷：《史記》，第 3 冊，頁 105。

過殷人的音樂文明。相反,在很多方面未能方駕殷人,如樂器的使用、樂制樂式、對樂理樂律的認識等方面。

1. "雅"樂樂次與《詩‧商頌‧那》

三禮所描述的"雅"樂制度,自天子以至大夫士皆有相當的規模氣象,然而這種規模事實上已是"雅"樂自周初發展到春秋時期以後的一種增進形式。如果參看一下王國維所列《釋樂次‧天子諸侯大夫士用樂表》,①自可了然:

表一　天子諸侯大夫士用樂表

	金奏	升歌	管	笙	間歌	歌笙	合樂	舞	金奏
天子大祭祀	王夏 肆夏 昭夏	清廟	象					大武 大夏	肆夏 王夏
天子視學養老	(王夏) (肆夏)	清廟	象					大武	(肆夏) 王夏
天子大饗	王夏 肆夏	(清廟)	(象)						肆夏 王夏
天子大射	(王夏) 肆夏	(清廟)	(象)					弓矢舞	(肆夏) 王夏
魯禘		清廟	象					大武 大夏	
兩君相見		文王之三				鹿鳴之三			
		清廟	象					武、夏籥	
諸侯大射儀	肆夏 肆夏	鹿鳴三終	新宮三終						陔夏 驁夏
諸侯燕禮之甲〔據燕禮經〕	無	鹿鳴 四牡 皇皇者華	無	南陔 白華 華黍	魚麗 南有嘉魚 南山有臺	由庚 崇邱 由儀	關雎葛覃 卷耳鵲巢 采蘩采蘋	無	陔夏

① 此表據王國維:《天子諸侯大夫士用樂表》(《觀堂集林》,頁 103—104)改訂。本文爲便於說明問題,乃變更其排列順序。

（续表）

	金奏	升歌	管	笙	間歌	歌笙	合樂	舞	金奏
諸侯燕禮之乙〔據燕禮記〕	肆夏肆夏	鹿鳴	"新宮"	"笙入三成"			鄉樂	勺	陔夏
大夫士鄉飲酒禮	無	鹿鳴四牡皇皇者華	無	南陔白華華黍	魚麗南有嘉魚南山有臺	由庚崇邱由儀	關雎葛覃卷耳鵲巢采蘩采蘋	無	陔夏
大夫士鄉射禮	無	無	無	無	無	無	關雎葛覃卷耳鵲巢采蘩采蘋	無	陔夏

　　表內加""者不必備有，加（　）者經傳無明文，以意推之。

　　由此表可以看出，天子所用的禮樂次第井然。以金奏爲始，次則升歌《清廟》，下管《象》，繼以朱干玉戚舞《大武》，或皮弁素積裼而舞大夏，復以金奏終。《清廟》《象》爲周初所創製的樂詩與樂舞。①而諸侯大夫士之禮中，升歌所用詩三篇，下管《新宮》，間歌詩三篇，都在《詩·小雅》中；合樂所用各詩，皆在二南，從時代上説，應作於西周成王以後。②以此推論，三禮中所描述的天子之樂基本上完整地保留了周初的禮樂。西周初所訂的"雅"樂必不完善，諸侯大夫士的樂制定爲後來增益的形式。

　　對於周人來説，在滅商以後，樂歌樂舞得以豐富和發展；而與殷人來比，基本上沒有太大進步。甚至可以説較諸殷人的禮樂仍更爲簡化些。《詩·商頌》是宋國之詩。三監亂後，周人立微子之後，以奉殷祀，國於宋。因此，《商頌》中詩仍保留了殷

① 《清廟》爲祀文王之詩，其創作年代約在周初，歷代説《詩》者於此無異辭。以今視之，無論從内容或語言形式來看，都應是周初的作品。《象》又稱《三象》，文獻中載爲周公南征淮夷後作，王國維乃據以爲是《大武》的後三章。此外王氏以爲另有文舞之《象》。見王國維：《説勺舞象舞》，《觀堂集林》，頁109—111。
② 《新宮》爲《小雅》佚詩。關於二南詩的創作年代，裴溥言有《詩經二南時地異説探討》(《臺靜農先生八十壽慶論文集》，臺北：聯經出版事業公司，1981年，頁743—781)一文詳爲考辨。裴氏以爲《關雎》《鵲巢》成王時詩，《葛覃》《卷耳》《采蘩》《采蘋》爲康昭時詩。

商之遺制。其中《那》與《烈祖》相似處頗多。二詩同爲祭祀湯的歌詩,皆可分五章,每章四句,最後又都亂以"顧予烝嘗,湯孫之將"。這顯然是殷人祀樂的一種通制,《那》與《烈祖》必是爲此祀樂配上的歌詞。

《那》詩的内容相對詳盡的描述了殷人祀湯時的樂舞規模與形式,筆者將此詩與三禮中所反映出來的周代"雅"樂樂制相比照,發現二者相似處甚多。又《詩·周頌·有瞽》一般認爲是成王行袷祭之歌詩,其中也描述了周初"瞽"所職司的音樂活動(未涉及舞蹈),與殷人的樂制也頗相類。今以表列三者如下:

表二　殷周禮樂樂次對照表

《詩·商頌·那》	猗與那與置我鞉鼓奏鼓簡簡衎我烈祖	湯孫奏假綏我思成鞉鼓淵淵嘒嘒管聲	既和且平依我磬聲於赫湯孫穆穆厥聲	庸鼓有斁萬舞有奕我有嘉客亦不夷懌	自古在昔先民有作温恭朝夕執事有恪	顧予烝嘗湯孫之將
《那》詩中所見殷人禮樂樂次	以鼓起節奏〔金奏〕	管聲加入〔管〕	磬聲加入〔合樂〕	庸加入興萬舞〔合樂〕〔大舞〕	歌祖德〔升歌〕	亂
三禮中所見周初"雅"樂樂次天子之禮樂	以鐘鼓奏九夏起節奏〔金奏〕	升歌下管象〔升歌〕〔管〕	〔合樂〕	興大夏大武之舞〔大舞〕		以鐘鼓奏九夏終〔金奏〕
《詩·周頌·有瞽》中所見成王時之禮樂(不含歌、舞)	應田縣鼓革兆磬柷圉〔金奏〕	既備乃奏簫管備舉〔管〕	喤喤厥聲肅雝和鳴〔合樂〕		先祖是聽	

如表所示,周初之禮樂與殷人之祭樂,其樂制與所用樂器皆相類。以次序論,它們也都以鐘鼓等打擊樂器起興,然後管樂器繼作合樂,隨後興大舞。所不同者,主要在於升歌。殷人升歌在樂舞之後,而周人在之前。

從表中所列來看,大舞在殷周禮樂中都是主體部分。殷人舞萬,周人則主要舞六代之舞。筆者認爲後世禮樂中所謂"六代樂"中,除了周人所固有的"大夏"和歌頌周人滅商的《大武》之外,其他的樂式都是周人從殷人那裏承繼下來的。而周人所謂的《大夏》也一定采擇了殷人的"羽舞"和"萬舞"而增添了新的内容。①周人自己創製的"大武"對周人音樂文化而言,代表了一個新的成就。從《禮記·樂記》爲我

---

① 原始的夏舞,可能正如"夏"所顯示的那樣,只是手執羽毛而舞;而後來變爲"左手執龠,右手秉翟",很可能是受了殷人萬舞的影響而形成的改進形式。

們保留下來的關於"大武"樂章的資料來看，這是規模宏大，歌樂舞三者完備的樂舞形式。而這種形式在殷人那裏已很常見。殷人的那些祭祀舞、萬舞、大濩、九招、六列等都是規模宏大的歌樂舞形式。周人的"大武"樂式共分六段，應當是法效殷人保留的古舞中"六列"之制。

故以樂制觀之，周人承殷制，其損益亦可知。要言之，周初"雅"樂，可能既包含了先周之夏的樂式，又受殷之《萬》《羽》《大濩》《六列》等樂式的影響。此其所以孔子"觀殷夏所損益，曰：'後雖百世可知也，以一文一質。周監二代，郁郁乎文哉'。"（《史記·孔子世家》）

由本文所列《殷周禮樂樂次對照表》又可以看出，西周"雅"樂在其創製之初，較諸殷人之樂式，並無更多進益。相反以《詩·商頌·那》對殷人樂舞的描述來看，似較周之"雅"樂雅舞更爲豐富與生動，也更富於層次變化。文獻中所記舞萬時規模之盛，當非虛語。

2."雅"樂樂制與殷周樂器之異同

關於周初"雅"樂所用樂器及其規模制度，從文獻中我們可知其大略。然我們所本主要是三禮中所載。以考古發現的音樂文物資料證以三禮所述的"雅"樂樂器，更進一步證明三禮所述爲後來的禮樂制度。西周時期的"雅"樂所用樂器及其規模，比三禮所述要簡陋得多。以王國維《釋樂次》一文爲本，再參照其他文獻資料，筆者更擬《"雅"樂天子諸侯大夫士樂制等差表》如下：

表三　　"雅"樂天子諸侯大夫士樂制等次表

	天　子	諸　侯	大　夫	士
樂懸	宮縣(四面懸)	軒縣(三面懸)	判縣(二面懸)	特縣(一面懸)
舞制	大舞	小舞	無	無
舞隊	八佾（八八六十四人）	六佾（六六三十六人，一說六八四十八人）	四佾（四四共十六人，一說四八共卅二人）	二佾（二二共四人，一說二八共十六人）
金奏	鐘、鎛、鼓、磬以肆夏迎送賓出入以王夏	鐘、鼓、(鎛、磬)迎以肆夏送以陔夏出入以鷔夏	鼓而已，無鐘磬無迎賓之樂送以陔夏	鼓而已，無鐘磬無迎賓之樂送以陔夏
升歌下管	〔工六人、四大瑟〕"大琴、搏拊"	工六人、四瑟	工四人、二瑟	"工四人、二瑟"

表內加""者不必備有，加〔 〕者經傳無明文，以意推之。

關於“雅”樂中舞隊的人數，向有兩說。根據《白虎通義·禮樂》所載，天子八佾即八八六十四人，諸公六佾即六六三十六人，諸侯四四十六，未及大夫和士；[①]宋陳暘則據《左傳·襄公十一年》“女樂二八”以爲每列皆八人，故天子“八佾”六十四人，諸侯六八四十八，大夫三十二，士十六人。[②]究竟孰是，因缺乏文物資料和其他文獻資料，難下定論。關於舞制與升歌所用工數亦無可考。“雅”樂樂制中可與地下文物資料相印證的主要是各種樂器的使用數量。

文獻記載“雅”樂樂器有：鐘、磬、鼓、塤、笙、簫、琴、瑟、柷敔、搏拊等。其中鼓、笙、簫、琴、瑟、柷敔、搏拊等絲竹匏革木類樂器均不易保存，考古發現的數量較少，且多在春秋以後，本文姑置而不論。能讓我們管窺商周音樂文化變遷的是鐘、磬和塤類樂器及鐘磬樂縣制度。本文乃就殷周鐘磬塤類樂器的發展分述如下。

鐘：

鐘類樂器可以說是“雅”樂中最重要的樂器。在禮樂制度定型以後，使用鐘磬的數量和樂懸方式象征著使用者的權力和等級地位。《周禮·春官·小胥》：“王宮縣，諸侯軒縣，大夫判縣，士特縣。”這就是說，周天子是採用四面懸的制度，諸侯只懸東、西、北三面，大夫，懸東西兩面，士只能懸東面。這種樂懸的制度跟用鼎用簋制度一樣，都是周人禮制內容的一部分。

根據三禮，一面應有一肆之數。《周禮·春官·小胥》：“凡縣鐘磬，半爲堵，全爲肆。”鄭玄注：“鐘磬者，編懸之，二八十六枚而在一虡，謂之堵。鐘一堵，磬一堵，謂之肆。”而考古發現西周編鐘編磬均遠不足此數。從現有的考古資料來看，三代所用於禮樂的編鐘，只有庸、句鑃、甬鐘、鈕鐘、鎛等數種。其中庸的發現主要集中在河南地區，爲殷商貴族所特有的樂鐘，並且西周時期已絕跡；句鑃和鎛多是殷周之際的單件樂鐘，並主要分布在江淮流域；鎛在西周後期始見於關中和中原地區；鈕鐘的出現也在西周後期，春秋時期始於中原地區廣泛發現。因此西周“雅”樂所用編鐘應是西周時期多見於關中地區的甬鐘。

以“雅”樂的中心區域關中地區而論，年代屬穆王以前，也就是西周早中期的編甬鐘，都只有三枚成組。[③]考古資料顯示，到了西周中晚期（懿孝時期），八枚一組的

①　陳立：《白虎通疏證》，頁 105。

②　陳暘曰：“自天子達於士，降殺以兩。衆仲曰：‘天子用八，諸侯用六，大夫四，士二。’”見陳暘：《樂書》卷十五《禮記訓義·樂記》，《文淵閣四庫全書》，臺北：商務印書館，1986 年，經部樂類，頁 211—102。

③　方建軍：《西周早期甬鐘及甬鐘起源探討》，《考古與文物》，1992 年第 1 期，頁 33。

編甬鐘才出現，並成爲最常見的組合，如微氏家族的癲編鐘，①以及夷屬時期的中義鐘、柞鐘等。八枚一組正合文獻中半堵之數。方建軍以爲西周中期以後，八件的組合乃周王室成員所用之通制。②可見，"堵"與"肆"的概念隨著鐘磬的發展，也在變化中。西周中晚期的一肆可能就只有八件之數。

　　從考古發現的樂鐘來看，殷周之際的周人使用樂鐘無論從數量、還是類型上起始年代上都遠遜於殷民族。關中地區發現的最早的樂鐘是在陝西竹園溝發現的一枚與殷鐘(庸)③非常相近的一件獸面紋的庸。根據方建軍的研究，其年代應當在商末西周初時期。殷庸在陝西地區的發現僅此一例。

　　周人特有的甬鐘最早的發現在成康之世。④其形制與商庸比起來有很大的變化。首先從演奏方式上來説，殷庸一般是手執與植鳴，盡管也不排除編懸的可能性，而甬鐘主要是編懸，容或植鳴；從器形上來説，除了形制明顯大於殷庸以外，最突出的變化是鐘枚、旋、幹的出現。再有，就是甬鐘體長大於口寬，而殷庸正好相反。西周甬鐘，雖然在其他地區也有一些發現，但是特別集中在陝西關中地區。

　　關於甬鐘的起源，考古學界一直有爭論。以前老一輩的考古學家一直以爲甬鐘是江漢地區的句鑃的早期形態。而兩湖地區商周句鑃的發現證明史實正好相反。音樂考古學家李純一方建軍等認爲甬鐘源於殷鐘，即商代流行於中原地區的庸(鐃)，而高至喜黃展岳等則認爲甬鐘起源於商周之際多見於湖南湖北江西一帶(江漢流域)的樂鐘句鑃。⑤朱文瑋和呂琪昌別主"南北交流説，"認爲甬鐘之"幹"及

---

① 出土癲鐘共四式十四件，I式一件，II式四件與IV式三件爲一組，據測音結果，缺一尾鐘，原套應爲八件。III式六件，據大小及測音，缺二件。原套亦穎爲八件。見李純一：《中國上古出土樂器綜論》，北京：文物出版社，1996 年，頁 188—191。

② 方建軍：《陝西出土之音樂文物》，西安：陝西師大出版社，1991 年，頁 15—39 對西周甬鐘的形制與流變有詳細的討論。李純一：《中國上古出土樂器綜論》，頁 177—245 論述更爲詳盡。

③ 殷人使用的樂鐘是一種可手執或植於木架的小型的鐘。這種鐘多三件成組，集中在安陽地區。只殷墟婦好墓的發現是五件成組的，可能是因鐘主的地位不同而有所變化。考古學家一般從羅振玉而稱其爲鐃。經李純一考證，這類鐘本名爲"庸"，本文從之。

④ 陳夢家曾把陝西長安普渡村長田所發現的三件定爲最早的甬鐘，時代約當昭穆時期。而近數十年來，陝西銅器的大量發現，又把早期甬鐘的出現推前了一步。陝西寶雞茹家莊強伯㝬墓又發現的三件甬鐘，其年代約與長由墓鐘相當。寶雞竹園溝強伯格墓又發現了三件，考古學家斷定強伯格墓甬鐘約相當於成康之世。方建軍：《陝西出土之音樂文物》，頁 16。

⑤ 高至喜：《中國南方出土商周銅鐃概論》，《湖南考古學刊》，長沙：岳麓書社，1984 年，第 2 輯，頁 132。這種樂鐘的形制似是河南地區的殷商小鐃(庸)的放大形式，形制上別無不同。除了後期形式出現枚和旋以外，過去一般稱作商代大鐃，近幾十年來所發現的江浙一帶春秋戰國時期句鑃，有三器自銘"句(鉤)鑃"，始知"句鑃"是這類大鐃的本名。黃展岳的觀點可見《論兩廣出土的先秦青銅器》，《考古學報》，1986 年第 4 期，頁 413—415。

其編懸之制似源於北方,而甬鐘之旋、枚、篆、鉦間的形式則源自南方。①朱呂提出來"南北交流說"看起來很有道理。總而言之,甬鐘的確是周人接受了殷人音樂文化影響的產物。早期甬鐘三件一組,似乎直接秉承了殷人的制度。

　　總的來說,周人在采擇和發展樂鐘上,經歷了一個相當長的過程。商末,殷庸才開始傳入,這也許是周人使用青銅樂器之始。隨後,周人在對殷人的征服過程中,以戰爭的方式直接與殷人統治的南北各地交流,從而創制了周人特有的甬鐘——一種新的樂鐘形式。

　　然而對中夏地區的殷人來說,商王朝滅亡以後,殷庸也隨之絕跡。其原因很可能是爲居統治地位的周人所摒棄。而西周早中期,樂鐘在中夏地區近乎絕響。再度出現乃在西周中期以後。考古發現的中夏各國最早的樂鐘,當屬河南平頂山所發現的三件成組的編甬鐘。其形制與陝西寶雞竹園溝七號漁伯格墓發現的康昭之際的三件甬鐘略同。可見,在中夏再度出現的樂鐘,已非殷庸之制,而是接受了西周時期才出現的宗周甬鐘的形式。②這說明中夏地區樂鐘在周人滅商以後,其自身發展脈絡中斷,西周中期以後反而因接受了關中地區的影響而得以再度出現。

磬:

　　就陝西發現的音樂文物來看,商代晚期周人的樂器目前只在藍田懷真坊發現了一個特磬。③此磬用石灰石打制,折頂平底,股鼓分明,倨句略見明顯。該磬的形式與差不多同時代的殷墟洹水南岸出土的殷人龍紋磬相似。④顯然是接受了商磬的影響。而晚商石磬中倨頂類型,也就是西周雅磬的直接前身樣式,關中地區一直沒有發現,直到了西周中期才看到。⑤

　　此外,商代已有成編的石磬發現,而目前發現的西周中期以前的周磬(包括先周時期)都是特磬,關中地區出現編磬并形成自己的風格要遲至西周中

---

①　朱文瑋、呂琪昌:《先秦樂鐘之研究》,臺北:南天書局,1994年,頁103。

②　這三件甬鐘窖藏出土,形制與陝西長安縣長田墓出土的編甬鐘相同。見李純一:《中國上古出土樂器綜論》,頁183—184。

③　方建軍:《陝西出土音樂文物》,頁5—7。

④　方建軍:《陝西出土音樂文物》,頁7。

⑤　長安張家坡出土一件西周中期弧頂平底石磬,及其他倨頂型凹底西周中晚期石磬都是承襲晚商磬的形制發展而來。方建軍:《陝西出土音樂文物》,頁7。

晚期。①我國西周時期的編磬出土數量遠遜於殷周時期,李純一《中國上古出土樂器綜論》所舉四例,又都集中在陝西地區,且都屬於西周晚期。中夏地區迄今未見西周時期的編磬。

塤:

　　從考古資料來看,殷塤的出土數量遠遠超過西周塤。殷塤約有數十件,多集中在河南北部。可確定的西周塤僅兩例而已。

　　在陝西地區,迄今爲止尚未發現一枚三代的塤。當然這也許只能説明商周音樂文明的地方性差異,並不能證明兩地音樂之高下。塤作爲殷人所常用的旋律性樂器在周代似乎已不爲人們所常用。

　　現有的兩例西周塤都於殷商故地出土。一爲河南洛陽龐家溝西周墓出土,形制與殷塤相同。另一例"君作一睭"塤,現藏於臺灣中央研究院歷史語言研究所,河南輝縣出土,與輝縣琉璃閣出土的大塤形制完全相同。②從現有資料來看,河南地區的西周塤完全是殷塤的延續。

　　關中地區未見周塤雖不能證明周人已摒棄了這一樂器,但足以證明其使用已遠不如殷人之廣泛。《詩·小雅·何人斯》:"伯氏吹塤,仲氏吹篪",孔穎達《正義》:"《世本》云:'暴辛公作塤,蘇成公作篪。'③譙周《古史考》云:'古有塤篪尚矣。周幽王時暴辛公善塤,蘇成公善篪。記者因以爲作,謬矣。'"④譙周所云不無道理。所謂"暴辛公作塤,蘇成公作篪"並非他們二人創造了這兩種樂器,而是指這兩種樂器經他們改造後歸入了"雅"樂。今北京故宫博物院所藏齊國故地發現的"太室塤"與"韶塤"當是東周時期的"雅"樂樂器,其形制較殷塤已略有變化,後面兩個指孔由殷塤的橫列變而爲縱列。⑤這一變化也許就是暴辛公的成績。

　　3. 樂理樂律

　　在對樂律的認識方面,至少是在運用方面,周人雖然在滅商以後有了大幅度的提高,但是與殷人相比,還是有一定的距離。聲學家和音樂考古學家經過對西周甬

---

① 1980 年在扶風召陳乙區發現的 68 塊殘片,經拚合復原十五件。十三件陰刻夔紋,兩件素面無紋。這些是陝西地區發現的最早的西周編磬。時當懿孝時期。羅西章:《周原出土的西周石磬》,《音樂與文物》,1988 年第 6 期,頁 84—6。
② 莊本立:《塤的歷史與比較之研究》,《民族學研究所集刊》,33 卷,1972 年,頁 184—185。
③ 王謨輯宋衷注:《世本·作篇》,《世本八種》,上海:商務印書館,1957 年,頁 41—42。
④ 《毛詩正義》,頁 455。
⑤ 見李純一:《中國上古出土樂器綜論》,頁 404—405。

鐘的全面測試,發現了一個特別的現象,那就是西周時期編鐘(雙音)每鐘兩音之間都是小三度的音程關係,分別構成音列中的角徵、羽宮音,形成了西周編鐘的四聲音階的結構特點。[①]殷代樂器中常有的五音音階結構在西周樂器中迄未發現。西周鐘所欠缺的是五音中的商音。而周代樂鐘商音的出現,要到春秋早中期。考古發現的最早的帶有商音的周代編鐘是河南新鄭鄭伯墓出土的春秋中期殘套編甬鐘(原九件,今存六),新鄭正是所謂"鄭聲"的滋生地。測音結果表明,商音已成爲這套樂鐘的主音。[②]另外前文中我們談到,殷人武丁時代所用的五音孔塤,已具備了十一個半音音程關係,具備了轉換調式的可能。當然,在西周宗周地區我們沒有發現塤的使用,從現有的其他樂器資料我們還看不出周人具有這些樂理觀念。另外,西周中期以前,周人所用音域範圍一般沒有超過殷人,只是到了周代中晚期八件成組編鐘的出現,我們才看到西周編鐘的音域達到三個八度和一個小三度的寬度,如夷厲時期的中義鐘和柞鐘。

歸結起來,武王滅商以後,周人開始全面的接觸殷人在中原地區的音樂文化以及殷人所保留的遠古音樂體式。史料顯示周人對商的征服並非在牧野之戰即告成功,而是經歷了漫長和曲折的過程。滅商以後,周人先封紂之子武庚於邶,以安撫殷遺,其後發生武庚和三監之亂,然後奄與蒲姑等又叛,又是淮徐之亂,周召二公乃又經略江淮。周人在這一系列的征戰中,廣泛地接觸到殷王朝南北各地的音樂文化和制度。而周初所謂周公制定的禮樂制度也是在這輾轉流徙過程中初步形成的。在這期間,周人並非毫無保留的接受殷商文明,相反,考古資料證明,周初的"雅"樂對殷商音樂文化既有吸收的成分,也有排斥的成分。

首先,如上文所述,周人排斥殷人樂式中以商音爲主體的音樂體式。其所以如此,很可能是因爲商代晚期,特別是紂王時期,這種樂式引導了或代表了所謂的"北里之樂、靡靡之音"。因而,殷人的很多音樂在西周以後未見流傳,除上文所說的"北里"之樂以外,它如"晨露"和一些祭歌等。其中,很可能有不少是以商音爲主音的。即便像"羽舞"、"萬舞"、"大濩"等被周人所接受的音樂,我相信也是經過周人改造過的。而"商"音這一名稱,很可能也是周人用來指稱殷人在商末所慣用的這個音階。按照馮潔軒的説法:"西周'雅'樂的社會職能及其運用周畿音樂的特殊性質,決定了它對其他地方(民族)音樂必然采取排斥的態度。西周除'雅'樂外,在社

---

① 蔣定穗:《試論陝西出土的西周鐘》,《考古與文物》,1984 年第 5 期,頁 86—100。
② 見李純一所列甬鐘組合登記表,李純一:《中國上古出土樂器綜論》,頁 241。

會上影響最大的就是商音樂，它的悠久的歷史和發展水平都在‘雅’樂之上。……商音樂卻又是‘雅’樂主要排斥的對象。”①馮的概括非常有見地。然而，筆者認爲在商周嬗代之際，“雅”樂也經歷了一個轉化的過程。如我們在前文中所談到的，在轉化過程中，“雅”樂也大量吸收了商音樂的部分樂式樂制。所以“雅”樂和商音樂並非截然可分、互不相能的兩個完全對立的事物，儘管“雅”樂在轉化過程中，也確實對商音樂的部分內容是抵觸的，如對商音的摒棄。

其次，在樂器的采擇上，周人也是有取有舍。從鐘類樂器考古研究報告中，我們可以看到，殷人所用的常見於河南中原一帶的殷庸（北方小鐃）自周代建立以後幾乎絕跡。其後，周人又在經略江漢時學習到了商王朝南北各地不同的樂鐘。在參照了北方的庸（小鐃）和南方的句鑃（大鐃）之後，周人進一步發展出了具有自身風格的甬鐘。而盛極一時的殷庸和風行於江漢一帶的句鑃，隨後在歷史長流中銷聲匿跡。殷庸從此就一去杳然，而句鑃到了春秋戰國時期在吳越一帶人們復古心理的驅動下，又曾經再度出現。

本文認爲西周“雅”樂的特點典型地反映了一個落後民族完成了對先進民族征服之後所造成文化間歇和衰退現象。從衰退到恢復，“雅”樂的進一步發展經歷了一個漫長的過程，才回歸到商民族原來固有的高度。從西周以後的“雅”樂發展中，我們將會看到，“雅”樂的流變過程從某種意義上説也是晚商遺韻的迴歸過程。

一般的音樂史論著都以三禮中所描述的樂制來套在西周的樂制上，把西周的“雅”樂看作是一個平面，一成不變地保留到了三禮的時代，筆者認爲這是一個誤解。本章對西周樂器的討論大致描述了一下西周“雅”樂的狀況，可以説西周早期“雅”樂很明顯地要比三禮中描述的“雅”樂簡陋得多。

那麼，三禮所描述的“雅”樂所本爲何呢？筆者認爲三禮“雅”樂的原型應該是從西周晚期開始到春秋時期“雅”樂的狀況。但是，殷人在商末對五聲音階的使用，殷人對十二律的認識高度，從對西周晚期的樂器測音結果來看，周人尚不能企及。直到平王東遷以後，“雅”樂才又開始發生了新的變化，春秋中後期鄭衛之音的興起，才使有周一代之樂真正超過了殷商的靡靡之音，北里之樂。

若以圖形顯示其變化之跡，當擬表如左：

---

① 　馮潔軒：《論鄭衛之音》，引自朱文瑋、呂琪昌：《先秦樂鐘之研究》，頁 123。

時代＼地域	河洛中原地區	關中地區	江漢地區
前 16 世紀以前	夏代遺存		
前 16 世紀至 11 世紀	殷人河洛音樂文化	先周文化	殷人江漢音樂文化
前 11 世紀至前 771 年	西周雅樂統制下之中原音樂文化 殷人河洛文化緒餘	西周之統制與雅樂文化之形成 殷人河洛與江漢文化之影響	西周雅樂統制下之江漢文化 殷人江漢文化緒餘
前 771 至前 5 世紀	雅樂文化之東漸 中原文化之興起	雅樂文化之東遷 秦文化與中原文化之趨同	楚文化與中原文化之融合

顯然，從考古文獻等資料來綜合考察，我們所看到的三代音樂變化之跡並非簡單的三代嬗代所能概括。其間，不同民族區域之間的文化交融、接觸、碰撞與整合，亦遠非此文所能盡述。本文所冀者，僅撮其要者，略述其源流遞變，掛一漏萬，固所不免。

（四）平王東遷與雅文化的流播

1. 雅的觀念的變化

西周一代，周人的主要活動區域仍集中在關中地區。因此雅和夏的觀念還基本上是局限在宗周和王畿一帶的文化和地理概念。然而自幽王舉烽、宗周傾覆、平王東遷至洛陽，這一系列變故之後，"雅"和"夏"的概念已發生了深刻的變化。西周時代與宗周相聯繫的"夏"和"雅"，至此，伴隨著王室東遷，也被帶到整個中原地區。

朱東潤與孫作雲以爲"夏"完全等同於"雅"，也不盡然。"夏"和"雅"雖然都與周王室有關而二者又同中有異。"夏"字所指的似乎更多的是周的地域。《尚書》中有"有夏"、"方夏"、"區夏"諸詞，所指都是周人在文王時期以及商周嬗代之際的統治區域，即關中一帶。[①]夏字無疑是個地理概念，而雅字相對於夏的地理概念而言，更多地反映出一個文化概念。西周時期對代表關中一帶的"夏"這個地理概念到了春秋後期仍有跡象可尋。如季札至魯觀周樂，當他看到人表演"秦風"的時候，仍不禁要贊嘆："此之謂夏聲，夫能夏則大，大之至也，其周之舊乎。"杜預注曰："去戎狄之

---

① 《尚書注疏及補正》，11.6a，14.21b，16.6b，17.12b。

音,而有諸夏之聲,故謂之夏聲。"①顯然失其原旨。按照季札的説法,秦地之風被稱作"夏聲",乃是因爲一仍周人之舊。

平王東遷之後,"夏"的概念始被擴大到廣大中原地區,也就是《左傳》與《國語》中所常見的"諸夏"。這個諸夏就是"晉主夏盟"的"夏"。它所包含的範圍已不光是王畿以内,而是囊括了名義上尊奉周天子的中夏各諸侯國,春秋時期的霸權之爭和尊王攘夷觀念都是以這個新的諸夏觀念爲核心的。與"夏"的概念相對應的是"雅"的概念,原來與宗周文化和關中地區文明相聯繫的"雅"至此也發生了微妙的變化。與先王與宗周相聯繫的雅文化,在東周建立之後,當然爲東周王室所據有,雅的概念由此而附著在新的統治群上以確立其正統性,於是先王與後王,宗周與東周,就文化而言變成了二而一的事物。這一個觀念上的變化在後人的表述中更爲明確。《荀子》曾提到:"道過三代謂之蕩,法二後王謂之不雅。"(《王制篇第九》)荀子還一再談到"法後王、一制度"的"雅儒"這一種人物。《毛詩序》也説:"至於王道衰,禮義廢,政教失,國異政,家殊俗,而變風變雅作矣。"②所謂"變雅"和"不雅"顯然都是指與周王道相悖離的事物。而雅就是周的王道,即先王與後王、宗周與東周的統一體,也是"古雅"和"雅正"的統一體。

2. "雅"樂的新變

雅的觀念的泛化,對中國先秦音樂文化和文學史的影響是深刻的。正因爲雅的概念的這一變化,從而不但產生於宗周的詩大小雅可稱作雅,而且周魯商三頌,乃至產生於其他各國各地的十五國風也在雅的範圍内,因爲它們都反映了一定的風俗人情,關乎王政的盛衰興廢。然而詩三百内容無所不包,特別是十五國風中,大而至王政之得失,小而至兒女之情私,都備入"雅"樂。這爲"雅"樂所帶來的變化可想而知。國風中的歌詩就是《儀禮·燕禮》中所説的鄉樂。鄉樂也成了"雅"樂,故知國風的介入極大地豐富了"雅"樂的内容。特別是世俗的内容。

其次就樂制而言,春秋以前的"雅"樂,都是規模宏大,體制精整的詩樂舞三位一體形式。而詩三百的介入,實際上使"雅"樂的表演形式變得更爲自由、活潑。從而促成了詩樂舞三位一體的古老樂舞形式開始分離。《詩·鄭風·子衿》毛傳説:"古者教以詩樂,誦之歌之弦之舞之"。詩三百篇特別是國風比古"雅"樂中舞樂要自由得多,這些詩可誦、可歌、可弦、可舞,歌弦舞三者既可以同時進行,分開亦未嘗

---

① 杜預:《春秋左傳集解》,上海人民出版社,1977年,第3册,頁1121、1124。
② 《重刊宋本毛詩注疏》,臺北:藝文印書館重印嘉慶二十年南昌府學本,頁16。

不可。誦詩稱詩自不必說,《左》、《國》等文獻和諸子中所在皆是。《禮記·內則》并說:"十有三年學樂,誦詩,舞勺;成童舞象,學射御。二十而冠,始學禮,可以衣裘帛,舞大夏。"《史記·孔子世家》中說,"三百五篇孔子皆弦歌之"。換而言之就是僅以弦樂器來伴奏來唱。所謂"歌詩三百,舞詩三百,樂詩三百"。詩樂舞的分離使幽閉在宮廷宗廟、高高在上的"雅"樂向民間邁出了一大步。音樂史學家修海林先生分析了《周禮·春官·大宗伯》所述大宗伯的職司範圍,看到"雅"樂中古老的"六代樂舞"是用於吉禮,從事宗教性的活動,而風雅等則用於嘉禮,從事一些世俗性的活動以親萬民,①頗中肯綮。

就樂器而言,隨著"雅"的觀念的變化,"雅"樂的在諸夏的泛化流布,"雅"樂所用的樂器也發生了變化。

一、鈕鐘的出現:"雅"樂中的一種重要樂器鈕鐘是在春秋初期才開始出現的。考古發現的早期鈕鐘有三門峽上村嶺 1052 號虢國墓出土的九件成編的鈕鐘。另外在湖北也有發現。這些都是春秋早中期器。商代北方的庸和南方的句鑃到西周時期發展出了編懸的樂鐘,其基本形態有兩種:一爲甬鐘,一爲鈕鐘。②甬鐘和鈕鐘之間主要區別即在於舞上編懸結構的不同。甬鐘顧名思義舞上有甬,用於側懸;而鈕鐘則舞上有鈕,用於直懸。從考古發現的鈕鐘分布來看,春秋時期各諸侯國所使用的樂鐘中,鈕鐘已占相當大的比例。

二、管樂器在春秋前期似乎有了長足的發展。1984 年考古學家在河南信陽光山寶相寺春秋早期黃君孟夫人墓發現了最早的竹簫管四組,每組十一管。所能表達的旋律,定然極大地增强並豐富化。③

這時期的"雅"樂樂器除了數量和種類的增多以外,還有另一特色就是出現了各地方不同樂器的組合。考古發現的同窖或同墓的春秋鐘,常常有兩種不同的鐘類。或者是甬鐘與鈕鐘,或甬鐘與鎛,或鈕鐘與鎛。甚至三者皆有。筆者認爲這說明在春秋時期由於周室的衰微,"雅"樂在各諸侯國所發生的變異形式。表現了各國之間音樂文化的交流和整合。

然而在西周末剛剛完備的"雅"樂樂制,在春秋前期開始就逐漸面臨危機。這種危機始於各諸侯國的僭侈之風,從內部破壞了周代的禮樂制度。

---

① 修海林:《周代"雅"樂審美觀》,《音樂研究》,1991 年第 1 期,頁 80。
② 李純一:《關於殷鐘的研究》,《考古學報》,1957 年第 3 期,頁 47。
③ 河南信陽地區文管會、光山縣文管會:《春秋早期黃君孟夫婦墓發掘報告》,《考古》,1984 年第 4 期,頁 328。

　　《春秋》經載隱公五年(718 B. C.)，"九月，考仲子之宮，初獻六羽。"《穀梁傳》曰：
"初獻六羽，始僭樂矣。尸子曰：'舞夏自天子至諸侯，皆用八佾，初獻六羽，始屬樂
矣。'"①平王東遷之後，周室闇弱，各諸侯國都僭用天子禮樂"八佾"之制。魯是惟一
可用天子禮樂的諸侯。在各國諸侯開始僭用禮樂的時候，魯隱公特別用六佾屬樂，
以示對周天子的尊崇。②時當平王新死，桓王新立，不數年後，就發生了周鄭交質的
事件。所以説諸侯僭越之風實始自平王東遷之後。而到了春秋中晚期，僭侈之風
始遍染諸侯卿士大夫。

四、"新聲"與"雅"樂

　　西周時期的"雅"樂僅僅限於二雅、九夏等，而至季札觀周樂，"南"、"風"、"雅"、
"頌"皆屬"雅"樂。春秋時期"雅"樂觀念的寬泛化，是因爲相對於春秋中後期崛起的
新聲而言。學者們一般都認爲新聲是源自民間的歌舞形式，如孫作雲即認爲："新
聲原來是民歌，以後隨著地主階級勢力的擴大，成爲地主階級的樂舞。"③當代的學
者們多從此説。然而，筆者認爲僅以民歌統而論之，失之片面和籠統。若就其淵源
而論，新聲中既有中夏各國的民間世俗之樂，也有來自諸夏以外的四夷之樂，更重
要的，也是爲學界所忽略的，是殷商舊歌的再度出現。
　　河洛地區的殷商音樂文化雖因西周"雅"樂的出現而衰退，也並沒有徹底消歇。
滅商以後，殷商貴族先是聚居在邶鄘衛地區，武庚及三監亂後，多聚居在宋、魯、齊、
衛等地。④殷商的樂制也部分地在這些地區留存下來。前文已述，商代晚期常見的
"萬"舞，又見於《詩·商頌·那》、《詩·魯頌·閟宮》和《詩·邶風·簡兮》。春秋末
的齊康公興"萬"，楚王以"萬"舞"習戎備"，⑤顯然宋魯衛齊楚等國均存此樂式。宋
奉殷先祀，所保留的殷商樂式更多。春秋後期，在諸侯僭侈之風的帶動下，晚商的
餘音於諸夏，嗣響不絕。《左傳·襄公十年(563 B. C.)》：
　　　　宋公享晉侯於楚丘，請以《桑林》。荀罃辭。荀偃、士匄曰："諸侯宋、魯，於
　　　是觀禮。魯有禘樂，賓祭用之。宋以《桑林》享君，不亦可乎？"舞，師題以旌夏。

---

①　《春秋穀梁傳注疏》，頁 2369。
②　楊伯峻：《春秋左傳注》，頁 40—41。
③　孫作雲：《九歌與民歌的關係》，《開封師院學報》，1963 年第 2 期。
④　見傅斯年：《周東封與殷遺民》《傅斯年全集》，臺北：聯經出版事業公司，1984，3：894—903。
⑤　事見《左傳·莊公二十八年》。《春秋左傳注》，頁 241。

晉侯懼而退入於房。去旌,卒享而還。①

魯之禘與宋之《桑林》同爲天子禮樂。前者爲周魯"雅"樂的代表,後者爲殷商餘韻,二者在春秋時期於諸夏之地仍能分庭抗禮。

新聲在先秦的典籍特別如《論語》《荀子》中常常以"鄭聲"、"鄭衛之音"稱之,但事實上,民間的新聲絶不限於鄭衛。《禮記·樂記》中載子夏語魏文侯語:

> 鄭音好濫淫志,宋音燕女溺志,衛音趨數煩志,齊音敖辟喬志;此四者皆淫於色而害於德,是以祭祀弗用也。

"諸夏"中的鄭宋齊衛各國,無不爲新聲所染。其所以被稱爲"鄭聲"或"鄭衛之音"是因爲這種流散在民間的晚商餘韻最初是由鄭衛兩地發韌,并爲當地的統治者最先接受。《韓非子·十過》載:

> 衛靈公(534—492 B.C.)將之晉,至濮水之上,税車而放馬,設舍以宿,夜分而聞新聲者而説之。使人問左右,盡報弗聞,乃召師涓而告之,曰:"有鼓新聲者,使人問左右,盡報弗聞,其狀似鬼神,子爲我聽而寫之"。師涓曰:"諾"。因靜坐撫琴而寫之。師涓明日報曰:"臣得之矣,而未習也,請復一宿習之"。靈公曰:"諾"。因復留宿,明日而習之,遂去之晉。晉平公(557—526 B.C.)觴之於施夷之臺。酒酣,靈公起。公曰:"有新聲,願請以示。"平公曰:"善。"乃召師涓,令坐師曠之旁,援琴鼓之。未終,師曠撫止之,曰:"此亡國之聲,不可遂也。"平公曰:"此道奚出?"師曠曰:"此師延之所作,與紂爲靡靡之樂也。及武王伐紂,師延東走,至於濮水而自投。故聞此聲者必於濮水之上。先聞此聲者其國必削,不可遂。"平公曰:"寡人所好者音也,子其使遂之。"師涓鼓究之。平公問師曠曰:"此所謂何聲也?"師曠曰:"此所謂清商也。"②

剔除其傳説的成分,從這段記載中可以看出,帶有商音的晚商餘韻在民間仍是餘音裊裊,不絶如縷,至春秋時乃又爲統治者接納爲一種"新聲"。《釋名·釋樂器》中明確地記載:"箜篌,此師延所作靡靡之樂也。後出於桑間濮上之地。蓋空國之侯所存也。師涓爲晉平公鼓焉。鄭、衛分其地而有之。遂號'鄭衛'之音,謂之'淫樂'也。"③此説與《韓非子·十過》所載可相互印證。

我們説帶有商音樂文明烙印的新聲崛起,是音樂史的一個很大的進步,主要是

①　《春秋左傳注》,頁 977。

②　王先慎:《韓非子集解》卷三,頁 42—3,册五。

③　《釋名》卷七,頁 28。

就一下幾點而言的:

1. 首先,從樂制規模上說,鄭衛之聲在諸夏流行以後,各國諸侯都"以巨爲美,以衆爲觀",侈僭相尚。而宋康王作爲千鐘,極盡奢華之能事。因而戰國時期中夏的音樂文明達到了一個空前的高度。考古發現的曾侯乙墓的規模氣象令人瞠目。顯然是在諸侯的樂懸和樂器的組合規範之上踵事增華,"雅"樂制度的規範當然破壞無遺。①

2. 另外,早期"雅"樂中很少有女樂師舞者,女樂是夏桀、商紂那些亡國之君使用的。除文獻紀載以外,商代王陵亦發現了被殉葬的女舞者。被發現的女舞者共有二十四人,葬於安陽武官村王陵槨室西側。另有隨葬樂器、舞具銅戈等,並有鳥羽的殘跡。②終西周之世,文獻與文物資料中均不見女樂的使用,直到春秋時期,齊桓公建"女閭",秦穆公以女樂贈戎王。從春秋中期新聲興起之後女樂才開始大量使用。此外,舞者中,也增加了一些如雜要、俳優等。

3. "雅"樂樂舞的秩序非常整齊劃一,而新聲按照子夏的話説是"進俯退俯……及優侏儒,猱雜子女,不知父子"。舞姿和舞式也極盡變化夭矯之能事。

4. "雅"樂的音樂中正平和,樂調甚至可以説是單調的。其樂器以鐘鼓等打擊樂器爲主,旋律效果較弱;樂調以宫、角、徵、羽四聲音階爲主。然而,從現在的角度來看,鄭聲所代表的新聲無論是在樂器上還是在樂調上,都是中國音樂文化史上一個很大的進步。考古學家們對河南新鄭發現的殘套春秋中晚期甬鐘測音結果表明,商音變成了這套鐘的主音。春秋時期的音樂文物還告訴我們,春秋時期樂器不但具有了五聲音階,也具備了七聲音階的結構。而到了春秋末,戰國初,許多樂器出現了完整的半音結構,從而具備了旋宫轉調的能力,比如河南淅川下寺的 26 枚王孫誥編鐘,其轉調能力在四宫以上;而 65 枚曾侯乙編鐘則達到了六宫。③

五、結　論

"雅"與"夏"這個概念本身,及"雅"樂制度,是周族在與商族的政治角逐中形成的。自文王至周公,周人不斷以"夏"自居,這實質上是一種自身正統的證明。以夏

---

①　黃翔鵬:《先秦音樂文化的光輝創造——曾侯乙墓的古樂器》,《文物》,1979 年第 7 期,頁 32—39。

②　郭寶鈞:《1950 年春季殷墟發掘報告》,引自彭松、于平主編:《中國古代舞蹈史稿》,杭州:浙江美術學院出版社,1991 年,頁 26。

③　黃翔鵬:《先秦音樂文化的光輝創造——曾侯乙墓的古樂器》,《文物》,1979 年第 7 期,頁 37—39。

自居,承接夏的文化傳統,無疑能使在各方面處於劣勢的周人尋找到了一種精神上乃至政治上可以與殷人相抗的依據。從夏人那里承襲的"夏樂"也具有音樂之上的某種民族文化象征意義。正因爲如此,周人在滅商以後没有全盤接受殷人的音樂文明,相反,對後者亦有排斥的成分。也正因爲如此,周初周公製禮作樂,除了承襲歷代古樂以外,更以"托古改制"的方式把歌頌武王滅商的"大武"歸入"雅"樂。周初所用的"雅"樂六舞中,從黄帝之《雲門》,到周之《大武》,六代之舞無一不是正統的標識。

於是,以關中地區先周文明爲温床、夏文化爲主體的雅音樂文化乃取代河洛地區的殷商音樂文化轉而居於主導地位,並在有限地吸收了河洛地區音樂的基礎上創制並逐漸完善了以宗周爲核心的禮樂制度,這就是西周時期的"雅"樂。這一過程具有典型意義的昭示了兩個相對獨立的文明以軍事征服的方式交相整合而形成的文化移植(Acculturation)現象。[①]以涇渭流域爲中心的周民族固然有限地接受了殷商音樂文明,而另一方面,以洹水流域爲中心的河洛殷民族並未融入西來的雅音樂文化,而是隔離化(Compartmentalize)了後者。兩個文明在歸一之後,合而未整,如果套用人類學術語來説,在西周時期,涇渭地區的周民族比河洛地區的商族更爲涵化(Accultured)。因此,西周時期的所謂"雅"樂制度其實施範圍仍以關中區域爲主。而雅與夏的概念也僅與宗周文化相聯繫。《詩經》中的三《頌》是周人從殷人那裏所接受的殷商音樂體式,大小《雅》即是西周時期采擇自周王畿内的作品。[②]與此同時,周代"雅"樂的確立及其主導地位,終西周之世,帶有强制性地破壞了殷商音樂文明。在"雅"樂系統化與制度化的同時,也規範了從屬於周的中夏諸國對禮樂樂器的使用,樂曲的選擇,音樂活動的規模、場所,以及音樂的創作與享受等等。於是,考古資料顯示,在一定的時期内,"雅"樂造成了河洛地區殷商音樂文化的間歇性衰退或遲滯。

公元前8世紀,平王東遷,定都洛邑。拘限於涇渭流域的雅文化再次與河洛文明觸撞。於是,雅與夏的概念,隨著周室的東移,流布到中原地區。作爲文化概念的雅由宗周禮制文明而附著在東周王室,而夏的地理概念也由關中地區移向以洛

① Acculturation 人類學界一般譯作"涵化"。本文將 Acculturation 譯作"文化移植",而將 Accultured 譯作"涵化"。

② 關於《風》《雅》《頌》《南》四詩之本,筆者已另撰《説南——再《詩經》分類》一文(刊於《中國文哲研究集刊》第13期〔1998年9月〕),以證四詩之名實本於樂器,進而成爲各地不同的樂式。此説當否,仍有待於方家有以教之。

邑爲中心的廣袤的中夏地區。《左傳》《國語》等文獻中"諸夏"的觀念即由此而生,而先秦文獻與其他古文字資料中"夷夏""蠻夏"的分界觀念亦由此而生。與此同時,"雅"樂制度也發生了深刻的變化。一方面接受中原諸夏的影響,"雅"樂制度本身又進一步完善,增進新的内容。三禮所描述的諸侯大夫士的禮樂中有很多内容都是在這個時期闌入的。《詩經》中采擇自中原各諸侯國的《風》也是在這裏被歸入"雅"樂。另一方面,"雅"樂制度也逐漸爲中原諸夏的音樂文化所破壞。由諸夏中崛起的新聲逐漸取代了"雅"樂在東周社會中的主導地位。

　　所謂新聲從某種意義上説並不新。以"鄭衛之音"開其先聲,新聲的出現實際上是河洛殷商音樂文化的再發現。與此同時,遍染貴族階層的僭侈之風,來自民間與外來文化的衝擊,使"雅"樂制度與雅文化隨着周王室的式微而日漸消歇,成爲有其名而無其實,縈迴在儒者們腦際的一個華胥之夢。

　　回顧一下商周時代"雅"樂的源起和流變過程,我們吃驚地發現,歷史走過了一個不小的圓圈。從商末到春秋戰國之際,本應該直綫發展的商周音樂文化,卻因"雅"樂的出現而倒退和遲滯,最後以新聲的出現才回復和超過原有的水平。這種異乎尋常的現象是由兩個處在不同發展水平的民族音樂文化由相接到衝撞,由衝撞到融合而造成的。這兩種文化接觸與融合歸一,由於音樂以外的原因,諸如政治需要、民族心理、文化傳統等多方面的外在因素,使周民族在接受殷商音樂文化上經歷了一個漫長曲折的過程。而兩個民族的文化變遷,及其對外來文化的接受模式也各異其趣。二者的不同之處通過分域研究的方法,才能更清晰地看到。

　　文化分域研究不是十分新鮮的方法,自上一世紀的晚期,傳播學派(Diffusionism)的人類學家多傾向於從民族與區域的接觸中來看文化的傳承。30年代,傅斯年先生出版了他的《夷夏東西説》,[①]試圖從"東西對峙""夷夏交勝"的角度來重新審視三代以及三代以上的古史;蒙文通先生也出版了他的《古史甄微》,別主上古民族當分爲江漢、河濟、海岱三系並以此來看三代的嬗代。[②]兩位前輩學者雖觀點不同,立意則並無二致,實開以民族區域文化差異與互動關係探尋古史發展之先河。此後,繼起者不乏其人。然而,具體到音樂史的研究領域,人類學及其分支民族音樂學(Ethnomusicology)關於音樂文化接觸與變遷的理論和方法仍有待於進一步的嘗

---

①　見《慶祝蔡元培先生六十五歲論文集》,北平:國立中央研究院歷史語言研究所集刊外編第一種,1935年,頁1093—1134。據作者序,該文於1931年寫成。

②　見蒙文通:《古史甄微》,上海:商務印書館,1933年。

試與運用。

　　在商周音樂文化的研究中，一般的音樂史論著都采取按兩個朝代興替順序來縱向的分析周代音樂在商代音樂基礎上的進一步發展，而很少特別留意兩代音樂文化的地方性差異。當然這有一個客觀原因：以往的音樂史研究仍以典籍中文獻資料爲主要依據，而文獻資料，往往是以政治權力爲中心而得以撰著、流傳。其中有的直接爲政權服務，有的或多或少地受到政治的支配和影響。所以，從文獻中我們看到的往往是一代有一代之樂，而不是一地有一地之樂。當代諸多中國音樂史論著中，以影響而論，當首推楊蔭瀏先生的《中國古代音樂史稿》。①而此書對三代音樂的描述也仍是采取綫性的方法，對三代古樂的區域差異語焉未詳，甚或置而不論。本文認爲以政權的更代爲基準，來從變化中求變化，不如以不同的地域和民族之間的文化特性爲基準，來從差異中求變化。

　　本世紀以來，特別是近十來年，音樂考古學的逐漸形成和發展，爲我們提供了一個以民族音樂學的角度重新審視三代音樂文化的契機。音樂考古資料爲我們真實和客觀的再現了部分歷史失落的記憶，在很多方面可補文獻之不足。音樂史學家和考古學者在這方面做了很多具體研究，做出了卓越貢獻。以近年來的音樂史研究和考古發現的音樂資料來看，三代音樂文化以政權的更替來斷代，無論從器物、樂制、樂律以及相關的文化制度的流變來説，都不是最理想的。本文試圖采取分域研究的方法來重新審視三代，特別是從殷墟到春秋時期的音樂文化。用分域研究的方法不僅無損於商周音樂史的分期研究，而且有利於我們作出更合理的、以音樂文化本身爲主體的分期。

---

① 　此書初版於 1952 年，原名《中國音樂史綱》，上海：萬葉書店，後經擴充再版，更名《中國音樂史稿》，北京：人民音樂出版社，1964、1966、1981 年。

從王國維《北伯鼎跋》看周初"邶入於燕"的史事[*]

緒　論

　　1919 年王國維在《北伯鼎跋》中,因北國銅器出於河北而提出"邶即燕,郦即魯"的重要論斷,然徵之商周史事,紂子武庚與三監據以叛之地,不當遠自燕魯求之,故陳夢家復提出"邶入於燕"的主張。自王國維、陳夢家二氏之後,又有傅斯年"燕始封在邶"説以及金岳"周初兩邶國"説,歧説迭出,莫衷一是。然邶與燕的關係問題,實則關涉到周初建國時期一些重大史事,現有的西周史著作,在此問題上多語焉未詳。如楊寬及許倬雲的《西周史》雖對王國維"邶即燕,郦即魯"的論斷質疑,但對邶國燕國始封時期的論述,終嫌語焉未盡。[①]本文考察王國維與陳夢家二氏所據以論斷之證據,又根據上世紀後來發現的現有的考古與古文字資料,對邶國和燕國的關係問題試圖作一綜合性考察,本文認爲以現有的文獻、彝銘、卜辭和考古資料來看,可作出推斷如下:邶國始封仍在朝歌之北故殷之地,武庚與三監之亂起,國與殷遺俱移,是有北子之國與北伯之國。北伯之國隨武庚先徙入商奄之地,復逭"入於燕"。至召公北定燕地,殷遺之叛始平,其子亦獲封於燕。本文提出此推論,所期者能邀學者更深入地探討這一問題。

　　觀堂先生以地下發現的資料,包括金石龜卜文字的資料來從事商周史的研究,大約始於 1912 年至 1913 年先生三十六七歲時。在其 1914 年與羅雪堂先生的書中

[*]　本文初刊於《從王國維〈北伯鼎跋〉來看商周之際的一些史事》,《臺大歷史學報》31 期(2003 年 6 月),頁 1—43。文章内容於原文基礎上略有增補。

[①]　楊寬:《西周史》,上海人民出版社,1999 年,頁 131;許倬雲:《西周史》,臺北:聯經出版事業公司,1993 年,頁 116—117。

説："比年以來擬專治三代之學因先治古文字,遂覽宋人及國朝諸家之説。"①其治三代之學的取徑,要言之,乃先從金石龜卜文字入手,考覈三代典章制度。早期著作如《明堂廟寢通考》《釋幣》皆此例。由金石龜卜文字結合經傳的研究,舉凡三代的史實、制度、地理、民族、都邑,幾無不涉入。自 1915 年,觀堂先生撰寫《鬼方昆夷玁狁考》起,其三代之學又開闢一新氣象規模。同年撰寫的《三代地理小記》九篇,揭示了觀堂在方法上真正採取了地下材料與傳世文獻相接合的"二重證據法"。此地下材料,不惟金石龜卜文字而已,而是包括古器物的型制,出土地點,地方特色以及器物年代等等。王國維先生的著名論斷:"凡古今的新學問,未有不賴於新發現者。"先生所處之時代,正當新發現迭出,又當西學東漸,以先生的淵博加敏鋭,故能於商周史領域,別開生面,於方法、角度、問題、視野上均開啓一代學術風氣,其影響至今未歇。其所創樹的現代史學方法,至今爲人們所依循。本文擬從王國維研究古邶國與商周嬗代的兩篇名文《商三句兵跋》與《邶國鼎跋》入手,來窺視一下觀堂治古史的方法對後世學者所起的指示方向的作用,並沿此方向重新檢討靜安先生的一些論斷。

　　王國維於 1917 年撰寫的《商三句兵跋》云:

　　　　商句兵三,出直隸易州。今歸上虞羅叔言參事。其一銘曰:"大祖日己祖日丁祖日乙祖日庚祖日丁祖日己祖日己。"其二曰:"祖日乙大父日癸大父日中父日癸父日癸父日辛父日己。"其三曰:"大兄日乙兄日戊兄日壬兄日癸兄日癸兄日丙。"凡紀祖名八,父名六,兄名六。三器之文,蟬嫣相承,蓋一時所鑄。襄見吳縣吳愙齋中丞所藏一戈,有乙癸丁三字,不得其解。以此三器例之,蓋亦祖父之名矣。……其器出易州,當爲殷時北方侯國之器。而其先君皆以日爲名,又三世兄弟之名先後駢列,皆用殷制,蓋商之文化,時已沾溉北土矣。嘗讀《山海經》紀王亥有易事,恒以爲無稽之説,及讀殷人卜辭,見有王亥王恒諸名,乃知《楚辭·天問》中"該秉季德"一節,實紀殷之先祖王亥王恒及上甲微三世之事,與《山經》《竹書》相表裏。二書言王亥託於有易,《天問》作"有狄"。古者易狄同字,有狄即有易。蓋商自侯冥治河,已徙居河北,遠至易水左右。逮盤庚遷殷,又從先王故居,則今易州有殷人遺器,固不足怪。往者嘉興沈乙庵先生語余,箕子之封朝鮮事,非絕無淵源。頗疑商人於古營州之域,夙有根據。故周人因而封之。及示此器拓本,先生又謂《北史》及《隋書·高麗

---

① 吳澤主編:《王國維全集:書信》,臺北:華世,1985 年,頁 40。

傳》之大兄,或猶殷之遺語乎? 此説雖未能證實,然讀史者不可無此達識也,
因附記之。①

王國維從商三句兵的出土地址、銘文内容、銘文所透露的商代制度,再結合文
獻的考據,得出商之文化已沾溉北土的重要結論,後文我們將會談到,觀堂先生的
這一發現,不但具有預見性,而其研究的方法,更是影響深遠。後代學者正是按照
這樣的研究方法,對不斷新出現的甲骨金文材料和古器物考古資料,進行梳理,並
與文獻考據相結合,進一步證實了商文化沾溉北土的論斷,而且對此沾溉的深度和
廣度有了更深入的認識和更全面的把握。

1919 年,王國維又撰文《北伯鼎跋》云:

　　彝器中多北伯北子器,不知出於何所? 光緒庚寅,直隸淶水縣張家窪又出
北伯器數種。余所見拓本,有鼎一卣一。鼎文云:"北伯作鼎。"卣文云:"北伯
炆作寶障彝。"北蓋古之邶國也。自來説邶國者,雖以爲在殷之北,然皆於朝歌
左右求之。今則殷之故虚得於洹水,大且大父大兄三戈出於易州,則邶之故地
自不得不更於其北求之。余謂北即燕,鄘即魯也。邶之爲燕,可以北伯諸器出
土之地證之。邶既遠在殷北,則鄘亦不當求諸殷之境内。余謂鄘與奄聲相近。
《書·雒誥》:"無若火始燄燄。"《漢書·梅福傳》引作"毋若火始庸庸。"《左文十
八年傳》"閻職",《史記·齊太公世家》《説苑·復恩篇》均作"庸職"。奄之爲鄘,
猶燄閻之爲庸矣。奄地在魯。《左襄二十五年傳》:"魯地有弇中。"②漢初古文
禮經出於魯淹中,皆其證也。邶鄘去殷雖稍遠,然皆殷之故地。《大荒東經》言
王亥託於有易,而泰山之下亦有相土之東都。自殷未有天下時,已入封域。又
《尚書疏》《史記·索隱》皆引汲冢古文盤庚自奄遷於殷,則奄又嘗爲殷都,故其
後皆爲大國。武庚之叛,奄助之尤力。及成王克殷踐奄,乃封康叔於衛,封周
公子伯禽於魯,封召公子於燕,而太師採詩之目,尚仍其故名,謂之邶鄘,然皆
有目無詩。季札觀魯樂,爲之歌邶鄘衛,時猶未分爲三,後人以衛詩獨多,遂分
隸之於邶鄘,因於殷地求邶鄘二國,斯失之矣。③

《邶國鼎跋》從彝器的出土,銘文考釋,結合傳統的訓詁聲韻之學,研究商周嬗

---

① 王國維:《觀堂集林》,北京:中華書局,1959 年,頁 883—884。
② 劉起釪謂:"按高士奇《春秋地名考略》、江永《春秋地理實實》皆謂弇中在臨淄至萊蕪間,爲齊地。此誤
記。"見劉起釪:《周初的"三監"與邶鄘衛三國及康叔的封地問題》,見《古史續辨》,北京:中國社會科學
出版社,1991 年,頁 524。
③ 王國維:《觀堂集林》,頁 884—886。

代之際的古史,其所提出的問題看似不大。然"邶即燕,鄘即魯",語足驚人。其驚人處在於:

其一:自來作古史者,只知邶國在殷都朝歌左右,從未想到邶與燕有什麼關係。

其二:邶若是燕,則燕國之始封未必歸爲召公,而或爲殷餘遺民。自來治古史者,從未想到燕國與殷遺有何種關係?

其三:結合其《商三句兵跋》中所提出的"商文化沾溉北土"説,則周初之燕,與殷文化又有什麼關係? 此亦前之學者慮所未及也。

故觀堂先生提出的這個論斷,不管它是否精確,實際上卻關涉到整個商周之際的歷史地理,商周文化的面貌以及享祚八百年、幾與有周一代相終始的北方大國燕國的建國問題。

一、三監與古邶國

古邶國史事無徵,可稽考者惟散見於載籍中的數語。其地按照傳統文獻所載,當在朝歌東北某處。周初,武王滅商,分封先代的君辟之後,即所謂"三恪",又封商紂(帝辛)之子武庚以殷之遺民,又分封武王兄弟"三監"以監視武庚。[1]而關於武庚始封之地以及三監究竟是誰? 邶國究竟是誰的封國? 其地在哪裏? 文獻中向有不同的説法,諸種説法亦頗有抵牾。古來學者們討論此問題時所依據的主要材料,不外乎以下數種,今臚列之如下,以便參覈論證:

1.《逸周書·作雒》:

武王克殷,乃立王子禄父,俾守商祀。建管叔于東,建蔡叔霍叔于殷,俾監殷臣。武王既歸,成歲十二月崩鎬,肂予岐周。周公立,相天子,三叔及殷東徐奄及熊盈以略。周公召公内弭父兄,外撫諸侯。九年夏六月,葬武王於畢。二年,又作師旅,臨衛政殷,殷大震潰。降辟三叔,王子禄父北奔,管叔經而卒,乃囚蔡叔于郭淩。凡所徵熊盈族十有七國,俘維九邑。俘殷獻民,遷于九里。俾康叔宇于殷,俾中旄父宇于東。[2]

2.《漢書·地理志》:

河内本殷之舊都,周既滅殷,分其畿内爲三國,《詩》風邶、庸、衛國是也。

---

[1]　見黃懷信、張懋鎔、田旭東撰:《逸周書彙校集注》,上海古籍出版社,1995年,頁545—546。

[2]　黃懷信、張懋鎔、田旭東撰:《逸周書彙校集注》,頁544—555。

鄁,以封紂子武庚;庸,管叔尹之;衛,蔡叔尹之:以監殷民,謂之三監。故《書序》曰:"武王崩,三監畔",周公誅之,盡以其地封弟康叔,號曰孟侯,以夾輔周室;遷鄁、庸之民于雒邑,故鄁、庸、衛三國之詩相與同風。鄁詩曰"在浚之下",庸曰"在浚之郊";鄁又曰"亦流于淇","河水洋洋",庸曰"送我淇上","在彼中河",衛曰"瞻彼淇奥","河水洋洋"。故吳公子札聘魯觀周樂,聞鄁、庸、衛之歌,曰:"美哉淵乎! 吾聞康叔之德如是,是其衛風乎?"至十六世,懿公亡道,爲狄所滅。齊桓公帥諸侯伐狄,而更封衛於河南曹、楚丘,是爲文公。而河內殷墟,更屬于晉。康叔之風既歇,而紂之化猶存,故俗剛彊,多豪桀侵奪,薄恩禮,好生分。①

3. 晉皇甫謐《帝王世紀》:

自殷都以東爲衛,管叔監之,殷都以西爲鄘,蔡叔監之,殷都以北爲鄁,霍叔監之,是爲三監。②

士安所言,與《史記·周本紀》正義略同,張守節所本或爲《帝王世紀》。《帝王世紀》又云:"周公營成周,居鄁鄘之衆。"③

4. 漢鄭玄《詩鄁鄘衛譜》:

武王伐紂,以其京師封紂子武庚爲殷後,庶殷頑民被紂化日久,未可以建諸侯,乃三分其地置三監,使管叔蔡叔霍叔尹而教之。④

鄁鄘衛國的初建,與周之滅商關係至鉅。商亡之後,武王分封諸叔兄弟,乃立三監以治殷遺。關於"三監"之名的由來,以及三監究竟是哪三監? 王引之《經義述聞》卷三中指出其有兩説:⑤一本《漢書·地理志》"鄁,以封紂子武庚;庸,管叔尹之;衛,蔡叔尹之:以監殷民,謂之三監。"是則"三監"分指武庚、管叔、蔡叔(二叔)。一説"三監"爲武庚與管叔鮮霍叔處合稱,無蔡叔度,此説僅見於《商君書·刑賞篇》;以上兩説都以"監"字爲監治之義,所監治者,殷餘遺民也。而鄭玄《詩鄁鄘衛譜》别立異説:"武王伐紂,以其京師封紂子武庚爲殷後,庶殷頑民被紂化日久,未可以建諸侯,乃三分其地置三監,使管叔蔡叔霍叔尹而教之。"這種説法是以爲"三叔"爲"三監",即管叔鮮、蔡叔度與霍叔處也,所監者武庚也。故此

① 班固:《漢書》,北京:中華書局,1962 年,卷 28 下,頁 1647—1648。
② 《史記·周本紀》正義引,見皇甫謐《帝王世紀》,收入《二十五別史》,濟南:齊魯書社,1998 年,頁 43;徐宗元:《帝王世紀輯存》,北京:中華書局,1964 年,頁 90。
③ 《史記·劉敬傳》正義引,見徐宗元:《帝王世紀輯存》,北京:中華書局,1964 年,頁 91。
④ 鄭玄:《鄁鄘衛譜》,見阮元校刻:《重刊宋本十三經註疏》,北京:中華書局,1980 年,頁 295。
⑤ 王引之:《三監》,見《經義述聞》,南京:江蘇古籍出版社,2000 年,卷三,頁 50 下—53 下。

"監"爲監視之義。①

　　關於邶之君究竟是誰，文獻有這幾種不同的記載。武庚被封於邶説出於《漢書·地理志》，並見於《路史·國名紀》。②此前文獻中並無定論。關於邶國之名的由來，董作賓據《路史》認爲，甲骨文中地名 𝄙 𝄙 𝄙（㳄）諸字即是邶字（《商代龜卜之推測》，《安陽發掘報告》一期）陳槃③與日人白川靜④島邦男⑤皆從其説。

1　H08345

　　貞我勿涉于東㳄。　　　　　　　　　　〔甲骨文字形〕

2　H08346

　　庚子〔卜〕，宁，貞〔我〕涉于東㳄。　　〔甲骨文字形〕

3　H08409

　　〔貞〕虎方其涉河，東㳄其□。　　　　〔甲骨文字形〕

4　H14330

　　(4)〔貞〕勿〔夔〕于〔東〕㳄。　　　　(4)〔甲骨文字形〕

5　W01648

　　(2)才軷，東㳄，尊旲。　　　　　　　(2)〔甲骨文字形〕

6　H30439

　　(8)貞其涉兕西㳄。　　　　　　　　　(8)〔甲骨文字形〕

此北字從兩人相背從水。若依董、陳諸氏之説，此北字是水名，邶國蓋因北水而得名。唐蘭釋此字爲"兆"，並指出"卜辭用爲地名，即洮也。"⑥則此水應是洮水。《左傳》經莊公二十七年："春，公會杞伯姬于洮。"杜預注："洮，魯地。"《左傳》經僖公八年"春，王正月。公會王人、齊侯、宋公、衛侯、許男、曹伯、陳世子款，盟于洮。"杜預注："洮，曹地。"是除西北之洮水之外，中原曹（山西）、魯（山東）一帶別有一水稱洮。上引甲骨文中 𝄙 字若爲洮字，當即此曹、魯之洮。而據詹鄞鑫先生根據戰國秦漢文字考證，𝄙 字爲兆字之初形，其所列字形表中，尤以《睡虎地秦簡》中諸字例相類。詹鄞鑫先生更據《説文》："垗，畔也。"以及《周禮》諸書注疏中釋兆爲壝域諸説，以爲甲

①　見劉起釪：《周初的"三監"與邶鄘衛三國及康叔的封地問題》，見《古史續辨》，頁515—520。

②　《路史·國名紀·丁·邶》："武庚之封。"陳槃：《春秋大事列國爵姓及存滅表譔異》，頁464下。

③　陳槃：《春秋大事表列國爵姓及存滅表譔異》，頁464。

④　白川靜：《詩經蠡説》，見《中央研究院歷史語言研究所集刊》外編第四種，頁88。

⑤　島邦男：《殷墟卜辭研究》，頁375。

⑥　于省吾：《甲骨文字詁林》，頁146。

骨文中的𫞩爲"川河的某一邊"。①如果詹説成立,那麼甲骨文中的𫞩字實與古邶國無涉。

《路史·國名紀》邶:"今滑之白馬有郖水。"②文獻如《説文解字·邑部·邶》:"故商邑,自河内朝歌以北是也。"《詩邶鄘衞譜》:"自紂城而北,謂之邶。"是則邶之得名以其在紂都之北也。王國維以爲邶國不當就殷都朝歌左右求之,但武庚初封之邶,若遠至易水淶水流域,則去殷都八百餘里,於情理不合。武王初破商都,即行分封武庚及三叔等。《史記·周本紀》明言:"封商紂子禄父殷之餘民。武王爲殷初定未集,乃使其弟管叔鮮、蔡叔度相禄父治殷。"《逸周書·作雒》則言:"武王克殷,乃立王子禄父,俾守商祀。建管叔于東,建蔡叔霍叔于殷,俾監殷臣。"又説周公"又作師旅,臨衞政殷,殷大震潰。降辟三叔,王子禄父北奔,管叔經而卒,乃囚蔡叔于郭淩。"王子禄父所初封之地,即使不是殷都,也當在殷都附近,否則如何管理殷之遺民。陳槃指出:

> 邶之地望,或曰在朝歌以北,或曰在東,或曰在南。案今湯陰縣東南三十里有邶城鎮(《一統志》彰德府二古蹟邶城條引舊志),安陽縣東三十里、汲縣東北,並有邶城(前者見《彰德府志》四古蹟,後者見《讀史方輿紀要》四九衞輝府汲縣),滑縣之白馬城有郖水(《路史》,已見前)。《邶風·凱風》之篇之所謂寒泉,所謂浚,則在滑縣東七里——今河北之濮陽縣(《凱風》:"爰有寒泉,在浚之下。"《詩地理考》一:"《通典》:'寒泉,在濮州濮陽縣東南浚城。'"《水經注》:"濮水枝津,東逕浚城南而北,去濮陽三十五里。城側有寒泉岡,即《詩》'爰有寒泉,在浚之下。'案濮陽縣,故城在今河北濮陽縣南")。如以此等處爲邶國故地,是邶當在紂城(淇縣)之東北,亦即殷都(今安陽縣)之東南矣。③

湯陰縣東南三十里之邶城鎮,錢賓四先生在《史記地名考》中已指出。錢又引《通典》:"庸城在新鄉縣西南三十二里。"則鄘在汲縣東南。④以此視之,邶國武庚初封,當在殷都附近,而不當遠自易水、淶水流域求之。

王國維在《邶伯鼎跋》中指出,邶即燕,是周初分封召公的北燕。這是一個重要的論斷,然而王國維没有進一步説明,何以古邶國又稱爲燕?武庚又與此燕國有什麼關係?文獻中明確記載,燕爲召公始封之國,與武庚所封之邶似了無相涉?邶國

---

① 詹鄞鑫:《釋甲骨文"兆"字》,《古文字研究》第24輯,北京:中華書局,2002年,頁123—129。

② 《路史·國名紀》,頁37,《四部備要》本。

③ 陳槃:《春秋大事表列國爵姓及存滅表譔異》,頁467。

④ 錢穆:《史記地名考》,北京:商務印書館,2001年,頁298—299。

之以北爲名,一説因其所在地域在殷都朝歌之北,①一説因其地靠北水。②若云邶即是燕,則難以解釋武王滅商,爲監殷民,何以封武庚遠至易水淶水流域? 若邶是燕,鄘是魯,燕魯相去千里,武庚又庸能邀聚管蔡而爲叛? 既已叛周,周公臨衛,又庸能一舉而令殷大震潰,辟三叔? 這些問題王國維都未加解釋。

　　從出土的銅器來看,以北爲銘可能與古邶國有關的銅器有以下多件:

　　1) 西周早期《北子宋盤》銘文曰:"北子宋作文父乙寶隩彝。"(《殷周金文集成》,10084,以下簡稱《集成》)

　　2) 西周早期《北子作母癸方鼎》。銘文曰:"北子作母癸寶隩彝。"(《集成》2329)

　　3) 西周早或中期《北子觶》:"北子乍寶隩彝。其萬年孫孫子子永寶。"(《集成》6507)現藏故宫博物院。蓋器同銘,現僅存蓋。蓋器銘首字相近而不同,器銘作♀形,似"北子"二字合文,蓋銘作♀形,字不識。

　　4) 西周早期《北子☒作旅彝》(《集成》6476)

　　5) 西周早期《北子作彝》:"北子乍彝。"(《集成》5762)清宫舊藏,現藏上海博物館。

　　6) 殷器《北子父辛卣》蓋銘:"北子☒父辛。"器銘:"☒父辛。"(《集成》5165)蓋銘中"北子"二字是合文,二人相背,中一"子"字。《集成》定爲殷器,未審何據。此爲傳世銅器,與其他北子器參互看來,亦可能是西周早期器。

　　7) 西周早期《北子鼎》:"北子☒。"(《集成》1719)此器1961年於湖北江陵縣萬城西周墓出土,現藏湖北省博物館。器銘"北子☒"與前舉例6殷器《北子父辛卣》蓋銘首三字同文。未審何以。

　　8) 西周早期《☒北子甗》:"☒北子☒。"(《集成》847)與前舉例7北子鼎同出,銘文後三字與例7例6蓋銘首三字同文。現藏湖北省博物館。

　　9) 西周早期《北子耳③簋》:"☒(翠)④乍(作)北子耳簋,用興⑤厥祖父日乙,

①　許慎:《説文解字》,頁131。
②　陳槃:《春秋大事表列國爵姓及存滅表譔異》,卷5,頁464上—464下。
③　字形作"♀",似《杞伯☒》器中之"♀"字。《釋文》隷定作"耳"字,可從。參照《王子聖觥》、《天子聖瓠》之聖字,頗類"耳"旁之反書。
④　字形作"☒",不識。《集成》釋作"☒",從羽從夷,《殷周金文集成釋文》(以下簡稱《釋文》)釋作翠,皆未能從。見中國社會科學院考古學研究所編:《殷周金文集成釋文》,香港:中文大學出版社,2001年,頁3993。
⑤　《釋文》隷定爲"興",惟其中間漫漶難辨,不類☒(凡、同),文義頗類《四祀邲其卣》中"隩文武帝乙宜"之"☒"(隩)字,殆祭祀之義。李學勤釋爲"遺",以爲是"追"字的音假,殆追孝、追享之義。見李學勤《長子、中子和別子》,《故宫博物院院刊》2001年第6期,頁3,注9。

其萬年子子孫孫永寶”，1961 年於湖北江陵縣萬城西周墓出土，現藏荆州地區博物館。

　　10）西周早期《北柞簋》：“⺀（翏）乍（作）北柞簋，用興厥祖父日乙，其萬年子子孫孫永寶”，1961 年於湖北江陵縣萬城西周墓出土，現藏荆州地區博物館。

　　11）西周早期的《北伯珏尊》：“北伯珏乍寶障彝”，1890 年河北淶水縣張家窪出土。（《集成》5890）

　　12）西周早期的《北伯珏卣》：“北伯珏乍寶障彝”，1890 年河北淶水張家窪出土，現藏美國波士頓博物館。《美國集録》A617 云：“此器《三代》11. 26. 2 誤以爲尊，《小校》2. 46. 4 誤以爲鼎。”①容庚《商周彝器通考》：“光緒十四年秋，出於河北淶水縣釜山，二尊同出，同銘。”②

　　13）西周早期《北伯作障鼎》，1890 年河北淶水縣張家窪，與《北伯卣》《北伯尊》等同出。《貞松堂》云：“光緒 16 年直隸淶水張家窪出土古器十餘，皆有北伯字，此鼎其一也。今不知藏誰氏。”③

　　14）西周早期的《北伯邑辛簋》銘文云：“北伯邑辛作寶障彝。”現藏故宮博物院。（《集成》3672）

　　15）西周早期的《北伯作彝鬲》，又名《北伯彝》（《攈古》1. 34 上），又名《北伯鬲鼎》（《綴遺》4. 14 下）。④吳式芬《攈古録》云：“湖北漢陽葉氏藏筠清館著録作鬲。”《綴遺》：“右北白鬲鼎銘四字，葉東卿兵部所藏器據拓本摹入。”

1961 年湖北江陵縣萬城西周墓出土的《北子鼎》、《㿽北子甗》、《北子耳簋》、《北柞簋》爲西周早期器。其出土地點與邶國大有出入。⑤郭沫若説：“江陵的一批（銅器）比較古，當是西周初年的東西。銘中有北子、北柞，北即邶鄘衛之邶。邶國疆域，在今河南湯陰或者淇縣附近，不能遠至江陵。北國器在江陵出土，可能是經過曲折的經歷，爲楚國所俘獲。”郭氏斷其爲邶國銅器，未申論其依據。郭氏又云：“銘文中有‘父乙’（小臣尊、小臣卣、小臣觶）及‘日乙’（北柞簋）等稱謂，所謂‘以日爲名’，舊多以爲殷人習俗，實則周初至懿王時亦尚有遺留。”⑥西周上半段銅器中固多

①　《集成》，5299。劉體智：《小校經閣金石文字》，臺北：大通書局，1979 年，“北伯珏鼎”旁注云：“庚寅易州出土。”
②　容庚：《商周彝器通考》上，臺北：大通書局，1973 年，頁 422。
③　《集成》，1911。羅振玉：《貞松堂集古遺文》，2. 22。
④　《集成》，506。方濬益：《綴遺齋彝器考釋》，臺北：臺聯國風出版社，1976 年，頁 318。
⑤　《考古》1963 年 4 期，頁 224；《文物》1963 年 2 期，頁 54；《集成》，1719。
⑥　見郭沫若：《跋江陵與壽縣出土銅器群》，《考古》1963 年第 4 期，頁 181。

以日爲名者,其實仍是殷人習俗,這些銅器器主蓋多殷遺貴族也。從北子諸器銘文的内容來看,北子無疑也是殷遺貴族。銘文中北子耳與北柞若爲受祭人,則作器者可能是其子嗣。

　　那麼北子諸器與北伯諸器究竟有何關聯?其他傳世北子器作器者或名"北子宋"(例1),或名"北子🜨"(例4),或名"北子🜨"(例6 例7 例8),北子當爲一封君。①商周之際諸侯"子""伯""侯"互稱者其例不鮮。殷代有唐國(《合集》892 反、7440反),可能是侯爵(《合集》39703 曰"侯唐"),但在彝銘中則稱"子"(殷代金文《唐子祖乙觶》《唐子祖乙爵》)。②成王滅唐,以其地封叔虞,仍襲其國名。春秋有唐惠侯(《左傳》宣12),《左傳》定3 則有"唐成公",乃唐惠侯之後,此爲南方近楚地之唐,殆非唐叔之唐也。西周早期金文中如榮國的封君既稱子(《榮子旅》《榮子》諸器)又稱伯(《榮伯》諸器)。③《裘衛盉》單子(《單子卣》、《單子伯盤》又稱單伯(《裘衛盉》《揚簋》)。至春秋時猶然。如蔡侯(《蔡侯鼎》《蔡侯匜》)亦稱蔡子(《蔡子匜》),陳公之稱陳子(《陳子匜》)陳侯(《陳侯簋》《陳侯簠》)。商周之交彝銘"子""侯""伯"互稱,其中有些是爵名,有些則是一般的尊稱,似不當皆以爵名視之。北伯、北子諸器若皆屬於邶國,那麼其爵位或"子"或"伯",抑或二者皆非爵名,皆爲敬辭。但是,若云北伯、北子同屬於周初之邶,那麼有兩個問題不好解釋:其一,北伯諸器出於易州,北子諸器其中四件出於江陵,餘爲傳世銅器,不知所自,江陵易州,兩地懸隔,相去郢燕,又

---

① 李學勤先生在《長子、中子和別子》一文中指出河南鹿邑太清宫所出"長子口"的長字爲長子、次子的長,金文中亦有"中子曩"的"中子",皆序其行第,而非國名。然釋江陵北子諸器的北子爲別子,尚可商榷。理由如下:其一,李先生所據《書·舜典》:"分北三苗"與《三國志·虞翻傳》註引鄭玄云:"北,猶別也。"但揣其句意,"猶"並不等於說"北"就是"别"。《儀禮·鄉射禮》:"不方足。"鄭玄注:"方猶並也。"然"方"不等於"並"。其二,李先生解釋别子爲支子,然金文未有以"嫡""適""庶""支"自銘之例。其三,西周早期《北子耳簋》:"🜨(寥)乍(作)北子耳簋,用興厥祖父日乙,其萬年子子孫孫永寶。"寥(長)是作器人,北子耳是受祭者,在這裡按金文慣例作器人應是受祭人的子嗣或其他親屬。没有理由特别在銘文中指出受祭人是支子。故本文不從李先生此説。見李學勤《長子、中子和别子》,頁1—3。
② 當然也有可能殷周之際不止一個唐國,以文獻記載來看,很可能有兩唐國,一在晉,一屬楚。在晉者堯之後,周初唐人作亂,爲成王所滅,乃封叔虞於唐。屬楚者或説成王滅唐後,更封堯後劉累裔孫,仍曰唐;或説成王封叔虞於唐後,其子燮父之後,别封於唐。見陳槃:《春秋大事表列國爵姓及存滅表譔異》,册5,頁404—406。
③ 榮伯之名亦見於《書·周官》:"成王既伐東夷,肅慎來賀,王俾榮伯作賄肅慎之命。"僞孔《傳》曰:"榮,國名,同姓諸侯爲卿大夫。"見阮元校刻:《十三經注疏》,北京:中華書局,1981年,頁236。《史記·周本紀》:"厲王即位三十年,好利,近榮夷公。"是榮氏一族,顯於西周之世。彝器中《榮子》之器約有十餘件,多爲西周早期製作,《榮子方彝》《榮子盤》《榮子戈》出於洛陽、開封等地。榮伯之名亦數見於彝銘,西周中晚期作品較多,如卯簋、康鼎、同簋、輔師嫠簋(輔師嫠簋銘中的榮伯郭沫若謂即榮夷公)。見郭沫若:《輔師嫠簋考釋》,收入《文史論集》,北京:人民出版社,1961年。

豈能同出一國。郭沫若的解釋是江陵所出北子器可能是邶亡後,流入楚國。據《文
物》報道,北子諸器所藏是西周中期墓葬。也有可能是邶亡之後,部分邶國殷遺攜
器南逃;或爲周人所獲,周人南征時又攜至此。此說雖差可解釋,但也不免留下疑
問。其二,若北伯、北子同屬於周初之邶,邶國之存在自武王滅商,至三監亂平,其
間不過數年時間,何以會有這麼多邶君? 若說這是一兩個邶君的不同名字,很難
取信。

　　此外,還有一個可能是北伯器與北子器不同屬於一個邶國。殷周時期異國同
名者頗多。卜辭亦有異地同名存在,如敦與盂就有兩個。[①]周代如虢之有東西,唐之
有南北,皆類此。然周代的幾個虢國之間和兩個唐國之間一樣都有關聯。唐國前
已說明,若虢國,雷學淇在《介菴經説》《下陽在五虢於北》説裏指出:

　　　　周有五虢,而郭不與焉。成周之初,止有東虢西虢。賈逵《解詁》云:虢
　　仲封東虢,制是也,虢叔封西虢,虢公是也。幽王之時,東虢之君虢叔,驕侈
　　怠慢,恃勢而亡,未嘗遷都。西虢之君石甫,爲王卿士,讒諂巧從,滅焦而遷
　　於河北之下陽,是爲北虢。其故都之在雍者,令支庶守之,是爲小虢。《竹
　　書》云:“晉文侯六年,虢人滅焦。”《春秋經》云:“僖公二年,虞師晉師滅下
　　陽。”《史記·秦本紀》云:“武公十一年,滅小虢。”此之謂矣。三傳皆謂下陽
　　非國都,此實傳聞之誤,非經之正義。案:春秋書滅者三十一,皆謂用大師以
　　勝人之國也。僖公二年書滅下陽,此後遂無虢事。則虢都在下陽,即於是年
　　滅可知,一證也。《國語》史伯告桓公,謂成周之西,有虞、虢、晉、隗、霍、楊、
　　魏、芮。今案虞晉等國皆在古大河之北冀州竟中,不應虢國獨在河南豫州竟
　　内,二證也。《漢書·地理志》曰:“東虢在滎陽,西虢在雍州,北虢在大陽。”
　　三證也。焦之國土,河南北,國都本在上陽,其曰下陽者,焦之下都,河北之
　　巖邑也。虢石父既已滅焦,乃徙居北邑,不處其國都者,蓋石父比于褒姒以
　　亂王室,後見太子出奔,西戎屢寇,逆知西周必亂,小虢難以安居,且知衆之
　　怒已必深,勢去將及,乃巧託遷徙之計,越在冀方。意謂上陽猶是王畿,不如
　　下陽之越竟乃免也。後因此亦竟免于禍。此史記所以斥曰巧從,史遷所以
　　斥曰巧佞矣。東遷以後,鄭武公滅東虢,秦武公滅小虢,於是北虢獨存,桓王
　　時,虢仲亦爲王卿士,因下陽阻於大河,行有不利,乃以上陽爲下都,時往居
　　之,是爲南虢。……下陽上陽本皆西虢之遷都,而宗廟社稷實在下陽,而不

---

①　鍾柏生:《殷商卜辭地理論叢·卜辭中所見殷王田獵地名考》,臺北:藝文印書館,1989 年。

在陝。《周官》注曰:"毀其宗廟社稷曰滅。"故《經》于僖公二年書滅下陽,重宗社也。下陽雖滅,其君猶在上陽,故晉又用師敗之,其君乃出奔衛,《傳》以君在爲辭,故繫之于僖公五年也。[①]

觀虢事而可知,彝器中有"北伯""北子",可能也如虢之分爲東西南北一樣,是由一國分出。始封之邶在朝歌之左右。武庚亂後,其一支脈南下至今江陵是爲北子之國,另一支脈則隨武庚北上,是爲北伯之國。

出土於直隸淶水、易水流域的邶伯銅器多件,這並非偶然。陳夢家指出:"北白諸器出於燕地,乃西周初邶國之器,似可無疑。方氏(濬益)以北子之器亦屬諸邶,尚待考證。北白、北子之器皆僅限於西周初期,可認作武、成間殷遺之鑄作。成王誅武庚,更封衛、宋、燕而北器遂亡。北器出土之地,或以爲邵公封地。"[②]據此,陳夢家乃提出"邶入於燕"之說。以爲三監亂後,邶遂併入於燕國,故邶國銅器乃出於燕地。

近年來,有學者以爲所謂邶國,早在商代即已存在。卜辭中有"北土"、"北方"之名。其中有代表性的卜辭如下:

北土

H08783

(1) 貞,乎牛于北土。

(1) 𠂤𤘔牜于北土。

H09745

(1) 甲午卜,㱿貞,北土受年。〔一〕二三四五〔六〕

(1) 甲午卜㱿貞北土受年〔一〕二三四五〔六〕

(2) 甲午卜,㱿貞,北土不其受〔年〕。〔一〕〔二〕三四五六

(2) 甲午卜㱿貞北土不其受〔年〕〔一〕〔二〕三四五六

H09747

(1) ……北土受年。〔一二〕三四五二告六七

(1) ……北土受年〔一二〕三四五二告六七

---

① 雷學淇:《介庵經說》卷七,頁 4 下—6 上,《續修四庫全書》,上海古籍出版社,1995 年,册 176,頁 179—180。

② 陳夢家:《西周銅器斷代》卷三,頁 149。

H09748

丙寅……北土〔受〕年。

H09749

(1) 北土不其受年。

(1) 

H09752

貞,北〔土〕其受〔年〕。十月。

H10185

……北土〔不〕蒖。

H33049

(2) 癸酉,貞,方大出,立中于北土。一

(2) 

H33050

(1) ……方出,比北土,弗𢦏北土……

(1) 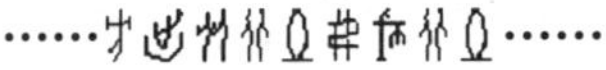

H33050

(2) □□貞,㞢來告……比北土,其㞢告〔于祖〕乙、父丁……

(2) 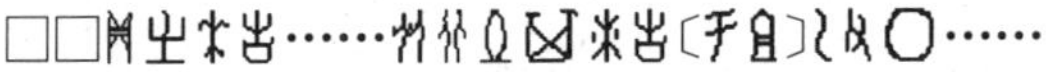

H33205

(2) ……封于北土歸。

(2) 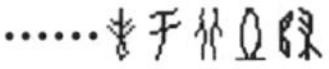

H36975

(5) 北土受年。吉。

(5) 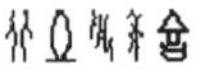

H40044(重見 H40044)

……北土……蒖。

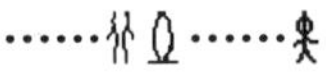

T01066

(1) □□,貞,卑以伐……〔于〕北土。二

(1) □□𠂤𡿧⚍杙……〔于〕𣥐⚍ 二

T01066

(3) 癸酉,貞,卑以伐……北土。二

(3) 癸酉𠂤𡿧⚍杙……𣥐⚍ 二

北方

H14294

(4) 〔北方曰〕伏風曰殴。

(4) 〔𣥐方 曰〕伏𠂤 曰殴

H14295

(7) 辛亥卜,丙,貞帝于北方曰伏,風曰殴,卒〔年〕。一二三二告四

(7) 辛亥卜丙𠂤𥄉于𣥐方曰伏𠂤曰殴〔年〕一二三二告三

H32030

(4) 辛亥卜,北方其出。

(4) 辛亥卜𣥐方⊠出

H33244

(3) 北方受禾。

(3) 𣥐方受禾

H33247

北方受禾。

𣥐方受禾

T00423

(4) 〔重〕〔北〕〔方〕〔受〕禾。

(4) 〔重〕𣥐〔方〕〔受〕禾

T01066

(5) □〔寅〕,貞,王……北方,重□伐令金□方。

(5) □〔寅〕𡿧大……𣥐方□杙令金□方

T01066

(9) 庚寅,貞,王其正〔北〕方。

(9) 庚寅𡿧大⊠正〔𣥐〕方

T01126

(3) 北方。一

(3) 〔甲骨文〕一

T02170

(3) 于北方叔，卑。

(3) 〔甲骨文〕

W01379

(2) 于北方□南鄉。

(2) 〔甲骨文〕

考古所《小屯南地甲骨》謂"北土""北方"可能是殷代方國名，即邶國。如此則邶國非武庚始封，商代晚期已經是一獨立的方國；並且邶國不當自殷都附近求之，而王國維所説遠至易水淶水流域，庶幾近之。[1]金岳考察甲骨文中的北方，指出其爲商代在北土的一個歷史較長的方國名，並指出其地也如王國維所説在易水淶水流域。[2]據此金岳先生並指出商周之際實有兩北國，一爲卜辭中所見的"北土"、"北方"，其地在北伯、北子諸器所出之易水、淶水流域，銘文中的北伯〔圖〕、北伯邑辛庶爲此國兩代不同的君主，其國爲周初的燕國所滅；一爲朝歌左右之邶，爲武庚所封，三監亂後，其國入於衛，而武庚北奔。金岳先生所説頗有見地。然甲骨文中之"北方""北土"究竟是方國名還是對北土方國的泛稱，尚有疑問。因文獻與考古資料的缺乏，兩北國之説雖可備一説，但亦不能排除其他的可能性。爲便於説明問題，本文將關於古邶國的現有資料列一簡表如下：

	朝歌左右之北國説	易水淶水之北國説	邶入於燕説	兩北國説
文獻資料	邶爲武庚所封，其地當在殷都朝歌附近。	無徵	邶爲武庚所封，其地當在殷都朝歌附近。入燕無徵	邶爲武庚所封，其地當在殷都朝歌附近。其他北國無徵。
甲骨文	有"北方""北土"之名，然不確知其所在。	有"北方""北土"之名，然不確知其所在。	有"北方""北土"之名，然不確知其所在。	有"北方""北土"之名，然不確知其所在。

---

① 中國社會科學院考古學研究所：《小屯南地甲骨》，頁 922—923。
② 金岳：《滹沱河商族方國考——論燕初併滅商族方國》，《文物春秋》1995 年 2 期，頁 59—69。

（续表）

	朝歌左右之北國説	易水淶水之北國説	邶入於燕説	兩北國説
金文	無徵	北伯諸器出於易水淶水流域。	北伯諸器出於易水淶水流域。	北伯諸器出於易水淶水流域。北子四器出於湖北江陵。其他北子諸器不知出處。

以上表所列推斷，關於古北國實有以下幾種可能性：

1. 甲骨文之"北方""北土"爲泛稱，而非國名。

2. 甲骨文之"北方""北土"即易水淶水附近之國名。

3. 甲骨文之"北方""北土"所指乃殷都附近之方國名。

本文認爲欲解開古北國之謎，"北方""北土"是泛稱還是專指是關鍵所在。殷墟卜辭中固有"東土"（《合集》7084、7308）"西土"（《合集》6357、7082、9741 正、17397 正、20628、36975，《屯南》1049）"南土"（《合集》896、20576 正、20627、36975）"北土"（《合集》8783、33049、33050、33205、36975）之稱，實皆非方國名。《合集》36975 甲骨文曰："己巳王卜貞……歲商受……王卜曰吉，東土受年，南土受年吉，西土受年吉，北土受年吉。"《合集》36976 甲骨文曰："乙未卜貞今歲受年，不受年，南受年，東受年。"以此對讀，則"北土"必非專指，實指殷之北土。其他方名加土皆類此，不煩舉證。故金岳文中所舉諸甲骨文詞例，如："呼田來北"（《明》750）、"北禍"（《合集》9811 正、16927—9）、"北其受佑"（《合集》8787）、"北方受禾"（《佚》956）、"呼黍于北，受年"（《合集》9535），此中之"北"皆爲方位詞，非專指一"北國"。金岳文中所舉《屯南》1066 卜辭：

(1) □□，貞卓以伐……〔于〕北土。二

(1) □□〔甲骨文〕……〔于〕〔甲骨文〕二

(2) 冓。

(2) 〔甲骨文〕

(3) 癸酉，貞卓以伐……北土。二

(3) 〔甲骨文〕……〔甲骨文〕二

(4) ……以伐……。

(4) ……〔甲骨文〕……

(5) □〔寅〕，貞，王……北方，重□伐令金□方。

(5) □〔甲骨文〕……〔甲骨文〕

(6) 丁亥，貞□令冓〔取〕□□方。

(6) 〔甲骨文字形〕

(7) 丁亥，貞，王令保老因医商。

(7) 〔甲骨文字形〕

(8) 丁亥，貞，王令陝彭因医商。

(8) 〔甲骨文字形〕

(9) 庚寅，貞，王其正〔北〕方。

(9) 〔甲骨文字形〕

此處"北方""北土"間用，所指亦非特有"北方"一國，蓋北土方國之統稱。胡厚宣對卜辭四方風名和"中商"的考釋，此學者們所熟知。此外，《左傳・昭公九年》："王使詹桓伯辭於晉曰：'我自夏以后稷、魏、駘、芮、岐、畢，吾西土也。及武王克商，蒲姑、商奄，吾東土也；巴、濮、楚、鄧，吾南土也；肅慎、燕亳，吾北土也。吾何邇封之有？文武成康之建母弟，以蕃屏周，亦其廢隊是爲。'""北方""北土"應該是商畿甸外的北土方國的統稱，非確有"北國"之一國的存在。以此視之，據甲骨文證商代已有一"北國"存在一説尚不能成立。故以現有的資料來看，商周之際我們已知的只有一個北國，即武王滅商後所封之邶。

那麼，北伯銅器究竟是否周初邶國的銅器？周初，武庚封於邶，北伯是否武庚本人？若是武庚，武庚何以又名"𤰞"、又名"邑辛"？從現有的資料來看，北國諸器的歸屬有如下可能：

1. 北伯諸器皆屬武庚本人，則武庚又名𤰞、邑辛，這種可能性雖然不大，但不是沒有。

2. 北伯諸器，不屬於武庚本人。那麼周初之邶，恐怕也不是武庚所主。此北國與武庚了無相涉。以文獻資料看，這種可能性應該最小。

3. 北伯諸器，不屬於武庚本人。但是爲武庚所屬之邶鄘衛三國中邶國國主所有。

以上三種可能中，我認爲第三種可能性較大。從最早的文獻《逸周書・作雒》篇所記來看，"武王克殷，乃立王子禄父，俾守商祀。"其間並無武庚被封爲邶之君的記載，同樣文獻中也無管蔡霍實封於邶鄘衛的記載。而"建管叔于東，建蔡叔霍叔于殷，俾監殷臣。"東即鄘，殷爲衛，所謂監殷臣者，若監爲監視之義，則鄘與衛皆有殷臣爲其主，武王別遣管蔡霍三叔監之。而邶似乎另有其君，由武庚本人直接轄制，邶之君爲殷餘遺民無疑。邶之君曰"𤰞"、曰"邑辛"，可能同人異名，也可能是兩代不同的邶君。

顯然這裡唯一的解釋就是,武庚守商祀,所轄包括邶鄘衛三國。其國主俱爲殷遺。武庚居於朝歌以北之邶國,成王周公平定三監之亂,武庚並没有死於此役,而是如《逸周書》中所説"王子禄父北奔。"至於北伯諸器見於今河北易水淶水流域,恐怕是邶君攜其寶器從禄父北奔,至於今易水淶水流域,也就是燕國境内。而其另一支脈則流徙他處(可能是今江陵),别建一北子之國。餘下的問題是,王子禄父北奔是從何時何地開始北奔的? 又北奔最終至何處?

二、古燕國的名稱和始建

《史記》集解引譙周曰:"周之支族,食邑於召,謂之召公。"召公始封在召,至於召之所在,《史記索隱》云:"召者,畿内菜(采)地。奭始食於召,故曰召公。或説者以爲文王受命,取岐周故墟周、召地分爵二公,故詩有周召二南,言皆在岐山之陽,故言南也。"可見其初封在岐山之陽,周之故地。《索隱》又説:"後武王封之北燕,在今幽州薊縣故城是也。亦以元子就封。而次子留周室代爲召公。至宣王時,召穆公虎其後也。"《索隱》所告訴我們的是召公自己並未就燕封國,而是以元子就封。

而始封的燕在哪裡? 傅孟真(斯年)先生必是受王國維"邶即燕"説的影響,别出新説,以爲燕之初封應當在邶國附近,在《大東小東説》中他指出燕國始封在今河南偃師:

> 燕字今經典皆作燕翼之燕,而金文則皆作郾,著録者有郾侯鼎、郾侯戈、郾王劍、郾王喜戈,均無作燕者。郾王喜戈見周金文存卷六第八十二葉,郾王大事劍見同卷補遺。其書式已方整,頗有隸意,其爲戰國器無疑。是知燕之稱郾,歷春秋戰國初無二字,經典作燕者,漢人傳寫之誤也。燕即本作郾,則與今河南之郾城有無關係,此可注意者。在漢世,郾縣與召陵縣雖分屬潁川汝南二郡,然土壤密邇,今郾城縣實括故郾召陵二縣境。近年郾城出許沖墓,則所謂召陵萬歲里之許沖,固居今郾城治境中。曰郾曰召,不爲孤證,其爲召公初封之燕無疑也。[1]

傅孟真先生的主要論據有二:一是燕作國名,金文中皆作郾。經典作燕,是漢人傳寫之誤;二是今郾城縣實括故郾、召陵二縣境。傅先生所論現在看來,尚

---

① 傅斯年:《大東小東説》,《國立中央研究院歷史語言所集刊》第二本第一分(1930年),頁101—102。

不能成立。關於第二點,王采枚在其《論周初封燕及其相關問題》一文中,提出了很有力的反證。王引《水經‧潁水注》:"東南逕召陵縣故城南,春秋左傳僖公四年,齊桓公師于召陵責楚貢不入即此處也。城内有大井,徑數丈,水至清深。闞駰曰:召者,高也,其地邱墟,井深數丈,故以名焉。"所以召陵之名與召公本人並無關係。①另外,從金文和文獻資料來看,召公被封於燕以後,實際上是以元子就封,自己或者未就國,或者被封以後不久即返回了成周。死後葬於燕的可能性也不是很大。

關於第一點,傅斯年所説的也不確切。從發現的商周青銅器來看,西周春秋時期的青銅器,國名皆以匽字。而"郾"作國名,始見於戰國晚期。西周時期的以下有匽國名的銅器銘文如下:

1. 西周早期的《匽侯簋》銘文云:"匽侯作姬承障彝。"(《集成》3614)現藏山東濟南市博物館。

2. 考古所藏《匽侯盉》器蓋同銘:"匽侯乍旅盉。"(《集成》,10303,10304)西周早期。

3. 中國歷史博物館所藏《匽侯盉》一器,1955 年遼寧淩源縣海島營子村出土。銘文曰:"匽侯乍饙盉。"(《集成》10305)皆爲西周早期彝器。

4. 西周早期《憲鼎》:"佳九月既生霸辛酉在匽侯易憲貝金匽侯休用作召伯父辛寶障彝憲萬年子子孫孫寶光用大保",梁山七器之一,現藏清華大學圖書館(《集成》2749)。

5. 西周早期的《菫鼎》,銘文:"匽侯令菫飴大保于宗周庚申大保賞菫貝用作太子癸寶彝。𬲻"1975 年北京房山縣琉璃河黄土坡 253 號墓出土,現藏首都博物館。②

6. 西周早期的《圉方鼎》:"休朕公君匽侯易圉貝用作寶障彝。"1974 年房山縣琉璃河黄土坡 253 號墓出土(《集成》2505)。

7. 西周早期的《白矩鬲》:"在戊辰匽侯易白矩貝用作父戊障彝。"1975 年北京房山縣琉璃河黄土坡 253 號墓出土,現藏首都博物館(《集成》689)。

8. 西周早期的《匽侯天戟》,1974 年房山縣琉璃河黄土坡 50 號墓出土(《集

---

① 王采枚:《論周初封燕及其相關問題》,見《燕文化研究論文集》,北京:中國社會科學出版社,1995 年,頁 151—152。
② 《文物》1978 年 4 期,頁 27。《集成》,2703。

成》10953)。

9. 西周早期的《匽侯戈》,1981 年到 1983 年北京房山縣琉璃河 1029 號墓出土。正反兩面分別銘有"匽""侯"兩字(《集成》10887)。同出尚有《匽侯舞戈》(《集成》11011)。

10. 西周早期的《克罍》《克盉》,1986 年北京房山縣琉璃河 1193 號墓出土。兩器銘文相同,均器蓋同銘,銘文曰:"王曰:'太保,佳乃明,乃鬯享于乃辟。余大對乃享,令克侯于匽。㽙、羌、馬、叡、雩、馭、微,克𢑞匽,入土眔(及)厥司。'用作寶障彝。"①

11. 西周早期《匽侯旨作父辛尊》,北京城外出土,潘祖蔭、王懿榮舊藏(《集成》2269)。

12. 西周早期《匽侯旨鼎》,現藏日本京都泉屋博古館。七字匽侯旨鼎爲北京城外出土。此器二十字,銘文云:"匽侯旨初見使(事)于宗周王賞旨貝廿朋用作始(姒)寶障彝。"(《集成》2628)成王康王時期。

13.《大克鼎》,光緒 16 年陝西扶風縣法門寺任村出土,現藏上海博物館。銘文曰:"易女田于匽。"《貞松堂》:"當時出土凡百二十餘器,克鐘、克鼎及中義父鼎並在一窖中。"(《貞松》3.35)②

14. 西周早期的《小臣𤔲鼎》:"召公建匽休于小臣𤔲貝五朋用作寶障彝。"

15.《匽伯聖匜》,西周晚期器,現藏故宮博物院,銘文云:"匽伯聖作正匜永用。"(《集成》10201)

16.《亞𣊔侯矣盉》:"𣊔侯,亞矣。匽侯易亞貝,用乍父乙寶障彝。"商周之際。③清末北京蘆溝橋出土。

17.《長陵盉》:"匽鑄。"

18.《復尊》:"匽侯賞復冊衣、臣妾、貝。用乍父乙寶障彝。舁黽。"20 世紀 70 年代北京房山縣琉璃河黄土坡 52 號墓出土,現藏首都博物館。④康王時器。

19.《復鼎》:"匽侯賞復貝三朋。復用乍父乙寶障彝。舁黽。"20 世紀 70 年代北京房山縣琉璃河黄土坡 52 號墓出土,現藏首都博物館。⑤康王時器。

20.《攸簋》:"匽侯賞攸貝三朋,攸用乍父戊寶障彝,啓(肇)乍(作)緙

① 見殷瑋璋、曹淑琴:《周初太保器綜合研究》,《考古學報》1991 年第 1 期,頁 1—21。
② 《集成》,2836。
③ 羅振玉:《三代吉金文存》,頁 14、10、7。
④⑤ 《考古》1974 年第 5 期。

（紀）。"20世紀70年代北京房山縣琉璃河黄土坡53號墓出土,現藏首都博物館。①康王或康昭之際時器。②

21. 西周早期《匽侯盾》飾:"匽侯"。20世紀70年代北京房山縣琉璃河黄土坡出土,現藏首都博物館。③

22. 西周早期《匽侯盾》飾:"匽侯舞昜"。20世紀70年代北京房山縣琉璃河黄土坡252號墓出土,現藏首都博物館。④

23.《匽侯舞昜銅泡》:"匽侯舞昜",西周早期。⑤

24. 西周早期《匽侯戈》:内兩面各有銘文一字,爲"匽""侯"。20世紀80年代初北京房山縣琉璃河黄土坡出土,現藏首都博物館。⑥

25. 西周早期《匽侯舞戈》:内上有銘文爲"匽侯舞戈"。20世紀80年代初北京房山縣琉璃河黄土坡與例24同出,現藏首都博物館。⑦

以上所列的匽國銅器顯示,除去幾個不詳出處的銅器外,其他匽侯器,多出於河北北京附近,如《匽侯旨作父辛尊》西周早期《匽侯旨鼎》,還有琉璃河出土的多件匽侯器及與匽國有關的銅器,出於山東的梁山七器《大保方鼎》《憲鼎》,中國歷史博物館所藏《匽侯盂》一器出自遼寧淩源。則匽國的始封不當在今河南郾城甚明。其都邑自當於河北北京一帶尋之。近年來,考古學家以北京琉璃河的考古發現爲基礎,對燕國於西周時期最早的都城作了許多研究。1973年至今北京房山琉璃河西周墓地的發掘、西周董家林古城的調查,以及其他燕文化遺址的發現,使學界同仁基本上都傾向於燕國始封於北京地區。一般的觀點都認爲,召公始封於燕,其時當武王初滅商,其都即今北京房山琉璃河董家林古城。⑧

春秋時期,"匽""郾"二稱互見,如春秋時期的以下彝銘:

1.《匽公匜》銘文:"匽公作爲姜乘盤匜萬年永寶用。"此器現藏臺灣中央博

---

① 《考古》1974年第5期。

② 李學勤:《北京、遼寧出土青銅器與周初的燕》,見《新出青銅器研究》,北京:文物出版社,1990年,頁47。

③ 《考古》1974年第5期。《集成》,11860。

④ 《集成》,11861。

⑤ 《考古》1990年第1期,頁30。

⑥⑦ 《考古》1984年第5期,頁414。《集成》,11860。

⑧ 見王燦熾:《北京建都始於公元前1057年》,《中國地方志》1982年第6期;侯仁之:《論北京建城之始》,《北京社會科學》1990年第3期。

物院。《殷周金文集成》謂屬春秋時期彝器,未審何據(《集成》10229)。陳夢家《西周銅器斷代》謂爲西周晚期器,應當比較確切。①

2.《匽侯載器》:"匽侯載畏□怒□哉教民□□祇敬禍祀休以爲□皇母",戰國時器。現藏美國賓州大學博物館。②

3.《陳璋方壺》:"大壯孔陳璋内伐匽亳邦之隻(獲)。"戰國中期。③

4.《陳璋圓壺》:"大壯孔陳璋内伐匽亳邦之隻(獲)。"

此數器出處俱失考。以上銅器資料顯示,戰國晚期,用"郾"以指代國名爲多,如平山三器(中山國銅器)銘文,郾王職④郾王喜⑤郾王詈⑥郾王戎人⑦諸器。而傅孟真先生所謂經典中用"燕"字,是漢人傳寫之誤云云,余亦頗有所疑。考古文字資料中用於國名的"燕"字,最早的應當是馬王堆漢墓出土的《春秋事語》和《戰國縱橫家書》。前者,不避劉邦字諱,當鈔寫於公元 200 年之前,其中《燕大夫章》叙述燕、晉兩國戰爭的史事,國名均書爲"燕"。《戰國縱橫家書》避劉邦諱,鈔寫當略晚於《春秋事語》,⑧其中多記述蘇秦獻書燕王事。兩書國名皆寫作"燕"。以此看來,"燕"取代"郾""匽",必非漢儒傳寫之誤,而是發生在戰國至漢初這段時期。以"燕"代"郾"或"匽"指代北方的燕國,其原因可能很複雜。然以下幾點是不爭的事實:其一,秦漢間,"燕"字被大量擴大使用,爲"郾""匽""宴"的異體或流行體字,經傳中以"燕"代"宴",例不勝舉。如《詩·小雅·蓼蕭》:"既見君子,孔燕豈弟。"鄭玄《箋》:"燕,安也。"此"燕"固通"宴"。《詩·魯頌·閟宮》:"魯侯燕喜,令妻壽母。"鄭玄《箋》云:"燕,燕飲也。"是亦其例。而在阜陽漢簡《詩經》中,《詩·邶風·谷風》:"宴爾新婚,如兄如弟"作"燕爾新婚"。至秦廷燔書,於《詩》《書》六國史記百家語,特欲禁絕。《史記》中李斯所擬辦法,所謂"非博士官所職,天下敢有藏詩書、百家語者,悉詣守尉雜燒之。"又"敢偶語《詩》《書》者棄市。"經典的傳承自秦火之後,多由今文經重新寫

---

① 陳夢家:《西周銅器斷代》卷二,頁 86。
② 《集成》,10583。《集成》説明爲戰國時器,未審何據,以其字體視之,頗疑爲春秋以前器物。
③ 中國科學院考古研究所、北京市文物管理處、房山縣文教局、琉璃河考古工作隊:《北京附近發現的西周奴隸殉葬墓》,《考古》1974 年第 5 期,頁 309—321。《集成》,9703。
④ 郾王職諸器見《集成》,11304、11480、11483、11514—11521、11526、11527、11634、11643 等等。
⑤ 郾王喜諸器見《集成》,11277、11278、11482、11522、11523、11528、11529、11583—11585、11606、11607、11612—11617 等等。
⑥ 郾王詈諸器見《集成》,11305、11350、11497、11524、11540、11530 等等。
⑦ 郾王戎人諸器見《集成》,11273—11276、11498、11525、11531、11543、11536—11539 等等。
⑧ 《馬王堆漢墓帛書》整理小組以爲當抄寫於公元 195 年前後。見《馬王堆漢墓帛書》整理小組編:《馬王堆漢墓帛書》第三編,北京:文物出版社,1976 年,册一,《出版説明》,頁 1。

出。漢承亂秦，經典廢絕。乃立博士官，以爲纂緒載記。然漢儒綴學，其偏亦如劉歆所云，至於"信口説而背傳記，是末師而非往古"。傅斯年先生所謂漢人傳寫之誤，並非無據。惟"燕"字代"郾""匽"，以《春秋事語》視之，非自漢始。陳夢家則云："春秋金文燕作匽，戰國金文增邑作郾。凡此匽字，潘祖蔭説'當爲燕之假借字'（《攀古》1.5），是正確的。秦漢之際，不知何故凡匽國一律改爲燕。朱駿聲《説文通訓定聲》贏下云：'《鄭語》贏、伯翳之後也。伯翳子皋陶偃姓，蓋以偃爲之，偃贏一聲之轉。'如其説可立，則匽之改燕當在秦滅燕之後，以匽爲秦姓，所以改去。"①陳氏此説，以前不太相信，但參覈更多的文獻和出土文字之後，始認爲具有極大的可能。秦之先世，亦出東方風偃集團，偃字固其本姓，秦既滅北方之郾（燕）國，爲避其先世諱，乃易"郾"之國名爲"燕"。《史記·秦本紀》："太史公曰：秦之先爲贏姓。其後分封，以國爲姓，有徐氏、郯氏、莒氏、終黎氏、運奄氏、菟裘氏、將梁氏、黄氏、江氏、修魚氏、白冥氏、蜚廉氏、秦氏；然秦以其先造父封趙城，爲趙氏。"《秦本紀》更云柏翳一名大費，佐舜調訓鳥獸，舜賜姓贏氏。贏偃一聲之轉，秦之先亦以偃爲姓。剔除其傳説的成份，考諸《世本》及其他載籍，若徐、郯、江、黄、莒皆東方風姓偃姓之國。而燕（匽、郾）爲召公後，是姬周宗族，秦或以其不當以己姓爲國名，乃易其國名爲燕。阜陽漢簡的發現，更提供了一個旁證。阜陽漢墓墓主是夏侯竈，竈卒於漢文帝十五年（公元前165年）。阜陽漢簡中，《詩·邶風·燕燕》首句作："匽匽于飛"，《詩·邶風·谷風》第二章"宴爾新婚"的"宴"字則作"燕"，阜陽簡中另有"燕王"之稱。是知國名已改用燕，其改似著意爲之。

　　綜上所述，西周春秋時期北方的燕國，應當稱爲"匽國"，而"燕國"用以指稱北燕，乃秦漢以後所改竄之名。先秦時期如有"燕國"的話，那也只有一個姞姓黄帝之後的南燕，與北方姬姓召公之後的匽國了不相涉。②

　　琉璃河商周遺址的發掘，董家林古城的發現，使大多數燕史研究者認爲，董家林古城就是西周時始封的燕都。然而董家林古城時代被確定在最晚不晚於商末，其結構與鄭州商城相似，建成時期應當與鄭州商城相先後，也在二里崗下層時代。③

①　陳夢家：《西周銅器斷代》二，見王夢旦編：《金文論文選》第一輯，頁86—87。
②　南燕國之姓，或作"佶"（《姓觿》），或作"結"（《路史後紀》），或作"吉"（《詩·小雅·都人士》鄭玄箋），其封地在今河南衛輝東南35里廢胙城縣。王夫之曰："其字或作郇。"見陳槃：《春秋大事表列國爵姓及存滅表譔異》，册二，頁188—189。
③　郭仁、田敬東：《琉璃河商周遺址爲周初燕都説》，見陳光匯編：《燕文化研究論文集》，北京：中國社會科學出版社，1995年，頁123。

這樣一來,燕在周初建國以前,已別有一個古國在該地存在。郭沫若、侯仁之等先生,乃據以爲,燕國乃自然生長的一個國家,其存在早在周滅商之前。葛英會先生更認爲:

> 金文資料證明,燕國有文字可考的歷史,可以上溯到商代的祖庚祖甲時期。從這個時期直到商代晚期,燕國社會中的一個顯而易見的事實,就是嚴重地殘存著部落聯盟的遺痕。如果以燕地的考古資料與文獻記載相互證發,又可發現,在西周以至春秋戰國七八百年中間,燕的國家仍是建立在部落聯合的基礎之上。部落與部族聯合的存在,是燕國歷史上封地、都邑、世系諸種問題的癥結所在。①

燕國史是否可上溯到商代祖庚祖甲時期,尚有待討論。但是董家林古城早在武王滅商之前已經存在確是不爭的事實。葛英會所據以論證的一個最重要的證據是"亞吴"族徽的青銅器物。帶有"亞景吴"族徽的銅器,在1982年北京順義金牛村曾有發現。②葛認爲"吴"字保留了燕子的象形特徵,燕子正是殷人玄鳥崇拜的圖騰,此應是燕國國名的由來。葛先生的觀點固然很有意思,但是他忽略了一點是,"燕"作爲國名是在秦漢時期以後(詳見上文),最早不早於戰國晚期。經典中雖以燕爲國名,但經典實經秦漢時期以後人鈔寫之後得以流傳,尚不足爲依據。戰國以前的金石簡帛文字中,國名的燕無例外地寫作"匽"或"郾",故若"吴"字果爲燕子的象形,恐亦非其國名的由來,殷人的所謂玄鳥崇拜,實與燕子無關,而是對鷟鳥和鳥的神性的崇拜。關於這一點,筆者另有一文專門論述,這裡不再贅言。③

那麼,商代晚期的燕地的古國,又名什麼?《史記·周本紀》正義引《括地志》云:"燕山在幽州漁陽縣東南六十里。徐才《宗國都城記》云:'周武王封召公奭於燕,地在燕山之野,故國取名焉。'"按照徐才的説法,燕國之名取自燕山,以其在燕山之野。然而,常徵先生考證,今北京之燕山古稱"卑耳山"(《國語》、《管子》)、"碣石山"(《戰國策》《史記》)、"不咸山"(《山海經》),卑耳碣石的東端被稱爲燕山,不能早於戰國時期。④所以實際上,燕山乃因燕國燕地而得名,並非國以山而得名。那麼商代晚

---

① 葛英會:《燕國的部族及部族聯合》,見《燕文化研究論文集》,頁27。

② 程長新:《北京順義縣牛欄山出土一組周初帶銘銅器》,《文物》1983年第11期,頁64—67。

③ Chen Zhi, "A Study of the Bird Cult of the Shang People," *Monumenta Serica* 47(1999):127—147. 中譯修訂稿《殷人鳥崇拜研究》,收入《人文東方:旅外中國學者研究論集》,上海文藝出版社,2002年,頁214—235。

④ 常徵:《召公封燕及燕都考:兼辨燕山、燕易王、燕昭王》,見《燕文化研究論文集》,頁133—134。

期的燕地古國究竟何名？從北京附近發現的匽國諸器看來，其古名即爲"匽"。前文所舉，1986年北京房山縣琉璃河1193號墓出土的西周早期《克罍》克盉》。銘文曰："王曰：'太保，隹乃明乃鬯，享于乃辟。余大對乃享，令克侯于匽。旃、羌、馬、叡、雩、馭、微，克囧匽，入土眔（及）厥司。'用作寶障彝。"按照殷瑋璋、①張亞初的看法，此是太保（即召公奭）對揚周王封土授苞茅的一篇銘文。殷瑋璋並認爲琉璃河1193號墓就是太保召公奭的墓。克罍盉銘文辭意云："周王說：'大保！你將你祭祀的犧牲、玉帛和美酒獻享於你的君主。我嘉許你的奉獻，命令你（克）作匽侯，旃、羌、馬、叡、雩、馭、微從你（克）囧匽，②匽諸地（國或族）皆入你（克）的版圖，由你（克）統管'。克於是鑄作了此寶物彝器。"但是"克"如按殷、張兩先生的看法是助動詞的話，似不文。③此處克當作人名，或爲君奭本人，或爲其就封於匽的元子（《史記·周本紀》索隱，金文中曰匽侯旨）。④然再參覈西周早期的《憲鼎》："隹九月既生霸辛酉在匽，侯易憲貝金，揚侯休，用作召伯父辛寶障彝，憲萬年子子孫孫寶光用大保。"此器是清代道咸年間發現於山東壽張的梁山七器之一。銘文大意是說："九月上旬的辛酉日，憲在匽地，匽侯賜憲貝與金，憲對揚匽侯的封賞，乃作召伯父辛（召公奭）寶物彝器，憲將子孫累世銘記大保（召公）的恩賞。"陳夢家以爲召伯父辛是對召公奭的追稱，侯乃匽侯旨，召伯就封於匽的元子，憲是召伯另外一子。⑤旨賞憲此事發生在召公故去而匽已經底定之後。如克罍盉銘文中的克是召公元子，當即封於匽的第一代匽侯旨。西周早期的《小臣謎鼎》："召公建匽休于小臣謎貝五朋用作寶障彝。"第

---

①　《周初太保器綜合研究》，《考古學報》1991年第1期，頁1—21；張亞初：《太保罍、盉銘文的再探討》，《考古》1993年第1期，頁60—67。

②　"囧"字不識。克罍蓋銘中下多一"止"形作囧。殷瑋璋疑其爲方國名，其他學者都以爲是動詞。或釋其字義爲趨、至（陳平），或釋爲從"宀"從"叕"（張亞初），或釋爲"蓙"（孫華），方述鑫釋爲"宅"（《太保罍、盉銘文考釋》《考古與文物》1992年第6期，頁51），李學勤從之（《克罍克盉的幾個問題》《第二屆國際中國古文字學研討會論文集》，香港：問學社有限公司，1993年，頁205—208）。

③　尹盛平同意殷瑋璋張亞初的意見，認爲"克"是助動詞，是"能够"的意思，並指出其文例與《詩·魯頌·閟宮》"俾侯于魯"《禹鼎》"克夾召先王"《大保簋》"大保克敬亡遣"相類。余按金文中克作"能"解固多，但"令克侯于匽"則不文。尹以爲"令"字後賓語省略，其義當作命令太保能够侯于燕。命令某人侯于匽，文義貫通，略無滯礙；命令某人能够侯于匽，仍不辭。且下文"克囧匽"明言，克膺王命而"囧"匽。克是人名當無問題。尹盛平：《新出太保銅器銘文及周初分封諸侯授民問題》，見《西周史論文集》，西安：陝西人民教育出版社，1993年，頁221。

④　陳平：《克罍、克盉銘文及其有關問題》，見《燕文化研究論文集》，頁266—277。同意克爲人名者，有陳公柔、李學勤、劉雨、杜迺松、孫華等學者。見《北京琉璃河出土西周有銘銅器座談紀要》，《考古》1989年第10期，頁953—960。

⑤　陳夢家：《西周銅器斷代》三，頁170—171。

三字筆劃甚多不易辨識,裘錫圭釋爲"建",白川靜釋爲"籍",方述鑫釋爲"封",唐蘭釋爲"饋",于省吾釋爲"墾"。①本文從裘錫圭先生説。不管克是太保召公奭本人,還是他的元子匽侯旨,克罍盉銘文至少説明初定燕地是太保本人與其元子共同膺命的。

而克罍盉銘文中"令克侯于匽"一句,更説明在召公父子入燕地以前或者伐燕地以前,此地已名爲"匽",或者已經有個古國名"匽"。此國是商的屬國。《左傳‧昭公九年》:"王使詹桓伯辭於晉曰:'我自夏以后稷、魏、駘、芮、岐、畢,吾西土也。及武王克商,蒲姑、商奄,吾東土也;巴、濮、楚、鄧,吾南土也;肅慎、燕亳,吾北土也。吾何邇封之有? 文武成康之建母弟,以蕃屏周,亦其廢隊是爲。'""燕亳"之名,金文中爲"匽亳",見上文引《陳璋方壺》銘文。銘文中所稱之"匽亳"即指燕國。另有《陳璋圓壺》同銘。丁山、陳夢家俱有説。丁山云:"燕亳者,近於幽燕之亳也"一説,金文《陳璋方壺》《陳璋圓壺》銘文得到印證。在這裡,詹桓伯所談的比較明確,"及武王克商"以後,東土的蒲姑、商奄,南土的巴、濮、楚、鄧;北土的肅慎、燕亳始納入周的版圖。燕亳也是其中之一。亳是商的都邑名,稱燕爲燕亳,亦可見商代晚期的匽國,並非小國,具有相當的地位,至少可與蒲姑、商奄等大國相埒。這也進一步印證了王國維在《商三句兵跋》所發現的"商文化沾溉北方"説。

三、召公的東征與北上

那麼,召公父子底定匽地被封於匽究竟在什麼時候? 文獻中關於燕國的始封,主要依據是《史記》與《漢書‧地理志》的記載。《燕世家》:

　　召公奭與周同姓,姓姬氏。周武王之滅紂,封召公於北燕。②

《周本紀》:

　　封商紂子禄父殷之餘民。武王爲殷初定未集,乃使其弟管叔鮮、蔡叔度相禄父治殷。已而命召公釋箕子之囚。命畢公釋百姓之囚,表商容之閭。命南宮括散鹿臺之財,發鉅橋之粟,以振貧弱萌隸。命南宮括、史佚展九鼎保玉。命閎夭封比干之墓。命宗祝享祠于軍。乃罷兵西歸。行狩,記政事,作《武

---

① 于省吾:《從商代甲骨文看商代的農田墾殖》,《考古》1972 年第 4 期。

② 王叔岷云:"案《御覽》二百引此紂作殷,無北字。(一六二引此有北字。)《藝文類聚》五一引此亦無北字,《風俗通‧皇霸篇》《金樓子‧説蕃篇》並同。"見《史記斠證‧燕召公世家第四》,《文史哲學報》,第 19 期,頁 39。

成》。封諸侯，班賜宗彝，作分殷之器物。武王追思先聖王，乃褒封神農之後於
焦，黄帝之後於祝，帝堯之後於薊，帝舜之後於陳，大禹之後於杞。於是封功臣
謀士，而師尚父爲首封。封尚父於營丘，曰齊。封弟周公旦於曲阜，曰魯。封
召公奭於燕。封弟叔鮮於管，弟叔度於蔡。餘各以次受封。

《漢書·地理志》亦云："武王定殷，封召公于燕。"傳統學者多遵從史漢之説。
在其《西周之燕的考察》中，陳夢家也採用《史記》的説法，以爲武王封召公於燕。然
而，王國維據邶國彝器而得出"邶即燕，鄘即魯"的論斷影響至鉅。陳夢家在論述邶
國銅器時又不能撇開，反而基本上接受了王國維"邶即燕"的論斷，指出："周武王滅
紂之後，分殷國爲三：即鄘邶殷。及武庚與管蔡叛周，成王周公討之，於是邶入於
燕，鄘封微子開爲宋，殷封康叔爲衛。由此可知武王勝殷以後分殷民爲三，而成王
伐武庚以後分殷民爲二。"[1]分殷民爲二即《史記·管蔡世家》所云："其一封微子啓
於宋，以續殷祀，其一封庚叔爲衛君，是爲衛康叔。"陳夢家"邶入於燕"論斷看似是在
史漢文獻與王國維"邶即燕"之間的折中，實則不免自相齟齬。若從史漢爲説，召公
於武王滅商時已被封於燕，則三監亂後，邶與鄘當或入於衛，或入於宋，何遽入燕？
邶入燕是因武庚戰敗後偕其民逃去的？ 還是武庚敗歿後，其追隨者及其國土被重
新納入召公的燕國。如果是前者，武庚戰敗，没有理由投奔到敵人召公那裡去；如
果是後者，武庚身殤國除，其土其民入於燕，史傳經籍金石文字中怎麼没有片言記
載？ 特別是《左傳·定公四年》子魚（衛大夫祝佗）備述成王時期伯禽、康叔、唐叔之
封，以及殷遺的分派。邶爲殷遺之首，既入於燕，子魚焉能置而不論？《書序》並言：
"武王崩，三監畔，周公誅之，盡以其地封弟康叔，號曰孟侯，以夾輔周室；遷邶庸之民
于雒邑。"則三監亂後，邶國的殷遺並無入燕之事，而是或遷於雒邑，或入康叔之封。
《左傳·襄公二十九年》吴季札聘魯觀樂，聞邶鄘衛之歌，而言衛康叔之德。是以邶
國之殷遺於三監亂後，併於衛的可能是最大的。

近年來，琉璃河銅器的發現，更進一步否定了陳夢家"邶入於燕"的説法。如
前文所述，召公父子在入匽就封以前，匽是商的屬國，而召公父子入匽時，以銅器
的時代來看，已經是成康年間的事了。再看《史記·周本紀》的記載，顯然太史公
把武庚、管、蔡、焦、祝、薊、陳、杞、齊、魯、燕的分封當作一次同時進行的。然而，
按照《史記·魯周公世家》的記述，周公被封於魯時未就國，《齊太公世家》則説太
公初封於營邱時尚爲小國，東夷亂後，始得專征伐之權而大。《魯周公世家》另外

---

① 陳夢家：《西周銅器斷代》卷一，頁7。

記載：

> 魯公伯禽之初受封之魯，三年而後報政周公。周公曰："何遲也?"伯禽曰："變其俗，革其禮，喪三年然後除之，故遲。"太公亦封於齊，五月而報政周公。周公曰："何疾也?"曰："吾簡其君臣禮，從其俗爲也。"及後聞伯禽報政遲，乃歎曰："嗚呼，魯後世其北面事齊矣！夫政不簡不易，民不有近；平易近民，民必歸之。"

如果此記載可信，那麼周公子伯禽，與齊太公之就封，應當較晚。《左傳・定公四年》："因商奄之民，命以伯禽而封於少暐之墟。"①《詩・魯頌・閟宮》云："敦商之旅，克咸厥功。王曰：'叔父！嘉爾元子，俾侯于魯。'"魯伯禽之封就國與康叔封衛，唐叔之封約略同時，都是在三監叛亂、周公東征之後。是以一個可能是齊魯燕之封都是在三監亂後成王時期，另一可能是武王初次分封時，齊魯燕雖被遙封，但太公周公召公皆沒有或不能就國，②因爲此三國爲故殷之薄（蒲）姑、商奄和燕亳所據。

關於東征的史事，文獻中多有記載，這裡不再贅述。值得注意的是東征的參予領導者，究竟是誰? 而且東征以後的情況如何?《書・大誥》記載了成王命周公東征的情況："天亦惟休于前寧人，予曷其極卜，敢弗于從，率寧人有指疆土。矧今卜并吉，肆朕誕以爾東征，天命不僭，卜陳惟若茲。"從《大誥》內容來看，東征本是由周公先行的，故《詩》《書》典籍中每云"周公東征"，而罕言成王召公。《塑方鼎》銘文云："佳周公東征伐東尸、豐白、尃古，咸戈"。周公首先東征，伐東夷、豐伯和薄（蒲）姑，並且重創了這幾國。故東征事，雖然成王與召公咸與其役，但周公實起了最重要的作用。這也是爲什麼東征之役，典籍中往往只言周公不及他人。《書・蔡仲之命》："成王既踐奄，將遷其君於蒲姑。周公告召公，作《將蒲姑》。"此述成王來到奄之後，與周公、召公共議徙奄君於薄（蒲）姑。而召公伐東夷，金文中有明確記載。《旅鼎》銘文曰："佳公大保來伐反夷年，才十又一月庚申，公才（在）盩師。公易旅貝十朋，旅用作父隨彝。"以文獻和金文的資料參互看起來，周公成王召公東征似乎並非同時。蓋由周公先行，成王召公後至。《旅鼎》銘文特標"公大保來伐反夷年"，已透露出周

① 楊伯峻：《春秋左傳注》，頁 1537。

② 傅斯年《大東小東說》指出，齊太公之初封當爲呂，《書・顧命》稱其子丁公爲呂伋，父子稱呂，呂必爲其封邑。東征之後，呂乃東遷而爲齊。可備一說。見《國立中央研究院歷史語言所集刊》第二本第一分（1930 年），頁 103—106。郭克煜、梁方健、陳東、楊朝明合著《魯國史》認爲周公東征前，伯禽已被封於今河南魯山一帶。亦可備一說。見《魯國史》，北京：人民出版社，1994 年，頁 45。

公先征，召公後至的消息。

成王的路綫：

《書序》："成王歸自奄，在宗周，誥庶邦，作《多方》。"成王在東征踐奄取得戰果之後不久就回到了宗周。《書·多方》亦説："惟五月丁亥，王來自奄，至於宗周。"鄭玄説："凡此諸叛國，皆周公謀之，成王臨事乃往，事畢則歸。"①

周公的路綫：

以《書·多方》所載："惟五月丁亥，王來自奄，至於宗周。周公曰……"視之，則周公事畢亦隨成王還至宗周，《史記·魯周公世家》記周公卒於豐，是亦一證。②然《吕氏春秋·古樂》云："成王立，殷民反。王命周公踐伐之。商人服象，爲虐于東夷，周公遂以師逐之，至於江南。乃爲《三象》，以嘉其德。"周公或者更往南進一步征伐南淮夷徐夷等殷遺。兩説中，當以前説較爲可靠。

召公的路綫：

《書·大誥》云："武王崩，三監及淮夷叛。周公相成王，將黜殷，作大誥。"又云："予得吉卜，予惟以爾庶邦，于伐殷逋播臣。"所謂殷逋播臣者即武庚等三監亂後逃出的殷遺。周公等先平定三監在邶鄘衛的叛亂，繼而東征。東征的原因固然是東國對三監叛亂的響應，實際上也與三監亂中逋逃的殷遺有關。《竹書紀年》："成王二年，奄人、徐人及淮夷，入于邶以叛。"這句話可以理解爲奄徐淮夷在邶鄘衛叛時，西進而入邶的領土參與了叛亂，更多史料顯示這不是史實，故所謂"入于邶以叛"，是説奄徐淮夷加入了邶國叛亂的聯盟。史載召公亦參加了東征之役。《保卣》銘文中亦載："乙卯，王令保及殷東或[國]五侯。"

所謂"殷東國五侯"，陳夢家認爲是指齊、魯、燕、管、蔡，而保則指武庚。③平心則主張保是明保。黄盛璋、孫稚雛則認爲保就是太保召公奭，而殷東國五侯則是薄(蒲)姑、徐、奄、熊、盈隨武庚叛亂的五侯，而此東國五侯皆在今山東江蘇一帶，是故

---

① 《書序》正義引，見楊寬：《西周史》，頁155。
② 夏含夷（Edward L. Shaughnessy）認爲此豐地蓋與周故地之豐異地同名。前者位於魯國境内。周公卒於豐乃卒於其封地内。可備一説。見夏含夷：《周公居東新説：兼論〈召誥〉〈君奭〉著作背景和意旨》，收入陝西歷史博物館編：《西周史論文集》，西安：陝西人民教育出版社，1993年，頁872—887。
③ 陳夢家：《西周銅器斷代》，頁157。

殷的附屬國。①《保卣》銘文的理解關鍵在於"𢏌"（及）字。其義於古文字中象人被執之形，陳夢家認爲是並列連詞，郭沫若、黃盛璋解釋爲"逮捕"，甲金文中應作抓獲、追及之義，彭裕商釋爲"至"，並解釋"王命保及殷東國五侯"爲"王命保至殷東國五侯之處，轉交王賜與的六種物品"。②保究竟是不是太保召公奭難遽斷言。五侯究竟何指，也很難確定，但顯然是於召公發生過或者戰爭或是往來的東國殷商舊部。③《史記·周本紀》也提到召公參予東征的史事："召公爲保，周公爲師，東伐淮夷，殘奄，遷其君薄姑。"④

　　然東征之後召公的去向則爲史之闕文。梁山七器爲我們提供了一些召公東征以後的一些綫索。學者陳壽以爲梁山七器是曾經駐紮在今山東梁山的召公一族的銅器，窖藏於西周初。⑤梁山七器中的《太保簋》銘文記録了武庚之叛及太保召公平叛的史事：

　　　　王伐彔子耵。叡厥反。王降征令于太保，太保克苟（敬）亡遣。王永太保，易休余土，用乍兹彝對令。⑥

　　銘文中的彔子耵究竟是何人，是解釋銘文的關鍵。杜正勝以爲彔子耵當是武庚之子，在其《殷遺民的遭遇與地位》一文中，杜稱：

　　　　關於祿父的來歷，漢代已有異説。太史公以爲祿父即武庚（《殷本紀》、魯、衛、宋與管蔡等《世家》），《尚書序》《微子之命》、《僞孔傳》也説武庚一名祿父。但《毛詩·邶鄘衛譜》孔穎達疏引《尚書大傳》曰："武王殺紂，立武庚，繼公子祿父"。《論衡·恢國》篇云："立武庚之義，繼祿父之恩"。武庚與祿父别爲二人。不過《尚書大傳》又説"使管叔、蔡叔監祿父，祿父及三監叛"。顯然和《管蔡世家》所謂"二人相紂子武庚祿父治殷遺民"一樣，祿父即是武庚，可見書傳對於"武庚""祿父"是否一人猶疑不決。惟據今見金文材料；祿父和武庚當分别爲二。大保簋曰："王伐彔子耵，叡厥反，王降征令（命）于太

① 關於保卣銘文的考釋，見孫稚雛：《保卣銘文匯釋》，《古文字研究》，第 5 輯（1981 年 1 月），頁 191—210。
② 彭裕商：《保卣新解》《考古與文物》1998 年第 4 期，頁 68—72。彭並以爲此處"保"非指召公。
③ 蔣大沂《史記漢興以來諸侯年表》："太公封於齊，兼五侯地。"認爲五侯是齊地的蒲姑氏等五個殷商舊的屬國，但不包括徐、奄、熊、盈。此説雖未能必，但以現有資料來看，五侯爲蒲姑氏等五個殷商舊國的可能性最大。見《保卣銘文匯釋》，頁 198。
④ 《史記》卷 1，頁 133。
⑤ 見陳壽：《大保簋的復出和大保諸器》，《考古與文物》1980 年第 4 期。見杜正勝：《古代社會與國家》，頁 342。
⑥ 羅振玉：《三代吉金文存》，卷 8，頁 40。

保,太保克苟(敬)亡遣"(《三代》8.40)。大保即召公君奭,估計其年代,彔子耴之叛可能在成王晚年。世傳有王子耴匜(《綴遺》14.39)、天子耴觚(《三代》14.31.3)和多亞耴彝(《三代》6.49.1),足證彔子耴是殷王子孫。彔子耴叛,周天子派遣召公征伐,未及周公,當與武庚無關,彔和武庚不是同一人,多亞耴彝云"用作大子丁彝",天子耴觚亦曰:"天子耴作父丁彝",則彔子耴與武庚也不是親兄弟。不過,彔子耴因屬於殷王族,故自稱"王子",表示他的出身,而稱"天子"可能是反叛時的僭號,後人猶尊美曰"釐王"(彔伯㦸簋),是有其家族背景的。①

本文以爲杜先生區分武庚與祿父爲二人,尚缺乏足够的證據。別武庚祿父爲二人,除《詩邶鄘衛譜》所引《尚書大傳》"武王殺紂,立武庚,繼公子祿父"和《論衡·恢國》"立武庚之義,繼祿父之恩"兩條文獻材料之外,似乎別無證據。而在這兩條漢代文獻材料中,如杜先生所見,文獻本身也是矛盾的,《詩·邶鄘衛譜》所引《書傳》有"立武庚"三字,而《詩·豳風·破斧》疏②及《左傳·定公四年》疏③所引的《書大傳》,皆無"立武庚"三字,讀如:"武王殺紂,繼公子祿父","武王殺(紂)以繼公子祿父"。我們看到的《書大傳》"立武庚"之說,一則可能是鈔刻書者據《論衡》而誤加增改,掇拾遺聞,未深究覈;一則可能是《論衡》作者王充採用了別本《書傳》遺說。其他資料都顯示武庚爲祿父。《史記·殷本紀;衛康叔世家;魯周公世家;管蔡世家;宋微子世家》逕稱之爲武庚祿父。《竹書紀年》先言"武庚叛",後言"王師滅殷,殺武庚祿父"。④《逸周書》第言祿父,不言武庚。而他書則第言武庚,而不言祿父。《白虎通·姓名篇》云:"祿甫元名武庚"《書大傳·洪範》鄭玄注:"武庚字祿父,紂子也。"顏師古《漢書·地理志》注:"武庚即祿父也。"則直指其爲一人。是則武庚祿父當爲一人無疑。

武庚祿父爲一人,金文中有彔子耴,又有稱"王子耴"⑤"天子耴"⑥"多亞耴"者,是否皆爲武庚?⑦ 案"武庚"是其廟號,如殷先王盤庚、武丁、武乙例。是以美稱

---

① 杜正勝:《古代社會與國家》,臺北:允晨文化實業股份有限公司,1992年,頁529—530。
② 阮元校刻:《十三經注疏》,北京:中華書局,1981年,頁398。
③ 阮元校刻:《十三經注疏》,頁2134。
④ 《竹書紀年》,卷下,頁1下。
⑤ 王子耴匜,見于省吾:《商周金文録遺》,北京:1957年,14.39。
⑥ 銘文云"天子耴作父丁彝"。見《天子耴觚》,見羅振玉:《三代吉金文存》,卷14,頁31。《集成》,7296。
⑦ 羅振玉:《三代吉金文存》,卷6,頁49。

加上日名。祿父之名,本當作彔父,"祿"字所從之"示"乃周秦間所加爲意符。①"父"爲殷周之際男子的美稱,"子"是其初封時爵位。以此視之,武庚、祿父、彔子即皆爲一人耳。《逸周書·作雒》篇成文在周初,故知其爲祿父,與金文"彔子聖"之稱相合。

王子即之稱標明其人是王子,商周時期所稱王子者無例外是王之子,其例如紂的叔父王子比干(《孟子》《莊子》《韓非子》《荀子》)周桓王之子王子克(《左傳·桓公十八年》)周惠王之子王子帶(《國語》《左傳》《史記》)。武庚爲帝辛之子,故有王子之稱,如《逸周書》中既稱其爲"王子祿父",又稱爲"王子武庚"。"天子"則可能爲武庚僭號時自稱。然天子即瓴銘文曰:"天子即作父丁彝"。那麼此天子聖亦有可能非武庚。是則別有一名聖者,亦稱天子。叩其兩端,難得索解。

"多亞聖"是否武庚呢? 商周之際,亞是地名,亦是職名。張懋鎔《史密簋與西周鄉遂制度——附論"周禮在齊"》對"亞"字分析,利用金文、甲骨文與《書·酒誥》互讀,給人以很大的啓發。張氏指出在《史密簋》銘文中,有"遂人乃執鄙寬亞"一句。寬亞與執鄙對文。所謂亞者,相對邊鄙而言,當指畿內之地。能相印證者,甲骨文中"亞"與殷商疆域中的四至:東土、西土、南土、北土對文,與卜辭中"商"和四至對文相類。《書·酒誥》:"越在外服,侯甸男衛邦伯,越在内服,百僚庶尹惟亞惟服宗工越百姓里居。"是亞爲内服之一職名。另外西周晚期的《齂簋》銘文:"王曰:'齂,命汝司成周里人眔諸侯大亞。'"可證西周晚期,大亞仍是一内服王官職名。②唐蘭指出多亞之爵名亦見於甲金文。如《鐵雲藏龜》頁 51 有"多亞"之稱,③《辛巳彝》曰:"王飲多亞"。④多亞者,適與武庚的身份相稱,《史記·周本紀》明言:"封商紂子祿父殷之餘民。武王爲殷初定未集,乃使其弟管叔鮮、蔡叔度相祿父治殷。"《逸周書·作雒》則言:"武王克殷,乃立王子祿父,俾守商祀。建管叔于東,建蔡叔霍叔于殷,俾監殷臣。"是則武庚之初封在殷之畿内,而畿内又分三國,邶鄘衛或各得亞之稱,武庚守商祀,爲其首領。故武庚之稱爲多亞即,良有以也。多亞即彝云"用作大子丁彝",

① 高鴻縉:《字例》二篇,頁 208。見周法高:《金文詁林》,頁 4473。
② 張懋鎔:《史密簋與西周鄉遂制度——附論"周禮在齊"》,《文物》1991 年第 1 期,頁 26—31。
③ 按"多亞"一稱,卜辭中多見。見姚孝燧:《殷墟甲骨刻辭類纂》,頁 1115。《合集》5677 中"庚辰卜令多亞烝犬"指人。《合集》20249:"乙丑在多亞",30296:"丁丑卜其祝王入于多亞"則指地。另有"作多亞"(《合集》21705、21707)、"不言多亞"(《合集》21631),不審何謂。
④ 丁山:《甲骨文所見氏族及其制度》,北京:中華書局,1988 年,頁 47。唐蘭所舉之《辛巳彝》即杜正勝所舉之《多亞即彝》,亦名《麗簋》,其銘文曰:"辛巳,王飲多亞即享京麗易貝二朋。用作大子丁🐾。"見《集成》,3975。

此大子丁不知何人。

《大保簋》所記的正是召公在東部與彔子耶(王子祿父)之戰。大保簋是清道光咸豐年間發現的山東梁山出土的梁山七器之一。其他六器爲《大保方鼎》《大史友甗》《白憲盃》《憲鼎》《大保鴞卣》《魯公鼎》①。清人所説的壽張梁山,即今山東梁山縣,其地位於今山東曲阜西北約 50 公里處,也就是商末周初,古奄國的左近。自奄國北上至燕地所經由之地。②"奄"文獻中又名"商奄""商蓋"③。奄與商同屬東夷民族,奄之地曾經是殷先王南庚、陽甲和盤庚所都。④故三監之叛,奄實與其謀,並與薄(蒲)姑、徐、盈等殷商舊部群起相應。召公與王子祿父在奄地之戰,顯然以召公的勝利告終,其後乃有召公父子北上定匼的征伐。

四、餘　　論

部分地同意陳夢家郾入於燕之説的同時,我懷疑三監叛後,武庚初奔之地,並非今河北,而是今山東一帶。而在東國之叛被平定後,始北上而遁至燕地。從金文資料與文獻資料相比照來看,武庚之叛並非在故殷之地徹底平定,《尚書大傳》中説:"周公攝政,一年定亂,二年克殷,三年踐奄。"⑤《集解》引《括地志》云:"兗州曲阜縣奄里,即奄國之地也。"《史記·周本紀》亦云:"初,管、蔡畔周,周公討之,三年而畢定,故初作大誥,次作微子之命。"⑥《史記·魯周公世家》:"管、蔡、武庚等果率淮夷而反。周公乃奉成王命,興師東伐,作大誥。遂誅管叔,殺武庚,放蔡叔。收殷餘民,以封康叔於衛,封微子於宋,以奉殷祀。寧淮夷東土,二年而畢定。諸侯咸服宗周。"⑦而在此東征戰役中,召公亦與其事。東征之戰之後,周公專征伐於南方,召公

① 魯公鼎,陳夢家疑爲《周公作文王鼎》,因"清代學者多誤讀周字作魯"。陳夢家:《西周銅器斷代》二,頁 80。

② 譚其驤:《中國歷史地圖集》,册一,頁 13—14。

③ 見《墨子·耕柱》、《韓非子·説林上》。

④ 《竹書紀年》載:"(南庚)三年自庇遷于奄。""(陽甲)元年壬戌王即位居奄。""(盤庚)元年丙寅王即位居奄。"故奄乃盤庚遷殷以前殷王三代所都。見《竹書紀年》,臺北:中華書局,1980 年,卷上,頁 14下—15 上。

⑤ 劉恕,《資治通鑑外紀》,卷 3,頁 11 下,《四部叢刊》本。

⑥ 《史記》,卷 4,頁 132。

⑦ 《史記》,卷 33,頁 1518。我認爲三監叛後,徐蒲姑奄亦叛,周公東征,成王與召公亦與其役。而東國之戰,實引發了後續的兩場征戰:一向北,由召公主其事,蓋因"王子祿父北奔",故召公追奔逐北;一向南,由周公主其事,因徐夷淮夷之變,故有周公南向用兵之事。

則在北方。

梁山七器，以及近來琉璃河銅器的發現提供了武庚在北方活動的一些綫索。琉璃河銅器中的克罍克盉銘文、匽侯鼎與堇鼎銘文都提到了一些北方的戰事，這些資料顯示召公的確曾遠征殷遺至北燕。在這裡摧毀了商遺民的最後根據地。

許多考古學家和歷史學家曾認爲商民族起源於我國東北地區。陳夢家注意到我國北方民族的起源神話的相似性之後，提出商民族起源於遠至今朝鮮一帶。① 傅斯年則認爲商民族也是古少皥民族的一支，起源於我國東北沿海地區，而山東兖州則是其最初的根據地之一。② 到了 70 年代，金景芳根據文獻資料也指出商文化起源於我國北方，其主要依據是《世本》中所説"契居番"和《書序》中"昭明居砥石"兩句話。③ 丁山、高去尋、林澐等從商周史學家和考古學家的角度把商文化的起源定於今河北北京一帶。並且指出文獻中所説的"蕃"和"砥石"位於今河北和北京地區。④

如果商文化北方起源説能够成立的話，王子禄父（武庚）的北奔似也在情理之中。匽既是商民族的起源地也是其避居地。武庚北奔之匽，所尋求的無非是重整積蓄力量，以期再戰，志圖恢復。

匽之地名與商族祖先的其他名稱一樣都與其圖騰信仰有一定的關係。殷祖名如夒，王亥、嚳、俊皆如此例。商周時期的地名，我們看到有不少是與此匽字有關，如偃、偃師、鄾城、偃朱以及鄢，而這些地名都與商民族有這樣那樣的關聯。商周時期異地同名的現象所在皆有。此名往往是重要的都邑名、國名、部族名等。如"殷""商""亳"等皆一名數地，周人的"周""京""虢"等也是如此。此與當時各部族國家都邑的遷徙有關。匽之國名，何獨不然？河南有之、河北有之，烏足爲怪？以匽爲名不無可能是商人的圖騰信仰在作怪。陳夢家曾認爲：商人所崇拜的"鷗"（匽）是鳳凰，亦即玄鳥。我則認爲所崇拜的是鳥（匽、鷗）的神秘性和

---

① 陳夢家：《商代的神話與巫術》，頁 495—497。

② 傅斯年：《夷夏東西説》，卷 3，頁 822—893。

③ 金景芳：《商文化起源於我國北方説》，《中華文史論叢》，第 7 輯（1978 年），頁 65—70。然金景芳先生的主要依據是《世本》中所説"契居番"和《書序》中"昭明居砥石"兩句話。前者見酈道元《水經註》（上海：商務印書館，1935 年）卷 3，頁 122，"契居番"亦見於《路史·國名紀》（丙，頁 19，《四部備要》本）及《帝王世紀》（徐宗元：《帝王世紀輯存》，頁 61）。"昭明居砥石"見孔穎達注《書序》，《尚書注疏及補正》，臺北：世界書局，1963 年，卷 1，頁 2 上。

④ 丁山：《商周史料考證》，北京：中華書局，1988 年，頁 16—23。

神性,在現實中是對鷙鳥和猛禽的畏懼和認同。《詩‧邶風‧燕燕》學者常徵引來談商人的燕圖騰問題。筆者曾撰文認爲《詩‧邶風‧燕燕》,實際上也是周初商遺民的一首歌詩,而其作者很有可能是武庚。[①]比較有意思的是,"燕燕"一詞,在馬王堆漢墓帛書《德行篇》中作"嬰嬰"(此嬰字固可能是匽的音假,但也可能爲晏、匽之訛變),阜陽漢簡作"匽",上海楚簡作"𪑮(䠋䠋)",[②]恐怕很難說都是假借自"燕"。其詩本文恐怕應當是"鷗鷗于飛"。鷗字所代表的是商人所崇拜的鳥的神性,通常形象化爲鳳凰,而非燕子或烏鴉。

人類學家杜克海姆(Emile Durkheim,又譯涂爾幹)曾經指出,在圖騰文化中,一個宗族通過象徵意義的手段崇拜自身。[③]被借用來崇拜自身的符號,與本族的安全、良好的生存狀態以及繼續求存的意念相關聯。商人以神秘的鳥和鳥的神性爲其宗族的象徵符號,其心目中聖潔的可敬的事物往往與鳥有關。其宗族的祖先與鳥有關,其宗族所創建、經略、經歷的聖地也與鳥有關,甚至其宗族的經歷、經驗和情感亦可用匽鳥這一象徵符號來啓示表達。族人也本此宗族的象徵符號來認同個人與其族類,並區分本族與異族,這種圖騰聖物的象徵意義,能够延及數世,只要這個族群作爲群體仍然存在,或者這個群體的文化生命仍然存在,其圖騰的象徵意義便依然存在。晚至戰國時期,宋國的最後一代國君宋康王,[④]於七百餘年後,仍然執著地夢想着恢復和光大故殷的榮耀。比較有意思的是他名爲"偃",[⑤]立後十一年而自立爲王,以光大殷族爲職志。據《戰國策‧宋策》,王偃的爭霸之心是由看到小鳥生大鳥而引發出來的:

> 宋康王之時,有雀生鷻於城之陬。使史占之,曰:"小而生巨,必霸天下。"康王大喜,於是滅滕,伐薛,取淮北之地,乃愈自信,欲霸之亟成。"[⑥]

---

① ChenZhi,"A New Reading of Yen-yen, Mao 28 of the *Book of Songs*," *T'oung Pao* 85. 1(1999):1—22.

② 《上海博物館藏戰國楚竹書》,上海:上海古籍出版社,2001 年,頁 28, 163。

③ 杜克海姆(E. Durkheim)和莫斯(M. Mauss):"De quelques formee primitives de classification: contribution à l'étude des représentations collectives", *Année Sociologique*, vol. VI, pp. 1—72, Paris, 1903, English edition, translated by Rodney Needham, *Primitive Classification*, Londonand Chicago, 1963。

④ 關於宋康王,見《史記》卷 38,頁 1631—1632。錢穆疑康王(宋王偃)即傳説中的徐偃王。見錢穆:《先秦諸子繫年》,臺北:東大圖書有限公司,1990 年,頁 318—321。

⑤ 或以爲偃乃王之謚,然《戰國策》吕氏春秋《墨子》《新序》諸書,俱以偃謚康王,《荀子‧王霸篇》稱其謚爲"獻",錢穆指出,謚法無偃,偃王疑爲王偃之倒,錢穆:《先秦諸子繫年》頁 370—371。則"偃"固其名也。

⑥ 何建章:《戰國策注釋》,北京:中華書局,1992 年,頁 1219。

鳥之小而生巨，在康王心中引起圖霸的信念。宋本微子後，亦被稱爲殷，《史記》載："君偃十一年，自立爲王。東敗齊，取五城；南敗楚，取地三百里；西敗魏軍，乃與齊、魏爲敵國。盛血以韋囊，縣而射之，命曰'射天'。"偃急於稱霸，光大殷國，其跡昭然。諸侯畏懼，皆曰"桀宋"。並説："宋其復爲紂所爲，不可不誅。"故王偃立四十七年而身死國滅。

武庚之北遁，尋求其故地匽的庇護，和商末箕子北奔一樣，需求的是其族群的庇護，也如春秋時期逃難公子都託庇於母國。然而祿父北奔之後，召公父子追奔逐北，消滅了殷的屬國匽，仍因其地而就封。召公厎定北方匽地之後，即以殷遺之匽爲其國名，一如武王滅商之後分封殷遺於邶鄘衛一樣。不改國名，可能是出於安撫政策的需要。所以對武庚來説，故地匽毫未能棲身，反而爲周人造就了一個北方的匽國，國祚八百年，與有周一代相終始。

現在回頭看來，我們似乎應當修正王國維先生"邶即是燕"和陳夢家先生"邶入於燕"的説法，似乎可以説是"邶遁於燕"。而換個角度來看，邶與匽都是殷遺的國家，最後又同在一處淪於敗亡，那麼，王國維先生"邶即是燕"的説法，又可以説是精確不刊。八十餘年來關於邶國問題和燕國始封問題的研究，依然循着觀堂先生所指示的方法路向繼續深入，學者們所依據的也仍是觀堂先生所提出的基本方法。而憑藉新材料新認識，這一方法本身又在不斷地精確化和否定王國維先生最初的論斷，否定的同時，我們又不得不讚歎靜安先生的預見性和洞察力。

夷　夏　新　辨

華夏民族究竟是怎麽形成的？史學界對於"華夏"民族的界定有一個基本統一的認識。比較有代表性的是王鐘翰的説法："黄河中下游兩大新石器文化區系文化上的統一及炎黄兩昊諸部落集團的融合，形成了夏人、商人、周人三族。他們發源與興起的地區雖然不同，祖先傳説各異，而三族文化特徵大體相同；他們相繼興起與建國，三代交遞，到西周已融爲一體，他們是華夏族的三支主要來源。"①至於"華夏"觀念的形成，錢賓四先生在《國史大綱》中指出夏人起於今河南與山西境内，正是所謂中原華夏之地，故有夏之稱。②而華概念之由來，賓四先生引《國語》："前華後河，右洛左濟，"以爲"華"乃嵩嶽之别稱，③是以"華夏"乃由地理名詞上升爲文化族群觀念。現代語言學家則以華夏二字，均屬魚部匣紐，以爲假借，華即是夏，夏即是華。由此而形成華夏一詞。

然而筆者認爲"華夏"族群的形成或出現，與"華夏"概念的産生當有所區别。族群的形成是自然發展的歷史過程，觀念的出現與成形標誌着民族在文化上的自覺。

華夏民族的出現或可早在虞夏之際。也就是説在考古學上的新石器時代晚期，聚居在中原一帶的族群逐漸形成一共同的文化體系。然"華夏"之名，與"夷夏"觀念之分，未必就同時産生。其間名實之異同整合，雖以三代之悠遠，漫漶難辨。然以文獻所載，征之以近年來所出古文字資料，或可管窺蠡測，以冀一得。

自姬周夷夏初分，尊王攘夷之觀念興，至漢而唐，曆宋而明，至遜清乃及當世，

---

① 王鐘翰主編：《中國民族史》，北京：中國社會科學出版社，1994年，頁71。
② 錢穆：《國史大綱》，臺北，商務印書館，1994。
③ 《國史大綱》，頁12。章太炎以爲，"今直隸淮南皆謂山東人爲'侉子'，侉即華之聲借，若華亦作荂矣。"見《新方言》二，《章氏叢書》，杭州：浙江書局刊本，1918年，第1函，第7册，頁39上。此又别爲一解。

華夏民族，幾經危殆。其間或欲師夷變華，或曰用夏變夷，是夏非夷，抑重夷輕夏，
利害得失，紛紛曉曉。然則其初究竟何者爲夷，何者爲夏，何爲内外之防，誠不可不
辨也。

　　古來學者們多以爲夏本爲地名，所指是中原地區，以禹甸舜壤，虞夏之所居。
或以爲殷周之際夏人仍居於河南河東一帶，故有中夏之稱。①然而以文獻所載看來，
夏遺民最多聚居在杞繒等數小國，②且西周金文中有杞夷，文獻中亦時以杞爲夷狄，
如《左傳·僖公二十三年》"杞，夷也。"僖公二十七年云杞桓公用夷禮朝魯。《左傳》
襄公二十九年又云："杞，夏餘也，而即東夷。"故中原諸邦國之稱爲"夏"似與夏王朝
夏人乃至夏地無直接關係。以文獻與金文資料來看，"諸夏"、"中夏"、"華夏"、"東
夏"之名，春秋以前所罕見，且其所指與後來的華夏觀念實有不同。③春秋時期的"華
夏""中夏"實爲宗周傾覆，平王遷都雒邑後新生的概念。故要探討"華夏"概念的來
源，仍須從西周早期周人與夏的認同説起。

周 人 與 夏 人

　　"夏"與周室之間的聯繫是怎麽建立起來的呢？現代學者引用充分的史料證明
周初時周人以夏人自居。然而周人與夏人在族群上是否真的有些淵源，尚在疑似
之間。

　　我們知道周在滅商以前，曾經是商的屬國。文獻與考古資料顯示商人對周人

---

①　傅斯年：《夷夏東西説》，《慶祝蔡元培先生六十五歲論文集》，中央研究院歷史語言研究所，1935年，頁
　　1093—1134。

②　據文獻所載，杞、繒歷商而再封于周初武王時期。杞於公元前五世紀中期爲楚所滅，繒於公元前567
　　年爲莒所滅。見陳槃《春秋大事表列國爵姓及存滅表譔異》，臺北，"中央研究院"歷史語言研究所，
　　1988年，2：121b—126a；4：298a—305b。春秋後期至爲强盛的越國，傳亦爲夏少康之後。《史記·越
　　世家》："其先，禹之苗裔，而夏后帝少康之庶子也。封於會稽。"

③　"華夏"一詞，春秋以前文字中僅一見。《尚書·武成》云："今商王無道，暴殄天物，害虐烝民，爲天下逋
　　逃主，萃淵藪。予小子，既獲仁人，敢祗承上帝，以遏亂略。華夏蠻貊，罔不率俾，恭天成命。肆予東
　　征，綏厥士女。惟其士女，篚厥玄黄，昭我周王，天休震動。用附我大邑周。惟爾有神，尚克相予，以濟
　　兆民，無作神羞。"《傳》曰："冕服采章曰華，大國曰夏。"孔《疏》："冕服采章對被髮左衽，則有光華也。
　　《釋詁》云：'夏，大也。'故大國曰夏，華夏謂中國也。"見《尚書正義》，《十三經注疏》，頁185。余按：此
　　"華夏"非謂中國也。是篇前文有："我文考文王，克成厥勳，誕膺天命，以撫方夏。"《傳》注"方夏"云：
　　"以撫綏四方中夏。"余按：方者，夏方也。其用法一猶"區夏"（"康誥"）。華夏猶言有冕服采章之
　　美之夏方也。故華夏所指仍是周邦，其實亦周人自我誇飾之語。此説征之金文字形，允信。金文
　　華作"一蒂五瓣之形"（林義光《文源》），爲花之初文。故以花之絢麗形容文章黼黻之美。如此則華
　　夏之華，初非地名。

的影響是多方面的。從武丁時期始，周與商即發生了軍事上的衝突，①也就是説，兩者的直接接觸在武丁時期已開始。先周銅器在在受商銅器的影響。②張光直先生受Elman Service 著名的進化模式理論的影響，③剖析的夏商周三代的文獻記載與考古資料，認爲三者可以説是共時存在的同一文化體中的不同的族群。④三者在不同時期内依次取得統治和優勢地位，於是形成了文獻中三代的嬗遞。周原時期周人多以商爲共主，且以商之先王先公爲祀主，骨文所見周王祀帝乙及成湯，又祈佑於太甲即其證。是則周人亦曾在文化上與商認同。⑤

　　然周與商之認同，亦有可能是周人，在尊從大邦商時期，所表現出來的一種妥協政策。以文獻資料來看，周人似乎自公劉時期以降，特別是古公亶父以後，始逐漸强大。於是乎又開始尋求自己的傳統與文化的自主性，與殷商抗衡。

　　西周早期文獻中，每見周人以夏自居，如"康誥"、"君奭"、"立政"諸篇。⑥"君奭"篇中，周公對召公説："惟文王尚克修和我有夏。"⑦是以文王之區宇，被稱之爲有夏。"康誥"中載周公對康叔封説："惟乃丕顯考文王，克明德慎罰，不敢侮鰥寡。庸庸，祗祗，威威，顯民。用肇造我區夏"；⑧《詩·周頌·時邁》中亦有："我求懿德，肆于時夏"的詩句。《詩經》中也有周人稱"長夏"者，所謂"時夏"，其文例一如"時周"，⑨都是周人的自稱。在這些文句中，可以看出周人一貫以夏部族自居。

　　但對於周人何以自稱"夏"，學者各執一詞。孫作雲則認爲周人以"夏"自居是因爲"周""夏"二族自古以來的婚姻關係，以及周居夏地。因婚姻關係而認同，恐未能必。朱東潤認爲"周"本爲地名，至古公亶父遷于此地，始取其地名爲部族名；而"夏"則是最初的部族名，因爲周人以夏之遺民自居。《左傳·昭公七年》亦載："王使詹桓伯辭于晉，曰：'我自夏以后稷，魏、駘、芮、岐、畢，吾西土也'。"如果詹桓伯的話

---

① 陳夢家：《卜辭綜述》，頁 291—292。

② Cho-yun Hsu and Katheryn Linduff, *Western Chou Civilization*, New Haven：Yale University Press, 1988，41—42.

③ Elman Service, *Primitive Social Organization*：*An Evolutionary Perspective*, NewYork：Random House，1962.

④ 張光直：《從夏商周三代考古論三代關係與中國古代國家的形成》，《中國青銅時代》，臺北：聯經出版事業有限公司，1994 年，頁 31—63；"殷周關係的探討"《中國青銅時代》頁 91—119。

⑤ 許倬雲：《西周史》，頁 63。

⑥ 《尚書通論》，頁 112。

⑦ 《尚書正義》，《十三經注疏》，頁 224。

⑧ 《尚書正義》，《十三經注疏》，頁 203。

⑨ "長夏"見《大雅·皇矣》；"時夏"見《周頌·時邁》、《周頌·思文》；"時周"《周頌·賚》、《周頌·般》。朱《詩三百篇探故》，頁 66—67。

可信,那麼,周自后稷之世即受夏封爲夏之屬地,以藩屛夏。其封地約當後來秦晉一帶,包括今陝西武功、岐山、咸陽和山西汾水之南芮城萬榮之間。①《國語·周語》亦曾多次追懷后稷以來的史事,如祭公謀父對周穆王說:"昔我先王世后稷,以服事虞、夏。及夏之衰也,棄稷不務,我先王不窋用失其官,而自竄于戎狄之間。"周人之于夏,似有黍離麥秀,故國喬木之依念。

　　然而以夏遺民自居,未必就真是夏的遺民。如果仔細閱讀這些兩周文獻,或可測知周人以夏自居的真正原因。

　　"立政"篇中周公對成王說:"帝欽罰之(殷),乃伻(抨)我有夏,式商受命,奄甸萬姓。"②在這裏似乎透露出周人認同于夏是出於某種政治上的需要和面對無論在文化和軍事上都出其右的大邑商時所需要的心理支援。夏之衰也,以夏桀失德,殷湯得天命以承正統。《書·召誥》中召公對成王說:"王其疾敬德,相古先民有夏"。僞孔《傳》:"言王當疾行敬德,視古先民有夏之王以爲法戒之。"③而今殷紂失德,周以夏之遺胤自然可重新尋回天命,於是周公或召公乃對年幼的成王說:"上下勤恤,其曰我受天命,丕若有夏曆年,式勿替有殷曆年,欲王以小民受天永命。"④

　　關於周人的起源與先世,目前史學界和考古學界大約有兩種看法。30 年代,錢賓四先生在《周初地理考》中提出周人后稷所封的"邰"和公劉所居的豳都在今山西一帶,在古公亶父的時候始遷至岐山。錢說一出,學界多從之;然而,中國大陸的學界,如范文瀾、郭沫若等都認爲周人源自陝甘一帶的涇渭流域。兩說都有文獻與考古資料作爲依據,未審何從。但是,不管周人是從什麼地方發源,他們以夏的遺民自居,認同於夏文化,卻是確鑿無疑的。考古學家們如鄒衡、王克林等,也從對山西汾河中下游的晚期龍山文化、夏縣東下馮文化至西周各階段的陶器的類型特徵和淵源關係的分析來證明周族在一定程度上承受了夏代文明的影響。⑤然而周人究竟是否夏人,恐怕已難窮其究竟。

　　但重要的是周人對夏的認同其背後的原因。我以爲夏所給予周人的是一種民族自尊自信乃至自勵的某種精神支柱。特別是在面對原宗主國殷商的時候,夏是周人受天命的正統性的標識。以夏自居,既是神性的證明,也是世俗的需要,畢竟

---

① 楊伯峻:《春秋左傳注》,頁 1307—1308。
② 《尚書正義》,《十三經注疏》,頁 231。
③ 《尚書正義》,《十三經注疏》,頁 212。
④ 《尚書正義》,《十三經注疏》,頁 213。
⑤ 王克林:《略論夏文化的源流及其有關問題》,《夏史論叢》,濟南:齊魯書社,1985 年,頁 79—80。

茫茫九州,是禹之績,夏雖亡國,其文明與歷史的痕跡尚在。

周人以夏自居,同時也並不完全拒絕接受殷商的物質文明的影響。種種史料表明,周初肇造,蓽路藍縷,在種種物質、文化、制度上廣泛地接受了商文明的影響。這種接受也並非不加采擇。相反,周人在吸收商文化時亦有所保留,有所限制,使其適於實際統治需要。筆者在拙作"說夏與雅:周代禮樂形成與變遷的民族音樂學考察"中詳細討論了周人在吸收商代音樂文化時所經歷的漫長和曲折的過程,周人所創制的雅樂及其制度在吸收晚商音樂文化的同時,也阻礙遲滯了音樂文化發展的自然連續過程,這在某種程度上也表現了周人保守和狹隘的一面。從"夏"字的字源分析以及夏樂雅樂的名實制度的研究入手,筆者在拙作中認爲:

> 自文王至周公,周人不斷以"夏"自居,這實質上是一種自身正統的證明。以夏自居,承接夏的文化傳統,無疑能使在各方面處於劣勢的周人尋找到了一種精神上乃至政治上可以與殷人相抗的依據。從夏人那裏承襲的"夏樂"也具有音樂之上的某種民族文化象徵意義。正因爲如此,周人在滅商以後沒有全盤接受殷人的音樂文明,相反,對後者亦有排斥的成分。也正因爲如此,周初周公制禮作樂,除了承襲歷代古樂以外,更以"托古改制"的方式把歌頌武王滅商的"大武"歸入他所創制的禮樂。周初所用的六代樂舞中,從黄帝之"雲門",到周之"大武",六代之舞無一不是正統的標識。

於是,以關中地區先周文明爲温床、夏文化爲主體的"雅"文化乃取代河洛地區的殷商音樂文化轉而居於主導地位,並在有限地吸收了河洛地區音樂的基礎上創制並逐漸完善了以宗周爲核心的禮樂制度,這就是人們所說的西周時期的雅樂。這一過程具有典型意義的昭示了兩個相對獨立的文明以軍事征服的方式交相整合而形成的文化移植(Acculturation)現象。[1]以涇渭流域爲中心的周民族固然有限地接受了殷商音樂文明,而另一方面,以洹水流域爲中心的河洛殷民族並未融入西來的宗周音樂文化,而是隔離化(Compartmentalize)了後者。兩個文明在歸一之後,合而未整,如果套用人類學術語來説,在西周時期,涇渭地區的周民族比河洛地區的商族更爲涵化(Accultured)。因此,西周時期所制訂和形成的禮樂制度其實施範圍仍以關中區域爲主。而夏與正統的概念也僅與宗周文化相聯繫。[2]

---

[1] Acculturation 人類學界一般譯作"涵化"。

[2] 見拙文《說夏與雅:宗周禮樂形成與變遷的民族音樂學考察》,《中央研究院中國文哲研究集刊》第 19 期(2001 年 9 月),頁 46—47。

西周時期的夷夏觀念

(一)夏

西周時期的"夏"的觀念事實上與春秋文獻中的"夏""諸夏""華夏"其所指並不一致。許倬雲教授在《西周史》一書曾論及西周時期的"華夏"觀念問題,他指出:

> 建立東都成周和在東方分封大批姬姓與姜姓諸侯配合在一起,爲周王國的統治打下了穩固的基礎。這個基礎上,不但有姬姜的宗族控制了戰略要地,更在於經過一番調整,周人與東土的部族揉合成爲一個文化體系與政治秩序下的國族。殷商自稱大邑,卻無"華夏"的觀念。這些周王國內的各封國,自號華夏,成爲當時的主幹民族。[1]

許教授在此精闢地指出了商周在文化族群認同上的根本分別,周人以"華夏"的概念來稱呼周人以及周初囊入版圖的東土部族,顯然優於商人以"大邑"自居坐大的文化策略。然而我認爲許先生此説在時間上似將"華夏"概念的形成推前了。在西周時期,若説周王國內的各封國自號華夏,仔細梳理起來,尚缺少足够的證據。主要是西周時期的夏的概念,與春秋時期的夏並非盡同。周初文獻中所見的"夏"、"時夏"、"區夏"、"方夏"與"有夏"所指無一例外地是文王所開闢的區宇。在地理上是指宗周所在的關中地區周人的中心區域,與故殷之宇甸相對舉;文化上標示着宗周的文明與制度,亦與故殷相頡抗。

(二)"中國"和"殷國"

以地理概念而論,彝器如武王成王時期的康侯簋銘云:"王朿(來)伐商邑,祉令康侯啚(鄙)于衛。"紂子武庚治下的衛被稱爲"商邑"自不待言。保尊保卣銘文則曰:"乙卯,王令保及殷東或(國)五侯。"此殷東國固指今山東境内的"反殷",商奄、蒲姑等邦國。而中原各國則在周代仍被稱之爲"殷國"。《周禮·秋官·大行人》載:

> 王之所以撫邦國諸侯者,歲遍存,三歲遍眺,五歲遍省;七歲,屬象胥、諭言語、協辭命;九歲,屬瞽史、諭書名、聽聲音;十有一歲,達瑞節、同度量、成牢禮、同數器、修法則;十有二歲,王巡守殷國。[2]

---

[1]　許倬雲:《西周史》,頁119—20。Hsu and Linduff, *Western Chou Civilization*, 123。

[2]　《周禮注疏》見《十三經注疏》,頁892。

　　以周之幅員廣闊,天子如"歲遍存"邦國諸侯,幾無可能。所以王所歲存者,必其近畿内的邦國諸侯。至若十二年巡狩的"殷國",當然是《書‧酒誥》中的"殷國",所指是襲殷之故地,大量居住着殷遺的中原姬姜及他姓諸侯。①《周禮‧夏官‧職方氏》:"王將巡守,則戒于四方。曰各修平乃守,考乃職事,無敢不敬戒,國有大刑,及王之所行,先道,帥其屬而巡戒令。王殷國亦如之。"鄭玄注:"殷,猶衆也。十二歲,王若不巡狩,則六服盡朝,謂之殷國。其戒四方諸侯與巡狩同。"鄭玄釋殷爲衆,與"殷見"、"殷同"、"殷眺"之"殷"同,我以爲于義未安。"殷國"之名,其來有自。《史記‧魯周公世家》周公戒成王作《毋逸》云:"不敢荒寧,密靖殷國。"②《逸周書‧度邑解》:"維王克殷國,君諸侯,乃厥獻民征主,九牧之師,見王于殷郊。"③是此殷國之名,乃如"商國"(《逸周書‧商誓解》《史記‧周本紀》)之稱,周初皆以指殷商之區宇。此名稱後世亦延用不衰。惟此"殷國"於後世亦有專名與達名之分。《荀子‧儒效篇第八》:"大儒之效:武王崩,成王幼,周公屏成王而及武王以屬天下,惡天下之倍周也。……殺管叔,虚殷國,而天下不稱戾焉。"④此其達名也,泛指故殷之宇内。《水經注》卷九:"故應劭《地理風俗記》云:河内殷國也,周名之爲南陽。"⑤《漢書‧地理志》"河内郡,高帝元年爲殷國,二年更名。莽曰後隊,屬司隸。"⑥此其專名也,特指河内之一郡。

　　西周時中原地區各國,以殷之舊邦,或稱之爲"殷國""商邑",或與東國南國淮夷等相對而言,稱之爲"中國""内國"。而與宗周相對而言,則亦可稱"東國"。《書‧康誥》:"惟三月哉生魄,周公初基,作新大邑于東國洛。"又云:"惟乃丕顯考文王……用肇造我區夏,越我一二邦,以修我西土。"是以區夏即西土,故殷之畛域亦曰東國。⑦"夏"與"中國"相對舉,如武王成王時器何尊銘文曰:"佳武王既克大邑商,則廷告於天曰:余今宅兹中或(國)。"⑧銘文所説的"中國"顯然是指武王克殷以後,所底

---

① 《書‧酒誥》:"成王畏相,惟御事厥棐有恭,不敢自暇自逸,矧曰其敢崇飲。越在外服:侯、甸、男、衛、邦伯;越在内服:百僚庶尹、惟亞、惟服宗工、越百姓里居,罔敢湎於酒,不惟不敢,亦不暇。惟助成王德顯,越尹人祗辟。我聞亦惟曰:在今後嗣王酗身,厥命罔顯於民,祗保越怨不易。誕惟厥縱淫泆於非彝,用燕喪威儀,民罔不盡傷心。惟荒腆於酒,不惟自息乃逸,厥心疾很,不克畏死,辜在商邑,越殷國滅無罹,弗惟德馨香,祀登聞於天。誕惟民怨,庶群自酒,腥聞在上。故天降喪于殷,罔愛于殷,惟逸,天非虐,惟民自速辜。""酒誥"一篇周人亦皆以西土自居,而稱中原之地曰"殷國"。《逸周書‧商誓解》中亦如此。

② 《史記》卷33,頁1520。

③ 黄懷信、張懋鎔、田旭東撰,李學勤審定:《逸周書彙校集注》,上海:上海古籍出版社,1995年,頁495。

④ 王先謙:《荀子集解》,上海書店《諸子集成》本,頁73。

⑤ 陳橋驛、葉光庭、葉揚譯注,酈道元原著《水經注全譯》,貴陽:貴州人民出版社,1990年,頁311。

⑥ 《漢書》卷28上,頁1554。

⑦ 《尚書正義》,頁202—203。

⑧ 于省吾引何尊銘文以爲"中國"一詞,武王時期已出現。見《釋中國》,《20世紀中華學術經典文庫‧歷史學‧中國古代史卷》,蘭州:蘭州大學出版社,2000年,頁174—180。

定的殷的畿甸。《詩經·大雅·蕩》:"文王曰:咨!咨女殷商。女炰烋於中國,斂怨以
爲德。"此"中國"觀念與前舉何尊銘文一樣,也並不包涵周所居之夏,即宗周一帶。故
自晚商至西周時期,"中國"與"夏"兩詞所指不同,前者是殷之舊地中原地區,後者是周
之故封關中自岐周至宗周一帶。胡厚宣認爲,卜辭中有"中商"一辭,與東南西北四方
神並舉,即"中國"稱謂之起源,如後世所謂"中國、夷、狄、戎、狄""五方之民"(《禮記·
王制》)。①案卜辭中"中商"一詞,見於姚孝燧《殷墟甲骨刻辭類纂》者凡四例:②

　　1.《合集》07837

　　　　……勿于中商

　　2.《合集》20453

　　　　□巳卜,王,貞于中商乎……方

　　3.《合集》20587

　　　　庚辰卜,🐾中商

　　4.《合集》20650

　　　　戊寅卜,王,貞受中商年。……月

　　用香港中文大學漢達文庫檢索共有六例,其文如下:

　　1. H07837

　　　　勿于中商。一

　　2. H20453

　　　　(1) □巳卜,王,貞于中商乎〔钔〕方

　　3. H20454

　　　　(1) □巳卜,王,貞于中商乎〔钔〕方

　　4. H20540

　　　　(1) 己酉〔卜〕,貞王徝于中商。

　　5. H20587

　　　　庚辰卜,🐾中商。三

　　6. H20650

　　　　(3) 戊寅卜,王,貞受中商年。十月。

---

① 　見胡厚宣:"論五方觀念及中國稱謂的起源",《甲骨學商史論叢初集》,上海:上海書店,1944年,頁
　　383—388。
② 　姚孝燧主編、蕭丁副主編:《殷墟甲骨刻辭類纂》,頁778。

其中例 2 例 3 重出,誤,《甲骨文合集》20454 條,其文實異。以所列詞例來看,中商爲殷商畿甸内一地名,應無問題。例 4 云:"己酉〔卜〕,貞王徝(省)于中商。"足資爲證。胡厚宣氏以爲:"中商即商也,中商而與東西南北並貞,則殷代已有中東西南北五方之觀念明矣。"卜辭中"中商"而與東西南北並舉,則"中商"當指商之都邑。康王時器彔敿卣銘云:"王令敿曰:䢔淮夷敢伐内國,女其以成周師氏,戍於𠧩𠂤。"故所謂"中國"也稱"内國"。卜辭中固有"東土"(《合集》7084、7308)"西土"(《合集》6357、7082、9741 正、17397 正、20628、36975,《屯南》1049)"南土"(《合集》896、20576 正、20627、36975)"北土"(《合集》8783、33049、33050、33205、36975)之稱,實皆非方國名。《合集》36975 甲骨文曰:"己巳王卜貞……歲商受……王卜曰吉,東土受年,南土受年吉,西土受年吉,北土受年吉。"《合集》36976 甲骨文曰:"乙未卜貞今歲受年,不受年,南受年,東受年。"與此"四方""四土""四國"的觀念相對舉,殷人很可能已經有了"中國"的概念,但此"中國"所指是殷商統治的中心區域。誠如田倩君所指出的:"'中國'也是個相對稱謂,當開始命名爲中國時,在它的周圍一定有許多方國,即所謂四夷存在着。'中國'這個稱號並非我國所獨有,其他國家也有作此稱呼的。"①文中並引章太炎《章氏叢書》:

> 印度稱摩迦陀爲中國;日本稱山陽爲中國。印度日本之言中國者舉土中以對邊郡,舉領域以對異邦。②

以此視之,所謂"中國",其初殆如中商之概念,特與四方、四土相對舉,並非特定的地理概念和國家民族概念。

王爾敏統計先秦古籍中出現"中國"一詞,指出其在春秋戰國時代含意約有五類:其中謂京師之意,凡 9 次;謂國境之内之意,凡 17 次;謂諸夏之領域,凡 145 次;中等之國之意,凡 6 次;中央之國之意,凡 1 次。③王所做的統計並非精確,特別是他説的第五類中央之國之意,所舉的例證爲《列子・湯問》"南國之人祝髮而裸,北國之人鞨巾而裘,中國之人冠冕而裳。"在這裏,中國既是中央之國的意思,也是指中原諸國,即諸夏之領域。且《列子》是否晉人張湛所僞託,仍是個懸而未決的問題。但是從這些例證來看,用作京師之意者多見於詩書中的較早(西周時期)的篇章,指諸夏之領域者始見於春秋時期的文獻。所以就地域而言,西周之宇内有夏、中國、

---

① 田倩君:《"中國"與"華夏"稱謂之尋原》,《大陸雜誌》,第 31 卷第 1 期,頁 19。
② 章太炎:《中華民國解》,《太炎文錄初編》"別錄卷一",見《章氏叢書》,杭州:浙江書局刊本,1918 年,函 3,册 26。
③ 王爾敏:《中國近代思想史論》,臺北,華世出版社,1982 年,頁 442—443。

四夷之分,而非夷夏之分。

(三)西周夷夏亦是階級之分

西周銅器銘文中周畿内之民被劃分爲相對舉的不同類別。如李零就注意到:"西周金文中的居民有國野之分和夷夏之分,國人叫邑人,野人叫奠人;周族叫'王人',外族則稱'夷'。"[1]這一點非常值得重視。周初的商周戰爭,以及由此而帶來的分封、殖民、移民和流徙的社會調整和變動,造成了族群混雜融合的局面。西周銅器中保留了被稱爲"夷"的族群的名稱。如我們所熟知的淮夷、[2]南夷[3]和東夷[4]等自不必説,另有杞夷、舟夷、[5]西門夷[6]裛夷、[7]秦夷、[8]京夷[9]與胄身夷[10]等,其總稱曰諸夷。[11]這些西周諸夷,除了自商代以來就有的淮夷、南夷、東夷之外,其他諸夷在東周文獻中,便已銷聲匿跡。從西周晚期的旬簋與師酉簋銘文來看,這些諸夷事實上與周人雜處,並且有的在周王朝中擔任一些職務。如師酉簋銘文云:

> 王乎史牆册命師酉:"司乃祖啻官邑人虎臣:西門夷、裛夷、秦夷、京夷、胄身夷……"[12]

旬簋銘文云:

> 今余命女啻官司邑人,先虎臣後庸:西門夷、秦夷、京夷、裛夷;師笭側新:□華夷、胄身夷、匿人;成周走亞:戍秦人、降人、服夷……[13]

兩器銘文都顯示這些夷人在周王朝中擔任着虎臣一職務,在西周户籍或人口分類中屬於"邑人"一類。

所謂邑人在西周金文大約指一些周兩京(宗周、成周)之外的城市人口。白川靜以爲邑人即國人,指周代的城市居民。然而國與邑從語義上來看,有重要與次要,大與小,都與城,周與非周之異。文獻中的國人似以宗周與成周地區的周人爲

---

① 李零:《西周金文中的職官系統》,收入吳榮曾編:《盡心集:張振烺先生八十慶壽論文集》,北京:中國社會科學出版社,1996 年,頁 210—211。

② 見敔簋、曾伯旅臣、蓼生盨、駒父旅盨、彔戜尊、兮甲盤、禹鼎及其他銅器銘文。

③ 見無㠱簋、史密簋、宗周鐘、競卣及其他銅器銘文。

④ 宗周鐘、小臣𧫣簋、禹鼎等。

⑤ 史密簋。

⑥⑦⑧⑨　師酉簋、旬簋銘文。

⑩ 師酉簋。

⑪ 能原鐘與能原鎛。

⑫ 羅振玉:《三代吉金文存》,9. 21. 2—9. 24. 1。

⑬ 尚志儒:《略論西周金文中的裛夷問題》,《西周史論文集》頁 231—2。

主要物件。而諸夷所屬的邑人身分當是周人以外的其他城邑的居民。似此華夷雜處的現象事實上非自周始。李濟之先生就曾指出安陽殷墟所發現的人骨中,有一些具有明顯不同的體質特徵。然自宗姬氏由西方崛起,短短數十年内乃至"三分天下有其二",又經歷了短短的數十年,乃至西進滅商、建侯衛、伐反殷,東平淮徐,南征江漢,北抵燕遼,其所依賴的統治術,除了分封宗親勳舊之外,還包括姬周族人的武裝殖民。《詩經》中每言"西方美人""西人之子",殆即居東的周貴族或周民之後裔。

另外一項措施就是周王朝的移民政策。周人的移民政策包括三種情形,一是上面所說的周人的殖民和移民,銅器中宜侯夨簋銘文中有所謂"在宜王人"即周的移民。

其次是商遺民的遷徙。滅商和平定武庚、淮徐亂後,首先是大批的殷遺,周人稱之爲殷多士,遷入周的直接統治區域,這包括新建的洛邑,成周,甚至到周的中心岐周宗周地區。近年來陝西周原出土的大量殷遺民的青銅器,如微史家族銅器等足以爲證。見於文獻的殷遺有遷于魯的殷民六族,曰:條氏、徐氏、蕭氏、索氏、長勺氏、尾勺氏。分于衛的殷民七族,曰:陶氏、施氏、繁氏、錡氏、樊氏、飢氏、終葵氏。徙入唐的有所謂懷姓九宗。

此外,另一項重要的而爲我們所忽略的移民政策是在周兩京和畿甸以内,遷入或利用其他的非商非周的族裔族群。我認爲金文所見的西門、杞、秦、京、畀身、舟諸夷即是這樣一些人物。這些所謂諸夷未必是在體質上異于殷周的周邊民族,以旬簋、師酉簋及史密簋的銘文看來,西門、畀身、□華、服夷固無可考,杞、京、秦、舟諸夷皆可測知。其中秦之稱,固無可怪,因秦雖嬴姓,屬東方風偃族群,然自非子以後雜處於涇渭戎狄之間,周人或以是目之爲夷。杞則夏之族裔,是殷求夏後,始居於杞,武王滅商,立爲諸侯者,此爲正牌的"夏",稱之爲夷,殊爲怪事。京于金文與《詩》《書》中多指周之兩京,唐蘭考釋令彝,以爲詩書中的京或爲鎬京内的京室(京太室),或爲成周之京宮。①所謂京夷殆指兩京中所居住的其他族胤。至於舟夷,學者們一般認爲舟乃州之音假。此州乃姜姓諸侯國,領地在今山東安丘。②故在西周人的觀念中,宇内之民以族群論,可分爲三種,一曰周人、王人、里人,是姬周族人貴族及其

---

① 唐蘭:《作册令尊及作册令彝銘考釋》,《考古學報》4[1]:24—25,及《何尊銘文解釋》,《文物》1976年第1期,頁63。

② 見李學勤:《走出疑古時代》,瀋陽:遼寧大學出版社,1997年,頁173。

屬下的周平民，一曰殷人、殷民、衆殷、庶殷、殷多士，乃指殷之貴族聚落，多數散佈在中原各諸侯國，特別是成周洛邑、宋、魯、衛、鄭、晉等國。三曰諸夷、夷人、邑人，其來源爲周初的非殷非周的各邦國族群，其中很多移居周城邑内。宜侯矢銘文中有所謂"邦司""夷司"。前者所司"自馭至於庶人。"後者所司爲外土遷入的非周族移民，即所謂諸夷。

至於諸夷的地位在三類人中可説是最低的。殷商舊族因周人統治需要受到相當的禮遇，自冢宰卿士以下，祝宗卜史之職多有殷遺出任。宋、魯、鄭、衛、晉各國的殷遺也有相當的地位。相比之下，諸夷的地位要低得多，從彝銘來看，其地位不過是虎臣一類衛士，或如靜簋銘文中所述充任宮廷僕役（丁卯，王令靜司射學宫。小子眔服眔小臣眔尸僕學射）。旬簋銘中的服夷與所謂降人、戍秦人略同。[1]又有夷臣等身份大約是當時充任貴族家中廝養一類的夷人。夷人也有一族一族被周天子賞賜臣下或諸侯的。如西周井（邢）侯簋（又名：周公簋）云："隹三月，王令榮眔内史曰：䙳（割）井（邢）侯服，易臣三品：州人、倲人、墉人。"[2]中方鼎云："王令太史兄（貺）福土。王曰：'中，兹福人入史（事），易（錫）于斌（武）王作臣，今兄（貺）畀女（汝）福土，作乃采'"此處中是人名，武王因福人入事于周，因功封中於福土並其地之人民，曰福人。[3]

西周觀念中的人群，可以下三方面來分：

	城　邑		鄉　野	
地理名詞	國、邑、邦		野、甸	
人群名詞	國人、邑人、邦人		奠（甸）人、野人	
	周族	異族	商族	
族名	王人[4]周人	夷、夷臣、夷人	殷、殷人、殷民、庶殷、殷多士	
政治名詞	周之都邑		其他諸侯城邦都邑	
	國人		邑人	

---

① 白川靜釋靜簋銘中服爲職官名，釋旬簋銘中服爲一種軍士（參見《金文通釋》16.84.127；31:182.705）。以兩器銘文參照來看，眔服之服似爲一種軍士充任宮廷護衛之職，"服夷"指出這些軍士的族群來源。

② 井侯簋又名榮作周公簋，爲西周早期器，見《殷周金文集成》，8.4241。

③ 中方鼎爲西周早期器，見《殷周金文集成》，5.2785。楊寬：《西周史》，上海人民出版社，1999年，頁292。

④ 宜侯矢簋、旬鼎。

1) 就地理觀念而言：城邑　　　　　　vs.　　　　　　鄉野

國、邑、邦　　　　　　vs.　　　　　　野、甸

國人、邑人、邦人　　vs.　　　　　　奠（甸）人、野人

2) 就族群族屬而言：周族　　　　　　異族　　　　　　商族

王人、周人　　　　　　夷、夷臣　　　殷、殷人、殷民、庶殷、

殷多士

3) 就政治上而言：周之都邑　　　　　vs.　　　　　　其他諸侯城邦都邑

國人　　　　　　　　vs.　　　　　　邑人

　　故所謂夷夏之分在西周時期有着明顯不同的概念和界定標準。在這個標準的背後潛含着狹義嚴格的族群優勢和歧視心理。所謂"夏"，就地理而言指岐周宗周一帶，姬周一族的源地，這一觀念一直延續至於關中地區代周而起的秦。《左傳》襄公二十九年，季札適魯觀樂，至《秦風》乃讚道："此之謂夏聲，能夏則大，其周之舊乎?"至秦王朝建立，在秦律法中秦地仍以夏名之，秦始皇帝十三年的睡虎地秦墓竹簡《法律答問》云："臣邦人不安秦主長而欲去夏者，勿許。可(何)謂夏，欲去秦屬是謂夏。"①可見，宗周舊基，秦之屬地，至秦一統宇內仍襲周之舊稱，以夏自居。而戰國晚期蘇秦説齊王，謂"秦雖强，終不敢出塞流河，絶中國而功(攻)齊。"②秦人稱秦地爲夏，是延用西周時的舊稱，蘇秦所説的"中國"是中夏諸國，也是延用舊稱，其範圍並不包秦齊楚等國。

　　另就人群而言，夏指所謂王人、周人、西方之人，西周貴族故每有"伯夏父"、"仲夏父""安夏父"之名，以自高貴。夷則指殖民地的族群聚落，周固有城邑中的外來移民，以及邊裔之異族族群。再有從政治上説，則夏是宗周文明制度的標識，其文化内涵是周初至西周中葉所逐漸形成的以周文明爲主體，大量吸收商文化的一套禮儀、典章和制度。

　　而夷的觀念在西周時期大約有三層涵義。一是作爲集合名詞，文獻與金文資料中，有所謂"蠻夷"、"夷狄"、"諸夷"、"三夷"、"四夷"、"九夷"等自是化外宇内異族之統稱，又有"南夷"、"北夷"、"東夷"、"西夷"、及"淮夷"、"島夷"、"風夷"、"畎夷"、"赤夷"、"白夷"、"黄夷"、"藍夷"等則某類特定族群之統稱，或以地域名，或以族姓

---

① 《睡虎地秦墓竹簡》，頁206。
② 《馬王堆漢墓帛書》整理小組：《戰國從橫家書》"蘇秦謂齊王章"(一)，《馬王堆漢墓帛書》(三)，册三，北京：文物出版社，1978年，頁61。

名，或以其他特徵名。

其次則爲專有名詞，特指某一族，如前文述及金文中之杞夷、京夷、秦夷、及文獻中所見之徐夷、萊夷、莒夷、郱、吳等等至春秋時期仍時常被稱之爲夷。

三曰周宇內某種身份人之代稱，其如前所述之杞夷、京夷、秦夷等，既是族名，也是徙居後的身份，此外另有西門夷、服夷、鼻身夷、夷人、夷僕、夷臣、諸夷等也標識著其社會地位與身份。師訇簋銘文中記載周王"賜(賜)女(師訇)矩鬯一卣圭瓚夷□三百人。"夷後疑爲僕字。

所以說西周時期的夷夏之分，在地理與民族概念上既非春秋的"中國"與周邊民族之分，文化上也絕非春秋以後的"華夏"與"夷狄"之分。從以上研究看來，西周觀念中的"夏"無論從地域，還是從文化、種族上來說，都相對來說比較狹隘，並未上升到如顧立雅教授所說的"文化""禮俗"上認同的高度。真正的文化禮俗上的夷夏之分乃在春秋時代。

東夷、淮夷、南夷和南淮夷商代已存在，骨文中又有夷方(《甲骨文合集》33038，33039)或徑稱"夷"(《甲骨文合集》6457，6458，6459，6460，6461，6462)，自武丁時期起即與商時有征伐之事。此邊裔諸夷在西周時依然存在，且時與周爲敵。以金文所記而言：

西周初	佳王來正尸(夷)方	小臣艅犧尊
周公	佳周公盱征伐東尸(夷)	周公東征鼎
成王	王令趞蔑東反夷	寰鼎
成王	斁東夷大反白懋父以殷八師征東夷	小臣謎簋
西周早	佳公大保來伐反夷年	旅鼎
西周早	佳王令南宮伐反虎方之年王令中先省南或貫行	中方鼎
西周早	佳王伐東夷	寧鼎
西周早	佳王既寮厥伐東夷	保員簋
西周中	王令戜曰：斁淮夷敢伐内國	彔戜卣
西周中	佳白犀父以成自即東命戍南夷	競卣
西周中	周白邊及仲儇父伐南淮夷俘金	仲儇父鼎
西周中	王令師俗史密曰東征敆南夷膚虎會杞夷舟夷雚	
	不折廣伐東或	史密簋
懿王	佳十又三年正月初吉壬寅王征南夷	無㠱簋

西周晚		
厲王	虢仲以王南征伐南淮夷	虢仲盨
夷厲	南淮夷遷殳内伐	敔簋
夷厲	淮夷繇我員晦臣今敢搏厥衆叚反工吏弗速東	
	或今余肇令女率齊帀曩驁熯尿左右虎臣正淮夷	師寰簋
西周晚	南中邦父命駒父即南者侯率高父見南淮夷氒	
	取氒服堇夷俗	駒父盨蓋
厲王	南或艮子敢臽虐我土王敦伐其至撲伐氒都艮子	
	乃遣閒來逆邵王南夷東夷具見	㝬鐘
宣王	克狄淮夷	曾白簠
宣王	至於南淮夷	兮甲盤

可見終西周之世,周與淮夷東夷南夷的征戰無時或斷。以金文辭輔之以文獻記載,可知成王時周公召公的東征南征自不必說,昭王南征荊蠻,喪六師於漢,起因似與淮夷之伐内國有關。《後漢書‧東夷傳》又載穆王時徐戎(夷)率九夷犯宗周。[1]《漢書‧匈奴傳》:"至穆王之孫懿王時,王室遂衰,戎狄交侵,暴虐中國。"[2]夷厲時期,淮夷亦曾入寇,周王遣虢仲伐之。迨宣王立,召虎平定淮夷,方叔遠征荊蠻程伯休父伐徐方,周與周邊諸夷的軍事衝突,愈演愈烈,而西夷、諸戎、諸羌等又近在關中王畿左邇,時有征伐。《今本竹書紀年》載:懿王七年,西戎侵鎬。十三年,翟人侵岐。二十一年,虢公帥師北伐犬戎,敗逋。宗周既隕,不但周王室被迫東遷以避戎患,周在關中一帶的直屬邦國,也隨之而東。

故所謂春秋時期夷夏觀念的產生,實因華夷雜處、夷患愈演愈熾,周人窮于應付。劉申叔先生雖囿于當時所具備的考古與其他資料,已見及此。申叔先生指出:

> 殷商既興,四夷向化,"王會"所言,歷歷可考。又據《紀年》一書,則殷商中葉有西戎(太戊二十六年),九夷(太戊六十一年),佚人(河亶甲五年)之來賓,有藍夷(仲丁六年)之征討。地望所在,渺不可稽。惟據《詩》《書》及《史記》《紀年》考之,知殷人與異族之關係,僅有二端。一爲武丁時漢族辟地於西南,一爲武丁後,異族蔓延於西北……(迨及周世)關内河東已開華夷雜居之漸矣。觀

---

[1] 《後漢書》北京:中華書局,1995 年,頁 2808。

[2] 《漢書》北京:中華書局,1995 年,頁 3744。

《孟子》言狄入攻亶父,《詩》言南仲伐昆夷,則豐鎬以西,久罹戎患,得季歷文王以征之,而戎狄之禍稍弭,不然,驪山之禍,不待週末而發矣。[1]

惟西周中晚期夷狄之患,實與周人對四夷與諸夷的統治政策有關。周初廣魯天下,封建諸侯,同時對殷商舊族採取了懷柔安撫政策,在具體實施上是成功的。然對四夷和諸夷,似採取了較強硬的措施,在民族政策上,自稱周人王人,以夏自居,以別于庶殷諸夷,洵爲取敗原由之一。

春秋時期的夷夏觀念

西周華夷雜處最終使王朝變生肘腋,直至幽王舉烽,申戎、繒、西夷、犬戎直搗宗周,西周國祚就此以終。然而平王東遷,定都雒邑之後,周人的中心統治區域隨著周王室轉移到中原地區,此時夏的觀念也發生了深刻的變化。筆者在拙文《說夏與雅:宗周禮樂形成與變遷的民族音樂學考察》中提出:

平王東遷之後,"夏"的概念始被擴大到廣大中原地區,也就是《左傳》與《國語》中所常見的"諸夏"。這個諸夏就是"晉主夏盟"的"夏"。它所包含的範圍已不光是王畿以內,而是囊括了名義上尊奉周天子的中夏各諸侯國,春秋時期的霸權之爭和尊王攘夷觀念都是以這個新的諸夏觀念爲核心的。與"夏"的概念相對應的是"雅"的概念,原來與宗周文化和關中地區文明相聯繫的"雅"至此也發生了微妙的變化。與先王與宗周相聯繫的雅文化,在東周建立之後,當然爲東周王室所據有,雅的概念由此而附著在新的統治群上以確立其正統性,於是先王與後王,宗周與東周,就文化而言變成了二而一的事物。這一個觀念上的變化在後人的表述中更爲明確。《荀子》曾提到:"道過三代謂之蕩,法二後王謂之不雅。"(《王制篇第九》)荀子還一再談到"法後王、一制度"的"雅儒"這一種人物。《毛詩序》也說:"至於王道衰,禮義廢,政教失,國異政,家殊俗,而變風變雅作矣。"[2]所謂"變雅"和"不雅"顯然都是指與周王道相悖離的事物。而雅就是周的王道,即先王與後王、宗周與東周的統一體,也是"古雅"和"雅正"的統一體。[3]

---

[1]　劉師培:《劉申叔遺書》,南京:江蘇古籍出版社,1996年,頁607。

[2]　《重刊宋本毛詩注疏》,臺北:藝文印書館重印嘉慶二十年南昌府學本,頁16。

[3]　見拙文《說夏與雅:宗周禮樂形成與變遷的民族音樂學考察》,《中央研究院中國文哲研究集刊》第19期(2001年9月),頁39。

這一變化,從本質上説是姬周文明與中原殷商舊族的再度融合。其根本的標誌是此時周人的"夏"觀念已不復與"中國"相對舉,而是整合爲一。由是出現"諸夏""華夏""東夏"等概念。這表現了周人在文化上的包容和變通精神。許倬雲教授在談到周文化的包容性時指出:

> "華夏"變成周人用來稱呼整個的族群,不過他並不叫它"周",因爲他承認有別處不是周,這種精神很了不起,使得中華民族可以成型……所以我們説中華文化的統一性比政治的統一性先出現,而且維持的時間相當長,等到周人强大的文化包容性與政治包容性出現以後,才造成了一個真正統一的政治秩序。①

"夏"與"中國"在春秋時期皆指中原地區以姬姜爲主,居住着大量殷遺的各諸侯邦國。伴隨着一統觀念的形成,此地理文化概念乃逐漸形成爲民族認同的"華夏"概念。顧立雅曾指出:

> 所謂"華夏"概念的基準自古以來都是文化上的。中國人有其獨特的生活,獨特的實踐文化體系,或冠之以"禮"。合乎這種生活方式的族群,則稱爲"中華民族"……這是一個文化涵化(Acculturation)的過程,變夷爲夏,從而形成了中華民族的偉大主幹。

> The fundamental criterion of "Chinese-ness," anciently and throughout history, has been cultural. The Chinese have had a particular way of life, a particular complex of usages, sometimes characterized as *li* 禮 (ritual). Groups that conformed to this way of life were, generally, considered Chinese ... It was the process of acculturation, transforming barbarians into Chinese, that created the great bulk of the Chinese people. ②

兩周時期"夏"與"中國"的觀念的發展變化恰如顧立雅所描述的那樣。隨着多族群的接觸、交流、衝撞與整合,夷夏之分野也時有變化。正是這種文化上的包容和涵蓋特質,使中華文明經百劫而不衰,歷千祀而不絶。

許倬雲和顧立雅兩先生談到的周人"華夏"觀念的這種包容性,可謂精確不刊。然而我認爲周人"華夏"觀念的形成,不應該否認有其被動的一面,從西周的以夏自

---

① 許倬雲:《歷史分光鏡》,上海文藝出版社,1998 年,頁 170—1。

② Herrlee G. Creel, *Origins of the Statecraft in China* (Chicago and London: The University of Chicago Press, 1970), 197.

居,到春秋的包容諸夏,以及夷夏之分,在某種程度上也是基於周人在華夷雜處,王室播遷之後所産生的憂患意識。自王室東遷以後,蠻夷戎狄之患,並未稍戢,相反,可以說終春秋之世,無時或無。①

　　顧棟高據《春秋》經傳所記,分戎之別爲七:有驪戎(在今陝西驪山附近)、犬戎(在今陝西鳳翔)、陸渾之戎(本處瓜州,即今燉煌,曰允姓之戎,遷于中國曰陸渾之戎,在今河南嵩縣,又名陰戎,封晉之陰地,其支又名九州戎、小戎、姜戎)、揚、拒、泉、皋、伊、洛之戎(在今河南伊洛一帶)、蠻氏之戎(又名茅戎,居解州之平陸)、北戎(又名山戎,在永平,今北京河北一帶)、戎州己氏之戎(《春秋》經直曰戎,或言即徐戎)。狄之別有三:曰赤狄、白狄、長狄。赤狄又分六族:東山皋落氏、廥咎如、潞氏、甲氏、留吁、鐸辰。白狄又分三支:鮮虞、肥、鼓。東方之夷曰萊、介、根牟。又有自殷以來稱盛的淮夷。南方則有群蠻、百濮(夷之一支)、盧戎(戎之一支)。②從《春秋》經傳所載來看,華夷雜處的局面,春秋時尤烈。夷人處中夏,有散居,有群居。群居者又時有離析整合。他們對於中原諸夏的關係是,離則依附,聚則爲患。依附則歸化爲民,或爲所用,爲患則滋擾中國,至於有使國滅祀絶者。見於經傳者,其例如:隱公七年(公元前716),戎州己氏之戎伐凡伯,隱公七年(公元前716),北戎侵鄭,桓公六年(公元前706),北戎侵齊,莊公十八年(公元前676),己氏之戎入魯境,莊公二十四年(公元前670),己氏之戎侵曹,莊公二十六年(公元前668),莊公伐戎,莊公二十八年(公元前666),晉伐驪戎,莊公三十年(公元前664),山戎病燕,齊伐之,莊公三十二年(公元前662)冬,赤狄伐邢,閔公二年(公元前660),赤狄入衛,晉太子申生伐東山皋落氏,閔公二年(公元前660),虢公敗犬戎於渭汭,僖公元年(公元前659),邢避狄遷於夷儀,僖公二年(公元前658),虢公敗犬戎于桑田,僖公八年(公元前652),赤狄伐晉,僖公十年(公元前650),赤狄滅温,温子奔衛,僖公十年(公元前650),齊侯許男伐北戎,僖公十二年(公元前648),齊管仲平戎于王,僖公十二年(公元前648),諸侯城衛楚丘之郛以防狄,僖公十三年(公元前647),赤狄侵衛,僖公十三年(公元前647),淮夷病杞,僖公十四年(公元前646),赤狄侵鄭,僖公十六年(公元前644)秋,赤狄侵晉,僖公十六年(公元前644),王子帶召揚、拒、泉、皋、伊、洛之戎同伐京

---

① 本文初稿發表於1999年6月18日在臺北圓山飯店舉辦的《中華民族邁向21世紀學術研討會》。會間,承臺灣師範大學的王仲孚教授指出徐復觀先生認爲周人的"憂患意識"西周初年已有。我認爲周初之憂患意識與春秋時期的憂患有所不同。周初周人的憂患,來自於對不可知的天命的敬畏,而平王東遷以後周人的憂患,則更多地是對"王室將卑,戎狄必昌"的憂慮。

② 顧棟高:《春秋四裔表叙》,《春秋大事表》,北京:中華書局,1993年,頁2159—2161。

師,僖公十六年(公元前644),王以戎難告于齊,僖公十八年(公元前642)五月,宋襄公伐齊,狄救之,冬,邢人狄人伐衛。僖公二十年(公元前640),赤狄、齊人盟于邢,僖公二十一年(公元前639),赤狄侵衛,僖公二十二年(公元前638),秦晉遷陸渾之戎于伊川,僖公二十四年(公元前636),赤狄伐鄭,僖公三十年(公元前630)秋,介人侵蕭,僖公三十年(公元前630),赤狄侵齊,僖公三十一年(公元前629),赤狄圍衛,僖公三十二年(公元前628),衛人侵狄,旋與盟,僖公三十三年(公元前627)夏,赤狄侵齊,秋,赤狄伐晉,僖公三十三年(公元前627),晉人及姜戎敗秦師于殽,文公四年(公元前623)夏,赤狄侵齊,文公七年(公元前620)夏,赤狄侵魯西鄙,文公八年(公元前619),伊雒之戎將伐魯,文公九年(公元前618)夏,赤狄伐齊,文公十年(公元前617)冬,赤狄侵宋,文公十一年(公元前616)秋,赤狄侵齊,文公十三年(公元前614)冬,赤狄侵衛,文公十七年(公元前610),周甘歜敗蠻氏之戎於邘垂,宣公三年(公元前606)秋,赤狄侵齊,宣公五年(公元前604)夏,赤狄侵齊,宣公六年(公元前603),赤狄伐晉,宣公七年(公元前602)秋,赤狄侵晉。宣公七年(公元前602)夏,魯公會齊侯伐萊,宣公八年(公元前601)夏,晉師、白狄伐秦,宣公九年(公元前600)夏,齊侯伐萊,宣公九年(公元前600),魯公取根牟。宣公十五年(公元前594),晉師滅赤狄潞氏,宣公十六年(公元前593),晉人滅赤狄甲氏及留籲,成公元年(公元前590),王師敗于茅戎,成公三年(公元前588),晉郤克、衛孫良夫伐廧咎如,成公六年(公元前585),伊雒、陸渾、蠻氏之戎與晉伯宗、衛孫良夫、鄭人侵宋,成公九年(公元前582)冬,秦人白狄伐晉,成公十二年(公元前579),晉人敗白狄於交剛,襄公二年(公元前571)春,齊侯伐萊,襄公五年(公元前568),王使王叔陳生愬蠻氏之戎于晉,襄公六年(公元前567)冬,齊侯滅萊,昭公元年(公元前541),晉荀吳敗無終及群狄於太原,昭公元年(公元前541),晉梁丙張趯率陰戎伐潁,昭公元年(公元前541)夏,晉荀吳帥師敗白狄於大鹵,昭公四年(公元前538)夏,楚子、諸侯、淮夷會于申,七月,楚子以諸侯、淮夷伐吳,昭公十二年(公元前530)秋,晉荀吳滅肥,冬,晉伐鮮虞(中山),昭公十三年(公元前529)秋,晉荀吳伐鮮虞(中山),昭公十五年(公元前527)秋,晉荀吳伐鮮虞,圍鼓,昭公二十二年(公元前520),晉籍談士蔑帥九州之戎以納王于王城,昭公二十二年(公元前520)六月,晉荀吳再滅鼓,定公三年(公元前507)秋,鮮虞(中山)人敗晉師于平中,定公四年(公元前506),晉士鞅、衛孔圉帥師伐鮮虞(中山),定公五年(公元前505)冬,晉士鞅帥師圍鮮虞(中山),哀公三年(公元前492)春,齊衛圍戚,求援於中山,哀公六年(公元前489)春,晉趙鞅帥師伐鮮虞(中山)。以經傳所記,終春秋之世,戎狄之患,無時或無。齊桓晉文攘夷狄於外,而若

揚、拒、泉、皋、伊、洛之戎，爲禍近于京師，赤狄、陸渾、蠻氏之戎侵擾輒在左邇。中原
諸夏的夷夏界分觀念可以説正是在這樣的擾攘現實中起于對夷狄防不勝防的憂
患。這種憂患意識在春秋文獻中有所表露：

1.《左傳·閔公元年》："狄人伐邢。管敬仲言于齊侯曰：'戎狄豺狼，不可
厭也；諸夏親昵，不可棄也。宴安酖毒，不可懷也。'"

2.《左傳·莊公三十一年》："凡諸侯有四夷之功，則獻于王，王以警於夷；
中國則否。諸侯不相遺俘。"

3.《左傳·僖公二十一年》："任、宿、須句、顓臾，風姓也，實司大皞與有濟
之祀，以服事諸夏。邾人滅須句。須句子來奔，因成風也。成風爲之言於公
曰：'崇明祀，保小寡，周禮也；蠻夷猾夏，周禍也。若封須句，是崇皞、濟而修祀
紓禍也。'"

4.《左傳·定公十年》："裔不謀夏，夷不亂華。"

正是基於這種憂患意識與變通策略，春秋時期的夷夏觀念並非嚴格區分的族
群觀念，而是往往以是否尊奉天子，從合諸夏爲標準。

1.《左傳·僖公十五年》：春，楚人伐徐，徐即諸夏故也。

案：徐本是戎夷，因楚（蠻夷）伐之，而視同諸夏。

2.《左傳·襄公十二年》："君命以共，若之何毀之？赫赫楚國，而君臨之，
撫有蠻夷，奄征南海，以屬諸夏，而知其過，可不謂共乎？請謚之'共'。"

案：楚大夫子囊議共王謚號，稱楚撫有諸族爲蠻夷，而自稱屬諸夏。如此
則此一蠻夷，彼一蠻夷，究竟誰是蠻夷，殆未可知也。

3.《穀梁·襄公七年》（經）十有二月，公會晉侯、宋公、陳侯、衛侯、曹伯、莒
子、邾子於鄨。鄭伯髡原如會。未見諸侯。丙戌，卒於操。（傳）未見諸侯，其
曰如會，何也？致其志也。禮，諸侯不生名，此其生名，何也？卒之名也。卒之
名，則何爲加之如會之上？見以如會卒也。其見以如會卒，何也？鄭伯將會中
國，其臣欲從楚；不勝其臣，弑而死。其不言弑，何也？不使夷狄之民加乎中國
之君也。

案：鄭伯欲會中國諸侯，穀梁子乃稱之爲中國之君；鄭大夫欲從楚，穀梁子
乃夷狄之。是以夷夏之分，並非以民族或地理爲界限，而已變爲一種政治文化
分野。即如韓愈所謂："諸侯用夷禮，則夷之；進於中國，則中國之。"①

---

① 韓愈：《原道》，《韓昌黎文集》（《四部備要》本），卷11，頁4。

　　所以春秋時期夷夏之觀念似有雙重的標準,一方面由夷狄的侵淩,周室的播遷而産生的憂患意識使周與中原諸夏時時念念"蠻夷猾夏,寇賊奸宄。"(《書·舜典》)春秋經傳每欲嚴于夷夏之大防,"《春秋》内其國而外諸夏,内諸夏而外夷狄。"(《公羊傳·成十五年》),《春秋》三《傳》一直宣言"不以夷狄之主中國"(《公羊傳·昭公二十三年、哀公十三年》),"不以夷狄之執中國"(《公羊傳·隱公七年》),"不以夷狄之獲中國"(《左傳·昭公十年》),"不使夷狄之民加乎中國之君也"(《穀梁·襄公七年》)。而另一方面,此憂患意識在面對背主棄盟、滅國絶祀者相繼的擾攘現實時,不得不取一種變通之態度。吳雖夷狄,"吳信中國而攘夷狄,則吳進矣"(《穀梁·定公四年》)。若其尊號令,奉壇盟,則夷狄猶中國也,若其僭尊位,背夏盟,則中國亦新夷狄也。這種包容性和變通態度,追其思想根源,應與西周至東周這一發生歷史劇變時期,周人的夏的觀念的演變有很大的關係。平王東遷以後,夏已由比較單純狹隘的地理民族概念,演變爲包容中國諸姓的一個比較寬泛的政治概念。

　　綜上所述,夏(中國)與夷之分在西周和春秋時期有如下不同的標準:

　　一、以地理分:《國語》所紀祭公謀父對穆王説:"夫先王之制,邦内甸服,邦外侯服,侯衛賓服,蠻夷要服,戎狄荒服。甸服者祭,侯服者祀,賓服者享,要服者貢,荒服者王。"①是西周之世,蠻夷戎狄的概念本亦由地理遠近,職貢高低而分。《周禮·夏官》分天下爲九服:"乃辨九服之邦國:方千里曰王畿,其外方五百里曰侯服,又其外方五百里曰甸服,又其外方五百里曰男服,又其外方五百里曰采服,又其外方五百里曰衞服,又其外方五百里曰蠻服,又其外方五百里曰夷服,又其外方五百里曰鎮服,又其外方五百里曰藩服。"②《書·康誥》有所謂五服,爲侯、甸、男、采、衞。③《書·酒誥》云爲侯、甸、男、衞、邦伯。④《召誥》云"命庶殷:侯、甸、男、邦伯"又無衞。《書·益稷》《書·禹貢》則紀其名爲:侯、甸、綏、要、荒。⑤此類諸侯職貢名稱,商代已有,⑥而蠻

---

① 　《國語》,卷1,頁4。

② 　《周禮注疏》,卷29,頁197,見《十三經注疏》,頁835。

③④ 　《尚書正義》,卷14,頁95,見《十三經注疏》,頁207。

⑤ 　《尚書正義》,卷5,頁31;見《十三經注疏》,頁143。《書·禹貢》:"五百里甸服:百里賦納總,二百里納銍,三百里納秸服,四百里粟,五百里米;五百里侯服:百里采,二百里男邦,三百里諸侯;五百里綏服:三百里揆文教,二百里奮武衞;五百里要服:三百里夷,二百里蔡;五百里荒服:三百里蠻,二百里流。"見《尚書正義》,卷6,頁41,《十三經注疏》,頁153。

⑥ 　見裘錫圭:《甲骨卜辭中所見的"田"、"牧"、"衞"等職官的研究——兼論"侯""甸""男""衞"等幾種諸侯的起源》,《古代文史研究新探》,頁343—365。

夷戎狄之列於要荒,似是自西周時期始有的觀念。西周初的文獻《尚書》諸誥中尚無此觀念。《書・旅獒》云:“惟克商,遂通道於九夷八蠻。”故蠻夷作爲地理概念,西周時期已經顯著,春秋時期亦延用此觀念。孔子欲居“九夷”,又云蠻貊之邦可行也。

二、以民族分:夷夏觀念本是兩種不同血緣民族的區分,自不待言。《左傳・成公八年》載季文子“《史佚之志》有之曰:‘非我族類,其心必異。’楚雖大,非吾族也。”春秋時期不僅視夷狄爲異族,並且以異類視之。周襄王欲納狄女爲后,大夫富辰説:“狄,封豕豺狼也。”(《國語・周語》)管仲對齊桓公説:“戎狄豺狼,不可厭也。”(《左傳・閔公四年》)夷狄之名曰蠻、夷、閩、貉、戎、狄、曰獫(玁)狁、曰獯鬻,是皆以豺狼蟲豸視之。周定王對士季説:“夫戎狄,冒没輕儳,貪而不讓。其血氣不治,若禽獸焉。”①

三、以文化禮俗分:春秋之世,或視夷狄爲異類,此既是就種族之不同而言,亦就禮俗而言。《左傳・襄公九年》戎子駒支對范宣子曰:“我諸戎飲食衣服不與華同,贄幣不通,言語不達。”秦穆公問由餘:“中國以詩書禮樂法度爲政,然尚時亂,今戎夷無此,何以爲治,不亦難乎?”②在中國之人中,以禮樂法度之勝於夷狄是一種比較普遍的觀念。故春秋中國之人對蠻夷戎狄的態度,有所謂“以德綏戎”(魏絳),“修文德以來之”(孔子)之法。③

四、以政治分:則以是否尊奉周天子,是否從合夏盟爲標準,來判定夷夏之別,春秋經傳往往以此論進退,別華夷,已見前論。

本文認爲春秋時期這種以不同標準,多層面判別夷夏的觀念,並非旦夕而成,它實際上包涵了深刻的歷史內涵,也蘊含了不同時期周人的不同民族觀念。而夷夏之分的這種多層次、多標準的特性,對我中國的影響,至爲深遠。純粹以文化禮俗和政治來分別夷夏,體現了周人的一種包容性和變通態度。而在歷史上夷夏紛爭尖鋭到無法調和時,它往往能起到一定的稀釋作用。《宋書・五行志》卷31:“晉武帝太康後,江南童謠曰:‘局縮肉,數橫目,中國當敗吳當復。’又曰:‘宮門柱,且莫朽,吳當復,在三十年後。’又曰:‘雞鳴不拊翼,吳復不用力。’”④是魏晉時期猶以“中國”指據有中原之晉,而與吳對舉。而《宋書・柳元景傳》卷77:

① 《國語》,卷2,頁62。
② 《史記》,卷5,頁192。
③ 見姜建設:《夷夏之辨發生問題的歷史考察》,《史學月刊》1998年第5期,頁18。
④ 《宋書》,北京:中華書局,1996年,卷31,頁914。

"元景輕騎晨至,虜兵之面縛者多河內人,元景詰之曰:'汝等怨王澤不浹,請命無所,今並爲虜盡力,便是本無善心。順附者存拯,從惡者誅滅,欲知王師正如此爾。'皆曰:'虐虜見驅,後出赤族,以騎蹙步,未戰先死,此親將軍所見,非敢背中國也。'諸將欲盡殺之,元景以爲不可,曰:'今王旗北掃,當令仁聲先路。'"①此"中國"蓋指南朝之宋。《宋書·索虜列傳》卷95:"(宋)太祖踐祚,便有志北略。七年三月,詔曰:'河南、中國多故,湮沒非所,遺黎荼炭,每用矜懷。今民和年豐,方隅無事,宜時經理,以固疆埸'。"②劉裕所説的中國指以河南爲中心的中原地區。從上例可以看到,南朝時期的中國觀念,既是地理概念,也是民族、政治名詞。對於南朝宋人來説,晉是中國,此就中原的正統而言,既是地理概念,也是政治概念;北朝魏治下的中原也是中國,此就地理概念而言;偏安江左的南朝宋也是中國,此就其政治上的正統性而言。似此概念之優容,準之未一,適爲後世師夷變夷、折衝尊俎,提供一轉圜地。中國歷史上的夷夏觀念,也如中國概念一樣,每每因時、因地、因人不同而有轉圜的餘地。金元時期,一些漢族和漢化的其他民族的知識份子都從文化、禮俗的角度來界定"中國""華夏"的觀念,從而置換"中國""華夏"的地理概念和民族內涵,藉以在政治上爲異族入主的正統性尋求理論依據。③清初學者,于夷夏之辨不可謂不嚴,顧甯人(顧炎武)所謂"君臣之分所關者在一身,華裔之防所繫者在天下,……夫以君臣之分猶不敵夷夏之防,而春秋之志可知矣。"④呂晚村(呂留良)所謂:"華夷之分,大過於君臣之倫,"⑤王船山(王夫之)所謂"天下之大防,人禽之大辨,五帝、三王之大統,即令桓溫功成而篡,猶賢於戴異類以爲中國主。"⑥此其皆就本民族的利益而言,清初學者於血緣亦十分重視,一本諸春秋時期"戎狄豺狼,諸夏親昵"之觀念。然而,雍正與他們相針對的觀念是:以正統論,"生民之道,惟有德者可爲天下君";以地理論,"本朝之爲滿洲,猶中國之有籍貫";以種族論,指出"夷夏一家",並追溯其先世爲黃帝之後;以文化論,自清初開國

---

① 《宋書》,卷77,頁1985。

② 《宋書》,卷95,頁2331。

③ 關於金元時期漢族與漢化的其他民族知識分子,如元好問、趙秉文、郝經、楊維禎等人的"中國"觀,可參見何志虎《"中國觀"在元代的轉換》一文,見《內蒙古師範大學學報》(哲學社會科學版),第31卷第5期(2002年10月),頁53—56。

④ 見黃汝成集釋,顧炎武撰:《日知錄集釋》,上海古籍出版社,1985年,卷7,《管仲不死子糾》條,頁11下。

⑤ 呂説見《大義覺迷錄》,臺北:文海出版社,1985年,卷2,"奉旨訊問曾靜口供二十四條"曾靜供述,頁11上。

⑥ 王夫之:《讀通鑒論》,北京:中華書局,1975年,卷13,頁416。

尊孔開科等,皆從中國禮俗,"所行之政,禮樂征伐中外一家之政"。①從這幾個方面
出發,雍正可説在理論上試圖解決漢族知識份子的夷夏觀問題。故夷夏之别,由夷
夏之辨本身的多重性和包容性而消匿於無形。以此看來,春秋辨華夷之義、嚴夷夏
之防適爲後世用夏變夷及師夷之長技張本。

---

① 見郭成康:《也談滿族漢化》,《清史研究》,2000 年第 2 期,頁 29 引自《清世宗實録》卷 130,雍正十一年
四月己卯。

晚明子學與制義考

　　明代隆慶、萬曆年間，本來以四書五經爲考試内容，以代聖人立言爲考核方式的科舉制義中出現了多用釋老之言的傾向。清代學者如顧炎武認爲此風氣始於隆慶二年(1568)李春芳任會試主考之後，梁章鉅認爲始於萬曆五年(1578)，進士楊起元始開以禪語入制義之漸。本文考察明代晚期子學與禪語入制義的傾向，並且認爲此風之漸實開自嘉靖年間(1522—1566)。其中有兩個因素起了關鍵作用，一是嘉靖本人崇信道教方術，使士大夫崇接方外人士，爭撰青詞干進；一是陽明之學在嘉靖一朝爲官學所接受，在學術上推揚了合和三教的風氣。近年來出版的科舉史和八股文史諸書對於晚明子學與佛學之入制義多本顧、梁約略言之，未盡其詳。本文依據文獻資料試詳盡地論述當時狀況，流溯源追，力圖描摹出關於這一現象的一個較爲清晰的畫面，並分析其根本於王學之原因。

　　顧炎武在《日知録》中曾引用啓禎間制義名家艾南英的話説：

　　　　東鄉艾南英《皇明今文待序》曰："嗚呼！制舉業中始爲禪之説者誰與？原其始，蓋由一二聰明才辯之徒，厭先儒敬義誠明窮理格物之説，樂簡便而畏繩束，其端肇於宋南渡之季，而慈湖楊氏之書爲最著。國初功令嚴密，匪程朱之言弗遵也。蓋至摘取良知之説，而士稍異學矣。然予觀其書，不過師友講論，立教明宗而已。未嘗以入制舉業也。其徒龍谿(王畿)、緒山(錢德洪)闡明其師之説而又過焉。亦未嘗以入制舉業也。龍谿之舉業不傳，陽明、緒山，班班可考矣。衡較其文，持詳矜重，若未始肆然欲自異於朱氏之學者。然則今之爲此者，誰爲之始與？吾姑爲隱其姓名，而又詳乙注其文，使學者知以宗門之糟粕，爲舉業之俑者，自斯人(萬曆丁丑科楊起元)始。嗚呼！降而爲傳燈，於彼教初説，其淺深相去已遠矣。又況附會以援儒入墨之輩，其鄙陋可勝道哉！今其大旨，不過曰耳自天聰，目自天明，猶告子曰：生之謂性而已。及其厭窮理格物之迂而去之，猶告子曰：不得於言，勿求於心而已。任其所之而冥行焉，未有不流於小人之無忌憚者。此《中庸》所以言性不言心,《孟子》所以言心而必原之性,《大學》所以言心而必曰:正其心。吾將有所論著而姑言其概如此。學者可以廢然返矣。"①

顧氏從艾南英說,以爲萬曆五年登進士第的楊起元實開以禪、墨、老、莊等異端之學入制義之漸。顧氏又云:"嘉靖中姚江之書雖盛行於世,而士子舉業尚謹守程朱,無敢以禪竄聖者。自興化(李春芳)、華亭(徐階)兩執政尊王氏學,於是隆慶戊辰《論語》程義首開宗門,此後浸淫無所底止。科試文字大半剽竊王氏門人之言,陰詆程朱。"②其後又論隆庆二年戊辰(1568)程文破題用《莊子》之言。並説此後五十年,舉業所用,無非釋老之書。隆慶二年(1568)會試的主考爲時任少傅、太子太師、吏部尚書、建極殿大學士的李春芳,及掌詹事府、禮部尚書、兼翰林院學士殷士儋。③時徐階執掌內閣。顧氏在這裏點出釋老之書用於舉業與當時主內閣的徐階和李春芳尊奉王學有很大的關係。

舉業之用釋老之書,顧炎武認爲始自隆慶二年(1568)之後,而艾南英則以爲自萬曆五年,以會元和二甲第二名進士及第的楊起元始。晚明釋老之言入制義,清代學者多論及之,而大部分學者可能是受顧、艾二人的影響,以爲是在隆、萬之際,如梁章鉅引俞桐川(長城,1684 年舉人,1685 年進士)的話説:

以禪入儒,自王龍溪(畿)諸公始也;以禪入制義,自楊貞復(起元)始也。貞復受業羅近溪(汝信),輯有《近溪會語》一書,故其文率多二氏之言,艾東鄉(南英)每以爲訾。乃文之從禪入者,其紕繆處固不堪入目,偶有妙悟精潔之篇,亦非人所及,故歸、胡以雄博深厚稱大家,而貞復與相頡頏,其得力處固不可誣也。④

俞長城又云:

《南華》《楞嚴》,古文中逸品也,能擬之而傳者誰歟? 萬曆之末,異學橫行,二氏浮詞盡入文字,理既不實,語又不馴,不師其意而師其詞,未有能傳者也。

① 艾南英:《文待序》,《明文海》卷三百十二,《時文序》。又見顧炎武撰,黃汝成集釋:《日知錄集釋》卷 3 下,上海:掃葉山房,1924 年,頁 111—112。

② 顧炎武撰,黃汝成集釋:《日知錄集釋》卷 3 下,上海:掃葉山房,1924 年,頁 112。

③ 王世貞撰,魏連科點校:《科試考》三,《弇山堂別集》,北京:中華書局,1985 年,卷 83,頁 1583。

④ 梁章鉅:《制藝叢話》,頁 72。案起元爲廣東歸善人,丁丑科二甲五名進士。是科另有一楊起元爲山西臨汾人,三甲一百四十五名進士。前此嘉靖三十八年仍有一楊起元,直隸欒城人,三甲一百三十七名進士。見朱保炯、謝沛霖編:《明清進士題名碑錄索引》,上海古籍出版社,1979 年,頁 1695、2544、2559、2561。

夫《南華》之美在奇變,《楞嚴》之美在妙悟,有是二美,而原本於經史,折中於程朱,然後可傳。①

梁章鉅、俞桐川認爲晚明受王學的影響,隆慶(1567—1572)以後,多用禪老之言,萬曆五年丁丑(1577)進士楊起元(1547—1599)始開以禪語入制義之漸。俞桐川又説萬曆之末異學橫行,是關於二氏異端之入制義,又有了萬曆之末的説法。

關於二氏之學對科舉的羼入,明清兩代的學者既已歧説,甚至自相齟齬,今之學者也其見不一。近年來出版了不少關於明代科舉和八股文方面的論著,對於這一問題大多雜取顧、艾、俞、梁諸説,②或簡約其文,或含糊其辭。

然而從嘉、隆、萬時期學者的論述中,筆者又可看到制義中用禪老之言,似乎又早在正、嘉時期。徐階(1503—1583)云:“正德以降,奇博日益,而遂以入於楊、墨、老、莊者,蓋時有之。彼其要歸,誠與聖人之道不啻秦、越,然其言之似是,世方悦焉,而莫之能放也。”③其實,徐階本人對於楊、墨、老、莊多採入制藝,也是與有責焉。他爲文也崇尚“根本生命,發抒學術。上取正于六經,下取材于諸子”。④是有其自相牴牾處。以余現在所看到的資料來看,釋老之學入制義,嘉靖時期至爲關鍵。此時有幾個重要因素起了決定性的作用。一是嘉靖時期王學經歷了由禁制和詆斥,逐漸被官學和舉制接納的過程,嘉靖中期以後王門弟子遍佈科場內外,或爲鄉會試考試官,或爲學政學按,或因高第得選,又加之難以數計大規模的京師講學,使良知心性諸説不惟未能禁制,甚且充盈天下,是其在人員上已爲子學入制義作好了準備;其次王學本身就有合會三教的理論蘊涵,陽明門人弟子及其追隨者又較陽明更進一步,在理論上試圖論證二氏本爲道學,不應排斥到正學之外,此在觀念上亦作好了準備;再有就是世宗皇帝本身好服食求仙及道教方術,也使内閣文臣競以道教青詞干進,士大夫仰希上之所好,遂使釋老之學由異端而躋入官學與科舉。

一、嘉靖朝王學的遭際及其被官學與科舉接納的過程

正德年間,王守仁的學説已經頗受時人訾議,嘉靖朝的上半段,對王學的非議

① 梁章鉅(1775—1849):《制藝叢話》卷之八,頁140。
② 龔篤清:《明代八股文史探》,長沙:湖南人民出版社,2005年,頁400。
③ 徐階:《崇雅錄序》,《世經堂集》卷12,頁17,《四庫全書存目叢書》子部第79册,頁587。
④ 徐階:《〈兩崖集〉序》,《世經堂集》卷13,頁37,《四庫全書存目叢書》子部第79册,頁628。

也始終没有停止過。史載世宗即位以後,王守仁雖然有大功,但始終不能得到世宗的信任和重用。從嘉靖元年到守仁去世的嘉靖七年(1529),王門弟子中雖有不少人布列清要,如方獻夫、席書、霍韜、黄綰等,加之朝臣中亦有不少人疏薦守仁有幹濟之才。但世宗始終對王氏的道學和講學風氣有所顧忌。世宗朝心學和講學之風經歷了一個曲折的過程。沈德符云:

> 世宗所任用者,皆鋭意功名之士,而高自標榜,互樹聲援者,即疑其人主爭衡。如嘉靖壬辰(十一年,1532)年御史馮恩論彗星而及吏部侍郎湛若水,謂素行不合人心,乃無用道學。恩雖用他語得罪,而此言則不以爲非。至丁酉(十六年,1537)年,御史游居敬,又論南太宰湛若水學術偏陂,志行邪僞,乞斥之,并毀所創書院。上雖留若水,而書院則立命拆去矣。比湛殁請卹,上怒斥其偏學盗名不許,因以逐太宰歐陽必進,其憎之如此。至辛未(二十年辛丑,1541)年九廟焚,[1]給事戚賢等因災陳言,且薦郎中王畿當亟用,上曰:“畿偽學小人,乃擅薦植黨。”命謫之外。湛、王俱當世名流,乃皆以偽學見斥。至於聶雙江(豹)道學重望,徐文貞(階)力薦居本兵,上以巽懦僨事逐之,徐不敢救。比世宗上賓,文貞柄國,湛、聶俱得恩贈加等,湛補謚文簡,聶補謚貞襄,蓋二公俱徐受業師,在沆瀣一脈宜然,而識者以爲溢美,非世宗意矣。若王文成之殁,在嘉靖初年,既靳其卹典,復奪其世爵,亦文貞力主續封,備極優異,而物論翕然推服,蓋人情不甚相遠也。王龍溪位止郎署,且坐考察斥不得復官,故文貞不能爲之地。即隆慶初元起廢,亦不敢及之,第爲廣揚其光價耳。[2]

世宗所避忌的主要是心學有礙所謂正學,並且認爲王守仁及其友湛若水、其弟子王畿、歐陽德、錢德洪、聶豹、戚賢等人講學又有爭名植黨之嫌。嘉靖朝上半段,朝臣中亦有不少人上章彈劾王陽明本人及其學術。王氏弟子在朝中者,很多也遭際不偶。[3]上之好惡,對科舉和學術風氣亦有直接的影響。如嘉靖二年(1523)的會試策由是科主考蔣冕出題。蔣爲邱濬門人,立論崇程朱正學而排擊所謂今學。策問中云:“大儒在當時挺然以道學自任而未嘗輕以道學自名,流俗乃從而名之,又因而詆之,後又以偽學目之。”又云與朱子同時諸儒入德之門與朱子不能無異,道學列傳或載或不載。而“今之學者顧欲强而同之,果何所見歟? 樂彼之徑便而欲陰詆

---

① 案當爲辛丑年,沈氏此處有誤。九廟焚在嘉靖二十年辛丑(1541),辛未則爲隆慶五年矣。

② 沈德符撰:《講學見絀》,《萬曆野獲編》,北京,中華書局,1959年,頁52。

③ 關於嘉靖朝王門弟子的遭際,可參考左東嶺:《王學與中晚明士人心態》,北京:人民文學出版社,2000年,頁301—304。

吾朱子之學歟？究其用心，其與何澹、陳賈輩亦豈大相遠歟？甚至筆之簡冊，公肆訾訾以求售其私見者，禮官祖宗朝故事，燔其書而禁□之，得無不可乎？"這裡今之學者，實指向王陽明、湛若水及其弟子等人。

陽明的追隨者多有在嘉靖朝及此前正德朝中進士者，嘉靖二年這一科會試策問雖然陰詆陽明，而陽明弟子是科中式者仍復不少。是榜中有：

1. 朱廷立(?—1566)，嘉靖二年(1523)三甲九十一名進士。師從王守仁。曾督北畿學政。

2. 王激，嘉靖二年(1523)三甲一百一十三名進士。正德九年在南京師從王守仁。

3. 王臣，嘉靖二年(1523)二甲一百十一名進士。嘉靖初在越師從王守仁。

4. 蕭璆，嘉靖二年(1523)二甲一百一十五名進士。嘉靖初在越師從王守仁。

5. 楊紹芳，嘉靖二年(1523)三甲一百二十七名進士。嘉靖初在越師從王守仁。

6. 歐陽德(1496—1554)，嘉靖二年(1523)二甲一百一十二名進士。正德中師從王守仁。授六安知州，建龍津書院。歷刑部員外郎，以學行改編修，累遷禮部尚書。

7. 魏良弼(1492—1575)，嘉靖二年(1523)三甲一百六十七名進士。正德末師從王守仁。由松陽知縣歷刑部給事中，遷禮科給事。隆慶初即家拜太常卿。

8. 薛宗鎧(?—1535)，嘉靖二年(1523)三甲五十八名進士。嘉靖初在越師從王守仁。官建陽令，任給事中，疏劾汪鋐擅權，被杖死。

9. 薛僑，嘉靖二年(1523)三甲一百六十六名進士。嘉靖初在越師從王守仁。

10. 徐階(1503—1583)，嘉靖二年(1523)一甲三名進士。先後師從陽明弟子聶豹、歐陽德。

策問陰詆陽明心學，與試的王門弟子有的反映是不答而出，如徐珊曰："吾惡能昧吾知以倖時好耶？"[①]其他人則不管策問，一力發揮師説，如歐陽德、魏良弼、王臣

---

① 《年譜》三，嘉靖二年癸未二月，吳光等編校：《王陽明全集》卷三十五，上海古籍出版社，1992年，頁1287。

等人。其結果雖然名次受影響，也還是被取中。其原因主要是考官中亦未必皆以王學爲病者。是科校試的考官呂楠就說：

> 昔予校文癸未會試，嘗見歐陽子試卷，嘆其弘博醇實，當冠《易》房也。然歐陽子學於陽明王子，其爲文策多本師説。當是時，主考者方病其師説也。予謂其本房曰："是豈可以此而後斯人哉？"其本房執評，終不獲前列。①

所以呂楠與是科《易》房考官都不以歐陽德發揮心學之説爲忤。呂楠是河東學派薛瑄的後學，平生爲學恪守程朱，雖曾與湛若水、鄒守益等南都講學，其心未躋於王學良知之説，②但也沒有如蔣冕等主考一樣，以王學爲異端，必欲火其書而禁絕之。此次會試策問雖然主考陰攻陽明，陽明本人卻不怒反喜，説"聖學從兹大明矣。"③以爲其學從此可以通過科舉會試中的策問的影響而大昌於天下。事態的發展，正如陽明所預見的。此後，終嘉靖一朝，每科會試陽明弟子中式者頗多。如嘉靖五年中式者有魏良輔（1492—1575）、唐愈賢、朱篪、曾忭（1498—1568）、李遂（1504—1566）、馮恩、聞人詮、胡堯時（1499—1588）、唐樞（1497—1575）、戚賢（1492—1553）等人。陽明大弟子王畿（1498—1583）、錢德洪（1496—1574）二人則會試後，不參與廷試。嘉靖八年孫應奎（？—1570）、沈謐（1501—1553）、羅洪先（1504—1564）、④程文德（1497—1559）、蔡靉、陳大倫、周汝員、王學益、王璣（1490—1563）等人。其中羅洪先、程文德更分別以狀元榜眼中第。此後歷科都有不少陽明弟子及再傳、三傳、四傳弟子。其他尚有一些未入王氏之門，卻信奉王學的人物。有代表性的有王慎中，嘉靖五年（1526）丙戌二甲第五十名進士，嘉靖十八年在南都與陽明弟子王畿、戚賢、王臣，以及湛若水講學，從此信奉陽明學説。⑤唐順之（1504—1564），嘉靖八年

---

① 見呂楠：《送南野歐陽子考績序》，《涇野先生文集》卷十。引自陳時龍：《明代中晚期講學運動》，上海：復旦大學出版社，2005年，頁46。

② 見黃宗羲：《明儒學案》卷八，《文簡呂涇野先生楠》，《黃宗羲全集》第七冊，頁150—151。

③ 《年譜》三，嘉靖二年癸未二月，吳光等編校：《王陽明全集》卷三十五，頁1287。

④ 關於羅洪先，呂妙芬指出羅一生未見過陽明，也從未以陽明門人自居，並指出他師從李中，其學上溯濂洛，可備一説。但羅氏十五歲讀《傳習錄》，受陽明之學，與陽明弟子鄒守益、劉邦采、王畿、錢德洪、聶豹等交游密切，往復論學，其思想亦與陽明淵源頗深，故黃宗羲稱之爲"陽明之傳"。此處姑從舊説，列羅於陽明門下。見呂氏：《陽明學士人社群：歷史、思想與實踐》，北京：新星出版社，2006年，頁122—123。又見吳震：《陽明後學研究》，上海人民出版社，2003年，頁208—254。關於羅洪先的生平與交游，詳見吳震：《羅洪先論》、《羅洪先略年譜》，《聶豹、羅洪先評傳》，南京：南京大學出版社，2001年，頁171—255；332—363。

⑤ 方祖猷：《王畿評傳》，南京：南京大學出版社，2001年，頁30。關於王慎中的對於制義和學術的態度，參見廖肇亨：《明代唐宋派派古文四大家以古文爲時文説》，《科舉考試文體論稿》，臺北：臺灣書店，1999年，頁207—209。

1529 年二甲一名進士。嘉靖十一年與王畿定交，由是信奉王守仁良知之學。①王畿集中《三山麗澤録》、《維揚晤語》即是王畿與王、唐二人論良知學的文獻。②王、唐二人皆少年高第，都是明代中晚期制義大家。可以看出嘉靖初年王學在科舉考試中已經相當有市場。《陽明年譜》中所記一事從一個側面頗反映了王學在科舉中的地位和影響：

> （錢）德洪攜二弟德周、仲實讀書城南。洪父心漁翁往視之。魏良政、魏良器輩與遊禹穴諸勝，十日忘返。問曰："承諸君相攜日久，得無妨課業乎？"答曰："吾舉子業無時不習。"家君曰："固知心學可以觸類而通，然朱説亦須理會否？"二子曰："以吾良知求晦翁之説，譬之打蛇得七寸矣，又何憂不得耶？"③

二子並非大言，"明年乙酉（嘉靖四年，1525）大比，稽山書院錢楩與魏良政並發解江、浙。家君聞之笑曰：'打蛇得七寸矣！'"此事一方面説明王學對朱學確有融會貫通之效，另一方面卻又説明當時王學在科舉考試中確有一定的市場。吕妙芬認爲"陽明學在明代的發展與當時的科舉文化息息相關，它既是衍生於科舉制度下的學術活動，吸引習舉業的年輕士子們爲主要聽衆，也必須倚靠科舉帶出的政治和文化影響力來作爲學派發展的資源；然而它又大膽地批判科舉的功利士風，反對程朱官學，試圖開創一取而代之的新學派。"④其説固良有以也。但王學在科舉中反對程朱官學，改易其風氣的態度卻無明顯的表現。陽明本人雖也鼓勵弟子積極參與科舉考試，然其所重在聖賢之業，而對科舉本身似乎是無可無不可的態度。正德十二年（1517）陽明弟子諸偁、陸澄（原靜，1485—1563）、季本（明德，1485—1563）、許相卿（臺仲，1479—1557）、何鰲、聶豹（1488—1563）、蔡宗兖（希淵）、黄綰、薛侃（尚謙，？—1545）等中進士。陽明"喜不自勝"，但"非爲諸友今日喜，爲野夫異日山中得良伴喜也。"陽明又説："入仕之始，意況未免摇動。如絮在風中，若非黏泥貼網，恐自張主未得。"⑤所以其諸弟子得中，陽明看起來是喜中有憂。所憂者，一登仕途，不獲自已，

---

① 方祖猷：《王畿評傳》，南京：南京大學出版社，2001 年，頁 28。

② 王畿：《維揚晤語》、《三山麗澤録》，《王龍溪全集》卷一，頁 8—9，10—19。臺北：華文書局據道光二年刻本影印。

③ 《年譜》三，嘉靖三年甲申八月，吳光等編校：《王陽明全集》卷三十五，頁 1292，上海古籍出版社，1992 年。

④ 關於陽明學與科舉以及以主導科舉的程朱之學的複雜關係，吕妙芬新著《陽明學士人社群：歷史、思想與實踐》，北京：新星出版社，2006 年，頁 33—36 有精闢的見解。

⑤ 《與希顔、台仲、明德、尚謙、原靜（丁丑）》，《文録》一，吳光等編校：《王陽明全集》卷四，頁 167，上海古籍出版社，1992 年。

則有妨道學。陽明對舉業的態度基本上是一種不積極亦不反對的態度。他説:"家貧親老,豈可不求禄仕? 求禄仕而不工舉業,卻是不盡人事而徒責天命,無是理矣。但能立志堅定,隨事盡道,不以得失動念,則雖勉習舉業,亦自無妨聖賢之學。若是原無求爲聖賢之志,雖不業舉,日談道德,亦只成就得務外好高之病而已。"①

　　以嘉靖朝科舉與王學的關係來看,陽明及其弟子在理論上雖説並不熱心舉業,但無心插柳,幾個方面的因素,使王學亦影響到科舉的風氣。這幾個方面的因素,首先是王學對經典的闡發,一新當時士人耳目,使科舉風氣爲之移動。明代試士,鄉會試第一場考四書義及經義,用時文(八股),二三場兼用論、表、詔、誥、判、策,經史與時務策。其中首重一場。明代自太祖重開科舉以後,第一場四書五經義始終以程朱傳注爲依歸,成祖時胡廣據聖意纂修《四書》《五經》大全,嗣後自明永樂至清初,《語》《孟》《學》《庸》四書,專用朱子所注,而結以己意,漢唐以下其他注疏基本和舉業無大關係;五經則《易》用程、朱,《詩》用《集傳》,《書》用蔡沈(1167—1230)《集傳》,《春秋》用胡安國(1074—1138)《傳》,《禮記》用陳澔(1260—1341)《集説》。②此外用爲科舉文章軌則者尚有明初御纂之《性理大全》、司馬光《資治通鑑》、真德秀《大學衍義》、邱濬《大學衍義補》、《大明律》、《會典》、《文獻通考》諸書。③《資治通鑑》、《大明律》、《會典》、《文獻通考》諸書主要用於鄉會試二三場考試之資,而其他諸書則爲首場考試之圭臬。我們可以看到四書中《大學》在科舉首場中有相當重要的地位。而陽明之學的展開,恰恰是以《大學》"明德""至善""正心""誠意"爲本。四書五經中,《大學》是陽明及其後學所尤爲著力的一部,而王學的思想亦可由對正心、誠意、止善、明德的解釋而闡發無遺。故陽明每接初見之士,"必借《學》、《庸》首章以指示聖學之全功,使知從入之路。"④馮琦(1558—1603)云:"國家以經術取士,《五經》、《四書》、《性》、《鑑》、正史而外,不列於學宮,不用以課士。"然其後人文日盛,士習寖灕,"始而厭薄平常,稍趨纖靡;纖靡不已,漸鶩新奇;新奇不已,漸趨詭僻。始猶附諸子以立幟,今且尊二氏以操戈,背棄孔聖,非毀朱註,惟南華、西竺之語是宗"。⑤尊二氏之習固非自姚江學興而起,但也確因姚江學興而

---

① 《寄聞人邦英、邦正(戊寅)》,《文錄》一,吳光等編校:《王陽明全集》卷四,頁168,上海古籍出版社,1992年。

② 《清史稿》,北京:中華書局,1976年,卷108,頁3148。

③ 王世貞撰,魏連科點校:《科試考》四,《弇山堂別集》卷84,頁1596。

④ 《續編》一,錢德洪《大學問》,吳光等編校:《王陽明全集》卷二十六,頁967,上海古籍出版社,1992年。

⑤ 張萱(1582年舉人):《禮部》三,科場前言,《西園聞見錄》卷44,楊學爲主編:《中國考試史文獻集成》第5卷,北京:高等教育出版社,2003年,頁525。

大盛。艾南英云：

> 其最陋者，厭薄成祖文皇帝所表章欽定之大全，而驕語漢疏以爲古，遂欲駕馬、鄭、王、杜於程、朱之上，不知漢儒於道十未窺其一二也。宋大儒之不屑，而今且尊奉其棄餘，其好名而無實，亦可見矣。若夫取刑、名、農、墨、黃、老之學，陰竄入以代孔孟之言，自以爲奇且古，而不知其非，頗謬於聖人，此又馬、鄭、王、杜諸君子之所不屑也。①

又云："十餘年以前，士子讀經義輒厭薄程、朱，爲時文輒詆訾先正，而百家雜説，六朝偶語，與夫郭象、王弼《繁露》《陰符》之俊問，奉爲至寶。"②

總之明中葉以後，士子於四書五經程朱傳註性理衍義諸書習久而厭薄。陽明學出的確有新人耳目之效。

其次，明代科舉試士，自明太祖初恢復開始，就對於儒學中的心性問題特別關注。這一點對於陽明心學比較容易爲當時官員士子和生員所接受，從而變易一些科舉風氣，都有直接的影響。明初太祖、成祖對於心性之學皆十分重視。明余紀登摘錄實錄和起居注纂成的《典故紀聞》一書，太祖的詔旨和制誥，屢言"理原於心"，"誠敬之心"，講"人心""道心"，講正心，存心等等。③洪武中，御纂《存心錄》，永樂七年，纂成《聖學心法》四卷，明祖親自作序，以示胡廣等人，並傳授東宮。永樂十三年，胡廣等奉詔纂成《性理大全書》七十卷，倣《近思錄》體例，雜取宋儒語錄，與四書五經程朱等注昭示天下，頒入學宮，使天下學子用爲取第之資。而是書中尤當注意者是此書"不徒在乎治法之明備，而在乎心法道法之精微。"是書七十卷中，卷二十九至三十七共九卷皆採摭儒先性理之論，尤重心性之説。康熙《御製性理大全序》又説："朕惟古昔聖王所以繼天立極而君師萬民者，不徒在乎治法之明備，而在乎心法道法之精微也。執中之訓，肇自唐虞，帝王之學，莫不由之。言心則曰：'人心惟危，道心惟微。'言性則曰：'若有恒性，克綏厥猷惟後。'盖天性同然之理，人心固有之良，萬善所從出焉。"又説："每思二帝三王之治，本於道。二帝三王之道，本於心。辨析心性之理，而羽翼六經，發揮聖道者，莫詳於有宋諸儒。迨明永樂間，命儒臣纂集《性理大全》一書，朕常加繙閱，見其窮天地陰陽之藴，明性命仁義之旨，揭主敬存誠之要。"《性理大全》一書是明代士子參與科舉考試必讀而熟習的著作，可以説是士人

---

① 艾南英：《文待序上》，《明文海》卷三百十二，《時文序》。
② 艾南英：《增補文定待序》，《明文海》卷三百十二，《時文序》。
③ 吳雁南主編：《心學與中國社會》，北京：中央民族大學出版社，1994年，頁114—115。

科舉取中之資。自明初科舉開科至正嘉間，歷代帝王都特別重視宋儒關乎心性理道之論，以爲直接關乎聖王致治之術。而陽明心學恰恰對是書中的宋儒論心性理道部分有比較全面而深入的對待，其對嘉靖朝科舉的影響是不言而喻的，並不以王學諸子的主觀和個人意志爲轉移。

故陽明心學的興起及其對官學和科舉的廣泛影響既是源諸一種新變的訴求，又是宋元以來儒學發展及其與帝王論治結合的邏輯結果。陽明本人論其學統每上溯於周敦頤、程顥、陸九淵、真德秀、吳澄即其明證。

嘉靖十一年以後，親炙陽明的弟子或多物故，然而中式的舉人、進士中間，信奉陽明之學的有增無已。隆慶中主試的徐階(1503—1583)、李春芳(1510—1584)是其代表。李春芳尊崇陽明之學，於隆慶二年戊辰(1568)的程文中首次引用陽明語録。徐階雖非陽明門人，但先後受業師中有湛若水和聶雙江，嘉靖二年徐以二十歲登進士第，其時已從歐陽德受良知之學。①算是陽明的再傳。陽明晚年及死後受誣，其學被申禁，徐階爲之鳴冤，②並於嘉靖十五年丙申與張景重修天真精舍，十七年邀請陽明門人鄒守益在貢院講學，發明性善之旨。又在南昌建立明德書院。十八年又在江西提學使任上重修洪都仰止祠。③徐階於嘉靖三十一年入閣後，次年即與陽明弟子兵部尚書聶雙江(豹，1488—1563)、禮部尚書歐陽德(1496—1554)、吏部左侍郎程文德(1497—1559)在京師靈濟宮作講學大會，與會者在千人以上。④以後，徐階以端撰的身份講學於朝堂之上，史稱"流風所被，傾動朝野"。⑤徐樹丕云："縉紳附之，輒得美官。"⑥靈濟宮講學在此後進行多次，其後參與的重要王學人物還有顏鈞(山農，1504—1596)、羅汝芳、李春芳等。1556年山農在靈濟宮向350名入覲官員講學三日，其後又向700名會試舉人洞講三日，此後仍有向鄉試生員和南都監生所作的大規模講學活動。⑦此是京師所倡導的講學活動。陽明後學的講學活動嘉靖一朝在地方上從來就沒有停止過。其門人弟子在地方上舉辦過的講學活動難以盡數，而所

---

①　見李春芳：《重修陽明先生祠堂記》，《李文定公貽安堂集》卷之三，頁7，《四庫全書存目叢書》集部第113册，頁80。

②　徐階《重修陽明先生祠記》，《王文成全書》卷三十八，頁42—44，《文淵閣四庫全書》本。又見沈德符撰：《講學見絀》，《萬曆野獲編》，北京：中華書局，1959年，頁52—53。

③　張祥浩：《王守仁傳》，南京：南京大學出版社，1997年，頁52—53。

④　《明史》卷二百八十三，頁7277。

⑤　《明史》卷二百三十一，頁6053。

⑥　徐樹丕：《講學》，《識小録》卷二，頁24。引自余英時：《士商互動與儒學轉向》，《現代儒學的回顧與展望》，北京：三聯書店，2004年，頁247，注2。

⑦　余英時：《士商互動與儒學轉向》，《現代儒學的回顧與展望》，北京：三聯書店，2004年，頁247。

面對的聽衆大多是地方生員和士人。呂妙芬從大量別集和地方史志蒐集資料，所列《陽明講會資料》一表可讓人一目瞭然，足資參考。①

故嘉靖本人雖不喜歡王學及講學活動，而王學的影響和講學活動的普及是處在深宫西苑修玄的世宗所無暇也無法遏止的。

嘉靖二十六年（1547）丁未科李春芳進士及第的殿試對策，頗見其所受陽明心學影響之深。策問中問及：

> 洪惟我太祖高皇帝，體堯舜授受之要，而允執厥中，論人心虚靈之機，而操存弗二。我成祖文皇帝言：帝王之治，一本於道。又言六經之道明，則天地聖人之心可見，至治之功可成。……兹欲遠紹二帝三王大道之統，近法我祖宗列聖心學之傳，舍是又何所致力而可？夫自堯舜禹文之後，孔孟以來，上下數百年間，道統之傳歸諸臣下，又盡出於一時之論，此朕所深疑也。子大夫學先王之道，審於名實之歸，宜悉心以對，毋隱毋泛，朕將注覽焉。②

策問中虚靈一説，固始於宋儒，而與心學的結合，殆由王陽明《傳習録》中所謂"心者身之主也，而心之虚靈明覺，即所謂本然之良知也"。我們知道，所謂御製策問多出於閣臣之手，有明故事，大抵如此。如徐階奏對《請廷試策問》（隆慶二年三月初八日）云：

> 兹者殿試在邇。所有策題，先年係是閣臣擬進。嘉靖年間，先帝特降御製，或循故事，命閣臣擬撰。于時士子廷對者，咸以得奉御製爲榮。仰惟皇上天資明睿，聖學弘深。當兹策士之初，尤萬方觀聽之會。伏乞親試策問，明示德意，使知向方。惟復仍容臣等擬撰，恭請聖裁。臣等未敢擅便，謹題請旨。奉聖旨：你每撰來。③

徐階嘉靖二年探花（1523），於嘉靖年間王學之被官方接受，實有首功。前文所舉徐於嘉靖初年爲陽明的不公待遇鳴不平，入閣以後又與陽明諸高弟在京師靈濟宫進行大規模的講學活動，使陽明學説在嘉靖中晚期大暢其風，並且爲官方學術、科舉制義以及京師官紳、應試士子之間被普遍接受，厥功甚偉。嘉靖二十六年會試考官爲徐階的同鄉吏部左侍郎兼學士孫承恩（1481—1561）及吏部左侍郎兼學士張

---

① 呂妙芬：《陽明學士人社群：歷史、思想與實踐》，北京：新星出版社，2006 年，頁 365—381。

② 楊寄林等主編：《中華狀元卷》第二册《大明狀元卷》，太原：山西教育出版社，2002 年，頁 531—532。又見李春芳：《廷試策》，《李文定公詒安堂集》卷之一，頁 2—3，《四庫全書存目叢書》集部第 113 册，頁 18。

③ 徐階：《請廷試策問》，《世經堂集》卷之四，頁 29—30，《四庫全書存目叢書》集部第 79 册，頁 436。

治(1490—1550)。①是科殿試策問本身實有把問題引向心學的傾向。而狀元李春芳的對策更見陽明心學的影響。李春芳對問云：

> 臣對：臣聞帝王之治本於道，道立而後，化之以弘；帝王之道本於心，心純而後，道以之會。心也者，統夫道者也。……夫惟道化衰於上，而後講學倡於下，此宋之四子所由興也。以周敦頤言之，學以主靜爲宗，以一爲要，而究其極於明通公溥，不由師傳，默契體道者也。以程顥兄弟言之，涵養則曰用敬，進學則曰致知，而又欲以大公順應天地之常，寬和嚴毅，殊途同歸者也。以朱熹言之，以講學爲入門，以踐履爲實地，博極群書而會通於心，集諸儒之大成者也。……然臣嘗求我二祖聖學之精，則《存心》一録，與夫《聖學心法》，尤其至要者歟！……太祖高皇帝嘗諭輔臣曰："防閑此身，使不妄動，自謂己能。若防此心，使不妄動，尚難能也。"②成祖文皇帝嘗諭解縉曰："心能靜虛，事來則應，事去如明鏡止水，自然純是天理。"③是二祖之學，誠不外於心而得之也。④

李春芳所論表面上看是固守宋儒如濂洛之學，如"明鏡止水"本出於程顥："聖人之心，如明鏡止水"之喻，⑤朱熹、真德秀、許衡等皆曾借用以爲發揮。明成祖所論直是由許魯齋(衡)處移來。魯齋云："聖人之心，如明鏡止水，物來不亂，物去不留。用工夫，主一也；主一，是持敬也。"⑥然而李春芳用成祖卻別有意思在。王應麟云："道家云：'真人之心，若珠在淵；衆人之心，若瓢在水。'真文忠云：'此心當如明鏡止水，不可如槁木死灰。'"⑦宋儒以"明鏡止水"爲喻，本出於釋老之言。以上所引均見於《性理大全》一書。李春芳所謂明鏡止水以喻心，亦如陽明所云："良知之體皦如明鏡，略無纖翳。"⑧王門中徐愛亦曰："心猶鏡也，聖人心如明鏡，常人心如昏鏡。"⑨王畿多用此喻以明心體之虛無靜寂。王畿指出："水鏡之喻，未爲盡非，無情之照，

① 張朝瑞：《皇明貢舉考》卷之七，頁50，《四庫全書存目叢書》史部第269册，頁768。
② 此爲明太祖諭陶凱語，見李之藻：《頖宮禮樂疏》卷三，頁35。《文淵閣四庫全書》本。
③ 諭見明不著撰人《翰林記》卷九，頁4。又見廖道南：《殿閣詞林記》卷十五，頁12。又見程敏政：《篁墩文集》卷四，頁37。均見《文淵閣四庫全書》本。
④ 楊寄林等主編：《中華狀元卷》第二册《大明狀元卷》，太原：山西教育出版社，2002年，頁534—538。
⑤ 《性理大全書》卷三十二，頁3。見《文淵閣四庫全書》本。
⑥ 許衡：《魯齋遺書》卷一，頁5。見《文淵閣四庫全書》本。
⑦ 王應麟：《困學紀聞》卷二十，頁35。《文淵閣四庫全書》本。
⑧ 吳光等編校：《王陽明全集》卷二，上海古籍出版社，1992年，頁70。
⑨ 陳榮捷：《王陽明傳習録詳注集評》，臺北：學生書局，1988，頁94。

因物顯像,應而皆實,過而不留。”以水鏡喻心之本體。①又舉顏子曰其“心如明鏡止水,纖塵微波,纔動即覺。纔覺即化,不待遠而後復。”②揭明“未嘗不知爲良知,未嘗復行爲致良知,”以爲顏回庶幾得之。

李春芳此策中又從周敦頤“主靜爲宗,以一爲要”來回答策問中“允執厥中,論人心虛靈之機,而操存弗二”,與陽明闡發周氏“靜極而動”之説,來發明“未發之中”即良知,心之本體無分於動靜之説若合符節。③

二十六年之後,歷科主文衡者都有王學的信奉者。如:

嘉靖二十九年會試考官禮部尚書兼大學士張治、吏部左侍郎兼學士歐陽德(陽明弟子,1523 年二甲十一名進士)。④

嘉靖三十二年會試考官少保大學士徐階(陽明弟子聶豹、歐陽德弟子)、侍講學士敖銑(1535 年二甲三名進士)。⑤

嘉靖三十五年會試考官太子太保兼大學士李本、少詹事兼侍講學士尹臺(陽明弟子歐陽德私淑弟子,1506—1579,1535 年二甲八名進士)。⑥

嘉靖三十八年會試考官吏部右侍郎兼學士李璣(1535 年二甲一名進士)、太常寺少卿兼學士嚴訥。⑦

嘉靖四十一年會試考官太子太保兼大學士袁煒、吏部左侍郎兼學士董份。⑧

嘉靖四十四年會試考官吏部左侍郎兼學士高拱、侍讀學士胡正蒙。⑨

隆慶二年會試考官少傅大學士李春芳、禮部尚書兼學士殷士儋(1522—1582,1547 年三甲一百六名進士)。⑩

李璣雖非王門弟子,但對於王門歐陽德“發我良知,卒闡宗旨”備加推崇。⑪嚴訥也如李璣一樣,雖非王學中人,但對陽明心學也是深心推崇。所撰陳官墓誌,嘗引

① 方祖猷:《王畿評傳》,南京:南京大學出版社,2001 年,頁 367。
② 王畿:《與陽和張子問答》,《龍溪王先生語鈔》卷之三,頁 4,收入周汝登選,陶望齡訂,陳大綬閲,余懋孳校梓:《王門宗旨》卷之十三,《四庫全書存目叢書》子部儒家類第 13 冊,頁 738。
③ 吳光等編校:《王陽明全集》卷二,上海古籍出版社,1992 年,頁 64。
④ 張朝瑞:《皇明貢舉考》卷之七,頁 62,《四庫全書存目叢書》史部第 269 冊,頁 774。
⑤ 張朝瑞:《皇明貢舉考》卷之七,頁 74,《四庫全書存目叢書》史部第 269 冊,頁 780。
⑥ 張朝瑞:《皇明貢舉考》卷之七,頁 88,《四庫全書存目叢書》史部第 269 冊,頁 787。
⑦ 張朝瑞:《皇明貢舉考》卷之七,頁 99,《四庫全書存目叢書》史部第 269 冊,頁 792。
⑧ 張朝瑞:《皇明貢舉考》卷之七,頁 110,《四庫全書存目叢書》史部第 269 冊,頁 798。
⑨ 張朝瑞:《皇明貢舉考》卷之八,頁 2,《四庫全書存目叢書》史部第 269 冊,頁 804。
⑩ 張朝瑞:《皇明貢舉考》卷之八,頁 15,《四庫全書存目叢書》史部第 269 冊,頁 811。
⑪ 李璣:《西野李先生遺稿》卷十,頁 5,《四庫全書存目叢書》集部第 100 冊,頁 177。

官語云："陽明先生嘗保釐江贛，余叔省菴翁被其檄聘，相與講明心學，以興振一時之豪傑者。余竊與聞其説。固余之夢寐饑渴而求者也。"嚴訥對王學之旨也是推許的。尤爲重要的是，在嚴訥看來王學於聖賢之道求之於心，體之於身，運用到科舉考試中，士子若能深心揣摩，必能觸類群籍。墓誌中嚴訥説陳官得陽明文集一部後，"手自輯寫，日夜窮研，以之觸類諸書，多能意悟神解。自是作爲舉業文字，大率出自心得之語，非掇拾套説者可倫矣"。其後陳官入太學，應北畿試，其文益大合有司。①

董份思想駁雜，莫知所宗，觀其文集，則略可見其崇仙釋，尊陽明之事功，尚心學之性道諸特點。②董所撰嘉靖戊午(1558)順天鄉試程文，是一篇淺易的心學文字。其題云："聖人有功於天下萬世"。程文云：

> 聖人者，道之體也。道無外，聖人亦無外……聖人以是道之體而存之謂之心。心也者，天下萬世之所同具也……今夫人之靈明知覺而無不通者，以其有此心也……是心之得也，非獨聖人有之，凡民亦有之。凡民有之是心體之本同也。③

通觀董份文集，於陽明心學或未能得其旨奧，但受心學風氣的影響之深則一望可知。

充任會試主考的往往職位甚尊，以上所舉諸人都曾擔任過內閣大學士，貴爲宰輔。嘉靖朝首輔中除徐階、李春芳等公開追隨陽明以外，還有的是雖未以陽明心學爲宗，亦難免受王學的影響。比如高拱，就比較重視事功和實際政治，對於講學不像徐階那麼熱衷。但在議論中如説："宋儒議論古今，人固皆好善惡惡之心，然卻有作好作惡處。"④又云："愛而知惡，惡而知美。不以言舉人，不以人廢言。蕩蕩平平，無偏無黨，無作好作惡，乃是至公。"⑤此語實本自陽明《傳習錄》中"不知心之本體原無一物，一向著意去好善惡惡，便又多了這份意思，便不是廓然大公。《書》所謂'無有作好作惡'，方是本體"。⑥《本語》中多處可見陽明思想的影響在，如其論"天理不

---

① 見嚴訥：《明大冶令豫齋陳公墓誌銘》，《嚴文靖公集》卷之六，頁2—3，《四庫全書存目叢書》集部第107冊，頁635。

② 見董份：《圓通神異集序》《浙江鄉試録序》，《董學士泌園集》卷十七，頁1—9，《四庫全書存目叢書》集部第107冊，頁286—290。

③ 見董份：《董學士泌園集》卷八，頁3—5，《四庫全書存目叢書》集部第107冊，頁129—130。

④⑤ 高拱：《本語》卷二，頁22，《叢書集成初編》，北京：中華書局，1985年，第606冊。

⑥ 吳光等編校：《王陽明全集》卷一，上海古籍出版社，1992年，頁34。陽明此説集中多見，如卷一對薛侃問亦類此。

外人心,只人心平處便是天理至公",“吾心自有本然虛明平妥處”,“性具于心,而貫徹于人倫日用之間",①類皆出於陽明或甘泉語録。

實際上會試與殿試的風氣直接影響整個科舉的風氣,從而影響一時學術的風氣。如果説陽明之學本出於民間,由民間而漸次爲官學與科舉所接受,那麼其對於官學的影響,反過來又通過科舉和官方主導的講學運動作用到整個社會。

俞長城云:“嘉(靖)末文體蕪穢,隆慶改元,復歸雅正。"②所謂文體蕪穢,俞寧世所指乃是“洎乎末流,抄經撰子,縱横、名、法、陰陽、佛、老諸書,皆入於文。"③從以上分析來看,所謂文體蕪穢,縱横、名、法、陰陽、佛、老諸書,皆入於文,其根源就在陽明學上。

二、王學與陽明後學合會三教的理論與科舉制義

謝國楨曾指出,明末清初的學風的一個特點就是由博通群經而旁及諸子百家,打破了專主孔孟一家的學説。並舉傅山之研究老列管莊諸子,王夫之之藉用法相宗能所概念,方以智之提倡通幾智測之學以爲證。④而事實上,從科舉文獻資料以及晚明的其他文獻資料來看,“旁及諸子百家,打破了專主孔孟一家的學説”的風氣其來有自,並非由明末始出現。胡應麟云:“成弘間,館閣諸公頗尚該洽……中間惟王子衡(王廷相,1474—1544)覈經術,何子元(何孟春,1474—1536)治子史,楊用修(慎)特號多聞,云多宋元秘籍,第不知他書若何。陸子淵(陸深,1477—1544)最爲好古。"⑤祝允明(1460—1526)云:

> 余望杜子,奮興岂于儒,告子以其方中。且徑者可治一室,將《詩》、《書》、《周易》、《戴禮》、《春秋》、《論語》、《孝經》、《公》、《穀》、《周官》、《爾雅》注疏,敷之几,學之、問之、思之、辨之、居之、行之。宋以下傳解勿接目,舉業士講論毋涉耳,儒體立矣。又將史漢下十七史,暇而擇閲之,儒用達矣,足矣。外且又將《老》、《列》、《莊周》、《荀》、《揚》、《國語》、《淮南》、《吕覽》、劉向

---

① 高拱:《本語》卷三,頁 24—25,《叢書集成初編》,第 606 册。

② 俞長城:《先正程墨中集小引》,《俞寧世文集》卷之四,《四庫未收書輯刊》第九輯第 21 册,北京出版社,2003 年,頁 99。

③ 俞長城:《國朝程墨前集小引》,《俞寧世文集》卷之四,《四庫未收書輯刊》第九輯第 21 册,北京出版社,2003 年,頁 111。

④ 謝國楨:《明末清初的學風》,《明末清初的學風》,上海書店出版社,2004 年,頁 38—39。

⑤ 胡應麟:《經籍會通》四,《少室山房筆叢》,上海書店出版社,2001 年,頁 48。

書博吾識,又將《文選》、《文粹》、《唐音》、《鼓吹》昌吾聲,又將《閣》、《絳》諸名帖升吾藝,餘無煩矣。異時出列班序,被金紫,分中事,不足語。即在野作鄉碩者,豈不偉哉!①

明代學者至中葉而有楊慎、王廷相等博通載籍,貫穿佛老子史的。但在理論上樹立三教之合流的思想實始自陽明。關於明代中期的三教合流的思想,錢穆、柳存仁、陳榮捷、陳劍鍠等學者都就陽明學考察而作出了深入的研究。②陽明本人即受益於二氏,故其弟子後學亦多合和三教。其受釋氏之影響,論致良知之塗轍亦有頓、漸之分,斯乃以禪爲喻,王畿曾以王陽明"屋舍三間"的譬喻,來說明三教同源的道理,以爲此三間屋舍原是本有家當,後來聖學做主不起,乃僅守其一,左右兩間甘心讓與二氏。③並說陽明良知之說,"乃三教之靈樞"。當然王畿本人在陽明弟子中屬於頓的一路,所以於釋、老二氏特別張揚,說良知乃是"範圍三教之樞"。④

陽明之對待佛老及其對於楊墨等所謂異端較之先儒及當時學者都顯得格外寬容。陽明晚歲論佛老楊墨,曾云:

蓋孟氏患楊、墨;周、程之際,釋、老大行。今世學者,皆知宗孔、孟,賤楊、墨,擯釋、老,聖人之道,若大明於世。然吾從而求之,聖人不得而見之矣。其能有若墨氏之兼愛者乎?其能有若楊氏之爲我者乎?其能有若老氏之清淨自守、釋氏之究心性命者乎?吾何以楊、墨、老、釋之思哉?彼於聖人之道異,然猶有自得也。……某幼不問學,陷溺於邪僻者二十年,而始究心於老、釋。⑤

其諫武宗佞佛,云:"佛者,夷狄之聖人;聖人者,中國之佛也。"⑥陽明的基本想

① 祝允明:《三望一首贈杜子》,《懷星堂集》卷二十七,頁9,《文淵閣四庫全書》本。
② 見陳劍鍠:《陽明後學所產生之諸問題》之二《陽明後學的三教同源說》,《明清史集刊》第5卷,頁167—172。陳文所引有錢穆:《說良知四句教與三教合一》,《中國學術思想史論叢》七,臺北:東大圖書有限公司,1986年,頁124—152;柳存仁:《明儒與道教》,《王陽明與道教》,《王陽明與佛道二教》,《和風堂文集》中冊,上海古籍出版社,頁809—846,847—877,878—923;陳榮捷:《王陽明傳習錄詳註集評》,臺北:學生書局,1988年,頁415。
③ 屋舍三間之說又見於《年譜》三,《王陽明全集》卷三十五,頁1289。其說見陽明答張元沖在舟中問,謂:"聖人盡性至命,何物不具?何待兼取?二氏之用,皆我之用:即吾盡性至命中完養此身謂之仙;即吾盡性至命中不染世累謂之佛。……譬之廳堂三間,共爲一廳……聖人與天地民物同體,儒、佛、老、莊皆吾之用,是之謂大道。二氏自私其身,是之謂小道。"
④ 王畿:《三教堂記》,《王龍溪全集》卷一,臺北:華文書局據道光二年刻本影印。
⑤ 《文錄》四,吳光等編校:《王陽明全集》卷七,上海古籍出版社,1992年,頁230—231。
⑥ 《別錄》一,吳光等編校:《王陽明全集》卷九,上海古籍出版社,1992年,頁295。

法是無論儒釋老其於求道則一，而求道的方法與途徑則異。釋、老之弊在於其專注於自救，不及親尊世人，而無廓然大公。其學本非以亂天下，而由於其始即有此不足，而爲之徒者卒以亂天下。楊、墨之弊在於楊氏爲我則求義而過之，墨氏兼愛則求仁而過之，而爲之徒者卒以亂天下。①陽明對佛的態度，是在方法上直接承襲，而内容上又亟欲剖別。如其《別諸生》詩云：

　　綿綿聖學已千年，兩字良知是口傳。欲識渾淪無斧鑿，須從規矩出方圓。
不離日用常行内，直造九天未化前。握手臨歧更何語，慇懃莫愧别離筵。②

這種直探心體，求道於日用常行的途徑，顯然是禪宗的方法。只不過陽明所説的日用常行是於事物有對待的，以忠孝節義等置換了擔水挑柴等工夫。陽明又説：

　　爾心各各自天真，不用求人更問人。但致良知成德業，謾從故紙費精神。
乾坤是易原非畫，心性何形得有塵？莫道先生學禪語，此言端的爲君陳。③

陽明雖在修持方法思想方法上受禪學的影響，但他有内容上立意與禪分别。在與徐愛論"尊德性"與"道問學"時，針對徐與王輿庵的辯論，指出既云象山尊德性，則不可謂其墮於禪學之虛空；既云晦庵道問學，則不可謂爲俗學之支離。他説象山説覺悟，雖出於釋氏，然而"釋氏之説亦自有同於吾儒，而不害其爲異者，惟在於幾微毫忽之間而已"。④所謂"幾微毫忽之間"，在陽明看來就是象山指向心之本體。而心之本體本虛，此與佛家所説之虛無無二，而心之本體外化顯爲德性之知，卻與佛所説的虛無有異。

陽明本人對楊墨佛老的優容，對其後學合會三教提供了理論條件。黄宗羲《明儒學案》中分姚江後學爲浙中王門、江右王門、南中王門、楚中王門、北方王門、粤閩王門及泰州學派等數支。黄云："陽明先生之學，有泰州龍溪而風行天下，亦因泰州龍溪而漸失其傳。泰州龍溪時時不滿其師説，益啓瞿曇之祕而歸之師，蓋躋陽明而爲禪矣。"⑤浙中王門的代表人物有徐愛、蔡宗袞、朱節、浦節、錢德洪、王畿、季本、黄綰、董澐、陸澄、顧應祥、黄宗明、張元沖、程文德、徐用檢、萬表、王宗沐、張元忭等，其中影響最大的學者如王畿、錢德洪、程文德、聶豹等人。王畿講

① 《外集》四，吳光等編校：《王陽明全集》卷二十二，上海古籍出版社，1992年，頁861—862。
② 《外集》二，《示諸生三首》之一，吳光等編校：《王陽明全集》卷二十，頁791。
③ 《外集》二，《別諸生》，吳光等編校：《王陽明全集》卷二十，頁790。
④ 《外集》三，《答徐成之》二，吳光等編校：《王陽明全集》卷二十一，頁808。
⑤ 黄宗羲：《明儒學案》卷三十二，《黄宗羲全集》第八册，頁820。

身心關係,講"真息"、"養生",極富道教色彩;①説"委心虚無"、"一念靈明"又是援佛入儒。②王畿更以爲心性之學正是借佛氏之超脱而悟入。③同門黄綰批評王畿"習聞禪學之深",薛應旂批評其無著無住的修持方法,沈懋學批評王"借鋒於禪幻"、"推禪附聖",④但無大礙於其對後學的影響力。王畿後學中有李贄、贄所傳公安三袁、周汝登、汝登弟子陶望齡、奭齡等對於佛道兩家尤所推重,對於儒家正學來説,可謂更行更遠。

又有江右王門有鄒守益、歐陽德、聶豹、羅洪先、劉文敏、劉邦采、劉陽、劉曉、劉魁、黄弘綱、何廷仁、陳九川、魏良弼、魏良政、魏良器、王時槐、鄧以讚、陳嘉謨、劉元卿、萬廷言、胡直、鄒元標、羅大紘、宋儀望、鄧元錫、章潢、馮應京等人,聶豹"主靜歸寂"頗有二氏的痕迹。⑤羅洪先講"收攝保聚"以見良知本體,頗受道家修煉工夫及《周易參同契》的影響,⑥對佛學又有"庸孔奇釋"之意。⑦劉文敏"以虚爲宗",王時敏説"性體本虚"無不受釋氏的影響。⑧南中王門有黄省曾、周衝、朱得之、周怡、薛應旂、唐順之、唐鶴徵、徐階、楊豫孫等人;楚中王門有蔣信、冀元亨;北方王門有穆孔暉、張後覺、孟秋、尤時熙、孟化鯉、楊東明、南大吉等人;粤閩王門有薛侃、周坦,止修學案則列李材。泰州一脈,自王艮以下,從王襞、何心隱、顏鈞、鄧豁渠、方湛一、徐樾、王棟、林春、管至道,至趙貞吉、羅汝芳、楊起元、耿定理、焦竑、周汝登、陶望齡、李卓吾。趙貞吉之公然佞禪,⑨羅汝芳自謂早歲從禪門乞靈,其他諸子如楊起元、焦竑、陶望齡之推尊佛老,使泰州一派對二氏之包容最爲徹底。

如果説陽明本人是對佛道兩家及先秦諸子取包容的態度,那麽陽明弟子及後學則多持三教合會的觀點。甚至於釋老推尊過重,轉而變换了立場。

陽明後學靖江朱得之(約 1522—1565)嘉靖庚申(1560)年自序其《莊子通義》云:

---

① 見吳震:《陽明後學研究》,頁 315—366。
② 方祖猷:《王畿評傳》,南京大學出版社,2001 年,頁 340—345。
③ 見吳震:《陽明後學研究》,頁 65。
④ 方祖猷:《王畿評傳》,南京大學出版社,2001 年,頁 402—404。
⑤ 詳見吳震:《聶豹論》,《聶豹、羅洪先評傳》,南京大學出版社,2001 年,頁 72—170。
⑥ 見吳震:《陽明後學研究》,頁 227—241。
⑦ 吳震:《陽明後學研究》,頁 141。
⑧ 詳見吳震:《王時槐論》,《聶豹、羅洪先評傳》,南京大學出版社,2001 年,頁 256—295。
⑨ 《四庫提要·文肅集提要》云:"貞吉學以釋氏爲宗,姜寶爲之序曰:'今世論學者,多陰採二氏之微妙,而陽諱其名。公於此,能言之,敢言之,又訟言之,昌言之,而不少避忌。蓋其所見真,所論當,人固莫得而訾議也。'其持論可謂悍矣。"

　　莊子樂天憫世之徒，學繼老列……或乃以其命辭跌宕，設論奇險，遂謂其荒唐謬悠，與詩書平易中常者異，而擯黜於儒門。不知其異者辭也，不異者道也……然則詩書固經世之準，而三子則立命之根。立命達於人人，經世存乎一遇。安得守此而棄彼乎？是故求文辭於先秦之前，莊子而已，求道德於三代之季，莊子而已。①

又云：

　　莊子亦周末文勝之習。今觀其書，止是詞章之列，自與五經辭氣不同。然其指點道體天人異同處，却非秦漢以來諸儒所及。故從事於心性者有取焉。②

又云：

　　或謂二氏之書，不當以儒者之學爲訓。竊惟道在天地間一而已矣。初無三教之異，猶夫方言異而意不殊，鍼砭異而還元同。苟不得於大同，則父子夫婦亦有不同者，孰知自私用知之爲蔽，而潰裂夫道哉？③

故其《老莊通義》兩書，每以儒學心學的角度解說。如解《老子》第一章云："二慾字，言志慾如此。二觀字，言良知。妙字，言體之蘊心也。"其他多用"體用"、"功夫"等詞，把陽明的心學思想貫穿到《老子》一書中去。④其解莊亦大體相類，如釋"顏回問仲尼"一章云："知者，良知也。進於知猶曰造於無知。"⑤釋"子輿與子桑友"一章云："歸諸命則能以理勝而處之有道，此子輿所忘言也，《南華》用以結《大宗師》之旨，即《西銘》所謂貧賤憂戚，玉汝於成，蓋非磨礪之久，涵養之極，不足以大任故也。"⑥之後又申論云："師所以建隆治體，恢拓化源，使人知道德之可尊，性命所當究，君臣父子無失其倫，天下國家同歸治者也。"朱氏在這裏是以儒家注重倫理實踐的知識論置換了道家的反知識論，其議論不可謂不曲，用心不可謂不深。其後，朱氏又對"大宗師"爲之釋名，説："正心誠意之本，傳道授業之微，非師無以任之，其爲道也至矣。宗師則爲學者所主而尊之之稱。冠之以大，猶云衆父父也。首論知天知人，明義命以立其本。以知之所知，養其知之所不知，則以人合天。知出於不知，是知之盛也。故結以真人真知。"⑦所知者，良知也。進於知猶造乎無知。由

① 　朱得之：《刻莊子通義引》，《莊子通義》卷首，上海古籍出版社 1995 年影印《續修四庫全書》第 954 册，頁 603。
② 　朱得之：《讀莊評》，《莊子通義》卷首，上海古籍出版社 1995 年影印《續修四庫全書》第 954 册，頁 605。
③ 　朱得之：《讀莊評》，《莊子通義》卷首，頁 605—606。
④ 　李慶：《明代的老子研究》，《道家文化研究》第十五輯，北京：三聯書店，1995 年，頁 344。
⑤ 　朱得之：《莊子通義》卷三，頁 17，上海古籍出版社 1995 年影印《續修四庫全書》第 954 册，頁 658。
⑥⑦　朱得之：《莊子通義》卷三，頁 23，上海古籍出版社 1995 年影印《續修四庫全書》第 954 册，頁 661。

此我們知道,隆慶間會試程文以及嘉靖四十一年狀元申時行、榜眼王錫爵等所説的真知實有其本於王學合會三教的思想根源在。

顧炎武在《日知錄》中《破題用莊子》一節曰:

五經無"真"字,始見於老莊之書。《老子》曰:"其中有精,其精甚真。"《莊子·漁父》篇:"孔子愀然曰:'敢問何謂真?'客曰:'真者,精誠之至也'。"《荀子》"真積力久"亦是此意。《黄庭經》曰:"積精累氣以爲真。"《大宗師》篇曰:"而已反其真,而我猶爲人猗。"《列子》曰:"精神離形,各歸其真,故謂之鬼。鬼,歸也。歸其真宅。"《漢書·楊王孫傳》曰:"死者,終身之化,而物之歸者也。歸者得至,化者得變,是物各反其真也。"《説文》曰:"真,僊人變形登天也。"徐氏《繫傳》曰:"真者,仙也,化也。從匕。匕即化也。反人爲亡,從目,從匕,入其所乘。"人老則近於死,故老字從匕;既死則反真,故真字亦從匕。以生爲寄,以死爲歸,於是有真人、真君、真宰之名。秦始皇曰:"吾慕真人",自謂真人不稱朕。魏太武改元太平真君,而唐玄宗詔以四子之書謂之真經,皆本乎此也。後世相傳,乃遂與假爲對。李斯《上秦王書》:"夫擊甕、叩缻、彈箏、搏髀,而歌呼嗚嗚快耳目者,真秦之聲也。"韓信請爲假王,高帝曰:"大丈夫定諸侯即爲真王耳,何以假爲?"又更東垣曰真定。竇融上光武書曰:"豈可背真舊之主,事姦僞之人?"而與老莊之言真,亦微異其指矣。今謂真,古曰實;今謂假,古曰僞。《左傳·襄十八年》"使乘車者左實右僞,以旆先,輿曳柴而從"。"假王"猶"假君"、"假相國",唐人謂之借職是也。今人之所謂僞,亦非宋諱玄,以真代之。故廟號曰:"真宗。"玄武七宿,改爲真武;玄冥改爲真冥;玄枵改爲真枵。《崇文總目》謂《太玄經》爲"太真",則猶未離其本也。隆慶二年會試爲主考者,厭五經而喜老莊,黜舊聞而崇新學,首題《論語》"子曰:'由,誨汝知之乎?'"一節,其程文破云:"聖人教賢者以真知,在不昧其心而已。"《莊子·大宗師》篇且有:"真人而後有真知。"《列子·仲尼》篇:"無樂無知,是真樂真知。"始明以《莊子》之言入之文字。自此五十年間,舉業所用,無非釋老之書。彗星掃北斗文昌,而御河之冰變爲赤血矣。崇禎時,始申舊日之禁。而士大夫皆幼讀時文,習染已久,不經之字,摇筆輒來。正如康崑崙所受鄰舍女巫之邪聲,非十年不近樂器,未可得而絶也。雖然,以周元公道學之宗,而其爲書猶有所謂無極之真者,吾又何責乎今之人哉?羅氏《困知記》謂無極之真,二五之精,妙合而凝。太極與陰陽五行非二物也,不當言合。又言《通書》未嘗一語及無極。《孟子》言:"所不慮而知者,其良知也。"下文明指是愛親敬長。若夫因嚴以教敬,因親以教愛,則必待學而知之者矣。今之學者明用《孟子》之良知,暗用《莊子》之真知。①

────────────

① 見顧炎武撰,黄汝成集釋:《日知錄集釋》卷3下,上海:掃葉山房,1924年,頁112—114。

　　顧氏的析論極爲透徹。然而似此在制義中運用莊列文字，並非如顧氏所説的始於隆慶二年。早在十數年前的嘉靖三十年壬戌科，學者已習用之。申時行（即徐時行）爲是科狀元，王錫爵爲榜眼，余有丁是探花。時行論"子曰回之所以爲人"一節程文云："聖人稱大賢而求道得之深，以見其真知也。夫擇乎中庸而能守之，則所得者深矣！非顔子真知，其孰能之？"①其所用的"真知"一詞，已非傳注意義上的真知，而是心學意義上和莊列意義上的真知。詳細的析論，可參見本文第四節。

三、青詞之撰與子學入制義的動力

　　嘉靖時期釋老之學之入制義，還有一個值得注意的因素就是世宗本人的作用。世宗好道教方術其來有自。從繼位由藩王入承大統，到最後死於誤食丹藥，四十五年的時間中，世宗始終篤信道教神仙。嘉靖朝士大夫競寫青詞干進主要是源於世宗皇帝的個人嗜好。與科舉制義引入道教雜學以及諸子文辭也有莫大的關係，這中間王學也起到助長的作用。

　　所謂青詞是自唐以後流行的道教齋醮時敬獻天神的奏告文書。②以青詞干進，始於嘉靖初。據史載：

　　　　閏月帝始修醮于宫中。帝用太監崔文言，建醮宫中，日夜不絶。給事中劉最劾文左道糜帑。帝怒謫廣德州通判。文憾不已，嗾其黨芮景賢奏最在途仍故銜，乘巨舫，取夫役，帝益怒，逮最下獄，戍邵武。其後帝益好長生，齋醮無虛日。命夏言充監禮使，湛若水、顧鼎臣充導引官。鼎臣進步虛詞七章，且列上壇中應行事。帝優詔褒答之。自此詞臣多以青詞干進矣。③

　　鼎臣進《步虛詞》七章，事在嘉靖十年。自嘉靖十年之後，終世宗朝，首輔 15 人中有 9 人由擅青詞而入閣，夏言（1482—1548，1536 年入閣）、顧鼎臣（1473—1540，1538 年入閣）、嚴嵩（1480—1567，1542 年入閣）、徐階（1503—1583，1552 年入閣）、嚴訥（1511—1584，1565 年入閣）、袁煒（1508—1565，1561 年入閣）、李春芳（1510—1584，1565 年入閣）、郭朴（1511—1593，1566 年入閣）、高拱（1512—1578，1566 年

① 　申時行：《子曰回之爲人也》程文，田啓霖編著：《八股文觀止》，海口：海南出版社，1994 年，頁 493。
② 　關於青詞自唐以後内容特點，文字形式，以及其性質和作用，參見張澤洪：《道教齋醮史上的青詞》，《世界宗教研究》2005 年第 2 期，頁 112—122。
③ 　《御批歷代通鑑輯覽》卷一百八，頁 23，《文淵閣四庫全書》本。

入閣)等人皆以擅青詞獲超擢入閣。①其他内閣學士中如張治、李本雖非由撰青詞而進,也因青詞而與徐階同賜飛魚。②其他大臣由青詞獲擢升者尚多。徐階以擅撰青詞得世宗歡,③《明史》本傳云:

> 仙鶴,文臣一品服也。嘉靖中,成國公朱希忠、都督陸炳服之,皆以元壇供事。而學士嚴訥、李春芳、董份(1510—1595,1541年進士)以五品撰青詞,亦賜仙鶴。尋諭供事壇中,乃用於是。尚書皆不敢衣鶴。後勑南京織閃黄補麒麟仙鶴,賜嚴嵩。閃黄乃上用服色也。又賜徐階教子升天蟒。萬曆中,賜張居正坐蟒。武清侯李偉以太后父亦受賜。④

春芳1547年狀元及第,以擅撰道教青詞超擢翰林學士,後爲禮部尚書。春芳與袁煒、嚴訥、郭樸等四人同號青詞宰相。《四庫全書》袁煒《袁文榮詩畧二卷》提要云:

> 煒字懋中,慈谿人。嘉靖戊戌進士,官至建極殿大學士,謐文榮。事迹附見明史嚴訥傳。史稱煒才思敏捷,帝半夜出片紙,命撰青詞,舉筆立成。遇中外獻瑞,輒極詞頌美。帝畜一猫死,命儒臣撰詞以醮。煒詞有"化獅作龍"語,帝大喜。其詭詞媚上,多類此。⑤

史又稱煒自負能文,見他人所作,稍不當意,輒肆詆誚。館閣士出其門者,斥辱尤不堪。明沈德符(1578—1642)《萬曆野獲編》卷二《嘉靖青詞》云:"世廟居西内事齋醮,一時詞臣,以青詞得寵眷者甚衆。"⑥又舉袁煒青詞:

> 洛水玄龜初獻瑞,陰數九,陽數九,九九八十一數,數通乎道,道合元始天尊,一誠有感,岐山丹鳳兩呈祥。雄鳴六,雌鳴六,六六三十六聲,聲聞于天,天生嘉靖皇帝,萬壽無疆。

煒不惟自撰青詞以取悅世宗,並以名位之尊命其門下所策貢士代撰。史載:"袁文榮(煒)撰玄文,每命壬戌門人三鼎甲分代。而有時不給,其拜相以此,盡瘁亦

---

① 均見《明史》本傳,入閣人物次第見王世貞撰;魏連科點校:《内閣輔臣年表》,《弇山堂別集》卷45,頁841—843。

② 王世貞:《嘉靖以來首輔傳》,卷五,頁5,《文淵閣四庫全書》本。

③ 《明史》本傳,卷二百一十三,頁5642。

④ 《明史》卷七十七,頁50—51,《文淵閣四庫全書》本。

⑤ 《四庫全書總目》,北京:中華書局1965年,卷一七七,頁1591。青詞一體,乃道流祈禱之章,非斯文正軌。《欽定四庫全書總目》卷首一。

⑥ 沈德符撰:《萬曆野獲編》,北京,中華書局,1959年,頁59。

以此。"①壬戌(1562)科煒與董份同任會試考官,三鼎甲時爲徐時行(1535—1614)、王錫爵(1534—1610)、余有丁(1527—1584)。②

嘉靖中士大夫所撰青詞似此皆做道家宮觀中齋醮文字體例頌揚皇帝,無論内容及形式上皆無可取。世宗好青詞,使當時道士也受士大夫禮敬及嘉靖本人寵眷,前舉袁煒青詞或云爲李春芳請昆侖山人王光胤代作。"時世宗齋居西宮,建設醮壇,敕大臣制青詞一聯,懸于壇門。春芳使山人爲之。"春芳以此青詞進呈,頗蒙嘉靖賞眷。時"大臣應制青詞,多假手山人者"。③又史載:

> 龔可佩,嘉定人。出家崑山爲道士,通曉道家神名由。仲文進諸大臣撰青詞者時從可佩問道家故事,俱愛之。得爲太常博士。帝命入西宮教官人習法事,累遷太常少卿。④

嘉靖朝道士蒙恩眷的除王光胤、龔可佩外,尚有邵元節、陶仲文、段朝用、胡大順、藍田玉、藍道行、徐可成等多人方術干進。其他士大夫尚方術者如顧可學(弘治十八年進士)、盛端明(弘治十五年進士)、朱隆禧(嘉靖八年進士)皆以方術見幸於帝。⑤

嘉靖朝朝野上下對仙家方術的崇奉,及士大夫爭撰青詞倖進的玄風,對於科舉文章中雜入仙釋兩家是有直接的關係的。袁煒以青詞獲寵信,對於世宗宗奉神仙之術,多曲爲緣飾。至其言:"玄覽超方之士,未有不思符乎天人者也。夫其種仁義矣,又能託無窮之詞以自著矣。"⑥又云:"國初周顛仙、張三丰之流,殷勞萬乘勒玉帛、發使者訪之,此近代事,豈不足睹信耶?"⑦更說:"聖人之道與仙人之術出入變化於霄壤間,以翔舞賢豪於不倦也。聖人以道長生,陳萬象而顯於有,仙人以神長生,妙萬象而入於無。兩者交相寂感,異用而同原。"⑧似此讕說,集中隨處可見。他如

---

① 沈德符撰:《四六》,《萬曆野獲編》,頁 270。

② 張朝瑞:《皇明貢舉考》卷之七,頁 142,《四庫全書存目叢書》史部第 269 册,頁 799。

③ 鈕琇撰:《觚賸續編》,《筆記小說大觀》,台北:新興書局,1979 年,第 30 編第 5 册,頁 3186—3187。見張澤洪:《道教齋醮史上的青詞》,《世界宗教研究》2005 年第 2 期,頁 116—117。

④ 《明史》卷三百零七。

⑤ 卿希泰主編:《中國道教史》,第三册,成都:四川人民出版社,1993 年,頁 409—417。

⑥ 袁煒:《賀靜窓錢公七十序》,《袁文榮公文集》卷之五,頁 13,臺北文海出版社 1970 年據萬曆元年刊本影印,頁 232。

⑦ 袁煒:《賀靜窓錢公七十序》,《袁文榮公文集》卷之五,頁 15,臺北文海出版社 1970 年據萬曆元年刊本影印,頁 235。

⑧ 袁煒:《賀靜窓錢公七十序》,《袁文榮公文集》卷之五,頁 15,臺北文海出版社《明人文集叢刊》第一輯1970 年據萬曆元年刊本影印,頁 235—236。

《玉芝頌》、《禾祥頌》、《白鹿頌》等文更是立意以仙儒同原爲説,以服食神仙的道家方術與儒家性命倫常糅合爲説。

嚴訥曾一主應天鄉試及會試,"以撰玄文當上旨,得驟貴重。"①王世貞之祭文以三教中人比之,別有意味。如云:"貌而出者,以爲鼎席之貴;語而處者,則意其環堵之儒。於釋氏之慈悲,雖避其名而居其實。若老子之三寶,寔採其精而食其脒。"②嚴氏雖未必如王世貞所云出入三教,但王文卻反映了時人合會三教的風尚。其實嘉靖朝閣臣爲仙釋曲爲緣飾,亦有陽明學爲其理論基礎。陽明本人,早歲喜老釋之學,"欣然有會於心,以爲聖人之學在此矣。"後來雖"依違往返,且信且疑",③龍場悟道以後,更以心學證諸五經四子,沛然若決江河,一發而不可止,但陽明於仙釋兩家始終未全然以爲非。如他在正德六年(1511)與徐禎卿討論沖舉問題,陽明認爲:"盡鳶之性者,可以沖於天矣;盡魚之性者,可以泳於川矣;……盡人之性者,可以知化育矣。"④故陽明以爲仙家求取道的途徑發生錯誤。大道即在本心,非由外鑠,不假他求。陽明晚年賦《長生》詩比較清楚地反映了他對仙家的態度:"乾坤由我在,安用他求爲?千聖皆過影,良知乃我師。"⑤又云:"饑來吃飯倦來眠,只此修行玄更玄。説與世人渾不信,卻從身外覓神仙。"⑥

對於仙釋與儒之異,陽明在悟道後認爲:

> 仙家説到虛,聖人豈能虛上加得一毫實;佛氏説到無,聖人豈能無上加得一毫有?但仙家説虛,從養生上來;佛氏説無,從出離生死苦海上來。卻於本體上加卻這些子意思在,便不是他虛無的本色了,便於本體有障礙。聖人只是還他良知的本色,更不著些子意在。⑦

陽明對於仙家的態度,柳存仁先生的幾句話可以蓋棺論定:

> 王門學者耽心道教者頗多,元靜而外,王嘉彦蕭惠之問皆見於《傳習録》。而陽明於佛教之學,亦頗有所知,故屢言"二氏之學其妙與聖人只有毫

---

① 王世貞:《弇州山人續稿》卷一百五十,頁6,臺北文海出版社《明人文集叢刊》第一輯,頁6864。
② 王世貞:《祭太子太保嚴文靖公文》,《弇州山人續稿》卷一百五十三,頁16,臺北文海出版社《明人文集叢刊》第一輯,頁7009。
③ 《語録》三,《徐昌國墓誌》,吳光等編校:《王陽明全集》卷三,頁127。
④ 《外集》七,吳光等編校:《王陽明全集》卷二十五,上海古籍出版社,1992年,頁932。
⑤ 《外集》二,吳光等編校:《王陽明全集》卷二十,頁796。
⑥ 《別諸生》二,吳光等編校:《王陽明全集》卷二十,頁791。
⑦ 《語録》三,吳光等編校:《王陽明全集》卷三,上海古籍出版社,1992年,頁106。

釐之間。"此處答陸澄雖可見陽明已洞鑒追求長生之無用,然於道家精氣神之説仍視爲養生要著,而所云"養德養身",正道教所謂修性修命,或性命雙修耳。①

四、陽明後學之推尊釋老諸子及隆萬間的制義

　　陽明後學中於科舉制義中引入二氏及諸子推揚最力者當屬楊起元、朱得之、焦竑、陶望齡等人。其實二氏及諸子之學的羼入制義,也是由陽明之學術及王門之後學在官學和科舉中的優勢地位借路而入。今略舉其例以爲説明。

　　俞長城、梁章鉅等認爲晚明受王學的影響,隆慶(1567—1572)以後,多用禪老之言,萬曆五年丁丑(1577)進士楊起元(1547—1599)始開以禪語入制義之漸。由上文可見,此風氣開之已久,嘉靖一朝王學對科舉的影響已十分顯著,固非自隆萬始。隆、萬時期應該説是這一風氣的延續。以隆慶至萬曆初的會試及殿試策問來看,試題本身就顯露了關切心學問題的傾向。是科考官爲禮部尚書兼大學士張四維及詹事兼侍讀學士申時行。時行雖非陽明弟子,但對王學及陽明本人是一力推崇的。②萬曆五年會試試題已透露出明顯的王學的影響,其第一場四書義的第二、三問云:

　　　　我亦欲正人心,息邪説,距詖行,放淫辭,以承三聖者,豈好辯哉?予不得已也。

　　　　回之爲人也,擇乎中庸,得一善而拳拳服膺,而弗失之矣。③

　　其上語出《孟子·滕文公下》,承下云:能言距楊墨者,聖人之徒也。故試題本意欲令舉子就正人心與距楊墨上發揮。四維此題程文即如此。④

　　第三問語出《中庸》,朱熹章句云:

　　　　回,孔子弟子顏淵名。拳拳,奉持之貌。服,猶著也。膺,胸也。奉持而著之心胸之間,言能守也。顏子蓋真知之,故能擇能守如此,此行之所以無過不及,而道之所以明也。

　　申時行是題程文云:

---

① 柳存仁:《王陽明與道教》,《和風堂文集》中册,上海古籍出版社,頁869—870。
② 張祥浩:《王守仁評傳》,南京:南京大學出版社,1997年,頁54—55。
③ 仲光軍主編:《歷代金殿殿試鼎甲硃卷》,石家莊:花山文藝出版社,1995年,《明代試題試卷》,頁362。
④ 是篇全文見田啓霖編著:《八股文觀止》,海南出版社,1994年,頁480—481。

聖人稱大賢求道而得之深，以見其真知也。夫擇乎中庸而能守之，則所得者深矣。非顏子真知，其孰能之。[1]

這裡比較微妙的是朱熹《章句》所說的"真知"是說顏回真正瞭解擇中庸與守善之道。此處"真知"一詞是動詞。而申時行的發揮云"以見其真知"，是以"真知"用爲名詞。正如顧炎武所說的隆慶二年會試程文破題所用"聖人教賢者以真知，在不昧其心而已。"詞性一變，其思想根源和語言依據已大不同。《莊子·大宗師》："真人而後有真知。"《列子·仲尼》："無樂無知，是真樂真知。"申時行此文破題自覺不自覺間已暗換《章句》之意爲《莊》、《列》之言入之文字。無獨有偶，嘉靖四十一年與申同榜榜眼王錫爵破《大學》"知止而後有定"一文也用"真知"一詞。其破云："聖經推止至善之由，不外於真知而得之也。"其後云："夫學知所止，天下之真知也。而定、靜、安、慮因之，此至善所由得歟，則亦求端於知而已矣。"[2]申、王二人用《莊》、《列》之言以及《大學》中定、靜、安、慮、至善等觀念來闡發，實有陽明思想的影響。"真知"在陽明的語義中一是本然之良知；一是指知行合一的知。陽明說："知之真切篤實處，即是行；行之明覺精察處，即是知。""真知即所以爲行，不行不足謂之知。"[3]陽明對此解釋得最爲明白，說好好色，惡惡臭，是"見那好好色時，已自好了，不是見了後，又立箇心去好。"所謂知孝知弟，亦必待行孝行弟，方可謂真知。[4]隆慶二年會試程文"聖人教賢者以真知，在不昧其心而已"之真知，以及申時行、王錫爵所謂的"真知"是從陽明那裏借用的概念。以此看來顧炎武所說的"破題用莊子"亦未必全對，是陽明用莊、列之語，注入新的內涵。而莊、列之辭入制義是由王學而借步路入。

如果說嘉靖朝諸子還多是陰尊二氏，那麼隆萬諸子則一變而爲公然崇奉。楊起元云：

楊子曰：三教皆務爲治耳，譬之操舟然，吾儒摜舵埋楫於波濤之中，二氏乃指顧提撕於高岸之上。處身雖殊，其求濟之理則一……予少讀韓子原道，即知佛老之書宜火也，及讀國史，伏覩高皇功高萬古，孜孜定治之意至精也，苟有妨政害治之隙，無不塞之，而未嘗及於二氏，且嘗有訓曰：仲尼之道，刪書制典，爲萬世師。其佛仙之幽靈，暗理王綱，益世無窮。治天下之道，於斯三教，有不可

---

① 全文見田啓霖編著：《八股文觀止》，海南出版社，1994 年，頁 493—494。
② 田啓霖編著：《八股文觀止》，頁 490—491。
③ 陳榮捷：《王陽明傳習錄詳注集評》，臺北：學生書局，1988 年，頁 166。
④ 陳榮捷：《王陽明傳習錄詳注集評》，頁 33。

缺者如此，則宜崇奉之矣！……秦漢以還，微言中絕，不復知道爲何物。而佛之教，能使其徒守其心性之法，遞相傳付，如燈相禪，毋令斷絕。及至達磨西來，單傳直指，宗徒布滿，儒生學士，從此悟入，然後稍接孔脉，以迄于兹，此其暗理者一也。①

可見楊起元之崇奉二氏，一是從政治的角度，一從學術的角度；一是肯定其社會效用，一是肯定其知識功能。陽明本人於二氏在思想的内容和方法雖有借用，但同時也是否定的，至少是貶抑的。而楊起元這裏已脱離了儒家的傳統立場，不但不以佛爲異端，甚且以佛來接續儒之學統。推其根源，還是本於陽明。陽明對正學和異端的關係，曾作過相對化的處理。說所謂異端者，乃是我執一端，則彼爲異端；彼執一端，則我爲異端。所以楊把佛變爲正學，如其又云：

> 不勉而中，不思而得，中庸之誠也；其功必已百已千，而後入如惡惡臭，如好好色，大學之誠也……今考佛之爲説，雖三乘十二分教，汪洋浩大，逾河漢之無極，而其直指人心，見性成佛，亦不外乎一誠。②

並且認爲“學之宗傳，孟氏而後中絕，乃佛氏之徒明之。河汾濂洛，實取諸彼以歸於此。至象山陸氏益大光顯之，以直接乎孟氏”。如果以佛來接續爲心學之學統，自然要面臨的問題就是其他儒先怎麽辦？而在楊氏所描摹的心學統系中，朱子是没有地位的。其薄視朱子，則曰：“其學教人讀書窮理，今日格一物，明日格一物，此亦聖門所不廢。然苟爲無本，即未免分其心於不測之地。朱子盖懲夫禪之遺棄事物，而不敢及於明心。不知心自吾心，與禪無與。”③又以爲明心見性，釋與儒無二。其云：

> 吾儒之學，欲明明德於天下，必先自明其明德。所謂以其昭昭，使人昭昭也。佛學明心見性，亦爲一大事因緣。出現於世，開示悟入佛之知見。由此觀之，我高皇謂聖人無兩心，詎不信哉？……心者，天下之大本，既得本，何愁末？則佛氏宗徒尚爲近之。且心無聲臭影象可求，昔人譬之千重鐵壁。若果千重鐵壁，亦有可透之理。惟夫言語道斷，心行處絕，是以無求路耳。

---

① 楊起元：《論佛仙》，《證學編》卷首，頁 22—24，上海古籍出版社 1995 年影印《續修四庫全書》第 1129 册，頁 334—335。

② 楊起元：《知儒編跋》，《證學編》卷三，頁 30，上海古籍出版社 1995 年影印《續修四庫全書》第 1129 册，頁 425。

③ 楊起元：《象山先生集要序》，《重刻楊復所先生家藏文集八卷》卷三，《四庫禁燬書叢刊》第 186 册，集 63，頁 596—597。

佛氏宗徒，俱從萬死一生，乃得相應，如二祖立雪截臂，六祖腰石舂米，如是忘軀爲法者，不可勝數。所以傳佛心印，轉轉不錯。吾儒曾爾否？王文成公詩云："莫怪岩僧木石居，吾儕真切幾人如？經營日夜身心外，剥竊糠秕齒頰餘。"可謂盡之。①

楊乃採摘"二祖信心銘，六祖壇經頌偈，蘇學士公據中峯和尚廣録，皮袋子警策等歌凡數千言，皆有益於身心者，號之曰：'明心法語'。"② 楊起元師事近溪先生（羅汝芳，1515—1588）。據《明儒學案》：羅於二十六歲時問學於顏山農，三十四歲時從胡宗正學《易》而悟本體，三十九歲時證道於泰山丈人。山農師事徐波石，波石師事陽明及王艮。故近溪實爲陽明之三或四傳。而起元則爲四或五傳。

由以上之理論基礎，楊起元乃撰《諸經品節》二十卷，選道釋兩家經典二十九種據己意爲之詮釋，所選道家經典有《陰符經》、《道德經》（老子）、《南華經》（莊子）、《太玄經》、《清淨經》、《文始經》、《洞古經》、《大通經》、《定觀經》、《玉樞經》、《心印經》、《五厨經》、《護命經》、《胎息經》、《龍虎經》、《洞靈經》、《黄庭經》；釋家有《楞嚴經》、《維摩經》、《心經》、《金剛經》、《六祖壇經》、《圓覺經》、《楞伽經》、《藥師經》、《法華經》、《無量經》、《彌陀經》、《盂蘭經》。③《四庫全書總目》《諸經品節》提要云："起元傳良知之學，遂浸淫入於二氏，已不可訓。至平生讀書爲儒，登會試第一，官躋九列，所謂國之大臣，民之表也，而是書卷首乃自題曰'比丘'，尤可駭怪矣。"④

萬曆十七年己丑科（1589）狀元焦竑先後師事耿天臺、羅汝芳，論二氏與儒之異同，與楊起元大旨相近。只不過在崇奉佛學與諸子上，焦氏爲學有更深入的分析和具體的論述。黄梨洲謂其曾於程顥闢佛之語一一紬之。⑤所遺文集中每見其合會三教的傾向。或以佛道解儒典，或以儒附釋道。其《筆乘》中《佛典解易》⑥、《地中》⑦

① ②　楊起元：《明心法語序》，《重刻楊復所先生家藏文集八卷》卷三，《四庫禁燬書叢刊》第 186 册，集 63，頁 603。

③　楊起元：《諸經品節》，《四庫全書存目叢書》子部第 130 册、131 册。

④　楊起元：《諸經品節》，《四庫全書存目叢書》子部第 131 册，頁 405。

⑤　黄宗羲：《明儒學案》卷三十五，《黄宗羲全集》，第八册，頁 83。

⑥　焦竑：《佛典解易》，《焦氏筆乘》卷一，頁 11—12，上海古籍出版社 1995 年影印《續修四庫全書》第 1129 册，頁 509—510。

⑦　焦竑：《地中》，《焦氏筆乘》卷三，頁 16，上海古籍出版社 1995 年影印《續修四庫全書》第 1129 册，頁 552—554。

皆以釋學解經。《希夷易説》①、《神農黄帝皆作易》②、《太極》、③《出生入死》④乃皆以道家學說解易。《佛典解莊子》⑤則以釋老互解。《戒殺生論》，⑥則以聖人戒殺生比附釋氏。其解老則如《有若無》⑦云：

> 薛子緒言云：萬物皆自無而有。無，其根也。能無者謂之歸根。無聲無臭，歸根之學也。《論語》曰有若無若之一言，猶隔影響，顔子所以未至於聖人。

又有《盜竿》⑧、《營魄》⑨、《惠淨衍莊子》、《消摇》皆以三教互證。《堯夫詩似莊子》云："且也相與吾之耳矣，庸詎知吾所謂吾之乎？言今之吾相與從而吾之矣，又安知吾之果爲吾乎。邵堯夫詩：昔日所謂我，而今卻是伊。不知今日我，又是後來誰？正此意。"⑩又有《成心》、《向秀莊義》、《向秀注多勝語》、《外篇雜篇多假託》大抵相類。⑪

《踐形》⑫一篇藉李彦平（李衡）之言，則以老子所論從耳目口鼻之欲而不隨聲色臭味而去，以解論語中所戒之視聽言動，是以老釋儒也。《朱子》⑬一篇則引趙孟静

---

① 焦竑：《希夷易説》，《焦氏筆乘》卷一，頁 11—12，上海古籍出版社 1995 年影印《續修四庫全書》第 1129 册，頁 510。

② 焦竑：《神農黄帝皆作易》，《焦氏筆乘》卷二，頁 21—22，上海古籍出版社 1995 年影印《續修四庫全書》第 1129 册，頁 534—535。

③ 焦竑：《太極》，《焦氏筆乘》卷一，頁 11—12，上海古籍出版社 1995 年影印《續修四庫全書》第 1129 册，頁 535。

④ 焦竑：《出生入死》，《焦氏筆乘》卷三，頁 24—25，上海古籍出版社 1995 年影印《續修四庫全書》第 1129 册，頁 556—557。

⑤ 焦竑：《佛典解莊子》，《焦氏筆乘》卷二，頁 1，上海古籍出版社 1995 年影印《續修四庫全書》第 1129 册，頁 524。

⑥ 焦竑：《戒殺生論》，《焦氏筆乘》卷二，頁 36—41，上海古籍出版社 1995 年影印《續修四庫全書》第 1129 册，頁 542—544。

⑦ 焦竑：《有若無》，《焦氏筆乘》卷一，頁 3，上海古籍出版社 1995 年影印《續修四庫全書》第 1129 册，頁 505。

⑧ 焦竑：《盜竿》，《焦氏筆乘》卷一，頁 19，上海古籍出版社 1995 年影印《續修四庫全書》第 1129 册，頁 513。

⑨ 焦竑：《營魄》，《焦氏筆乘》卷三，頁 13，上海古籍出版社 1995 年影印《續修四庫全書》第 1129 册，頁 551。

⑩ 焦竑：《堯夫詩似莊子》，《焦氏筆乘》卷一，頁 20，上海古籍出版社 1995 年影印《續修四庫全書》第 1129 册，頁 514。

⑪ 焦竑：《成心》、《向秀莊義》、《向秀注多勝語》、《外篇雜篇多假託》，《焦氏筆乘》卷二，頁 1—4，上海古籍出版社 1995 年影印《續修四庫全書》第 1129 册，頁 524—526。

⑫ 焦竑：《踐形》，《焦氏筆乘》卷三，頁 22—23，上海古籍出版社 1995 年影印《續修四庫全書》第 1129 册，頁 555—556。

⑬ 焦竑：《朱子》，《焦氏筆乘》卷四，頁 27—28，上海古籍出版社 1995 年影印《續修四庫全書》第 1129 册，頁 579—580。

(貞吉)云：以爲孟子之禽獸楊墨，以爲持論之過嚴，並且認爲楊朱本於黄老，墨子本於禹。似以上之議論，於文集中多見不怪。又云：

> 老子曰：失道而後德，失德而後仁，失仁而後禮。老子豈不知禮之即道，顧離而言之哉？世方執名義、膠器數，而吾指之曰非道，冀其進而求之也。求之而有契，然後知理外無道、道外無禮。①

焦氏此言實是站在儒家的角度，爲老子薄視仁禮，析道與禮爲二作辯護。楊起元、焦竑與陶望齡等人所最爲樂道者，是論語中舜無爲之説，"子曰：'無爲而治者，其舜也與？夫何爲哉，恭己正南面而已矣。'"及孟子中"無爲其所不爲，無欲其所不欲。"以之與老子所云："我無爲而民自化"比讀，以爲儒老有相發明處。當時學者或以爲舜之無爲是所謂"誠敬""易簡"之道，②王門學者或以周敦頤之"誠無爲，幾善惡"爲致知之塗轍，③又或以爲"不爲不欲"是良知，"無爲無欲"是致良知。④焦竑説無爲，似乎已超出了其儒的本來立場，而入於釋氏。焦竑云："世人不識真清淨體，以無爲爲清淨者，非也。"並雜引道家定觀經偈及釋氏心銘云："寧知淨穢本空，動止本一，由吾目異，故彼成異。"⑤則已全然是佛家立場。焦竑常説孔孟之學是性命之學，但言簡意微，未能如佛家諸經對此發揮闡明，所以佛經是孔孟的義疏。又説性命之理，孔子罕言之，老子累言之，佛典極言之，以爲孔釋老相通之證。這種看法與當時儒者中宗朱學者的看法大相逕庭。比如羅欽順就認爲："老子外仁義禮而言道德，徒言道德而不及性，與聖門絶不相似，自不足以亂真。所謂彌近理而大亂真，惟佛氏爾。"⑥相比之下，焦竑與楊起元一樣也有了自身定位的混亂，由儒學而或釋或玄，是當時文人亦較常見的情況。

---

① 焦竑：《焦氏筆乘續》卷之一，頁 19，上海古籍出版社 1995 年影印《續修四庫全書》第 1129 册，頁 621。

② 王廷相云："或問易簡之道，曰：'易之神理也，大舜孔子之卓塗也，疇其能之？'……曰：'知其所不得不爲與其不屑爲，於是乎得之。不屑爲而致力，名曰貪侈，由驕矜之心害之也，庸人之擾擾不與焉；所當爲而不力，名曰苟簡，由怠肆之心害之也，莊老之無爲不與焉。'"見王廷相著，王孝魚點校：《慎言》卷之六，《王廷相集》，中華書局 1995，頁 779。

③ 聶豹云："世顧有見好色而不好，而好之不真者乎？有聞惡臭而不惡而惡之不真者乎？絶無一毫人力動以天也。故曰：'誠者，天之道也，'又曰：'誠無爲，'又曰：'誠者，自然而然。'稍涉人力，便是作好作惡，一有所作，便是自欺……故誠意之功，全在致知。致知云者，充極吾虚靈本體之知而不以一毫意欲自蔽。是謂先天之畫，未發之中，一毫人力不得與。"雙江此説，乃是王學"無爲"是致良知的最好注解。見黃宗羲：《明儒學案》卷十七，《貞襄聶雙江先生豹》，《黃宗羲全集》第七册，頁 434。

④ 此劉宗周語，見黃宗羲：《孟子師説》卷下，頁 80，《文淵閣四庫全書》本。

⑤ 焦竑：《焦氏筆乘續》卷之二，頁 6—8，上海古籍出版社 1995 年影印《續修四庫全書》第 1129 册，頁 633。

⑥ 見羅欽順：《困知記續錄》卷上，頁 37—38，《文淵閣四庫全書》本。

焦竑又云：①

　　味道者務多，知道者棄多，忘道者不厭多。何者？知多之不爲礙也。而此非太宰所及也。彼以夫子多能，輒疑其非聖，亦知用心於約矣。故曰：太宰知我乎？知多能以少賤之故，則以多求道，非其路也。其繞之有宗，其會之有元，何多之有？乃達巷黨人曰："大哉孔子！博學無所成名。"則異此矣！故充太宰之見，則一塵可以蔽天，一芥可以覆地也，況於多乎？充黨人之見，則游之乎群數之塗而非數也，投之乎百爲之會而非爲也。無成名者乃其所以大成也歟？②

　　焦氏在此又以老子言道之一與多、本與末來解孔子吾道一以貫之，③又以淮南子"精神已越於外，而事復反之，是失之於本，而求之於末也。蔽其玄光而求知於耳目，釋其昭昭而道其冥冥也"，以此解孔子"知之爲知之，不知爲不知"。④其論孔子所說的"億"，乃是云"道不可知，而求之者爭爲卜度"。⑤似此皆出入道與儒之間，其學已超出了儒家之正軌。

　　焦氏本人狀元及第，後亦充任鄉會試考官。清人李調元（1734—1803）《制義科瑣記》就載萬曆丁酉（二十五年，1597）秋九月中允焦竑（1541—1620）爲順天鄉試副主考，塲中文俱用老莊語。這顯然是因爲由於焦氏爲學的傾向，應試者爲希其所好，而用二氏語爲文。後來因人疑其有關節，焦竑被黜爲福寧州同知。⑥

　　焦竑校正、萬曆二十年壬辰科（1592）狀元翁正春參閱、萬曆二十三年乙未科（1595）狀元朱之蕃（1564年生）圈點，選二十九子之文，首爲《老子》，次爲《莊子》、《列子》、《荀子》、《淮南子》、《吕子春秋》、《韓非子》、《尉繚子》、《屈子》、《揚子法言》、《墨子》、《鶡冠子》、《陸子》、《管子》、《晏子》、《文中子》、《韓子》、《關尹子》、《譚子》、《抱樸子》，次爲《劉子》、《尹文子》、《適一子》、《子華子》、《孔叢子》、《桓子》、《鬼谷子》、《孫

---

① 焦竑：《焦氏筆乘續》卷之一，頁20，上海古籍出版社1995年影印《續修四庫全書》第1129冊，頁622。

② 焦竑：《焦氏筆乘續》卷之一，頁22，上海古籍出版社1995年影印《續修四庫全書》第1129冊，頁623。

③ 焦竑云："老子曰：'道生一'，當其爲道，一尚無有也。然一雖非所以爲道，而猶於本；多學雖非所以離道，而已近於末。二者大有間矣。雖然，此爲未悟者辨也。學者真悟多即一，一即多也，斯庶幾孔子之一貫者已。"焦竑：《焦氏筆乘續》卷之一，頁25，上海古籍出版社1995年影印《續修四庫全書》第1129冊，頁624。

④ 焦竑：《焦氏筆乘續》卷之一，頁25—26，上海古籍出版社1995年影印《續修四庫全書》第1129冊，頁624—625。

⑤ 焦竑：《焦氏筆乘續》卷之一，頁26，上海古籍出版社1995年影印《續修四庫全書》第1129冊，頁625。

⑥ 李調元：《制義科瑣記》卷二，頁78—79。《叢書集成簡編》據函海本影印。

武子》、《郁離子》。①由三狀元點評著作，其於學界和專心舉業的士子的影響自不待言。選評這些子學著作之目的，一則如李廷機所云："六經之道，炳如日星，而諸子百家，猶聖言之羽翼。"這是比較冠冕堂皇的理據。再有也是更重要的是"藉讀者能掇其玄精，嚅其芳腴，則吐咳盡珠璣，下筆若泉湧矣。他日登文壇，建旗鼓，稱大將者，非此二十九子爲之先驅耶？"②這一點尤爲重要，當士子上下群習釋老，欲掄巍科，弋高第，登文壇，稱大將，非習諸子之學，釋氏之語恐未能辦。

與焦竑同科的探花陶望齡（1562—1609），得其學於周汝登及羅汝芳，應當算是陽明四傳。陶在其萬曆十七年（1589）會試中用老莊語頗多。如其答"聖賢所以能盡其性"云：

> 聖人曰：太初之始有氣也，澹然未有物，純然其素樸，靜若水、虛若鑒、皎皎若日月之未翳也。是謂性真，窈焉冥焉，俄而萌焉勃焉，倏焉若有出焉。聖者不得遂絶，愚者亦不得遂無，是謂性情。包裹萬有以成體，茹納九峽以成量，愉悱相通、欣戚相繫，如肢連貫，氣運神行，是謂性分。聖人守真約情緣分而無常，以天下人爲心。本無欲，以通天下爲欲……③

對問中"太初之始有氣也"，語出《列子》："太易者未見氣也；太初者，氣之始也。"其後"未有物""素樸"諸語亦出《淮南子·本經訓》："太清之始也，和順以寂漠，質真而素樸，閑静而不躁，推而無故。"其對太初之始道體的描述，顯然是直接承襲了老莊的觀念。《老子》："其上不皦，其下不昧。繩繩兮不可名，復歸於無物。是謂無狀之狀，無物之象，是謂惚恍。""窈兮冥兮，其中有精；其精甚真，其中有信。"而萬物萌焉勃焉的始生狀態的描摹，顯亦莊子所謂"萬物化作，萌區有狀"；"忽然出，勃然動，而萬物從之乎！"其他"守真""無常""無欲"等語皆根柢老莊列而爲言，可以說陶氏此文乃以老莊列之語入制義的代表作。然而有趣的是，陶氏一邊大用老莊列之文，一邊又排擊二氏，不稍假貸。同在是科會試中，其答第三問曰："六經常道也，而治之者其弊有三：有新其理而逃之者，有新其說而逃之者，有不探其理不究其說而逃之者。經之作也，言成訓則中庸之矩也，行成務則易簡之術也。好奇者

---

① 焦竑：《新鍥翰林三狀元會選二十九子品彙釋評》二十卷，《四庫全書存目叢書》子部第133冊，134冊。《四庫全書總目》云其爲坊賈射利之本，恐非焦朱翁三子所選。見《欽定四庫全書總目》卷三十二，頁8，《文淵閣四庫全書》本。

② 焦竑：《新鍥翰林三狀元會選二十九子品彙釋評》卷首，李廷機序，《四庫全書存目叢書》子部第133冊，頁240—241。

③ 仲光軍主編：《歷代金殿殿試鼎甲硃卷》，《明代試題試卷》，頁381。

曰：是土苴糠粃耳，而二氏而百家始於離道，終於抗道，其弊僭亂滑渾而不可塞，是明以爲賊於經之外者也。"又云："正嘉之間，士始有不談六籍而談二氏者，既又推六籍以附二氏，既又援二氏以解六籍，然其談也猶托而匿諸理也，聞之者猶適適然。"①望齡少年時即沈浸於方外神仙之説，在館閣中又與袁宗道、汪可受、王圖、蕭雲舉、吳應賓等醉心養生之學，並以弟子禮問心法於三一教主林兆恩。②其時正沈浸於佛學、方術與莊老學，其辟二氏之説恐怕是純粹爲應付科舉。望齡爲學受王畿、羅汝芳的影響甚深，中式後，陶與楊起元、孟化鯉、馮從吾等王門後學爲講學之會。對於王陽明和王畿之尊儒抑佛，望齡認爲恰恰是有功於佛，"今之學佛者皆因良知二字誘之也"。③故顧炎武以爲隆慶以後五十年，學者以釋老之言入制義，如康崑崙琵琶，日入邪僻而不自知，須不近其器十年，使忘其本而後可教。正、嘉、隆、萬時期釋老之學的大興及其羼入科舉制藝是有王學興起爲背景，陽明及其後學的理論爲依託的。

五、晚明制義中反對子學入制義的傾向

自王學從嘉靖初年興起，並且廣泛影響到科舉制義中之同時，科舉中反對王學與釋氏諸子之學的聲音無時或止，萬曆中期，當王學及釋氏諸子之學極盛時，反對的聲音也極高。王世貞（1526—1590）《弇山堂別集》引禮部尚書沈鯉奏章云："（萬曆）十六年，禮部參浙江提學僉事蘇濬、江西提學副使沈九疇取優等卷怪詭，濬等各罰俸兩月，諸生發充社，題爲士風隨文體一壞懇乞聖明嚴禁約以正人心事：……'照得近年以來，科場文字漸趨奇詭……自臣等初習舉業，見有用六經語者，其後以六經爲濫套，而引用《左傳》、《國語》矣，又數年以左國爲常談，而引用《史記》、《漢書》矣，史漢窮而用六子，六子窮而用百家，甚至取佛經道藏，摘其句法口語而用之。鑿樸散淳，離經叛道，文章之流敝至是極矣'。"④又云："嘗謂古今書籍有益於身心治道，如《四書》、《五經》、《性理》、司馬光《通鑑》、真德秀《大學衍義》、邱濬《衍義補》、《大明律》、《會典》、《文獻通考》諸書，已經頒行學宫及著在令甲，皆諸生所宜講誦。……及于經義之中引用莊、列、釋、老等書句語者，即使文采可觀，亦不得甄錄，

① 仲光軍主編：《歷代金殿殿試鼎甲硃卷》，《明代試題試卷》，頁 383—384。
② 柳秀英：《陶望齡文學思想研究》，高雄師範學院國文研究所碩士論文，1989 年，頁 55。
③ 吕妙芬：《陽明學士人社群：歷史、思想與實踐》，頁 210。
④ 王世貞撰；魏連科點校：《科試考》四，《弇山堂別集》卷 84，頁 1596。

且摘其甚者痛加懲抑,以示法程。"萬曆的聖旨是:"是。近來文體輕浮險怪,大壞士習。依擬著各該提學官痛革前弊。"①

然積習既久,其弊未易遽革。故數年後的萬曆二十一年,北祭酒劉元震(1540—1620,1571 年進士)又建言:

> 近來學者不專本業而猥習雜學,喜浮華者藉口於諸子字句之粗,競進取者馳情於戰國縱橫之策,務刻覈者留意於申韓刑名之論,尚虛玄者醉心於佛老謬悠之書,學術不醇,識趣亦駁,生心害事,長此安窮?⋯⋯以後較文取士,專重經學,以明理雅正爲準,其一切猥雜不經,詖辭遁詭之辭,悉罷不録,庶幾挽回敝風,世道有賴也。

疏報,詔令禮部議之,禮部覆議云:"自後科場較文取士,必體裁平正,記問充實,發理措詞,本原經藝者,方許優考取中,以示法程。如有怪誕不經,將佛老踳駁、子史粗疏之語引入經義,以淆正學者,雖詞藻可觀,不得濫收,甚者特從黜落,以警敝風⋯⋯"上悉從之。②

二十二年禮部又上言重申前議。俞長城説萬曆末佛老踳駁、子史粗疏之語於制義尤甚,固然。而另外一方面,從現在看到的廷試會試諸卷來看,萬曆朝晚期恰恰是有些"撥亂反之正"的味道。萬曆三十八年會試,是科探花錢謙益在第三場考策第二問中,公開攻擊陽明心學中性無善無惡説:

> 性不可以言也,言性者如以勺取水,以指求月,必破其所執而後可。⋯⋯爲善而不歸於見性,將一切揣合名行摹仿聖賢,以似涵真,以真藪僞,俗學起而本性隱矣。⋯⋯倘其藉口於無善無不善,謂聖狂仁暴總在性中,以破善不善之隄防,而混性之物則,則小人之無忌憚而已。嗟乎! 自姚江以無善無惡爲心體,後之君子爭以爲射的。愚固墨守傳注者,何敢影響其説以射執事之策。蓋有感於性學不明,而爲善者日趨於僞,且借言性惡者以攻端也。③

錢謙益於會試中寫出這一段文字,誠以自身的功名爲注干犯主試者,是有一定的膽量的。時知貢舉是翁正春,考試官爲蕭雲舉及王圖,三人皆佞佛老,醉心養生之學。④錢文中提到以王學爲宗而入制義者多是藉王學以射執事之策,頗能反映當

---

① 王世貞撰;魏連科點校:《科試考》四,《弇山堂別集》卷 84,頁 1597。
② 黃儒炳(1604 年進士):《事紀》,《續南雍志》卷 5,楊學爲主編:《中國考試史文獻集成》第 5 卷,北京:高等教育出版社,2003 年,頁 524。
③ 仲光軍主編:《歷代金殿殿試鼎甲硃卷》,《明代試題試卷》,頁 405。
④ 見《神宗實録》卷四百六十七,引自李國祥等編:《明實録類纂》文教科技卷,武漢出版社,1992 年,頁 322。

時的情況。而錢文本身也代表了當時制義中另一種潮流,即回歸到傳注,排斥佛老子史與心學的傾向。萬曆後期,釋氏及諸子之言入制義的現象已經開始減少,而到啓禎時期,此風氣已受到廣泛的批評。批評最力者當是高攀龍、顧憲成、趙南星、艾南英等人。招致批評的原因是多方面的。首先是如錢謙益所點出的以陽明之學爲舉業射的,已經偏離了明初以程朱傳注爲依歸的科舉傳統。而陽明後學行之更遠,其立場已由儒學而轉入釋氏老氏及其他諸子,這與科舉制度"代聖立言"從根本上說是相悖離的,宜乎不能長久。如湯賓尹所説"今以代聖代賢之筆舌,而僅爭佛老子史之殘,有識者識之,必曰:是有廧疾矣"。①

　　其次,陽明心學所關注的核心是心性問題,運用到制義中,其所適用及可資發揮的範圍本身就有局限。科舉考試鄉會試中只有首場中的四書義的部分是可以引入心性問題的。而五經欲以心學及釋老爲説,已自牽強。當然,明清兩代制義,從來首重四書文,當正嘉隆萬心學之盛,從考官學使乃至生員,皆重四書文的發揮,心學與二氏之所以能在制義中大行其道,與科舉中的這種風氣也有關。如湯賓尹所云:"今舉業之家,以書義行者,病其太多;以經義行者絶寡。雖有精刻之士,朝夕於書而力已枯矣。强弩之末,不穿魯縞。故能治經者,十不一也。"②然而經義與二三場也不能棄而弗顧,二三場兼用的論、表、詔、誥、判、策,及經史時務,是與心學及二氏學説基本上無法聯繫起來。故心學與釋老子史於制義中影響的範圍與程度亦不能過論之。

　　艾南英云:

　　　　於文辭則又欲於八股中抑揚其局,錯綜其句,出入於周、秦、西京、韓、歐、蘇、曾之間,以爲不如是則制舉一道不能見載籍之全。而不如是恐於立言之意終有所未備,則勢不得不搜獵經子、百氏,網羅(司馬)遷、(班)固,兼捻唐宋大家。而始變而及於董江都,再變而入於郭象、王弼,好奇愛博之勢相激使然,無足怪者。而天下亦遂駸駸向風矣。③

　　這種新學,嘉靖間雖來勢洶湧,因其無所施用於經史時務,萬曆末已是去意纏綿,至於啓禎間已蕭散無形。故啓禎間文體又回歸到所謂雅正一塗。然而王學對八股文體的影響,就文學本身而論卻未必起了消極的作用。清人及近代學者論八

---

①　湯賓尹:《刪選房稿序》,《睡菴稿》卷之三,頁3,《四庫禁燬書叢刊》第186册,集63,頁51。

②　湯賓尹:《韋編翼引》,《睡菴稿》卷之三,頁16,《四庫禁燬書叢刊》第186册,集63,頁57。

③　艾南英:《四家合作摘謬序》,《明文海》卷三百十二,《時文序》。

股文之興衰,每推重正、嘉文字,未始不是因爲王學及佛老子史的羼入制義,使八股文稍能脱略程、朱傳注的窠臼,展示汪洋恣肆,縱横不拘的宏博風格。故商衍鎏云:

> 洎乎正德、嘉靖間,名手輩出,要以唐順之、歸有光爲大家。荆川指事類情,曲折盡意;震川精理内藴,灝氣流轉;皆深於經史,能以古文爲時文者,時號歸、唐。餘如薛方山應旂、瞿昆湖景淳,皆能别樹一幟,合守溪、鶴灘,有王、錢、唐、瞿四家之目,後去錢而易以薛,於是復有王、唐、瞿、薛之名。其他汪青湖應軫、季彭山本、羅念菴洪先、諸理齋燮、王荆石錫爵、許敬菴敷遠、茅鹿門坤、胡思泉友信等,皆最著名。思泉繼歸、唐而興,其文雄深博大,卓然自立,世又變易前稱,共推王、唐、歸、胡。論明文推正、嘉爲盛者,此也。①

而恰恰是在啓、禎間文體復雅正之後,"理不成成、弘,法不及隆、萬,可謂文體之衰。"②啓、禎間能卓然自立的大家,往往不以儒先傳注自規,而必超軼於書經之外,艾南英自述其習制義的過程就是最好的例證:

> 予七試七挫,改弦易轍,智盡能索。始則爲秦漢子史之文,而闈中目之爲野。改而從震澤、毘陵,成、弘正大之體,而闈中又目之爲老。近則雖以公、穀、孝經,韓、歐、蘇、曾大家之句,而房師亦不知其爲何語。每一試已,則登賢書者,雖空疏庸腐,稚拙鄙陋,猶得與郡縣有司分庭抗禮。而予以積學二十餘年,制義自鶴灘、守溪,下至弘、正、嘉、隆大家,無所不究,書自六籍子史,濓、洛、關、閩,百家衆説,陰陽兵律,山經地志,浮屠、老子之文章,無所不習。③

艾千子的自述固然是蹭蹬不平之氣充溢胸中,而在我們看來,艾氏在制藝上的成就未始不受益於其所生的隆、萬、啓、禎那個年代。由於陽明心學的興起,使艾南英適逢其會,可以廣泛地學習並且運用在他本人看來所謂"粗疏"的佛老和"踳駁"的子史,始能追躋於正嘉間的諸大家,成一代制藝鉅擘。

①② 商志䁀校注,商衍鎏撰:《清代科舉考試述録及有關著作》,天津:百花文藝出版社,2004年,頁254。
③ 商志䁀校注,商衍鎏撰:《清代科舉考試述録及有關著作》,天津:百花文藝出版社,2004年,頁320—321。

嘉興李氏的經學研究

——從一個世家經學群體的出現來看乾嘉時期的學術轉型*

有清一代，經學世家輩出，其犖犖大者，前期有浙江餘姚黃氏昆仲，宗羲、宗炎、宗會；鄞縣萬氏，萬泰諸子中，斯年、斯大、斯同最爲有名，孫輩如斯年子萬言、斯大子萬經，亦能承其餘緒。江蘇吳縣元和惠氏，自惠有聲以下，有子周惕、孫士奇、曾孫棟，並以經學名。江蘇武進臧玉林（琳），其玄孫鏞堂（庸）、禮堂，並世其所學，他如平湖陸氏、吳江沈氏，常熟嚴虞惇，其從曾孫蔚，以經學名家者至於乾嘉大盛，經學世家亦由乾嘉以後爲多。

然明清望族，多由仕宦通顯。乾隆以前，世家通文學者，不可勝計。而以經學名世者，卻仍屬異數。經學世家，自乾嘉之世，始臻乎極盛。易宗夔《新世說》云：

> 乾嘉之世，經學昌明。殆如日月之中天。自清之初葉，樸學始萌。顏習齋（元）、顧亭林（炎武）、毛西河（奇齡）、閻百詩（若璩）諸公，開風氣之先。其後鉅儒踵接。元和惠氏（周惕、士奇、棟）、武進莊氏（存與、述祖）、高郵王氏（安國、念孫、引之）、嘉定錢氏（大昕、大昭、塘、坫、東垣、繹、侗、東壁、東塾），盛於吳中，婺源江氏（永）、休寧戴氏（震），繼起於宣歙，曲阜孔氏（繼涵、廣森、廣林）、桐城姚氏（鼐）、儀徵阮氏（元），莫不遠紹微言，兼通大義，遂使遺經墜緒，煥然一新。①

乾嘉以後的經學世家，除易宗夔所舉之外，其最著名者尚有，嘉興李氏群從（超孫、富孫、遇孫）及族曾祖貽德，閩縣陳氏父子（壽祺、喬樅），吳縣朱氏（駿聲、孔彰）。他如桐城馬氏（宗璉、瑞辰），績溪胡氏（匡衷、匡憲、秉虔、培翬等），武進臧氏（鏞堂、禮堂），寶應劉氏（台拱、寶楠、恭冕）、儀徵劉氏（文淇、毓崧、貴曾、壽曾），棲霞牟氏

---

* 本文初稿發表於 2005 年 6 月 25 日"中央研究院"文哲研究所經學組主辦之《浙江學者的經學研究》第一次學術研討會，蒙林慶彰、蔣秋華、楊晉龍、蔡長林諸先生邀請與會，並承與會同仁、審稿人提出寶貴意見，謹致謝忱。

① 易宗夔：《新世說》，上海古籍書店據民國七年排印本縮版景印，卷 2，頁 23。

（牟應震、牟庭、牟所），其他父子授業，兄弟相尚者，殆不可勝計。陳居淵先生考證，清代學者從事經學研究來自家學的就有四十餘家。陳氏並列出《清代經典研究家庭傳承狀況》一表，給學界提供了一個非常清楚的概覽式的資料。①表中自胡匡衷以下凡31家，除費密外，都是乾嘉時期或稍後形成的。而胡匡衷前的九家，連同費密共10家，除鄞縣萬氏外，尚未有乾嘉經學世家之規模。值得注意的是，乾嘉以後的經學世家的家學授受，或專於一經兩經，或注重某一種治經方法。皆淵源有自。就前一種專於一經兩經而言，陳氏之於《詩》、《書》，馬氏之於《詩》學，寶應劉氏三世於《論語》，儀徵劉氏三世之於《左傳》，棲霞牟氏之於《易》學《詩》學。績溪胡氏之於《禮》學、《詩》學。就治經角度和方法而言，吳縣朱氏、曲阜孔氏之於音訓小學，高郵王氏之於訓詁。當然，還有很多經學世家，既不限於一經兩經，亦不囿於某一種方法。如果放寬尺度，則乾嘉及此後的經學世家，如陳先生文中所涉及，則遠不止30家之數。清史學家張傑先生，討論婺源程氏，即程允中的家族史時，曾指出：

> 程氏族人在任教或仕宦之餘，還勤於著述。舉人程組曾任內閣中書，歸鄉後潛心宋儒之學，著有《資治通鑒劄記》、《春秋經傳集解》、《藝蔬堂制藝》、《小蓬萊仙人詩稿》等書（民國《婺源縣誌》卷23）。程組之子程詒“著有《南窗寄傲琴譜》四卷”（光緒《婺源縣誌》卷30）。歲貢生程鷺池任教之暇，著有《綠滿軒詩文稿》、《史學述要》、《周易述義》等書。此外，據光緒《婺源縣誌》卷55《典籍》條記載程氏族人著作有：程文在（程氏第4代）《周禮擷華》20卷；程尚志（程氏第5代）《古經義鈔》、《史鏡》、《算學卮言》3種；程尚志同代人程尚友《近思錄輯要》6卷；程學金（程氏第6代）《金石紀聞》、《書巢吟草》、《消寒詩帖》3種。在程氏族人所寫的著作中，著述多而影響大的是廩生程文遠（程氏第4代），“怡情子史，著作多不收拾，所傳惟《史液》四卷、選訂《文載》一部，《吳門刻燭詩》一帙”（道光《徽州府志》卷11）。②

以婺源程氏而論，從程組到程鷺池、程文在、程尚志於經學皆有著述，如果不計其著作的流傳與影響，則婺源程氏當別屬一家。陳居淵先生由家學的角度對清代經學作社會史之研究，可謂獨具隻眼。本文擬選取乾嘉時期以經學名家的浙江嘉興李氏作爲研究對象，欲稍覘清代乾嘉時期學術的形成及其流變。清代中葉，論經學之盛，莫過於蘇、浙、皖三省。其間世家望族中治經學人數之多，覃研之精，影響

---

① 　陳居淵：《清代家學與經學》，《漢學研究》第16卷第2期（1998年12月），頁199—202。

② 　張傑：《清代科舉家族》，北京：社會科學文獻出版社，2003年，頁305—306。

之鉅,尤爲各省之弁冕。通過對嘉興李氏的個案研究,筆者發現在清代學術史上,有以下幾點十分值得注意。

其一,清代世家大族,多由科第而仕宦通顯。乾嘉時期的經學世家的形成與世族子弟追逐科場功名的過程有莫大的關係。乾嘉時期嘉興李氏一門經學家的成學過程,殊可資證此一論斷。清代漢學者江藩以爲:"元明之際,以制義取士,古學幾絕。"①然清代承明制義取士的舊槧,古學竟致大興。是同以制義,同是科舉,明清兩代,亦有其大同中的小異。惟此小異對於乾嘉學術的形成亦有重要影響,竊以爲學者於此宜加注意。

其二,清代科舉發生變化,主要是在乾隆時期。科舉的變化,不只是形式上的。高宗析頭場四子書與經義爲二,提高經義的地位,試五言八韻詩,這些只是形式上的。在科舉的內容上,筆者注意到,殿試策問中所提的問題,以及應試者的對策表明,學術問題的中心有所轉移。故制義中也有漢宋之別。乾隆中葉開始,漢學在制義中漸奪宋學之席。到乾嘉之際,漢學風氣由典試的官員推揚鼓盪而大開。

其三,不以科甲名世的世家,往往有其家族世學的傳統。而這些世家望族之成爲經學世家,則又由其他學術轉化而致。嘉興李氏世以文學著稱,至乾嘉時期則其家族學術開始轉型,由文學世家迻變爲經學世家。而李氏群從的治學趣尚,與其對科第功名的追求密切相關。故所謂乾嘉學風的形成,是與科舉制度的存在與內部變化有深切的聯繫。

一、乾隆時期科舉的變化以及對經學的影響

江藩論漢學考據之衰頹,曾經歸具爲科舉制度。江云:"元明之際,以制義取士,古學幾絕。而有明三百年,四方秀艾困於帖括;以講章爲經學,以類書爲博聞;長夜悠悠,視天夢夢,可悲也夫!在當時豈無明達之人,志識之士哉,然皆滯於所習以求富貴,此所以儒罕通人,學多鄙俗也。"②而此說非始自江藩,把經學的式微歸罪於制義,顧炎武已有論斷。《亭林文集》卷一《生員論中》:"國家之所以取生員,而考之以經義、論、策、表、判者,欲其明六經之旨,通當世之務也。今以書坊所刻之義謂之時文。舍聖人之經典、先儒之注疏與前代之史不讀,而讀其所謂時文。時文之

---

① ②　江藩:《漢學師承記》,臺北:華正書局,1982 年,頁 13。

出,每科一變,五尺童子能誦數十篇,而小變其文即可以取功名。"痛時文之弊,顧氏至有"八股盛而六經微,十八房興而廿一史廢"之說。[1]然而,科舉制義是否真如顧炎武、江藩所説,有礙古學,對於研究六經之旨,有害而無益。當然,還是要具體地分析。

顧炎武反對明代科舉,主要是針對制義在明末所孳生的流弊,這一點學者已有很多論述。清初承明制,科舉仍是其選拔人才最主要途徑。而科舉的制度,從内容到形式,在順康雍三朝,都沒有太多變化。然而在因襲明制的同時,清代的科舉也有一些細微的變化,這種大同中之小異,本來不應對社會、學術、文化發生根本性的影響,因而也就不甚爲學者所特別注意。然而,具體剖析這些變化,筆者認爲其一幾之微,其所關涉非細。清初特別是乾隆時期科舉制度、有關科舉的詔諭,以及鄉會試的方式和内容,都能透露出,乾嘉時期學術發生轉移的某些徵相。但是,究竟是文化制度上的這些變化,導致學術的方向轉移,還是學術的變化,作用於制度,造成舉制有所更易,這卻是不易回答的問題。有一點可以肯定的是,二者之間在一段時期内互爲因果,有著某種互動關係。以余淺見,清初本原之學由顧(炎武)、閻(若璩)、朱(鶴齡)、黄(宗羲)、惠(周惕)、江(永)等爲之楬櫱,其後對舉制也發生了一些影響,其影響主要通過清高宗發生作用。

首先,從科舉的制度來看,明代試士,鄉會試第一場考四書義及經義,用時文(八股),二三場兼用論、表、詔、誥、判、策。其中首重一場。乾隆二十二年(1757),二場罷論、表、判,改用五言八韻詩一首。四書與五經仍在頭場。乾隆五十二年(1787)12 月 24 日内閣奉上諭,定明年鄉試二場先以《詩經》出題,次年會試用《書經》。俟下次鄉試再用《易經》,以後則按會試分科輪用《禮記》、《春秋》,以使士子兼熟精通。[2]科舉用四書及《易》、《書》、《詩》、《禮記》、《春秋》五經,始自元代。元仁宗皇慶二年(1313)特重儒學,議行科舉,先以宋儒二程、朱熹、司馬光、張栻、吕祖謙及元儒許衡從祀孔廟,嗣規定用程朱傳注爲經學之本。《明史·選舉志》稱:"試士之法,專取《四子書》,及《易》、《書》、《詩》、《春秋》、《禮記》五經,命題試士,蓋太祖與劉基所定。明代制度,入府州縣學的縣府院試,皆以《四書》義、本經義、論、策各一篇。國子監入學試經義、《四書》義各一道,判語一條。"[3]孫星衍云:"有元皇慶時,用宋注之

---

① 顧炎武:《日知録集釋》卷 16《十八房》條,臺北:世界書局,1984 年,頁 382。

② 見《清實録》第 25 册,北京:中華書局,1986 年,卷 1295,《高宗實録》,乾隆五十二年 12 月下,頁 392—393。詔令圖版見楊學爲主編:《中國考試史文獻集成》第 9 卷《圖片》,北京:高等教育出版社,2003 年,頁 58,圖 122。

③ 《明史》,北京:中華書局,1974 年,卷 69,頁 1677。

外，兼用古注疏。至明永樂間，胡廣等《四書五經大全》出，而經學遂微，自後掇科之士，率皆勦説雷同，習爲應學之業。漢唐傳注，從是束之高閣。我國家重熙累洽，久道化成。試士以《四書》文主試之。有學術者，又擇《五經》文對策，佳卷列爲高第，進呈乙覽。殿試專以對策，詞館課以詞賦，猶恐經學之不明。既開博學鴻詞之科，又特舉經學之術，授以館職。時則有若毛氏奇齡、朱氏彝尊、胡氏朏明、顧氏棟高、惠氏士奇諸人，著作彬彬列於大雅矣。"①孫星衍所謂"胡廣等《四書五經大全》出，而經學遂微"，乃由於自明永樂至清初，《語》、《孟》、《學》、《庸》四書，專用朱子所注，而結以己意，漢唐以下其他注疏皆可棄而弗觀；五經則《易》用程、朱，《詩》用《集傳》，《書》用蔡沈（朱熹門人，1167—1230）《集傳》，《春秋》用胡安國（1074—1138）《傳》，《禮記》用陳澔（1260—1341）《集説》。②而其他經傳注疏舉廢。明代科舉之弊，至明季如楊慎所説："士子自一經之外，罕所通貫。"③顧炎武所説"時文之出，每科一變，五尺童子，能誦數十篇，而小變其文，即可以取功名。"④清初，雖然沿明舊制，順治時期，顧炎武、黃宗羲、魏禧等皆指言其不切於實用。⑤康熙朝任源祥指出："明興，制科試三場。一試以窮理，再試以博古，三試以通今。慮至詳也。"⑥然而，積弊之後，如李紱所説："制科之設三場也，經書文以明體，論表判策以達用，蓋相輔而行。其後弊也積重於一偏，士務揣竊八股文之聲音笑貌，以希弋獲，主司亦不復省視後場，而士習益空疏而寡據。"⑦這些積弊，清前期諸帝也不是沒有注意到，亦曾鋭意革除。如康熙二年（1663），禮部議准停試八股文體，鄉會試改以原第三場策五道移至第一場，第二場以四書和本經作論各一篇，表、判如故。⑧這一改革，恐怕就是從實用的一面來考慮。但因"古學不可猝辦"，於甲辰（1664）、丁未（1667）兩科之後，康熙七年（1668），又恢復舊制。⑨康熙四

① 孫星衍：《詁經精舍題名碑記》，《平津館文稿》卷下，見楊學爲主編：《中國考試史文獻集成》第6卷，北京：高等教育出版社，2003年，頁155。
② 《清史稿》，北京：中華書局，1976年，卷108，頁3148。
③ 楊慎：《升菴集》卷52，頁13，《景印文淵閣本四庫全書》，册1270。
④ 顧炎武：《日知録集釋》卷17《生員額數》，頁396。
⑤ 見楊學爲主編：《中國考試史文獻集成》第6卷，北京：高等教育出版社，2003年，頁519—525。並參見趙子富：《明代學校、科舉制度與學術文化的發展》，《清華大學學報（哲學社會科學版）》第10卷2期（1995年），頁83—89、98。
⑥ 任源祥：《制科議三》，《鳴鶴堂文集》卷1。見楊學爲主編：《中國考試史文獻集成》第6卷，北京：高等教育出版社，2003年，頁528。
⑦ 李紱：《雲南丁酉鄉試墨卷序》，《穆堂初稿》卷34。見楊學爲主編：《中國考試史文獻集成》第6卷，北京：高等教育出版社，2003年，頁528。
⑧ 見《清實録》第4册，北京：中華書局，1985年，卷9，《聖祖實録》，康熙二年4月至8月下，頁154。
⑨ 《清史稿》卷109，頁3719。

十一年定命題規制,已經明言:"議准五經取士,務得通才。"①雍正中,亦有議變取士法,廢制義者,爲張文和諫止。②乾隆初,兵部侍郎舒赫德亦曾上疏請廢科舉,③雖然未獲採納,高宗亦以爲"士子專治一經,於他經不旁通博涉,非敦崇實學之道"。④明清科舉制度,以乾隆時期變化最著。乾隆二十二年(1757),"詔剔舊習,求實效,移經文於二場,罷表、論、判,增五言八韻律詩"。明年(1758)首場復增《性理》論。⑤四十四年,高宗鑑於科舉制義,文風遞降,下諭要求"嗣後作文者,務宜沈潛經訓,體認先儒傳説,闡發聖賢精蘊,務去陳言,以求合於古人之道。"⑥乾隆五十二年五經輪試。這些舉措都是爲革除明代取士,或有熟讀一經,或有只知《大全》所定傳注,而竟繳弋高第的現象。從顧廷龍主編《清代硃卷集成》所收鄉試硃卷來看,乾隆丙午(1786)科以前鄉試硃卷,考生履歷上都在名、字、號、排行、生時、身份、户籍之後寫明所業何經。而戊申(1788)科之後硃卷,一律不書所習何經。這恐怕是乾隆五十二年詔諭的實施。⑦乾隆五十七年,紀昀疏請鄉會試《春秋》罷胡安國《傳》,以《左傳》本事爲文,參用《公》、《穀》,得准行。⑧於是癸丑(1793)科之後,又以《左傳》代替胡傳。⑨

　　乾隆二十二年(1757)經義移至鄉會試的第二場,以及乾隆五十二年(1787)年以五經在鄉會試中輪試,這些舉措實際上都是意在提高經義在考試中的地位,一是改變當時鄉會試首重頭場,頭場中惟重四書義的積弊,一是要改變士子專攻一經一傳,欲令士子綜貫群經,旁通兼取,以求招取通經博古的人才。

　　其次,從科舉考試的內容來看,乾隆一朝,考試亦有從宋學漸趨於漢的傾向。

①　見王德昭:《清代科舉制度研究》,北京:中華書局,1984 年,頁 78 引《類纂》卷 191,《選舉一》,《文科·命題規制》。

②　陳康祺:《郎潛紀聞二筆》卷 15,《議考試廢制義》。見楊學爲主編:《中國考試史文獻集成》第 6 卷,北京:高等教育出版社,2003 年,頁 532。

③　見王德昭:《清代科舉制度研究》,北京:中華書局,1984 年,頁 41 引禮部議覆兵部侍郎舒赫德《議時文取士疏》,《皇朝經世文編》卷 57,《禮政》四。

④　《清史稿》,北京:中華書局,1977 年,卷 108,頁 3151。

⑤　《清史稿》卷 108,頁 3148。

⑥　王慶雲:《紀科舉篇目》,《石渠餘紀》,北京:古籍出版社,1985 年,卷 1,頁 31。

⑦　見乾隆丙午(1786)科浙江鄉試中式舉人任際壽卷(顧廷龍主編:《清代硃卷集成》,臺北:成文出版社,1992 年,册 232,頁 25),及乾隆戊申(1788)科浙江鄉試中式舉人何豫硃卷(顧廷龍主編:《清代硃卷集成》册 232,頁 41)。

⑧　《清史稿》卷 820,頁 10771。

⑨　吳振棫:《養吉齋叢録》(北京古籍出版社,1983 年)云:"舊時《春秋》題,主胡安國傳。乾隆五十七年,紀文達昀奏言:胡傳多有經無傳,出題之處不過數十節。故本年鄉試,五省同出一題。且安國是書諷高宗,斥秦檜,與孔子之意不相比附。《欽定春秋傳説彙纂》中,駁胡傳者數百條。御製文亦屢闢其説。請嗣後《春秋》題以《左傳》本事爲主,參用《公》、《穀》之説。"見是書卷 9,頁 95。

紀昀説："經義肪於北宋,沿於元代,而大備於明。……至經義之中,又分二派:爲漢儒之學者,沿溯六書,考求訓詁,使古義復明於後世,是一家也;爲宋儒之學者,辨別精微,折衷同異,使六經微旨不淆亂於群言,是又一家也。國家功令,五經傳注用宋學,而十三經注疏亦列學官。良以制藝主於明義理,固當以宋學爲宗,而以漢學補苴其所遺,糾繩其太過耳。"①昭槤云："上初即位,一時儒雅之臣,皆帖括之士,罕有通經術者。上特下詔,命大臣保薦經術之士,輦至都下,課其學之醇疵。特拜顧棟高爲祭酒,陳祖范、吳鼎皆授司業。又特刊《十三經注疏》頒布學宮,命方侍郎苞、任宗丞啓運等衷集三禮。故一時耆儒夙學,布列朝班,而漢學始大著,齷齪之儒,自蹴足而退矣。"②自清初至乾隆時期,漢學家對於經義的漸重都頗爲振奮。如惠棟就以爲清代"專及經術",是"漢魏六朝唐宋以來未行之曠典。"③專及經術,至清高宗時期更爲顯著。乾隆爲皇子時,大學士朱軾"侍青宮最久",朱軾有《春秋詳解》、《三禮纂》、《周易傳義合訂》等著作。④朱軾這些著作,還都是以宋儒傳注爲主。如《周易傳義合訂》,即就程頤《伊川易傳》與朱熹《易本義》合參之,間采其他傳注。高宗晚年回憶朱軾説："時已熟經文,每爲闡經旨。漢則稱賈董,宋惟宗五子。"⑤乾隆年間,由科舉方面所下的功令,以及殿試策問的内容來看,高宗本人在觀念上也發生了一些轉化。由前期的獨取宋學,而轉向中後期的徘徊於漢宋之間,或者説漢宋兼採。

　　高宗即位之後,立即弘揚經學,元年六月十六日(1736 年 7 月 24 日),命纂《三禮義疏》,俾與《易》《書》《詩》《春秋》四經並垂永久。並命鄂爾泰、張廷玉、朱軾、甘汝來爲三禮館總裁。⑥然而,此經學仍是強調義理之學。最初,高宗對於漢學是有所抵觸的。如乾隆五年庚申(1740)10 月 12 日己酉(11 月 30 日),高宗下詔教訓諸臣精研理學。諭稱:

　　　　近來留意詞章之學者尚不乏人,而究心理學者概不多見。"夫治統原於道統,學不正則道不明",程朱之學乃入聖之階梯,求道之塗轍,不可不講明而切究之。考據典章固不可廢,而經術之精微,必得宋儒而闡發之。講學之人,誠

---

① 紀昀:《紀文達公遺集》卷 8,《丙辰會試録序》。見楊學爲主編:《中國考試史文獻集成》第 6 卷,北京:高等教育出版社,2003 年,頁 532。

② 昭槤:《嘯亭雜録》卷 1。

③ 李開:《惠棟評傳》,南京:南京大學出版社,1997 年,頁 16。

④ 見張廷玉:《澄懷園文存》卷 12,頁 6—11。見《近代中國史料叢刊》第 52 輯,頁 516。

⑤ 見張傑:《清代科舉世家》,頁 319。

⑥ 郭文康編:《清史編年》第 5 卷,北京:人民大學出版社,2000 年,頁 18。

者不可多得，而僞者欺世盜名，漸起標榜門户之害，然不可因噎廢食，以假道學獲罪名教而輕棄理學。①

乾隆初年强調經學，主要是對於明初以來科舉之弊欲有所匡正。乾隆九年，"上諭近日文風未見振起，且内簾專意頭場，而不重後場；頭場之中，又專意四書，而不重經文。自今以後，司文衡者務思設立三場之本意，於經策逐一詳加校閲。"②有清一代，兩開鴻博，其旨原都在蒐求科舉之外淹通經術實務的人才，以補科舉之不足。第一次在康熙十七年，詔旨特開博學宏詞科，欲求"博學鴻儒，闡發經史，潤色辭章，以備顧問著作之選"。③由地方薦舉文學人才共 190 餘人，與試者 143 人，在太和殿領題，試於體仁閣下。試賦一，曰《璇璣玉衡賦》，五言排律二十韻，曰：《以天下爲一家詩》。取中 50 人。④第二次在乾隆元年九月二十八日（11 月 1 日）乾隆實施雍正十一年所定重開博學宏詞科的決策，親臨保和殿，考試各省薦舉 176 員。⑤所試科目，吏部採用御史吳之安奏言，較康熙朝鴻博科增設經史，謂"薦舉博學鴻詞，原期得湛深經術，敦崇實學之儒，始足副淹雅之稱，膺著作之選。蓋詩賦雖取兼長，而經史尤爲根柢。若從徒綴儷偶，推敲聲律，縱有文藻可觀，終覺名實未稱，應如該御史所請"。⑥故是科第一場考經解、史論各一篇，第二場考詩、賦、策論各一題。較諸康熙詞科，多設了經史一項。以康乾兩朝詞科相比照，足見乾隆對於經學的重視。

除開詞科以外，乾隆十四年己巳（1749）十一月初四日（12 月 13 日），詔舉"潛心經學，純樸淹通"之士。後大學士、九卿、督撫等保舉經學 49 員，下廷臣覈實，若學行名實相副，即可不必考試。得陳祖范（1676—1754）、吳鼎、梁錫璵、顧棟高（1679—1759）等四人，將著述交送内閣繕寫進呈。⑦吳鼎進呈《十家易象集説》一部、《集説附録》一部、《易例舉要》一部、《春秋四傳選義》一部、《易堂問目》一部、《考律緒言》一

① 郭文康編：《清史編年》第 5 卷，頁 107。
② 文廷式：《純常子枝語》卷 7，頁 12—13，《續修四庫全書》，上海古籍出版社 1995 年景印 1943 年刻本，册 1165，頁 104。
③ 《清朝文獻通考》，上海：商務印書館，1936 年，卷 48，頁 5307。
④ 葉伯棠：《清代文官考選制度之研究》，臺北：嘉新水泥公司《文化基金會研究論文》第 189 種，頁 286—270。商衍鎏云詩題爲"省耕詩"，見商志醰校注，商衍鎏撰：《清代科舉考試述録及有關著作》，廣州：百花文藝出版社，2004 年，頁 173。
⑤ 郭文康編：《清史編年》第 5 卷，北京：人民大學出版社，2000 年，頁 25—26。
⑥ 葉伯棠：《清代文官考選制度之研究》，臺北：嘉新水泥公司《文化基金會研究論文》第 189 種，頁 270。
⑦ 郭文康編：《清史編年》第 5 卷，北京：人民大學出版社，2000 年，頁 361。又見《清高宗實録》卷 379，頁 7；卷 391，頁 2，17；392，頁 15。

部。梁錫璵進呈《易經揆一》一部。①乾隆十五年（1750），惠棟亦以是科被兩江總督黃廷桂與陝甘總督尹繼善極力舉薦入京，以所著書未及進獻而不售。②除以經學舉薦外，乾隆時期多次巡行召試，也是對經學的推動措施。

漢學在高宗那裡漸漸變得重要，大約是在乾隆統治的中期。最值得重視的是乾隆二十六年（1761）辛巳恩科的殿試策問，除問考課農商等實務之外，於"經籍之源流"問之尤審：

> 夫學者載籍極博，必原本於六經。《易》有四尚，《詩》有六義，《書》有古今，《禮》有《經》《曲》，《春秋》有三傳，能舉其大義，詳其條貫歟？注，一也，而有曰傳、曰箋、曰學、曰集解之別。疏，一也，而有曰釋，曰正義，曰兼義之殊。立博士者，或十四人，或十九人，先後何以不同？立石經者，或一字，或三字，紀載何以互異？多士亦能洞悉其源流，而略陳其梗概否也？朕崇尚經術，時與儒臣講明理道。猶復廣屬學官，蘄得經明行修之士而登之。③

此次殿試策問，所問實大異於從前。順康雍三朝殿試，策問無非行仁修教，農事武備，或者程文課士，敦文崇孝等，大抵不出論治實務範圍。乾隆二十六年策問則於經學問題，不特關心，而且深切。其中傳箋疏解，今古文之異，尤為當時經學家特別留意。一字三字石經則問及漢魏石經之異。博士十九人為西漢平帝時。至光武中興後，則廢《古文尚書》、《毛詩》、《逸禮》、《左傳》、《周官》，賸《易》之四家：施、孟、梁邱、京氏，《詩》之三家：齊、魯、韓，《書》之歐陽、大小夏侯，《禮》之大小戴，《春秋》之嚴、顏。此問亦牽涉到兩漢學術之異同，及今古文之廢興。以上這些問題，皆為清初以來，考據學家所尤為關注的。自乾隆二十六年之後，至六十年，終高宗朝，殿試每關切學術史的問題，問題的焦點或漢或宋、兼顧錯用。如乾隆二十八年癸未（1763）科，策問宋儒心性之學與通鑑體編年史的發展；三十一年丙戌（1766）科，又回到群經異傳，文字互異，以及前朝正史體例等學術問題。乾隆在其後的殿試中多次問及這一類問題，所問略異。如乾隆四十九年（1784）甲辰科策問，所問為唐開成石經、郭京《周易舉正》、宋王應麟《詩考》、《禮》之《大學》、《書》之《武成》，以及《春秋》三傳經傳異文的問題。④而是科榜眼邵瑛與探花邵玉清的對策，也如考據學的急就章。

---

①　葉伯棠：《清代文官考選制度之研究》，臺北：嘉新水泥公司《文化基金會研究論文》第 189 種，頁 278。

②　李開：《惠棟評傳》，南京：南京大學出版社，1997 年，頁 16—17。

③　楊寄林等主編：《中華狀元卷》之《大清狀元卷》卷上，太原：山西教育出版社，2002 年，頁 81。

④　見楊寄林等主編：《中華狀元卷》之《大清狀元卷》卷上，太原：山西教育出版社，2002 年，頁 170。

若非夙昔留意於經學傳承,文本之異,萬難成文。①總之,清高宗深知科舉之弊,輒思有所匡正。在三十四年己丑(1769)科策問中,嘗言:"朕萬幾之暇,懋勤典學。尤期海内弦誦之士,共勵精勤,以光文治。欽選四書文頒行已久,而或失之雷同勦説,或失之怪僻艱深。其弊安在? 將教之者非歟? 抑取之未善耶? 夫以帖括爲時文,其説已誤;而以詞賦取實學,其本已離;不得已而專試策論,又多浮詞撦拾之患。今由科舉以及朝考,三者皆用之矣,而未收得人之效,何歟?"②此説固有可能是詞臣代擬,但也道出了乾隆的心聲。③終乾隆朝,考試仍在不停地摸索與嘗試。而在當時高宗又極受清初以來經學偏向考據的影響,故自乾隆二十六年辛巳恩科後,歷次殿試策問都問及學術史及學術取徑的問題,其範圍包括版本學、目録學、輯佚、音訓、小學等,又多問及義理、心性、尊德性等問題。可説是漢宋兼采。時賢所關心的問題也都反映到科舉考試中。不惟會試、殿試如此,其下面地方上,也是如此。錢大昕於乾隆十九年中進士,曾先後充任山東、湖南、河南鄉試正考官,浙江鄉試副考官,並且曾入上書房,課皇十二子讀書。乾隆四十年之後,至嘉慶九年,先後主講鍾山、婁東、紫陽書院。王昶言錢大昕在紫陽16年之久,"門士積二千餘人,其爲臺閣、侍從,發名成業者,不可勝計。"④可見其影響之鉅。錢大昕在書院用以課士的策問,多收録在《竹汀先生日記鈔》卷三中。⑤其課考的範圍,於古學四部幾乎無所不涉,於經義經學史尤多。拿來與乾隆二十六年之後殿試策問的題目比照,乃可知,其上如此,其下無不靡然從風。誠如任源祥所云:"從來天下之風氣,成於制科。制科尚躬行,則天下之風氣趨於實;制科尚文辭,則天下之風氣趨於澆。"⑥

二、科舉風氣的轉移與科舉中的漢學傾向

清初漢學對科舉的影響,亦反映在漢學家對科舉的態度上。顧炎武、江藩等人

---

① 見楊寄林等主編:《中華狀元卷》,《大清狀元卷》卷上,太原:山西教育出版社,2002 年,頁 179—188。

② 仲光軍主編:《歷代金殿殿試鼎甲朱卷》,《清代試題試卷》,頁 491。

③ 清代殿試策題本爲内閣預擬,候天子選定。乾隆二十六年上諭改爲讀卷大臣於殿試前一日集中於文華殿直廬密擬,"先呈標目八道,每題四字(後改爲二字),進候欽定圈出四條。然後照此撰題緘封呈閲。"見商衍鎏撰、商志香覃校注:《清代科舉考試述録及有關著作》,廣州:百花文藝出版社,2004 年,頁 134。

④ 王昶:《錢大昕先生墓誌銘》,《春融堂集》卷 55。

⑤ 錢大昕:《嘉定錢大昕全集》册 8,《竹汀先生日記鈔》,頁 45—55。頁 57 附其弟子何元錫《跋》云:"末卷策問,爲書院課題,皆文集所未載也。"

⑥ 任源祥:《制科議二》,《鳴鶴堂文集》卷 1。見楊學爲主編:《中國考試史文獻集成》第 6 卷,北京:高等教育出版社,2003 年,頁 529。

等人對科舉的批評已如前述。但是顧、江等人對科舉的批評主要是從外部作用上，批評科舉流於形式化，對於古學經學，以及考課選拔經世人才缺乏效用。漢學家中，另有一些人從科舉內部批評、變革科舉考試的内容和形式，這一方面，多爲學者所忽略。而恰恰是這一方面的變革，對於乾嘉時期的經學方向的轉移，起了推動作用。這種内部的變革，除了上述以清高宗爲代表的朝廷上層的努力以外，還有一些追求、留心制義的學者在下面的鼓吹，清初閻若璩就是一個典型。閻百詩首先從所謂"審音""識字"的角度，試圖對時文進行矯正。

　　　　閻百詩曰：昔韓昌黎言："凡爲文辭，須略識字。若今人之作時文，何須識字，但取熱鬧以悦觀者之目，足矣。如'而民莫不敬'句，《集注》：'見，音現。'見，顯也、露也，與相見之見，音義都別。而金正希此題文明云：'天下時入而見天子焉，天子時出而見天下焉。'竟認作相見字解，可乎？"①

　　閻氏對金聲的批評，完全從漢學家治經須審音識字的重訓詁的角度出發。此外，閻氏亦强調考證經典中所存典章制度。如《制義叢話》中提到閻若璩對何焯論及《尚書》中"士"與"士師"的區別，指出明代制藝家，如楊一清、王鏊、薛應旂、茅坤、邵圭潔、趙南星、李光縉、沈濱、許獬、徐曰久、顧錫疇、艾南英、黄淳耀、姚應章等皆稱"士"爲"士師"，其實全體皆錯。②在典章制度方面，閻氏尚有對"昭穆制度"的考訂，③凡此種種，與其説論時藝，毋寧説是學術上的考證。

　　科舉中考試的四書、五經，其旨在申述經義。清初學者如顧炎武、閻若璩等始自性命義理而轉治經義，而經義的確立端在經文音訓與經典所存的典章制度。雍乾時期的漢學家戴震，師承江永，於音訓及典章制度頗有建樹。戴東原嘗爲《毛鄭詩考正》4卷（《戴氏遺書》本），錢大昕云："戴氏既乃研精漢儒傳注，及《方言》、《説文》諸書，由聲音文字以求訓詁，由訓詁以尋義理。實事求是，不偏主一家，亦不過騁其辯，以排擊前賢。嘗謂：'今人讀書尚未識字，輒薄訓詁之學。夫文字之未能通，妄謂通其語言；語言之未能通，妄謂通其心志。此惑之甚者也。……昧者乃歧訓詁義理而二之，是訓詁非以明義理，而訓詁胡爲？義理不存乎典章制度，勢必流入於異端曲説，而不自知矣。'"④戴東原所提倡的學術方向，主要是一方面從訓詁來

---

① 梁章鉅：《制義叢話》卷7，見梁章鉅著，陳居淵校點：《制義叢話、試律叢話》，上海書店出版社，2001年，頁116。
② 梁章鉅：《制義叢話》卷16，見梁章鉅著，陳居淵校點：《制義叢話、試律叢話》，頁310。
③ 梁章鉅：《制義叢話》卷14，見梁章鉅著，陳居淵校點：《制義叢話、試律叢話》，頁294—296。
④ 錢大昕：《戴先生震傳》，見《潛研堂文集》卷39，收入《嘉定錢大昕全集》，南京：江蘇古籍出版社，1997年，頁672。

貫通義理;一方面考求典章制度來貫通義理。江戴對於古音訓詁以及典章制度的研究,於科舉亦有深刻的影響,特別是在乾隆後期。在制度考信上,比如在乾隆五十一年丙午(1786)江南鄉試中,主考官朱珪出"過位色勃"二節考四書義。阮元就用江永《鄉黨圖考》中新説來解,大受朱珪賞識,中式第八名。①朱珪的題解云:"包(咸)注以過位爲君之空位。按天子、諸侯皆三朝,王之外朝在皋門之内、庫門之外,朝士掌之……諸侯三朝,外朝在雉門之外,江永以爲亦在庫門外……《曲禮》孔疏:'天子外屏在路門之外,而近應門。'江永以爲亦在應門之外。孔疏:'諸侯内屏在路門之内。'江據邢(昺)疏云在雉門内、路門外。……今解以位爲外朝之虚位,以治朝廷立之處爲有堂,誤也。然習説相沿,不能虚拘一律,通場萬卷,合此解者不啻百分之一,就其他文相稱者甄録過半,於此見大江南北究心讀書之士不乏也。"②科舉至乾隆晚期,除重視典章制度的考詳以外,亦非常重視聲音訓詁。如阮元在參加丁未會試時,曾經引《爾雅》:"鳥曰臭"解"色斯舉"之義。場中已薦,因房師在《爾雅》《釋鳥》中查嚴引文不得,乃爲座主撤去。己酉會試,阮元又引《爾雅》"徒鼓瑟"及"徒鼓鍾謂之脩,徒鼓磬謂之寋"以解《論語》中曾點"鼓瑟希"一句,因"寋"、"脩"二字、錯寫作"寋"、"修",其卷幾乎被磨。③這從一個側面反映當時制藝重訓詁的風氣。

　　乾隆晚期的制藝,一個重要的特點曰尚典實,所謂尚典實,即重視典章制度與訓詁考據。梁章鉅(1775—1849)云:"吾閩之鄉墨可觀,自乾隆己亥(即乾隆四十年,1779)、癸卯(1783)、丙午(1786)、戊申(1788)諸科外,即數甲寅(1794)。是科三藝皆典實題,故所拔多績學懷才之士,文亦稱之。"④梁章鉅爲乾隆甲寅中式舉人,嘉慶壬戌進士,觀其所著《制藝叢話》,所推重者大略"字字從經義中出"。經學家陳壽祺(1771—1834)是福建鄉試乾隆己酉(1789)科中式舉人,嘉慶四年,與姚文田、蘇兆登、王引之等會試同榜進士。《制藝叢話》載陳氏會試過後,自信必中,其原因是"文中全用《汲冢逸書》及《緯候》中'金鏡玉椎'等字。"是科主考是朱珪,阮元是副考。而朱珪於壽祺之卷特別賞識,榜發,果然中會試第 19 名。⑤陳壽祺爲制藝時,喜用經語,而此寫法也並非無往而不利。梁章鉅云:"陳恭甫(壽祺)與謝甸男(震)以同年而

---

① 梁章鉅:《制義叢話》卷 11, 13,見梁章鉅著,陳居淵校點:《制義叢話、試律叢話》,頁 213, 272。
② 梁章鉅:《制義叢話》卷 13,見梁章鉅著,陳居淵校點:《制義叢話、試律叢話》,頁 272。
③ 梁章鉅:《制義叢話》卷 11,見梁章鉅著,陳居淵校點:《制義叢話、試律叢話》,頁 213—214。
④ 梁章鉅:《制義叢話》卷 18,見梁章鉅著,陳居淵校點:《制義叢話、試律叢話》,頁 364。
⑤ 朱珪云:"十八房中各有一房首,謂之房元,雖主考不能與爭,惟十九名始爲主考所專,亦與各房無與。此卷才氣煥發,根柢槃深,出於總裁所定,名爲總元可乎?"故壽祺此卷,朱珪實欲置首而未能。見梁章鉅:《制義叢話》卷 18,頁 361。

並馳文譽,恭甫文喜組織經語,如塗塗附,匄男常規之。匄男文亦好隸事,而風骨較遒。"又云:"陳恭甫深於經義,作時文好以經語排纂,而不肯雜以他書。後因屢黜春闈,乃勉趨風氣。"嘉慶己未會試,陳壽祺與謝震皆中式進士,與遇到朱珪典試,阮元副考大有關係。可知用典實,組織經語,不雜他事的風氣,殆由乾隆晚期始開,非舊習所尚。自乾隆後期至嘉慶年間,制藝重經學典實,乃成風氣。梁章鉅云嘉慶初年,風氣一開,遂有蔓延之勢。嘉慶初,福建制藝名師鄭光策見梁章鉅《端章甫》文而讚曰:"吾不料汝尚能留心經學,此後當守此毋倦也。"此後,"每課多出典實題"。①

乾隆後期,對於科舉內部變革推動最力者當屬朱珪、朱筠、盧文弨、竇光鼐、錢大昕、汪廷珍、李賡芸、阮元等人。乾隆末嘉慶初,漢學在科舉中漸奪宋學之席,除了上有所好以外,與當時偏重漢學的學者累主文衡,有很大的關係。合《清史稿》本傳與法式善《清秘述聞》,我們瞭解到這些學使的任職情況如下:

1. 朱珪(1731—1806),字石君,順天大興人,戊辰進士,乾隆二十四年乙卯(1760)任河南鄉試副考官,二十五年庚辰(1760)科會試同考官,四十三年戊辰(1778)科會試同考官,四十四年己亥(1779)恩科福建鄉試主考官,乾隆四十五年(1780)以侍讀學士任福建學政,五十一年(1786)以禮部侍郎任浙江學政,任江南鄉試主考官,五十五年庚戌(1790)科會試副考官,嘉慶四年己未(1799)會試主考官,十年乙丑(1804)科會試任主考。

2. 朱筠(1729—1781),字竹均(君),順天大興人,甲戌進士,乾隆二十六年辛巳(1761)恩科會試同考官,三十三年戊子(1768)科順天鄉試同考官,乾隆三十五年庚寅(1770)恩科福建鄉試主考官,三十六年辛卯(1771)恩科會試同考官,並以侍讀學士出任安徽學政,四十四年(1779)以編修任福建學政。朱筠曾經上疏請仿漢唐故事,校正十三經文字,勒石太學。在學術上主張經學本於文字訓詁,亦好金石文字,以爲可以佐證經史。朱筠最著名的事跡是對王念孫的賞識,以重視人才經術,故汲引後進,惟恐不及。

3. 王昶(1725—1806),字蘭泉,江南青浦人,甲戌進士,乾隆二十四年己卯(1759)科順天鄉試同考官,二十五年庚辰(1760)恩科順天鄉試同考官,二十六年辛巳(1761)恩科會試同考官,二十七年壬午(1762)科順天鄉試同考官,二十八年癸未(1763)科會試同考官,乾隆五十七年壬子(1792)順天鄉試副考官。

4. 錢大昕(1728—1804),甲戌進士,乾隆二十四年乙卯(1759)任山東鄉試主考

① 見梁章鉅:《制義叢話》卷21,頁406。

官,二十五年庚辰(1760)科會試同考官,二十七年(1762)湖南鄉試主考官,三十年(1765)浙江鄉試副考官,乾隆三十一年丙戌(1766)科會試同考官,三十九年甲午(1774)河南鄉試主考官,三十九年(1774)以少詹事任廣東學政。

5. 盧文弨(1717—1795),乾隆十七年壬申恩科探花,乾隆二十二年丁丑(1757)科會試同考官,乾隆三十年乙酉(1765)廣東鄉試主考官,乾隆三十一年丙戌(1766)科會試同考官,並以侍讀學士任湖南學政。

6. 王鳴盛(1722—1798),乾隆十九年甲戌(1754)榜眼,二十一年丙子(1756)順天鄉試同考官,二十二年丁丑(1757)科會試同考官,二十四年乙卯(1779)福建鄉試主考。

7. 阮元(1764—1849)於乾隆五十四年(1789)會試第28名,殿試二甲第3名。與汪廷珍、錢楷、錢開仕等同科。[①]其後於乾隆五十八年(1793)任山東學政,六十年(1795)任浙江學政,嘉慶四年己未科(1799)會試副考官。

8. 秦蕙田(1702—1764),字味經,江南金匱人,乾隆元年丙辰(1736)科探花,先後任乾隆三年戊午(1738)、六年(1741)辛酉科順天鄉試同考官,七年壬戌(1742)科會試同考官,乾隆二十五年庚辰(1760)會試副考官,二十八年癸未科會試(1763)主考官。

9. 翁方綱,字正三,又字忠叙,順天大興人。乾隆壬申進士。乾隆二十四年乙卯(1759)江西鄉試副考,二十五年庚辰會試同考官,二十七年壬午(1762)湖北鄉試主考,二十八年癸未(1763)科會試同考官,二十九年以侍讀學士任廣東學政,四十四年己亥(1779)恩科江南鄉試副考,四十八年癸卯(1773)順天鄉試副考,五十一年(1786)以詹事任江西學政,五十六年(1791)以內閣學士任山東學政。翁以爲考訂訓詁,然後才能講義理。既精研群經,又擅長金石文字。

10. 姚文田(1758—1827),字秋農,浙江歸安人,嘉慶四年己未(1799)狀元,與王引之(探花)同榜。道光五年乙酉(1825)順天鄉試副考。

11. 王引之(1766—1834),字伯申,江蘇高郵人,嘉慶四年己未(1799)探花。引之禮部中式時年33歲,出朱珪、阮元、劉權之、文幹之門。殿試中探花之後,循例往謁翁方綱,於同謁者中,翁獨與伯申論學,娓娓不倦。[②]嘉慶六年(1801)出任貴州鄉

①　王章濤:《阮元年譜》,合肥:黃山書社,2003年,頁28—29。

②　劉盼遂(1896—1966):《高郵王氏父子年譜》,江蘇古籍出版社,2000年影印羅振玉輯印本《高郵王氏遺書》,頁53。翁對王氏父子,皆推揚備至,嘗贈念孫楹帖云:"識過鉉、鍇兩徐而上,學居後、先二鄭之間。"見前書,頁47。

試主考,九年甲子(1804)任湖北鄉試主考,二十三年戊寅(1818)恩科浙江鄉試主考,二十四年己卯(1819)恩科會試副考,道光元年辛巳(1821)任浙江鄉試主考,道光三年癸未(1823)會試副考。

由於科舉取士的制度,學使和巍科人物自然成爲學術的中心。士子的交遊、投謁等活動往往圍繞這些人物展開。從李富孫自訂《年譜》及《校經廎文稿》來看,李氏群從所與往還、拜謁、詩詞倡和的學使、府按,以及巍科人物頗多。見於兩書的學政與郡守等自不待言,他如金德輿、潘世恩、錢楷、劉嗣綰、趙文楷、帥承瀛、沈維鐈等,多爲乾隆朝因科舉而成名的名公巨卿。李氏群從當然因爲湛深經術得到這些人的賞識。而湛深經術未始不爲晉身之階。於是,李氏群從的治學方向也追隨著學使、名流的學術指趣。推揚鼓盪之下,小學訓詁音韻制度輯佚考異之學,於有清蔚成大觀。

三、科第籠罩下的嘉興李氏家族

乾隆中期至道光初期,嘉興府嘉興縣梅會里李氏家族,出現了以治經著名的李超孫、李富孫兄弟,及其從弟李遇孫。同時稍後族曾祖又有李貽德。群從宗人,競以治經考異相尚。嘉興李氏本以文學名世,至乾隆晚期和嘉慶時期,出現了如此衆多的經學人物,實非偶然。乾隆時期科舉政策、内容、形式的變化,及其對民間一般士人所産生的影響,是令李氏家族經學家輩出的直接原因。

本文查考了華東師大所藏光緒三年刻本嘉慶年間初刻《梅里志》,①中國國家圖書館所藏嘉慶年間刊本《梅會李氏族譜》,②《嘉慶嘉興縣志》,③以及《光緒嘉興府志》,④各書所紀李氏家族自明代嘉靖三十一年(1552)至清同治元年(1862)三百年間有科第人物有數十人。

1. 李芳,嘉靖三十一年壬子(1552)順天中式舉人,四十一年壬戌(1562)進士,乙丑(1565)廷試。

---

① 楊謙纂,李富孫補輯,余楩續補:《梅里志》,《續修四庫全書》,上海古籍出版社,1995 年據光緒三年仁濟堂刻本景印,册 716。

② 李鵬飛等纂:《梅會李氏族譜》12 卷,中國國家圖書館藏清嘉慶間刊本。

③ 屠本仁等纂:《嘉興縣志》,收入《故宫珍本叢刊》第 94—95 册,海口:海南出版社 2001 年景印嘉慶七年刊本。

④ 許瑶光(1817—1882)修,吳仰賢(1821—1887)纂:《光緒嘉興府志》,上海書店 1993 年據光緒四年(1878)鴛湖書院刻本景印,《中國地方志集成・浙江府縣志輯》,册 12—14。

2. 李衷宏,改名原中,李芳子,萬曆元年(1573)順天中式舉人。萬曆十四年丙戌(1586)進士,十七年己丑(1589)廷試。

3. 李衷毅,改名李應徵,萬曆元年(1573)應天中式舉人。

4. 李士嵩,字君山,原中子,萬曆三十一年癸卯(1603)舉人。

5. 李衷純,李芳弟李敷子,萬曆四十年壬子(1612)順天中式舉人。

6. 李明嶅,字山顏,號蓼園。衷奇子。順治二年乙酉(1645)福建中式舉人。

7. 李陳常,字時夏,號嶧山。明嶅子。康熙三十五年丙子(1696)舉人。四十二年癸未(1703)進士。官兩淮巡鹽御史。康熙四十八年(1709)以刑部郎中任己丑科會試同考官。①

8. 李宗渭(1679—1726),字秦川,號稔鄉。明嶅孫,我郊次子。良年族弟。康熙五十二年癸巳(1713)恩科舉人。

9. 李宗潮(1704—1770),字坤四,號蕉窗,二守齋。明嶅孫,陳常子,宗渭從兄弟。雍正癸卯(1723)拔貢,甲辰(1724)副貢。乙卯(1735)以博學宏詞薦舉,乾隆元年丙辰(1736)召試,是年恩科順天鄉試中式舉人,選授廣西桂林府灌陽縣知縣。

10. 李集,字敬堂,富孫從祖,乾隆十六年辛未(1751)南巡召試,列二等,十八年癸酉(1753)舉人,二十八年癸未(1763)進士。乾隆五十九年甲寅(1794)卒。

11. 李蘭(1748—1781),字薌林,號采芝。貽德生父。乾隆四十四年己亥(1779)恩科浙江鄉試中式舉人。

12. 李淦(1746—1784),字玉持,號春浦。陳常孫,宗信子。乾隆丁酉(1777)拔貢,乾隆四十八年癸卯(1783)舉人。②

13. 李超孫(1758? —1838),字奉墀,號引樹。乾隆六十年乙卯(1795)舉人。

14. 李貽德(1783—1832),嘉慶二十三年戊寅(1818)恩科中式舉人。

15. 李文賁,貽德子。道光十五年乙未(1835)中式舉人。

康熙十八年乙未(1679)、乾隆元年丙辰(1735)兩開博學宏詞科,李氏皆有族人應試:

1. 李良年(1635—1694),康熙己未(1679)3 月,應博學宏詞科,召試體仁閣下,應試者 143 人。未中。辛酉(1681)引例入國子監。

2. 李宗潮(1704—1770),應乾隆元年丙辰博學宏詞科。

---

① 法式善等撰:《清秘述聞》卷 14,北京:中華書局,1982 年,頁 421。

② 馮浩(1719—1795):《孟亭居士文稿》卷 3 有《李淦傳》。

乾隆南巡召試,李氏族人應試者有:

1. 李集,乾隆十六年辛未(1751)召試二等。

2. 李旦華(1737—1765),乾隆二十二年丁丑(1756)、乾隆二十七年壬午(1761)召試二等。①

孝廉方正,李氏族人有:

1. 李應徵,初名衷毅,字伯遠。明萬曆元年舉於鄉之後,廷議察孝廉之實行著聞者。浙江得七人,應徵首列。②

2. 李彀(1765—1840),字中玉,號介石。嘉慶元年丙辰(1796)舉孝廉方正。

此外,明清科舉有所謂"五貢",明代其名目爲歲貢、選貢、副榜貢(副貢)、恩貢、例貢,清代既因其制,雍正年間,又增設優行貢,名義上這些貢生皆得與舉人、進士遷轉。舊例統稱之爲"明經"。李氏族人,由此獲取功名的有:

1. 李明瑞,字泰符,原中子。天啓甲子(1624)丁卯(1627)應天中副榜貢,考選知縣。

2. 李寅,良年父。崇禎壬午(1642)中副榜貢。

3. 李光垓(1618—1663),衷純子,順治中歲貢生。

4. 李琇,康熙年間選例貢。

5. 李我郊,康熙年間選例貢。

6. 李陳常,康熙年間選例貢。

7. 李在莘,字次山,明鼇子,康熙年間選例貢,丙子(1696)中副榜貢。

8. 李維鈞,康熙年間選例貢。

9. 李成大(1657—1746),字開遠,號蔗翁。允澄子。嘉興府學廪貢生。康熙乙酉(1705)授紹興府山陰縣學訓導,雍正戊申(1728)補慈谿縣學訓導,癸丑(1733)改授江南池州府貴池縣縣丞。

10. 李厚(1659—1708),字宏載,允湞子。歲貢生,候選知縣。

11. 李觀光(1656—1702),字覯年,懷林子。桐鄉縣學歲貢生,選授金華府金華

---

① 高宗幾次南巡(乾隆十六年、二十二年、二十七年、三十年、四十五年、四十九年),都著所巡各省督撫令諸生進獻詩文册,以申歡慶。凡進獻人員(進士、舉人、貢監生),皆分別考試,取中貢監生,特賜舉人,授内閣中書、學習行走,其原系進士舉人者,授内閣中書、遇缺補用。二等未中者則賜緞二疋。見清代官修《南巡盛典稿存》卷3,頁303—305,收入《清代百種稿本叢刊》,臺北:文海出版社,1974年。又見《清史編年》第5卷,頁398。

② 許瑶光(1817—1882)修,吳仰賢(1821—1887)纂:《光緒嘉興府志》卷50,頁41,《中國地方志集成·浙江府縣志輯》,册13,頁392。

縣訓導。

12. 李天一(1672—1692)，字耕書，我郊子。康熙年間以例貢候選訓導。

13. 李宗渭(1679—1726)，字秦川，號稔鄉，我郊子，天一弟。康熙年間選例貢。

14. 李宗潮(1704—1770)，雍正癸卯(1723)拔貢，甲辰(1724)本省鄉試副榜貢。

15. 李宗仁(1696—1758)，原名李鴻年，字乾三，一字麐客，號養恬，晚號情田。陳常子。雍正年間嘉興府學歲貢生。

16. 李之械(1688—1746)，本名宗元，字斯拔，一字柳州，號樸菴。

17. 李模(1718—1786)，字循五，號花南，又號詅癡。維鈞子。乾隆庚午(1750)、癸酉(1753)兩中副榜。

18. 李生佳(1622—1692)，字夢白，一字天穀，號穀菴。錫壽子。順治辛丑(1661)歲貢生。康熙庚申除授處州府松陽縣學訓導，甲子補紹興府新昌縣學訓導。①

19. 李集，乾隆癸酉(1753)拔貢。

20. 李旦華(1737—1765)，乾隆己卯(1759)優貢。

21. 李淦(1746—1784)，字玉持，號春浦。陳常孫，宗信子。嘉興府學廩生，乾隆丁酉(1777)拔貢。

22. 李富孫(1764—1843)，嘉慶拔貢。

23. 李遇孫(1765—1839)，嘉慶六年優貢成均。

24. 李鵬飛(1739—1813)，字晉階，號著亭。宗漢子。嘉慶間嘉興府學歲貢生，候選訓導。

25. 李容(1724—1785)，字谷懷，號涵齋。宗潮子。嘉興縣學附貢生。

其他如：

李疇(1716—1799)，字有容，號敬齋。李宣長子。乾隆壬申(1752)鄉試已為魁選，因房師高淳與主司爭元，遂至黜落。嘉慶丙辰(1796)國慶以壽恩賜八品職銜。遭黜後，以課塾為常，沈南春、沈長春、陳學詩，沾溉餘瀋，咸掇巍科。②

上述可見，李氏一門在明清兩代有科第功名者代不乏人，這與嘉興其他世家一樣。然而與嘉興其他一些望族相比，李氏一門以科第通顯者並不算多。這裡所說的嘉興，是指嘉興府，而不是嘉興縣。嘉興府自元末至正二十六年(1366)，明太祖平

---

① 見《梅會李氏族譜》卷10，頁10—11。

② 見《梅會李氏族譜》卷12，頁4。

吳,乃以元嘉興路改置府,洪武十四年(1381)改隸浙江,所轄有嘉興、秀水、嘉善、海鹽、平湖、石門、桐鄉七縣。①相比之下,元至正年間自婺源遷來嘉興,後又遷至海寧的查氏(查慎行家族),海寧海鹽陳氏(陳元龍家族),②海鹽錢氏(錢陳群、錢汝誠、錢載、③錢儀吉、錢楷家族)④、朱氏(朱方增、朱毓文、朱昌頤、朱蘭馨、朱丙壽家族),⑤秀水汪氏(汪孟鋗、汪如藻、汪如洋、汪如淵家族)、沈氏(沈岸登、沈初家族)、徐氏(徐士芬家族)、錢氏(錢士升、錢士晉、錢維城、錢以垲、錢福昌家族),嘉興沈氏(沈光埏、沈維鐈、沈曾植家族)、張氏(張廷濟家族)、朱氏(朱理、朱琇、朱楣家族),⑥柞溪沈氏(沈炳垣、沈善登、沈善經家族),其他世以科舉盛者如海鹽平湖秀水屠氏(屠應麟家族)、嘉善曹氏(曹勳、曹鑑倫、曹源郊家族)、周氏(周翼洙、周澧、周升桓家族),桐鄉馮氏(馮浩,1719—1801,從弟馮洽 1731—1819,浩二子馮應榴、馮集梧⑦)秀水嘉興海鹽徐氏(徐應奎、徐從治家族),這些家族都擁有更多的科甲人物。其中清初至乾嘉時期,巍科鼎甲之盛,莫如海寧海鹽陳氏、海鹽錢氏、秀水汪氏。海寧陳氏自不待言,汪孟鋗乾隆二十二年南巡召試一等,三十一年丙戌進士,其子如藻乾隆四十年乙未進士,如洋乾隆四十五年庚子恩科會試會元,廷試狀元,如淵嘉慶四年己未進士,是一門父子四進士。而三子之外王父乃仁和金姓,乾隆七年壬戌科會狀,是外祖甥孫兩會狀。似此類者,還有海鹽錢陳群家族。陳群康熙六十年辛丑進士,族孫錢載,乾隆十七年壬申恩科會試傳臚,孫豫章,乾隆五十二年丁未科進士。而陳群兄錢峰之曾孫錢楷,又是乾隆五十四年己酉(1789)會試會元,殿試傳臚,陳群孫開仕爲同榜進士。次年恩科會試,孫福胙又中進士,福胙子儀吉,嘉慶十三年戊辰進士。一門科甲之盛,亦罕出其右者。

相比之下,李氏家族,在舉業上並不順利。李氏一門,屢躓於場屋,得而倏失

① 許瑤光(1817—1882)修,吳仰賢(1821—1887)纂:《光緒嘉興府志》卷 2,頁 10 下,《中國地方志集成·浙江府縣志輯》,冊 12,頁 84。

② 陳氏本姓高,明永樂中出贅海寧,改姓陳。明末至清代中葉,其子弟多以海鹽籍應科舉。見於《嘉興府志·選舉志》者甚夥,故亦論列於此。見潘光旦:《明清兩代嘉興的望族》,上海:商務印書館,1947 年,頁 21。

③ 乾隆十七年壬申恩科會試傳臚,見許瑤光(1817—1882)修,吳仰賢(1821—1887)纂:《光緒嘉興府志》卷 47,頁 10 下,《中國地方志集成·浙江府縣志輯》,冊 13,頁 281。

④ 本姓何,明初改姓錢,世居海鹽半邏村,自錢陳群始遷至秀水。見潘光旦:《明清兩代嘉興的望族》,上海:商務印書館,1947 年,頁 24 附圖。

⑤ 見光緒戊子(1888)科浙江鄉試第 13 房中式第 36 名舉人朱彭壽硃卷,顧廷龍主編:《清代硃卷集成》冊 295,頁 211—227。

⑥ 《朱寶琮硃卷》,顧廷龍主編:《清代硃卷集成》冊 298,頁 35。

⑦ 辛丑進士,歷任翰林院編修,雲南鄉試考官,見《清秘述聞》卷 8,頁 288。

者,代有其人。自明代中期以後,一直到清代嘉慶時期,300餘年間,李氏出進士四人:李芳、李衷宏、李陳常、李集。清代只有李陳常與李集二人。在李氏家族學術轉型過程中,李集是關鍵人物。

李集,字繹初,又字敬堂,晚號六忍老人。良年曾孫,遇孫祖。李集,首以文學稱名,乾隆十六年辛未(1751)南巡召試,因薦舉上詩文卷,列二等放歸。十八年癸酉(1753)浙江鄉試中式舉人,二十八年癸未進士(1763)。是清代中期李氏家門中惟一的高第人物。所以李集在郿縣知縣任內及致仕後,居常課讀家人子弟。除其子李旦華(遇孫父)外,李富孫的父親李國華,李集從子李清華等多從受學,解組後教授亦及孫輩,除超孫、富孫、遇孫群從之外,同時受學於願學齋者,尚有李貽德(富孫族曾祖)、①李穀(富孫族祖)②、李清華(富孫從叔)、李德華(攟齋從叔)、③旭齋(富孫從叔,不詳何人)、海門(李汝龍),④及其他姻親,如富孫的中表兄弟丁誠之、鄭苣章、沈蘊真等。

李集在經學方面頗有著作,據同里丁子復云"先生窮經三十年,所著多獨得。《易》闢圖學,《書》信古文,《詩》傳小序,《禮》述鄭氏,《春秋》通三傳及唐啖趙陸,宋劉原父、陳君舉諸家說"。⑤惜其著作多不傳。《嘉興府志》有部分存目:《周易願學編》、《尚書信古錄》、《毛詩無邪訓》、《孝經玉律》、《六忍居詩文集》等。⑥從丁子復所撰墓志銘,及李富孫《校經廎自訂年譜》來看,李集之學是漢宋兼採的。在宋學方面,李

---

①　據錢儀吉(1783—1850)《李次白墓誌銘》,貽德二歲而孤,17歲補縣學生,由於家貧,初習法家言以養母,後館於硤石蔣家與金陵王氏。《衎石齋記事藁》卷10,頁13。《續修四庫全書》,上海古籍出版社1995年據復旦大學圖書館藏清道光咸豐四年(1854)蔣光煦增修光緒六年(1880)錢彝甫印本影印,冊1508,頁28。又據《梅里備志》,貽德"七歲賦《柳絮》詩有'滿地落花應羨汝,春風吹到最高飛'之句。族人進士集一見目爲奇童,延之家塾,爲剖析經義數十條,每覆解,未嘗失一字"。余霖輯:《梅里備志》卷4,頁19—20,《中國地方志集成》(南京:江蘇古籍出版社據民國十一年閩滄樓刻本景印),《鄉鎮志專輯》19,頁294。

②　錢泰吉(1791—1863):《孝廉方正李先生行狀》,《甘泉鄉人稿》,臺北:文史哲,1983年據同治十一年刻光緒十一年增修本景印,卷19,頁4。

③　德華,字可大,號攟齋,年21卒。力學博覽,工詩詞。見余霖輯:《梅里備志》卷4,頁7上,《中國地方志集成》,南京:江蘇古籍出版社據民國十一年閩滄樓刻本景印,《鄉鎮志專輯》19,頁288。

④　處士芳蕊五世孫,諸生。幼篤內行,能爲古文辭。經史瀏覽即得大意。爲濂洛之學,日有課程,與同里丁子復共硯席,相砥礪。又見丁子復撰小傳中李超孫、李遇孫:《李明敷先生佩刀歌》詩題。余霖輯:《梅里備志》卷4,頁21,《中國地方志集成》,《鄉鎮志專輯》19,頁295。

⑤　丁子復:《郿縣知縣李先生集墓誌銘》,見錢儀吉(1783—1850)纂:《碑傳集》卷103,頁510,見《清代碑傳全集》,上海古籍出版社,1987年。

⑥　許瑤光(1817—1882)修,吳仰賢(1821—1887)纂:《光緒嘉興府志》卷50,頁66,《中國地方志集成·浙江府縣志輯》,冊13,頁404。

集曾經受到當時任浙江學政的著名理學家雷鋐賞識,雷鋐稱之爲"正學中不朽人物"。①丁子復《墓志銘》又云:"世之言學者,宗宋則詆漢唐爲支離,宗漢唐則斥宋爲空虛,豈知二者之病,皆末流剽竊字句、裝飾面目之所爲,漢唐宋儒者不爾也。先生兼綜條貫,義存其是,不以私意分異同。……嘗語(丁)子復曰:理學師張楊園,經學師顧亭林,吏治師陸清獻,亦可謂今之成人矣。子復竊見本朝儒林循吏輩出,合而一之者,陸清獻公(陸隴其)及宛平馬公宛斯(馬驌)爲最著,若先生者,殆其流亞歟。"②李集在學術方面,除了張履祥、陸隴其的理學之外,又受顧炎武的影響,頗留意於考據、訓詁等實學。

　　李集課讀子弟的内容,可以大略分爲三方面:一是制義,二是古學,三是詞章。而這三方面的内容都是爲追求科舉功名這一目的服務的。乾隆四十七年(1782),富孫19歲時,李集自楚北解組歸,命富孫字既方,别字薌子。據《校經廎自訂年譜》記載:

　　四十七年壬寅(1782)十九歲

　　讀書王秋坪表叔家。正月,敬堂從祖(李集)自楚北解組歸。時往聆講藝……③

　　四十八年癸卯(1783)二十歲

　　從祖(李集)招同慶百(李遇孫)從弟讀書於願學齋,朝夕聽講論。時藝之外,兼及經史古學。手授《日知録》,日讀十葉,言此書三通之精華也。熟復之,必有得於明體達用。始知求經學,誦《文選》,學古今體詩,并縱覽先徵士公(李良年)所藏諸書。偕伯兄(超孫)、慶百從弟、丁誠之、沈藴真兩表兄,同結文課,請正於王碧山(焯)先生。④

　　四十九年甲辰(1784)二十一歲

　　讀書願學齋。撝齋(李德華)從叔亦來同塾。讀漢唐注疏,作《十三經注疏會記》,并參究宋元諸儒及本朝陸清獻(隴其)、湯文正(斌)、張楊園(履祥)先生之書,於省身克己,稍有所得。十月,學使諸城竇公光鼐歲試入學,撝齋從叔入

---

① 雷鋐,雍正癸丑進士,兩任浙江學政,一在乾隆十五年(1750),以副都御史任,一在乾隆十八年(1753),以刑部侍郎任。見法式善:《清秘述聞》卷10,頁333。

② 丁子復:《鄖縣知縣李先生集墓誌銘》,見錢儀吉(1783—1850)纂:《碑傳集》卷103,頁510,見《清代碑傳全集》,上海古籍出版社,1987年。

③ 李富孫:《校經廎自訂年譜》,《北京圖書館藏珍本年譜叢刊》,第128册,北京:北京圖書館出版社,1999年據道光二十四年其子李同壽家刻本景印,頁412。

④ 李富孫:《校經廎自訂年譜》,《北京圖書館藏珍本年譜叢刊》,第128册,頁412。

府庠。十二月，偕伯兄、丁誠之表兄舉埋岢會，自後三年一舉。①

五十年乙巳(1785)二十二歲

讀書願學齋，從祖(李集)命伯兄、慶百從弟，同課詩賦，每月一課，每日作古今體詩一首。②

五十一年丙午(1786)二十三歲

讀書願學齋，偕伯兄、慶百從弟、丁誠之表兄同課文，就正於里中沈雅夫先生(芳潤)。夏，慶百從弟入學，秋從祖(李集)率余兄弟三人往虎林應省試時，隨從步遊西湖。冬，後官大學士謚文正，前任學使大興朱公(珪)月課，取列超等第三名，伯兄、慶百從弟皆列一等。③

根據《年譜》所記，李超孫、富孫、遇孫等從小就接受了應對科舉的全面訓練。李富孫6歲入塾，與兄超孫讀書息遊草堂及寸碧山堂，所讀書有三方面：五經、文學和時藝。啓蒙老師是從叔李清華(湛園從叔)。17歲時精讀《四書》，窮究義理。18歲應童試。19歲碰到李集致仕歸里。最後的十年，在里中課讀子弟。臨終有詩云："一曲兼葭水繞門，歸田十載住荒村。家藏止有圖書在，付與雲礽世守存。"④受到李集的影響，富孫兄弟日讀十葉《日知錄》，開始認真學習經史古學。李富孫後來在《書〈日知錄〉後》一文中，回憶李集對該書的評價："從祖敬堂老人嘗出是録以示富孫曰：'熟讀此書，學術經濟文章具焉，蓋其於經史典禮，無不稽考詳贍，闡發精微。而其規畫時事。國計民生，洞悉利弊。上下古今，實能鑿鑿乎？言其得失善敗之故。後有作者，起而行之，直可追三代之盛治，豈漢唐以下云乎哉？'"⑤李富孫時與超孫、遇孫兄弟三人同塾，都是在這個時候開始接受漢學的影響。李集可以説是兄弟三人第一任樸學導師。

第二任樸學導師應該是朱珪。據《年譜》所記，乾隆五十一年(1886)，富孫、遇孫23歲時，兄弟三人跟隨李集到虎林應省試。朱珪恰在這一年，由禮部侍郎出任浙江學政，典江南鄉試。史載朱珪"於經術無所不通，取士務以經策較四書文。銳意求樸學之士。門生遍天下"。⑥朱珪少年高第，年甫18，與叔兄朱筠於乾隆十三年同榜進士。朱珪在經學方面無著作傳世，但是其趣向卻可以由其累典文衡的取士態度

①②③　李富孫：《校經廎自訂年譜》，《北京圖書館藏珍本年譜叢刊》，第128冊，頁413。
④　余霖：《梅里備志》，卷8，頁14下，《中國地方志集成》《鄉鎮志專輯》第19冊，頁350。
⑤　李富孫：《書〈日知錄〉後》，《校經廎文稿》卷18，頁13。《續修四庫全書》，上海古籍出版社1995年景印道光刻本，冊1489，頁525。
⑥　《清史稿》卷340，頁11097。

中可以揣知（詳見下節）。就在這一年朱珪典江南鄉試，所取中的多是宿學之士，如阮元、汪中、孫星衍、汪廷珍、張惠言、馬宗槤、李賡芸（錢大昕弟子），江南一省碩學鴻儒，一時皆入彀中。最有名的是後來嘉慶四年己未（1799）科會試，朱珪是主考，副考爲阮元、劉權之、文幹。是科所取有姚文田、王引之、胡秉虔、張惠言、陳壽祺、馬宗槤、謝震等績學之士。《清史稿》云：“一時樸學高才，收羅殆盡。”①朱珪在乾隆五十一年至五十三年浙江學政任內，李氏群從及從祖李敳（1765—1840）等經歷歲科試與其他考課。學使朱珪的學術趣向對他們當然不無影響。兄弟三人因而屢獲朱珪賞拔。乾隆五十一年朱珪月課，李超孫、遇孫皆列一等，而富孫則超等第 3 名。五十二年歲試，超孫以一等 3 名補廩。五十三年朱珪科試超孫取一等第 3 名，富孫取一等第 6 名。

　　乾隆五十七年（1782）李富孫 29 歲時，由學使竇光鼐介紹，李富孫謁見了樸學家盧文弨（1717—1795），並以所著《雜説》就正於盧。盧文弨稱爲可畏，並介紹門下臧庸，與富孫以學問互相考質。乾隆六十年，富孫 32 歲時領鄉薦，並於同年完成《李氏易解賸義》3 卷，盧文弨爲之作序。②盧文弨之轉向樸學，乃在乾隆壬申（1752）恩科中探花，授翰林院編修之後，主要是受戴震的影響。③戴震以敝袍入都，在乾隆十九年甲戌（1754）。④當時爲學界帶來了不小的震動。錢大昕、王昶、秦蕙田、紀昀、王鳴盛、朱筠等樸學人物，無不受其影響。李富孫所撰《雜説》內容不詳，大約類似李遇孫《筆疆偶述》，是一種讀經的筆記，雜考經學問題。《李氏易解賸義》自序謂李鼎祚《周易集解》“於三十六家之説，尚多未采，其遺文賸義，間見於陸氏《釋文》，《易》、《書》、《詩》、《三禮》、《春秋》、《爾雅》義疏，及《史記集解》，《後漢書》註，《隋》、《唐書》、李善《文選》註、《初學記》、《北堂書鈔》、《太平御覽》。唐宋人《易》説等書，猶可蒐輯。”⑤富孫由這些著作中蒐集遺文賸義，實可補李鼎祚之未及。盧文弨《序》文，稱其書“命意高而用力勤，又加之以謹嚴，述之之功，遠倍於作。”《易解賸義》後附有《考異》二卷，馮登府稱李富孫爲資州（李鼎祚）功臣，定宇（惠棟）直友。⑥《賸義》不主圖

---

① 《清史稿》卷 364，頁 11424。
② 李富孫：《校經叜自訂年譜》，《北京圖書館藏珍本年譜叢刊》，第 128 册，頁 413。
③ 江藩：《漢學師承記》，臺北：華正書局，1982 年，頁 354—356。
④ 段玉裁《戴東原先生年譜》云戴震避禍入京在乾隆二十年乙亥（1755）。見段玉裁：《戴東原先生年譜》，《戴震全集》册 6，北京：清華大學出版社，1999 年，頁 3395。然據李開考證，戴震入都當在乾隆十九年甲戌。見李開：《戴震評傳》，南京大學出版社，1992 年，頁 85—86。
⑤ 李富孫：《李氏易解賸義》自序，《校經廎文稿》卷 11，頁 9。《續修四庫全書》，册 1489，頁 455。
⑥ 見徐世昌：《李先生富孫》，《清儒學案小傳》，卷 15（周駿富輯：《清代傳記叢刊》，007；036—037），臺北：明文書局。

説,恐怕是受了從祖李集的影響。

另外一個影響李氏群從的學術的重要人物是阮元。嘉慶元年(1796),阮元督浙江學政,典嘉興歲試,聞朱彝尊曝書亭傾廢,乃囑郡守伊湯安重建。並且自和朱彝尊《百字令.索曹次岳畫竹垞圖》詞一闋,富孫與里中諸君皆有和作。次年,曝書亭成,阮元參加落成典禮。富孫又賦長排六十韻以爲賛。

嘉慶二年,富孫在嘉興府城就館,撰成康熙乙未詞科《鶴徵録》10卷,進呈阮元。大獲賞識。嘉慶五年,時阮元任浙江巡撫,送富孫入紫陽書院肄業,六年,阮元送富孫、遇孫入敷文書院肄業。而敷文書院主講席的是王昶,與遇孫的祖父李集爲鄉試同年。同年阮又送富孫等入詁經精舍。阮元任學政時,曾集諸生輯《經籍纂詁》一書,任浙江巡撫後,遂以其地立精舍,選兩浙諸生學古者,讀書其中,題曰詁經精舍。奉祀許叔重、鄭康成兩先生,並延王昶、孫星衍先後主講席。月率一課,祇課經解史,策古今體詩,而不用八比文、八韻詩。親擇其中詩文之尤者以爲集刻之。據孫星衍《詁經精舍題名碑記》,所書上舍生、撫部識拔之士及纂述《經籍纂詁》者有:嘉興府謝江、謝淮、金衍緒、胡金題,嘉興丁子復、李富孫、李遇孫等共91人。① 是富孫、遇孫二人在入詁經精舍之前,都參加了《經籍纂詁》的編纂工作。由這一時期開始,富孫、遇孫的學術方向乃由輯佚,及關注經學史上的一般問題,而轉入訓詁小學解讀經義。

這裡值得關注的是,敷文、紫陽書院以及詁經精舍肄業,在當時是求取科第功名的一個資本。筆者從《清代硃卷集成》中看到,嘉慶六年之後的浙江鄉試硃卷,凡是在敷文、紫陽書院以及詁經精舍肄業的,都在履歷中户籍下面加以註明。阮元取士特重漢學,在他所委員主持的敷文、紫陽書院及詁經精舍肄業,於當時恐不失爲晉身之階。主敷文講席的先後是王昶、陳壽祺,而主紫陽講席的錢大昕,主詁經精舍爲孫星衍,李氏兄弟所與從學的都是當時樸學大家,其後的治學方向自然受其影響。

李氏群從中,超孫以乾隆六十年中式舉人後,幾次北上應禮部試皆未售。後來選授會稽縣學教諭。超孫邃於《詩》學,以毛詩草木蟲魚則有《疏》,名物則有《解》,地理則有《考》,而關於詩中人物則尚没有著作,於是取詩人之氏族名字,考察經、史、諸子及其他《詩經》學著作,依據列國之世次,泊其人之事跡,纂爲一編,名爲《詩氏族

① 《阮元年譜》,頁41—42。

考》。這是一本不盡完善的考據學著作，古史幽渺，載記各異，人物的氏族、世次、年齡、事跡往往真僞錯出。

　　嘉慶六年以後，李富孫、遇孫仍追隨阮元、孫星衍、錢大昕、陳壽祺、王昶等人，故其著作均朝著訓詁、小學、考據的方向發展。嘉慶九年以後，李富孫由阮元舉薦，主講麗正書院，先後又主永康從公書院、義烏繡川書院、金壇金沙書院、海昌安瀾書院，餘則各處授館。其一生的大部分考據學著作都在這一時期完成，如《説文辨字正俗》(1820)和《七經異文釋》，其中包括《易》6卷(1821完稿)，《尚書》8卷(1831卒稿，1836刻成)，《詩》16卷(1833年完稿，1840完成刊刻)，《春秋》三傳12卷(1833卒稿，1837刻成)，《禮記》8卷(1833完稿)。《易》書先刊行，《春秋》三傳蔣光煦採入《別下齋叢書》，《詩經》王先謙採入《續經解》，《禮記》別下齋有目無書。其他史志藝文著作尚有《梅里志》(1823)、《曝書亭詞註》(1826)、《嵊縣志》(1827)、《李氏易解校異》(1830)、《漢魏六朝墓銘例》(1838刊刻)、《校經廎文鈔》18卷(1843年編定)、《校經叟自訂年譜》(1843年編定)。

　　遇孫的著作，年月無考，但其主要考據學著作，如《尚書隸古定釋文》8卷(孫星衍序)，《金石學錄》4卷，《金石原起説考補》、《北宋石經補考》、《金石餘論》、《日知錄續補正》1卷校正1卷、《古文苑拾遺》10卷、《芝省齋碑錄》、《芝省齋隨筆》6卷、《天香錄》8卷、《括蒼金石志》12卷續4卷、①《筆疆偶述》1卷。其詩文集曰《芝省齋集》18卷。又與李富孫同續《鶴徵錄》。

　　富孫兄弟的族曾祖李貽德，小富孫遇孫18歲，弱冠時，因孫星衍在江寧，輯十三經佚注，貽德佐其事，因以爲師。孫晚年多病，有些未完成的著作，都由貽德卒其業。貽德有《詩考異》、《詩經名物考》，另有《春秋左傳賈服注輯述》20卷等經學著作。

　　李超孫的《詩氏族考》，李富孫的《七經異文釋》，《説文辨字正俗》，遇孫的《尚書隸古定釋文》、《筆疆偶述》、《北宋石經補考》，這些重要考據學著作，從某種意義説，都是科舉制度變化下的産品。自乾隆中期以後，紀昀所説的科舉中的漢宋之爭，到乾嘉之際，漢學漸奪宋學之席，李氏家族由文學世家而轉化爲經學家族。由此，可以稍覘舉制的變化對於乾嘉學術的影響。

---

① 見徐世昌：《李先生遇孫》《清儒學案小傳》，卷15(周駿富輯：《清代傳記叢刊》，007:038—039)，臺北：明文書局。

四、由"世以文學稱"到經學的勃興

李氏原籍江陰，元末始遷於嘉興之梅會里。①李氏一門，於明清兩代，盛產詩人、詞人。以文學著名者，族譜中八世如李衷純，字廣霞，號元白，李芳子。少以詩文受知於後七子之一王世貞（1526—1590），又是東林黨首領顧憲成高弟。《明詩綜·詩話》云："元白詩上溯建安，下逮大歷，可稱通才。令如皋，治聲冠於江北。文學政事，四科遂居其二。"②其從弟李應徵，初名衷毅，字伯遠，工詩，間及時事。爲忌者文致於罪。爲神宗赦免。③著作有《澄遠堂彙稿》，李富孫補輯《梅里志》云："先博士公所著有《青蓮館初稿》、《偶寄軒稿》、《藿園集》、《寄莙漫草》、《薊易寓言》、《河梁編》、《兩都社草》、《兩目遊記》、《汗漫遊草》諸集，總名《澄遠堂彙稿》，後徵士公（李良年）選刻曰《藿園詩存》，僅十之六七而已。"④明代著名詩人屠隆爲之序云："不必求奇，而奇思驚人；不必譚理，而理趣雋永。"朱炎曰："博士（李應徵）子尚寶丞士標有《蒼雪齋集》，孫孝子寅有《視彼亭集》，秋錦山人合刻之曰《澄遠堂三世詩存》。南村蔣君題曰：'范氏雕龍，已擅三世；王筠家集，將傳七葉。'"⑤李氏世以文學傳家，應當從李應徵算起。同輩中還有李衷玄，高隱梅溪，以筆墨吟詠自適，有《蘆中吟草》。⑥晚明時期，李氏文學之盛，海內無出其右者。朱彝尊《樂志堂詩集序》云："迨崇禎初，海內文學之士，舉復社以應東林，于時李君山顏（明翯）年尚少，與兄石友（李明巒）、青來（李明嶽）、兄子曉令（李寅），均入於社。李氏之門才盛矣。"⑦

衷純子光基，字季奕，號奕菴，爲詩淡雅和平，有自得之趣。嘗集同里同時諸子詩爲《梅里詩鈔》，⑧有《澹園詩草》。⑨衷純孫李鏡，字無塵，號明遠，爲李寅從弟，亦

① 李富孫：《虪贈孺人先妣徐孺人行略》，《校經廎文稿》卷18，頁26，收入《續修四庫全書》（據道光刻本景印）冊1489，頁533。
② 《梅里志》卷9，頁3—4。收入《續修四庫全書》冊716，頁775。
③ 許瑤光（1817—1882）修、吳仰賢（1821—1887）纂：《光緒嘉興府志》卷50，頁41，《中國地方志集成·浙江府縣志輯》，冊13，頁392。
④⑤ 《梅里志》卷15，頁1，《續修四庫全書》冊716，頁857。
⑥ 見《梅里志》卷15，頁1，《續修四庫全書》冊716，頁857。又見許瑤光（1817—1882）修、吳仰賢（1821—1887）纂：《光緒嘉興府志》卷51，頁68，《中國地方志集成·浙江府縣志輯》，冊13，頁445。
⑦ 朱彝尊《樂志堂詩集序》，見李明翯：《樂志堂詩集》序，《四庫未收書輯刊》柒輯，北京出版社2000年據李宗渭康熙年刻本影印，冊28，頁8。
⑧ 《梅里志》卷10，頁11，《續修四庫全書》冊716，頁796。
⑨ 許瑤光（1817—1882）修、吳仰賢（1821—1887）纂：《光緒嘉興府志》卷50，頁48，《中國地方志集成·浙江府縣志輯》，冊13，頁395。

能詩文,所交皆名士,時王庭、朱一是等俱賞其文簡質近古。①明騺子李琇,字補山,抱負恢奇,詩多傑作。②這裡值得特書的是李寅,良年的父親。字寅生,號曉令,讀書尚氣節,與復幾兩社的領袖人物如張溥(天如)、楊廷樞(維斗)、夏允彝(彝仲)、陳子龍(臥子)相師友。詩宗李白,華亭楊鏡序《視彼亭集》,以三間、少陵之忠愛比之。③

　　李氏十一世的子弟如繩遠、良年、符兄弟,清初詞壇稱"三李",與曹溶、朱彝尊、周篔等崛起於浙西。良年《秋錦山房詞》幾與朱彝尊《江湖載酒集》時名相埒。乾隆中,李稻塍、李集又編訂《梅會兩名家詩選》,選朱、李二氏之詩作,合爲一帙。

　　其他十一世子弟如允澄子成大(1657—1746),④李琇子李宣(1670—1733),⑤宗禮(1688—1756),⑥琇弟我郊子宗渭(1679—1726),⑦宗淮(1711—1780),⑧琇弟陳常子鴻年(宗仁)(1696—1758),⑨宗潮,⑩在莘子宗元(1688—1746),⑪維鈞子棟(1708—1763),⑫棠(1627—1748)。

---

① 　《梅里志》卷 10,頁 5,《續修四庫全書》冊 716,頁 793。
② 　《梅里志》卷 10,頁 11,《續修四庫全書》冊 716,頁 796。李琇有《道南堂詩集》,同時詩人查昇,稱其窮而益工。見許瑤光(1817—1882)修,吳仰賢(1821—1887)纂:《光緒嘉興府志》卷 51,頁 54,《中國地方志集成·浙江府縣志輯》,冊 13,頁 438。
③ 　《梅里志》卷 10,頁 3,《續修四庫全書》冊 716,頁 792。
④ 　字開遠,號蔗翁。嘉興府學廩貢生,歷任山陰縣學訓導,慈谿縣學訓導,貴池縣丞。有《琴次樓集》,採入《兩浙輶軒錄》。見《梅會李氏族譜》卷 8,頁 7。
⑤ 　據《梅會李氏族譜》,宣,字景濂,號謝城。海鹽縣學生。所著《石燕草》行世。阮元採入《兩浙輶軒錄》,伊湯安道光庚子(1840)所修《嘉興府志》收入《文苑傳》。見《梅會李氏族譜》卷 9,頁 3。
⑥ 　原名宗洛,字東野。秀水縣學生,所著有《粵西吟》。見《梅會李氏族譜》卷 9,頁 4。
⑦ 　有《瓦缶集》行世,採入《兩浙輶軒錄》,入伊湯安《嘉興府志》文苑傳。見《梅會李氏族譜》卷 9,頁 5。
⑧ 　有自訂《小崆峒詩稿》3 卷,採入《兩浙輶軒錄》。見《梅會李氏族譜》卷 9,頁 6—7。《梅里志》卷 10,頁 13,《續修四庫全書》冊 716,頁 797。
⑨ 　字乾三,一字麐客,號養恬,晚號情田。嘉興府學歲貢生。有《養恬詩集》,採入《兩浙輶軒錄》。見《梅會李氏族譜》卷 9,頁 9。按余霦《梅里備志》作乾山,見《梅里備志》,卷 8,頁 14 下,《中國地方誌集成》《鄉鎮志專輯》第 19 冊,頁 350。
⑩ 　字坤四,號蕉窗。秀水縣學增廣生,雍正癸卯拔貢,甲辰中本省鄉試副榜,乙卯以博學宏詞薦舉。乾隆丙辰召試,是年恩科順天鄉試中式舉人,以薦入律呂館,選授廣西桂林府灌陽縣知縣。有《二守齋稿》。採入《兩浙輶軒錄》。入伊湯安《嘉興府志》文苑傳。見《梅會李氏族譜》卷 9,頁 10。
⑪ 　更名之械,字斯拔,一字柳州,又號樸菴。海鹽縣學歲貢生。淹貫經史,肆力詩古文辭。朱軾、陸奎勳所推重,著有《崖浗》《樸菴》等集。採入《兩浙輶軒錄》。入伊湯安《嘉興府志》文苑傳。見《梅會李氏族譜》卷 9,頁 12。
⑫ 　原名蔓,字延之,號醒菴。嗜讀書,至老未嘗釋卷。偶體詞曲,咸能之。尤工詩,有集 5 卷,藏於家。見《梅會李氏族譜》卷 9,頁 13。

其中李宗渭,字秦川,號稔鄉,附貢生。癸巳恩科順天鄉試中式舉人。史稱其最工詩歌,所作擬古樂府。朱彝尊、查慎行並推其爲畏友。①宗渭弟宗淮字桐原,號半巢。因慕空同子(李夢陽),故又號小崆峒。②幼病臂,棄舉子業。專意詩古文辭。排奡慷慨,神似昌黎。一時名公巨卿如史貽直、錢陳群皆廣爲延譽,名振淮揚間。殁後,金蓉弔之云:“無復騷壇大雅存,於今詩孤屬誰論。”推揚備至。③弱齡能詩,平湖陸奎勳曾館其家,謂之曰:“子,異才也。充之以學,可繼霽巖(應徵)、秋錦(良年)兩先生。”④鴻年弟宗潮,乾隆丙辰徵試鴻博放歸(見前)。《梅里詩輯》稱其“文采風流,藝林推重,足跡所至,少不合意,輒掉臂竟去。”嘗和阮籍《詠懷》至百餘首。⑤李棠,字南舍。卒時年僅二十一歲。幼工吟詠,畏塵囂,足跡未嘗入市。嘗有句云:“載酒大都名士舫,落花齊上美人裾。”又:“崗巒半割浮雲外,楊柳初黃夕照中。”雲間曹中翰採入《摘句集》,杭世駿爲之作傳。⑥

十二世子弟中詩人詞人見於史志的有:良年子潮偕(1659—1710),⑦宗禮子李原(1714—1772),⑧宗仁子李澧(1746—?),⑨宗渭子蘭(1748—1781),⑩宗漢子鵬飛(1739—1813),⑪宗信子淦(1746—1784),⑫棟子燮(1738—1795)。⑬

---

① 《梅會李氏族譜》卷9,頁5。
② 《梅里志》卷10,頁13,《續修四庫全書》册716,頁797。
③ 字乾三,一字麐客,號養恬,晚號惰田。康熙丙子生,嘉興府學歲貢生。有《養恬詩集》,採入《兩浙輶軒錄》。見《梅會李氏族譜》卷9,頁9。
④ 見《梅會李氏族譜》卷9,頁9。
⑤ 見《梅里志》卷10,頁9,《續修四庫全書》册716,頁795。
⑥ 見《梅會李氏族譜》卷9,頁15。
⑦ 字元洵,號觀槿,有《觀槿詩草》《伴鶴吟》等,採入《兩浙輶軒錄》。入伊湯安《嘉興府志》文苑傳。見《梅會李氏族譜》卷11,頁1。
⑧ 字元孚,號溝溪,國子監生,候補按察司經歷。有《南園詩草》《溝溪草》《虛舟吟》等集。畢沅爲序云:溫潤秀逸,善承家學。採入《兩浙輶軒錄》。見《梅會李氏族譜》卷12,頁5。
⑨ 字蘭有,號篁園,邑庠生,明經宗仁子。工詩律,尤嗜倚聲,體物賦事,兼有兩宋之長。《梅里志》卷10,頁13,《續修四庫全書》册716,頁797。
⑩ 字薌林,號采芝。嘉興縣學生,己亥恩科浙江鄉試中式舉人。母查孺人,以根柢相勗,督課甚嚴。遊庠後,肆力於詩,自漢唐以迄元明,尋源竟委,靡不披誦。又得許晦堂前輩指授,故其詩秀雋邁上,往往軼其儕輩。有《采芝吟册》四卷,採入《兩浙輶軒錄》。見《梅會李氏族譜》卷12,頁6。李蘭與從兄李淦、族孫李清華、王焯、張大經等結愛吾廬文社。其詩格在新城(王士禎)、秀水(朱彝尊)之間。《梅里志》卷10,頁13,《續修四庫全書》册716,頁797。
⑪ 原名鼎,字晉階,號著亭。嘉興府學歲貢生。候選訓導。
⑫ 字玉持,號春浦。乾隆丙寅生,甲辰卒。嘉興府學廩生,丁酉拔貢,癸卯浙江鄉試中式舉人。有《春浦詩文鈔》,桐鄉馮侍御孟亭(浩)爲作傳。受知於學使毘陵錢文敏公(楷)。採入《兩浙輶軒錄》。伊湯安《嘉興府志》孝義傳。見《梅會李氏族譜》卷12,頁10—11。
⑬ 字寅亮,號秋浦。嘉興縣學生,候選縣佐。有《自怡集》。見《梅會李氏族譜》卷12,頁14。

潮偕爲富孫高祖,幼承家學,工詩。與同郡朱西畯(昆田)、史卯君(先震)、錢其相(是式)、徐崧睦(燿然)、張崙緒(費源)、族祖李陳常、族叔李成大爲漁社八子。其子菊房(遇孫曾祖)、荬房(富孫曾祖)並能傳其詩學。①

　　家學濡染,李氏一門也出了很多才媛。史志中記載李氏閨中能詩者,如李瑶京,字西瓊,李寅長女,繩遠姊。②李茂蘭,字芳谷,明經之械女,嫁太學錢思永。③茂蘭工詩,常與姊妹唱和。④李宗渭女李檀,自號梅溪女史。嫁平湖觀察高衡(高士奇孫)。工詩,稿多散佚。當湖胡氏采其詩入《檇李詩繫》。⑤李遇孫姊李璠,字瑶圃,通詩禮,習聞家訓,嗜吟詩。⑥

　　李氏一門,幾乎人人風雅。乾隆年間,李貽德的生父李蘭,與李蘭的從兄李淦、族孫李清華、王焯、張大經等結愛吾廬文社。李清華、王焯、張大經等又是李富孫三人讀經、爲詩課的老師。超孫與富孫的祖父李振鷺,字雲客,號友鷗,良年曾孫,富孫祖。志行高潔,詩極和雅。李儁,振鷺從弟,邑庠生,亦能詩。⑦超孫、富孫的父親李國華,遇孫的父親李旦華,少從李集學,童年即淹貫經史,亦雅擅詞章。⑧可知李氏門風一直是以霽嚴(李應徵)秋錦(李良年)風流儒雅爲宗。且流風餘韻,嗣響不絕。至超孫、富孫、遇孫、李縠、貽德,及其後人,皆雅擅詞章。⑨

　　以上所舉僅粗列史志中所記者,尚有史未具載,余目所未及者,不知凡幾。值得注意的是,在李超孫、富孫、遇孫、貽德之前,李氏族人雖著述如林,然大都在詩古文辭方面,特別是詩集與詞集。

---

① 見《梅里志》卷 10,頁 11,《續修四庫全書》冊 716,頁 796。又見許瑶光(1817—1882)修,吳仰賢(1821—1887)纂:《光緒嘉興府志》卷 51,頁 50,《中國地方志集成·浙江府縣志輯》,冊 13,頁 436。

② 未字時,李寅妻命詠雨中柳絮。其落句云:"自甘潔白霑泥住,勝逐風花滿院飄。"寅妻以爲不祥,後果守節死。《梅里志》卷 14,頁 21,《續修四庫全書》冊 716,頁 855。

③ 《梅里志》卷 14,頁 22,《續修四庫全書》冊 716,頁 855。

④ 有《萬綠居草》、《竹素廬吟稿》,見許瑶光(1817—1882)修,吳仰賢(1821—1887)纂:《光緒嘉興府志》卷 79,頁 68,《中國地方志集成·浙江府縣志輯》,冊 14,頁 563。

⑤ 《梅里志》卷 14,頁 24,《續修四庫全書》冊 716,頁 856。《嘉興府志》稱其詩,"不假雕鏤,自然合節。"如其《題畫蝶》詩云:"一任滿園桃李謝,東風吹盡不知春。"見許瑶光(1817—1882)修,吳仰賢(1821—1887)纂:《光緒嘉興府志》卷 79,頁 84,《中國地方志集成·浙江府縣志輯》,冊 14,頁 571。

⑥ 李璠適同里張之樑,閨中多倡和。臨絕吟一律曰:"卅載薑鹽甘淡泊,一天風露了因緣。"《梅里志》卷 14,頁 22,《續修四庫全書》冊 716,頁 855。

⑦ 《梅里志》卷 10,頁 9,《續修四庫全書》冊 716,頁 795。

⑧ 余霖:《梅里備志》,卷 8,頁 14 下,《中國地方志集成》《鄉鎮志專輯》第 19 冊,頁 350。

⑨ 富孫養子同壽,字蒼雨,有《隨安室詩存》,見余霖《梅里備志》作乾山,見《梅里備志》,卷 6,頁 28 上,《中國地方誌集成》《鄉鎮志專輯》第 19 冊,頁 328。李縠弟鍙,琥,子文杏,貽德子文貴,並能詩。見潘鎬:《梅李文獻小志》,《中國地方誌集成》《鄉鎮志專輯》第 10 冊,頁 384。

　　李氏一族,在富孫等之前,極少有以經術知名於時者。見於史志者有李鏡(1620—1685)《周易參義》三卷。[1]李寅《易説要旨》二卷。[2]李明嶅(山顔),著名復社。明亡後,流寓嶺嶠。後以福建籍中舉,授古田教諭。以興復禮教爲己任。歸里後,勤於著述,傳世者惟《樂志堂詩集》。《檇李詩繫》《李氏族譜》載,山顔嘗入蘇門山,與當時大儒孫奇逢辨析理學宗傳,頗相推重。[3]然山顔本人在理學方面,並無著作。明嶅兄明巒,也是一個正學中人物,與桐城錢本一、張履祥以道義相切磋。履祥稱之爲直諒之友。明亡後舉兵抗清,兵敗嘔血死。李富孫補輯的《梅里志》,在《著述》部分中,李氏家族除了李鏡《周易參義》一部外,在經學方面幾乎没有什麼著作。而詞章方面的成就,不能改變李氏一門仕途偃蹇的命運。

　　錢儀吉説"李氏世以博雅名,康熙乾隆間,兩舉博學宏詞科,李氏皆有薦者。"[4]詞章之學,雖然也是晉身之階,但與經術比起來,這一取徑太過迂迴超遠。畢竟鴻博一科,終有清一代,才只有兩次,而以秋錦先生和李宗潮之才學,終被黜落。而南巡召試獻詩卷,也非常制。其他由地方薦舉,亦渺不可期。乾隆中期李集成功考取進士,對於李氏家族是一個學術發展的轉捩點。李集在學術上是經學文學並重,漢學宋學兼采。由他課讀的子弟,如李富孫等在文學、經學方面都有比較全面的訓練。這與其他世家一樣。由李富孫《自訂年譜》來看,富孫不但於經學詞章無所偏至,而且對洛閩之學、姚江之學也都心嚮往之。[5]並不因宗漢而排宋,宗朱而排王。李集的兒子李旦華接受的也是比較全面的訓練。李旦華以留心經術,兼擅詞賦。爲學使竇光鼐所激賞,稱其學問第一。[6]可惜天不假年,李旦華年方 29 歲即

① 《梅里志》卷 15,頁 16,《續修四庫全書》册 716,頁 864。著録於朱彝尊撰《經義考》,見林慶彰、蔣秋華、楊晉龍、張廣慶編審,馮曉庭、陳恒嵩、侯美珍點校,《經義考》第三册,臺北:"中研院"文哲所籌備處,1997 年,頁 8。

② 《梅里志》卷 15,頁 7,《續修四庫全書》册 716,頁 860。

③ 許瑶光(1817—1882)修,吳仰賢(1821—1887)纂:《光緒嘉興府志》卷 50,頁 56,《中國地方志集成·浙江府縣志輯》,册 13,頁 399。

④ 見錢儀吉(1783—1850):《衎石齋記事稿》卷 10,頁 13。收入《續修四庫全書》集部,上海古籍出版社 1995 年據復旦大學圖書館藏清道光刻咸豐四年(1854)蔣光煦修光緒六年(1880)錢彝甫印本影印,册 1509,頁 28。

⑤ 李富孫曾上獻竇光鼐詩曰《次學使竇公謁王文成公祠韻》:"真儒命世實非常,竇翰重教俎豆光。(祠有御書命世真才額)講道窮荒知豹隱,奏動軍府想鷹揚。淵源直溯孟曾遠,影響寧論翁季長。幸有辨誣先哲在,紛紛異議笑蜩螗。"其自下按語云:"宗雒閩之教,多以王學爲非。明高宗憲、鄒東廓、顧涇陽建東林講席,以王文成位孟子下。本朝彭南畇著《王學辨誣》三卷。餘若孫夏峰、湯潛庵諸公,無不崇尚王學。"乃知其於王學亦相當推重。見《校經廎文集》卷 1,頁 7,《續修四庫全書》册 1489,頁 374。

⑥ 《梅里志》卷 10,頁 9,《續修四庫全書》册 716,頁 795。

病故。

朱珪(1786)、錢大昕(1790)、阮元(1795)等重樸學經術的重要人物,在乾隆晚期先後任浙江省學政,並典浙江鄉試,使李氏家族子弟,在學使的影響推揚下,在經學方面很快選擇了漢學的取向。

五、餘　論

從《校經廎自訂年譜》來看,李富孫兄弟在嘉慶十餘年之以前,四五十歲時,一直浸浸於功名。雖然中年未領鄉薦,然而,富孫群從以經學受知於朱珪、阮元、盧文弨、錢大昕等坫壇領袖,使他們得以主講各書院,在名公卿處授館,更有閑暇從容著書,貢獻學林。李貽德則受知於孫星衍、王引之。"座師高郵王公深器之,每論學術,必語及君。禮闈見浙人二三場淵博深厚者,輒疑爲君卷,亟入選,蓋欲昌其學也,使其得展所負,豈止著書數尺已哉。不幸齎志以殁。今文賁克世其學,屬其哀集著述,以備徵采云。"①總言之,李氏家族這幾位經學家的成長時期,正是清代乾嘉考據學在江南浙江一帶全盛的時期。乾嘉時代的樸學大師除可數幾人之外,幾乎都出自蘇浙皖三省。嘉興歷來文風學術稱盛,我們以李富孫家族爲個案來考察,發現在乾嘉時期這個自明代開始就世以文學著名的家族,因時代風會的轉移而致其子弟們走上樸學的道路,究其原因,本文認爲於漢學考據學影響到科舉考試有密切的關係。

乾嘉之際,受漢學考據之風的影響,制義中出現以下幾種新的趣嚮,一曰:多援引秦漢字書、漢唐傳註,以音訓字詁解試題經文;一曰:試題中凡涉典章制度,務求深論明辨,所援據者又多清儒的論著或成說;三曰:多援引歷代時文中鮮用之僻書奇字,所謂僻書當時所指是做八股文時以前較少徵引的如《竹書紀年》《世本》《逸周書》這樣的著作。這是筆者閱讀《清代硃卷集成》中乾嘉道咸時期鄉會試硃卷及細讀梁章鉅《制藝叢話》所得出的結論。當然這幾個方面並非自乾隆中期才開始,此前已有類似的嘗試。嘉興李氏族人中如李睦之子李本仁(1681—1772)與李貽德同輩,屬富孫等的族曾祖,乾隆戊午(1738)舉人,乙丑(1745)會試本已獲薦掄魁,但因

---

① 繆荃蓀(1844—1919)纂輯:《續碑傳集》卷76,頁1205。見《清代碑傳全集》,上海古籍出版社,1987年據宣統庚戌(1910)刊本景印。

卷中討論訓詁文字過多，竟被黜落。①其鄉先輩錢陳群時任總裁，深爲之惋惜。是科主考史貽直，其他總裁則有阿克敦、彭維新。族譜稱本仁極擅制義，“援筆立就，日可數十藝”。但顯然其以考據入制義的方法不被欣賞。故要説明的一點是在考據學極盛，一時樸學大師如王引之、阮元等領袖學界的時候，江浙一帶的書院等很多都以考據爲趨尚，仍然未能改變制義中以程朱傳注爲依據的狀況。考官也是或漢或宋，並非都宗奉考據。李氏昆仲族人群習考據，固由風會使然，但似乎未能改變其困於棘闈的命運。

乾嘉學術的興盛雖然不能脱略科舉制度變化所帶來的影響，然而也同時帶來了學術與功名相分離的思想傾向。從李氏家族中的歷史中，可以看到不少或者因爲困於棘闈，或者因爲率於性情，而避開場屋，遯於詩酒書畫的人物。乾嘉時期以後，李氏諸昆弟族人，亦有遯於學術的傾向。在李富孫的後學中也同樣可以看到遯於學術的人物。

馮登府（1783—1840）於李富孫是後學，治學方法與富孫頗相似。道光十六年（1836），馮以進士在寧波府教授任上，欲接受縣令職務。其友錢泰吉（1791—1863）力勸馮登府云：“天之位置柳東而成就之者，爲不薄矣。假使柳東不辭將樂令，今雖由縣令而郡佐，而郡守，而監司。即超擢而開府，榮則榮矣，其自得之樂，恐不若石經閣詩古文之確然可傳爲身名俱泰也。”②其他理由則爲“吾曹與卷軸同臥起……一旦爲縣令，文書堆案，能如歐陽子之遍閲夷陵舊牘乎？”③錢泰吉本人自幼從李毅習經術詩文，18歲以經義古學第一入縣庠，其後，由於爲文奇崛，屢躓於省闈，後改爲平易之文，仍未中式。35歲以後，乃棄舉業，不復應試。惟從同里李遇孫、許洪鈞處假書，校勘《漢書》、《詩經》及其他經書，其治經頗得李氏家傳，謂“若欲致力於問學，則必先熟《爾雅》，而他經之詁訓，悉參其異同，佐以《説文》、《廣韻》”。並且主張“不可自己有意見”。所謂“不可自己有意見”，是説不可妄下己見。泰吉認爲時人善讀書者少，有意見者多。故“虛”字爲讀書一字訣。④欲求一義，於群經訓詁，悉參其異同，寧墨守，毋輕攻，史載其自中年即好校古書，“一字之

① 李鵬飛等纂：《鈔本梅會李氏族譜》，中國國家圖書館藏美國猶他州舊方志膠卷，卷4，頁6。
② 錢泰吉（1791—1863）：《與馮柳東勸辭薦舉書》，《甘泉鄉人稿》，臺北：文史哲，1983年據同治十一年刻光緒十一年增修本景印）卷1，頁4。
③ 錢泰吉（1791—1863）：《與馮柳東勸辭薦舉書》，《甘泉鄉人稿》卷1，頁4—5。歐陽修之閲夷陵舊牘，見《容齋隨筆》卷四。
④ 錢應溥《警石府君年譜》，頁126，128，138，144—149，《北京圖書館藏珍本年譜叢刊》第145册，北京：北京圖書館出版社，1999年，據清同治三年（1864）稿本影印。

舛,旁求眾證。"其治學方法與李氏特別是斾汜群經異文的考證一脈相承,並以此校書以終老。

而李氏的後人如富孫養子同壽,李彀弟瑩、琥,子文杏,貽德子文賁,超孫子頌臣,遇孫子皆龍雖然都紹繼了家族個個風雅能詩的傳統,而考據之學則隱而不彰矣。

圖書在版編目(CIP)數據

詩書禮樂中的傳統:陳致自選集/陳致著.—上海:上海人民出版社,2012
(六零學人文集)
ISBN 978 - 7 - 208 - 11013 - 7

Ⅰ. ①詩…　Ⅱ. ①陳…　Ⅲ. ①文史-中國-文集
Ⅳ. ①C52 - 53

中國版本圖書館 CIP 數據核字(2012)第 229970 號

特約策劃　黄曙輝
責任編輯　周　珍
裝幀設計　王小陽

六零學人文集
詩書禮樂中的傳統
——陳致自選集
陳致 著

出　　版　上海人民出版社
　　　　　(201101　上海市閔行區號景路 159 弄 C 座)
發　　行　上海人民出版社發行中心
印　　刷　上海商務聯西印刷有限公司
開　　本　720×1000　1/16
印　　張　27.25
插　　頁　4
字　　數　467,000
版　　次　2012 年 10 月第 1 版
印　　次　2025 年 4 月第 3 次印刷
ISBN 978 - 7 - 208 - 11013 - 7/K · 1932
定　　價　108.00 圓